DROIT MUNICIPAL AU MOYEN AGE

PAR

FERDINAND BÉCHARD

ANCIEN DÉPUTÉ
AVOCAT AU CONSEIL D'ÉTAT ET A LA COUR DE CASSATION

TOME IER

PARIS
DURAND, LIBRAIRE-ÉDITEUR
7, RUE DES GRÈS, 7

1861

DROIT MUNICIPAL

AU MOYEN AGE

PARIS. — DE SOYE ET BOUCHET, IMPRIMEURS, 2, PLACE DU PANTHÉON.

DROIT MUNICIPAL AU MOYEN AGE

PAR

FERDINAND BÉCHARD

ANCIEN DÉPUTÉ
AVOCAT AU CONSEIL D'ÉTAT ET A LA COUR DE CASSATION

TOME Ier

PARIS
DURAND, LIBRAIRE-ÉDITEUR
7, RUE DES GRÈS, 7

1861

TABLE DES MATIÈRES

LIVRE Ier

CARACTÈRES GÉNÉRAUX DU DROIT MUNICIPAL DANS LES TEMPS MÉROVINGIENS ET CARLOVINGIENS.

LIVRE II

CARACTÈRES GÉNÉRAUX DU DROIT MUNICIPAL DANS LA PÉRIODE FÉODALE.

LIVRE III

CARACTÈRES DISTINCTIFS DU DROIT MUNICIPAL DANS LES ÉTATS DU MIDI DE L'EUROPE.

LIVRE V

CARACTÈRES GÉNÉRAUX DU DROIT MUNICIPAL DE LA FRANCE AU MOYEN AGE.

FIN DE LA TABLE DES MATIÈRES.

ERRATA

Page				
Page 6	note		au lieu de	*Brady*, lisez *Merewether* et *Stephens*.
58	ligne	8	—	*Eugene*, lisez *Eumene*.
76	—	17	—	*Frevenan*, lisez *Freemen*.
79	—	27	—	*Gan*, lisez *Gau*.
79	—	32	—	*Civitatis*, lisez *Civitates*.
90	—	6	—	*Ne peut s'affranchir*, lisez *peut s'affranchir*.
95	—	27	—	*Machirbourg*, lisez *Rachimbourgs*.
97	—	14	—	*Imolæ*, lisez *Incolæ*.
98	—	3	—	*Districtuades*, lisez *Districtuales*.
99	note		—	*Trente*, lisez *Bourges*.
125	ligne	20	après le mot :	*et*, lisez ceux-ci : *Qui est le fondement*.
208	—	19	au lieu de	*prendre*, lisez *pendre*.
273	—		—	*Canes*, lisez *Carnes*.
350	-	29	—	*Hamerherricht*, lisez *Kammergericht*.
366	—	14	—	*Communaux*, lisez *Communes*.
381	—	20	—	*Landsgecumde*, lisez *Landsgemeinde*.
384	—	29	—	*empêchements*, lisez *empiétements*.
385	—	10	—	*qui possède*, lisez *qui le possède*.
388	—	23	—	*de leurs habitudes*, lisez *à leurs habitudes*.
389	—	33	après les mots	*au sein*, lisez *desquels elles se trouvaient*.
397	—	27	au lieu de	*séculaires*, lisez *séculières*.
410 [1]	—	9	—	*capable en justice*, lisez *capable d'ester en justice*.
410 [5]	—	27	—	*par*, lisez *parmi*.
410 [7]	—	3	—	*prévoir*, lisez *prévaloir*.
413	—	19	—	*la face*, lisez *la force*.
425	-	32	—	*province*, lisez *Provence*.
435	—	7	Supprimez le mot :	*autres*.
496	—	33	au lieu	*de remparts*, lisez : *des remparts*.
543	—	23	—	*dependent encore aujourd'hui*, lisez *dépendaient encore en* 1789.

PREFACE

I. — J'ai essayé, en traitant du droit municipal dans l'antiquité, de constater le caractère immuable, universel, absolu de ses deux principes essentiels : l'autonomie des cités et l'unité politique, en même temps que la variété infinie des formes que les traditions, les besoins, les aptitudes de chaque peuple ont assignées à sa constitution historique.

Avant de poursuivre dans le moyen âge l'analyse des institutions dont les républiques grecque et romaine nous ont offert les premiers modèles, il me paraît utile d'embrasser d'un coup d'œil rapide l'ensemble des faits qui s'y rattachent, et de réunir, dans un tableau synoptique, les caractères généraux du droit municipal au moyen âge, et les caractères distinctifs de ce droit dans les divers États de l'Europe formés des débris du monde romain.

Les conquérants qui, après avoir longtemps campé dans quelques provinces de l'empire, s'établirent dans son centre-même, après la chute de sa capitale, au milieu des ruines d'une société en poussière, avaient des sentiments et des mœurs très-différents de ceux du peuple vaincu. De là, la continuation de la guerre sous des formes moins violentes, mais non moins perturbatrices de toute organisation. De là, la confusion des crises qui ont agité, cinq siècles durant, toute l'Europe occidentale.

Apparut-il alors un législateur inspiré, donnant, comme Moïse sur le mont Sinaï, un code de lois sociales à un peuple obéissant? Surgit-il du sein de ce peuple un législateur accepté par lui, et lui imposant des lois toutes faites, à la manière des Aysymnètes de la Grèce ou des Décemvirs de Rome? Non. Ce ne sont pas des lois imposées qui éclairèrent, purifièrent et régénérèrent le monde païen.

Abandonnés à leur libre arbitre, et impuissants à retrouver les germes de l'organisation sociale, soit dans les débris dispersés des codes romains, soit dans leurs propres coutumes trop peu civilisées, les peuples, sans distinction de vainqueurs et de vaincus, furent contraints de chercher leur salut dans les éléments discordants des deux États qui étaient en guerre. Les Barbares s'offraient avec leurs clans militaires, gouvernés par des chefs héréditaires, qui avaient triomphé, dans de longues guerres, du peuple romain. Les Romains s'offraient avec leur clergé uni par les liens puissants de la corporation, et avec leurs municipes où s'était réfugié le peuple vaincu. Mais le clergé ayant été dépouillé par les Barbares, la loi succomba sous les coups de la hache germanique, et le municipe périt étouffé sous la pression individuelle ou collective des nouveaux seigneurs. L'organisation guerrière du clan barbare, incapable de gouverner l'État, tomba alors en dissolution, de telle sorte qu'il ne resta plus aucune base au nouvel édifice, et que tout fut replongé dans un chaos où la violence devint la raison suprême des événements.

Mais Dieu tenait en réserve des forces latentes. L'organisation du moyen âge naquit ou plutôt ressuscita librement et spontanément des entrailles mêmes du corps social. Contre le despotisme savant et corrupteur du bas-empire, on vit se lever l'esprit de foi et de liberté de peuples enfants, dociles à la voix de leurs princes et de leurs évêques. Les tribus militaires des conquérants se civilisèrent par le contact des coutumes et des mœurs domestiques de ces peuples vierges avec les savantes traditions de Rome et les enseignements des évêques; les familles, établies dans les manoirs, sous l'autorité patricienne, s'épanouirent, sous cette triple et bienfaisante influence, en villages, villes et cités; du sein de la barbarie, malgré un concours d'obstacles en apparence insurmontables, les nations de l'Europe se formèrent toutes sur un fond commun de dogmes sociaux immuables, avec des formes politiques diversifiées à l'infini; et ainsi la civilisation fut sauvée par le concours naturel de toutes les forces conservatrices réunies sous la double influence d'une religion de concorde et d'égalité, et du droit municipal unis par une étroite alliance. Bien des guerres et des révolutions se succédèrent sans doute, avant que chaque nation pût jouir, dans les conditions imposées à la faiblesse humaine, du double bienfait de l'ordre et de la liberté. Mais, dans tous les États nés du démembrement de l'empire d'Occident, l'esprit de liberté germanique, éclairé des lumières de Rome, et épuré par le Christianisme, réagit avec des succès inégaux contre le despotisme romain. Les rois classèrent les hommes libres selon leur utilité sociale; l'Église commença l'affranchissement des esclaves; les terres conquises furent partagées entre les vainqueurs et les vaincus; les fiscs furent concédés à titre d'alleux ou de bénéfices, et, à côté du clergé et de la noblesse militaire, cet œil et ce bras de la conquête, surgit un ordre municipal appuyé sur la triple base des lois et des mœurs des peuples barbares, du droit romain et du droit canonique, et dont la tendance continue fut d'affranchir progressivement les personnes et les terres, et de fondre dans une même vie nationale des races jusqu'alors ennemies.

Ce système se manifesta, dès l'origine, dans deux institutions parallèles, et presqu'adæquates, qui devinrent les unités élémentaires d'un nouvel ordre social. « Le municipe et la paroisse se combinent merveilleusement, dit un publiciste italien, pour composer un seul être politique. Ils s'accordent à la fois sur la fin et sur les moyens. Ils proclament l'un et l'autre l'égalité, désirent la concorde et correspondent à tous les besoins de la civilisation. La paroisse pourvoit à la vie morale et future, le municipe à la vie matérielle et présente; l'harmonie qui s'établit entre elles se consolide incessamment; les deux vies se confondent en une seule indivisible, dans laquelle la religion élève, réconforte et conseille, tandis que l'institution politique travaille, produit, protége et commande; peu à peu, les deux actions concourant à une double fin finissent par coïncider dans les formes et les moyens, de manière à ne pouvoir pas être facilement séparées, alors même qu'un parfait équilibre ne se maintient pas toujours entre elles. »

Tel fut, en effet, le spectacle qu'offrit l'Europe, lorsque la décadence croissante et la quasi-paralysie de l'État contraignirent les citoyens à chercher ailleurs qu'en lui le centre et la base de l'action publique.

Entre l'ancien régime municipal des Romains et le régime civil des communes du moyen âge, le régime municipal ecclésiastique est placé comme transition (1) ; la fusion des deux éléments romain et chrétien apparaît dans les mots caractéristiques des diverses fonctions municipales : le nom *episcopi* est commun à ceux qui distribuaient aux cités le pain et la nourriture journalière. « Qui prœsunt pani et cæteris venalibus rebus « quæ civitatum populis ad quotidianum victum usui sunt (2), » et aux ecclésiastiques qui sont chargés de distribuer la nourriture spirituelle (3). C'est évidemment aux mots *curie* et *curiale* que sont empruntés ceux de *cure* et de *curé*. Le *parochus*, l'habitant de la cité, devient un paroissien ; la paroisse et le municipe se confondent ou tout au moins contractent une alliance d'où naît une vie tellement simultanée qu'il est presqu'impossible de les distinguer. Les historiens les plus sages n'ont pas osé décider laquelle des deux associations avait eu la priorité dans le temps, la primauté dans l'influence, et leurs doutes sont, en effet, insolubles ; car elles se sont soutenues et modifiées réciproquement avec d'incessantes péripéties de causes et d'effets, et leurs principes constitutifs se sont cachés dans les ténèbres d'un siècle où l'humanité commençant ou plutôt renaissant agissait par sentiment plutôt que par calcul, et n'obéissait en quelque sorte qu'à l'instinct de sa conservation.

L'alliance de la paroisse et du municipe changea complète-

(1) GUIZOT, *Essai sur l'histoire de France*, p. 51. — (2) L XXVIII, § 7, ff., *De muner.* — (3) Nomen episcopi etiam ad verbi ministros relatum est quorum munus est pascere ecclesiam (GODEFROY).

tement les rapports que le patriciat sacerdotal avait empruntés aux castes de l'Inde et de l'Égypte, et, grâce à l'influence chrétienne, la religion cessa de soutenir la domination violente; le baron, quoique chrétien, resta, à la vérité, seigneur de ses vassaux, et le clergé abusa quelquefois de son ministère, pour assouvir ses passions terrestres; mais l'Évangile, exhortant incessamment les uns et les autres, par la bouche de la meilleure partie de ses ministres, resta exempt du reproche d'avoir fait alliance avec la violence et l'iniquité. C'était un siècle douloureux, sans doute, que celui où se trouvaient en présence le code de la conquête avec ses privilèges et ses tyrannies, et le code du Christianisme avec ses préceptes de justice et de concorde, et ses tendances à confondre la vie religieuse et la vie civile. Mais qui pourrait nier que, dans cette lutte de plusieurs siècles, entre le ponvoir des forts et le droit des faibles et des opprimés, l'action commune du municipe et de la paroisse chrétienne n'ait été un remède héroïque aux maux de la société, et n'ait contribué d'une manière efficace à la solution des problèmes du droit public européen?

Charlemagne voulut centraliser dans l'unité du Saint-Empire romain ces formes politiques diverses, sans porter néanmoins atteinte aux autonomies locales, mais il n'est pas donné au génie de l'homme de devancer l'œuvre du temps, ce grand architecte des sociétés. Je vous ai donné, disait Solon aux Athéniens, non les meilleures lois, mais celles qui vous convenaient le mieux. Charlemagne, au contraire, donna à ses peuples des lois dont le caractère religieux, social et politique s'élève à la hauteur des conceptions les plus transcendantes, mais qu'un siècle demi-barbare ne pouvait ni comprendre, ni accepter; le sceptre de ce monarque a été comparé à un arc que ses puissantes mains pouvaient seules tendre, et son essai prématuré de monarchie représentative, déjà paralysé sous son règne par les abus de pouvoir des officiers de l'empire et la résistance des seigneurs, succomba définitivement sous ses faibles successeurs.

Alors, comme au cinquième siècle, les terres se dépeuplèrent, les populations s'enfuirent ou s'insurgèrent, et l'Europe, livrée aux dévastations des Normands et à l'anarchie intérieure, ne trouva de ressource contre ce double fléau que dans le gouvernement féodal.

La féodalité fut populaire à sa naissance, parce qu'elle satisfaisait à un double besoin d'ordre et de sûreté nationale ; mais l'esprit de liberté manquait à cette forme politique : et ce fut assez pour la faire promptement dégénérer, par l'extension abusive des droits de justice et des droits de fief, en un gouvernement oppresseur. De là, des demandes de garanties par les populations des communes contre la tyrannie des seigneurs, et les luttes quelquefois armées qui leur succédèrent. De là, les actes des conciles constitutifs de la trêve et de la paix de Dieu, institution dont le synchronisme avec les chartes communales et provinciales n'a pas été assez remarqué. De là, les efforts combinés des rois, des évêques, des papes, des seigneurs, du peuple, pour alléger le joug féodal, et pour opérer progressivement l'affranchissement des villes, par l'institution des bourgeoisies et des corps d'arts et métiers, et l'affranchissement des campagnes, par l'abolition successive du servage et de la mainmorte, ainsi que par l'élan imprimé aux tenures en franc-alleu et à la multiplication des villages.

Ce qui caractérise surtout le mouvement régénérateur des communes au moyen âge, c'est la multiplicité persévérante de ses éléments. Il n'est pas cependant une des forces qui ont concouru à cette grande œuvre qui n'ait voulu s'en attribuer exclusivement l'honneur. De là, la fausse théorie de la féodalité universelle du roi et des grands, préconisée par les écrivains absolutistes, et la théorie non moins fausse de la commune insurrectionnelle, préconisée par les démocrates. Une étude impartiale de la transformation des communes par l'effet de la réaction de l'esprit municipal contre la puissance féodale démontre, au contraire, que c'est par le concours, non par l'antagonisme des diverses forces sociales, que les libertés publiques ont ressuscité dans tous les États avec les caractères divers qu'a assignés à chaque peuple l'influence de son génie traditionnel, de ses mœurs, de ses lois primitives et des événements qui ont modifié en sens divers sa constitution historique.

L'affranchissement des communes a, dans les villes et dans les campagnes, des caractères communs. Partout, s'établissent avec la participation de l'Église des confréries qui rappellent les *étairies* des Grecs et les *sodalitia* des Romains. Partout se propage, avec des nuances diverses, le principe que nul ne peut faire de ville de commune sans le consentement du roi. Partout, enfin, naît, du concours des deux puissances qui se partagent l'empire du monde à l'œuvre de la régénération municipale, une occasion malheureusement trop fréquente de luttes entre le césarisme et les doctrines de liberté ; mais à mesure que la civilisation se propage, l'organisation des communes urbaines se différencie de celle des communes rurales. Dans les villes, apparaissent, sous l'influence plus directe des princes, les bourgeoisies et les ghildes ou corporations d'artisans et de marchands. Dans les campagnes, l'œuvre chrétienne de l'affranchissement des serfs se développe dans des conditions plus paroissiales que communales ; et, grâce, surtout, à la sollicitude des ministres de l'Église, les personnes passent successivement du servage à la mainmorte, de la mainmorte à la liberté ; les terres affranchies des taxes arbitraires deviennent l'objet des baux à cens ; le franc-alleu, cette source féconde de civilisation libre, fait chaque jour de nouveaux progrès, et les villages se multiplient et se colonisent sous la triple inspiration des évêques, des abbés et des seigneurs laïques.

Que sont devenus, au milieu de ces transformations successives, les rapports des seigneurs et des communautés d'habitants sur les choses communes et publiques ? Quels ont été les caractères originaires de la propriété communale et de la propriété féodale ? Questions difficiles et redoutables dont le retentissement a produit dans plusieurs États de l'Europe, surtout depuis la révolution de 1789, des luttes souvent sanglantes. On ne touche pas, en effet, au droit de propriété sans ébranler dans ses fondements l'ordre social, et la spoliation légale est un attentat que la peine subie par plusieurs générations ne suffit pas à expier.

De nos jours encore, la question de l'origine et des caractères des biens communaux se recommande à l'attention publique, non-seulement comme curieuse et instructive, mais par son utilité pratique. A mesure que la possession territoriale acquiert plus d'importance, et que le sol est plus morcelé et plus travaillé, des contestations s'élèvent entre les particuliers, les communes, les représentants des anciens seigneurs sur les droits de propriété et d'usage dans les bois, les forêts, les prés, les marais, les landes incultes, les terres non closes, sur les droits de pêche, de chutes d'eau, d'irrigations, de servitudes de passage, sur une foule de questions qui exigent l'examen des anciens baux à cens ou à emphytéose, des principes sur le franc-alleu et la seigneurie féodale. On a besoin de se prémunir, dans l'étude de ces questions, contre les idées préconçues sur la féodalité, sa naissance et son établissement. Les législateurs, eux-mêmes, n'ont pas toujours su se défendre contre ces préjugés, et si l'on compare les ordonnances du siècle de Louis XIV qui reconnaissaient aux seigneurs le droit de *triage* avec la législation domaniale de la Révolution qui les a dépouillés des propriétés les plus légitimes, on gémit de ces erreurs contraires, sources d'injustices et de tyrannies, et l'on aime à trouver dans la pure et saine doctrine des jurisconsultes qui s'inspirent de la seule pensée du *droit* la preuve, confirmée par tous les documents historiques, des origines diverses de ces biens communaux, qu'on a voulu à tort assouplir à une règle uniforme, plutôt politique que juridique, tandis que les biens primitifs des communes ont été tantôt des possessions indivises antérieures à la conquête, tantôt des propriétés dérivant de conventions entre voisins, tantôt des terrains concédés gratuitement ou à prix d'argent par les seigneurs qui, pour favoriser l'agriculture et la population, donnaient des portions de leurs domaines privés aux habitants de leurs terres.

II. — Les caractères généraux de l'organisation municipale et ceux de la propriété communale, au moyen âge, sont très-variés dans leurs formes, quoique reposant tous sur un double principe immuable : autonomie locale, incorporation à l'État.

Des caractères divers se reproduisent dans la physionomie particulière de chaque nation.

L'Italie, régénérée par les lois lombardes et le droit romain, sous l'influence suprême du Saint-Siége, doté par la munificence des princes, avec l'assentiment des populations, du pouvoir temporel, nécessaire à la garantie de sa puissance spirituelle, triomphe, par de longs efforts, du despotisme des empereurs, de la tyrannie féodale, des dissensions politiques et religieuses des cités, et se divise en *républiques* ou en *principautés* autonomes, unies par des ligues accidentelles, plutôt que par une confédération permanente, et surtout par le lien religieux de la Papauté.

A côté des démocraties catholiques de l'Italie, s'élèvent les républiques municipales de l'Espagne, occupées pendant trois cents ans par les Suèves, les Goths, les Alains, puis envahies par les Sarrasins, alors maîtres de l'Afrique, puis arrachées à la domination musulmane et successivement érigées par de grands princes catholiques en royaumes d'Oviédo, de Léon, de Navarre, de Castille et d'Aragon. La liberté, étouffée ailleurs par le régime féodal, se conserve dans les âmes fières et généreuses des Espagnols, et chacun de ces petits États possède des *conciles*, des *ayuntamientos*, des *juntes*, des *fueros*, qui sont en quelque sorte le fond de sa constitution historique. Puis ces principautés se réunissent en deux grands États : la Castille et l'Aragon, qui se confondent, par le mariage de Ferdinand et d'Isabelle, en un seul royaume, dont les *cortès* et le *justiza* forment avec le roi une monarchie représentative, fondée sur l'ordre municipal le moins imparfait de toute l'Europe, et dont Charles Quint lui-même, en confisquant les libertés nationales, a fait un éloge qui se tourne en acte d'accusation contre son pouvoir absolu.

Tandis que les libertés renaissent dans les États du midi de l'Europe, sous la double influence de la paroisse et de la curie, les tribus du Nord qui avaient brisé le joug des Romains dans tous les lieux où ils s'étaient établis, et qui s'étaient montrées si hostiles à la vie de cité, acceptent cependant d'un *odieux* ennemi, un droit analogue à celui des villes de l'Italie, et s'organisent dans leurs marches, en *gildes*, *hundreden*, *gaugemeinde*, associations diverses fortement empreintes de l'esprit de la féodalité, mais aussi vivement animées de l'esprit de liberté germanique. Les Carlovingiens d'Allemagne, après avoir régné plusieurs siècles, dégénèrent comme ceux de France, et perdent la couronne comme eux. La maison de Franconie leur succède, et, sous sa domination, s'établissent deux pouvoirs parallèles : celui des grands vassaux, qui se ressaisissent du droit d'élire le chef de l'empire ; et celui des villes, qui conquièrent chaque jour de nouveaux priviléges. Ce double mouvement continue sous les princes de Souabe, et jusqu'à l'avénement de la maison de Habsbourg. Les lois et les rescrits des empereurs qui se succèdent, trouvent un obstacle à leur pouvoir dans les diètes dont les décrets forment la législation de l'empire. Tandis qu'en Angleterre, en Espagne, en France les pouvoirs héréditaires se consolident, en cherchant dans les libertés locales le plus ferme appui du pouvoir central ; en Allemagne, au contraire, chaque élection nouvelle de ces princes, toujours chancelants sur des trônes viagers, ajoute au pouvoir des vassaux de l'empire une nouvelle force, et introduit dans l'État un nouvel élément de perturbation. Vainement cherche-t-on dans les *anstregues*, dans les *cercles* des moyens de centralisation ; la puissance des seigneurs et celle des villes libres, s'interposant entre les chefs de l'empire et les vassaux des seigneuries, ne cesse de s'étendre, au détriment du pouvoir politique et de l'unité nationale.

Les Pays-Bas se détachent, en effet, du corps germanique, et trouvent, dans la nécessité où les place leur situation topographique d'opposer des digues à la mer et aux débordements des fleuves, le principe de leurs associations de *polders*. Le nombre et la sûreté de leurs ports et de leurs rades appellent des constructions de villes qui s'enrichissent rapidement par l'industrie et le commerce. Les *gildes* se multiplient, les communes s'organisent. Elles s'administrent elles-mêmes, élisent librement leurs officiers municipaux, et deviennent le germe de ces états provinciaux et généraux dont Rapsaët a décrit l'organisation et les pouvoirs. Les institutions communales se distinguent en Flandre par un caractère particulier : les communes y sont vassales des seigneurs et suzeraines des bourgeois ; des luttes fréquentes s'engagent entre les chefs de la bourgeoisie et ceux des gildes ou corps de métiers. Il ne faut rien moins quelquefois que toutes les forces militaires de l'État pour triompher d'une émeute de brasseurs ou de tisserands. Mais, au sein de cette agitation, plus vive que profonde, les libertés administratives et politiques se développent. Le tiers-état prend chaque jour une importance nouvelle ; et dans ces parlements féodaux où ne figuraient d'abord que le prince et ses vassaux immédiats pénètrent les représentants des villes riches et populeuses. Les comtes de Flandre et de Hollande secondent ce mouvement intérieur, en même temps qu'ils défendent le pays contre les invasions des Normands, et c'est ainsi qu'après avoir traversé deux redoutables épreuves : l'autocratie des rois d'Espagne et le républicanisme des Provinces-Unies, les Pays-Bas se constituent dans l'état définitif de monarchie représentative, où nous les voyons, de nos jours encore, maintenir, contre l'esprit de révolution et de conquête, leurs libres institutions et leur neutralité respectée.

Une autre nation s'est formée du démembrement de l'empire germanique, sous l'influence d'un égal amour de la liberté, mais avec des formes toutes différentes de celles qu'adoptèrent les Flamands et les Hollandais, c'est la République suisse. L'Helvétie faisait partie de l'ancien royaume de Bourgogne. Tour à tour province française et italienne, elle avait été léguée à l'empereur Conrad le Salique par Rodolphe III, dernier roi d'Arles. Livrées à la puissance arbitraire de leurs seigneurs, dont l'un devient un tyran, ces populations de pâtres secouent le joug impérial et se constituent en républiques fédératives, fondées sur la triple base de la commune, du canton et de l'association fédérale : forme de gouvernement traditionnelle et légitime au même titre que la monarchie représentative des Pays-Bas, et dont la constitution, perfectionnée par un régime de centralisation progressive, défie aujourd'hui par sa sagesse les guerres intestines et les convoitises de l'étranger.

Les institutions municipales de l'Angleterre au moyen âge ont une triple origine bretonne, saxonne et normande et paraissent avoir été rebelles au droit romain, quoiqu'il soit difficile de croire qu'elles ne lui aient pas fait des emprunts pour l'organisation des cités que les Romains y fondèrent pendant leur domination, et que sir James Mackintosch, dans ses études sur le gouvernement de la Bretagne porte au chiffre de trente-trois. Si l'on ne peut douter que les clans bretons n'aient, après l'abdication par les Romains du gouvernement de l'île, pris leur revanche de l'oppression où ils languissaient auparavant, et s'il est vrai que les conquêtes des Danois et des Normands y fondèrent ensuite un gouvernement féodal plus dur peut-être que partout ailleurs, il est certain qu'à dater du règne de Henri Ier, contemporain de Louis le Gros, les libertés municipales y firent de rapides progrès, dans des conditions assez conformes au droit municipal des Romains.

Ce qui les caractérise d'une manière toute spéciale, c'est la décentralisation poussée à ses dernières limites. L'histoire des bourgs et des corporations municipales du Royaume-Uni a été publiée en 1835 par MM. Henry Alworth Merevether et Archibald John Stephens, en trois volumes, où se trouve l'analyse de tous les documents relatifs à la constitution et aux pouvoirs municipaux (1). Je n'essaierai pas de les examiner en dét[illegible] ; le coup d'œil rapide que je jetterai sur les régimes municipaux des États de l'Occident de l'Europe ayant surtout en vue l'éclaircissement des origines du droit municipal de la France, objet principal de mes études.

Je me bornerai à faire observer que c'est dans la paroisse, dans le bourg et dans le comté qu'est né et que s'est développé, sous la protection de la grande charte de 1215, et des char-

(1) *The history of the boroughs and municipal corporation, of the united kingdom from the earliest to the present time*, by HENRY ALWORTH MEREWETHER, serjeant at law solicitor general to the queen, and ARCHIBALD JOHN STEFENS. London, 1835.

tes confirmatives, le *self-government* fondé sur les traditions historiques et sur l'union politique de la couronne, de la Chambre des Lords et de la Chambre des Communes.

La constitution française est essentiellement mixte. Ses origines sont celtiques, normandes, ibériennes, surtout romaines et germaniques. La France a été, au moyen âge, le champ de bataille des deux civilisations qui se sont partagé le nord et le midi de l'Europe. D'un côté de la Loire, sont les pays de franc-alleu, les traditions romaines ; de l'autre côté, les coutumes féodales et allodiales ; partout, mais à des degrés divers, les cités épiscopales formées, sous la double influence de la curie et de la paroisse, du développement des *mansi*, des *villæ* et des *castra*.

Pour bien connaître le régime municipal de la France, il est nécessaire d'étudier, sans idée préconçue, les phénomènes variés qu'offrent les histoires locales écrites sur place, au sein des traditions, des monuments, des pièces, des documents originaux. Les généralisateurs du XVIIIe siècle, Montesquieu, Herder et leurs illustres émules, ont élevé la science historique à la hauteur des théories abstraites, et ont créé, en quelque sorte, une philosophie de l'histoire. C'est un progrès par rapport à la méthode des Bénédictins qui, absorbés par des détails quelquefois microscopiques, se recommandent plus par l'exactitude des faits que par l'intelligence élevée de leur enchaînement logique, et des principes qui en découlent. Mais cette méthode a de graves inconvénients, que l'expérience d'un demi-siècle a suffisamment révelés. Elle ouvre aux hypothèses un champ sans limites, où l'on court d'autant plus risque de s'égarer, qu'on y prend souvent pour guide des préjugés de parti. « La décentralisation historique, dit un de ses plus intelligents propulseurs (1), est à la vérité, ce que la décentralisation administrative est à la liberté. »

C'est donc par la méthode historique, appliquée province par

(1) M. DE CHANTELAUZE, préface de l'*Histoire des ducs de Bourbon et des comtes de Forez*.

province, commune par commune, classe par classe, état par état qu'il faut éclaircir les problèmes du droit municipal français. Envisagée de ce point de vue, la variété infinie des institutions locales peut cependant se réduire, sous le rapport des origines, à trois grandes divisions, correspondant aux trois grandes zones Aquitanique, Belgique et Celtique de l'ancienne Gaule, et, sous le rapport des principes généraux d'administration, aux deux catégories des provinces situées au sud de la Loire et des provinces situées au nord de ce fleuve.

III. — Ces institutions embrassent deux périodes distinctes. Dans la première période, qui s'étend depuis l'invasion germanique jusqu'à la fin du Xe siècle, on voit se dégager du chaos de la conquête le pouvoir royal, avec son cortége d'antrustions et de leudes, et le pouvoir spirituel, exercé par l'évêque, entouré de son clergé séculier et régulier.

La propriété territoriale se reconstitue sous forme de bénéfice et d'alleu, et la paroisse, ce germe de la commune chrétienne, devient, en se combinant avec les débris de la curie romaine, l'unité élémentaire de la civilisation de l'Europe.

La seconde période commence au moment où les institutions fondées par Charlemagne, pour concilier l'élément romain et l'élément germanique, l'unité politique et la liberté des cités, s'écroulent dans une immense anarchie, et où le gouvernement féodal apparaît comme une nécessité sociale, pour préparer les voies à l'affranchissements des communes et à la reconstitution des États. Cette période finit vers le milieu du XVe siècle, époque à laquelle les gouvernements de l'Europe au moyen âge ont pris leur forme définitive, plus ou moins mélangée de fief et de franc-alleu, et ont constitué, dans des conditions diverses, les sociétés fondées sur l'ancien territoire de l'empire romain.

Les institutions municipales du moyen âge se rapprochent sous certains rapports, s'éloignent sous certains autres, de celles de la Grèce et de Rome. Le but essentiel est le même ; c'est la transformation des tribus en cités ; c'est l'incorporation de ces cités dans les États avec leur double caractère d'autonomie dans les affaires locales et de dépendance du pouvoir central dans celles d'intérêt général. Mais l'esprit et les procédés diffèrent. La cité antique, c'est le microscome du monde païen, avec ses aristocraties oppressives et ses esclaves perpétuels; la cité du moyen âge, animée de l'esprit chrétien, est comme un reflet de cette cité de Jérusalem, dont toutes les parties, disent les Livres saints, sont parfaitement unies entre elles, et où toutes les tribus du Seigneur s'assemblent pour y célébrer la gloire de son nom. La cité antique, c'est, en Grèce, la république locale, entraînée vers l'anarchie par l'excès de l'isopolitie; et à Rome, le municipe, entraîné vers le despotisme par l'excès de prépondérance de l'*imperium* politique. La cité du moyen âge commence par le municipe ecclésiastique, se continue par la commune féodale; et tendant par un effort continu vers l'affranchissement des personnes et des terres, devient, par l'extension progressive du pouvoir central, l'unité élémentaire de républiques confédérées et de monarchies représentatives.

IV. — Est-ce à dire que les sociétés du moyen âge aient atteint l'idéal de la perfection? Non, sans doute; et leurs admirateurs passionnés compromettent souvent par des exagérations la cause qu'ils veulent servir.

Un parallèle, au point de vue de la civilisation générale, entre le treizième siècle et le nôtre, serait dérisoire.

Nous sommes justement fiers des bienfaits que le cours des âges a accumulés sur les peuples modernes. Personne ne niera que nos routes et nos cités ne soient plus sûres aujourd'hui qu'elles ne l'étaient au moyen âge. Nos mœurs sont plus douces, nos lois civiles et criminelles moins imparfaites, et, grâce à la double conquête de la liberté du travail et de l'égalité devant la loi, l'usage de tous les dons de la Providence est devenu plus accessible au grand nombre.

Mais ces progrès dans la sécurité générale, dans l'adoucissement des mœurs en même temps que des pénalités, dans l'aisance des classes populaires, sont compensés par l'affaiblissement de l'énergie des caractères, des susceptibilités de l'honneur, de l'intelligence et de l'amour des grands principes de l'ordre moral.

Or, l'homme ne vit pas seulement de pain, mais de vérité, et les progrès matériels ne sauraient racheter, dans un État, l'oubli des lois immuables des sociétés humaines.

Chez tous les peuples, dans tous les pays, l'essence d'un bon gouvernement, c'est sa conformité, d'une part à la nature des choses; de l'autre, aux dispositions de ceux pour lesquels il est établi. C'est son aptitude à développer tous les éléments de progrès de la famille humaine, sans s'écarter jamais des lois immuables de la justice, et avec une intelligence synthétique des traditions du passé et des vues de l'avenir. Les formes politiques varient selon le génie des nations. Elles sont toutes légitimes, quoique très-diverses, pourvu qu'elles naissent spontanément, pourvu que, sous le nom de progrès, les révolutions n'altèrent pas les conditions essentielles de l'existence nationale; conditions tantôt monarchiques, tantôt républicaines; ici aristocratiques, là démocratiques, selon les traditions et le caractère de chaque peuple. Mais il y a dans les sociétés des lois immuables : ce sont celles que les anciens appelaient droit naturel, et que l'Évangile, cette loi des lois chrétiennes du moyen âge, a divinisées.

Nos ancêtres croyaient, comme les peuples libres de l'antiquité, à une loi naturelle, triple base du droit civil, du droit politique, et du droit des gens; et mieux encore que les Grecs et les Romains, ils en ont réalisé progressivement la pratique, grâce à l'esprit de foi et de liberté inspiré par les lumières et les influences morales du Christianisme (1). C'est dans les traditions si calomniées du moyen âge que les publicistes des trois derniers siècles ont recueilli les maximes de droit public qui,

(1) Il est bien satisfaisant pour nous, dit Burlamaqui, *Principes du droit naturel*, p. 2, ch. XIV, que les principes que nous avons posés sont précisément ceux qne la doctrine chrétienne prend pour base et sur quoi elle élève tout l'édifice de la religion et de la morale.

d'un cataclysme inouï dans les annales du monde, ont fait surgir un ordre nouveau. « J'avoue, dit le savant traducteur de Grotius, et de Puffendorf, Barbeyrac (1), j'avoue qu'il y a des lois communes à tous les peuples, ou des choses que tous les peuples doivent observer les uns envers les autres; et si l'on veut appeler cela *droit des gens*, on le peut très-bien. Mais outre que le consentement des peuples n'est pas le fondement de l'obligation où l'on est d'observer ces lois, et ne saurait même avoir lieu ici en aucune sorte, les principes et les lois d'un tel droit sont au fond les mêmes que celle du droit naturel ainsi nommé. Toute la différence qu'il y a, consiste dans l'application qui peut se faire un peu autrement, à cause de la différence qu'il y a quelquefois dans la manière dont les sociétés décident les affaires qu'elles ont les unes avec les autres.

Le principe fondamental de l'ancien droit public de l'Europe, ce n'est pas la souveraineté populaire, le flot mobile de l'opinion ; c'est la loi naturelle, éclairée par l'Évangile d'un rayon de la lumière divine. Les esprits forts de notre temps trouvent ridicule ce *droit divin*, appliqué au gouvernement intérieur des États et aux rapports internationaux. Illuminés par Machiavel, ce grand révélateur de la politique moderne, ils rient des dogmes sociaux. Aux yeux de ces progressistes, les lisières des peuples enfants ne conviennent plus aux peuples adultes. Le droit, c'est la force. La vertu, l'héroïsme, c'est le succès obtenu *per fas et nefas*. Jean-Jacques Rousseau soutient dans son *Contrat social* que la souveraineté populaire n'a pas besoin d'avoir raison, qu'elle est infaillible et impeccable, qu'elle peut tout, même contre elle-même, qu'elle ne relève d'aucune autorité, pas même de l'autorité divine.

Le droit, selon les adeptes de cette politique, justement accusée d'athéisme, c'est la liberté humaine, limitée seulement par la liberté d'autrui. C'est, comme le dit Hobbes, l'état de guerre incessant. J'avoue que je lui préfère l'idée chrétienne du moyen âge ; et le roi des Sicambres, inclinant son front couronné

(1) *Droit de la guerre et de la paix*, liv. I, ch. I, § 14, note 2.

et celui de ses compagnons d'armes devant l'étendard du christianisme, me paraît avoir eu de la science sociale une intuition plus profonde que les inventeurs et les adeptes des religions démocratiques et socialistes de notre temps.

Les prodigieux et heureux efforts des évêques et des princes, dès les premiers siècles après l'invasion, pour éteindre le feu fratricide des guerres de races, que les partisans exagérés du principe des nationalités cherchent à raviver aujourd'hui, ont en effet, hâté les progrès de la civilisation générale, plus que les révolutions démocratiques contemporaines. Qui donc au VIe siècle, si ce n'est le droit chrétien et municipal, a tiré les peuples de l'abîme où les avait plongés le despotisme corrupteur du bas-empire? Qui a pacifié et groupé, dans les villages, villes et cités, les tribus guerrières dispersées auparavant dans les campagnes, sans moyens certains d'existence, et presque sans abri? Qui a aboli successivement l'esclavage, le servage, la mainmorte? Qui a brisé le joug de la féodalité, quand il est devenu tyrannique? Qui a réuni les hommes libres dans leurs communes, autour de leurs églises, sous la triple protection de leurs prêtres, de leurs chefs de maisons, des magistrats de leur choix? Qui a laissé ces communes se confédérer librement, selon la constitution naturelle de chaque peuple, soit en principautés monarchiques, soit en républiques fédératives? A quelle époque sont nées ces grandes et glorieuses nations appelées : France, Italie, Allemagne, Espagne, Angleterre, Suisse, Pays-Bas, toutes gouvernées par les principes immuables du droit chrétien, mais revêtant des formes politiques aussi diverses et aussi libres que les tempéraments des peuples et les génies de leurs chefs? Les sociétés modernes sont plus riches, plus civilisées que celles du moyen âge; mais elles n'ont pas la même sève de vie morale, et l'égoïsme qui les consume les met sur la pente du bas-empire.

Le *droit de la force*, érigé en théorie politique, pervertit peu à peu le sens moral des populations. A la vue des succès obtenus par la violence et la ruse sur le droit et la justice, la consciense publique se trouble; nul n'entend plus la voix du devoir; chacun, peuples et gouvernements, s'inspirant de son seul intérêt, s'égare indifféremment dans toutes les voies, pourvu qu'elles aboutissent au succès. On entend d'honnêtes sceptiques honorer le brigandage, flétrir l'honneur malheureux, et adhérer avec une indifférence stupide à tout ce qui a réussi, sans pouvoir discerner le vrai et le faux, le bien et le mal.

Quand le matérialisme a desséché à ce point toutes les intelligences, et glacé dans les cœurs tous les sentiments généreux, l'ordre social est atteint dans ses bases fondamentales, et la révolution, cette nouvelle grande puissance, peut traiter d'égal à égal avec tous les gouvernements.

Ceux qui voient dans la révolution l'agent d'une transformation fatale des sociétés féodales en sociétés démocratiques considèrent l'*unitarisme* comme le remède au fractionnement des sociétés morcelées par le régime féodal, et le *libéralime* comme un obstacle au retour des abus de la puissance seigneuriale et royale. *Unitarisme, libéralisme*, telle est la double formule de la démocratie moderne.

V. — Assurément, l'unité est le but suprême des associations politiques; c'est vers elle que doivent tendre les éléments rudimentaires et fractionnés des États naissants, mais l'unité politique n'est incompatible ni avec les libertés religieuses ni avec les libertés civiles et politiques.

Sans nous élever jusqu'au grand mystère qui nous montre la distinction des trois personnes divines se résolvant finalement à l'unité pure de Dieu, nous devons reconnaître que l'unité sociale peut et doit se réaliser par le concours d'agents moraux et d'agents matériels unis dans une action commune pour satisfaire à la double nature de l'humanité.

L'unité religieuse du monde dans la libre variété des familles, des cités, des nations, tel a été, en effet, l'idéal du droit chrétien au moyen âge.

C'est vers ce but que convergeaient l'esprit de famille, l'esprit de corps, l'esprit de cité, l'esprit de patrie, l'esprit de religion, toutes ces grandes forces morales si dédaignées de nos jours par les théoriciens qui ne veulent voir dans les sociétés puissamment centralisées que deux éléments politiques : l'individu et l'État.

C'est en s'inspirant de ces grands principes que Charlemagne fonda sur l'accord de l'autorité spirituelle et du pouvoir temporel, de l'unité politique et des libertés locales, l'œuvre immortelle, malgré les épreuves auxquelles elle est exposée, qui prépara les voies au triomphe de l'Italie, et de la civilisation de la chrétienté sur la servilité et la corruption du bas-empire, et à l'union de tous les peuples libres et indépendants dans une même pensée religieuse.

Le pouvoir temporel des papes, dit un publiciste piémontais (1), fut le précurseur, la cause, le noyau de l'indépendance italienne, des libertés municipales et des confédérations communales sous Grégoire Ier et Grégoire II. Ajoutons que ces germes de résurrection sociale se répandirent peu à peu de l'Italie dans toute l'Europe, et que c'est à la double influence des libertés chrétiennes et municipales que le grand principe de l'unité a dû ses progrès les plus soutenus.

L'unité par l'Église, par la libre adhésion des intelligences et des cœurs aux grands principes du droit naturel sur lesquels reposent les sociétés, n'est pas la doctrine des unitaristes; celle-ci, c'est l'unité par l'État, par la force matérielle, par la concentration dans chaque gouvernement de toutes les forces démocratiques, par la coalition de toutes les démocraties de l'Europe contre les sociétés historiques et traditionnelles.

La tendance de cette religion nouvelle qui a, selon l'expression de M. Donoso Cortès, ses pontifes en Allemagne, ses vulgarisateurs en France, et ses séides en Italie, et qui a déjà pris pied dans quelques gouvernements, a, malgré les heureuses inconséquences de quelques-uns de ses adeptes, un caractère matéria-

(1) M. CÉSAR BALBO, *De la destruction du pouvoir temporel des papes.*

liste. Hobbes, Spinosa et Voltaire sont ses vrais générateurs, bien plus que saint Paul dont ils n'invoquent le témoignage que pour le fausser. Dévoués au fatalisme historique et au culte des faits accomplis, les unitaristes, à leur insu, contre leur gré peut-être, retournent au droit païen de la force.

L'unitarisme socinien séduit par sa simplicité apparente, mais n'est en réalité qu'une source de dangereuses erreurs. C'est lui qui, dans les sanglantes guerres des Guelfes et des Gibelins, animait les oppresseurs de la liberté humaine. C'est par lui que la démagogie moderne, après avoir imposé tour à tour le despotisme de l'échafaud et le despotisme du sabre, pousse les gouvernements à absorber au profit de l'État toutes les forces sociales, justifie la papauté des rois et des empereurs, et cherche à fonder partout l'empire absolu de la force matérielle ou des multitudes ou des soldats...

C'est contre la pensée civilisatrice de Charlemagne que les unitaristes s'acharnent avec le plus de fureur, animés qu'ils sont par la triste pensée de détrôner le représentant de l'unité religieuse pour introniser un autre empereur d'Occident, vainqueur de tous ses rivaux, tenant à Rome le sceptre du monde, et intimant comme Justinien ses volontés et ses caprices à l'univers courbé sous le joug de ses soldats et de ses juges (1).

Les unitaristes sont avant tout ennemis de l'unité religieuse dont Rome chrétienne est le centre ; et, chose remarquable ! tandis que cette unité religieuse, alliée aux libertés de l'Église et à celles des nations, a toujours été le plus ferme boulevard des trônes et des sociétés, l'unitarisme est un élément irrésistible de révolutions et de dissolution sociale.

« O Rome, s'écrie un pieux évêque, ô Rome, purifiée et devenue à jamais vénérable par la longue chaîne de tes pontifes, et par le sang précieux des apôtres Pierre et Paul, tu verrais donc

(1) Rex valeat, quidquid capit obtineat super hostes,
Imperium teneat, Romæ sedeat, regat orbem,
Princeps terrarum, ceu fecit Justinianus.
MURATORI, *Script. rer. Ital.*, p. 166.

avec le trône pontifical disparaître cette chaîne tant célébrée par les pères, où ils ont exalté comme à l'envi la principauté apostolique la source de l'unité! »

L'immense question de la souveraineté pontificale, née du sein des conflits dont l'appréciation avait troublé tant de bons esprits, a jeté une lumière inattendue sur la cause du droit et de la civilisation. Elle a clairement indiqué le but que se propose la révolution et a partagé le monde en deux camps, entre lesquels il n'y a plus de place pour les tiers partis. Les diplomaties lâches ou complices hésitent encore entre ces deux camps, et, grâce à leur attitude, le saint pontife qui, de sa chaire apostolique encore debout, signalait naguères avec énergie les attentats aux lois divines et humaines qui ouvrent de toutes parts une issue au *fatal communisme* (1), est à la veille de succomber sous une coalition d'ennemis plus ou moins déclarés de l'Église et de la société. Ce sera la dernière défaite de ce droit chrétien, protecteur de la civilisation de l'Europe, contre lequel sont déchaînées toutes les puissances de l'enfer. Ce sera l'inauguration de l'unitarisme militaire, substitué à l'unité religieuse; et c'est alors que les peuples partagés, comme de vils troupeaux, entre cinq ou six États despotiques, organisés sur le pied de guerre et toujours prêts à s'entrechoquer pour satisfaire des ambitions, des jalousies, des cupidités, se prendront peut-être à regretter ce droit chrétien du moyen âge, qui cherchait la sanction du principe de l'unité non dans le régime brutal de la force, mais dans l'épanouissement naturel de la liberté des familles, des cités et des États, et dans le double respect des souverains de chaque État pour les droits des citoyens, et des grandes puissances pour l'indépendance des petits États dont elles disposent aujourd'hui en maîtres.

VI. — Quel a été, en effet, quel est, quel sera à jamais dans un État le germe de la vie politique, si ce n'est la vie domestique

(1) Allocution prononcée par Pie IX, dans le Consistoire secret du 28 septembre 1860.

communale et provinciale? Quel a été, quel est, quel sera entre les nations le lien de sociabilité, sinon le double principe de leur indépendance réciproque et de leur zèle commun pour la justice universelle et les offices d'humanité ?

Ce double principe de liberté et d'indépendance nationale est cependant traité avec un superbe dédain par les partisans de la démocratie unitaire. L'inviolabilité du sanctuaire domestique, la liberté d'élever ses enfants, le droit de se réunir, de contracter des associations industrielles, commerciales, religieuses, bienfaisantes, celui d'administrer librement ses intérêts communs de corps, de paroisse, de cité, de province, de nation; tout cet ensemble de libertés primitives n'est d'aucun prix à leurs yeux. « On a pu en faire cas, disent-ils, dans des sociétés naissantes où toutes les forces collectives étaient en quelque sorte au berceau, mais chez les peuples adultes, ces libertés sont des obstacles plus que des auxiliaires pour la réalisation de l'œuvre démocratique. Qu'est-ce, en effet, que les libertés microscopiques des communes et des paroisses du moyen âge, dépendant politiquement du pouvoir absolu des seigneurs, en comparaison des larges et puissantes libertés modernes, qui disposent des trônes, changent les limites des États, et se traduisent partout en révolutions triomphantes au profit du nivellement de toutes les classes et de l'unification des sociétés humaines? Notre politique à nous, c'est un pouvoir un et fort, appuyé sur les manifestations de la souveraińté populaire. C'est celui, disait naguères un organe de la politique piémontaise (1), qui, *avec l'aide de la France*, livrera les dynasties souveraines aux volontés absolues des peuples. »

Je ne saurais approuver, je l'avoue, ni ce dédain des libertés

(1) *Espero* di noviembre 1860. Solo vero diritto è quello che prevalse in Europa *per opera della Francia* garante ai popoli di loro indepenza ed antonomia, è per quale essi sono posti in faccia alle dinastie sovrane nella situazione stessa che è propria dei mandanti verso loro mandatari, con facultà *assoluta* di ritirari il mandato, etc.

chrétiennes et municipales du moyen âge, ni cet enthousiasme pour l'unitarisme démocratique et pour la puissance *absolue* des peuples. Je ne crois pas qu'on puisse faire remonter vers sa source le fleuve de la civilisation, mais je ne crois pas non plus qu'on doive fouler aux pieds les lois immuables de l'ordre social; et plus je vois le monde entraîné par une force irrésistible, à travers des souffrances et des angoisses qu'on dit transitoires, vers un océan inconnu et plein de redoutables abîmes, plus je sens le besoin de jeter l'ancre sur le fond solide de la famille et de la cité.

Les chefs heureux de la démagogie deviennent fatalement des tyrans, c'est l'histoire de tous les pays et de tous les siècles; et chose déplorable! le pouvoir absolu, si odieux dans un gouvernement traditionnel, devient presque aimable sous un despote qu'un tour de roue de la fortune a élevé au pouvoir suprême et qui obligé par l'origine de ce pouvoir de pratiquer, selon le précepte de Machiavel, la politique à double face, donne en apparence au peuple l'égalité et la paix, mais abaisse en réalité tous les citoyens aux pieds du trône et les contraint, en les nivelant, à une obéissance commune.

Les partisans avoués de l'unitarisme démocratique ne dissimulent pas, au surplus, leur aversion pour la liberté. Mais on a quelque peine à comprendre les sentiments des prétendus libéraux qui proscrivent, comme un débris du moyen âge, les libertés de l'Église et celles des communes, ou qui ne les tolèrent que dans des conditions de dépendance absolue par rapport au pouvoir central représenté non par un homme, mais par une assemblée souveraine qui puisse, disent-ils, à l'exemple du parlement anglais, tout hormis une seule chose, faire d'un homme une femme (1).

Il n'y a pas deux libertés : la liberté civile et la liberté politique. La liberté humaine, ce don précieux de la Providence, est une; et c'est l'altérer dans son essence que de la priver d'une

(1) Voyez un article du *Journal des Débats*, du 21 décembre 1860, sur des ouvrages récents de M. Jules Simon Laboulaye.

partie de ses attributions en la réduisant, avec les Romains du temps de Tacite, au droit d'élire et d'être élus (1), ou avec quelques libéraux modernes à des droits individuels.

L'individualisme doit tenir sans doute une large place dans l'organisation sociale d'un peuple adulte et déjà mûri par une longue expérience, mais le principe qui en découle tend à l'anarchie quand il n'est pas tempéré par la vie de famille, de paroisse et de cité ; et c'est donner beau jeu aux fauteurs du despotisme que de n'opposer à leurs attentats que des individualités désagrégées et des propriétés en poussière.

Combien de fois, depuis 1789, les libertés publiques ont-elles sombré par les excès de l'individualisme ? Combien de fois a-t-il fallu opposer aux rugissements de l'émeute ce qu'on a improprement appelé le principe d'*autorité ?* C'est s'exposer à de cruels mécomptes que de s'occuper exclusivement du *couronnement* d'un édifice dont la base manque, et ceux-là sont des amis bien inconséquents de la liberté qui la mutilent dans son principe, dans ses caractères essentiels, et qui, tout en l'aimant, semblent vouloir la rendre impossible.

Les libertés d'une nation ne sauraient être scindées ; en les détruisant sur un point on les ébranle sur tout le reste ; et c'est par les fondements plus encore que par le couronnement que doit être restauré l'édifice social. Qu'importe que le despotisme soit exercé par un homme, ou qu'il le soit par une assemblée ? L'assemblée, dira-t-on, représente le peuple souverain. Mais est-ce que l'élu du peuple ne le représente pas aussi ? Est-ce que Napoléon Ier élu par le suffrage universel n'avait pas le droit de dire : « Le gouvernement actuel est le représentant du peuple souverain et il ne peut pas y avoir d'opposition contre le souverain ? » Les partisans avoués du despotisme n'ont pas tous disparu avec le premier Empire : il y a encore en France et ailleurs des hommes qui demandent, au nom du double principe d'autorité et de souveraineté populaire, un gouvernement absolu personnifié dans l'élu du peuple et chargé de commander, d'or-

(1) Loco libertatis esse cœpit quod eligi possumus (Tacite).

ganiser, de produire, d'enseigner, de prier pour tous dans la plénitude de sa puissance, de sa science et de sa sagesse. Qu'ont à répondre les apôtres de l'absolutisme parlementaire à ces partisans de l'absolutisme démocratique, qui ne puisse être rétorqué contre eux avec d'autant plus d'avantage qu'une assemblée élue par le suffrage universel, ou mieux encore le peuple lui-même a évidemment plus de droits à l'omnipotence absolue qu'une chambre des députés élue par le suffrage restreint?

Les garanties réciproques entre les peuples et les souverains qui constituent l'essence de la liberté politique étaient sans doute bien insuffisantes au moyen âge, où les constitutions écrites étaient une exception plutôt qu'une règle, et le rétablissement de ces garanties est nécessaire à une époque dont l'histoire se résumera presque dans celle des luttes sanglantes entre les peuples et les souverains; mais la digue la plus puissante à opposer aux usurpations réciproques, c'est une doctrine qui, tout en confondant dans un même culte les libertés civiles et la liberté politique, ne sépare jamais les droits des peuples de leurs devoirs.

Le droit chrétien du moyen âge suppléait aux chartes écrites par les principes du droit naturel et garantissait surtout la liberté des peuples en rendant le lien politique d'autant plus difficile à rompre qu'il était fortifié par tous les liens sociaux.

Sous l'empire de ce droit, la légitimité des rois et celle des peuples étaient corrélatives. Un peuple ne pouvait pas prononcer arbitrairement la déchéance de son souverain; et un roi ne devait pas penser qu'il lui suffit pour régner et gouverner en toute paix de conscience d'avoir une armée nombreuse et une magistrature docile. On croyait, dans ces temps d'ignorance, que le lien du contrat politique était chose sacrée pour tous. Aucune partie de l'État, dit Grotius, n'a droit de se détacher du corps, *à moins que, sans cela, elle ne soit manifestement réduite à périr;* car tous les établissements humains semblent renfermer l'exception tacite *du cas d'une extrême nécessité*, qui ramène les choses au seul droit naturel (1). Cette doctrine était

(1) GROTIUS, *de jure pacis*, lib. II, c. VI, § 5.

aussi celle de Puffendorf (1). L'un et l'autre l'avait empruntée aux docteurs catholiques les plus célèbres du moyen âge, à ceux-là même dont l'opinion a été ravivée et exagérée peut-être de notre temps dans certaines chaires de théologie de la Faculté de Paris.

Nulle part on ne verra dans les livres des docteurs catholiques le droit et le devoir de l'insurrection posé en principe ; on n'avait pas fait au moyen âge assez de progrès dans la science sociale pour comprendre les conditions d'une alliance politique de manière à la faire dépendre d'un oui ou d'un non.

Est-ce à dire qu'on proscrivait les libertés politiques et surtout la plus précieuse de toutes, celle qui consiste à ne subir que les impôts acceptés? Nullement; c'était, au contraire, une règle du droit français proclamée par Philippe-Auguste, par Louis X, par Philippe de Valois, par Charles VI, par Charles VII (2), consacrée par les états-généraux de 1355 et par l'ordonnance du 28 octobre de la même année, qu'il n'était, comme le dit Bodin, « en la puissance de prince du monde de lever l'impôt à son plaisir sur le peuple, non plus que de prendre le bien d'autrui. »

C'était au moyen âge un principe du droit espagnol que les hommes libres et ingénus ne doivent d'autre service que celui qu'ils ont accepté de bonne volonté; *Et nisi cum bona voluntate vestra feceritis, nullum alium servicium faciatis* (3).

Les Anglais et les Allemands avaient limité par leurs chartes traditionnelles le droit des princes en bien des matières, mais surtout en matière d'impôts.

Le peuple avait donc sa part d'influence politique. Mais quel était ce peuple? C'était le peuple des municipes et non, comme le dit Cicéron, le peuple soudoyé, et ameuté par un Clodius ; c'était le peuple des familles, des paroisses, des cités. Ce n'étaient pas ces masses inorganiques, individualisées, qui ne savent oppo-

(1) *De jure bel. nat. et gent.*, lib. VII, c. VII, § 4. — (2) Voyez le texte de ces ordonnances dans mon *Essai sur la centralisation administrative*, t. II, p. 3. — (3) MARINA, *Ensayos hist. crit.*, c. CLVIII.

ser au despotisme que l'émeute, dont les jours de triomphe sont courts et sanglants, et dont les jours de défaite, longs et plus sanglants encore, ne sont pour la cite et l'État que des canses de ruines, et pour elles-mêmes qu'un redoublement de servitude.

Concluons qu'au point de vue des libertés civiles et politiques, comme au point de vue de l'unité, le droit public intérieur des peuples chrétiens du moyen-âge reposait sur des bases plus solides que ne l'est ce vent populaire appelé dans le langage moderne : *sens commun* ou *opinion publique.*

VI. — Le droit des gens (*jus gentium*) était, dans les doctrines du moyen-âge, comme le droit public intérieur, une émanation du droit municipal, une extension des droits de la famille et de la commune chrétiennes.

Les familles, les cités, les nations étaient considérées comme des sociétés d'hommes unis ensemble pour procurer leur salut et leur avantage à forces réunies. Chacune d'elles gérait ses affaires avec liberté et indépendance ; elle délibérait et prenait des résolutions en commun, et, par là, elle devenait une personne morale, avec son entendement et sa volonté propre, et, par conséquent, capable d'obligations et de droits (1).

Selon le droit public chrétien, les nations se constituent librement, par des affinités naturelles, sous l'empire d'un droit *nécessaire* et *immuable* parce qu'il est, dit Vatel, fondé sur la nature des choses, mais qui emprunte d'ailleurs des formes aussi diverses que les variétés de l'espèce humaine et les circonstances accidentelles où elle se meut.

Une nation (le terme : *nasci*, *nascor*, l'indique) naît spontanément du sol sur lequel se sont établies les familles et les cités réunies en associations autonomes sous l'empire de lois communes et d'un même gouvernement. C'est ainsi que se sont formées des débris du monde romain les républiques municipales de l'Italie, unies par le lien religieux de la papauté, les communes et

(1) Vatel, *Le droit des gens*, préliminaires, 1, 2, 4, 5, 6.

les États confédérés de l'Allemagne, de la Suisse et des Pays-Bas. C'est ainsi qu'est née l'Angleterre aristocratique, si justement jalouse pour elle-même de la liberté qu'elle envie aux autres. C'est ainsi que se sont développés à travers les siècles le royaume très-chrétien de la France et la monarchie catholique de l'Espagne.

Le grand travail de l'époque troublée et féconde du moyen âge, c'est la reconstitution de l'Europe par la fusion des races, par la transformation des tribus en villages, villes et cités, et par la réunion des cités en provinces et en États monarchiques ou républicains. Le droit des gens de la vieille Europe consacrait entre les nations des liens de sociabilité qui n'excluaient pas leur indépendance, et qui étaient analogues à ceux qui unissaient entre eux les citoyens d'un même État. Indépendantes les unes des autres dans tout ce qui touchait à leur constitution nationale, les nations reconnaissaient néanmoins des devoirs communs, non seulement de justice universelle, mais d'humanité. « Toute nation, dit Vatel (1), doit travailler, dans l'occasion, à la conservation des autres et à les garantir d'une ruine funeste autant qu'elle peut le faire sans trop s'exposer elle-même. Ainsi quand un État voisin est injustement attaqué par un ennemi puissant qui menace de l'opprimer, si vous pouvez le défendre sans vous exposer à un grand danger, il n'est pas douteux que vous ne deviez le faire. N'objectez point qu'il n'est pas permis à un souverain d'exposer la vie de ses soldats pour le salut d'un étranger avec qui il n'aura contracté aucune alliance défensive. Il peut lui-même se trouver dans le cas d'avoir besoin de secours, et par conséquent mettre en vigueur cet esprit d'assurance mutuelle, c'est travailler au salut de sa propre nation. »

Le principe de non-intervention, cette maxime égoïste, inventée par la révolution et défendue par ses adeptes, comme un théorème de droit public, n'existait pas dans l'ancien droit public européen ; le principe général de la sociabilité était accepté

(1) *Droit des gens*, l. II. *De la nation confédérée dans ses relations avec les autres.*

dans l'ordre politique et international comme dans l'ordre municipal; la politique extérieure n'avait pas adopté encore la règle toute britannique de l'égoïsme national; l'Europe n'aurait pas été enchaînée à cette époque en présence d'un gouvernement suscitant par la corruption et par la violence des révolutions et des guerres à un gouvernement ami, sauf à faire ratifier ces violations des lois de la justice et de l'honneur par le suffrage universel, instrument si docile qu'il rend toujours, sous le doigt qui le presse, le son qu'on désire obtenir de lui; on n'aurait pas imaginé, dans les siècles chevaleresques, de proposer à un souverain la vente à prix convenu d'une partie de ses États et de l'honneur de sa couronne, sous peine de lui enlever le reste et de mettre le feu à l'Europe. Ce n'est point ainsi que les *barbares* du moyen-âge comprenaient le principe de la sociabilité. Ce qui dominait alors les rapports entre les souverains et les peuples, ainsi que ceux des nations entre elles, c'étaient les principes du droit naturel interprétés pour tout le monde chrétien par une cour plus auguste que le sénat de Rome ou l'aréopage d'Athènes. C'était au dedans le respect des constitutions traditionnelles, réputées inviolables, hors les cas d'extrême nécessité; c'était au dehors le respect des peuples pour leur réciproque indépendance, et leur devoir de se secourir mutuellement contre des révoltes intérieures ou contre des guerres injustes.

Il est difficile de juger les institutions des siècles de foi avec les idées sceptiques d'un siècle d'incrédulité ; mais ne devons-nous pas reconnaître que l'arbitrage suprême d'un roi-pontife, indépendant de toutes les puissances terrestres, et exempt, par l'immutabilité des limites de son pouvoir temporel, des égarements de l'orgueil, de l'ambition et de l'envie dans le jugement des grands litiges européens, était, pour les rois comme pour les peuples, une digue plus salutaire que l'antagonisme des deux grandes forces du monde moderne : l'émeute et l'armée ? N'y avait-il pas dans l'idée de la monarchie pontificale réduite à la force morale, aux armes purement spirituelles, quelque chose de plus élevé que dans la démocratie unitaire, qui affecte de concentrer toute l'action politique dans la force matérielle de l'État et dans le pouvoir absolu du prince qui la représente ?

Le système d'inégalités et de priviléges empruntés soit aux injustices du monde romain, soit à la barbarie du droit de conquête ne prévalait sans doute que trop contre l'influence chrétienne, compromise même quelquefois par l'indignité de ses ministres. Mais c'est calomnier la politique de nos ancêtres, que de la confondre avec les calamités sociales contre lesquelles elle a été constamment en lutte.

Le but principal de cette politique, c'était la paix (*fredum*), l'ordre dans la tranquillité (*bannum*), l'extinction des vengeances privées et des guerres d'aventuriers (*faidæ*) ; c'était l'affranchissement progressif des personnes et des terres ; c'était la fusion des races dans les nations autonomes et indépendantes du joug étranger.

On représente cette politique comme favorisant l'esprit de caste le plus immobile, le plus impénétrable, le plus antipathique à l'égalité des citoyens et à l'unité politique. Oublie-t-on que les priviléges de la noblesse héréditaire ne datent, dans plusieurs États de l'Europe et particulièrement en France, que de la période féodale, et que, jusqu'alors, les distinctions sociales étaient personnelles et liées à des services publics ? Oublie-t-on que la chevalerie est, de toutes les institutions qui aient jamais consacré les supériorités personnelles, la plus pure, la plus élevée, la plus féconde en grandes choses ? Oublie-t-on que, même dans des temps dégénérés, la noblesse si décriée et si enviée a conservé des droits à l'estime et à la reconnaissance des peuples, en versant généreusement son sang sur les champs de bataille, pour des causes justes et saintes, ou en servant, sous d'autres rapports, par des sacrifices intelligents, la gloire et la prospérité nationales ?

Le double but de la politique au moyen âge peut se résumer en deux mots : *Unité dans la liberté* ; et s'il est vrai que, pour l'atteindre, il ait fallu faire violence aux mœurs, on doit en féliciter doublement la doctrine qui a triomphé de leur résistance, et flétrir au contraire celle qui, en pleine civilisation, et au sein d'une paix profonde, attise les révoltes des peuples contre les gouvernements, en leur donnant pour auxiliaires des volontaires cosmopolites, que le moyen âge aurait flétris du nom de forbans (*forbanniti*), et prépare partout, par les excès de l'unitarisme, la dissolution des sociétés.

Ce n'est pas au moyen âge qu'ont été commis les grands attentats dont l'Europe subit en ce moment les conséquences par la réaction du principe des nationalités opprimees ; et ce n'est pas le droit chrétien qui méconnaîtra ce grand principe. A ses yeux, toute nation qui se gouverne par elle-même, sous quelque forme que ce soit, et quelle que soit sa pauvreté ou sa faiblesse relative, est un état *souverain*. Les droits du plus petit État sont les mêmes que ceux des puissances les plus formidables. C'est celle des personnes morales qui vivent ensemble dans une société naturelle soumise aux lois du droit des gens. « Pour qu'une nation ait droit de figurer immédiatement dans cette grande société, il suffit, dit Vatel (1), qu'elle soit véritablement souveraine et indépendante, c'est-à-dire qu'elle se gouverne elle-même, par sa propre autorité et par ses lois. » « Ce n'est pas, dit Bodin, la grandeur qui fait la république, mais l'établissement d'une puissance souveraine, et le chef de trois familles est aussi bien roi, que le plus grand monarque de la terre. »

C'est ainsi qu'au moyen âge on entendait le droit des *nations*, et c'est en se plaçant au sein de ces élements traditionnels, que toute nation opprimée savait trouver en elle-même l'énergie nécessaire pour triompher de ses tyrans : c'est ainsi que les peuples du Nord ont réagi au cinquième siècle contre les longues iniquités de l'empire romain ; c'est ainsi que, quelques siècles plus tard, les Espagnols se sont soulevés contre les Maures, les Suisses contre les Autrichiens, les Français contre les Anglais, les peuples des Pays-Bas contre la tyrannie de Philippe II.

Que l'Italie se débattant dans les serres de l'aigle à deux têtes eût cherché à reconquérir par ses seules forces, contre le

(1) *Droit des gens*, l. I, c. I, n° 4.

gouvernement absolu d'un peuple étranger, sa liberté et son indépendance, le droit chrétien eût applaudi ; et s'il avait pu peser dans les conseils de l'Europe, il aurait affranchi non-seulement l'Italie, mais la Hongrie, la Pologne, l'Irlande, cette nation de martyrs qui, réunie dans ses paroisses autour de ses prêtres, dans une position analogue à celle du peuple de Rome et du peuple grec, réduits à se cacher ou à fuir pour échapper à l'oppression tyrannique des Allemands ou des Turcs, est pour longtemps peut-être encore condamnée à subir le joug de la *libérale* Angleterre.

En ce moment même, le droit chrétien sympathise avec les Polonais, demandant par la voix de l'archevêque et des principaux habitants de Varsovie, que leur Église, leurs lois, leur organisation tout entière, soient mises en harmonie avec leur génie national et leurs traditions historiques, et que la Constitution de 1815, noyée dans le sang après l'émeute de 1831, soit rétablie sur les bases posées par l'empereur Alexandre. Le droit chrétien sympathise avec ceux de la nation hongroise, qui, se séparant avec éclat du triumvirat révolutionnaire, s'efforcent de rétablir leurs libres comitats et leur diète nationale, sans briser le lien politique qui les rattache à l'empire. Il sympathise avec les populations de l'Orient, qui aspirent à s'affranchir du joug musulman qui les étreint, et qui repoussent la domination moscovite qui les menace. Il sympathise avec les Allemands, cherchant à résoudre le grand problème de l'indépendance des petits États, sans porter atteinte au lien fédéral et à l'existence des deux grandes puissances qui en sont la principale force ; et convaincus, selon l'expression d'un ministre prussien, que c'est vers l'union et non vers l'unification des États allemands, que doit tendre la politique. Il sympathise avec les Italiens, impatients de se débarrasser du bienfait de la protection étrangère et des importations d'outre-mont, et de reconstituer, sous le sceau du droit public européen, leurs municipes indépendants et leurs circonscriptions régionales, transition à leurs États distincts et indépendants.

Dans l'ordre politique comme dans l'ordre naturel, la volonté de l'homme ne peut rien créer en dehors des voies de la providence (1). Les constitutions traditionnelles et historiques sont seules durables, et rien de plus triste que de voir de prétendus hommes d'État refaisant chaque jour, au gré de leur mobile caprice, la carte de l'Europe, avec la pointe non plus de leur épée mais de leur plume, tandis que la révolution, poursuivant avec persévérance son rêve d'unitarisme démocratique, cherche, à la faveur du trouble intellectuel des chancelleries, à décapiter tous les États et la chrétienté tout entière par son prétendu système de république universelle, qui n'est autre que celui de l'égalité dans l'abaissement, et à soumettre au terrible niveau du lit de Procuste toutes les conditions sociales, tous les peuples, tous les gouvernements.

C'est contre ces théories sauvages et contre la complicité ou la tolérance des gouvernements sous l'égide desquels elles se propagent, que le droit chrétien proteste avec une énergie incessante en protégeant dans les princes comme dans les peuples, dans les classes aristocratiques comme dans les classes populaires, la justice, l'humanité, la paix, l'ordre, la liberté, tous ces grands bienfaits de la providence. Deux nouveaux noms viennent de s'inscrire dans ses fastes glorieux : Castelfidardo et Gaëte ; Castelfidardo teint du sang français répandu pour la plus sainte des causes ; Gaëte où un jeune couple royal a, par sa résistance héroïque, sauvegardé l'avenir des vieilles races et des légitimités nationales abandonnées ou trahies par tous les gouvernements de l'Europe. L'expression la plus haute, la plus pure du droit chrétien, c'est la Papauté, c'est cette lumière d'en haut qui ne s'éclipse jamais sans couvrir le monde de ténèbres ; c'est cette immense force morale qui agit en raison directe de sa faiblesse matérielle, qui s'accroît par la persécution, et contre laquelle les portes de l'enfer ne prévaudront pas.

Le droit chrétien, fidèle à sa maxime fondamentale : *unité dans la liberté*, condamne hautement les formules de Pansla-

(1) Nisi dominus ædificaverit domum, in vanum laboraverunt qui ædificaverunt eam. (*Ps.*)

visme, d'unitarisme allemand et italien, et de centralisation française, à l'aide desquelles la révolution excite partout les guerres de races et la destruction des gouvernements, dans l'espoir de mettre aux mains des démagogues la force brutale que le peuple, bientôt las de leurs prétendus bienfaits, ne leur laisse quelques jours que pour la livrer aux soldats. Le droit chrétien réprouve toutes ces révolutions avortées qui prennent pour drapeau l'indépendance et la liberté des nations, et qui ne fondent partout que l'autocratie militaire. Ce qu'il réprouve surtout, c'est la résurrection, au dix-neuvième siècle, des essais de despotisme de ces empereurs du moyen âge qui opprimaient à la fois la liberté des papes et celle des peuples, et qui aspiraient, sous le nom de Gibelins, à faire de Rome le centre d'un nouveau bas-empire. Le droit chrétien n'admet pas d'ailleurs que la fin justifie les moyens, et rien n'est plus contraire à ses principes essentiels que le mépris, ouvertement affiché, de toutes les lois divines et humaines, dans les pratiques employées pour atteindre un but même légitime (1). Ce qui lui est odieux, c'est l'esprit de révolution empruntant le masque de l'esprit de nationalité, demandant aux armes, a l'or, aux lois, aux mœurs de l'étranger des ressources pour une prétendue guerre *d'indépendance* et des modèles pour la réforme des constitutions *nationales*. Ce sont les offices intéressés d'un peuple de marchands cherchant, avec une insatiable et féroce avidité, des aliments pour son commerce dans le sang des peuples qu'il a livrés aux déchirements des dissensions intestines. Ce sont ou les complicités hypocrites ou les lâches défections de gouvernements oublieux de la mission qu'ils ont reçue d'intervenir partout en faveur de l'humanité et de la justice, et qui, sous prétexte de respecter l'indépendance des peuples, les livrent sans défense aux révolutions qu'ils encouragent par leur coupable inertie.

(1) Tutto questo puo esso forse anormale e strano selosi giudica selon i trattati di Puffendorfio e di Vatel : ma e strattamante logico se si riguarda al fine che si propongono gli Italiani ed ai mezzi di cui dispongono. (*Opinione* del 7 de agosto 1860.)

Quoi ! c'est au nom du droit chrétien, s'il faut en croire certains publicistes (1), que l'Italie révolutionnaire confond dans une haine commune la domination étrangère et le pouvoir temporel des papes qui l'en ont affranchie si souvent ! C'est au nom du droit chrétien qu'elle prostitue les intérêts, l'honneur, l'âme de ses peuples aux convoitises d'un prince égaré par l'ambition et aux politiques contradictoires de deux alliés dont l'un la pousse vers l'unité et l'autre vers la fédération ! C'est au nom du droit chrétien et national qu'elle livre à des bandes de *condottieri* cosmopolites la liberté de ses municipes, l'indépendance de ses États, sa foi, son unité religieuse ! La vraie cause de la liberté et de la nationalité italienne n'aurait pas dévié de son but au point de déposséder soit par la violence, soit par la ruse tous les princes légitimes de l'Italie de leurs États. Cette sainte cause ne se serait pas souillée de tous les attentats contre le droit des gens, de tous les actes de cruauté inutile commis, au nom d'un gouvernement usurpateur, par ses généraux et par ses soldats. On n'aurait pas vu, au service d'une cause juste et sainte, les évêques emprisonnés, chassés de leurs siéges et forcés de s'exiler eux-mêmes ; les ordres religieux abolis en grande partie et ceux qui restent réduits à l'impossibilité de communiquer avec leurs supérieurs généraux ; les ministres du sanctuaire inquiétés de toutes manières ; la prédication de la parole divine soumise à la censure d'un pouvoir tyrannique, tandis que les choses de la religion sont livrées impunément dans les livres et sur les théâtres à la risée publique. On n'aurait pas vu le droit de propriété ébranlé par la confiscation des biens ecclésiastiques, et la hiérarchie catholique atteinte dans son essence par les obstacles de toute nature opposés à la prise

(1) Diciamolo senza ambagi, e con tutta la liberta del pensiere dataci della fede nel destino immortale del cristianesimo : i mali che l'Italia soffre si da gran tempo, come pure la difficolta si complicate del suo attuale stato, derivano da due cagioni principali : il dominio straniero e il poter temporal dei Papi (*La polit ca e il diritto cristiane di* MASSINO D'AZEGLIO, p. 26).

de possession de leurs siéges par les évêques préconisés (1). Le droit chrétien n'accepte pas, au nom de la liberté et de l'indépendance italiennes un résultat qui se résume dans la chute de tous les trônes légitimes de la Péninsule, tandis que la domination germanique, seule menacée dès l'origine par les programmes officiels, y conserve encore intacte, sous la protection de l'Angleterre, la partie la plus considérable et la plus forte de ses possessions.

Le grand débat qui s'agite aujourd'hui autour du trône temporel du Pape a d'ailleurs bien d'autres limites que les États pontificaux, et même les Alpes et l'Adriatique. Il ne s'agit rien moins que de la lutte entre deux doctrines, qui sont en quelque sorte les deux pôles du monde moral, et celui-là a eu seul le mérite de la logique qui a toujours dit que l'unité italienne ne serait proclamée que du haut du Quirinal.

Les adeptes patents ou secrets de la révolution italienne ne cessent de parler de la liberté, de l'indépendance, de l'unité politique, et c'est avec cette triple et mensongère formule qu'ils rétorquent contre les Souverains-Pontifes et contre les dynasties royales les armes dont les prédécesseurs de Pie IX et les ancêtres de François II avaient usé au moyen âge contre la tyrannie impériale. Quelle ingratitude et quelle logique!

Disons-le sans passion, mais avec la conviction profonde que nous inspire une longue et patiente étude des principes sociaux et des constitutions historiques des États de l'Europe nés du démembrement de l'empire romain, qui a été l'expression la plus formidable du droit de la force : Non, ce n'est pas une œuvre de liberté que le renversement des trônes, l'exil ou l'assassinat des rois, et l'assujettissement des peuples au joug de la démagogie. Non, ce n'est pas respecter le principe des *nationalités* que de s'attaquer à l'existence traditionnelle de tous les États convoités par les grandes puissances, de les disloquer, de les annexer, sans autre règle que le caprice de quelques hommes

(1) Voir la dépêche du cardinal Antonelli au chargé d'affaires de France, en date du 26 février 1861.

d'État coalisés dans une pensée révolutionnaire. Non, l'on ne rend pas hommage au principe de l'*unité* en dépouillant de sa souveraineté temporelle le plus auguste représentant de l'unité sur la terre ; au principe du *progrès*, en laissant s'armer, sous les yeux de l'Europe muette et tremblante, des bandes révolutionnaires courant sus aux gouvernements comme des pirates. Ce prétendu nouveau droit public, ce prétendu nouveau droit des gens, est un attentat permanent à la loi naturelle, à la loi chrétienne ; c'est un retour au despotisme, à la barbarie, aux guerres privées, à tous les fléaux combinés de l'antiquité païenne et du moyen âge. Avec un code pareil, toutes les autorités légitimes sont menacées, toutes les libertés sont atteintes, toutes les sociétés sont ébranlées dans leurs fondements. Il n'y a plus d'autre droit que la force, d'autre devoir que l'obéissance aux pouvoirs acclamés par ces multitudes toujours prêtes à briser l'idole qu'elles ont adorée.

Et maintenant comprenez, peuples et gouvernements, que la révolution disciplinée recèle dans son sein des dangers qui, quoique moins apparents que les désordres de la rue, n'en sont peut-être que plus redoutables. Comprenez que le pouvoir absolu des hommes est impuissant à sauver les sociétés menacées, que le droit est dépourvu de sanction s'il n'a une origine divine, et que la violation des principes qui viennent d'en haut entraîne fatalement, quelque déguisement qu'elle emprunte, les sociétés vers l'abîme où elles vont s'engloutir.

Que les trônes, ces debris vermoulus de l'aristocratie féodale, s'écroulent de toutes parts ; que la tiare, si longtemps vénérée par les grands potentats . devienne l'humble vassale d'un prince imposé par la révolution, les foules applaudiront, sans doute, comme elles applaudissent toujours à la chute des grandeurs de ce monde. Mais que restera-t il dans cette hécatombe des vieilles choses, des antiques droits de la famille, de la cité, de la religion ? Ces droits seront-ils absorbés dans toute l'Europe comme ils le sont en France, par ce monstre dévorant, qui grandit toujours sous le nom d'État ? N'y aura-t-il plus place dans ce monde que pour l'autocratie militaire et le socialisme fiscal ? Je ne sais, mais sous la pression de craintes trop légitimes, je crois accomplir un devoir en évoquant contre l'omnipotence imminente du *Léviathan* quelques-uns des innombrables titres des peuples de l'Europe à des libertés qui ne peuvent disparaître entièrement, sans qu'on ne coure le risque de voir s'éteindre toute lumière et périr toute notion de justice et de liberté.

LIVRE Ier

CARACTÈRES GÉNÉRAUX DU DROIT MUNICIPAL DANS LES TEMPS MÉROVINGIENS ET CARLOVINGIENS.

CHAPITRE PREMIER

DE L'INFLUENCE DE L'INVASION ET DES COUTUMES GERMANIQUES SUR LA CONSTITUTION DES ÉTATS NÉS DU DÉMEMBREMENT DE L'EMPIRE D'OCCIDENT.

I. — Les tribus germaniques, révélées au monde romain, d'abord par les invasions des Cimbres et des Teutons, puis par les guerres d'Ariovist contre César, se divisaient en haute et basse Germanie (*Germania superior* et *Germania inferior*).

Les tribus de la haute Germanie portaient le nom générique de Suèves ou Souabes (peuples errants), et habitaient l'intérieur de l'Allemagne actuelle, la haute Pologne et les bords de la Baltique. Les habitants de la presqu'île Scandinave appartenaient aux tribus Saxonnes. Dans la basse Germanie étaient compris les Saxons, les Cattes, les Bructères, les Bataves, les Frisons, les Cimbres, les Angles, les Chérusques.

Ces peuples, réunis en tribus, ou confondus en partie, après les conquêtes de Jules César, avec les populations romaines, dans les cités administrées sous le modèle de la capitale du monde par des colléges de décurions, suivaient des coutumes traditionelles décrites par Tacite : *De moribus Germanorum*, et publiées successivement à des époques qui n'ont pas été bien précisées par la science (1).

La peuplade des Francs, qui était originairement établie sur la rive droite du Rhin, franchit le fleuve vers l'an 253 avant l'ère chrétienne et pénétra peu à peu dans les Gaules jusqu'à Tournai et Cambrai (2).

Les Francs qui firent irruption dans les Gaules y furent reçus sur les terres riveraines du Rhin à titre de *fœderati*, à la charge par eux de garder le fleuve et de servir comme auxiliaires dans les armées romaines, ce qui leur fit donner le nom de *Francs ripuaires* (3).

Au commencement du 4e siècle (305), Maximien et Constance Chlore établirent des Francs, à titre de lètes, dans les champs déserts des Trévires et du Hainaut, sur les territoires de Langres, de Troyes, de Beauvais, d'Amiens (4) ; et l'empereur Constantin transporta des nations franques des rives lointaines de la barbarie dans les régions désertes de la Gaule, afin qu'elles pussent seconder la paix ou la guerre de l'empire romain par l'agriculture ou par les armes (5).

En 358, les Francs Saliens s'établirent dans la Gaule Belgique, entre la Moselle et l'Escaut, du consentement de l'empereur Julien, qui ouvrit les rangs de l'armée romaine à ceux d'entre eux qui voulurent être enrôlés dans ses légions, et donna aux autres des terres, *agri-limitanei*, à la charge de les défendre.

(1) Voyez la dissertation insérée dans le recueil des *Diplomata, Chartæ*, t. I, p. 22. — (2) MONTFAUCON, *Monuments de la monarchie française*, t. I, p. 10 ; — HALLAM, l'*Europe au moyen âge*. T. I, p. 3. — (3) ZOZIME, *Hist.*, I, 253, 268. — (4) EUMÈNE, *Paneg. Constantin*, p. 185 ; — (5) *Ibid.*, p. 205.

Des colonies militaires de Burgundes avaient été établies aussi par les Romains sur la rive gauche du Rhin.

Ces dangereux alliés d'un empire avili par le despotisme, où la force tenait lieu de droit, et d'où toute vertu politique et militaire était exilée, oubliant, au milieu des périls dont elle était entourée, la majesté (1) du peuple romain, pour laquelle ils avaient été armés, pénétrèrent, les les uns par force et les armes à la main, les autres par la complicité des magistrats municipaux, sur le territoire romain. Les Francs envahirent le nord de la Gaule, et s'établirent solidement sur la rive gauche du Rhin, tandis que les Alains et les Bretons s'assuraient les bords de la Loire, et que Syagrius se proclamait indépendant, à la tête des débris de la milice, dans quelques cantons de la Lyonnaise.

Les Burgundes, invités par les décurions de la Séquanaise à occuper la province et à partager le territoire avec les indigènes, qui espéraient trouver dans la domination des Barbares plus de justice et de modération que dans celle des Romains, fondèrent un empire qui s'étendit alors entre la Somme, le Rhône, le Rhin, les Vosges et les Alpes Pennines, et se prolongea ensuite dans la Viennoise et la Provence (2).

Sur la rive droite droite du Rhin, et dans le territoire situé entre le lac de Constance et le Mein, étaient les Allemands, les Bavarois, les Thuringiens et les Frisons.

La nation Allemane (réunion de plusieurs peuples), et la nation Franque, formée des conquêtes successives des

(1) *Dig.*, liv. XLIX, tit. XV. *De captivis et postliminio.* — (2) SIDON. APOLL., *apud Bouquet*, I, 785 ; — *Marii episc. chron.*, II, 13 ; — *Fredegarii excerpta ex chron. Euseb.*, II, 462 ; — DE GINGIN, *Essai de l'établissement des Burgundes dans la Gaule* ; — FAURIEL, *Histoire de la Gaule méridionale.*

peuples germaniques dans la Gaule, n'ont formé deux royaumes distincts que vers le milieu du neuvième siècle. Du règne de Clovis à celui de Charles le Gros, l'empire des Francs, quoique divisés par le fleuve du Rhin en Francs occidentaux et en Francs orientaux, s'étendait sur l'Allemagne comme sur la France (1).

II. — Les diverses tribus germaniques de l'empire franc étaient régies par des lois personnelles, dont la diversité s'explique, quoiqu'en ait pensé M. de Savigny (2), par l'amour des Germains pour la liberté.

Les Francs Saliens obéissaient à la loi salique, où se reflètent, de la manière la plus fidèle, les usages des Germains, tels que les décrit Tacite. On attribue généralement à Clovis 65 titres de cette loi, auxquels on a donné le nom de *Capitularia principalia*. Clovis et ses successeurs, Childebert et Clotaire, y ont fait diverses additions (3).

La loi des Ripuaires, promulguée vers l'an 530, était celle des Francs, qui habitaient la rive gauche du Rhin (4).

La loi des Bavarois, rédigée sous le règne de Dagobert Ier, vers l'an 637 (5), et celle des Allemands, écrites en général d'un style simple et laconique, malgré les emprunts faits au droit romain, avaient un caractère essentiellement germanique.

Parmi les autres peuples du Nord, qui envahirent l'occident de l'Europe, et dont quelques-uns le traversèrent comme des météores, sans laisser d'autre trace que les ruines qu'ils avaient faites, se distinguent les Bourguignons, les Visigoths, les Ostrogoths, les Lombards et les Saxons.

(1) HALLAM, *l'Europe au moyen âge*, IV, 1. — (2) *Histoire du droit romain au moyen âge*, t. I. p. 86. — (3) *Chartæ, Diplomata, prolegomenes*, p. 354, et *notice*, I, p. 25, LXXII, p. 42. — (4) *Ibid.*, CXVI, p. 78 ; — (5) *Leges Bajuvariorum* (MÉDERER, Ingolstadt, 1797).

Les Bourguignons se fixèrent dans les provinces de la Gaule arrosées par le Rhône et la Saône, et y vécurent sous l'empire des lois recueillies par les rois Gondebaud et Sigismond, et promulguées par Chilpéric vers la fin du cinquième siècle (1).

Les Visigoths importèrent, dans les cinq plus riches provinces de la Gaule méridionale, et dans la meilleure partie de l'Espagne, les coutumes qui furent publiées dans le *Breviarium* d'Alaric II, vers l'an 506, et qui dominèrent ainsi depuis la Loire et l'Océan jusqu'à la Méditerranée et à Barcelone.

Les Ostrogoths avaient déjà envahi presque toute l'Italie, et, dès l'an 500, leur roi Théodoric avait promulgué un code de lois; mais leur puissance fut anéantie par les armes de Bélisaire et de Narsès. Les Lombards, fixés depuis peu en Pannonie, leur succédèrent dans la possession de l'Italie septentrionale, formèrent les puissants duchés de Spolette et de Bénévent, et arrachèrent, vers le milieu du huitième siècle, l'exarchat de Ravenne à l'empire d'Orient. Ces peuples obéissaient aux lois judicieuses du roi Rotharis (643), auxquelles succédèrent celles de Grimoald (668), de Luitprand (713), de Rachis (746) et d'Astulphe (754) (2); et, postérieurement à la conquête des Francs, les Capitulaires de Charlemagne, de Pépin d'Italie, de Louis le Débonnaire, de Lothaire Ier, de Louis II, etc.

Les Saxons enlevèrent aux Bretons, vers la fin du sixième siècle, une partie de la Grande-Bretagne, et

(1) *Chartæ., proleg.*, p. 354, et *notices*, LXXI, p. 42, et LXXIII, p. 50. — (2) Voyez, *Sur les lois et la politique lombardes*, GIBBON, c. XLV, le IVe et le Ve livre de GIANNONE, et *les Mémoires de l'Académie des Inscriptions*, t. XXXII, XXXV et XLV. Voyez aussi SAVIGNY, *Droit romain au moyen âge*, t. II, ch. XIV.

y formèrent les sept royaumes appelés l'heptarchie saxonne (1).

Trois codes des lois anglo-saxonnes furent successivement publiés par les rois de Kent, Lothaire et Witred, et par Ina, roi des Saxons de l'Ouest, avec le consentement des évêques et des aldermen, dans la grande assemblée du peuple appelée Witen-Agemot, et restèrent en vigueur jusqu'au moment où le grand Alfred, après avoir sauvé des attaques des pirates du Nord la monarchie anglo-saxonne, la dota des institutions qui ont immortalisé son nom (2).

Les lois saxonnes gouvernèrent non-seulement la Grande-Bretagne, mais encore quelques provinces françaises, telles que l'Anjou et le Maine.

III. — Un siècle s'était à peine écoulé depuis que l'invasion germanique avait démembré l'empire romain, et formé de ses débris les États de l'Europe occidentale ; et déjà l'antagonisme des races latines et germaniques, cette plaie fatale de la conquête, commençait à se cicatriser, par les soins combinés de l'autorité spirituelle et du pouvoir temporel.

Il suffit de jeter les yeux sur les actes des évêques, sur les canons des conciles et sur les chartes et les diplômes des rois mérovingiens, pour voir avec quelle persévérance et avec quel succès croissant l'esprit de liberté germanique, épuré par le christianisme, et éclairé par les traditions savantes du monde romain, a lutté contre des obstacles en apparence insurmontables.

Ces barbares, dont les vêtements et les corps puants soulevaient de dégoût les sens des Romains efféminés (3)

(1) *Chronicon Saxonicum*, p. 70. — (2) WILKINS, *Leges Anglo-Saxon.*; — BRADY, *the history of Boroughs and municipal corporation*, t. I, p. 10; — *The Saxon period.* — (3) *Corporum atque induviarum barbarorum fœtore dissentientes* (SALV., *De gub. Dei*, lib. V).

avaient, sur les esclaves indóciles du Bas-Empire un double avantage; ils étaient, même en sortant de leurs forêts, *libres et fidèles;* et lorsque le baptême, administré par de saints évêques, eut éclairé ces tribus ignorantes des lumières de l'Évangile, doué ces peuples enfants de forces viriles, élevé ces idolâtres à la dignité des enfants de Dieu, on put juger de ce que valait l'autocratie militaire la plus formidable qui fut jamais, contre l'esprit social animé par la foi et la liberté.

C'est ce double esprit qui, dès l'époque mérovingienne, a préparé de loin la fusion des races et des classes diverses multipliées par la conquête, la création de nations nouvelles, et l'avénement de gouvernements représentatifs, tels qu'il pouvait en exister à cette époque semi-barbare.

La lutte des deux éléments politiques qui se disputaient la prépondérance emprunta malheureusement à la barbarie des mœurs une violence dont s'emparèrent les ambitions surexcitées par les partages des États entre les fils des rois et des empereurs.

Les compétitions sanglantes des Neustriens et des Austrasiens éclatèrent, et la fureur des guerres civiles, manifestée par les crimes des princes qui se disputaient le pouvoir, et surtout des deux femmes célèbres dont la rivalité remplit l'histoire du sixième siècle (1), compromirent tous les germes de régénération sociale que la Providence semblait avoir réservés au monde.

Clotaire II, fils de Chilpéric et de Frédégonde, étant devenu roi de toute la monarchie, en 613, se fit livrer Brunehaut, et cette reine, dernière et malheureuse expression des races latines, fut condamnée à mort dans un *placité*

(1) *Histoire de France*, par H. MARTIN, t. II, p. 153 et suiv.

général (1), et subit sa condamnation, attachée par les cheveux à la queue d'un cheval indompté. Tel fut le signe symbolique de la prédominance politique de la société germanique sur la société romaine.

Les rois francs cherchèrent, dans les assemblées publiques renouvelées des vieilles coutumes, le lien des deux nations ennemies, et l'on vit se multiplier dans le royaume des Francs ces *placités*, dans l'un desquels Clovis, vainqueur de Syagrius, s'étant écrié : *Francs, abandonnons un vain culte, soumettons-nous au vrai Dieu*, ses compagnons d'armes, le front incliné, avaient embrassé avec lui la religion chrétienne (2).

Le pouvoir politique agit avec plus d'autorité dans les pays du nord de l'Europe où dominait le régime des *mâls* et des *plaids* seigneuriaux, que dans les pays méridionaux où, dès que la conquête eut brisé le bien qui les rattachait à l'empire par le préfet du prétoire, la vie publique se concentra presque tout entière dans l'étroite enceinte de chaque cité. Mais, dans les pays où règnait le droit écrit de Rome, comme dans les pays gouvernés par les coutumes germaniques, l'Église chrétienne seconda les rois dans l'œuvre conciliatrice, et devint un lien social d'autant plus puissant, qu'il ne s'exerçait que sur les intelligences et les cœurs de ces peuples enfants. Grâce à la triple influence de l'Église, des princes chrétiens et des lois municipales romaines, les problèmes les plus ardus de l'organisation sociale, quoique bien incompris, sans doute, de populations serves ou esclaves, étaient déjà résolus, dès l'époque mérovingienne, selon des principes que les démocrates du dix-neuvième siècle auraient tort de traiter avec un superbe dédain.

(1) Dom BOUQUET, t. II, p. 669. et t. III, p. 485. — (2) AIMOIN. *De gestis Francorum*, l. I. c. XVI.

Dans ce monde à peine échappé aux ravages de la conquête, on reconnaît les traces d'une hiérarchie sociale, où chacun s'élève au desssus de ses semblables en proportion des services qu'il rend à la chose publique ; et la noblesse, dont le fantôme suscite, de notre temps, de si ardentes haines et de si puériles terreurs, comprise dans son véritable sens, prend place parmi les institutions sociales, et loin de constituer une caste politique fermée, n'est qu'une pépinière où les rois choisissent ceux que leur mérite éprouvé désigne à des honneurs périlleux. Il n'y a, d'ailleurs, en dehors de la classe des hommes libres ou ingénus, d'autre distinction que celle des fonctions publiques, exercées par eux pour le service du roi, ou des diverses branches du ministère religieux. Les prêtres et les soldats sont seuls réunis *en ordres*, dans ces sociétés naissantes ; mais le tiers-état y existe en germe, dans les professions libérales et dans l'exercice des arts et métiers. L'esclavage, ce triste legs de la civilisation païenne, s'y maintient sous la forme la plus dure et la plus humiliante, celle du colonat perpétuel, c'est-à-dire de l'identification de l'homme à la glèbe ; mais déjà commencent à poindre les premiers affranchissements.

Tandis que les personnes se classent en associations distinctes, les propriétés se reconstituent sous le sceptre des conquérants ; et, grâce à des partages faits dans des proportions différentes, selon le caractère des peuples et les accidents de la conquête, à côté des terres fiscales, qui passent des empereurs romains aux chefs des tribus germaniques, apparaissent les terres *allodiales ;* et l'agriculture, délaissée, faute de bras libres, par les possesseurs des *latifundia* romains, retrouve, sous la main des Barbares, des éléments de fécondité.

Sur cette organisation primitive des personnes et des

terres, le droit municipal des Romains se lève et répand sa docte et bienfaisante influence. Les codes de Théodose et de Justinien pénètrent de l'Italie en France, en Espagne et plus tard en Angleterre et en Allemagne; et la loi romaine, adoptée par les canons de l'Église et par les chartes des rois, fait revivre une organisation municipale, que perfectionne l'idée chrétienne, en substituant au patriciat étroit et jaloux de la cité antique les principes larges et féconds de la liberté, de l'égalité et de la fraternité catholique, c'est-à-dire universelle.

C'est un magnifique spectacle que celui qu'offrent au monde en voie de régénération la paroisse chrétienne et la curie romaine, ressuscitant la cité avec l'aide des débris des familles sénatoriales, et sous l'empire intelligent et inspiré de ces rois francs, qu'une déplorable erreur historique a essayé de découronner dans les premiers siècles du moyen âge. Les évêques, dit Gibbon, ont fait le royaume de France. Ajoutons qu'ils l'ont fait avec le concours des rois, et que les évêques et les rois francs ont été les initiateurs de la civilisation de l'Europe occidentale au mo en âge.

CHAPITRE II

DE LA CLASSIFICATION DES HOMMES LIBRES ET DES PREMIERS AFFRANCHISSEMENTS.

I. — L'esprit qui anime toutes les lois des peuples d'origine germanique est un esprit de liberté. On le voit par la sévérité des peines édictées contre les atteintes à la liberté individuelle : «Quiconque s'oppose à la libre circulation sur les routes est puni d'une amende qui varie selon la nature de l'obstacle (1); quiconque, sans cause légitime, enchaîne un ingénu est condamné à payer 30 sous d'or (2); quiconque a enlevé et vendu un ingénu est puni d'une amende de 100 sous d'or (3). »

Tous les peuples germaniques reconnaissaient le même principe, l'intervention des hommes libres dans les affaires publiques (4). Les mots *Franc* et *libre* signifiaient indifféremment un Franc d'origine ou un homme libre. On était libre par droit de naissance; on devenait libre par affranchissement. Il n'y avait que deux lois, la loi des esclaves et la loi des hommes libres (5).

Certains *ingénus* portaient le titre de grands (*Proceres*). C'étaient les personnes qui tenaient les premiers rangs à la cour, à raison de leurs dignités et de leurs offices. Grégoire de Tours les nomme quelquefois *seniores regni*, nom dont s'est formé dans notre langage celui de *seigneurs*. On apprend, par les plaids auxquels ils assistaient avec le roi, qu'il y avait parmi eux des *optimats*, des *comtes*, des *gravions*, etc. Le premier de tous était le maire du palais, dont le pouvoir commença sous Clovis III et aboutit sous Childéric à l'autorité suprême. Venaient ensuite les *optimats*, c'est-à-dire grands du premier rang, qui assistaient toujours aux plaids; les *ducs* et *comtes*, préposés surtout au commandement des armées et à l'administration

(1) *De via lacinia. Lex salica*, tit. XXXIII; — *Lex Ripuariorum*, tit. LXXXII, etc. — (2) *De eo qui hominem ingenuum sine causa ligaverit*; — *Lex salica*, tit. XXXIV, *De ligaminibus ingenuorum*; — *Lex Ripuariorum*, tit. XLIII. Le Franc qui enchaîne un Romain ne paie cependant que la moitié de l'amende infligée au Romain qu enchaîne un Franc. —(3) *Lex salica*, tit. XLI, art. 3; — *Lex Ripuariorum*, tit. XVI, art. 1.—(4) *Organisation judiciaire chez les Francs* par M. DE FRESQUET. — (5) Voyez le *Capitulaire*, an 803, c. I.

des cités; les *grafions* ou *gravions*, juges fiscaux, qui suppléaient les fonctions de comte, en recueillant les revenus du fisc dans le comté et qui remplissaient surtout, comme l'indique le mot germanique, l'office de juges; les *domestiques*, qui prenaient soin des maisons royales et des revenus publics; les *référendaires*, chargés d'apposer l'anneau du roi sur les actes publics; les *sénéchaux*, qui avaient soin, comme les domestiques, des maisons du roi et du trésor royal. Un caractère commun dominait toutes ces distinctions, c'était celui d'hommes libres.

Non-seulement, la liberté survécut à l'invasion germanique, mais chaque nation conserva ses lois. Le gouvernement se fit un principe d'État de n'y porter aucune atteinte, et s'en fit même un de laisser à chacun le choix de celle sous laquelle il voulait vivre, et de juger chaque particulier suivant les lois de sa nation, en suivant celles qu'il avait préférées (1). Les enfants, dit Montesquieu (2), suivaient la loi de leur père, les femmes celle de leur mari, les veuves revenaient à leur loi; les affranchis avaient celle de leur patron. Chacun pouvait prendre la loi qu'il voulait.

Cette liberté fut poussée jusqu'à l'abus. On voyait quelquefois le mari régi par un droit et la femme par un autre; la comtesse Mathilde, dont parle Sigonius, était dans ce cas; et, comme le remarque Agobard, non-seulement les provinces et les villes, mais des maisons particulières avaient une loi différente (3); en sorte que, sur cinq personnes qui se

(1) *Préf. Lég. sal.* D. BOUQUET, *Hist. franc. script.*, t. I, p. 116; —*Leg. Rip.*, tit. LV. *Edit de Clotaire, fils de Clovis, etc.*—(2) *Esprit des lois*, liv. XXVIII, ch. III. — (3) Tanta diversitas legum quanta non solum in regionibus aut civitatibus, sed etiam in multis domibus habetur. Nam plerumque contingit ut simul eant aut sedeant quinque homines et nullus eorum communem legem cum altero habeat (AGOBARD).

trouvaient ensemble, il n'était pas rare de n'en pouvoir trouver deux qui vécussent sous la même loi. De là, la diversité infinie des anciennes coutumes, diversité telle qu'une même ville avait trois législations différentes, l'une pour la cité, la seconde pour la banlieue, la troisième pour les faubourgs.

Clovis respecta les mœurs autant que la liberté et les coutumes des peuples vaincus. Le titre de consul qu'il reçut de l'empereur Anastase, la cérémonie qu'il fit à Tours pour prendre possession du consulat, la robe de pourpre et le manteau d'écarlate dont il se revêtit en se rendant à la cathédrale (1), tout en lui témoigne du désir de respecter les usages gallo-romains. On était accoutumé à vénérer dans les préfets le titre d'homme illustre, *Vir illustris*; il n'en voulut pas d'autre et tous les rois de la première race s'en contentèrent à son exemple. Les juges qui décidaient leurs différends avaient été depuis longtemps des comtes, des ducs et des patriciens. Il conserva soigneusement tous ces fonctionnaires (2), et non-seulement les Romains eurent la satisfaction de voir respecter leurs lois, leurs libertés et leurs mœurs, avantages dont jouirent également tous les autres peuples soumis à la domination des Francs, mais ils se virent encore élevés à une sorte de magistrature, celle des hommes libres qui disaient la loi dans les plaids du comté.

La déférence avec laquelle les libertés, les lois, les mœurs des peuples vaincus furent traitées par leurs conquérants, peut paraître étrange de la part de peuples bar-

(1) Voyez GRÉGOIRE DE TOURS, *Hist.*, liv. II, ch. XXXVIII; — DUBOS, *Hist. crit. de la monarchie française*, t. III, liv. V, ch. I. — *Lettres historiques sur les lois fondamentales du royaume*, t. I, p. 48, etc. — (2) *Franci..... duces comitesve a Republica non sustulerunt.* (HAUTESERRE, *De ducibus*, cap. III.)

bares, attirés du fond de leurs forêts par la soif du carnage et l'avidité du butin, et qui, dans l'enivrement du combat, avaient réduit les cités en cendres, et couvert de monceaux de cadavres les campagnes dévastées. Mais Dieu, *qui n'efface que pour écrire*, voulait ranimer la vie sociale, éteinte dans les ténèbres et les corruptions du Bas-Empire; et c'est dans les tribus germaniques, dont les bonnes mœurs avaient plus de puissance d'action que les bonnes lois de nations plus civilisées, qu'il choisit les instruments de la régénération du monde.

Germains et Romains apparaissent, dès les premiers siècles de notre histoire, sauf la différence du taux des compositions, libres et égaux sous l'empire de leurs législations respectives, et il suffit de jeter les yeux sur les nombreux documents recueillis par le président Hénault (1), pour se convaincre que les Francs, aussi généreux après la victoire qu'ils avaient été terribles, féroces même dans les combats (2), ne privèrent pas les Romains de la liberté et de l'égalité dont ils jouissaient eux-mêmes.

« Lorsque les Goths, les Bourguignons, les Francs et les Lombards fondèrent de nouveaux États, ils pouvaient, dit Boulainvilliers (2), anéantir la nation vaincue, en exterminant ou en asservissant tous les hommes libres; ils pouvaient se l'incorporer en lui imposant les mœurs, la constitution et les lois de la Germanie. Rien de tout cela n'arriva; car si une foule de Romains furent tués, chassés ou réduits en esclavage, ces rigueurs n'atteignirent que les individus, et ne furent jamais dirigées contre la masse de la nation, d'après un plan uniforme. Loin de là; répan-

(1) *Abrégé chronologique de l'Histoire de France*, t. I, p. 40 et 41; — Voyez aussi Du Haillan, *Etat des affaires de France*, liv. III. — (2) *Dissertation sur la noblesse de France* p. 30.

dues sur le même territoire, les deux nations conservèrent des mœurs et des lois distinctes, qui engendrèrent ce droit civil, appelé droit personnel, par opposition au droit territorial.»

II. — Une condition commune était imposée à tous les hommes libres : c'était de ne pouvoir demeurer dans le royaume, ou y posséder une propriété sans avoir prêté serment de fidélité au roi (1). Tout homme libre était *fidèle du roi* (2) ou en d'autres termes, *anstrustion*, *leude*. Le peuple ou la nation était composé de ceux qui prêtaient serment, et par conséquent tout ce qui était membre de la nation était fidèle (3).

Les *fidèles*, *leudes* ou *anstrustions* étaient aussi appelés *boni homines*, *homines ligii*, *comites*, *servientes*, *famuli* ou *famulantes*, *ministeriales*; et ils étaient de la maison ou de la famille, *de domo*, *de familia*, ou *in gazinda* (du mot hollandais *gezin*, familia). On les appela aussi vassaux (*vassi*, *vassalli*).

Ce n'était pas seulement le roi qui avait des vassaux. Les grands dignitaires ecclésiastiques et civils aimaient à s'environner d'une suite, et les lois anglo-saxonnes d'Édouard autorisent les archevêques, les évêques, les comtes, les barons et tous ceux qui jouissent des droits y mentionnés, à comprendre un certain nombre de serviteurs et officiers sous leur garantie (4).

(1) Ut unusquisque comes in comitatu suo magnam providentiam accipiat, ut nullus liber homo in nostro regno, immorari vel proprietatem habere permittatur cujuscumque homo sit, nisi fidelitatem nobis promiserit. (*Capitulaires de Charles le Chauve*, t. XXXIX. ch. VI.)— (2) BOUQUET, *Droit public*, p. 95. Fidèle vient de foi. Antrustion de trust (foi); — MEYER, *Instit. jud.*, I, 146.— (3) DE BUAT, *les Origines*, liv. III, ch. I, et liv. IV, ch. XIII. — (4) Archiepiscopi, episcopi, comites, barones et omnes qui ha-

Ceux qui s'attachaient à un chef, pour apprendre le métier des armes, lui rendaient d'abord des soins domestiques sous le nom allemand et hollandais, de knapven ou knapen qui signifie : *garçons*. Ils le servaient à table (*dapiferi, senescalci*) ; ils soignaient ses chevaux (*marescalci*) ; ils portaient son bouclier (*scutum, écu*), et devenaient écuyers. Après avoir servi quelque temps et avoir fait preuve de valeur et d'habileté, ils devenaient chevaliers (*milites*), et étaient aptes à porter les armes, quand ils avaient été solennellement armés, soit par leur père, soit par leurs parents. Telle a été l'origine de l'institution de la chevalerie.

Les chevaliers étaient les compagnons d'armes du prince. Trois mille d'entre eux se firent baptiser avec Clovis, tandis que la plus grande partie des hommes libres qui l'avaient suivi jusqu'alors l'abandonnèrent. Ce furent ces fidèles vassaux qui participèrent les premiers au fruit de ses victoires, et à qui il donna de grandes propriétés, les unes à titre d'alleux, les autres à titre de bénéfices. D'autres Francs accoururent pour partager la fortune de leurs compatriotes, et s'enrichirent par les dons qui leur furent faits des terres conquises, et des esclaves qui y étaient attachés (1).

III. — La question de savoir s'il y avait, dès la première race, une noblesse héréditaire au-dessus de la classe des ingénus (*proceres* ou *non proceres*) est controversée.

Tacite paraît reconnaître l'existence de cette noblesse,

buerint sacham et socam, thol, theam et infangthese, etiam milites suos et proprios servientes scilicet dassiferos, pincernas, camerios, pistores et cocos sub suo friborgo habeant. Et item isti suos armigeros vel alios sibi servientes sub suo friborgo. *Leg. Edouard, cap.* XXI. — (1) DE BUAT, *les Origines*, liv. III, ch. IV.

parmi les anciens Germains, non-seulement par ce passage : *Reges ex nobilitate sumunt*, mais encore par celui-ci : *Insignis nobilitas aut magna patrum merita, principis dignationem etiam adolescentulis assignat.* Les Saxons, dit M. Meyer (1), avaient une noblesse héréditaire : leurs lois font mention des *nobiles*, qu'elles opposent aux hommes libres et aux esclaves. Nithard, auteur du neuvième siècle, non-seulement confirme ce fait, mais nous a conservé les mots saxons qui désignaient ces classes d'habitants : *Sunt inter illos qui ethilingi, sunt qui frilingi, sunt qui lazzi eorum lingua dicuntur. Latina vero lingua hoc sunt nobiles, ingenuiles, serviles...* Les Frisons avaient également des nobles, qui se trouvent dans leurs lois sous le nom de *nobiles ;* les Angles et les Varnes avaient des *adalingi*, dont il est parlé au premier article du premier titre de leurs lois. M. Meyer croit trouver aussi, dans un passage de l'historien des Lombards (Paul Diacre, livre I, chap. xxi), la preuve qu'il existait en Italie sous le nom *adalingi* une noblesse héréditaire ; *quædam nobilis prosapia.* Il cite Grégoire de Tours, qui atteste (livre II, chap. ix) que les Francs choisissaient leurs rois dans la famille la plus noble et la plus illustre, et qui dit (livre VI, chap. xlv) : *Chilpericus, convocatis melioribus Francis, reliquisque fidelibus.* Mais les collecteurs des diplômes et des chartes de la première race n'admettent pas les conclusions du savant publiciste belge.

Il n'y avait pas en France sous les Mérovingiens, disent-ils (2), des nobles de race distingués des hommes li-

(1) *Institutions judiciaires*, t. I, p. 103 ; — Voyez, dans le même sens, Montesquieu, *Esprit des lois*, liv. XXX, ch. xxv ; — L'abbé de Gourcy, *De l'état des personnes*, p. 171 ; — Schmidt, *Histoire des Allemands*, t. I, p. 361, etc. — (2) *Prolegomenes*, 5e part., sect. 1re, ch. ii.

bres, des ingénus. Grégoire de Tours dit, il est vrai, que, dès cette époque et conformément aux traditions germaniques, la nation choisissait ses rois dans la famille la plus noble. Mais ce passage ne paraît pas s'entendre d'une noblesse de race, dont les prérogatives se seraient transmises avec le sang. Au moins nos chartes ne nous offrent aucune trace de cette noblesse héréditaire et d'institution purement politique. On ne la connaît parmi les Francs que sous les Carlovingiens,

Ce qui paraît le plus probable, c'est que, jusqu'au moment où les bénéfices devinrent héréditaires en vertu de l'édit de Charles le Chauve de 877, les nobles de race ne furent distingués des ingénus par aucune prérogative politique, quoiqu'ils fussent cependant désignés, d'une manière plus spéciale, à la faveur des princes et aux grands emplois de l'État.

Hallam (1) cite à l'appui de cette opinion. qui est la sienne, ces paroles de Louis le Pieux à son affranchi : « Rex « fecit te liberum, non nobilem ; quod impossibile est post « libertatem. » Il reconnaît en même temps qu'une naissance distinguée était une recommandation naturelle dans le choix des évêques et dans la distribution des dignités. Il y avait même dès lors une sorte d'antagonisme entre les maires du palais et les nobles, et Frédégaire dit de Protadius, maire du palais sous Brunehaut : « Quoscumque ge- « nere nobiles reperiebat, totos humiliare conabatur, ut « nullus reperiretur, qui gradum quem arripuerat potuisset « assumere. » Mais la noblesse, sous les rois de la dynastie mérovingienne, était purement honorifique et n'était dotée d'aucune prérogative politique comme le reconnaissent la plupart des publicistes, ceux-là mêmes qui sont les moins

(1) *L'Europe au moyen âge*, t. I, p. 182.

hostiles au principe de la noblesse héréditaire (1).

M. Meyer reconnaît lui-même que les Romains, quoique distingués sous les noms de *proceres* et d'*optimates*, ne jouissaient cependant que d'une noblesse toute personnelle. Pourquoi supposer qu'il en était autrement des Germains, quand il n'existe dans les lois aucune trace de priviléges attachés à la noblesse de race?

IV. — La conversion de Clovis au christianisme transforma un grand nombre d'hommes libres en *clercs*, et l'ordre ecclésiastique prit place dans l'État à côté de l'ordre militaire, sous l'autorité suprême, mais non absolue du roi. Cet ordre, correspondant à l'ordre sénatorial de Rome, embrassa la vaste hiérarchie de cette Église catholique à laquelle Gibbon (2) et M. Guizot (3) reconnaissent le mérite d'avoir conquis les Barbares et d'être devenue le lien, le moyen, le principe de la civilisation entre le monde romain et le monde barbare.

Les ordres ecclésiastiques étaient séculiers et réguliers (4).

Les ordres séculiers embrassaient tout le clergé préposé au gouvernement de l'Église, depuis les évêques jusqu'aux simples tonsurés.

Les évêques étaient élus par l'accord des magistrats et du peuple (5), avec le consentement du roi (6), et avaient

(1) V. M. DE SAVIGNY, *Histoire du droit romain au moyen âge*, t. I, ch. IV; — M. DE LARCY, *Des vicissitudes politiques de la France*, ch. I, etc. — (2) Les évêques ont fait le royaume de France (GIBBON). — (3) C'est l'Église chrétienne, avec ses institutions, ses magistrats, son pouvoir, qui s'est rigoureusement défendue contre la dissolution de l'empire, contre les barbares, qui a conquis les barbares, qui est devenue le lien, le moyen, le principe de la civilisation entre le monde romain et le monde barbare (GUIZOT). — (4) LOYSEAU, *Des ordres du clergé*, ch. III. — (5) RAYNOUARD, *Histoire du droit municipal*, liv. I, ch. XXVII. — (6) *Chartæ, diplomata, etc.*, *prolegomenes*.

un pouvoir fort étendu sur la personne des ecclésiastiques et sur les biens des églises qui étaient possédés en commun et affectés à l'entretien des clercs.

Les ordres réguliers comprenaient les solitaires connus sous le nom d'ermites ou moines (*Erεmi*, παροχοι), les religieux vivant en commun (χαινοῆται), les chanoines réguliers, et plus tard les mendiants et les frères chevaliers (1).

Dès l'origine des sociétés monastiques, chaque société choisissait son supérieur, mais plus tard les évêques, à la faveur de leur pouvoir, s'attribuèrent le droit de nommer leurs abbés (2).

Les évêques étaient élus par le concours du sénat et du peuple, avec l'assentiment du roi et sous l'inspiration de l'Esprit-Saint, dit l'hagiographe de saint Præjectus, évêque de Clermont (3). Ils étaient, dit le panégyriste de Salvius, évêque d'Amiens, appelés par le peuple comme magistrats et couronnés de Dieu comme apôtres (4); ils n'étaient pas maîtres absolus dans les cités, mais ils jouissaient dans les villes de l'ascendant que leur donnaient leurs lumières et

(1) LOYSEAU, *Ibid.*, n°s 54 et suiv. — (2) « Le pouvoir de l'abbé, dit Thierry II, dans le diplôme CCCXCVIII, s'étend sur tout ce qui appartient à son monastère, les hommes, les terres, les possessions mobilières et immobilières, dont il doit prendre soin comme un bon pasteur, procurant ce qui peut contribuer au profit de l'abbaye, au bon gouvernement et à l'instruction des religieux. » Il n'était pas permis aux abbés d'aliéner ou d'hypothéquer les biens de leurs églises et attachés à leur dignité, si leur évêque ne le permettait et n'y souscrivait. — (3) Tunc favore populi concordante, imo magis S. Spiritu gubernante, inito consilio, Præjectum elegerunt antistitem, decreto etiam regis petitionibus populi annuente. *Ex vita S. Præjecti*, *Acta SS.*, t. II, p. 640. — (4) *Ex vita S. Salvii amb.*, (anno 676) *Acta SS.*, t. I, p. 706; — *Gallia christiana*, t. X, col. 1,153.

leurs vertus, tandis que les populations de colons et de serfs, établies autour des monastères, recevaient des abbés, sous le nom de *bonnes coutumes*, des droits et des libertés ordinairement plus étendus que ceux qu'ils devaient à la munificence des seigneurs laïques.

Le baptême de Clovis unit étroitement le clergé au trône. Nous célébrons tous, lui écrivaient les évêques, le succès de vos armes ; votre félicité nous touche : partout où vous combattez, nous sommes victorieux (1). Vos œuvres nous comblent de joie, lui écrivait le pape Anastase, et notre sainte mère l'Église est fière du grand roi que Dieu lui a donné. Soyez pour elle, glorieux et illustre fils, comme une colonne de fer, pour qu'elle vous garde dans vos voies et vous fasse triompher de vos ennemis (2).

Ainsi s'établit, entre l'Église et l'État, une alliance fondée, non sur les principes de dépendance servile du Bas-Empire, mais sur le précepte évangélique : « Rendez à César ce qui est à César, et à Dieu ce qui est à Dieu, » et sur cette sage pensée de Lactance : *Nil tam liberum quam religio.*

V. — L'organisation romaine s'étant maintenue dans les cités, les ordres romains y ressuscitèrent en quelque sorte sous d'autres noms, non-seulement dans les classes nobles et vouées au ministère public, mais encore dans les classes populaires ; les corps d'arts et métiers et les ghildes et associations y apparaissent, en effet, dès l'origine de la monarchie, sous le triple aspect de réunions convi-

(1) Successus felicium triumphorum quos per vos relligio illa gerit cuncti concelebrant, tangit etiam nos felicitas. Quotiescumque illic pugnatis, vincimus. — (2) Lætifica ergo, gloriose et illustre fili, matrem tuam, et sis illi in columnam ferream, ut custodiat te in viis tuis et det tibi in circuitu de inimicis tuis victoriam.

viales, de conjurations politiques et d'associations de secours mutuels (1).

Les *collegia artificum et opificum* des Romains, de libres qu'ils étaient à l'époque de leur création, étaient devenus esclaves ; une loi de 398, des empereurs Arcadius et Honorius (2), ordonna que les armuriers fussent marqués au bras, afin que, s'ils cherchaient à échapper à leur condition, ils pussent être reconnus ; les unions qui s'y formaient se nommaient *contubernia* et non *mariages* (3).

Le tiers-état, inconnu des Gaulois, chez qui le peuple était presque esclave, et ne participait à aucun conseil public, ne fut pas érigé en *ordre* sous les deux premières races (4). Mais, dès cette époque, les cités étaient peuplées de professeurs, de médecins, d'avocats, dont les professions libérales étaient les portes par lesquelles on pouvait monter en dignité. Le commerce y était aussi exercé par des hommes libres, car, ni dans les cités italiques, ni dans les cités germaniques, le trafic, pris dans son sens étendu, n'entachait la noblesse des familles (5). Il y avait enfin des hommes libres, qui cultivaient les arts mécaniques ; les Lombards, notamment, s'adonnaient au travail des métaux, et surtout au métier lucratif de monnayeur (6). On trouve dans les Capitulaires la preuve que des hommes libres, des Francs, domiciliés sur les terres du roi, se livraient à la marchan-

(1) Voyez M. AUG. THIERRY, *Considérations sur la France*, ch. VI. — (2) *Cod.* XI, 9, 3. — (3) Ingenuæ mulieres quæ se gyneciariis sociaverint, si conventæ denunciatione solemni splendorem generis contuberniorum utilitati præferre noluerit, suorum maritorum conditione teneantur. (L. III, *lit. cit.*) — (4) PASQUIER, *Recherches*, liv. II, ch. VII ; — LOYSEAU, *Des ordres du tiers-état*, ch. VIII, 5. — (5) EICHORN, *Origine de la constitution des cités allemandes* ; — *Journal de jurisprudence historique*, t. I, 21. — (6) FRIZI, *Memorie di Monza*. II, 6 ; — GIULINI, *Memorie de Milano*.

dise, au trafic des matières d'or et d'argent, et payaient encore au fisc une redevance spéciale, en retour de la protection qui leur était accordée (1).

V. — La classe des agriculteurs dut rester, après l'invasion germanique, ce qu'elle était à l'époque romaine, où ils étaient attachés à la terre (*conditionales terræ*), dans un état plus voisin de l'esclavage que de la liberté. Cet état ne fut pas identiquement le même partout.

Dans les contrées régies par le code Théodosien, la conduite du serf et celle de l'affranchi se ressentaient de l'origine de l'esclavage romain. On distinguait les serfs de la ville et les serfs des champs. Les premiers faisaient partie du mobilier du maître, qui avait sur eux un pouvoir despotique et outrageant pour l'humanité ; les seconds, regardés comme immeubles, étaient tellement attachés aux fonds de terre qu'ils cultivaient, qu'on les vendait et qu'on les achetait avec les fonds. Le maître pouvait les faire mourir sous les coups, pourvu qu'il ne se servît que des instruments affectés aux esclaves (2). Ils ne pouvaient intenter contre leur maître une accusation, même fondée, sans encourir le dernier supplice (3), à moins qu'il ne s'agit d'un crime de lèse-majesté ; ils ne pouvaient ester en jugement, *quasi nec personam habentes* (4). L'affranchissement ne leur rendait qu'une liberté limitée, *servorum liberi et spurii liberorum erant*, selon les expressions de la loi. Après leur mort, leurs biens passaient au patron et à ses enfants, à moins que ces derniers ne fussent émancipés, alors les fils de l'affranchi étaient préférés (5).

(1) Voyez l'*Edit de Piste*, an 864, ch. XXIII ; — *le Capitulaire*, an 805, ch. XX ; — *le Capitulaire de* VILLIS, etc. — (2) *Code Théodosien*, liv. IX, tit. XII ; — l. I, *De emendatione servorum*. — (3) *Ibid.*, tit. VI, l. III et IV. — (4) THÉOD. et VALENT., *Nov. unic. de comp.* —(5) GODEF., t. II, p. 189; — DE GOURCY, *De l'état des personnes*, p. 63.

Les caractères *personnels* de l'esclavage ne se retrouvaient pas chez les serfs de la Germanie. Il y avait bien chez les Germains un très-petit nombre de serfs *domestiques* ou *ministériaux*, dont le vasselage personnel se payait par des livraisons d'où sont venues les *livrées*. Mais, en général, les serfs étaient attachés à la glèbe. C'étaient des serfs casés (*servi casati*), des serfs rustiques ou champêtres, des manans (*mansuarii*), des villains (*villani*), dont la composition était moins forte que celle de l'homme libre, mais égale à celle du Romain (1).

Tous les publicistes peignent, sous les couleurs les plus sombres, la condition primitive des serfs germaniques. « Li « uns des serfs, dit Beaumanoir, sunt si souget à lor sei- « gnor que lor sires preuve quanques que ils ont à mort et « à vie, et les cors tenir en prison, toutes les fois qu'il lor « plëst, soit à tort, soit à droit, qu'il n'en est tenus à ré- « pondre fors à Dieu (2). »

« Le seigneur enferme les habitants sans portes et « gonds, du ciel à la terre. Il est seigneur dans toute l'é- « tendue du ressort, sur cou et tête, eau, vent et prairies. « A nous les eaux et pacages, la forêt chenue, l'homme qui « vient, la cloche qui sonne, le cri public et le droit de « poursuite. Nous reconnaissons à notre gracieux seigneur « le ban et la convocation, la haute forêt, l'oiseau dans « l'air, le poisson dans l'eau qui coule, la bête au buisson, « aussi bien que notre gracieux seigneur ou le serviteur de « la grâce pourra les forcer. Pour ce, notre gracieux sei- « gneur prendra sous son appui et sa protection la veuve et « l'orphelin, l'homme qui vient avec sa lance rouillée,

(1) De Buat, *les Origines*, liv. VI, ch. xv; — De Courcy, *De l'état des personnes*, p. 97. — (2) Beaumanoir, *Edit. Beugnot*, t. II, f° 233.

« comme aussi l'homme du pays. » Telles sont et de plus âpres encore, les formules du servage germanique, recueillies par les historiens (1).

« Sous la première race, dit Boulainvilliers, les serfs pouvaient être vendus à prix d'argent, et cet usage ne cessa que sous la deuxième race, par l'établissement de la loi des fiefs, qui conserva aux seigneurs suzerains la propriété foncière des hommes qu'ils avaient cédés à leurs vassaux aussi bien que celle des terres, et qui ne permit aux serfs de disposer de leurs personnes qu'avec le consentement de leurs maîtres et à la charge de cultiver ses terres et de lui fournir leur travail à sa discrétion. »

VII. — Toutefois, entre la condition des serfs et celle des hommes libres, il y avait des conditions intermédiaires, celle du *lite*, celle du *colon.*

Le *lite* germanique tenait le milieu entre l'homme libre et le serf. Le *colon franc* était le *lite* attaché à la culture de la terre. Sa personne était libre, mais les terres qu'il avait reçues étaient chargées de droits qu'il était tenu d'acquitter.

On appelait, dit M. de Gourcy, la condition des colons, *colonarius ordo*, et *colonatus*, *colonat*; le service qu'ils devaient à leur maître, *colonaticum* et *colonitium*. Il y avait des serfs qui travaillaient sous les colons et qu'on appelait *colonaria mancipia.*

Parmi les *lites* et les *colons*, il y en avait de privilégiés. C'étaient les serfs attachés à l'Église, les *fiscalins* des domaines royaux, affranchis par Clovis de la servitude, et devenus, dans leurs personnes et dans leurs biens, les hommes propres du roi (2).

(1) MM. Michelet, *Origines du droit français*, p. 228 et suiv.; — Bouthors, *Coutumes locales du baillage d'Amiens, etc.* — (2) Eos servitute mancipavit beneficiario titulo, fiscalinos, hoc est regis

Ceux-ci partageaient avec leurs maîtres les profits de la culture des terres, et pouvaient ester en jugement (1).

VIII. — C'est de l'Église chrétienne qu'émanent les premiers actes d'affranchissement des serfs. Dès l'an 475, Perpétuus, archevêque de Tours, proférait, dans un testament inspiré par la charité chrétienne, ces mémorables paroles : « In primis itaque, ego Perpetuus, volo liberos esse « liberasque homines et feminas quotquot habeo in villa « saponaria, quos emi de mea pecunia, ut et pueros quos « in die discessus mei non manumisero in Ecclesia ; ita ta- « men ut liberi serviant, quamdiu vixerint, ecclesiæ meæ ; « sed absque servitute ad hæredes transmissibili et gleba- « tica (2).

Un testament de saint Remi, de l'an 533, attribue à l'église de Reims les colons que le testateur a dans le territoire de Portes, et qui proviennent de la substance de son père et de sa mère, ou des échanges qu'il a faits avec son frère de sainte mémoire, Principius évêque, ou des donations qu'il a reçues. Les colons sont désignés par leurs noms et attribués, ainsi qu'Amorinus esclave, en toute propriété à l'héritier : *Tuo dominio vindicabis*. Les métairies, les champs, les prés, les pâturages, les bois sont compris au même titre dans le testament, « Necnon villas, agros « quos possideo in solo portensi, cum pratis, pascuis, silvis « ad te testamenti hujus auctoritate recevabis. »

« Je recommande à mon frère l'évêque Lupus, ajoute le testateur, d'affranchir Catussion et son épouse Auliatène, Hounion qui cultive sa vigne, Sounovrife que j'ai rachetée

proprios homines re et corpore reddidit. (SALV., *De Gubernatione Dei.*)— (1) DE BUAT, *Origines*, liv. VI, ch. XV ; — DE GOURCY, *De l'état des personnes*, p. 107. — (2) *Diplomata, Chartæ*, etc., t. I, p. 24.

de la captivité, née de bons parents et son fils Lentiberide, Mellaride et Mellatène, Nasaut le cuisinier, Cœsarie, Dagaresène et Baudoresène nièce de Léon, et Marcoleise fils de Totnon ; tu les défendras tous, ô fils de mon frère, comme personnes libres de ton autorité sacerdotale (1). »

Un testament de 542, d'un abbé nommé Aredius et de sa mère Pélagie, comprend, dans les dépendances du champ sisciaque qui en est l'objet avec les édifices, champs, bois, prés, pâturages, etc., trois esclaves laboureurs, Parminius, Talasius et Claude et le reste des esclaves, exceptant ceux qui ont été favorisés de la liberté, savoir : *Clava* et *Marcia*; il donne en même temps comme esclaves, et sous la condition qu'ils cultiveront trois arpents de vigne, Ursianis avec sa femme et ses fils. Suivent des dispositions nombreuses, où respire la sollicitude du maître pour ceux de ses esclaves qu'il n'affranchit pas entièrement.

Ainsi l'Église affranchissait les esclaves dès le cinquième siècle, et le nombre des affranchis devenus clercs, prêtres et évêques (2) devint si considérable, que les conciles s'en émurent et interdirent les ordinations d'esclaves. Ces changements dans l'état des personnes s'opéraient sans secousse, sous l'influence du grand principe de la frater-

(1) Commendo sanctitati suæ, fili fratris mei, Lupe episcope (*Ex præfatis Villis*), quos libertos esse præcipio, Cutussionem et Auliatenam conjugem suam, Nounionem qui meam vineam facit, Souvroveisam quam captivam redemi, bonis parentibus natam, et ejus filium Lentiberidum, Mellaridum et Mellatenam, Nasautem cocum, Cæsariam, Dagarasenam et Baudorosenam, Leonis neptem et Maoleisum filium Tetnonis ; hos totos, fili fratris mei, Luppe episcope, sacerdotali auctoritate liberos defensabis. (*Diplomata, Chartæ*, CXIX, p. 84.) — (2) Voyez le canon VIe du concile d'Orléans, tenu en 549 (*Collect. des conciles de Labbe*, v. 392).

nité chrétienne. Jamais, dit Hugues de Saint-Victor (1), l'Église n'a regardé l'esclavage comme un bien, elle n'a fait que le tolérer comme un mal. Aussi celui qui donnait la liberté à ses esclaves faisait-il connaître qu'il avait en vue le rachat de ses péchés (2).

Ainsi, dès le lendemain de l'invasion germanique et grâce à des coutumes, barbares sans doute, mais inspirées par des mœurs domestiques pures, s'élève un nouvel ordre social, dont la liberté germanique et l'idée chrétienne sont les fondements. Les hommes libres et fidèles, convertis à la foi de Clovis, se partagent les soins de l'État et ceux de l'Église. Les affranchissements des esclaves et des serfs commencent sous les auspices de la religion, et on voit poindre, à côté des deux ordres de la noblesse militaire et du clergé, les premiers germes du tiers-état.

CHAPITRE III

DU PARTAGE DES TERRES CONQUISES ET LEUR DISTINCTION EN TERRES FISCALES ET ALLODIALES.

I. — Le despotisme militaire des Romains avait été fatal dans les provinces de l'empire, à la propriété libre. La condition des *possessores*, quoique moins précaire en droit

(1) Non Ecclesia quasi bonum recipit, sed quasi malum tolerat (*Œuvres de Hugues de Saint-Victor*, t. I, p. 445). — (2) Notum sit omnibus quod ego pro remedio meorum peccaminum hoc manumissionis instrumento, do tibi, servo meo, meam libertatem. (MORTENE, *Théo. aned.*, I, 755.)

depuis que toute distinction entre le domaine quiritaire et le domaine bonitaire avait été abolie, était livrée en fait aux exactions fiscales, aux lois caducaires, aux confiscations, aux spoliations des officiers de l'empire, aux ravages de la soldatesque, aux dévastations des Barbares. Les immenses déserts avaient pris la place des champs cultivés, et les colons tributaires celle des fermiers de race libre. Les villes s'étaient peuplées au détriment des campagnes, désertées à la fois par les possesseurs et par les colons ; les terres abandonnées ne trouvaient presque plus de maîtres et les *latifundia* n'étaient plus en quelque sorte que des propriétés nominales, appartenant à des familles affiliées au sénat romain, ou des terres fiscales, réputées propriétés de l'empereur, ainsi que l'étaient les eaux, les pâturages et les bois multipliés par l'inculture du sol.

La civilisation des provinces de l'empire romain avait cependant des degrés divers, et l'état des terres n'était pas le même dans les tranquilles et riches contrées de l'Espagne, de l'Italie et du midi de la Gaule, que dans les pays du Nord, moins favorisés par le climat, et troublés par des guerres qui y avaient retardé les progrès des travaux et des arts de la paix. Mais la loi romaine qui était, depuis l'invasion de Jules César, le droit commun, n'y reconnaissait qu'un seul genre de propriété, empreint du caractère de liberté présumée, de sorte que le droit protestait perpétuellement contre le fait.

II. — Le territoire de l'empire envahi par les Barbares fut-il partagé entre les vainqueurs seulement, ou bien fut-il partagé entre les vainqueurs et les vaincus ?

Cette question, si importante au point de vue de l'origine des communes et des communaux, est résolue très-imparfaitement par les documents historiques.

1° Les peuplades les plus renommées par leur brutale

férocité, les Huns, les Vandales, les Lombards laissèrent, s'il faut en croire les publicistes italiens (1), les *deux tiers* des terres conquises aux indigènes, au moment même de la conquête, et s'ils voulurent s'emparer plus tard de celles qu'ils ne s'étaient pas appropriées, ils en égorgèrent les possesseurs. On peut tirer de là une induction historique fondée sur la tradition, et disposant déjà à croire que, sur tous les points du territoire de l'ancien empire romain, la conquête respecta le germe des terres allodiales.

2° Les chroniques du temps nous apprennent que les Bourguignons partagèrent, avec les sénateurs gaulois, la partie des Gaules qu'ils occupèrent (2), et prirent les deux tiers des terres à leur convenance et le tiers des serfs.

La loi des Bourguignons (liv. X, tit. I, § 8) est ainsi conçue : « Divisio inter Gothum et Romanum facta de « portione terrarum sive sylvarum, nulla ratione turbatur. « Si tamen probetur celebrata divisio, nec de duabus par- « tibus Gothi aliquid sibi Romanus præsumat aut vindi- « cet, aut de tertia Romani Gothus sibi aliquid audeat « usurpare aut vindicare, nisi quod de nostra forsitan ei « fuerit largitate donatum. »

La loi des Bourguignons (tit. LIV, § 1, 2 et 3) est ainsi conçue : « Populus noster duas terrarum partes accepit... « sicut jamdudum statutum est, medietatem sylvarum « ad Romanos generaliter præcipimus pertinere similiter « de curte et pomariis. »

Ces lois, dit Montesquieu (3), suivaient le génie des

(1) VESME et FROSSATI, *Vicende della proprieta.* — (2) Burgundiones partem Galliæ occupaverunt, terras que cum gallicis senatoribus diviserunt. (MARINUS, *Chron.*) — (3) *Esprit des lois*, liv. XXX, ch. X.

peuples et se conformaient à la manière dont ils se procuraient leur subsistance. Le Bourguignon et le Visigoth, qui faisaient paître des troupeaux, avaient besoin de beaucoup de terres et de peu de serfs, au lieu que le grand travail de la culture exigeait que le Romain eût moins de glèbes et un plus grand nombre de serfs.

La loi des Bourguignons excluait du partage ceux qui avaient reçu du roi des terres ou des esclaves. « A nobis « fuit emissa præceptio (tit. LIV, § 1) ut quicumque agrum « cum municipiis seu parentum nostrorum, sive largitate « nostra perceperat, nec mancipiorum tertiam nec duas « terrarum partes ex eo loco in quo ei hospitalitas fuerat « delegata requireret. »

Un texte de la loi des Visigoths prouve que le partage des terres n'eut pas lieu par masses, mais que chaque posseur romain fut tenu de faire part, à titre d'hospitalité (*hospes*), d'une fraction de sa terre à un barbare. « Si un Goth ou un Romain a défriché une partie d'un bois ou d'une forêt non encore partagée entre eux, celui qui n'a pas défriché retiendra en toute propriété la portion restante de la forêt, pourvu qu'elle soit d'une contenance égale à la portion essartée. Dans le cas contraire, la partie essartée entrera dans le partage, de manière que chaque ayant droit obtienne une part égale (1). » Ainsi le partage ne fut pas général, mais le nombre des Romains qui donnèrent le partage fut égal à celui des Bourguignons qui le

(1) De sylvis quæ indivisæ forsitan residerunt, seu Gothus, seu Romanus sibi eas assumpserit, et fortasse fecerit culturas, statuimus, ut si adhuc sylva superest unde pares meriti terra ejus, cui debetur, portioni debeat compensari, sylvave accipere non recuset. Si autem paris meriti quæ compensatur, sylva non fuerit, quod ad culturam scissum est dividatur. (LINDERBROG, *Loi des Visigoths*, lib. X, tit. IX.)

reçurent. Il est probable que le plus brave des Visigoths et des Bourguignons partagea avec le plus riche des Gaulois : *Secundum dignationem partiuntur* (1). Le second supplément des lois des Bourguignons porte : « S'il survient « dorénavant de nouveaux Bourguignons, ils ne pourront « demander aux Romains que la moitié des terres, l'autre « moitié restera en toute propriété aux Romains (2). » C'est à tort que certains partisans exagérés du franc alleu ont dit que ni les rois, ni la nation conquérante ne prirent rien sur les propriétés particulières. Le contraire résulte de la loi des Visigoths, qui parle des choses fiscales, *res fiscales* (3), et de la loi des Bourguignons, qui parle des terres données par les rois, et provenant par conséquent du fisc et de l'empire (4).

Mais il est certain que les terres laissées par le partage aux anciens propriétaires leur ont appartenu en pleine et libre propriété. Cela résulte de la loi des Visigoths (5), qui dit que le Goth ne pourra rien prétendre contre le Gaulois, ni le Gaulois contre le Goth, au delà des portions qui leur sont échues par le partage. Cela résulte aussi d'un édit de Gondebaud, roi des Bourguignons, qui dit que le fisc ne pourra rien prétendre d'aucun particulier, au delà des amendes ou compositions fixées par la loi (6).

3° La loi salique et la loi ripuaire sont muettes sur le partage des terres entre les Francs et les Romains, et l'esprit de système a pu se donner ici libre carrière.

« Les Français victorieux, dit Loyseau (7), confisquèrent

(1) *Esprit des lois*, liv. XXX, ch. IX. — (2) *Legis Burgund. additamentum secundum*, § 11. — (3) Livre II, tit. III, ch. X. — (4) Quicumque agrum largitate nostra perceperat, tit. LIV, § 1. — (5) Liv. X, tit. I, § 8. — (6) Ne fiscus noster aliquid amplius præsumat quam quod de sola inlatione Gombetæ legis legitur constitutum. — (7) *Des seigneuries*, ch. I.

« toutes les terres de la Gaule, c'est-à-dire attribuèrent à « leur état l'une et l'autre seigneurie d'icelles, et hors cel- « les qu'ils retinrent au domaine du prince, ils distribuè- « rent toutes les autres par climats et territoires aux prin- « cipaux chefs et capitaines de leur nation : donnant à tel « toute une province à titre de duché ; à tel autre, un pays « de frontière à titre de marquisat ; à un autre, une ville, « avec son territoire adjacent, à titre de comté ; bref, à d'au- « tres, des châteaux ou villages, avec quelques terres d'a- « lentour, à titre de baronnie, chastellenie, ou simple « seigneurie, selon les mérites particuliers de chacun et « selon le nombre de soldats qu'il avait sous lui, car c'é- « tait tant pour eux que pour leurs soldats. Mais ces terres « ne leur étaient pas baillées *optimo jure*, pour en jouir « en parfaite seigneurie ; mais voulant établir une monar- « chie assurée, ils en retinrent par devers l'État non-seu- « lement la seigneurie publique, mais aussi se réservèrent « un droit de seigneurie privée, qui n'aurait point été « connu par les Romains, droit que nous avons appelé « seigneurie directe, qui est une espèce de seigneurie « privée. »

Ce système de spoliation générale des vaincus par les vainqueurs, qui tendrait à sacrifier, dans notre ancien droit public, l'alleu au bénéfice et le municipe au fief, a été adopté par BACQUET, *Francs-Fiefs*, ch. II n°s 20 et suivants; BRODEAU, *sur Louet lettre*, C. N° 21 ; DUPLESSIS, *Traité du franc-alleu*, ch. II ; FERRIÈRE, sur l'art. 68 *de la Coutume de Paris ;* DE FRÉMINVILLE, *Traité des francs fiefs*, t. II, p. 461. Un publiciste du dernier siècle (BOUQUET, *Droit public éclairci*, p. 7) soutient que les Bourguignons et les Visigoths partagèrent avec les naturels du pays, mais que les Francs suivirent l'usage des Germains, et firent entre eux le partage des terres conquises. « Non seulement, dit Bouquet, on ne trouve rien dans les diplômes et dans les chroniques qui porte à croire qu'il y ait eu un partage des terres entre les Francs et les habitants du pays conquis, mais tout prouve, au contraire, que ce n'est qu'entre Clovis et ses compagnons d'armes que les terres ont été partagées. » Bouquet s'appuie de l'autorité de Montesquieu (1) : « Les Visigoths et les Bourguignons, dit l'auteur de l'*Esprit des lois*, firent des conventions avec les anciens habitants et en conséquence un partage des terres avec eux. Les Francs ne firent rien de tout cela, ils ne suivirent pas le même plan. On ne trouve, dans les lois salique et ripuaire, aucune trace d'un tel partage des terres : ils avaient conquis, ils prirent ce qu'ils voulurent, et ne firent de règlements qu'entr'eux. » Montesquieu ne nie, on le voit, que l'existence des règlements ; Bouquet va plus loin ; il affirme le fait de la spolation générale de tous les anciens possesseurs du sol. Mais ce fait est démenti par un passage de la loi salique, titre XLV (2) : « Si Romanus homo possessor, id est qui in pago ubi commanet proprias possidet, « occisus fuerit, solid. 100 ; si quis romanum tributarium « occiderit, solid. 45. » Il y avait donc des propriétés conservées aux Romains après la conquête des Francs.

Selon Mézeray (3), Daniel (4), et les historiens du Languedoc (5), les Français ne prirent, en effet, que le tiers ou le quart des terres des peuples vaincus, et dans le partage qu'ils firent entre eux, les rois eurent pour leur portion les terres les plus belles et les plus voisines des grandes villes.

(1) Liv. XXX, ch. VII. — (2) BALUZE. tit. I. — (3) *Abrégé chronologique. Vie de Clovis* (1-37) *et de Clotaire* (2-115). — (4) *Histoire de France. Vie de Clovis* (7), et *Histoire de la milice française*, liv, I, ch. II. — (5) *Histoire générale du Languedoc*, liv. VII, n° 92.

Selon Chantereau-Lefèvre (1) et l'abbé Dubos (2), les Gaulois ne furent dépouillés d'aucune partie de leurs terres. Quoique le droit de conquête, dit Boulainvilliers, eût donné aux Français le pouvoir de disposer des terres et des biens de tous leurs nouveaux sujets, on ne doit pas juger que tous les habitants naturels de la Gaule aient été dépossédés de tous leurs héritages. En effet, ç'aurait été une méchante politique, car les Français étaient en trop petit nombre pour cultiver toutes les terres et remplir suffisamment les armées. D'ailleurs ils auraient donné à leurs sujets un mécontentement trop universel. Ils se saisirent seulement des domaines des Romains, soit ceux du fisc, soit ceux des particuliers, et ils laissèrent aux naturels du pays leurs possessions héréditaires dans l'état où ils les trouvèrent, en les chargeant néanmoins de certains tributs de servitude, dont ces biens furent nommés *allodiaux*.

Selon Pithou (3), le territoire fut partagé entre le public, le prince, les anciens possesseurs et les soldats vétérans : « Nam agri ex hoste capti partim in publico, vel principi, « partim veteri possessori relinquebantur, partim militi- « bus et veteranis in prœmia assignabantur. »

Selon Chantereau-Lefèvre, une partie des biens de la souveraineté avait été laissée dès le commencement de l'établissement de la monarchie française, pour l'entretien du roi, de sa maison et de son état royal, et le reste était demeuré, sous le nom de *bénéfice*, pour donner à une partie des Français, afin qu'ils fussent du moins en état de monter à cheval, et d'exposer leur vie pour le salut de l'État. « En quoi, ajoute-t-il, il faut observer que cette nature de

(1) *De l'origine des fiefs*, liv. III, ch. III, p. 56. — (2) *De l'établissement de la monarchie française dans les Gaules*, t. II, ch. XIII. — (3) *Ad legem salicam apud Baluz.*, t. II, p. 704.

biens n'était pas régie en commun par le roi et les officiers, pour en recevoir le revenu en gros, et les distribuer après aux gens de guerre en détail, par forme de solde, mais était rompue et divisée en une infinité de portions qui étaient distribuées aux Français, chacun en particulier pour la cultiver et la faire valoir.

Comment croire, en effet, que les plus civilisés des peuples de la Germanie, et en même temps les moins nombreux (1), que les Francs, alliés des Gaulois, que leur roi Clovis, récemment converti au christianisme, et déjà illustré par sa politique conciliante, aient abusé de la victoire plus que les autres peuples, quand ils trouvaient, indépendamment d'un riche butin mobilier, plus de terres vacantes qu'ils ne pouvaient en occuper (2) ?

On doit présumer assurément que la condition des peuples vaincus fut proportionnée, dans chaque pays, aux caractères de la lutte, et à l'énergie de la résistance, mais on peut considérer comme tout aussi vraisemblable, dans le nord que dans le midi de l'Europe, le fait d'un partage auquel prirent part, dans des mesures diverses, le roi, les chefs et soldats de l'armée victorieuse, l'Église et les anciens possesseurs.

4° La plupart de nos érudits contemporains (3) pen-

(1) Hæc est gens quæ parvo dum esset numero, fortis robore et valida, durissimum Romanorum jugum de suis cervicibus excussit pugnando (*Préambule de la loi salique*). 3,000 Francs à peine furent baptisés avec Clovis, les autres furent subjugués (patrias gentes subjugavit); — HINCMAR; — GRÉGOIRE DE TOURS. — (2) *Scripta Franc.*, IX, p. 698 — (3) MM. RAYNOUARD, *Histoire du droit municipal en France*, t. I, p. 254; — PARDESSUS, *Huitième dissertation sur la loi salique*, p. 304: — PÉTIGNY, *Etude sur l'histoire des lois et des institutions de l'époque mérovingienne*, t. II, p. 580, 599; — SAVIGNY, *Histoire du droit romain*, t. I, p. 207; — LAFERRIÈRE, *Histoire du droit civil de Rome et du droit français*, t. III, p. 233.

sent, comme nos anciens publicistes, que le glorieux fondateur de la monarchie française ne s'est pas souillé d'une usurpation dont les chefs de bandes les plus barbares ne s'étaient pas rendus coupables ; et qu'il avait d'ailleurs trop de respect pour la civilisation romaine, dont il se fit, après sa conversion, une arme contre l'arianisme, pour dépouiller de toutes leurs propriétés les peuples dont il respecta la législation et les mœurs. Le silence de l'histoire est invoqué à l'appui de cet argument principal.

« Toutes les fois, dit M. de Pétigny, qu'on touche à la « propriété, *on ébranle les fondements de l'ordre social.* De « semblables révolutions ne peuvent passer inaperçues. « Leurs conséquences s'étendent à l'infini, et se font sentir « jusque dans un lointain avenir ; elles produisent surtout « une vive impression sur les contemporains, puisqu'elles « déplacent les fortunes, et remuent tous les intérêts. « Aussi, les événements qui ont bouleversé la propriété « foncière ont toujours été ceux sur lesquels l'histoire « nous a transmis les documents les plus exacts et les plus « nombreux. Nous connaissons parfaitement l'époque pré- « cise de tous les partages des terres opérés entre les Bar- « bares et les populations romaines sur le sol de l'empire. « Nous savons dans quelles proportions, suivant quel « mode, dans quelles circonstances les Bourguignons, « les Goths, les Vandales, les soldats d'Odoacre se sont « établis propriétaires aux dépens des anciens posses- « seurs. Les preuves de ces faits sont partout, dans l'his- « toire, dans les lois, dans les actes officiels, dans tous « les écrits du temps. Certainement, si quelque chose de « semblable s'était passé dans les provinces soumises aux « Francs, les mêmes sources nous donneraient à leur « égard les mêmes lumières. Mais elles se taisent, et il est « impossible d'en extraire un seul document, d'où l'on

« puissse inférer que les Francs aient partagé les terres « avec les habitants du pays. La loi salique, les décrets « des rois Mérovingiens, les chartes, les chroniques, ne « présentent pas le moindre vestige de ce grand déplace- « ment de la propriété. Quel témoignage plus irréfragable « que ce silence universel. surtout lorsqu'il vient à l'appui « de tout un ensemble de preuves positives, tirées de faits « historiques et de la marche des événements ? »

Cette opinion, conforme à celle de l'abbé Dubos (1), ne s'appuie à la vérité que sur des conjectures, et peut paraître exagérée. On peut admettre, avec Montesquieu, Mably et quelques autres (2), que si les Francs ne dépouillèrent pas les Romains dans toute l'étendue de leurs conquêtes, ils ne professèrent pas cependant pour les propriétés privées un respect peu compatible avec leur domination, et qu'ils prirent les terres qui leur convinrent, sinon dans les pays qui se donnèrent à eux, du moins dans les provinces conquises, sans s'astreindre à un partage semblable à celui qui fut fait partout où il y eut association amiable entre les vainqueurs et les vaincus. Mais ce qui ressort avec évidence des témoignages de l'histoire et de la saine critique, c'est la condamnation du système exclusivement féodal de Loyseau et de Bouquet, c'est la certitude mathématique de la persistance des terres libres qui prirent, dans la langue franque, le nom d'*alleux*.

On ne pourrait s'expliquer autrement, comme le remarque M. de Savigny (3), le texte de la loi salique qui règle

(1) *Histoire de la monarchie française*, liv. VI, art. 7. — (2) Mlle DE LA LÉZARDIÈRE, *Théorie des lois politiques*, t. I, p. 87 ; — M. GUIZOT, *Histoire de l'origine du gouvernement representatif*, 11e leç. ; — M. AUGUSTIN THIERRY, *Récits mérovingiens, considerations sur l'histoire de France*, ch. I et IV ; — M. HENRI MARTIN, *Histoire de France*, 5e édition, p. 412. — (3) *Histoire du droit romain au moyen âge*, p. 243.

différemment le meurtre d'un Romain selon qu'il est : 1° *conviva regis*, 2° *possessor*, 3° *tributarius*. Les deux dernières de ces classes se rapportent à des institutions romaines. Les *possessores* étaient les propriétaires soumis à l'impôt foncier. Les *tributarii* étaient les prolétaires soumis à l'impôt personnel. Ainsi les Francs respectèrent la propriété des anciens habitants et le système d'impôt établi par les Romains.

III. — Un diplôme du dixième siècle prouve qu'il y eut, à dater de l'invasion germanique, des terres du fisc royal, des terres au pouvoir des évêques, des terres au pouvoir des comtes, et des terres possédées en franchise : « Aut sint de fisco regali, aut de potestate episcopali, vel « de potestate comitali, vel de franchisia. »

Une formule de Marculfe distingue la propriété libre et la propriété fiscale : « aut super proprietate, aut super « fisco. »

Jérôme Bignon, dans ses notes sur Marculfe, page 251, explique cette formule en ces termes : « Par cette formule, on distingue deux espèces de biens, comme la division la plus générale des biens, qui était reçue alors ; elle est généralement établie au chapitre XXXIII. » « Car tous les « héritages étaient ou propres ou fiscaux. » On les disait *propres*, ou des *propriétés*, lorsqu'ils n'étaient soumis au droit de personne, et qu'ils étaient possédés de la manière la plus complète et la plus absolue. Ainsi ils passaient aux héritiers. Les biens *fiscaux*, au contraire, étaient concédés de telle manière que, soumis à de certaines conditions et charges, « leur possession finissait avec la vie de celui qui « les avait reçus. » Les biens en *propre*, ou dont on était propriétaire, étaient de deux sortes, savoir : « l'alleu ou « le bien héréditaire, qui était en propre paternel ou ma- « ternel ; » les biens qui ne venaient pas des parents, qui étaient acquis par le travail ou l'économie, et qu'on appelait acquêts ou conquêts. Mais, dans la suite, les acquêts prirent le nom d'*alleux*, nom commun à tous les héritages libres. C'est en ce sens que l'expression d'alleu est encore aujourd'hui employée dans notre droit (1).

La distinction entre les terres fiscales et les alleux est démontrée aussi par un passage de Grégoire de Tours (2), où il est question de concessionnaires privés de tout ce qu'ils tenaient du fisc : « Quibus nihil aliud est relictum, « nisi quod habere proprium (seu terram propriam) vide- « batur. »

Chantereau-Lefèvre (3) fait la même observation que Bignon, et soutient qu'en France on n'avait originairement que deux sortes de biens immeubles : les bénéfices dont les rois disposaient temporairement ou à vie, et les *alleux*, c'est-à-dire les héritages possédés par les peuples, à titre de propriété héréditaire, qui pouvaient être donnés, vendus, engagés et aliénés.

(1) « His verbis duæ notantur bonorum species, et velut maxima rerum divisio, quæ eo seculo recepta erat, quod ex c. XXXIII infra colligi potest. *Omnia namque prædia, aut propria erant, aut fiscalia. Propria* seu *proprietates* dicebantur. quæ nullius juri obnoxia erant, sed optimo, maximo jure possidebantur, ideoque ad hæredes transibant. *Fiscalia* vero, aliis ita concedebantur, ut certis legibus, servitiis quæ obnoxia cum *vita accipientis finirentur.* Rursus *proprium* seu *proprietas* duplex : alia quippe *alode* seu *hæreditas, proprium paternum* aut *maternum erat*; alia non a parentibus accepta, sed labore et parcimonia cujusque comparata ex comparato aut ex conquisitu dicebatur. Sed postea et res comparatas *alodii* nomine vocaverunt, eoque perventus, ut *alodia* liberi juris prœdia *quæ nec fidem, nec pensitationem* deberint generaliter dicta sunt, ad feudi differentiam quo censu alodii vocabulum adhuc hodie jure nostro usurpatur. » — (2) Liv. II, ch. XVII ; — liv. III, ch. XV ; — liv. IX, ch. XXXVIII. — (3) Liv. III, ch. III, p. 158.

La différence entre le bénéfice et l'alleu est importante, au point de vue des caractères originaires des communes et des communaux.

L'étymologie du mot alleu a exercé la sagacité et la patience des érudits. Pithou, en son glossaire sur les Capitulaires de Charlemagne, veut que *allodium* soit un vieux mot de la langue gauloise, et se fonde sur l'autorité de Suétone, au chapitre XXIV de la vie de Jules César, et de Pline, au livre III, chapitre XXXVIII. Alciat fait dériver le mot *alaudium* de *laudo* parce que « Ab eo nullum alicui « laudativum præstandum est. » Cujas dit : « Allodium, « quasi sine leode, quod ejus possessor nemini sit leodis. » Bodin, au livre I, chapitre IX de sa République, dérive le mot *alleu* de *aldius* ou *aldia*, qui signifie affranchi, dans la loi des Lombards. Rhenanus, livre II, *Rerum Germanicarum*, et Joachimus Vadiamus le dérivent du mot allemand *all*, qui signifie tout, parce que c'est un bien possédé avec toute la plénitude de la propriété. Joannes Aventinus le dérive du mot *ald*, qui signifie ancien. Cazeneuve (*Traité du franc alleu du Languedoc*, livre I, chapitre IX) et Bouquet, (*Droit public de la France, part.* 2, *art.* 2) dérivent l'un et l'autre le mot *alleu* du terme teutonique *los*, qui signifie sort; mais, selon Bouquet, l'alleu provient d'une *conquête partagée par le sort*, tandis que, selon Cazeneuve, la privative A indique que les alleux se composent non des biens partagés, mais des biens *exceptés* par le partage des terres conquises. De toutes ces étymologies, celle qui nous paraît à la fois la plus authentique et la plus rationnelle, est celle que les savants collecteurs des *Chartæ, Diplomata*, etc., ont puisée dans le texte de la loi des Bavarois : l'alleu, disent-ils, s'entend de la propriété héréditaire (1).

(1) Vox illa quæ postea varias peculiaresque habuit significa-

Quoiqu'il en soit de ces origines aussi incertaines que les sources du Nil, que Brodeau-sur-Louet énumère très-longuement (1), et sur lesquelles Dumoulin et son annotateur Godefroy (2) ont gardé un prudent silence, le caractère essentiel de l'alleu était d'être une terre libre, dont la propriété pleine et absolue ne se divisait pas en domaine utile et en domaine direct, et dont le possesseur ne relevait de personne, ni comme vassal, ni comme censitaire, ni comme emphytéote, ni à quelqu'autre titre d'infériorité que ce fût (3).

Un fonds allodial ne pouvait pas devoir de censives; mais il pouvait être tenu d'une redevance perpétuelle; son indépendance de tout seigneur l'affranchissait de l'impôt public (4), mais le laissait sous le poids de certaines charges et obligations, telles que les dons gratuits au roi, la prestation des denrées et moyens de transport, soit aux envoyés du roi, soit aux envoyés étrangers qui tra-

tiones, hic, mea sententia, intelligenda est de hereditate, id est summa rerum a defuncto relictorum, ut in lege Bajuvariorum, tit II, cap. I, § 3, æque ac in variis formulis quæ Marculfanæ, Bignonianæ, Sirmundiæ nuncupantur, t. I, p. 177. — (1) *Recueil d'arrêts*, L. C. T. I, p. 214. — (2) *Commentarii in consuetudines parisienses*. tit. I, *Des fiefs*. § 68. — (3) Alaudium est proprietas quæ a nullo recognoscitur, et hic proprietas proprie et plene secundum terminos juris accipitur. Qui enim tenet fundum in alaudium, id est in plenam et absolutam proprietatem, habet integrum et directum dominium, quod a principio de jure gentium fuit distributum et distinctum, et nullum soli dominum recognoscit, sive tanquam patronum, sive tanquam alium dominum directum. Nec possidet tanquam vassallus, nec tanquam censuarius. emphyteutes, aut superficiarius, vel alio utili aut inferiori dominio. (GODEFROY sur *Dumoulin*, tit, I, *Des fiefs*, § 68; — Voir aussi CAZENEUVE, *Franc-alleu du Languedoc*, liv. I, ch. III.) — (4) Montesquieu, Mably, M. Guizot ont établi cela contre l'opinion de l'abbé Dubos.

versaient le pays en se rendant vers le roi, la participation au service militaire, l'obéissance aux juridictions instituées par le roi. Le caractère essentiel de l'alleu, c'était la plénitude de la propriété (1).

IV. — Les jurisconsultes distinguent deux sortes d'alleux : l'alleu noble et l'alleu roturier.

Dumoulin les définit ainsi (2) : « Allaudium nobile est « cui cohæret jurisdictio, vel a quo dependent leuda, vel « censualia prædia. »

« Allaudium paganicum est nudum prædium allodiale, « cui neque jurisdictio inest, neque ab eo movetur feudum « vel census.

Cette double espèce n'est pas apparente dans la constitution primitive des alleux, cependant elle existe ; et, dès la première race, on distingue l'alleu auquel est attachée la juridiction, et d'où dépendent des fonds tenus en censive ; et l'alleu, soit de nature, soit de concession, qui n'attribue à l'alleutier ni droit de justice, ni droit de cens.

« L'origine du franc alleu noble n'est pas facile à déterminer, dit Bouhier, en ses observations sur la coutume du duché de Bourgogne, t. II, p. 251 . De savants hommes cependant la font remonter jusqu'au temps de la première race de nos rois qui les ont concédés à ce titre, et font voir de plus que c'est leur indépendance qui a souvent donné occasion autrefois, aux possesseurs de ces seigneuries, de tenter d'usurper une espèce de souveraineté. »

L'alleu bénéficiaire, devenu depuis l'alleu noble, fut seul en usage dans le pays de la Loire, le premier où les Fran-

(1) *Benedicti, in capite Raynutius decis*, II, num. 5 ; — *Grand coutumier de France*, au liv. II, tit. *Du rachat des fiefs*; — DELHOMME, au liv. II, max. 25. — (2) § 68, gl. n° 3.

çais établirent leur domination et leur demeure, et où la propriété de tous les biens fut acquise au conquérant par le droit de la guerre. Des alleux de concession, avec droits de justice et de fief, furent établis dans ces provinces, en faveur des hommes qui avaient aidé à faire la conquête (1); mais dans les provinces romaines dont les habitants furent maintenus en la propriété de leurs biens, conformément à la loi par laquelle ils étaient régis auparavant, les alleux de nature survécurent à l'établissement amiable des Visigoths et des Bourguignons. Ceux-ci reçurent le nom d'*hospites*, à cause de l'hospitalité quelque peu forcée que leur accordèrent les Romains, conquis et dépossédés par eux; et les terres qui leur échurent par le partage reçurent le nom de *sortes barbaricæ*; celles qui furent laissées aux anciens détenteurs, dégagées des impôts qui pesaient auparavant sur elles, furent appelées *sortes romanæ*. Ce sont ces *sortes* que la loi salique désigna sous le nom d'*alodes*, et qui, sous le régime féodal, devinrent des terres de franc-alleu. Le *sors barbarica* fut l'alleu noble ou justicier, le *sors romana* fut l'alleu roturier. Cette dernière espèce d'alleu se multiplia dans les provinces où les terres avaient été partagées, à tel point que le franc-alleu y devint en l'absence de titres formels, le droit commun. Le caractère essentiel de l'alleu roturier consistait en l'affranchissement de l'impôt dérivé de l'*hospitalitas*, c'est-à-dire de l'*annona* ou tribut foncier et des obligations du *census publicus*, tandis que le détenteur restait soumis au service militaire, aux règles générales de la po-

(1) Voyez, sur les alleux de concession, BEAUMANOIR, ch. XLVI, *Des coutumes du Beauvoisis*; — DOMINICY, *De præ og. alod.* cap. VIII, num. 6 et 7; — CAZENEUVE, *Franc-alleu du Languedoc*, lib. I, ch. IX, num. 8; — BRODEAU, *sur Paris*, art. 68, num. 32 et suiv.; — GALLAND, *Du franc alleu*, num. 9.

lice, aux jugements ordinaires, et aux amendes qui en étaient la suite. Les provinces *juris italici* qui, sous la domination romaine, étaient affranchies du cens, devinrent nécessairement, sous la domination des Germains, des pays de franc-alleu. Outre les alleux établis du moment de la conquête, il y eut aussi dans ces provinces des alleux de concession roturiers. Ce sont ceux qui dérivent des concessions faites *in integritate*. La 14e formule de Marculfe contient le protocole d'une concession de ce genre, faite à un particulier (1), et assigne à la terre concédée le double caractère de liberté et d'immunité qui a passé de l'*alode* ou de la *franchisia* des deux premières races au *franc-alleu* de la troisième.

Les biens du fisc ou domaine royal étaient tout aussi allodiaux que les alleux héréditaires des anciens possesseurs du sol. « Sacrum domanium domini nostri Francorum « regis, » dit Dumoulin, sur la coutume de Paris, art. 1er, gl. 1er, n° 1, « suæque coronæ patrimonium, est vere, « simplicissime, et absolutissime alaudium, native sua na- « turalis juris libertate originaliter et perpetuo gaudens « nullius unquam hominis servitutis aut recognitionis ob- « noxium. »

Il en a été de même des biens attribués, par l'effet de

(1) Cognoscat magnitudo vestra nos illustri viro illi villa nuncupante illo, sita in pago illo, cum omni merito et termino suo, in integritate, sicut ab illo aut fisco nostro fuit possessa... ut ipsa villa antedictus vir ille, ut diximus, in omni integritate, cum terris, domibus, ædificiis, accolabus mancipiis, vineis, sylvis, campis, pratis, pascuis, aquis, aquarumve decursibus, appendiciis, vel qualibet genus hominum dictioni fisci nostri subditum, qui ibidem commanent, in integra immunitate, absque ullius introïtu judicum, de quaslibet causas freda, exigendum perpetualiter habeat concessa.

la conquête, aux capitaines et aux soldats de l'armée victorieuse. « Tout guerrier, dit M. Guizot, qui prit ou reçut du sort une terre, en fut maître comme de sa personne. »

Telle est aussi la pensée de M. de Buat (1) qui, après avoir rappelé les dons de propriétés et surtout de terres vagues faites par Clovis à ses trois mille vassaux, qui s'étaient convertis à son exemple, ajoute : « On appela *sort*, *aprision*, *pourprision* ou *propriété*, les terres que les Francs et les Romains libres acquirent de cette manière; mais on donna aussi le même nom à une autre espèce de propriété, qui n'était pas une concession du roi. On ne composait que quinze sous pour en avoir envahi une partie (*si quis superpriserit*), au lieu qu'on en composait soixante pour avoir envahi une propriété qui était de concession royale. La première espèce de propriété était celle que possédaient des *consorts*, ce qui suppose qu'on avait tiré au sort les terres qui avaient dû être partagées entre les premiers hommes libres qui eurent part à la conquête, et que chacun des consorts n'eut pas besoin d'une charte particulière, qui lui en assurât la possession. Entre les invasions, on distingua celles qui se firent par un *consort* sur un *consort*, et celles que le propriétaire d'un *sort* fit sur un propriétaire qui n'était pas son consort. Cette invasion, faite hors les limites ou la marche du sort, ne se composa pas comme la première. L'auteur de l'invasion l'amenda suivant les clauses de la charte par laquelle le roi avait accordé le sort. Lorsque deux rois eurent accordé un bien à deux propriétaires différents par deux chartes actuellement existantes, le premier impétrant eut pour sa part ou pour son sort les deux tiers de la terre contestée. Cette dernière loi (2) prouve que les sorts furent des propriétés;

(1) *Les Origines*, liv. III, ch. IV. — (2) *Leg. Rip.*, tit. LX, ch. VII.

si c'eût été des bénéfices, le premier possesseur eût été mis hors de sa possession, par la mort du roi, et la dernière charte eût été la seule qu'il eût été permis de citer. C'était un crime capital de s'inscrire en faux contre une charte du roi, lorsqu'on n'était pas en état de produire une charte contraire. »

Au milieu des obscurités qui entourent le berceau de ces divers genres de propriétés originaires, on peut du moins hardiment conclure ceci : il y avait, sans doute, au moment de la conquête, un nombre immense de terres fiscales, usurpées par les empereurs, et qui durent être attribuées aux rois francs et à leurs lieutenants et soldats; car il est probable, comme le pense M. Championnière (1), que le fisc des rois barbares se composa des mêmes éléments que celui des empereurs, et que les terres attribuées à ceux-ci se trouvèrent de droit, faute d'autres maîtres, dévolues à ceux-là. Mais, à côté des terres fiscales, il y avait, dans toutes les parties du territoire, des *alleux* qui durent rester en partie dans les mains des anciens possesseurs par une raison toute simple, c'est que, sur le déclin de l'empire, il y avait dans les Gaules plus de terres incultes qu'il n'en fallait pour satisfaire tout le monde (2). Une partie de ces terres échut, dans des proportions diverses, soit par le partage et le sort, soit par les libéralités des chefs des tribus, aux familles germaniques (3), et de là dérivèrent des alleux de concession, placés dans les mêmes conditions de liberté et d'immunité que les terres restées au pouvoir des anciens possesseurs, et dotés, en outre, d'un droit de justice qui devint le principe d'une supériorité relative, source d'inégalités et de priviléges.

(1) *Traité des eaux courantes*, num. 162.— (2) LABOULAYE, *Histoire de la propriété dans l'occident de l'Europe*, liv. V, ch. IV. — (3) GUIZOT, *Essais sur l'Histoire de France*, p. 792.

CHAPITRE IV

DES CONCESSIONS DE FISCS A TITRE D'ALLEUX ET DE BÉNÉFICES, ET DE LEUR INFLUENCE SUR L'AGRICULTURE ET LA POPULATION.

Les libéralités des rois francs à leurs compagnons d'armes, aux évêques et aux monastères, faites les unes à titre d'alleux, les autres à titre de bénéfices, ont été, au moyen âge, la principale source de la propriété ecclésiastique ou seigneuriale, et de la création des villages, des bourgs, des villes et des cités. C'est ce que constate à chaque page le recueil des chartes et des diplômes de la race mérovingienne (1).

Un diplôme royal, d'une authenticité douteuse (2), attribué à Clovis, sous la date de l'an 497, donne au monastère de Reims un territoire [*locellum*] (3), situé dans le *pagus* de Tournai, et défend à qui que ce soit de pénétrer dans les villages, métairies et courtils dépendants de ce monastère, pour y rendre la justice, y exiger les amendes, et y remplir aucunes fonctions, voulant que le monastère soit à l'abri de tout trouble sous la protection et la main bourne du roi et de ses successeurs (4).

(1) *Diplomata, chartæ, epistolæ, leges, aliaque instrumenta ad res Gallico-Francicas spectantia, etc.*, 2 vol. in-fol. Paris, 1843. — (2) *Prolegomenes*, p. 2, sect. 5, ch. I, num. 2. — (3) DUCANGE, V. *Locellum.* — (4) Et nemo in eorum vicos, vel villas et curtes, ad causas audiendas, nec ad mansiones faciendas, nec freda exactanda, nec ullas functiones requirendas, etc. (*Ibid.*, t. I, p. 31.)

Un diplôme de Clovis, le seul dont l'authenticité soit reconnue par tous les savants (1), concède à Euspice et à Maximin, en toute franchise de tributs, de charges et d'exactions, le territoire de Micy, dépendant d'un de ses fiscs, et recommande à l'évêque Eusèbe de garantir de tout trouble dans sa paroisse les possessions des concessionnaires.

Par une charte de l'année 526, confirmée par Childebert Ier, roi des Francs en 531, Haregarius avec son épouse Truda et sa fille Tenestine, donne à l'église du nom des saints Gervais et Protais une aire pour bâtir un monastère (*aream ad monasterium faciendum*) et deux *villæ* en sus (*villas duas in augmentum*) (2).

Par un diplôme de Childebert Ier, roi des Francs, de l'an 528, un territoire circonscrit par les bornes qui y sont indiquées est attribué au monastère d'Arisole, pour cultiver, planter, bâtir sous la protection et mainbourne du roi (3).

Un diplôme du même roi, de l'an 539 (4), attribue à l'église du Mans le monastère d'Arisole, qui lui est donné par un moine de cette église, avec ses terres, maisons, édifices, esclaves, vignes, forêts, prés, cours d'eau, moulins, pécules, argent, meubles et immeubles.

Un diplôme de Théodebert Ier, roi des Francs, attribue en 541 (5), à l'oratoire de Saint-Martin-du-Mans, les lieux de *Ville-Levaste* et autres avec les mêmes dépendances.

Un diplôme de Childebert Ier, roi des Francs, de l'an 558 (6), attribue à l'église de Saint-Vincent de Paris un fisc nommé Isciacus, qui fait partie des *pagi* de Paris, près

(1) *Chartæ, diplom., prolegomenes*, p, 11. — (2) *Ibid.*, p. 72, CVIII, p. 80, CXVII. — (3) *Ibid.*, p. 75, CXI. — (4) *Diplomatæ, chartæ*, t. I, p. 100. CXXV. —(5) *Ibid.*, p. 102, CXXVII.— (6) *Diplomata, chartæ*, t. I, p. 117, CLXXII.

du lit de la Seine, avec tout ce qui s'y trouve, mas, habitations, champs, territoires, vignes, forêts, prés, serfs, colons, affranchis, ministériaux, outre ceux que le roi ordonne de considérer comme ingénus...

Clotaire Ier fonde, par un diplôme de l'an 560, confirmé par ses quatre fils en 562 (1), la basilique de Sainte-Marie de Poitiers, et lui donne, à titre de dot, son village de Villiaque, avec ses terres, champs et possessions adjacentes, qu'il lui transfère avec toute juridiction, autorité et prééminence, sauf et réservé au roi et à ses successeurs la supériorité et le ressort (2).

Par une charte d'environ 570, Théodechilde, fille de Clovis Ier, donne au monastère de Saint-Pierre-le-vif, de Sens, un grand nombre de *villæ* répandues dans divers *pagi*, qu'elle a recueillies dans l'héritage de son père, à titre de propriétés.

L'un des documents les plus importants en cette matière est le traité d'Andelau de 587, qu'un écrivain peu favorable aux libertés municipales (3) cite pour prouver que les rois Mérovingiens disposaient en maîtres absolus des villes, même les plus importantes.

Par un diplôme de 627, Clotaire II confirme le don à l'église du Mans du monastère de Longueville (4), « una « cum terris, domibus, ædificiis, mancipiis, vineis, silvis, « pratis, pascuis, aquis aquarumque decursibus, farinariis, « peculiis, pecuniis, mobilibus et immobilibus, vel reli- « quis quibuscumque beneficiis. »

Des rois de la première race, aucun n'a fait plus de dons aux églises que Dagobert Ier. On lui a imputé, du vivant

(1) *Diplomata, chartæ*, CLXIX, t. I, p. 124. — (2) *Diplomata, chartæ*, CLXIV, t. I, p. 118. — (3) M. LEBER, *Histoire critique du pouvoir municipal*, ch. II, § 3. — (4) *Diplomata, chartæ*, I, p. 217.

même de son père, Clotaire II, et pendant qu'il était lui-même roi d'Austrasie, trois diplômes de 622 et 623, faisant ou confirmant des dons à l'église de Saint-Pierre de Trèves. Le seul vrai est celui par lequel il lègue à la basilique de Worms des propriétés qu'il possède dans le *pagus* de Laudemburg, et confirme ses possessions avec des immunités (1).

Les diplômes de Dagobert, depuis la mort de Clotaire II en 628, jusqu'en 638, époque du décès de Dagobert lui-même, sont très-nombreux : plusieurs sont considérés comme authentiques. La plupart contiennent des libéralités en faveur de l'abbaye de Saint-Denis. Le plus important est celui de l'an 629 (2), qui accorde à cette abbaye le droit de foire. En 635, Dagobert échange (3) avec les matriculiers de Saint-Denis le village de Saclas, dans le territoire d'Étampes, contre un village nommé Amic, situé dans le territoire de Marseille. Dans la même année, il donne à l'abbaye de Saint-Denis le village de Puteaux, près Paris (4).

Un autre diplôme de Dagobert — CCLXXI — donne à l'abbaye de Saint-Denis cinq villages : *Toury*, *Tivernon* et *Rouvray*, dans l'Orléanais, *Monauille* et le *Valvaçon* dans l'Étampais.

On trouve des diplômes semblables sous le règne de Clotaire III et de Childéric II, depuis l'an 657 jusqu'à l'an 673.

On a imprimé plusieurs fois le diplôme CCCXL, par lequel Childéric II et la reine Hinechilde donnèrent en 627, à l'évêque d'Amand, le village de Barisi dans le Laonnais (5).

(1) *Diplomata, chartæ*, CCLII, t. I. — (2) *Ibid.*, CCXLVII, t. II, p. 4. — (3) *Ibid.*, CCLXVIII, t. II, p. 31. — (4) *Ibid.*, CCLXIX, t. II, p. 33. — (5) *Diplomata. chartæ*, t. II. p. 148.

Il reste du même prince un autre diplôme — CCCLXVIII — par lequel il accorde à l'abbaye de Sénone, dans les Vosges, les hommes de deux villages d'Alsace (1).

Un diplôme de Thierry III — CCCXCIV — se distingue des autres par une particularité remarquable. Il adjuge à Amalgarius un lieu qui est appelé *villa de Bactilione valle,* dont une femme nommée Acchildis réclamait une portion. L'affaire fut instruite et jugée dans un plaid. Aucune des parties ne pouvait prouver son droit. On s'en rapporta au serment sur la possession de plus de trente ans.

Un autre diplôme de Dagobert II — CCCLXXXV — confirme la donation du village de Germiny faite aux monastères de Stavélo et de Malendi, sous les règnes de Clovis III, en 691, de Childebert III, en 695, de Dagobert III, en 711.

Dans un plaid — CCCCXIX — tenu à Luzarches, Clovis III confirma la concession du village de Noisy, dans le Chambly, qui avait été faite à l'abbaye de Saint-Denis et à l'abbé Chamou par Ingobert et sa femme Augantrude. L'année suivante, dans un autre plaid tenu à Valenciennes, le même prince adjuge au diacre Chroctchaire le village nommé dans l'acte Baddaucourt, que Chroctchaire réclamait au nom d'Ingramnus, fils orphelin de Chaldedramnus, et qui était injustement retenu par Amalbercht.

Des donations ou des jugements de même nature sont constatés par des diplômes de Childebert III dont l'un — CCCCLX — s'applique, comme celui de Clovis III, à un village de Noisy, dans le Chambly, et par ceux de Dagobert III, de Chilpéric II, de Thierry IV et enfin de Charles et Pépin, maires du palais, qui, maîtres absolus dans toute la France, sous le règne des derniers rois Mérovingiens et

(1) *Chartæ. diplom.*, t. II. p. 159.

disposant des biens du fisc comme de leurs propres, donnèrent entr'autres, le premier à l'église de Saint-Sauveur, alors cathédrale d'Utrecht, le village d'Elst, confisqué sur Éverhard pour cause de trahison, et le second à divers monastères, et particulièrement à l'abbaye de Saint-Denis, des biens très-considérables.

Ces documents historiques prouvent que les fiscs attribués, dans le partage du territoire, aux rois de la première race, avaient une étendue immense, et que ces fiscs ont été l'une des principales sources des biens ecclésiastiques, sur lesquels se sont établis un grand nombre de villages et de villes.

II. — Quelques documents de la même époque prouvent que les membres du clergé et de l'ordre militaire avaient participé, dans une certaine mesure, à la possession des terres fiscales, et qu'ils en firent le même usage.

Un diplôme de Sigismond, roi de Bourgogne, supposé selon les uns, suspect selon les autres, vrai selon Pagi et les collecteurs des *Diplomata*, *chartæ*, *etc.*, attribue, en 523, au monastère d'Agauve, Saint-Maurice-en-Valais, Grenoble, Genève, Lausanne, etc., des villages, courtils, métairies avec tous leurs accessoires en terres, maisons, édifices, esclaves, affranchis, peuples, habitants, vignes, forêts, olivettes, champs, prés, pâturages, cours d'eau, meubles et immeubles ou dîmes (1).

On trouve, dans le recueil des chartes et diplômes de la première race, des donations aux églises, émanées des ducs et des comtes comme des rois. Nous pouvons citer entr'autres une charte de donation consentie par Guerrec, duc de Bretagne, au monastère de Sainte-Ninnoque, en l'an 438.

(1) *Chartæ, diplomata*, t. I, p. 69 et suiv.

Un testament de Bertrand, évêque du Mans, de l'an 615, en faveur de son église, testament dont l'authenticité paraît généralement reconnue et qui n'occupe pas moins de dix-huit pages in-folio (1), donne la mesure des immenses richesses accumulées par le clergé pendant le sixième siècle, grâce à la munificence des rois, et de leur persévérance à accroître les biens ecclésiastiques, en même temps qu'il fournit des renseignements précieux sur les usages et les mœurs du sixième siècle.

Il importe de remarquer que les terres concédées par les chartes et les diplômes qui précèdent sont constituées à titre d'alleux, comme le clergé l'a soutenu, lorsqu'on a voulu exiger de lui, en 1785, foi et hommage à raison des terres qu'il tenait des libéralités des rois et des seigneurs (2). Les textes des chartes expriment, en effet, de la manière la plus précise le caractère irrévocable et héréditaire des donations des terres fiscales : « Jure hæreditario « in proprietatem concessit... in proprium alodem... pro « alodio in perpetuum... regali more disponentes, conce- « dimus fiscos jugiter possidendos et pro libitu disponen- « dos... » Mais à côté des concessions à titre d'alleux apparaissent, dès la première race, les concessions à titre de bénéfices.

III. — Considéré d'une manière générale, le bénéfice est une propriété limitée par les conditions que le concédant a attachées à son *bienfait ;* car, dit Vico, les hommes ont une disposition naturelle à accorder des bienfaits qui puissent leur rapporter quelques avantages, et à ne renoncer soit à l'autorité, soit aux richesses acquises, qu'autant

(1) *Diplomata, chartæ*, t. I, p. 197 à 215. — (2) Voyez le *Mémoire pour le clergé de France*, dans l'affaire des foi et hommage. Paris, 1785.

qu'ils y sont forcés ou qu'ils trouvent dans ces concessions mêmes de quoi servir leurs intérêts.

Le souverain d'une cité mal affermie sent le besoin de créer une classe d'hommes intéressés à soutenir l'ordre public sur lequel son pouvoir repose. Il leur distribue d'abord des armes et des chevaux, puis les terres qu'il a conquises. Voilà l'origine des *bénéfices*, dont la condition commune est que le bénéficiaire marche contre l'ennemi (1).

En ce sens, on peut dire, avec M. de Gourcy (2), que les terres distribuées par les empereurs romains aux vétérans des légions, à la charge de les conserver et de les transmettre à leurs héritiers, grevées des services militaires promis sous la foi du serment, étaient de vrais bénéfices (3). On peut reconnaître, avec les historiens de la Bretagne (4), les caractères du bénéfice et le germe du gouvernement féodal, dans la vaste association des clients et des patrons, dans la hiérarchie des princes, des hommes libres et des ambactes qui distinguait la Gaule celtique.

Les concessions des rois Mérovingiens aux anstrustions et aux leudes, celles de Charles Martel à ses fidèles, les Timar, Ottomans, les Berliah Mameluks, tout cela dérive du même principe : un service militaire, religieux ou autre. Les bénéfices ecclésiastiques ont la même origine que les bénéfices laïques. De même que, dans l'ordre militaire

(1) Imprimis quicumque beneficia habere videntur, omnes in hostem veniant. (*Capit. Car. Mag.*, an 817.) — (2) *De l'état des personnes en France*, p. 222.—(3) « Notum est, » dit saint Augustin en son second sermon, à la veille de la Pentecôte, « quod milites seculi beneficia temporalia a temporalibus dominiis accepturi, prius militaribus sacramentis obligantur, et dominis suis fidem se servaturos profitentur. » — (4) M. DE COURSON, *Essai sur la Bretagne* ; — M. PITRE-CHEVALIER, *La Bretagne ancienne et moderne*, p. 215.

et dans l'ordre civil, les héritages concédés *jure beneficiario* rentraient, à la mort du donataire, entre les mains du prince, et pouvaient devenir le sujet d'une libéralité nouvelle, de même, dans les premiers temps du christianisme, les droits accordés aux clercs sur les biens de l'Église n'étaient considérés que comme des concessions purement personnelles et viagères. A cette époque, les bénéfices étaient possédés *non jure tituli, sed tantum jure personali.* Plus tard, il fut jugé convenable d'attacher des droits d'usage ou d'usufruit à l'accomplissement de certains services religieux, et, par exemple, d'abandonner aux desservants d'une paroisse la jouissance des propriétés urbaines ou rurales situées sur son territoire. Le bénéfice, originairement motivé par des considérations toutes personnelles, ne fut plus alors concédé qu'en raison de l'office dont il devait assurer la perpétuité. La maxime : *Beneficium datur propter officium* prévalut dans le droit canonique, et bientôt l'obligation, imposée d'abord à chaque nouveau desservant, de demander l'investiture des revenus dont son prédécesseur avait eu la jouissance, étant considérée comme une formalité gênante et sans utilité réelle, il fut admis en principe qu'à chaque église appartiendrait, à titre de donation et pour toujours, le droit de percevoir les fruits des biens compris dans ses limites. Dès ce moment, le bénéfice ne fut plus ni un droit personnel, ni un droit précaire et contestable, mais un droit annexé à perpétuité au titre, et qui s'obtenait avec lui (1).

Mais, dans l'origine, tous les bénéfices, tant ecclésiastiques que laïques, étaient révocables.

Tous les bénéfices étaient soumis au même recensement :

(1) HENNEQUIN, *Traité de législation et de jurisprudence*, t. II, p. 98.

« Ut non solum beneficia episcoporum, abbatum, abbatis-« sarum atque comitum, sive vassallorum nostrorum, sed « etiam nostri fisci describantur ; ut scire possimus quan-« tum etiam de nostra in uniuscujusque legatione habea-« mus (1). »

L'origine des bénéfices militaires remonte à Clovis; mais l'usage en fut beaucoup moins usuel sous la première race que sous la seconde. « In diebus illis, » dit Aimoin (2), « dilatavit Clodovœus regnum Francorum usque ad Sequa-« nam, et accipiens castrum miledunensem, tradidit eum « Aureliano legatario, et jure beneficii concessit. »

L'origine des bénéfices ecclésiastiques est contemporaine de celle des bénéfices militaires ; elle remonte au concile d'Agde, tenu en 506. « Statuimus quod omnes canones ju-« bent ut civitatenses sive diocessui presbyterici, salvo jure « Ecclesiæ, rem Ecclesiæ, sicut permiserunt episcopi, te-« neant, vendere autem aut donare pœnitus non præsu-« mant ; quod si fecerint vel fecerunt, et facta venditio non « valebit, et de facultatibus (si quas habent proprias) in-« demnam Ecclesiam reddant et communione priventur. »

IV. — La création des alleux et des bénéfices imprima une certaine impulsion à l'agriculture qui, négligée par les Romains, fut, chose remarquable, remise en honneur par les Barbares.

Tandis que le *latifundium* romain était devenu, dès les derniers temps de la République et, à plus forte raison, sous l'Empire, une source de misère et de démoralisation, entre les mains du grand propriétaire, qui ne cherchait dans le revenu de sa terre qu'un aliment à ses débauches, et qui ne voyait dans l'esclave qui la cultivait qu'un vil instrument, l'alleu germanique, c'est-à-dire la terre libre,

(1) Baluze, tit. I. — (2) *Hist.*, ch. XIV.

que l'homme de guerre tenait de Dieu, exempte de cens, de rentes, de dettes et de servage, et qu'il donnait à ses compagnons, sous la seule réserve de sa suzeraineté, vint en aide au travail et à l'affranchissement progressif des populations.

« Le Franc s'est empressé de cultiver les campagnes désertes des Nerviens et des Trévériens, disait l'orateur Eumène, dans le panégyrique d'un empereur. Celles d'Amiens, de Beauvais, de Troyes et de Langres sont couvertes de barbares ; le Chanave et le Frison labourent donc à présent pour moi ; et ce sont ces mêmes hommes, accoutumés aux courses et au pillage, qui nous apportent l'abondance (1). »

De cet éloge, dit un écrivain (2), on doit conclure, non pas que les barbares fussent de bons cultivateurs pour la Gaule, parce que cela ne s'accorderait pas avec leurs mœurs, mais que les Romains, désolés par leurs incursions (3) et plus encore, s'il était possible, par les administrateurs mêmes de l'empire, dans le découragement tout à la fois et dans la corruption, ne conservaient plus aucune espèce d'attachement pour un sol qui les exposait à tant de maux.

Ces tributs, que l'avarice et le faste des empereurs avaient exigés de leurs sujets, tombèrent d'ailleurs dans l'oubli sous le gouvernement des Français. Le prince eut, pour subsister, ses domaines, les dons libres que lui faisaient ses sujets, en se rendant à l'assemblée du Champ de Mars, les amendes, les confiscations et les autres droits que la loi lui attribuait. Au lieu d'une société toujours pauvre, parce que les sujets mercenaires s'y devaient faire payer

(1) *Recueil des historiens de France*, t. I. — (2) CHABRIT, *De la monarchie française*, t. I, ch. XXV. — (3) *Not. des diplômes*, de M. l'abbé DE FOY, t. I, p. 10.

pour remplir les devoirs de citoyen, les anciens sujets de l'empire se trouvèrent dans un état riche, parce que le courage et la liberté en étaient l'âme. Comme les Francs ne vendaient point leurs services à la patrie, ils n'imaginèrent pas d'acheter ceux des peuples qui se soumirent à leur autorité. Toute imposition devint donc inutile, et les sujets simplement obligés, ainsi que leurs maîtres, de faire la guerre à leurs dépens, quand la cité était commandée, ne contribuèrent comme eux qu'à fournir des voitures aux officiers publics qui passaient dans leur province, et à les défrayer ; c'était moins les assujettir à un impôt que les associer à la pratique de l'hospitalité, vertu extrêmement précieuse aux Germains, et ils ne furent tenus qu'aux mêmes devoirs que les Francs.

Les progrès de l'agriculture amenèrent naturellement ceux de la population ; et c'est ainsi que, grâce à l'influence simultanée des coutumes germaniques, du droit romain et du droit canonique, soit sur la classification des hommes libres et l'affranchissement des serfs, soit sur l'appropriation des alleux et des bénéfices, qui suivit le partage des terres, les familles devinrent, dès les temps mérovingiens, la pépinière des populations qui s'établirent dans les villages, les bourgs et les villes, et qui furent mises en possession du droit de cité et du droit de juridiction, ce double et primitif élément de toute organisation municipale.

CHAPITRE V

DE LA RÉSURRECTION DU RÉGIME MUNICIPAL SOUS LA TRIPLE INFLUENCE DU DROIT ROMAIN, DU DROIT CANONIQUE ET DES COUTUMES GERMANIQUES.

I. — Le réveil du régime municipal s'opéra, dans les divers états de l'Europe occidentale, sous la double influence du droit romain et du droit canonique.

Le droit municipal avait été abrogé par la Novelle 46 de Léon le Philosophe (1), dans tout l'empire d'Orient. Les Espagnes et les Gaules, retranchées de l'empire romain depuis le commencement du cinquième siècle, la Germanie, qui n'en avait jamais fait partie, l'Italie elle-même observèrent-elles, à dater de la publication du corps de droit de Justinien, qui eut lieu vers l'an 530, les lois municipales romaines?

On a longtemps cru que le droit de Justinien ne s'était établi, dès le sixième siècle, qu'en Grèce et en Italie, et dans la partie de l'Italie qu'on appelle aujourd'hui la Romagne, avec le reste des terres de l'Église, le royaume de Naples et la Sicile (2). Mais, outre que des documents historiques, récemment découverts, prouvent que le code de Justinien, dont il est fait mention dans les vieilles coutumes d'Auvergne (3), a été connu, dans plusieurs États de

(1) *Droit municipal dans l'antiquité*, p. 176. — (2) ARGOU, *Histoire du droit français*, t. I, p. 56. — (3) GIRAUD, *Histoire du droit français*.

l'Europe, cinq siècles avant la découverte, à Amalfi, d'un exemplaire des Pandectes (1), on ne peut douter que le droit romain ne se soit successivement répandu, dès les premiers siècles qui suivirent l'invasion germanique, de l'Italie, où on le voit mentionné dans les Épîtres de saint Grégoire, qui vivait sous Maurice et Phocas (2), en Espagne, en France, et, plus tard, en Angleterre et en Allemagne.

Grégoire de Tours (3) parle d'un esclave du sénateur Félix, versé dans la connaissance de la loi Théodosienne.

Les archives municipales, dont la Novelle 15 de Justinien avait ordonné l'établissement dans tout l'empire (4), et auxquelles fait allusion l'édit de Théodoric, contiennent d'assez nombreux témoignages de la persistance du droit municipal romain après l'invasion des Barbares.

Les Ostrogoths, dont l'établissement dans l'empire était plus ancien et les progrès dans la civilisation plus avancés que ceux des autres peuples, quittèrent les premiers leurs anciens usages pour adopter les lois romaines (5).

Alaric II, roi des Visigoths, publia aussi, à une date contestée, mais qui paraît être l'an 506 (6), un édit par lequel il maintint, avec le concours des élus de la province

(1) SAVIGNY, *Gesch. des Rom. Rechts in mittelalter*; — EICHORN, *Deutsche Staats und Rechts-Gesch*, § 267. — (2) Tome IX, *Concil.*, p. 4. — (3) *Hist. Franc.*, liv. IV, ch. XLVII. — (4) Præcepta vero faciat tua eminentia per unamquamque provinciam, at in civitatibus habitatio quædam publica distribuatur, in qua conveniens est defensores monumenta recordere, eligendo quemdam in provincia, qui eorum habeat custodiam : quatenus incorrupta maneant hæc, et velociter inveniantur a requirentibus, et sit apud eos archivum, et quod hactenus prætermissum est, in civitatibus emendetur. (*Nov.* 15, *in Præf.*, et ch. V, § 2.) — (5) GIANNONE, liv. III. ch. II. — (6) Voyez M. DE PETIGNY, et la dissertation insérée dans les *Diplomata, chartæ*, t. I, p. 22.

(*electorum provincialium*), les lois romaines, les curies municipales et les défenseurs des cités, élus annuellement par l'évêque et par le peuple.

Les lois des Visigoths furent rédigées par les évêques sur le plan des lois romaines, et destinées à former un corps uniforme, par lequel les deux nations seraient gouvernées (1).

Ces lois furent révisées plusieurs fois, et arrêtées définitivement en l'an 688. On jugeait encore par ces lois, aux neuvième et dixième siècles (2).

« Dans le royaume des Visigoths, » dit M. Augustin Thierry (3), « l'organisation municipale était non-seulement « tolérée, mais garantie d'une manière expresse. Dans ce « royaume et dans celui des Burgundes, à côté de la loi « d'un peuple conquérant, on trouvait un code de lois « romaines, compilé par ordre des rois, et sanctionné par « eux. Sur tout le territoire où dominaient ces deux peu- « ples, il y avait eu un partage régulier des terres, entre « les Barbares et les Romains. Des lois avaient été faites « pour maintenir strictement le partage primitif, et arrêter « les invasions et les spoliations ultérieures. »

Sigismond, dans une préface ajoutée, en 517, au code des Bourguignons, promulgué par son père Gondebaud, édicta qu'entre les Romains les procès seraient jugés par la loi romaine, qui devint loi territoriale, malgré l'usage de ces temps-là, où toutes les lois étaient personnelles (4).

Clotaire, fils de Clovis, publia, vers l'an 560, un édit

(1) *Histoire du Languedoc*, t. I, p. 242; — HEINEC., *Hist. jur. germ.*, ch. I, 5-15. — (2) *Histoire du Languedoc*; — *Preuves*, t. II, col. 56 et 59; — *Preuves*, t. I, col. 113, 116. — (3) *Considérations sur la France*, ch. V — (4) *Chartæ, diplomata*, ch. II, p. 66; — *Lex romana Burgundionum circa anno* 518.

portant que les causes des Romains seraient jugées par le droit romain.

Un jugement célèbre, rendu en 634, priva les enfants de Sadregesile, duc d'Aquitaine, de la succession de leur père, parce qu'ils n'avaient pas poursuivi la vengeance de sa mort suivant la loi romaine : « Francorum conventu a pro« ceribus secundum leges romanas omnibus paternis ex« poliati sunt bonis (1). »

Grégoire de Tours dit, en parlant de la mort de saint Nizier, évêque de Lyon, décédé en 573 : « Dès que le temps au bout duquel *la loi romaine* ordonne que l'acte qui contient la dernière volonté d'un défunt soit rendu public se fut écoulé, le testament de notre prélat fut porté au lieu où se rendait la justice, et remis au magistrat, qui l'ouvrit et le lut devant un grand nombre d'assistants (2). »

Marculfe, qui vivait dans le septième siècle, rapporte les formules dressées, les unes suivant les lois nationales des Barbares, les autres *ut lex romana edocet.* L'abbé Dubos (3) cite la dixième et la dix-septième formule du livre second, qui se rapportent aux testaments faits *selon la loi romaine.* On trouve des formules semblables dans le second volume des *Capitulaires* de Baluze, dans les ouvrages de dom Mabillon, et dans le tome VIII de la *Gallia christiana.*

Dans une constitution du 25 juin 864, Charles le Chauve

(1) Voyez AIMOIN, liv. IV, ch. XXVIII, et l'ouvrage d'ANTOINE DASTI, intitulé : *Del uso e autorita della ragion civile nell imperio occidentale dal di chè furona inondati de barbari sino a Lotorio II.* —(2) Post dies autem quo *lex romana* sancivit ut defuncti cujuspiam voluntas publice relegatur, hujus antistitis testamentum in foro delatum, turbis circumstantibus, a judice reseratum recitatumque est. (*De vitis Patrum*, ch. v.)— (3) *Hist. crit. de l'établissement de la monarchie française*, liv. VI, ch. IX.

dit à son tour : « In illis regionibus in quibus secundum « legem romanam judicantur judicia, juxta ipsam legem « comittentes talia judicentur ; quia super illam legem vel « contra ipsam legem nec antecessores nostri quodcumque « capitulum statuerunt, nec nos aliquid constituimus. De « illis autem qui secundum legem romanam vivunt, nihil « aliud nisi quod in eisdem continetur legibus defini- « mus. »

Les établissements de saint Louis, liv. II, chap. XXII, paraissent même, selon la remarque du président de Lamoignon, considérer le droit écrit comme le droit commun de la France : « Quand len use pas du droit écrit, l'en « doit avoir recort à la coustume du pays et de la terre ; et « coustume passe droit, et est tenue par droit, selon le « droit écrit en la digeste *de leg. et senat. cons. et long.* « *consuetud.*, en la loi *de quibus causis* où il est escrit de « cette matere, et en Code *quæ sit longa consuetudo*, en la « première loi où il est escrit de cette matere. »

On ne doit pas s'étonner du succès que la loi romaine, cette raison écrite, obtint chez les peuples barbares, quand on se rappelle que les rois de ces peuples tiraient les chefs de leurs armées, les officiers de leurs palais, les gouverneurs de leurs provinces, leurs médecins, leurs référendaires, leurs numéraires, leurs notaires (1) de la race latine, que la langue latine retentit dans les églises et dans les écoles, dès les premières années de l'établissement germanique (2), que le concile d'Orléans invoquait, en l'an 511, la loi romaine à l'appui du droit d'asile, que celui de Tours, en l'an 567, s'en servit pour prohiber les mariages

(1) GRÉGOIRE DE TOURS, liv. IV, ch. XLII, XLIV ; liv. V, ch. XLV, XLVI. — (2) Secundum legem romanamque Ecclesiam vivit. (*Lex Ripuariorum*, t. LVIII, art. 1) ; — BALUZE, t. I.

incestueux (1), et que toutes les manumissions se faisaient d'après la loi romaine.

La survivance de la loi romaine à l'invasion germanique maintint le régime municipal, disent les savants éditeurs des *Diplomata, chartæ* (2); et si le code Théodosien perdit, sous les nouveaux maîtres des Gaules, son autorité quant à l'administration de l'État, il la conserva, au contraire, quant à l'administration des cités. Les institutions municipales par lesquelles étaient gouvernées du moins les grandes villes subsistèrent presqu'entières, quoiqu'avec quelques changements de noms, et ces institutions, altérées plutôt que détruites, servirent à la constitution du régime des cités, lorsque, sous les rois de la troisième race, elles recouvrèrent leur antique liberté.

En effet, tandis que, dans l'Orient, les constitutions impériales abrogèrent les curies et les décurions (3), dans l'Occident, au contraire, les municipes romains furent respectés par les conquérants, comme le prouvent l'encyclique adressée, au commencement du sixième siècle, par Théodoric, roi des Ostrogoths, *universis provinciis Galliarum* (4), la lettre qu'il écrivit : *Gemello, viro senatorio* (5),

(1) BALUZE, t. I, p. 9.— (2) Tom. I, p. 9.— (3) *Imp. Leonis Augusti Nov. Const.*, 46; *Abrogatio quarundam de curiis et decurionibus.* — Voyez, sur ce sujet, la préface des *Assises de Jérusalem*, par M. BEUGNOT, p. 32 et 42. — (4) « Soumettez-vous avec plaisir à la coutume romaine, qui vous est rendue après un si long temps ; car il est agréable de revenir à ce qui a porté si haut vos ancêtres : c'est pourquoi, rappelés, avec l'aide de Dieu, à votre antique liberté, reprenez les mœurs romaines. (CASSIODORE.)» —(5) « Fais en sorte d'arriver dans la province fatiguée, comme un bon juge, et de manière qu'elle reconnaisse en toi un homme envoyé par un prince romain. Accablée sous le poids de ses infortunes, elle a besoin d'hommes excellents et distingués. Fais qu'elle se réjouisse d'avoir été vaincue, qu'elle n'éprouve rien de ce qu'elle

et surtout l'article 52 de son édit de l'an 500, portant que : « Si quelqu'un, de sa propre volonté, veut donner un im-« meuble urbain ou rustique, il faut que l'acte de libéra-« lité, corroboré par la signature des témoins, soit insinué « aux actes municipaux, en sorte qu'à la confection des « actes soient présents trois curiales et un magistrat, ou, « au lieu et place du magistrat, le défenseur de la cité « avec trois curiales, ou les duumvirs et le quinquennal ; « que s'il n'y en a pas, la formalité de l'insinuation, qui « donne force et authenticité à l'acte, soit accomplie dans « une autre cité qui aura ces magistrats, ou devant le juge « de la province où sera situé l'immeuble donné. »

II. — Cette domination de la loi municipale romaine dans l'empire franc ne fut cependant pas uniforme, et il n'est pas possible d'admettre qu'au sein des diversités nombreuses qui existaient déjà sous la domination romaine, dans le régime municipal des colonies, des municipes, des préfectures, des villes libres et alliées, les accidents de la conquête, si divers eux-mêmes, n'aient pas laissé des empreintes toutes différentes dans le régime des cités qui se livraient sans défense aux vainqueurs, et dans le régime des cités qui vendaient cher leur indépendance, et qui cédaient à des propositions d'arrangement, plutôt qu'à la force des armes.

Ainsi les tribus établies sur les rivages de l'Armorique luttèrent de toute l'énergie de la liberté bretonne contre les Sicambres convertis, devant lesquels les Gallo-Romains, las du despotisme impérial et effrayés des progrès de l'arianisme, fléchissaient le genou.

souffrait quand elle regrettait de n'être plus romaine. Maintenant il convient qu'elle se réjouisse, puisqu'elle est arrivée à voir ses vœux satisfaits. (Cassiodore.) »

« Saint Félix, dit Albert le Grand, voyant que son diocèse servait comme de théâtre, sur lequel se jouaient ces sanglantes tragédies aux dépens du pauvre peuple, ne cessait d'aller vers les uns et vers les autres pour tascher à moyenner quelque bonne paix, et ne l'ayant peu faire, au moins son éloquence gagna sur les Bretons, qu'encore qu'ils ne voulussent entendre à paix ni traité quelconque, que les Français ne leur laissent purement les deux villes, savoir : Rennes et Nantes (1). »

« Les Armoriques, dit Procope, qui étaient limitrophes des Francs et soumis aux Romains avec le reste des Gaules, subirent pendant longtemps une guerre cruelle de la part de ces voisins qui s'efforçaient de les assujettir. Leur résistance opiniâtre ayant rendu leur force inutile, les Francs eurent recours à la négociation, et invitèrent ces peuples à s'unir avec eux par un traité d'amitié et par des mariages. Les Armoriques y ayant consenti, les deux nations n'en firent plus qu'une, et devinrent très-puissantes (2). »

Tout traité, dit avec raison M. Leber (3), suppose des conditions réciproques ; et l'on peut admettre que les libertés dont le maintien avait été la condition de la soumission des Bretons, survécurent dans les Armoriques à leur annexion au royaume franc. Mais de nouvelles révoltes ayant éclaté dans la province et ayant été étouffées, Waroc, ambassadeur des Bretons, vint trouver Gontran à Guérande, et reconnut en sa présence que les villes de l'Armorique appartenaient aux petits-fils de Clovis, dont lui et les siens étaient les sujets : « Scimus et nos civita-

(1) *Essai sur la Bretagne armoricaine*, par M. DE COURSON, p. 100.—(2) *De Bel. Goth*, t. I, p. 233. *Apud* DUCHESNE.—(3) *Histoire critique du pouvoir municipal*, p. 97.

« tes istas Chlotarii regis filiis redhibi, et nos ipsis debere « esse subjectos (1). »

III. — Le droit municipal romain trouva dans le droit canonique un puissant auxiliaire, quoi qu'en dise le savant historien de l'Europe au moyen âge (2). Hallam méconnaît l'influence des canons de l'Église sur le régime municipal primitif de l'Europe, et n'y voit qu'un instrument dont l'Église romaine se serait servie dans les douzième et treizième siècles, pour établir sa suprématie. Mais deux écrivains français éminents, l'un protestant, l'autre catholique, font justice de cette erreur du célèbre publiciste anglais.

« Depuis le cinquième siècle, dit M. Guizot (3), le clergé chrétien avait un puissant moyen d'influence. Les évêques et les clercs étaient devenus les premiers magistrats municipaux. Il ne restait, à proprement parler, de l'empire romain que le régime municipal ; il était arrivé, par les vexations du despotisme et la ruine des villes, que les *curiales*, ou membres des corps municipaux, étaient tombés dans le découragement et l'apathie.

« Les évêques, au contraire, et les corps des prêtres, pleins de vie et de zèle, s'offraient naturellement à tout surveiller, à tout diriger. On avait tort de le leur reprocher, de les taxer d'usurpation ; ainsi le voulait le cours naturel des choses ; le clergé seul était moralement fort et animé ; il devint partout puissant ; c'est la loi de l'univers.

« On est moins surpris, dit M. Ozanam (4), de l'autorité des lois romaines au moyen âge, quand on les trouve déclarées saintes et vénérables par les canons de l'Église,

(1) Greg. Tur., *Hist.*, liv. IX, ch. xviii. — (2) Hallam, t. III, p. 392. — (3) *Histoire générale de la civilisation en Europe*, p. 55-58. — (4) *Les Germains avant le christianisme*, p. 382.

quand on les voit corrigées, tempérées par le droit canonique, à travers lequel, pour ainsi dire, elles passèrent avant de descendre dans nos législations. »

La collection la plus ancienne des canons, celle de Denys le Petit, qu'on reporte à la fin du cinquième siècle, de l'an 494 à l'an 500, ne concerne, il est vrai, que des matières de dogme et de discipline ecclésiastiques ; mais Reginus, abbé de Prum au diocèse de Trèves, qui mourut en 915, a laissé une collection de canons, dans laquelle il a inséré des lois du code Théodosien et des capitulaires de nos rois, où les matières spirituelles et temporelles sont confondues, et où l'on trouve le germe de l'organisation paroissiale et municipale des divers États de l'Europe, et particulièrement de l'Espagne, de l'Italie et du midi de la France (1).

IV. — Le régime municipal du moyen âge est tellement conforme au régime municipal des Romains, qu'aux yeux de certains jurisconsultes, les Romains paraissent l'avoir tiré de la Germanie (2), tandis que d'autres pensent, avec plus de raison selon nous, que les Germains l'ont tiré de Rome (3) ; il est d'ailleurs naturel de croire que cette similitude d'institutions a eu pour principe leur berceau commun, l'esprit de famille, l'amour de la paix, les nécessités de la défense, tous les principes naturels et immuables des sociétés.

Les monuments historiques de l'Europe au moyen âge nous montrent, comme les lois romaines, dans la cité, une association d'hommes libres, habitant ensemble, dans une

(1) CAMUS et BAYARD, *Collection de jurisprudence*, v° *Canon*. — (2) C'est l'opinion de Zachariæ. (*Programma de originibus juris romani ex jure germanico.*) Heidelberg, 1817. — (3) Voyez M. DE SAVIGNY, *Histoire du droit romain au moyen âge*, p. 83 et 256.

ville close de murs, sous l'empire des mêmes lois et des mêmes mœurs : « Collecta multitudo hominum iisdem le-« gibus et moribus viventium et urbem muro clausam in-« habitantium. »

« La cité, dit un feudiste d'Outre-Rhin (1), dérive de la nature, qui aime la réunion des familles ; mais elle dépend des institutions humaines, dont le but est de perfectionner la constitution des familles, et qui varient selon les temps et selon les lieux. »

Tels sont les caractères communs à la cité antique et à la cité du moyen âge, mais elles diffèrent l'une de l'autre sur un point essentiel.

V. — L'esprit de la cité au moyen âge n'est pas, comme dans le monde antique, la liberté restreinte, le patriotisme local d'un petit nombre de citoyens exploitant, sous le nom de l'État, au profit de leur propre puissance, de leur gloire ou de leurs plaisirs, des masses d'esclaves courbés sous un joug abrutissant. — C'est l'idée chrétienne, avec sa puissance toute morale de prosélytisme, luttant d'un effort soutenu contre les abus de la force, appuyée sur la conquête, et cherchant à faire triompher, dans l'intérêt temporel et spirituel de l'humanité, sous l'autorité des chefs de famille et des ministres d'une religion de dévouement, la liberté, l'égalité, la fraternité des enfants de Dieu.

L'influence de l'Église catholique sur la société au moyen âge, c'est non-seulement celle de ses dogmes religieux, mais encore celle de ses principes d'organisation sociale.

(1) Natione inchoamenti civitas tum est a natura quæ connexione familiarum gaudet, et tum ex hominum instituto et placito dependet, qui domorum et familiarum perfectionem intendunt. (ARMNÆUS, *De jure publico, discursus nonus. de civitatibus*, n° 19.)

L'empire et le sacerdoce, disent ses législateurs et ses docteurs, sont deux grands bienfaits de la Providence (1).

L'un doit assurer le bonheur et le repos de cette vie (2), et l'autre former les enfants de Dieu et les cohéritiers du Christ (3). Mais pour que ce double but soit atteint, il faut que chacune de ces deux puissances reste dans sa sphère et respecte les bornes posées par la tradition (4). Le roi commande, le prêtre exhorte, l'un agit par la contrainte, l'autre par la libre volonté; l'un se sert des armes matérielles, l'autre des armes spirituelles (5).

C'est sous l'empire du principe de la liberté chrétienne que la constitution et la discipline ecclésiastique s'imposèrent d'elles-mêmes à la docilité des Barbares, que l'Église s'appliqua à convertir par l'éclat prestigieux de ses imposantes cérémonies, en même temps que par la douceur ineffable de ses mystères et par la puissance de ses bienfaits.

Elle fit plus : elle offrit, tout en respectant l'indépendance respective du spirituel et du temporel, un modèle de constitution municipale et politique, en même temps qu'une circonscription administrative toute faite dans ses paroisses, dans ses assemblées diocésaines, dans ses conciles provinciaux et œcuméniques où se déployait, entourée de ses variétés harmonieuses, la majestueuse unité de cette

(1) Maxima quidem in hominibus sunt dona Dei a suprema collata clementia, sacerdotium et imperium; JUSTINIEN, *in constit. Epiph. ad patriarc.*, nov. VI. — (2) Ut quietam et tranquillam vitam agamus. *Ad Timoth.*, I, ch. XI, v. 2. — (3) Si autem filii et hæredes, hæredes quidem Dei, cohæredes autem Christi. *Ad Roman.*, ch. VIII, v. 17. — (4) Ne transgrediaris terminos antiquos quos posuerunt patres tui. (*Prov.*, XXII, XXV.) — (5) Rex cogit, sacerdos exhortatur, ille necessitate, hic libera voluntate; ille habet arma sensibilia, hic arma spiritualia. (CHRYS., *Homel.*, IV; — ISAÏE t. III, p. 758; — ST PAUL, *ad Corinth.*, ch. VI.)

reine du monde (1). Il fut facile au clergé, mêlé, dans toutes les conditions, aux laïques, et engagé dans l'organisation sociale comme membre de la hiérarchie civile en même temps que de la hiérarchie ecclésiastique, de faire pénétrer dans les mœurs et les institutions populaires la sève de vie chrétienne dont il était lui-même animé, en même temps que les principes d'organisation municipale qui passèrent du droit romain dans le droit canonique.

Quelques écrivains de notre siècle ont reproché à l'Église de s'être toujours présentée comme l'interprète, le défenseur de deux systèmes, du système théocratique ou du système impérial romain, c'est-à-dire du despotisme, tantôt sous la forme religieuse, tantôt sous la forme civile. On ne peut nier, sans doute, que des empiétements réciproques des rois, évêques du dehors, et des évêques, seigneurs et soldats, empiétements favorisés par la confusion du spirituel et du temporel dans les assemblées composées d'ecclésiastiques et de laïques n'aient abouti dans le moyen âge, à de fréquents abus de pouvoir. Mais envisagée dans son ensemble, l'influence de l'Église, dans ces temps semi-barbares, a-t-elle été défavorable au développement de l'esprit municipal? Les faits répondent négativement.

C'est surtout sous l'influence chrétienne que la curie et la paroisse concoururent, dès le sixième siècle, par des mesures diverses, selon les localités, à la reconstruction de la cité, cette unité élémentaire de toute civilisation, de toute nationalité libre.

Au déclin de l'empire, l'influence municipale avait passé, des décurions dégradés par la servitude, aux évêques défenseurs des cités ; et un lien étroit s'était établi entre la

(1) Astitit regina circumdata varietate. (*Psalm.*)

curie et la paroisse, comme l'indiquent les termes mêmes de paroissien (*parochus*, *παροικος*, habitant) (1), et l'étymologie commune des mots : *Cure* et *Curie*. Les paroisses ne faisaient pas alors partie de la constitution politique. Elles ne tenaient pas leur autorité de l'État; le lien qui les unissait était purement spirituel ; c'était la société chrétienne, qui s'organisait à côté de la société civile minée par la corruption et menacée par les Barbares. L'évêque, élu par le clergé et le peuple, était tout à la fois le chef religieux de la paroisse et le défenseur de la cité (2).

Un grand nombre de décurions étaient entrés dans les ordres, et les églises, richement dotées par la munificence soit des empereurs, soit des rois chrétiens, et mises notamment en possession des biens des cités, à la charge de remplir les devoirs de bienfaisance et autres qui incombaient autrefois aux curies, contribuèrent, plus encore que les seigneurs laïques, à l'augmentation de la classe nouvelle des agriculteurs et des artisans.

A côté du clergé séculier s'établirent d'ailleurs les monastères et les abbayes, soit dans les solitudes, loin du fracas des villes et du tumulte des révolutions, soit dans de vieux châteaux romains, dans des enceintes fortifiées.

Le défrichement des terres stériles, le dessèchement des marais partagèrent, avec la prière et les travaux intellectuels, les soins des congrégations religieuses, surtout des disciples de saint Benoît (3), et c'est ordinairement par des *baux à cens*, émanés de ces congrégations, que la propriété fut fondée.

(1) L. PUPILIUS, ff. *De verb. sign.* — (2) RAYNOUARD, *Histoire du droit municipal*, t. I, ch. XXIV, p. 145; — AUGUSTIN THIERRY, *Lettres sur l'Histoire de France*, lettre XX ; — GUIZOT, *Essais sur l'Histoire de France*, premier essai. — (3) Voyez le livre de M. le comte DE MONTALEMBERT, *sur les Moines d'Occident*.

La conversion de Clovis eut pour effet de faire entrer la paroisse dans la constitution politique et de l'identifier de plus en plus avec la curie.

Les familles de décurions avaient été dépouillées de tout ou de partie de leurs biens, et avaient péri en grand nombre dans le choc de la conquête. L'ordre décurional subsistait cependant encore, surtout dans les provinces romaines, comme l'indiquent les mots : *Ordo*, *senatus*, *honorati*, *primores civitatis*, qui se retrouvent dans les monuments historiques de cette époque (1). Mais les membres de cet ordre, jadis si splendides et si honorés, maintenant pauvres et humiliés, malgré leur titre de *Cives romani* (2), étaient réduits à soustraire à l'avarice de leurs vainqueurs l'argent qu'ils employaient à racheter les biens de leurs ancêtres par des concessions qui leur étaient faites, les unes à titre d'alleux, les autres à titre de bénéfices précaires et révocables.

Débarrassées par la révolution politique de la charge qui les avait rendues odieuses aux populations, celle de faire rentrer les impôts dont elles étaient responsables, les familles curiales purent d'autant mieux maintenir leur influence dans les cités, qu'elle leur fut faiblement disputée par les Barbares, plus jaloux de la vie oisive et agitée de la campagne, que des occupations sédentaires de la ville.

Ces familles formèrent le conseil naturel de l'évêque, devenu le chef du municipe. Dans les occasions importantes, le peuple entier était convoqué, et les fidèles délibéraient dans la paroisse la plus voisine de leur domicile.

(1) RAYNOUARD, *Histoire du droit municipal en France*, t. II, liv. III ;— LENCIZOLLE, *Esquisse de l'histoire des villes d'Allemagne*. — (2) Ce titre s'était surtout maintenu en Lombardie. FRIZY, *Memorie storiche di moura*, XI, 6.

L'autorité des évêques, confirmée par les rois francs, fut accrue dans les villes par les immunités territoriales connues sous le nom de *Corps Saints*, tandis que l'autorité des comtes à laquelle on soustrayait par là les villes, et une partie de leur territoire, s'établissait dans les campagnes.

C'est ainsi que fut reconstituée, dans les temps mérovingiens, la cité (*civitas*), que Ducange définit : *Urbs episcopalis*, et qui, dans les chartes et les diplômes des rois de la première race, est indistinctement appelée *cité* ou *paroisse épiscopale* (1). Il fallut bien, quand le sol cessa de trembler, veiller, dans les cités délivrées de leurs barbares conquérants, et dans les terres environnantes, aux constructions, aux rues, aux chemins, aux ponts, aux pâturages, aux eaux, aux fossés, aux fortifications. Le peuple ne put suffire à tant de soins économiques sans chefs et sans règlements. Il rétablit donc, quand il le put, son organisation ancienne et fit avec son évêque, qu'il continua à élire, un pacte tacite en vertu duquel celui-ci, entouré des débris des familles sénatoriales, pourvut à tout, avec la tacite approbation des vainqueurs, qui permettaient que l'évêque exerçât sa juridiction, parce qu'ils voyaient en cela la première garantie du repos public.

Ce qui prouve que l'anéantissement de la nation vaincue ne fut ni le but ni le résultat de la conquête, c'ést que l'élément romain domina dans les nouvelles langues que forma peu à peu le mélange des deux nations et que les Romains conservèrent la jouissance de leur droit civil.

S'il fallait supposer cinq cents ans de barbarie complète

(1) Statuimus ut singulis annis unusquisque episcopus *parrochiam suam* sollicite circumeat... ut episcopi debeant per singulas *civitates* esse, etc. (*Diplomata, chartæ.*)

entre l'invasion germanique et la résurrection communale du onzième siècle, on ne s'expliquerait pas comment tant de peuples divers auraient à la fois embrassé l'idée, qui se manifesta alors la même chez tous, de rétablir sur ses antiques bases le régime municipal, dont ils auraient totalement perdu la trace dans cet intervalle.

CHAPITRE VI

DE L'ÉTABLISSEMENT DES FAMILLES DANS LES *MANSI*, ET DE L'ÉPANOUISSEMENT DES *MANSI* EN *VILLÆ*, *CASTRA*, *URBES*, *OPPIDA*, *CIVITATES* OU *PARROCHIÆ EPISCOPALES*.

I. — Les Germains étaient, comme tous les peuples de l'antiquité, divisés en tribus guerrières (*arimanni*, *exercitales*), qui obéissaient à des chefs dont l'autorité était limitée. Les lois anglo-saxonnes surtout indiquent, d'une manière précise, l'organisation des *dizaines* et des *centaines*, qui formaient autant de groupes distincts, où ne pouvaient entrer que les hommes libres (*freoman*), et dont les premiers étaient appelés *teodunge*, et les autres *hundrede*. Chaque décemvirat avait un chef commun appelé *tien heofod*, et chaque centumvirat un chef appelé sans doute *hundrede heofod* (1); le chef suprême était nommé *greve*, qui n'était

(1) Voyez *les lois du roi Canut*, *leges seculares Canuti*, ch. XIX et XXXIII; celles d'EDOUARD, ch. XII, XIII, XX, XXI, XXXII, XXXIII et XXXV, etc.

autre chose que le *gravio* des Francs, le *comes* des Bourguignons, etc. Un édit de Clotaire II, de 595, prescrit l'établissement de *centenæ* dans le royaume des Francs. Cette organisation, militaire et par conséquent personnelle, ne fut pas immédiatement transformée. On ne vit pas, après la victoire, comme le remarque M. Guizot (1), les tribus conquérantes se dissoudre en individus, et aller habiter, chacun avec sa famille, la terre isolée qui lui était échue. Une telle dispersion eût été fort périlleuse pour les conquérants, et, de plus, elle eût rompu toutes les habitudes de la vie commune, d'exercices, de jeux, de banquets continuels, qu'ils avaient contractées dans leurs courses.

Les Francs habitaient de préférence la campagne, vivant dans les *villæ* soit du roi, soit des chefs de bandes, tandis que la population romaine se pressait dans ce qui restait des anciennes villes dévastées. Mais n'a-t-on pas exagéré cet aperçu historique, en supposant, dès lors, deux nations toujours en présence, se refusant à tout contact et perpétuant à travers les siècles l'antagonisme des races latines et des races germaniques?

Des publicistes animés de préoccupations très-diverses ont abouti scientifiquement à consacrer une même erreur historique.

« La conquête est, selon M. de Boulainvilliers (2), ce partisan exclusif de la noblesse et du privilége, le fondement de l'état français dans lequel nous vivons ; c'est à elle qu'il faut rapporter l'ordre politique suivi depuis par la nation ; c'est de là que nous avons tous reçu notre droit primordial. Les Français, conquérant les Gaules, y établirent leur

(1) *Essais sur l'Histoire de France*, 4e essai, ch. I, § 1. —
(2) *Histoire de l'ancien gouvernement de la France.*

gouvernement, tout à fait à part de la nation subjuguée qui, réduite à un état moyen entre la servitude romaine et une sorte de liberté, privée de tout droit politique et, en grande partie, du droit de propriété, fut destinée par les conquérants au travail et à la culture de la terre : les Gaulois devinrent sujets, les Français furent maîtres et seigneurs. »

Loyseau, quoiqu'ennemi passionné du régime féodal, exagère, comme Boulainvilliers, les conséquences de la conquête au point de vue des rapports entre les vainqueurs et les vaincus. « C'est chose certaine, dit-il (1), que les Français, quand ils conquirent les Gaules, se firent seigneurs des personnes et des biens d'icelles ; j'entends seigneurs parfaits, tant en la seigneurie publique qu'en la propriété ou seigneurie privée. Quant aux personnes, ils firent les naturels du pays serfs, ou au moins demi-serfs, gens de main-morte, ou gens de poeste. »

La polémique contemporaine a fait revivre le vieil antagonisme des races. « Treize siècles se sont employés parmi nous, écrivait, il y a quelques années, un écrivain éminent (2), à fondre, dans une même existence, la race conquérante et la race conquise, les vainqueurs et les vaincus. La division primitive a traversé leur cours et résisté à leur action. La lutte a continué dans tous les âges, sous toutes les formes, avec toutes les armes ; et lorsqu'en 1789, les députés de la France entière ont été réunis dans une seule assemblée, les deux peuples se sont hâtés de reprendre leur vieille querelle. Le jour de la vider était enfin venu. »

La querelle s'est vidée, en effet, et l'on sait au profit de

(1) *Des seigneuries*, ch. I ; — Voyez aussi le *Traité des ordres*, ch. IV, § 29. — (2) *Du gouvernement et de la Restauration*, par M. GUIZOT.

qui. Francs et Gaulois, ou prétendus tels, se sont fait pendant plus d'un demi-siècle une guerre à mort ; et ni les uns ni les autres n'ont remporté le prix de cette lutte sans intérêt autre que celui des ambitions, qui se disputaient le pouvoir.

Ces divisions des partis ont mis sur la pente de l'anarchie, non-seulement la France, mais tous les pays qu'a éblouis le mirage des prétendues guerres de races ; et le despotisme unitaire est devenu, pour les nations sorties des voies de la liberté pour entrer dans celles des révolutions et des guerres fratricides, l'unique moyen de salut. Peut-être ces tristes extrémités auraient-elles été prévenues si, au lieu de chercher dans une fausse appréciation des origines historiques un aliment aux passions des partis contemporains, on avait bien voulu se rappeler les efforts que, dès le sixième siècle, l'Église, d'accord avec les princes et les assemblées nationales, n'a cessé de faire pour la fusion des races, et pour la constitution des véritables nationalités, c'est-à-dire de celles qui *naissent* sans les secours étrangers.

Il est certain que, grâce au concours des diverses influences morales que nous avons signalées, les chefs des tribus militaires devinrent des magistrats civils, sous les noms anciens de *duces*, *comites*, *graviones*, *centenarii*, *decani*, *etc.* Chacune des divisions de l'armée se fixa dans les terres qui lui étaient échues par le partage du sol. La tribu devint un canton (*pagus*, *gau*, *comitatus*), divisé en *villæ*, *vici*, *burgi*, *oppida*, et ces diverses collections de familles, vivant sous un régime commun, formèrent de nouveau des *cités* (*civitates*), où, malgré la diversité de leurs mœurs originaires, Germains et Romains se réunirent, attirés par le besoin du repos, par l'attrait de la vie commode, par l'instinct de la propriété.

La paix, ce but suprême de tous les gouvernements civilisateurs, la paix que Rome avait prétendu imposer au monde par la terreur de ses armes (1), mais qui avait dégénéré, sous son empire, en servitude (2), la paix que l'Évangile avait réellement apportée aux hommes de bonne volonté, en les appelant, libres, égaux et frères, à faire partie des cités terrestres et à se rendre digne d'habiter la cité de Dieu (3) ; la paix, si bien définie par saint Augustin : *la tranquillité de l'ordre* (4), fut la conséquence naturelle de cette fusion des races dans la vie commune des cités.

La paix était appelée *fredum*, mot dérivé de *friede* en allemand, de *vrede* en hollandais et qui signifie : *paix*, tandis que le mot : *faidum*, dérivé du mot allemand *fehde*, signifie guerre ou inimitié. La paix des forêts, c'est-à-dire la garantie accordée aux forêts, s'appelait *waldfried*, la paix du marché *marktfried*, la paix de Dieu *gottesfried*, la paix du roi *konigsfried*, *treuga Domini*. L'ordre établi par le *fredum* était appelé *bannum*, d'où dérive le nom *banlieue*, *stadfriede*, paix de la ville. Celui qui était excommunié ou séparé de la communauté civile était appelé *forbannitus ;* il était, comme le Romain privé de l'eau et du feu, *aqua et igni interdictus*, banni de sa patrie et devenait *bandit* ou *forban*.

Le premier pas vers le rétablissement de la paix fut la substitution des compositions et des amendes (*Werigildum*, *Lentigildum*) au droit ou plutôt au devoir de vengeance (*faida*), que le principe de la solidarité des familles, consacré par les coutumes germaniques, imposait aux parents de l'offensé. La composition n'était pas réputée une

(1) Immensa pacis nostræ majestas. (PLINE.) — (2) Servitutem faciunt, pacem appellant. (TACITE.) — (3) Gloria in excelsis, pax hominibus bonæ voluntatis. — (4) Pax est tranquillitas ordinis. (S. AUG.)

peine infligée au coupable ; c'était un sacrifice qui désintéressait le lésé. Ce sacrifice était souvent réglé par des transactions ou par des arbitrages émanés d'amis communs, dit *amiables compositeurs ;* et Marculfe, livre II, ch. XVIII, nous a conservé la formule d'une de ces transactions, intitulée : sûreté pour un homicide commis, *securitas pro homicidio facto*. Plus tard, les jugements succédèrent aux transactions et aux compromis ; *judicatum fuit ab ipsis viris*, comme on le voit par les formules anciennes d'un inconnu, faisant suite à celles de Marculfe, n° 24, et à celles selon la loi romaine, n° 29.

De l'accord des parties (*sunium*), obtenu à prix d'argent (*geld*), dérivait la paix (*fredum*, *bannum*), et l'offensé donnait au délinquant une lettre de sûreté ou d'asseureté.

Les lois anglo-saxonnes introduisirent en outre, sous le nom de *pledge*, *plegium*, la garantie solidaire non-seulement des familles, mais des décanies ou *boroughs*, pour la réparation des délits commis envers les membres de l'association, réparation à laquelle les étrangers n'avaient pas droit quand ils n'avaient pas de patron.

Le remplacement des guerres privées (*faidæ*) par les guerres nationales (*weer*, *weher*, *guerra*) devint peu à peu la sanction de la paix publique.

II. — La civilisation pacifique trouva un auxiliaire dans l'esprit de famille et dans des mœurs domestiques qui prédisposaient les tribus guerrières de la Germanie à des habitudes sédentaires.

En relisant toutes ces lois qui, selon la remarque de Montesquieu (1), s'interprètent les unes les autres, parce qu'elles ont toutes à peu près le même esprit, on se rap-

(1) *Esprit des lois*, liv. XVIII, ch. XXII.

pelle le mot célèbre de Tacite : *Plus ibi boni mores valent quam alibi bonæ leges.*

L'honneur des femmes y est protégé par des peines sévères contre la séduction (1) et contre la violence (2). La jeune fiancée devient sacrée pour tout autre prétendant (3) ; elle s'unit librement à celui à qui elle donne sa foi, et la famille se constitue sur la double base d'une dot inaliénable et d'un douaire ou présent du matin (*morgangoba*) analogue à l'*hypobolon* des Grecs ou à l'*augmentum dotis* des Romains (4).

L'homme libre (*freoman*) reste investi de l'autorité patricienne sur sa famille et sur les esclaves, et répond des peines et des amendes qu'ils peuvent encourir envers la communauté.

Cette garantie naturelle, dérivée de l'antique principe de solidarité des familles, est consacrée par les lois anglo-saxonnes de Canut, ch. XXVIII, en ces termes : « Et quilibet dominus famulos suos in propria fidejussione habeat, et si quis eum alicujus rei accuset, respondeat in ea centuria ad id cujus accusatus est. » Mais la ven-

(1) Tit. XXII de la loi salique ; tit. XLI de la loi des Ripuaires, etc., amendes infligées à celui qui presse la main, le bras ou le sein d'une femme libre ; tit. XIV, art. 8, loi salique. — (2) Tit. XIV de la loi salique, *De ingenuis hominibus qui ingenuas mulieres rapiunt.* — (3) *Ibid.*, art. 8.

(4) Si quis mulierem desponsaverit, quidquid ei per tabularum seu chartarum instrumenta, conscripserit, perpetualiter inconvulsum permaneat. (Art. 1.)

Si autem per seriem scripturarum, ei nihil contulerit, si virum supervixerit, L solidos in dotem recipiat, et tertiam partem de omni re quam simul collaboraverint, sibi studeat vindicare ; vel quidquid ei in morgangoba traditum fuerit similiter faciat.

Ce régime de dot et de gains de survie diffère du régime de fonds commun que César [VI, 4, 19] suppose chez les Gaulois.

geance héréditaire, la faïda, que rappelle Tacite (*De moribus Germanorum, XXI*), est condamnée, comme une exagération du principe de solidarité, par un décret du roi Childebert, de 595, qui essaya, sans succès peut-être, d'interdire la participation des familles à la vindicte publique, et qui édicta contre le meurtrier la peine de mort et l'attribution au fisc d'une partie du *Weregildum*.

III. — Les lois de succession garantissent aussi la stabilité des familles par le soin qu'elles prennent d'assurer les successions aux mâles.

La loi salique, titre LXII, article 6, exclut entièrement les filles. La loi des Angles, tit. VI, art. 1, contient la même disposition (1). La loi ripuaire, tit. LVI, art. 4, la loi des Saxons, titre VII, art. 1 et 8, n'appellent les filles qu'à défaut de successeurs mâles. Montesquieu (2) constate avec raison qu'à l'époque même où, selon Tacite et César, les terres que les Germains cultivaient ne leur étaient données que pour un an, après quoi elles redevenaient publiques, les mâles recueillaient, à l'exclusion des filles, la maison et un morceau de terre dans l'enceinte autour de la maison, qui formaient un patrimoine particulier immuable. Après la conquête des Francs, ce patrimoine s'étendit et demeura inaliénable. Ce fut l'*aviatica hæreditas*, dont la loi ripuaire, titre LVIII, art. 5, fait expressément mention (3), à laquelle font allusion la loi des Visigoths, liv. IV, tit. II, art. 1er, la loi des Bourguignons, tit. XIV, art. 1er, la loi des Saxons, ch. VII, art 1er, et la loi salique elle-même, tit. LXII, art. 6, ainsi conçu : « A l'égard de la terre salique, aucune portion

(1) Hæreditatem defuncti filius, non filia suscipiat. Si filium non habeat qui defunctus est, ad filiam pecunia et mancipia, terra vero ad proximum paternæ generationis consanguinem pertineat. — (2) *Esprit des lois*, liv. XVIII, ch. XXII. — (3) Sed dum virilis sexus extiterit, fœmina in hæreditatem *aviaticam* non succedat.

« de l'hérédité ne sera recueillie par les femmes, mais « l'hérédité tout entière sera dévolue aux mâles. »

La portion disponible est restreinte dans d'étroites bornes, à l'égard des fils et des filles (1), mais toute personne sans enfants peut transmettre sa fortune à son époux et même à un étranger, soit à titre successif, soit par contrat de donation ou par tradition, en présence de témoins (2). Tous objets donnés entre mari et femme retournent aux héritiers légitimes, après la mort du survivant des époux, à l'exception des objets employés par le donataire en aumônes, ou pour subvenir à ses propres besoins.

IV. — Le lien de famille, si sacré qu'il soit, n'est cependant pas indissoluble : tant est vif, chez les peuples d'origine germanique, l'amour de la liberté. « Quiconque, dit la loi salique, voudra briser les liens civils qui l'unissent à sa famille, se présentera à l'audience devant le tonge ou le centenier : là, il brisera au dessus de sa tête quatre branches d'aune, et en jettera les morceaux aux quatre coins de la salle d'audience, en présence de tout le monde ; puis il dira qu'il entend renoncer à l'obligation du serment, aux droits d'hérédité et à tous les rapports qui l'unissent civilement à sa famille (tit. LXIII, art. 1). — Si ensuite quelqu'un de ses parents vient à mourir ou à être tué, il n'aura aucune part à sa succession, non plus qu'à la composition qui sera due par le meurtrier (art. 2). — Si lui-même vient à mourir ou à être tué, sa succession, de même que la composition due à raison de ce crime, ne seront point recueillies par son héritier naturel, mais appartiendront au fisc ou à celui à qui le fisc en aura fait don. »

(1) Filiis autem aut filiabus, super duodecim solidos, uni plus quam alteri, nihil condonare vel conscribere permittimus : quod si quis fecerit, irritum habeatur. *Lex Ripuar.*, tit. LXI, art. 2. — (2) *Ibid.*, tit. L, art. 1.

Telle était la famille germanique, telles étaient ses mœurs privées à l'époque semi-barbare qui succéda à l'invasion; et s'il est vrai, comme paraît l'établir l'histoire du droit municipal dans tous les pays et dans tous les siècles, que la cité ne soit que la famille étendue, on ne doit pas s'étonner des ressources que les évêques, d'abord défenseurs et puis chefs des cités restaurées, trouvèrent dans les mœurs et dans les lois civiles des peuples vierges qui vinrent s'enter sur les ruines d'un monde pourri de vices et de vétusté.

V. — Le berceau de la vie publique, c'était le *mansum*, c'est-à-dire le lieu où s'établissait la famille, « villa aut « locus familiæ, » un héritage entouré de champs, « fundus « cum certo agri modo, » une petite *villa*, appropriée à l'habitation d'un colon, « villula coloni unius habitation « propria. » *Mansum* était synonyme de *colonia*, *curia*. C'était le *Meix* des Bourguignons, le *Mois* des Normands, le *Mas* des Auvergnats et des Provençaux.

A mesure que la famille se développait dans le *mansum*, elle sentait le besoin d'étendre son territoire, et la réunion des habitations formait la villa. On ne donnait pas ce nom, dans le latin du moyen âge, à une propriété rurale; on appelait ainsi la collection de plusieurs mas (1). Les *villæ rurales* contenaient, dans le langage des Chartes, « cam- « pum, pratum et boscum, sic passim in chartis, » dit Ducange, « terra arabilis, prata, pascua, bosci discuntur « jacere in villa. » On appelait *villani* ceux qui étaient attachés à la *villa*, et qui étaient vendus avec elle.

Les auteurs antérieurs au douzième siècle emploient in-

(1) Villas hodie, non quomodo Latini prædia rustica, sed complurium in agris mansionum, vel ædium collectionem appellamus. (DUCANGE, v° *Villa*.)

distinctement les noms de *vicus* ou de *villa* pour désigner le village, comme le remarque Valezius, dans sa *Notice des Gaules*, p. 383.

La terminaison de la plupart des villages : *ville*, *mesnil*, *court*, *argues*, correspond à *villa*, *mansum*, *curtil*, *ager*, toutes expressions caractéristiques des maisons des champs habitées par ces fameux nouveaux venus, qui aimaient autant le séjour des campagnes que les Gallo-Romains aimaient celui de la ville. « Les campagnes, dit M. Troplong, on peut le dire hardiment, sont nées sous la main des grands propriétaires. Ce sont eux qui ont peuplé les déserts, qui y ont appelé des habitants, qui leur ont donné des usages et fait des concessions, pour les attacher au sol. Les bois et les pâturages, qui formaient la plus grande partie du sol, appartenaient, durant la période gallo-romaine, soit aux possesseurs des *latifundia*, soit au fisc. De là, ils passèrent, après la conquête, au pouvoir des rois et des seigneurs francs, et les tenanciers, libres ou serfs, auxquels ils furent inféodés, ne les possédèrent, en général, que sous la directe seigneuriale. »

Les seigneurs avaient dans les villages des préposés, désignés sous les noms de *judices* ou *majores villarum*, quelquefois même de *villici* (1). Ces fonctions, purement séculières, étaient souvent exercées, dans les premiers siècles de notre histoire, par les prêtres, qui y jouissaient d'une confiance analogue à celle dont les évêques étaient investis dans les cités. Un capitulaire de Charlemagne (liv. V, 107) prohiba ce cumul de fonctions distinctes en ces termes : « Ut presbyteri curas seculares nulla tenus exer« ceant, id est, ut neque judices neque majores fiant. »

VI. — La *villa* fortifiée, entourée de murs et de retran-

(1) DUCANGE, v° *Majores villarum.*

chements, quelquefois décorée d'un palais, c'était le *castrum*, dont le territoire était appelé *tenementum*, ainsi que Ducange l'établit par les statuts d'Arles et de Marseille, et que le prouvent d'autres documents, rapportés dans la *Gallia christiana.*

Cancerius (1) définit le *castrum* : « Res quædam particularis, ut palatium, seu domus lata et fortis, muris et « vallo munita, non habens territorium, vulgo dicta Torre « o Castel. »

La construction des édifices étant du droit des gens, chacun pouvait, aux termes de la loi, *per provincias cod. de ædif. priv.*, fonder régulièrement un *castrum.* C'était le droit commun, tant des pays de coutume que des pays de droit écrit, français et étrangers, attesté par Jacques Rebuffe, Chopin, *De privilegiis rusticis*, Chassanée, *sur la coutume de Bourgogne*, et plusieurs autres jurisconsultes cités par Cancerius.

Toutefois Chopin remarque sur la coutume d'Anjou (2) que des édifices fortifiés pouvant inspirer de la *terreur* à ceux qui en approchaient, et le droit *terrendi* n'appartenant qu'au seigneur du *territoire*, c'est-à-dire à l'homme investi du *merum imperium*, les seigneurs pouvaient, en vertu de leur pouvoir juridictionnel, y pénétrer, en arrachant au besoin les gonds des portes, afin que les plus secrets réduits restassent accessibles aux investigations de la justice. Le seigneur, dit Chopin (3), ne pouvait être privé

(1) *Variarum resolutionum*, p. 3. ch. XIII, n° 1 ; *Jure castrorum.* — (2) *De feudis andegavis*, liv. II, tit. II, num. 7. — (3) Quæro VII. An castrum simpliciter concessum intelligatur pleno jure concessum ? Dic quod tale castrum censeatur cum plena proprietate tam ratione dominii utilis quam directi, et sit in allodium concessum, ut per Baldum consil. 301, etc. CANCERIUS, num. 139.

de ce droit ni par le prince ni par le peuple, à moins que le long temps écoulé, sans réclamation de sa part, n'en fît supposer l'abandon.

En l'absence d'une concession faite par le souverain, et même en présence d'une concession pure et simple, le *castrum* n'était pas présumé *terminatum*, c'est-à-dire doté d'une juridiction territoriale et du *merum imperium.* C'est la doctrine de Cancerius, *loc. cit.*, n° 18, et de Balde, *Specul. jur.*

Les mêmes jurisconsultes enseignent qu'une concession pure et simple emportait, au profit du concessionnaire, la pleine propriété, *à titre d'alleu*, tant du domaine direct que du domaine utile.

Le *castrum*, réduit à l'état de propriété privée, pouvait être sinon partagé, à cause des difficultés d'une division matérielle, du moins licité entre les consorts.

Les documents du moyen âge mentionnent comme ayant un caractère commun le *vicus* ou *villa*, le *castrum* ou *castellum*, le *pagus*. C'étaient, dit Ducange (v° *vicus*), des villages plus ou moins étendus, plus ou moins fortifiés, qu'habitaient des hommes du commun, et qui, à raison de leur peu d'importance, étaient attribués aux cités. « Vici, « castella et pagi sunt qui nulla dignitate civitatis hono- « rantur, sed vulgari hominum cœtu incoluntur, et pro « parvitate suis civitatibus attribuuntur. »

VII. — Valézius dit, dans la préface de la *Notice des Gaules*, p. 18, que les vieux historiens appelaient les seules villes capitales : *urbes*, *burgi*, *oppida*, quelquefois *civitates*, quelquefois *municipia*. « Oppidum atque urbem « unam rem esse probat Valezius... ; tametsi quidam « urbem magis aliquid esse oppido arbitrantur. » (Ducange v° *oppidum*, *urbs*, *burgagium*.)

Par le mot *urbs* ou *civitas*, on entendait seulement ce qui était contenu dans l'enceinte des murs. Les terrains et les édifices suburbains n'y étaient pas compris (1).

Ce qui distinguait essentiellement la cité, *civitas*, de toutes les autres communautés d'habitants, c'était la présence de l'évêque (2). La cité était la ville épiscopale, la paroisse épiscopale, « urbs episcopalis; parrochia episco« palis (3). » C'est ainsi que la définit Ducange, v° *civitas*, d'après les diplômes et les chartes de la première dynastie. Les auteurs du moyen âge, dit le même auteur, v° *castrum*, appellent *castra* les cités qui n'avaient pas droit d'épiscopat. C'étaient les villes où les soldats tenaient garnison, quoi qu'il y eût quelques *castra* où résidaient des évêques. « Castra vocabant scriptores medii ævi quæ « civitatis, id est, episcopatus jus non habebant... Castra « sunt ubi milites steterunt. Neque castrum excludit sem« per episcopatum. » (DUCANGE, v° *castrum.*)

On pouvait concevoir une cité sans évêque, une cité laïque, puisque, selon la remarque d'un jurisconsulte ultramontain (4), il y en avait avant l'ère chrétienne, et puisque, sous la loi évangélique elle-même, on ne donnait guère ce nom qu'aux cités les plus populeuses. Une cité laïque n'avait pas le droit de percevoir la dîme. *Civitas laica est incapax juris decimandi* (*S. Rotæ rom. Decis.* CXLVI, n° 16, vol. 11).

(1) COVARRUVIAS, I, 384, 8, 9 et 10. — (2) Ordinarius qui se nominat facit se episcopum, et locum civitatem appellat. (*Sacræ Rotæ romanæ Decisiones*, v. 19, *Decis.*, LXIX, num. 14.) — (3) Episcopus est parochus universalis totius diœcesis. Quod procedit si in ea nullæ sint parochiæ distinctæ, nec ullus adsit curatus particularis. (*Ibid.*, *Decis.* XVI, num. 4, vol. 12.)—(4) PROSP. FAGN., II, p. 5; *Lib. decret. de privileg. episc.*, p. 37, num. 3; — V. aussi JOAN. AND., *In cap. si civitas*, lib. VI; — MARIAN. SOCIN., II, 3; — BART., *In extravag. qui sint rebelles, etc.*

Ecclésiastique ou laïque, la cité obéissait au prince, pour tout ce qui concernait l'intérêt général de l'État.

Le prince, disent les docteurs ultramontains, d'après les décisions de la sainte rote romaine, doit conserver son droit intact et ne jamais le laisser détruire. Il est au-dessus des lois positives, et ne peut s'affranchir de leur joug, mais comme il doit être la source vive de toute justice, il ne peut invoquer le principe : *Quidquid principi placuit legis habet vigorem*, qu'autant qu'il gouverne selon la règle du droit naturel... ; il ne peut être présumé vouloir plus que ne veut la loi... ; il ne peut attenter au droit de cité, ni le conférer arbitrairement à un étranger... ; il ne peut pas en disposer au gré de sa volonté... ; il ne doit pas avoir besoin d'être stimulé pour veiller au salut commun... ; il ne doit se permettre ni mensonges ni réticences... ; il doit respecter tous ses engagements envers ses sujets... S'il agissait autrement, il serait privé du commun des hommes, ce qui serait très-grave... Les princes de la terre doivent imiter le prince céleste... ; ils ne doivent pas porter atteinte à l'égalité devant la justice... Ceux qui ne veillent pas au salut de tous doivent être exilés par tous... ; ils ne doivent pas, sous prétexte d'utilité publique, attenter aux droits des particuliers, les priver d'une succession ouverte, ou de l'espérance de la recueillir... Celui qui souffrirait de leurs injustices aurait Dieu pour vengeur... C'est une opinion fausse, et rêvée par les flatteurs (*somniata ab adulatoribus*), que celle qui attribue aux princes un pouvoir absolu sur les biens de ses sujets... Le prince doit protéger leurs personnes, et ne pas les asservir... ; il ne maîtrise pas plus les contrats que les éléments... Tout ce qu'il fait contre le droit naturel ou divin est nul de soi... Le but des principautés, c'est que les hommes jouissent de la liberté, de la paix et de la concorde... Les princes sont faits pour les peuples, et non les peuples pour les rois (1).

Le lieutenant du prince, appelé duc ou comte en Italie, baron en Espagne, etc., exerçait dans les cités un pouvoir analogue à celui des gouverneurs des provinces romaines. Le baron, dit le jurisconsulte catalan Cancerius (2), peut régulièrement dans sa baronnie ce que pouvait le *præses* dans la province romaine. « Baro regulariter ea potest in « sua baronia quæ præses in provincia. »

L'arrondissement administratif et judiciaire de ce magistrat est appelé indistinctement *baronia*, *comitatus*, *pagus*, *gau*, *etc.* Les chefs-lieux de ces arrondissements étaient ordinairement établis dans des lieux fortifiés, et placés dans le voisinage des routes ou des fleuves, de manière à devenir à la fois des moyens de défense, des lieux de marchés et des centres de commerce, autant que le commerce était possible à cette époque semi-barbare. C'était dans ces bourgs ou villes (*burgi*, *oppida*) que siégeaient les officiers publics représentants du pouvoir royal. Les rapports entre ces officiers, et les représentants des cités : Rachimbourgs, syndics, consuls, etc., variaient selon les localités, et l'on peut voir, sous ce rapport, dès les origines du moyen âge, les différences caractéristiques de l'administration des pays régis par le droit écrit et le franc-alleu, et des pays de coutumes.

VIII. — C'était une opinion professée par Bartole, *l. in princip. ff. quod cujuscumque univers. nom.*, qu'une cité pouvait se constituer sans y être autorisée par le prince, parce que cela est permis par le droit des gens.

(1) Index rerum et materiarum locupletissimus sanctæ Rotæ romanæ decisionum a Paulo Rabæo selectarum. *Decis. recent.*, vol. 9, p. 493 et suiv.—(2) *Variar. resolut.*, p. 3, ch. XIII, num. 267.

Toutefois cette opinion n'était pas généralement admise par les jurisconsultes ultramontains, et plusieurs d'entre eux soutenaient que si une cité peut être matériellement bâtie sans l'autorisation du prince, parce que la faculté de bâtir est de droit commun (*l. ex hoc jure et l. provincias cod. de ædif. privat.*,) l'érection d'une ville en cité dotée d'une juridiction ne peut pas avoir lieu sans l'autorisation du prince (1). Ils considéraient cette autorisation comme nécessaire à la reconstruction des murailles *municipales*; car, disaient-ils, quoique le peuple puisse matériellement bâtir des murailles, il ne peut pas faire une cité, « civitatem, quia civitas dicitur civium unitas; » les édifices, les murs ne constituent pas une cité (*civitas*), mais seulement une ville (*urbs*). Ce qui constitue la cité, ce sont les habitants, c'est une réunion d'hommes vivant sous les mêmes lois : « Multitudo hominum societatis vinculo adunata ad simul jure vivendum. »

La cité italique jouissait du double droit de se donner des statuts et de les changer, même après les avoir jurés. Le seigneur et le juge prêtaient, en entrant en fonctions, le serment d'observer les statuts (2) que les citoyens avaient le droit de faire (3).

Toutefois ces statuts n'étaient valables que lorsque d'ailleurs ils étaient licites et traitaient de choses soumises à la juridiction de la cité, auquel cas ils pouvaient déroger au droit commun (4). Mais qu'entendait-on par statuts

(1) Voyez les autorités citées par PROSP. FAGN., *In 2 part.. Decretal. de privileg. episcop.*, p. 38, num. 18.— (2) CANCERIUS, *Var. resol.*, num. 288 et 326.— (3) PROSP. FAGN., *In part. prim. Decretal. de Constitut. C. quæ in ecclesiarum*, num. 1, p. 132, dit en s'appuyant d'anciennes et nombreuses autorités : *Cives habent facultatem condendi statuta in suis civitatibus.* — (4) Dum tamen alias sint licita, et de rebus suæ jurisdictioni suppositis, secundum

licites? avaient-ils besoin d'être autorisés? Oui, répondent les jurisconsultes italiens, pour les cités relevant immédiatement du Saint-Siége, non pour les autres cités répandues sur le sol de l'Italie (1).

Les villes italiennes étaient régies dans le principe par le statut provincial; mais, à mesure que les libertés municipales se développèrent, chaque ville eut ses statuts (2) et ses priviléges, dont elle pouvait être dépouillée en cas de rébellion (3).

Le droit d'élire les magistrats municipaux appartenait aussi aux villes de l'Italie, mais ce droit n'impliquait ni le *merum* ni le *mixtum imperium*, et les magistrats élus étaient considérés comme les *défenseurs* de la cité contre le pouvoir des princes. « Civitati competit, de jure com« muni, » dit Muratori (4), « potestas eligendi sibi defen« sores sed non merum vel mixtum imperium, Gl. Lom« bardiæ in extravag. quoniam sunt rebelles. »

Ce droit d'élection n'était pas sujet à être autorisé, les citoyens l'exerçaient librement et pouvaient varier dans

Anchar et Imol; quod locum habet etiam si statuta sint contra jus commune, ut probatur in l. item eorum ff. quod cujuscumque univ. nom. in l. prohibere § plane ff. quod vi aut clam, et in l. I. C. de emancip. liber. et firmat Albericus de Rosate, in 1 part. statut, qu. 7. — (1) *Decisionum novissarum diversarum sacri Palatii Apostolici auditorum. Decis.* DCCLXXX, num. 1 et 3; — *S. Rotæ romanæ Decis.* CCCXXIII, num. 7, 8 et 12, v. 15. — (2) Et cum hodie quælibet civitas habeat sua regimina, sicut olim quælibet provincia, ut notat glos. in l. final. in ver. id est in una provincia, C. de præscript. long. temp., propterea quod statutum fuerat in una provincia, hodie locum habet in qualibet civitate. PROSP. FAGN., *In 2 part. primi decret. de offic. delegat. C. significantibus*, p. 417, num. 75. — (3) *Sacræ Rotæ romanæ Decision. a Paulo Rubæo, Decis.*, LXX, num. 5. — (4) *Antiquit. ital.*, *Dissert.*, XLV et XLVI, t. IV.

leur choix, même après la publication du scrutin (1).

IX. — On donnait originairement, dans les pays régis par le droit romain, le nom de *syndics* aux administrateurs des universités, des colléges, des sociétés. C'est un terme d'origine grecque, applicable à ceux qui agissaient pour le compte de la république municipale. « Defensores, « quos Græci syndicos appellant pro republica agebant et « conveniebant. » (L. II, *cod. de défens. civ.*) Les noms de *syndics*, de *consuls*, de *jurés* sont indistinctement donnés dans les chartes, à dater du douzième siècle, aux administrateurs des cités méridionales; mais, antérieurement à cette époque, on ne voit pas apparaître les noms de consuls et de jurés, et le commentateur de Ducange fait observer avec raison que son auteur s'est trompé, en interprétant deux vers d'Ausone (2) en ce sens que, dès le quatrième siècle, on pût être consul à Bordeaux, puisque le terme de *consul*, analogue à celui d'*échevin*, n'a été connu et employé que sept cents ans après l'époque où écrivait ce poëte.

Le syndic représentait la cité, en vertu du mandat reçu de ses concitoyens. C'était le principe romain, consacré par la loi 6, § 3, ff. *quod cujusc. un. nom.* « Actor universi- « tatis procuratoris partibus fungitur. »

Tout syndic, dit Balde (3), doit être établi à *collegio* et *collegiater*, c'est-à-dire par tous les membres de la com-

(1) Cives eligentes sibi potestatem variare possunt, etiam scrutinio publicato, quoniam eorum elatio non est authorizabilis, id est eis delata a canone. (PROSP. FAGN., *In 2 part. primi decret. de elect. C. publicato*, p. 123, num. 47.)

(2) Diligo Burdigalam, Romam colo, civis in illa,
Consul in ambabus, cunæ hic, ibi sella curulis, etc.

V. DUCANGE, v° *Consul, juratus, jurati.*

(3) *Spec.*, p. 3, *de procurat.*, n° 22.

munauté, solennellement convoqués dans la forme accoutumée, par un héraut, au son de la cloche, ou de toute autre manière consacrée par l'usage. Il n'est pas nécessaire que tout le monde consente. La majorité suffit. Les pupilles et les femmes ne sont pas admis à voter. Le chef de famille vote pour sa famille tout entière. On exprime les noms des votants, si la réunion est peu nombreuse. On s'en abstient dans les grandes cités. Balde ajoute que le choix du syndic doit être ratifié par le magistrat, qui est considéré comme le tuteur de la communauté d'habitants. « In universitatibus, » dit-il, « ut in civitatibus, vel castro, magistratus debet interesse : ut not. in l. nulli et l. plane ff., quod « cujusq. univers. nomine, quia caput est universitatis ff. « de acq. ver. dom. l. statuta. »

A la nuance près, relative à la confirmation de l'élection par le magistrat, tous les publicistes méridionaux professent une opinion unanime sur les caractères de l'élection municipale dans le moyen-âge. (BARTOLE, *C., de decur., lib. X*; ALPHONSE AZEVEDO, *de curia prisana, lib. I, cap.* XIII, *n°* 1; BOBADILLA, *in politica*; PETRA, DE POTESTATE *principis*; CAPIBLANCUS, *de jure de asit. bar.*; ALBERT BRUN, *consil.* 138 *et autres*, cités par Joseph de Sèze, *de Tractat. Inhibit., et magist. inst. Aragon*, c. XXIX, § 1, n° 123 et suiv.

Les fonctions des *Rachimbourgs* ou *Scabins*, dans les cités germaniques, étaient analogues à celles des *syndics*, dans les cités italiques; mais elles avaient une origine et un caractère moins populaires. Les *Machirbourgs* ou *scabins* étaient surtout des juges assesseurs, que le comte ou grafion nommait, pour administrer et rendre la justice sous sa présidence dans les placités.

L'intervention du peuple, dans l'élection des scabins, ne date que de Charlemagne « Hi eligebantur, et ab officio re- « movebantur a missis dominicis, » *populi interveniente consensu, ut est apud Hincmarum, in capitul. Caroli M.*, l. III, c. XXXIII, *in add.* 4, *Lud. Pii. cap.* LXXIII et LXXV, *et in capit. Caroli C.*, *tit.* XXXIX, art. 9-10. Dans les chartes postérieures, les cités et les provinces apparaissent investies du droit d'élire seules les scabins. « Unde patet scabinos ex « ipsis civitatibus ac provinciis in quas mittebantur comi- « tes ac missi, delectos : ideoque judices proprios appel- « lari, quod cives et incolæ eos sibi in judices eligerunt. » *In charta Halduini comitis Flandriæ, an.* 1119.

CHAPITRE VII.

DU DROIT DE CITÉ ET DU DROIT DE JURIDICTION.

Le droit de cité, dans les pays régis par la loi romaine, avait d'étroites analogies avec le droit de cité antique. Le nom de citoyens (*civium*) appartenait, dans le sens étroit, aux originaires de la cité (1), des villages et champs adjacents (2). Mais on l'étendait même à ceux qui

(1) Civium appellatione proprie et stricte videntur contineri tantummodo originarii, non autem cives ex privileg. ; *Glos.*, *in l. cives c. de incolis.* — (2) Civium appellatione veniunt etiam nati in suburbiis vicis, vel in agris adjacentibus. *S. Rotæ rom. Decis.* CDX, n, 21, v. 18. — L'origine était constatée par l'acte de baptême (*Ibid.*, *Decis.* LXVI, n. 16, v. 16), ou par la preuve testimoniale (*Ibid.*, *Decis.* CCCLVII, n. 5, v. 10).

étaient investis par privilége du droit de cité, sauf néanmoins que les citoyens *ex privilegio* ne jouissaient que des priviléges dont la cité pouvait disposer, et non des autres (1).

Il n'était pas nécessaire, pour être citoyen (*civis*), de supporter les charges municipales ; cette condition n'était nécessaire qu'au *municeps*, c'est-à-dire à l'homme adopté par le municipe et créé par elle citoyen (2). Mais on ne réputait pas citoyen celui qui, quoiqu'établi depuis plus de trente ans dans une cité, était resté cependant au service d'un autre prince (3).

L'homme créé citoyen, *ex privilegio in omnibus et per omnia*, était entièrement assimilé au citoyen d'origine.

On appelait *imolæ* ceux qui avaient habité dix ans au moins une ville et qui s'y étaient établis avec la majeure partie de leur fortune et dans l'intention de s'y fixer. Ceux qui habitaient au-delà d'un rayon de quarante milles étaient appelés *advenæ forenses*, et ne jouissaient pas du privilége du statut (4).

Sous la dénomination générale d'*habitatores*, on comprenait tous ceux qui habitaient, soit qu'ils fussent citoyens d'origine ou citoyens *ex privilegio*.

Les citoyens *ex privilegio* jouissaient de tous les priviléges concédés par les statuts (5), mais à la charge par eux d'habiter la ville et d'y satisfaire aux charges locales,

(1) BART., liv. V, *ad l. Jul. de adulter.* — (2) BART., liv. I, col. *Versic. quæro utrum statutum ff. ad municip. rom.* — ALCIAT., *In l. municipes in fine de v. s.* — (3) *S. Rotæ rom. Decisio* CCCXII, n. 17, v. 9. — (4) Forensis de oppido distantis ab urbe ultra 40 milliaria non comprehenditur sub statuto loquente de civibus et incolis. *S. Rotæ rom. Decis.* CCCLXXXVI, n. 14, v. 19. — (5) BALDE, *l. Si non speciali, col., versic. quæro hic. cod. de testa.*

aute de quoi ils étaient assimilés aux forains (1). Les statuts ne protégeaient que ceux qui étaient *cives*, *incolæ* ou *districtuades* (2). Le prince lui-même ne pouvait pas conférer à un étranger la qualité de citoyen originaire d'un lieu (*Ibid.*, *decis.* CLXXX, n. 10, v. 9).

Le citoyen qui abandonnait la cité perdait tous les privilèges attachés au droit de cité. Ne supportant plus les charges locales, il était réputé indigne de jouir des avantages (3). Néanmoins, le citoyen d'origine, qui transférait son habitation dans une autre province, ne perdait pas son droit de cité (4).

Tous les actes municipaux étaient insérés dans des archives, et souscrits par les syndics de la cité avec ou sans l'assistance du comte ou de l'évêque. Des donations faites à l'église de Ravenne en 476, 489, 492 sont insinuées aux gestes municipaux (5); il en est de même des divers actes de donations et de ventes passés à Ravenne, en 503, 523, 541, 552, 553, 767; à Faenza, en 540 et 564, à Rieti, en 557, etc. (6).

II. — Le droit de cité existait aussi dans les coutumes germaniques. Aucun étranger ne pouvait s'établir dans les arrondissements territoriaux appelés *Centenæ*, même sur le terrain d'un membre de la *villa* et avec sa permission, si tous les autres n'y consentaient pas, ou du moins si une

(1) PETRI OTTHOBONI VENETI, *Decisio* CCXXVII, n. 6. *Decisiones Rotæ a Paulo Rubæo collectæ. Decis.* CLXXVII, n 57. — (2) Inter cives, incolas et districtuales habent tantum locum statuta urbis. (*S. Rotæ rom. Decis.* CLXIX, n 4, v. 13) — (3) BALDE, *in* l. II, *Cod. de infant. exp.* ; — BART., *Tractat. repræsal.*, *quæst.* 2, p. 5 ; — PETRUS OTTHOBONUS, *ubi supra.* — (4) JOANNIS CEPHALI, lib. IV, *Consil.* CDLI, n. 157. — (5) MAFFEI, *Istoria diplomatica*, p. 144 ; — MARINI, *Papiri diplomatici*, p. 128, 129, 131, 132. — (6) MARINI, *passim.*

habitation d'an et jour, sans interruption ni réclamation, ne confirmait pas cet établissement. Le titre XLVII de la loi salique donne à ce sujet de curieux détails. L'ensemble de tous les droits de citoyen, dans ces républiques municipales, régies par des rois, c'était le *ehre*, correspondant à l'*honor municipalis* des Romains. Cet honneur était identifié avec le droit de porter les armes. Les femmes, les enfants en étaient exclus. Le jeune homme ne devenait citoyen qu'en ceignant les armes, qui équivalaient à la toge virile des Romains. Dès lors, il pouvait paraître aux assemblées, où chacun se tenait armé.

Le droit de cité conférait des attributions importantes : celui de n'être jugé que par ses concitoyens, de ne payer d'autres contributions que celles qu'on avait consenties, d'être habile à rendre témoignage. Chaque cité était tenue de nourrir ses pauvres (1).

De même qu'à Rome, le droit de propriété appartenait originairement aux seuls citoyens, sous le nom de *domaine quiritaire*, de même, chez les Germains, les biens fonds, ceux du moins qui ne pouvaient être exposés sans compromettre la sûreté nationale, ne pouvaient être acquis que par des citoyens, toujours prêts à prendre les armes, pour la défense de la sûreté générale.

DU DROIT DE JURIDICTION.

L'unité de la juridiction établie par les lois romaines, qui faisaient dériver toute justice de l'empereur, de même, dit Ulpien (2), que tous les fleuves émanent de l'Océan, fut anéantie par la conquête. Les Lombards, dit Chopin (3),

(1) Quæque civitas pauperes suos alito. (*Concile de Trente.*) — (2) *Tit. Cod. de constit. princ.*, et *Préambule des Institutes, in fine.* — (3) *De Andeg. jurisd.*, l. I, t I.

s'emparèrent de l'Italie, vers l'an 569 de l'ère chrétienne, sous la conduite de leur roi Alboin, et la possédèrent jusqu'à Charlemagne, comme l'atteste Paul Diacre.

Ils donnèrent à quelques-uns des leurs, les terrains qu'ils avaient envahis par la force des armes, sous des lois déterminées, et avec juridiction sur ceux qui cultiveraient ces terres. Ceux-ci concédèrent d'autres champs, qui leur avaient été donnés aux mêmes conditions, et ainsi de suite jusqu'aux plébéiens, qui recevaient leurs parcelles, sans qu'aucune autorité y fût attachée. Parmi ceux qui accordaient la puissance juridictionnelle, les uns la concédaient pleine et universelle, les autres, circonscrite dans de certaines limites, afin que toutes choses fussent plus fidèlement observées. Les lois lombardes sanctionnèrent ces concessions, et quoique ces lois aient péri avec l'empire lombard lui-même, les usages qu'elles ont consacrés, en matière de juridiction, se sont répandus peu à peu dans toutes les parties des Gaules, comme le rapporte Faber en son code, *Ne quis in sua causa judicet.*

Les délégations successives du droit de juridiction exercèrent dans l'empire franc une influence plus fâcheuse qu'à Rome. La conquête romaine ayant été faite au profit d'un maître unique : le peuple ou l'empereur, la juridiction, quoique divisée par les délégations des magistrats, n'en resta pas moins concentrée dans les mains du prince. La conquête franque, au contraire, ayant été faite par des bandes armées, commandées par des chefs divers, la juridiction s'éparpilla en fractions indépendantes les unes des autres.

C'était au *comte*, *duc*, ou *patrice* (1), chargé de prési-

(1) MARCULF., *Formulæ*. l. I, f. 32; — Houard, le savant traducteur de Littleton, *Anciennes lois des Français*, t. I, p. 6, suppose

der les assemblées du peuple et de conduire les hommes à la guerre, qu'appartenait aussi, dans les temps mérovingiens, le droit d'administrer la justice.

IV. — On a soutenu que le duc n'avait de juridiction que celle qui lui était nécessaire pour la subordination militaire. Un savant publiciste a cru trouver la preuve de ce fait, dans les articles 6, 20, 21, 22, 23 et 24 de la loi lombarde du roi Rotharis (1) ; mais il reconnaît lui-même que de nombreuses chartes accordent une juridiction au duc, et il suffit de jeter les yeux sur la charte de *ducatu, patriciatu, vel comitatu*, dont Marculfe donne la formule, pour se convaincre que les chefs appelés *comtes*, *ducs* ou *patrices* cumulaient tous le triple pouvoir de présider les assemblées du peuple, de juger et de combattre.

V. — Les fonctions politiques, administratives et judiciaires des rois et des ducs, comtes ou patrices, s'exerçaient dans les placités décrits par Grégoire de Tours (2), et dont le tumulte habituel était un indice grossier peut-être, mais énergique de vie politique.

Il y avait deux sortes de plaids généraux : 1° Le plaid général de la nation, composé de tous les guerriers, sous la présidence du roi ; 2° le plaid du roi, tribunal tenu par le roi, avec l'assistance des évêques et des grands du royaume (3).

C'est dans un plaid (*placitum*) national, que furent

que les titres de comte, de duc et de patrice étaient employés indifféremment ; mais le contraire résulte de ce vers de Fortunatus, cité par Ducange :

Qui modo dat comitis, det tibi jura ducis.

(1) M. Meyer, *Institutions judiciaires*, t. I, p. 99. — (2) *Histoire ecclésiastique des Francs*, l. VII, ch. xiv. — (3) Voyez les *Capitulaires* de 812, 819, 829, etc.

jugés la reine Brunehaut, Tassillon, duc de Bavière, Pépin, fils de Charlemagne, Bernard, neveu de Louis le Débonnaire, etc. (1).

Dans les plaids généraux, qui se tenaient tous les ans, au 1er mars, on discutait les affaires d'État les plus importantes. Les collections des *diplomata, chartæ* signalent entre autres un plaid tenu sous Clotaire III, qui juge qu'on doit restituer à l'abbaye de Sainte-Bénigne un village dont on l'avait dépouillée, et qui ordonne la destruction des chartes dont les usurpateurs s'étaient servis (2).

Mabillon a publié, d'après l'original, un plaid tenu la septième année du règne de Thierry III, au sujet d'un village adjugé à Amelgarius. Il y est décidé que la propriété est acquise par une possession non-interrompue pendant trente ou trente-et-un ans, et que la preuve de cette possession s'établit par le serment de six témoins, outre celui du demandeur en preuve.

VI. — Le tribunal du chef de chaque comté était composé de trois éléments : 1° Le comte; 2° les hommes libres ou rachimbourgs (*rachimburgii*) (3); 3° les sagibarons (*sagibarones*). Le comte présidait le *Mallum placitum* ou *conventus*. Les hommes libres faisaient le jugement, *disaient la loi*, suivant l'expression de la loi salique, titre LX; les *sagibarons* formaient une espèce de sénat, dont les attributions ne sont pas parfaitement définies (4).

Le *Mallum* du *tinganus* ou *centenarius* était composé des mêmes éléments que celui du comte; la différence ne

(1) *Gest Franc. script. rer. Gall.*, t. II, p. 567. — (2) *Diplomata. chartæ, prolegomenes* (3e part., sect. 2, ch. II). — (3) V. DUCANGE, V° *Sagibarones*. — (4) V. tit. LV *de la loi ripuaire*, et tit. LX *de la loi salique*.

consistait que dans la compétence et le nombre des sessions.

Ces mâls ou placités, dans l'origine, avaient quelque analogie avec les assemblées désignées, dans les provinces romaines, sous le nom de *conventus*, *commune concilium* (1), et dont la dernière, paraît-il, fut celle des sept provinces que Théodose et Honorius convoquèrent à Arles, en 418, pour y délibérer sur les intérêts communs ; mais tout indique qu'après la conquête, ces assemblées se confondirent avec les plaids généraux et particuliers.

La charte de *ducatu*, *patriciatu*, *vel comitatu*, prouve en même temps que les ducs, patrices et comtes étaient chargés, dans l'empire franc, de concilier les Francs, les Romains, les Burgundes, et toutes les nations gouvernées par le même prince, en les traitant convenablement, selon la loi et la coutume particulière à chacun d'eux (2).

A côté de la juridiction séculière des seigneurs, s'éleva dans les cités celle dont le concile de Trente et les saints canons investirent les évêques (3).

(1) Majores nostri Capuæ magistratus, senatus, *concilium commune*, omnia denique insignia reipublicæ sustulerunt. (Cic., *Orat.*) —(2) Charta de ducatu, patriciatu, vel comitatu nec facile convenit cuilibet judiciariam committere dignitatem, nisi prius fides et strenuitas videatur esse probata. Ergo, dum fidem et utilitatem tuam videmur habere compertam, ideo tibi actionem ducatus, comitatus, vel patriciatus in pago illo quem tuus antecessor usque adhuc videtur egisse, tibi ad agendum regendumque commisimus, ita ut semper erga regimine nostro fidem inlibatam custodias et omnis populus ibidem commorantes ; tum Franci, Romani, Burgundiones, quam reliquas nationes sub tuo regimine et gubernatione degant et moderentur, et eos recto tramite secundum legem et consuetudinem eorum regas, etc. (Marc., p. 380, liv. I.) — (3) Jurisdictionem episcopus habet intentionem fundatam exercendi omnimodam intra suam diœcesim non solum ex sacro-

Cette juridiction, qui régissait non-seulement la cité, mais les *castra* et autres lieux situés dans les limites du diocèse (1), dut, à raison de la qualité, qui appartenait aux évêques, *défenseurs des cités*, et de la confusion qui existait dans les limites des deux puissances, s'étendre abusivement à des matières temporelles, et emprunter souvent l'appui du bras séculier. Il n'en était pas de même dans les premiers siècles de l'Église. « Alors, dit Fleury, la juridiction des évêques se soutenait par elle-même; renfermée dans ses bornes, elle n'employait jamais le secours d'aucune puissance séculière. » Mais cette distinction salutaire, déjà altérée par les lois du Bas-Empire (2), reçut, quoique consacrée par le droit public du moyen âge (3), de nouvelles atteintes, après les désordres causés par l'invasion germanique, par la nécessité où l'on se trouva de demander aux conciles [qui se tenaient dans les cités épiscopales, et dont les élections n'étaient pas moins orageuses que celles des *mâls* et des *placités*], des lois non-seulement religieuses mais politiques; ce qui a fait dire à l'un de nos regrettables contemporains (4) que « ce n'est pas à nos « ancêtres de la Scythie, mais aux premiers conciles de « l'Église chrétienne, que nous devons les premiers exem- « ples d'assemblées représentatives. »

Les entreprises des conciles et de la juridiction épiscopale sur les matières temporelles, justifiées dans l'origine

rum canonum dispositione, sed etiam ex concil. Trid., sess. VI, c. V. *S. Rotæ romanæ Decis.* CDLXXXIII, n. 1 et 2, v. 15. — (1) Castri situatione probata intra limites diœcesis resultat generalis præsumptio illius jurisdictionem spectare ad episcopum. *S. Rotæ rom. Decis.* CCXXVII, n. 2, v. 16. — (2) SID. APOLL., *Epist.* IV, 15; VII, 5, 9. — (3) Jurisdictio temporalis nihil habet commune cum jurisdictione spirituali. *S. Rotæ rom. Decis.* LXX, n. 52, v. 14. — (4) *Introduction à l'Histoire de Pologne*, par M. DE SALVANDY.

par les nécessités impérieuses des circonstances, n'en ont pas moins été l'occasion de regrettables conflits, qui se sont surtout multipliés dans la période féodale. Mais il fallait bien lutter, à cette époque semi-barbare, contre les abus de pouvoir des seigneurs. Or, où trouver, sinon dans les lois et dans les jugements de l'Église, un frein au despotisme? L'autorité royale, battue en brèche par les grands vassaux, ne pouvait rien par elle-même, et les communes n'avaient pas encore assez de vie politique pour échapper aux étreintes des justices seigneuriales.

Chaque cité romaine avait une juridiction territoriale, et une administration autonome, quoiqu'assujettie à l'*imperium* des Romains; la cité franque, calquée sur le type de la cité romaine, avait-elle aussi un territoire, *territorium* (1), avec un droit de juridiction? Les juridictions municipales dont l'authentique *De defens. civit.*, constate l'existence, et détermine la compétence dans les cités romaines, et qui ont dû subsister jusqu'à l'invasion, se sont-elles maintenues sous l'empire des Mérovingiens et des Carlovingiens?

Pour résoudre cette question, il faut, croyons-nous, distinguer, avec le savant M. Pardessus, dans son *Essai historique sur l'organisation judiciaire depuis Hugues-Capet jusqu'à Louis XII*, entre les pays en deçà de la Loire, qu'on peut appeler génériquement la première conquête, et les pays au delà de la Loire, dont Clovis s'empara après la défaite d'Alaric II, en 508, ou que ses successeurs y ajoutèrent.

Il faut distinguer aussi les actes de juridiction volontaire et les actes de juridiction contentieuse ; les premiers, tels

(1) Territorium est universitas agrorum intra fines cujusque civitatis. (L. 229, § 8, ff., *De verb. signif.*)

que les dépôts et les ouvertures de testaments, les insinuations de donations, les affranchissements, divorces et autres actes de la vie civile continuèrent, après la conquête, à être enregistrés dans les archives municipales dont la Novelle XV de Justinien avait ordonné l'établissement dans tout l'empire, et dont un édit de Théodoric avait ordonné le maintien. C'est l'opinion de tous les auteurs, fondée d'ailleurs sur les témoignages d'un assez grand nombre de chartes locales.

En ce qui touche les actes de juridiction contentieuse, la question est controversée. M. de Savigny (1) pense que les cités investies du *jus italicum*, telles que Lyon, Vienne, et Cologne, étaient seules favorisées de magistrats ayant une juridiction; mais son opinion est combattue par MM. Giraud (2) et Pardessus (3), qui citent plusieurs documents constatant des juridictions municipales dans des pays non régis par le droit italique.

Toutefois rien n'indique, surtout dans les pays situés en deçà de la Loire, que des magistrats municipaux fussent chargés de rendre la justice sous le nom de *duumviri juridicundo* ou tout autre équivalent. Aucune formule des deux premières races ne fait allusion à ces magistratures. Seulement, il y avait, dans les mâls et placités, des assesseurs appelés selon les lieux : *rachimburgii*, *scabini*, *boni homines*, et pris dans la race à laquelle appartenaient les justiciables. C'était le jugement par les *pairs*. Ces hommes libres, *ingenui*, qui composaient les *mâls*, les *plaids*, où le pouvoir judiciaire était exercé, jugeaient toutes les affaires,

(1) *Histoire du droit romain au moyen âge*, ch. II. — (2) *Essai sur l'Histoire du droit français au moyen âge*, t. I, p. 126 et suiv. — (3) *Essai historique sur l'organisation judiciaire, etc.*, p. 334, et *Sixième dissertation sur la loi salique.*

tant civiles que criminelles, d'une manière définitive, sans délibérer avec l'officier royal, dont les attributions se bornaient à la présidence et au devoir d'assurer l'exécution des jugements. Telle est l'organisation judiciaire que constatent, pour la cité de Tours, les formules appelées *Sirmondicæ*, pour la cité d'Angers, les formules appelées *Andegavenses* (1). On lit dans plusieurs de ces formules : *Judicatum a comite vel scabinis;* mais la particule *vel* est-elle réellement disjonctive, et signifie-t-elle autre chose que la double participation du comte et des scabins ou assesseurs au jugement?

Ce qu'il y a de certain, c'est que les rachimbourgs étaient les commissaires du comte : « Rachimburgii dicuntur co- « missarii ad componendas lites instituti. — Tunc grafio, » dit la loi salique, tit. LII, § 2, « congreget secum septem ra- « chimburgos idoneos, et cum ipsis ad casam illius fide- « jussoris veniat. — Si quis, » dit la même loi, tit. LIX, « ad mallum venire contempserit, et quod ei a rachim- « burgiis judicatum fuerit, implere distulerit, etc. » Les vieilles formules d'Anjou nous montrent le comte interpellant les hommes de chaque cité, avec les rachimbourgs qui l'entourent : « Veniens illi et germanos suos illi Andegavis « civitate ante viro illuster illo comite vel reliquis rachim- « burgis qui cum eo aderant interpellabat aliquo homine. » Les fonctions des *scabini* étaient originairement les mêmes que celles des rachimburgi. « Sic olim, » dit Ducange, v° *scabini*, « dicti judicum assessores, atque ideo comitum « qui vices judicum obibant. »

Dans les pays de la seconde conquête, situés au sud de la Loire, on peut admettre, à la différence des pays du nord, que les Francs qui s'y établirent, moins à force ouverte

(1) Voyez CHOPIN, *De legibus Andium municipalibus.*

que du consentement des habitants, respectèrent les juridictions municipales établies. M. Ed. de Laplane cite dans son excellente *Histoire municipale de Sisteron* (p. 79 et 107) des documents du dix-septième siècle, d'où il paraît induire que, de temps immémorial, les habitants étaient jugés, sans appel au comte, par un juge local, à la juridiction duquel ils ne pouvaient être arrachés. Il y avait, dès le sixième siècle, dans la capitale de la Viennoise, un sénat, appelé aussi *curie* ou *ordo* (1), qui n'était probablement pas dépourvu de juridiction. Dans une charte de 962, relative à la ville d'Arles (2), on parle des hommes d'Arles, de leurs chefs et de juges qui étaient sans doute des magistrats adjoints aux consuls, pour rendre la justice. Une charte de Frédéric II, empereur d'Allemagne en 1226 (3), abroge les *juridictions*, que les villes de Provence *rétablissaient* à cette époque plutôt qu'elles ne les constituaient.

L'existence municipale de la plupart des villes du Languedoc est antérieure à l'affranchissement général des communes au douzième siècle. Les bourgeois de Nîmes, cette seconde Rome, traitaient en 961 pour leurs propriétés (4). Ceux de Montpellier, en échange de la fidélité promise par eux à leur seigneur Guilhem VIII, en 1204, lui interdisaient de choisir les juges à son gré, et l'obligeaient de les prendre parmi les intéressés, selon un usage sans doute antique (5). A Narbonne, cette vieille colonie romaine, les nobles et les non nobles figuraient dans un plaid de l'an 1080 (6). Les *capitouls* de Toulouse, consuls qui,

(1) Voyez Grégoire de Tours, *Hist. Franc.*, l. III, ch. xxxiii ;— Mabillon, *De re diplomatica*, p. 63, etc. — (2) Raynouard, t. II, p. 195 et 196. — (3) Papon, *Histoire de Provence*, t. II. *Preuves*, p. 1.— (4) Albisson, *Lois municipales du Languedoc*, t. I, p. 321. — (5) Germain, *Histoire de Montpellier*, t. I, p. 56. — (6) Albisson, *Loc. cit.* ; — Raynouard, t. II, p. 207.

d'après une ordonnance de 1283, connaissaient de toutes les causes civiles et criminelles (1), possédaient probablement ce privilége depuis plusieurs siècles. L'administration des cités de la Narbonaise et des deux Aquitaines resta partagée, après la conquête, entre les évêques et les consuls élus par les habitants, et l'autorité des seigneurs y fut tardive et secondaire, ce qui permet de croire qu'à côté de la juridiction ecclésiastique existait une juridiction municipale.

M. Pardessus reconnaît lui-même que l'organisation judiciaire des Romains a pu subsister dans les provinces méridionales, en vertu du pacte passé entre Clovis et les habitants (2). Mais il pense que cet état de choses se modifia, et que le système seigneurial des *mâls* s'établit dans le Midi comme dans le Nord, avant même que les bénéfices fussent devenus héréditaires.

Il est question, en effet, de *plaids* dans les documents historiques relatifs au régime municipal méridional, sous les deux premières races (3). Mais ces plaids, que présidaient les évêques, et auxquels assistaient les consuls, n'ont rien d'incompatible avec le maintien des juridictions municipales romaines, et tendraient, au contraire, à le faire supposer. Loyseau pense, il est vrai, le contraire : « Les rois, dit-il, les ducs, les gouverneurs des provinces, mi-

(1) Ordinamus ut de cætero præfati consules de omnibus et singulis criminibus Tholosæ... perpetratis sive commissis, et de omnibus quæ ad cognitionem, et judicium eorum pertinere videbuntur, præsente vicario nostro Tholosæ non tamen partem judicis obtinente, cognoscant et judicent. (*Ordon.* du 19 octobre 1283, art. 4.)—(2) *Chronicon Moissiacense, ad ann.* 759. (*Rer. gall. et franc. script.*, t. V, p. 69.) —GERVASIUS TIBERIENSIS, *Ibid.* ; — ALTASERRA, *De ducibus Francorum*, p. 12. — (3) Voyez D. VAISSETTE, *Hist. du Languedoc*, t. I, Pr., col. 99, 113, 124, 135.

rent dans presque toutes les villes des comtes qui en avaient la justice entière et ordinaire ; et même ès villes dont les eschevins avaient accoutumé d'avoir la justice, les comtes y présidaient et jugeaient avec eux. » Mais Loyseau n'est pas, on le sait, l'un des jurisconsultes les plus favorables au franc-alleu, et son opinion, dénuée de preuves, n'est point une autorité suffisante. Celle du savant M. Pardessus aurait plus d'autorité, sans doute : mais elle est exprimée dans une forme dubitative, et, même en l'admettant, il est permis de la restreindre en ce sens que, si le régime seigneurial avait pénétré jusqu'à un certain point dans les provinces méridionales, il n'avait pas du moins entièrement détrôné celle des franchises municipales qui devait le plus tenir au cœur des populations, parce qu'elle était la garantie de toutes les autres.

C'est ce qu'établissent plusieurs placités de la France méridionale, rapportés par M. de Savigny (1), avec un luxe de preuves auquel il suffit de se référer.

Tout au moins faut-il reconnaître que, dans les villes municipales du midi, les curiales et les magistrats élus devinrent naturellement les assesseurs des comtes gouverneurs des provinces. Les principaux habitants, selon que la loi exigea des assesseurs de même nation et de même condition sociale, ou soumis à la même loi que les parties et les accusés, furent obligés de se trouver aux assises tenues par les officiers auxquels les comtes avaient délégué le pouvoir de rendre la justice.

Clotaire, fils de Clovis, avait publié, en 560, un édit (2)

(1) *Histoire du droit romain au moyen âge*, t. I, p. 184.

(2) Clodacharius, rex Francorum, omnibus agentibus. Usus est clementiæ principalis, necessitatem provincialium, vel subjectorum sibi omnium populorum provida sollicitus mente tractare, et

portant que chacun devait être traité selon sa loi, et que c'était par les lois romaines qu'il fallait juger les procès existant entre Romains. De là des différences dans la composition des tribunaux. Les Romains étaient jugés entre eux par les comtes assistés d'assesseurs romains. Lorsque, au contraire, le procès s'élevait entre un Romain et un Goth, le comte prenait pour assesseur un jurisconsulte de chaque nation.

« Quand l'évêque craignait la partialité des assesseurs, il pouvait évoquer l'affaire devant son tribunal. Il prenait alors pour assesseurs des ecclésiastiques et autres personnes capables ; mais il y avait obligation pour lui d'envoyer la sentence au roi : celui-ci la confirmait ou l'annulait (1). »

Tel était le droit de juridiction dans les cités sous la première race. Nous verrons plus tard les modifications qu'il subit par la transformation, sous le règne de Charlemagne, des assesseurs temporaires du comte en un corps permanent de juges, et lors de la rénovation générale du régime municipal au douzième siècle, en juridictions municipales exercées par les échevins, consuls, jurés, capitouls et autres officiers municipaux.

X. — Quoiqu'il en soit d'ailleurs des villes, il y avait dans les campagnes, où la vie est toujours plus rapprochée de l'état de nature, des juridictions auxquelles le comte restait étranger et qui n'étaient en quelque sorte que des arbitrages de familles. « La conquête, dit M. Pardessus,

quæ pro quiete eorum juste sunt observanda, indicta in titulis constitutione conscribere...

Inter Romanos negotia causarum Romanis legibus præcipimus tractari.

(1) *Histoire des Parlements*, par le vicomte DE BASTAND D'ESTANG, t. I, p. 44

avait donné lieu d'établir de nouvelles juridictions municipales, dont aucun auteur ancien, aucune notice de la Gaule romaine ne révèlent l'existence.

Souvent des hommes libres et propriétaires d'alleux se trouvèrent avoir des domaines, *curtes*, *mansi*, contigus ou groupés à peu de distance les uns des autres, de manière à former des agglomérations quelquefois très-étendues qu'on appelait *villæ*. Outre les rapports que la juxta-position ou le voisinage de leurs domaines créait entre ces propriétaires, ils laissaient en état d'indivision des bois, des pâturages, des terrains vagues, destinés à un usage commun, et surtout à la nourriture et à l'éducation de leurs troupeaux. Quoique leurs habitations fussent, en général, très-isolées, il existait entre eux une association de garantie mutuelle du même genre que celles que les lois avaient établies sur une plus grande échelle dans les arrondissements territoriaux appelés *centenæ*. Il pouvait s'élever, entre ces voisins, quelques contestations relatives à leurs limites, à leurs droits de jouissance indivise, à leurs rapports respectifs; on éprouva aussi le besoin d'y maintenir la police. Probablement les habitants de ces hameaux choisissaient quelques-uns d'entre eux, pour veiller au maintien du bon ordre, et formaient une sorte de mâl pour juger, sous la présidence d'un de ses chefs, les contestations de peu d'importance. Quant aux autres, le jugement en appartenait au *mâl* de l'arrondissement. C'est ce que prouve le titre XLVII de la loi salique; on y lit que les poursuites contre l'étranger, qui venait s'établir, sans l'autorisation de la communauté, et même contre le propriétaire qui l'avait admis, étaient portées devant le grafion de l'arrondissement; c'est ce qui résulte encore du chapitre IX, des *Capita extravagantia*, relatif au cas où le corps d'un homme assassiné était trouvé sur les limites des deux *villæ*.

CHAPITRE VIII

DES INSTITUTIONS MUNICIPALES ET POLITIQUES DE CHARLEMAGNE, DE LEUR DÉCADENCE ET LEUR RUINE AU Xme SIÈCLE.

Maître de la Lombardie, qu'il réunit à l'empire des Francs, d'une partie de l'Espagne, qu'il enleva aux Sarrasins, du royaume des Saxons, qu'il conquit sur Vitikind, Charlemagne posséda des États qui s'étendaient en Italie jusqu'aux frontières de Naples, en Espagne jusqu'à l'Èbre, en Allemagne jusqu'à l'Elbe, la Saale, les montagnes de Bohême, et une ligne tirée de là, coupant le Danube au-dessus de Vienne, et se prolongeant jusqu'au golfe d'Istrie (1). C'est cette formidable puissance que le plus grand homme dont l'histoire ait gardé le souvenir mit tout entière au service des progrès de la civilisation chrétienne. Charlemagne donna pour base au nouvel empire la grandeur spirituelle et temporelle du Saint-Siége ; et deux augustes figures, celle de l'empereur et celle du pontife de Rome dominèrent tout l'ordre social.

Le principe de l'organisation civile et militaire fut le même qu'il avait été sous la dynastie mérovingienne. La hiérarchie des ducs, des comtes, des vicomtes, des centeniers, etc., subsista dans l'ordre militaire, judiciaire et administratif, et les plaids ou placités continuèrent comme par

(1) Voir, sur ces limites un peu indécises, HALLAM, *l'Europe au moyen âge*, t. I, p. 15, et les autorités qu'il cite.

le passé. L'ordre du clergé, composé des évêques, des curés, des abbés et des autres officiers de la milice spirituelle, reçut de la suprématie du Saint-Siége, consacrée par la protection et les libéralités de l'empereur, une autorité morale que fortifia la fréquence des conciles ecclésiastiques. Enfin le régime municipal, maintenu dans les cités, les *oppida*, les *castra*, les *burgi*, avec les conditions diverses que lui avait avait déjà assignées la triple intervention des évêques, des familles curiales et des princes et seigneurs, reçut une impulsion nouvelle de la double institution des *scabini*, nommés par le prince avec l'assentiment du peuple, pour l'administration des cités, et des *missi dominici*, préposés par l'empereur, dont ils étaient les agents directs, à la surveillance des diverses branches de l'administration publique. Ces deux institutions combinées tendaient à rattacher au trône, entouré de puissance et d'éclat, les cités libres et autonomes et à centraliser l'action politique, sans uniformiser les peuples, sans leur enlever leurs lois, leurs mœurs, leurs coutumes particulières. « *Unus grex, unus pastor*, » telle est la pensée dominante de Charlemagne, mais cette pensée ne sépare pas l'unité monarchique des droits de l'Église et de la nation.

I. — La paroisse épiscopale, dont les diplômes et les chartes des rois Mérovingiens font une mention si fréquente, fut maintenue par les assemblées d'évêques et de seigneurs, dont les capitulaires étaient sanctionnés par le roi. En 749, Pépin avait accordé à l'église épiscopale de Mâcon des immunités et le droit de justice (1). Charlemagne en usa de même envers l'église de Nevers (2), Louis le Débonnaire et Charles le Chauve, envers les églises d'Au-

(1) *Gallia Christiana*, t. IV, col. 263.—(2) *Ibid.*, t. XII, col. 297.

tun, de Nîmes, de Trèves, de Reims, de Narbonne, d'Agde, de Limoges (1).

Chaque paroisse épiscopale eut, sous la surveillance, mais sans aucune immixtion personnelle, du pouvoir central dans son régime intérieur (2), ses chefs électifs, son administration libre, ses écoles, ses archives, ses comptes, ses possessions agricoles, ses baux, ses aménagements, en un mot, tous les attributs essentiels des communes (*communia*).

En confirmant, par sa constitution de 788, l'autorité du droit romain dans les provinces romaines, Charlemagne y maintient le régime municipal, et l'autorité des principes qui y étaient en vigueur; il fait à chaque homme sa loi selon l'expression d'Eginhard (3), c'est-à-dire qu'il maintient, dans chacun des peuples qui lui sont soumis, la loi particulière par laquelle il doit être jugé. Le roi, le prêtre, le soldat, le peuple (ou plutôt les grands) partagent le gouvernement de l'État, et c'est dans les assemblées d'évêques et de grands, appelées *Champs de Mai*, que se discutent librement, sous l'autorité suprême de l'empereur, qui se réserve la décision (4), les intérêts nationaux, et que sont rédigés les capitulaires, dont les *missi dominici* assurent l'exécution, en même temps que les *scabini* développent les premiers germes de la civilisatien des campagnes peuplées d'affranchis, et défrichées par des mains devenues libres, grâce à l'Église et au souverain.

Un diplôme impérial, constitutif des priviléges de la

(1) *Ibid.*, t. IV, col. 45; t. VI, col. 103; t. XII, col. 816. — (2) RAYNOUARD, *Histoire du droit municipal*, t. II, ch. XII. — (3) *Vita Karoli Magni*, ch. XXIX. — (4) HINCMAR, *De ordine palatii*. De là la maxime de droit public consacrée par l'art. 6 de l'édit de Pistes : *Lex fit constitutione regis et consensu populi*.

ville d'Aix-la-Chapelle, siége du gouvernement, reflète le triple caractère de la monarchie représentative, que Charlemagne essayait de fonder.

« Nous, Charles, qui, par la grâce de Dieu, régnons et « gouvernons l'empire romain, de l'avis des principaux de « notre État, évêques, ducs, marquis et comtes, et à la re- « quête de tous autres, tant libres que non libres, en plu- « sieurs assemblées générales, tenues en divers lieux de « notre État, avons, suivant qu'il nous semble à tous plus « juste et plus expédient, premièrement examiné les privilé- « ges des saintes églises, les droits particuliers des évêques « dans l'administration de la justice, les droits aussi et l'a- « vis des prêtres et autres ecclésiastiques, et conformé- « ment aux institutions de mon prédécesseur, les avons « de nouveau mis dans leur force et vigueur, confirmés et « augmentés. Ensuite, de l'avis des plus sages de notre « État, suivant la coutume de tous nos prédécesseurs, et « l'autorité qu'ils ont toujours eue en qualité d'empereurs, « nous avons distingué la loi des Saxons, Gothiques, Suè- « ves, Francs, Ripuariens et Saliques, et icelle distinguée, « nous l'avons appuyée de notre autorité royale et impé- « riale, non qu'elle eût été par nous inventée et mise en « avant, mais seulement renouvelée, amplifiée et rectifiée ; « car vous savez bien, et personne ne peut l'ignorer, que « tout ce qui a été une fois ordonné et décerné par les « empereurs et rois doit toujours demeurer ferme et tenir « lieu de foi ; et, à plus forte raison, ce qui ayant été ob- « tenu et pratiqué par tout ce qu'il y a eu de gens de bien « sensés, qui affectent un juste discernement dans leur ma- « nière de voir, aura été confirmé et validé par Notre Ma- « jesté Impériale. Vous donc, nos pères, nos frères et « amis, qui vous intéressez pour la gloire de notre règne, « vous savez que nous n'avons rien retranché ni abrogé

« de toutes les constitutions de notre père Pépin, lesquelles vous avez demandé que nous renouvelions ; « mais qu'au contraire, nous y avons ajouté ce que nous « avons trouvé de meilleur. Nous avons préféré à tout les « pieux conseils que l'on nous a donnés. Nous avons été « au milieu de vous les premiers à requérir l'équité des « lois, ne rejetant aucune demande juste et légitime. Nous « avons acquiescé à tout ce que vous avez résolu et requis, vous écoutant comme nos pères et nos frères ; nous « vous prions donc maintenant, non-seulement d'écouter « notre prière et intention, mais de travailler tous de bon « cœur à l'exécuter ; car nous ne demandons rien que « d'honnête et de raisonnable, et à quoi toute la Gaule et « tous les princes ne puissent donner les mains. »

Ainsi parlait l'empereur semi-barbare du huitième siècle, aux applaudissements de son peuple, qui s'écriait, grands et petits, que tout ce qu'il avait décerné était bon et acceptable devant Dieu. Ces grandes pensées apparaissent dans le caractère des institutions et dans les actes législatifs et administratifs de l'empire.

II. — Deux institutions caractérisent le régime municipal fondé par Charlemagne : celle des *scabini*, et celle des *missi dominici*.

Les *scabini* carlovingiens ne doivent pas être confondus avec les *rachimburgii*, *boni homines* de la période mérovingienne. Ceux-ci étaient les hommes libres, rassemblés autour du *comte* ou *gravion*, pour dire la loi dans le plaid. Ceux-là étaient des magistrats, dont la charge, confiée d'une manière permanente à un nombre limité de personnes, n'était pas circonscrite dans l'exercice des fonctions judiciaires et formait un titre personnel, qu'ils prenaient dans toutes les circonstances. Le nom de *scabini*, qu'on ne trouve dans aucun document antérieur à Charlemagne, exprime une idée nouvelle : c'est celle de magistrats municipaux, dont la nomination, la révocation et le remplacement (1), suivant les formes prescrites, appartenaient à l'envoyé du roi, au comte et au peuple réunis (2).

Les *scabini* étaient à la foi juges et administrateurs. Ils assistaient au *mallum*, et quand ils avaient condamné quelqu'un, ni le comte, ni le vicaire ne pouvaient lui faire grâce (3). Ils suivaient aussi le comte aux grands *placita* nationaux (4). Ils y représentaient le peuple, et ce n'était que lorsqu'ils avaient souscrit par leur seing aux capitulaires nouvellement proposés (5), que les lois censées faites *in universo cœtu populi*, acquéraient l'autorité souveraine, sous l'empire de la maxime : « Lex fit constitutione principis « et consensu populi ; » maxime qu'il ne faut pas traduire avec les idées de notre temps en une maxime démocratique; car le peuple du huitième siècle, c'était le clergé et les grands (6).

(1) Ut... scabinei boni et veraces et mansueti cum comite et populo eligantur et constituantur. *Capit.*, *an* 809, art. 22. (Baluze, I, p. 467.) — (2) Ut, sicut in capitulis avi et patris nostri continetur, missi nostri, ubi boni scabinei non sunt, bonos scabineos mittant, et ubicumque malos inveniunt, ejiciant, et totius populi consensu in locum eorum bonos eligant. (*Ibid.*, p. 472.) — (3) Postquam scabini eum judicaverunt, non est licentia comitis vel vicarii vitam ei concedere. — (4) Vult dominus imperator ut in tale placitum veniat quisque comes et adducat secum duodecim scabinos, si tanti fuerint, sin autem de melioribus. (*Cap. de* 817, art. 2.) — (5) Populus interrogatur de capitulis quia in lege noviter addita sunt et postquam omnes consenserint subscriptiones et manu firmationes suas in capitulis faciant. (*Cap.* 3 *de* 803.) — (6) Consensu, inquam, populi, non quidem hominum e trivio, ne quis huc insolenter abutatur vocabulo populi, sed fidelium regis, id est hominum principum, optimatum, procerum qui sunt capita populi. (Baluze, *Præfatio*, VII.)

Les attributions administratives et judiciaires des scabins sont définies par plusieurs capitulaires.

L'un d'entre eux dispose que lorsque les scabins auront condamné quelqu'un à mort, il ne sera point au pouvoir du comte ou de ses lieutenants de lui faire grâce de la vie.

Un autre de 805 déclare que celui qui n'obéira pas à la sentence des scabins sera mis en prison ; « Qui nec judi- « cio scabinorum adquiescere volunt, in custodia reclu- « dentur ; » plus loin, que le condamné recevra quinze coups : « Aut quindecim ictus a scabinis, qui causam prius « judicaverunt, accipiat. »

III. — Les droits des évêques dans leurs paroisses, des abbés dans leurs monastères, et des seigneurs dans leur comtés, étaient respectés comme ceux des *scabini* dans les cités ; mais, au dessus du pouvoir des évêques, des abbés et des comtes, s'élevait le pouvoir des *missi dominici :* « Le- « gatio omnium missorum hæc est, » dit le cinquième capitulaire de 819 (1), « primo, ut sicut jam aliis missis in- « junctum fuit, justiciam faciant de rebus et libertatibus « injuste ablatis; et si episcopus, aut abbas, aut vicarius, « aut advocatus, aut quilibet de plebe hoc fecisse inventus « fuerit, statim restituantur. »

Les *missi dominici* avaient tout à la fois les fonctions administratives et judiciaires. Ils devaient tout examiner; réformer les abus, provoquer leur répression, et non-seulement élire (2) les *scabini* et les centeniers, mais signaler à l'empereur leurs fautes et leurs négligences (3).

(1) BALUZE, I, 614. — (2) Ut missi nostri scabineos... per singula loca eligant, et eorum nomina quando fuerint nota si secum scripta deferant (*Cap. Car. Magni*, 802, § 3.) — (3) Ut quidquid ille missus in illo missatio aliter factum invenerit quam nostra sit jussio, non solum illud emendare debeat, sed etiam ad nos ipsam rem qualiter ab eo inventa est deferat (*Cap. de* 812, CAN-

Leur mission consistait à parcourir l'empire en tous sens, et à surveiller toutes les branches du gouvernement et de l'administration (1).

Nul ne pouvait juger s'il n'avait été constitué juge par le duc en assemblée populaire (2). Ce n'étaient plus, comme chez les Francs, des *rachimbourgs*, ou jurés, qui administraient la justice, c'étaient des magistrats royaux, tenus d'obéir aux lois écrites (3). Dans les plaids mérovingiens, le comte, de la race des Francs, ouvrait le plaid, au milieu de la multitude qui acclamait le coupable (4). Les choses changèrent sous l'empire des lois carlovingiennes ; ce ne fut plus le peuple qui jugea, ce furent des officiers nommés par le délégué de l'empereur, avec l'assentiment du peuple.

Toutefois, dans les provinces régies exclusivement par la loi romaine, les magistratures municipales, exercées sous l'autorité des évêques par les *boni homines*, paraissent avoir survécu à l'apparition des capitulaires. On lit dans un placité, tenu par un évêque de Carcassonne en 883, qu'un *comes*, un *vice-comes*, deux abbés, quatre *judices*, et vingt-et-une personnes sans titres, « vel aliorum multo-« rum, » participèrent au jugement.

CIANI, t. III, p. 195); — V. THIERRY, *Documents sur l'Histoire de France. Amiens avant le douzième siècle*, t. I, p. 55. — (1) Voyez le traité de F. ROYE, *De missis dominicis.* — (2) Nullus causas adire præsumat, nisi qui a duce per conventionem populi judex constitutus est, ut causas judicet. (*Loi des Allemands*, tit. XIV.) — (3) Ut judices secundum scriptam legem judicent. (*Apud scrip. rer. gall. et franc*, v. 660, A.) — (4) Comes quidam, ex genere Francorum, cognomine Dotto, congregata non minima multitudine Francorum in urbe Tornaco, ut erat illi injunctum, ad dirimendas resederat actiones. Tunc .. præsentatus est quidam reus quem omnis turba acclamabat dignum esse morte. (BOUQUET, t. III, p. 533.)

M. de Savigny (1) rapporte une foule d'autres placités, tenus à Narbonne, en 783, en 821, en 862, en 873, en 875, qui établissent le concours des *boni homines* aux plaids ; les *boni homines* jugeaient même quelquefois seuls, comme dans les temps antérieurs.

On trouve dans un placité du comte Bernhard de Toulouse, tenu en 870 : « Aut a bonorum virorum quam plurimorum ; » dans un placité tenu à Béziers, en 1013 : « Notitia Wirpitionis... qualiter vel quibus præsentibus « aliorum bonis hominibus,... et in præsentia aliorum « bonorum hominum, qui ibidem erant. » Deux autres placités, tenus à Béziers, au onzième siècle, contiennent les mêmes énonciations.

Tout indique donc, dans les pays régis par la loi romaine, la persistance des juridictions municipales, cet attribut essentiel de l'autonomie locale, sous l'empire de la dynastie Carlovingienne. Mais les causes des évêques, des abbés, des comtes, et en général des grands, étaient portées au tribunal suprême de l'empereur (2).

Le service militaire était organisé régulièrement, et quiconque avait quatre manses (3) devait être prêt, à la première sommation, à prendre les armes et à marcher contre l'ennemi (4). Défenses étaient faites à qui que ce fût, de se faire un *trust* ou escorte guerrière (5), de battre monnaie, de percevoir des péages illicites, de se réunir en *ghildes* ou associations, sinon pour des secours mutuels. Toutes les taxes devaient être perçues au profit du trésor royal. La discipline ecclésiastique, les écoles publiques,

(1) *Histoire du droit romain au moyen âge*, t. I, ch. IV. —(2) *Capitulaire d'Aix-la-Chapelle, de l'an* 812, art. 2. — (3) On évalue ordinairement la manse à douze arpents. — (4) *Capitulaire de* 812. — (5) De truste facienda nemo præsumat.

Charlemagne voulait tout ramener dans le giron impérial (1). Comtes, évêques, abbés, scabins, *missi dominici*, tous ressortissent du pouvoir suprême de l'empereur. « Si « vero vel comes vel actor dominicus vel alter missus pa- « latii nostri hoc perpetraverit et in nostram potestatem « redegerit, re diligenter investigata et descripta, ad nos- « trum judicium reservetur. »

Toutefois, le pouvoir impérial était limité par celui des placités généraux, composés des grands et des évêques, et où se décidaient toutes les affaires d'un intérêt national. « La coutume de ce temps était, dit Hincmar (2), qu'il y avait deux placités généraux par année. Dans l'un de ces placités, on réglait l'état de tout le royaume pour l'année, et ce règlement, une fois fait, ne pouvait subir aucun changement, si ce n'est en cas d'une nécessité extrême. On convoquait à ce placité la généralité de tous les grands, tant clercs que laïques : les seigneurs, pour donner des conseils, les hommes moins importants pour les recevoir et pour donner aussi leur avis, et ce n'était pas des ordres du pouvoir, mais de l'assentiment des intelligences, qu'émanaient les résolutions. »

Trois autorités concouraient d'ailleurs à l'administration

(1) *Apud script. res gall. et franc.*, v° 672, 673, 688, 647, 675. — (2) Consuetudo autem tunc temporis talis erat, ut non sæpius sed bis in anno placita duo tenerentur : unum, quando ordinabatur status totius regni ad anni revertentis spatium ; quod ordinatum nullus eventus rerum, nisi summa necessitas, quæ similiter toto regno incumbebat mutabat. Ex quo placito generalitas universorum majorum tam clericorum quam laicorum conveniebat, seniores propter consilium indicandum, minores propter idem consilium suscipiendum et interdum pariter tractandum, et non ex potestate sed ex proprio mentis intellectu vel sententia confirmandum. (Ex ADALHARD, *Carol. Magn. propinquo* ; — HINCMAR, *Epist.* III, ch. XXIX.)

des cités : l'empereur ou ses officiers, l'évêque et les scabins.

IV. — A l'exemple des empereurs romains, qui faisaient publier et exécuter leurs rescrits par les préfets du prétoire, les rois Carlovingiens confiaient cette double tâche aux évêques, aux comtes et aux *missi dominici.* « Volu« mus etiam,» dit Louis le Débonnaire, dans un capitulaire de 823, « aut capitula quæ nunc et alio tempore consulta « nostrorum fidelium a nobis constituta sunt, a cancella« rio nostro archiepiscopi et comites eorum de propriis « civitatibus modo aut per se, aut per suos missos acci« piant, et unusquisque per suam diœcesim cœteris epis« copis, abattibus, comitibus, et aliis fidelibus nostris ea « transcribi faciant, et in suis comitatibus coram omnibus « legant, ut cunctis nota ordinatio et voluntas nostra « fieri possit. Cancellarius tamen noster nomina episcorum « et comitum qui ea accipere curaverint notet, et ea ad « nostram notitiam perferat, ut nullus hoc prætermittere « præsumat. »

Le premier capitulaire de Charlemagne, de 769, confie à chaque évêque l'administration de sa paroisse (1). « Ut « unusquisque episcopus, » est-il dit dans un autre (2), « ha« beat suæ parrochiæ potestatem, et regat juxta reveren« tiam singulis competentem, et providentiam gerat omnis « possessio quæ sub ejus est potestate. »

Les évêques partagent le droit de justice avec les comtes.

Le capitulaire publié à Francfort en 794, investit les évêques du droit de justice dans leurs paroisses et y assujettit même les comtes, sauf le recours à l'empereur. « Sta« tutum est a domno rege et sancto synodo ut episcopi jus« titias faciant in suas parrochias. Si non obedierit aliqua

(1) Ch. VI et VII, BALUZE, t. CLXLI. — (2) BALUZE, t. I, p. 1,042.

« persona episcopo subde abbatibus, præsbyteris, diaco-
« nibus, subdiaconibus, monachis et cœteris clericis, vel
« etiam aliis, in ejus parrochia, veniant ad metropolitanum
« suum et ille disjudicet causam cum suffraganeis suis. Có-
« mites quoque nostri veniant ad judicium episcoporum.
« Et si aliquid est quod episcopus metropolitanus non pos-
« sit corrigere, vel pacificare, tunc tandem veniant accu-
« satores cum accusato cum litteris metropolitani, ut scia-
« mus veritatem rei. »

V. — L'évêque de la paroisse était ordinairement l'intermédiaire des transmissions de biens et usages faites aux communautés d'habitants.

Le premier exemple d'une donation de forêt en toute propriété se trouve dans un capitulaire de Charlemagne, de 804, en faveur de l'évêque et de l'église d'Osnabruck. On y lit : « Notum sit omnibus sanctæ Dei Ecclesiæ fidelibus,
« notrisque præsentibus scilicet et futuris qualiter nos, ab
« nostræ mercedis augmentum, Wihoni Osnabruckgensi
« episcopo, suæque ecclesiæ, quam nos primam omnium
« in Saxonia in honore santi Petri, principis apostolorum,
« et sanctorum martyrum Crispini et Crispiani construxi-
« mus quoddam nemus vel forestum infra hoc loco situm
« Farnewinkil, Rutaustein, Angeri, Osuing, Sinedi, Ber-
« gashoeid, Brevenseneri, Etanarfeld, Dumeri, Collauda-
« tione illus regionis potentum cum omni integritate, in
« porcis videlicet sylvaticis atque cervis, avibus et piscibus
« omnique venatione quæ sub banno usuali ad forestum
« deputatur, ad similitudinem foresti nostri aquisgranei
« pertinentis in sylva Osnengi, in perpetuum proprietatis
« usum donavimus, et videlicet ratione quod si quinquam
« hoc idem nemus notro banno munitum sine prædicta se-
« dis episcopi licencia, studio venandi vel sylvam extir-
« pandi, vel aliquod hujus modi negocium peragendi, un-

« quam intrare præsumpserit, sciat se tam divinæ quam et « regiæ ultionis vindictam incursurum, necnon pro delicto « sexaginta solidos nostri ponderis quos nobis ipso banno « violato deberi statuimus redditurum, etc...

Nous avons un autre exemple de ces libéralités aux églises, d'où découlèrent les concessions aux communautés d'habitants dans la donation de Charles le Simple à l'église métropolitaine de Tours, en vertu de laquelle l'église de Tours fut appropriée, dès avant l'année 929, de tout le territoire d'Huismes en Touraine, et transmit plus tard, soit au seigneur d'Ussé, soit aux habitants eux-mêmes, des pâturages, qui sont devenus d'abord des usages et puis des biens communaux, possédés en toute propriété par les communes d'Huismes, de Rygny-Ussé, etc.

Les archives du midi de la France qui ne contiennent ni diplômes, ni chartes de l'époque mérovingienne, abondent en diplômes de Charlemagne et de ses successeurs. Il existe notamment pour l'abbaye de Psalmody, à Saint-Gilles en Languedoc, un diplôme de Charlemagne, délivré en 791, pour la restauration du monastère, et de l'acte de cession du territoire et du village d'Aigues-Mortes, ainsi que de ses fortifications, faite par l'abbé de Psalmodi au roi saint Louis, en 1248 (1).

On trouve aussi, aux archives de la préfecture de la Haute-Garonne, un titre du dixième siècle, constatant une donation faite à l'église Saint-Sauveur et Sainte-Foi de Conques, par le comte Raimond, fils de Bertelde, du fonds dit le Palais,

(1) Notum facimus quod nos (abbas et conventus) unanimi ac deliberato consensu territorium in quo sita est villa de Aquis Mortuis, et fortalicia ejusdem loci (suivent les désignations), nostro Ludovico... regi... quittavimus et concessimus. (*Archives de l'abbaye de Psalmodi, V. A., à la préfecture du Gard.*)

avec toutes ses ordonnances, écrite par le moine Oddo, sous le règne du roi Robert.

En voici le texte :

« Locum sacrum sanctæ Dei ecclesiæ qui est consecratus « in honore domni nostri Jesus Christi et sancti Salvatoris « Concas monasterii ubi sancta fides tumulata consistit. « Quamobrem ego enim, in Dei nomine, Reimundus comes, « filius Berteldis, cedo vel dono Sancti-Salvatoris et Sancte-« Fide illo allode meo de Palaiz, post mortem meam totum « et ab integrum cum eam possessionem, cum vineas, cum « boschos, cum piscatorias, cum salinas, cum terras cultas « et incultas, et abet ipso alodus in se fines de uno latus « terra Matfredo episcopo, de cœtero latus terra Ber-« nardo filio Almerado. Quantum infra istas fines aspicit « vel aspicere videtur, totum et ab integrum dono Sancti-« Salvatoris et Sancte-Fide post mortem meam et relinquo « secum per Sancti-Salvatoris et Sancte-Fide in ipso Palaizo « uno manso investidura ubi Bernardus visus fuit manere « et in ipso Palaizo alio manso vendidi vobis ubi Bonifa-« cius visus fuit manere et accepi ego Reimundus de vos « per pretium hoc videlicet pro isto manso, isto alode su-« perius scripto dono Sancti-Salvatoris et Sancte-Fide to-« tum et ab integrum pro anima mea post mortem meam « (*illisible*) et istos duos mansos superius scriptos ubi Ber-« nardus et Bonifacius visi sunt manere relinquo semper in « communia Sancti-Salvatoris et Sancte-Fide. Si quis ego « immutata voluntate mea aut ullius de hæredibus, vel pro-« pinquis meis, qui contra hanc carta donacione et vendi-« cione ista ulla calumnia generare voluerit, hoc ei non « liceat facere, sed faciat quod lex est.

« Facta carta donacione et vendicione isto in mense fe-« bruarii, feria tercia, regnante Rotberto rege. S. Rei-« mundo comite qui carta donacione ista scribere vel adfir-

« mare rogavit. » — SS. DETRONO ; STEPHANO ; GERALDO ; BERNARDO.

Oddo monachus rogatus suscripsit.

VI. — C'est surtout sous la seconde race, et par l'effet de la transformation des alleux en bénéfices, que la propriété bénéficiaire se développa. Les habitants des campagnes, isolés et sans défense, constamment pillés et harcelés par des ennemis auxquels ils ne pouvaient résister, sacrifièrent leur liberté à la sécurité, en se *recommandant* à de puissants protecteurs, dont ils consentirent à devenir les vassaux. Celui qui devenait, par l'effet de la recommandation, vassal du roi, jouissait de certains priviléges, qui correspondaient au serment de fidélité qu'il prêtait (1).

Les anciennes formules donnent un modèle de la déclaration par laquelle un homme libre se plaçait sous la protection ou *mainbour* (mundeburgis) de quelque leude capable de le défendre. « Comme il est bien connu de tous que je n'ai pas les moyens de me vêtir et de me nourrir, j'ai demandé à votre pitié, et telle est ma volonté, que, selon que je pourrai vous servir et mériter de vous, vous ayez à m'aider et à m'entretenir d'habits et d'aliments. Et, de mon côté, je m'engage, tant que je vivrai, à vous rendre, comme un homme libre, service et obéissance, et à ne jamais me soustraire à votre pouvoir et mainbour, mais à rester tous les jours de ma vie sous votre protection (2). » Le mainboré devenait ainsi le vassal de son défenseur.

Ce vasselage avait-il pour effet de convertir l'alleu en bénéfice? Montesquieu (3) n'y voit pas de doute. « Il est aisé de penser, dit-il, que les Francs, qui n'étaient point vas-

(1) Voyez MONTESQUIEU, *Esprit des lois*, liv. XXXI, ch. VIII. — (2) BALUZE, *Capit.* II, 49 — (3) Voyez MONTESQUIEU, *Esprit des lois*, liv. XXXI, ch. VIII.

saux du roi, et encore plus les Romains, cherchèrent à le devenir, et qu'afin qu'ils ne fussent pas privés de leurs domaines, on imagina l'usage de donner son alleu au roi, de le recevoir de lui en fief et de lui désigner ses héritiers. Cet usage continua toujours, et il eut surtout lieu dans les désordres de la seconde race, où tout le monde avait besoin d'un protecteur, et voulait faire corps avec d'autres seigneurs, et entrer, pour ainsi dire, dans la monarchie féodale, parce qu'on n'avait plus la monarchie politique... » Ceci continua sous la troisième race, comme on le voit par plusieurs chartes (1), soit qu'on donnât son alleu et qu'on le reprît par le même acte, soit qu'on le déclarât alleu, et qu'on le reconnût en fief. On appelait ces fiefs, *fiefs de reprise.*

L'opinion de Montesquieu a été contestée par les communes intéressées à exagérer le franc-alleu, à l'occasion de leur débat engagé avec le domaine (2). On a soutenu que l'homme libre, en se recommandant, ne dénaturait pas son alleu, et que la recommandation créait une obligation purement personnelle. Mais il paraît difficile d'attribuer ce sens restrictif à l'édit de Charles le Chauve, de l'an 847, conforme à la charte sur la division de l'empire de Louis le Débonnaire, publiée en 837, et aux capitulaires de 806 et de 817 : « Unusquisque liber homo... seniorem qualem « voluerit in nobis et in nostris fidelibus accipiat. » En implorant le secours et l'assistance du seigneur, on lui faisait donation de ses biens, celui-ci les rendait au vassal, à titre de bénéfice, et devenait un véritable donateur (3).

(1) Voyez celles que Ducange cite au mot *Alodis*, et celles que rapporte Galland, *Traité du franc-alleu*, p. 14.—(2) Voyez la consultation de M. POLVEREL, *Sur le franc-alleu de la Navarre.* Paris, 1784. — (3) MARCULFE, liv. I, formule XII.

Charlemagne constata cette atteinte fondamentale à l'unité monarchique par un capitulaire, qui défend de prêter le serment de fidélité à d'autres qu'à l'empereur et à son propre seigneur (1) ; et il essaya d'y remédier, en prenant spécialement les hommes libres sous sa protection, et en les dispensant des obligations que leur imposaient les comtes et leurs vicaires (2). Mais les grands bénéficiers, non contents d'absorber à leur profit les petits alleux, se prirent aussi à convertir leurs bénéfices en alleux, pour les soustraire à la suzeraineté du prince.

On trouve dans les capitulaires(3)des plaintes de Charlemagne contre la destruction des bénéfices, par les comtes et autres hommes qui prétendaient se les approprier comme des alleux. « Auditum habemus (4) qualiter et co-« mites et alii homines, qui nostra beneficia habere viden-« tur, comparant sibi proprietates, servientes nostros de « eorum beneficio, et curtes nostræ remaneant desertæ, et « in aliquibus locis ipsi vicinantes multa mala patiantur... « Audivimus (5) quod aliqui reddant nostrum beneficium, « ad alios homines in proprietatem et in ipso placito dato « pretio comparant ipsas iterum sibi in alodum, quod « omnino cavendum est, quia qui hoc faciunt, non bene « custodiunt fidem, quam nobis promissam habent, et ne « forte in aliqua infidelitate inveniantur, quia qui hoc fa-

(1) De juramento, ut nulli alteri per sacramentum fidelitas promittatur nisi nobis et *unicuique proprio seniori*. (*Ap. script. rer. gall. et franc.*, V, 673, A.) — (2) Ut liberi homines nullum obsequium comitibus faciant nec vicariis, neque in prato, neque in messe, neque in aratura aut vinea et conjectum ullum eis resolvant, excepto servitio quod ad regem pertinet. (*Ibid.*, V, 666, E.) — (3) *Karol. Magn. Capit.*, V. Baluze, tit. i, an 806. — (4) *Cap.* vii. *De his qui beneficia habent regalia.* — (5) *Cap. id.*, *Cap.* viii.

« ciunt per eorum voluntatem, ad aures nostras talia opera « illorum non inveniunt. »

D'autres capitulaires indiquent les précautions à prendre pour la conservation des bénéfices et les peines encourues par ceux qui les désertaient. « Volumus itaque (1) ac « præcipimus ut missi nostri per singulos pagos prævidere « studeant, omnia beneficia quæ nostri et aliorum homi- « nes habere videntur quomodo restaurata sint post annon- « ciationem nostram sive destructa, etc... Quicumque (2) « suum beneficium occasione proprii desertum habuerit... « amittat. »

Mais malgré les plaintes de Charlemagne, les conditions originaires de la propriété bénéficiaire allèrent toujours s'altérant, et le temps approchait où ces bénéfices, primitivement viagers, sinon révocables, allaient devenir héréditaires.

« Les bénéfices, dit M. Guizot, ont donné naissance à « l'aristocratie féodale, mais il s'en faut bien que, du cin- « quième au neuvième siècle, cette aristocratie fût consti- « tuée, et que les bénéficiers formassent une classe d'hom- « mes investis des mêmes droits et placés dans une si- « tuation sinon égale, du moins analogue. On sait combien « cette possession fut longtemps incertaine, transitoire, « sans cesse enlevée aux grands bénéficiers par les rois, « aux petits par leurs voisins les plus forts. Les posses- « seurs passaient ainsi en un instant de la richesse à la « misère, des premiers rangs aux derniers rangs de la so- « ciété. Dans tous les rangs, d'ailleurs, sauf la servitude « absolue, se trouvaient des bénéficiers. »

Le capitulaire de Charles le Chauve, de 877, consomma cette révolution.

(1) *Capit. an* 807. BALUZE, tit. I. — (2) *Cap.* II. *De beneficiis destructis.*

Aussitôt que les comtés furent devenus héréditaires, les comtes, et les évêques associés à leur puissance, s'arrogèrent par l'union de quelques comtés aux évêchés, ou par l'attribution des droits de comtes sur les cités épiscopales, les droits réservés jusqu'alors au roi, tels que celui de battre monnaie, de percevoir seuls les droits de justice, etc. La réunion de plusieurs comtés dans la même main, par les successions ou les mariages, étendit sur des provinces entières les droits seigneuriaux de certains grands. Ainsi s'élevèrent les ducs de Normandie, de France, d'Aquitaine, de Gascogne, les comtes de Toulouse, de Barcelone, de Vermandois, le duc de Bourgogne, le comte de Flandres, dont les domaines sont désignés dans l'histoire sous le titre de grands fiefs, et qui furent seuls appelés grands vassaux.

A peine les grands fiefs furent-ils formés, que tous les comtés qui se trouvèrent dans leur enclave, la plupart des abbayes royales, et même quelques évêchés, sortirent de la dépendance directe du roi et passèrent sous la puissance immédiate des grands vassaux (1).

Un phénomène analogue se reproduisit dans les communes et y porta un coup mortel à l'indépendance municipale. Le caractère dominant du onzième siècle, dit M. Augustin Thierry, consista dans la dissolution du corps des juges, qu'on peut déjà nommer échevins, dans le remplacement de ces juges par les vassaux du comte, pairs de la cour seigneuriale, dans l'inféodation des offices soit judiciaires soit administratifs.

Les progrès du régime féodal furent d'ailleurs hâtés par l'acquisition du consentement des souverains, ou

(1) *Théorie des lois politiques*, par Mlle DE LÉZARDIÈRE, t. III, p. 76.

par l'usurpation que les grands seigneurs firent des biens domaniaux et de la propriété des bénéfices, ce qui les détruisit entièrement. Il résulta de là, suivant la remarque de Boulainvilliers et de Saint-Julien, que, dès que les possesseurs se furent attribué cette propriété, et que les fiefs furent établis, il ne fut plus question de bénéfices.

Avec ces changements coïncidèrent partout, mais à différents degrés, l'oubli des traditions de la vie civile, l'invasion des mœurs et des coutumes barbares, l'abandon de la discipline sociale qu'avaient transmise les mœurs romaines, et qui, bien qu'affaiblie sous la domination franque, s'était maintenue au sein des villes, par la durée de leurs gouvernements municipaux.

Ainsi s'ouvrit une ère nouvelle, signalée par le triomphe du bénéfice sur l'alleu, du fief sur le municipe; et le gouvernement féodal naquit, en quelque sorte tout armé, des nécessités sociales, et de l'impuissance du pouvoir central contre les aggressions du dehors et l'anarchie du dedans.

LIVRE II

CARACTÈRES GÉNÉRAUX DU DROIT MUNICIPAL DANS LA PÉRIODE FÉODALE.

CHAPITRE PREMIER

DU GOUVERNEMENT FÉODAL, DES DROITS DE JUSTICE ET DES DROITS DE FIEF.

I. — Jusqu'au moment où le principe de l'hérédité des bénéfices, déjà consacré par l'usage, fut arraché à Charles le Chauve, plutôt que concédé par lui, l'armée conquérante n'avait pas cessé d'être divisée en tribus, qui avaient conservé leur organisation militaire, et qui, tout en occupant en partie les terres des vaincus, se considéraient si peu comme fixées au sol et comme enchaînées aux lois municipales des cités, que les coutumes auxquelles elles obéissaient étaient purement personnelles. Le capitulaire de Charles le Chauve transforma les bénéfices en fiefs et immobilisa en quelque sorte la hiérarchie des personnes et des terres.

Ce serait une erreur de croire avec certains jurisconsultes (1), que le bénéfice ne pouvait être concédé que par

(1) FURGOLE, *Traité du franc-alleu*, et autres.

le roi. Les chartes et diplômes abondent en concessions de terres faites par les ducs et les comtes, à la charge de leur venir en aide en cas de guerre et de leur en rendre hommage à perpétuité. Ces bénéfices se transmettaient des grands aux valvasseurs, des valvasseurs aux valvassins, et un même fond devenait le premier anneau d'une longue chaîne d'autant plus pesante, qu'elle s'éloignait davantage du premier anneau. Le bénéfice a été l'origine immédiate du fief, il est devenu lui-même fief dès qu'il a été héréditaire.

Les anciens jurisconsultes français et italiens faisaient dériver le fief de la loi romaine. Bude (1), Luc de Penna, Zazius, Corbin et autres croyaient voir le germe des reconnaissances féodales dans l'hommage des clients romains envers leurs patrons (2).

Ducange, v° *feudum*, et Cujas, *in præmio feudorum*, ne s'éloignaient pas de cet avis, et ce dernier le fondait sur ce que Gerardus, jurisconsulte du temps des Lombards, considérait le droit des fiefs comme dès-lors très-ancien (*Jus feudorum erat antiquissimum*).

Un grand nombre de publicistes partageaient cette opinion (3). Quelques-uns d'entre eux rapportaient l'origine

(1) *Decisiones S. Rotæ romanæ coram reverendissimo* MERLINO, t. II. *Decis.* MMMMMDLIV. In dubio bona censentur allodia, juxta primarum rerum naturæ statum, cui ignota fuit quælibet servitus qualis est feudalitas... idque etiam procedit in castris et oppidis. — (2) In l. Herennius ff. de evict. abilla clientum antiqua observantia in patronos, et fide patronorum in clientes eos quos vasallos vocant. — (3) NICOLAS VIGUIER, *Traité de l'ancien état de la petite Bretagne*; — CLÉMENT VAILLANT, de Beauvais, FAUCHET, *Traité des origines, des dignités et magistrats de France*, ch. VI ; — DE BUAT, *des Origines*, t. I, liv. IV, ch. I; — CHANTERLAU-LEFÈVRE, *Traité des fiefs, etc...*

des fiefs au droit des gens, et aux attributions faites par les empereurs romains aux vétérans des légions de terres exemptes d'impôts (1), à la charge de les conserver et de les transmettre à leurs successeurs, avec les services militaires dont elles étaient grevées (2). D'autres remontaient encore plus haut et en cherchaient l'origine, les uns dans les distributions de terres faites par les rois de Perse ou de Macédoine à leurs capitaines ou soldats, les autres dans les avoués ou soudoyers des Gaulois, dont César fait mention (3) ; ceux-ci chez les Lombards (4) ; ceux-là chez les Saxons ou les Germains (5).

Toutes ces hypothèses, celle notamment qui assigne au fief une origine romaine, s'évanouissent devant une raison décisive ; c'est que l'essence du fief est dans le partage du domaine en domaine direct et domaine utile, et que cette distinction était inconnue dans le droit romain, comme le démontre Furgole dans son *Traité du franc-alleu*, par des arguments auxquels il nous suffit de nous référer.

Dumoulin, titre Ier, *de materia Feudali*, n° 13, et Hotman, *de Feudis*, chap. I et II, ont prouvé d'ailleurs : 1° que le principe des fiefs, ce droit que Boutillier (6) qualifie de *droit haineux, contraire à la fois à la liberté naturelle, au droit romain* (7) *et au droit canon* (8),

(1) *L.* 3, *C. J. De fundis limitrophis et terris et paludibus et pascuis et limitaneis vel castellorum*, XI, 59. — (2) C. TH. VII, 15, *De terris limitaneis* et GODFROY *ad l.* 1. — (3) MÉZERAY, *Abrégé chronol.*, t. I, p. 84. — (4) BOULAINVILLIERS, *Dissertation sur la noblesse de France*, p. 102 ; — DE FRESNE, *Cout. du baillage d'Amiens. Préf. sur les fiefs*, p. 3. — (5) DU HAILLAN, *Hist. de France*, p. 229. — (6) *Somme rurale*, tit. I. — (7) *L.* 2, *l.* 21, *ff. de probat. et præsumpt.*, *Instit. de legat.* § *quod diximus*, *l.* 2, *l.* 20, *l.* 23. *Cod. de probat.*, *l.* 4, *ff.*, *de edendo*, *l.* 9, *de oblig.*, *l.* 9, *ff.*, *de except.* — (8) *Canon* 6, *quæst.* 5 *c. Quod autem accusator*, *cap. cum Ecclesia de causa posses, et propriet.*

est une importation des coutumes germaniques (1).

Un passage de Tacite justifie cette opinion : « C'est la « justice, c'est la puissance chez les Germains, dit-il, d'ê- « tre toujours entouré d'une troupe d'élite : c'est un or- « nement pendant la paix, un rempart à la guerre... Les « chefs combattent pour la victoire, les compagnons pour « leurs chefs... Ils attendent de la libéralité de leur chef ce « cheval de bataille, cette framée sanglante et victorieuse. « Des repas, des banquets abondants tiennent lieu de « solde (2). » Dans ces compagnons et dans ces présents décrits par Tacite, Montesquieu voyait déjà des fiefs et des vassaux. Il eût dû se borner à les prévoir, dit M. Guizot (3).

Aujourd'hui tout le monde est d'accord, dit M. Henrion de Pausey, dans son introduction au *Traité des fiefs* de Dumoulin, que le système féodal nous vient des anciens peuples du Nord, de ces nations qui, échappées de leurs forêts vers le commencement de l'ère chrétienne, se répandirent sur toutes les parties de l'Europe, brisèrent le joug sous lequel Rome les tenait asservies, et s'établirent sur les ruines de ce vaste empire.

On ne trouve pas, chez ces anciens peuples, le gouvernement féodal tel que nous l'avons vu depuis, mais on en aperçoit le germe dans leur caractère, dans leurs manières, dans leurs usages. C'est ce germe, développé par les circonstances qui le préparèrent, par les événements qui le suivirent, qui a donné naissance à ce système bizarre, étonnant, le plus singulier que présente l'histoire des nations ; système tellement lié aux institutions et au fond du carac-

(1) *Commentarii in consuetudines parisienses*, tit. I, *Des fiefs*. — Voir aussi *Præscript.*, p. 3, ch. IX. — (2) *De moribus Germanorum*, ch. XIV. — (3) *Essais historiques*, p. 91.

tère de ces peuples, qu'ils l'ont établi d'une manière presque uniforme, quoique séparés, pour la plupart, par des mers, par des déserts, par les formes de leur gouvernement, par des inimitiés particulières.

II.—Toutes les législations de l'Europe, depuis le dixième siècle, portent la trace, fortement empreinte, du régime féodal, mais les formes de ce régime y ont été très-diverses. On suppose communément que les fiefs ont pris naissance en Lombardie. Les vassaux immédiats des empereurs allemands ont dû, en effet, s'y détacher plus facilement que partout ailleurs de l'empire, qui ne cessait de porter le nom de romain, mais qui ne pouvait exercer, à cause de son éloignement, qu'une autorité presque nominale, surtout après les succès des Guelfes contre les Gibelins.

Ainsi, l'origine tout à fait primordiale des ordres féodaux, c'est la conquête, c'est l'appropriation et le partage des terres des peuples vaincus entre les tribus conquérantes (1). Les chefs militaires s'emparent du territoire et le distribuent en diverses parts réservées, les unes aux indigènes, les autres au roi ou aux ducs, les autres aux soldats (*arimanni, exercitales*). Puis, quand il n'y a plus de terres à donner, on détache des fermes les plus grandes des portions de territoires pour en former de nouvelles; et ces bénéfices, d'abord révocables, puis héréditaires, se transforment en fiefs, dont la possession devient le gage des obligations du vassal envers son seigneur.

Le mot *feudum* n'existe ni dans les lois des Visigoths, des Bourguignons et autres, recueillies dans le *Codex legum antiquarum*, ni dans les capitalaires. Chantereau-Lefèvre, qui a traité cette matière avec le plus d'exactitude (2)

(1) Lupi, *Cod. diplom. Bergam.*, t. I, p. 133, n° 10. — (2) *De l'origine des fiefs*, liv. II, ch. I.

explique les mots *senior*, *vassalli*, *vassaticum*, *fideles*, *leudes*, *honor*, qu'il considère comme synonymes avec *beneficium*, et fait observer avec raison qu'aucun de ces mots n'implique la même signification que *feudum*.

L'institution des fiefs héréditaires ne peut donc être attribuée ni à Clovis, ni même à Charlemagne ; et c'est avec raison que les auteurs (1) la font dater d'une époque postérieure à la concession des bénéfices héréditaires par Charles le Chauve ; mais, en Italie, l'affaiblissement de la puissance des empereurs tourna au profit des cités plutôt que des seigneurs, et l'un des principes les moins contestés du droit public italien a toujours été qu'en l'absence de preuves positives de l'investiture, le *castrum* devait être présumé allodial, plutôt que féodal (2).

Les hauts barons allemands ne tardèrent pas à suivre l'exemple des vassaux italiens, et leur pouvoir s'accrut tellement que, dès le douzième siècle, les empereurs étaient électifs et ont continué à l'être jusqu'à la dissolution de l'empire. En France, en Espagne et en Angleterre, l'unité du pouvoir monarchique résista plus longtemps aux attaques de l'aristocratie féodale, qui n'est même jamais parvenue à démembrer ces trois royaumes ; mais le régime féodal s'y établit cependant, et, chose remarquable ! tandis qu'en Allemagne, grâce aux tempéraments que l'esprit municipal apportait au régime de la féodalité, les hauts barons conservèrent intacts leurs anciens alleux, auxquels ils aimaient à emprunter leurs noms de famille (3), la France coutumière, avec son impertubable logique, exagéra

(1) St-Julien, *Mélanges historiques des fiefs*, ch. v. p. 675, 696, 697 ; — Boulainvilliers, *Dissertation sur la noblesse*, p. 102, 103 ; — Furgole, *Traité du franc-alleu*, n° 24. — (2) Voyez le cardinal de Luca, et les autorités qu'il cite, t. I, *De feudis discursus*, vi, n° 5. — (3) Eichorn, *Des villes allemandes*, § 234.

les principes du droit féodal jusqu'à adopter la maxime : *Nulle terre sans seigneur;* et les publicistes anglais, épuisant toutes les conséquences de la fausse théorie de la féodalité universelle du roi, introduisirent dans leur droit public ce principe, qui y règne encore, que le roi seul a la propriété directe de tous les immeubles du royaume, et que les particuliers ne peuvent les posséder qu'à titre de fief. sous les charges ou redevances imposées par la loi ou les coutumes (1).

III. — Malgré ces différences dans sa situation originaire, le régime féodal était soumis à des principes à peu près pareils dans toute l'Europe. Partout l'obligation des vassaux était : fidélité et assistance à leurs seigneurs, *in curte et in campo*, en cour et en guerre. Ils assistaient le seigneur dans les plaids où il rendait la justice, et le suivaient dans ses expéditions militaires, partageant sa gloire et ses périls, obligés, s'il était fait prisonnier, de payer sa rançon ou de rester en otage à sa place, si le vainqueur l'exigeait, prêts, en un mot, à accomplir tous les sacrifices, non-seulement pour lui, mais pour sa famille.

L'étymologie du mot *feudum*, dérive, dit Pocquet de la Livonière (2), selon quelques-uns du mot latin *fœdus*, à cause de l'alliance, de la liaison et de l'obligation respective qui est entre le seigneur et le vassal. Selon d'autres, fief vient de *fide* et de *fidelitate*, parce que le serment de fidélité, ou la foi et hommage que le vassal doit à son seigneur, sont de la substance et de l'essence du fief. Cette étymologie est plus vraisemblable que celle qui prétend

(1) COKE, *Inst.*, liv. I, ch. I; — BLACKSTONE, *Comment. on the laws of England*, l. II, ch. III, p. 47; ch. IV, p. 59 et 60 : *In the law of England we have not properly Allodium.* — (2) *Traité des fiefs*, liv. I, ch. II.

que le mot *fief* s'est formé de l'ancien terme, *francique* *féod*, qui signifiait une espèce de solde, ou possession d'un héritage pour récompense militaire, parce que le fief a été institué à l'exemple du *féod*.

Chantereau, dans son traité des fiefs, rapporte jusqu'à onze définitions du fief, tirées de divers auteurs ; mais sans nous arrêter à les examiner en détail, nous nous en tiendrons à la définition de Dumoulin. « Le fief, dit-il, est la « concession bénévole, libre et perpétuelle d'une chose « immobilière, ou équipollente à un immeuble, avec la « translation du domaine utile, la directe étant retenue, « sous la promesse de fidélité et de service à rendre. »

Malgré la variété infinie des clauses du pacte féodal, et par conséquent des droits et des devoirs respectifs des seigneurs et des vassaux, néanmoins, la substance du fief subsistait inaltérable, tant que durait le pacte en vertu duquel le feudataire reconnaissait dans le souverain l'auteur immédiat de sa possession, et s'avouait débiteur envers lui de services et de rétributions, constituant le prix de la concession.

Le pacte entre le cédant et le cessionnaire se composait de deux éléments : d'un côté, le domaine de la chose concédée restait inaliénable, en tant que la substance concédée par le prince ou par le seigneur qui le représentait, à la charge de foi et hommage, de service militaire et judiciaire, et sous réserve de la suzeraineté au profit du seigneur dominant, restait aux mains du souverain, qui en transmettait conditionnellement le domaine utile au seigneur. D'un autre côté, la concession était irrévocable, tant que le concessionnaire en remplissait les conditions.

IV. — Les obligations personnelles et réciproques entre le seigneur et le vassal, dérivées du pacte féodal, peuvent se résumer aux suivantes : Le seigneur doit protection et amitié à son vassal ; le vassal doit à son seigneur le respect et l'obéissance, et des devoirs utiles en certains cas (1).

La foi et hommage est due à toutes les mutations de seigneur et de vassal (2).

Le vassal ayant foi et hommage fournit son aveu et dénombrement (3).

Faute d'hommage, il y a lieu à la commise ou à la saisie féodale (4).

Les fiefs simples peuvent se diviser suivant les diverses conditions fixées par les coutumes (5). La constitution d'un arrière fief ne peut être contestée par le seigneur donnant, quand l'aliénation n'excède pas le tiers et quand le vassal retient sur la partie aliénée la foi et hommage ou devoir seigneurial (6).

La substance du fief est dans la foi promise, c'est sa forme essentielle. Le reste dépend du pacte et de la teneur de l'investiture (7).

La jouissance perpétuelle et héréditaire d'un terrain dont le domaine direct appartient au concédant, et un service ou une rétribution due comme compensation perpé-

(1) CHANTEREAU, *De l'origine des fiefs*, liv. I, ch. XIV ; — SALVAING, *De l'usage des fiefs*, ch. XVIII ; — DELHOMME, liv. II, max. 10. —(2) Paris, art. 3, 65, etc. ; — Anjou, art. 125 ; — Maine, art. 135. — (3) Paris, art. 88 ; — Anjou, art. 6 et 139 ; — Maine, art. 7 et 152. — (4) *Etablissements de saint Louis*, ch. 48, 50 et 147 ; — *Assises de Jérusalem*, ch. 202 et suiv. — (5) *Etablissements de saint Louis*, ch. XIV ; — LOUET et BRODEAU, lettre F, ch. X. — (6) Anjou, art. 201 ; — Maine, art. 216 ; — Touraine, art. 119. — (7) Benevola, libera et perpetua concessio rei immobilis, vel æquipollentis, cum translatione utilis dominii, proprietate retenta sub fidelitate et exhibitione servitiorum : feudi substantia in sola fidelitate quæ est ejus forma essentialis, subsistit, cœtera vero dependunt a pactis et tenore investituræ.

tuelle de la concession, tels sont, dit Ricci (1), les deux caractères essentiels du fief.

Le lien de la hiérarchie féodale, le principe de la foi, de l'hommage (2), la source des droits respectifs des seigneurs et des vassaux, c'est le pacte entre le seigneur et le vassal.

Tout le système féodal repose sur la convention; la loi, dans le sens pur et théorique du mot, n'y est pas connue, ou plutôt se confond avec la convention, elle parle ou se tait, elle vit ou meurt avec elle.

V. — M. Monteil définit quelque part, dans son inimitable langage, l'idéal de la féodalité, qu'il compare à la grande vitre ronde qui couronne la principale porte de Saint-Martin de Tours. « N'avez-vous pas remarqué (3) qu'elle était composée d'autres roses moins grandes, composées elles-mêmes d'autres roses moins grandes encore. qui en contenaient un grand nombre de petites, remplies de verres de diverses couleurs? C'est l'image de la grande monarchie féodale, sous-divisée en monarchies moins grandes, en fiefs de la couronne, sous-divisés en d'autres monarchies moins grandes encore, en arrières-fiefs, qui renferment ce nombre infini de petites monarchies, c'est-à-dire de simples fiefs, de simples seigneuries, où se trouve le peuple dans diverses conditions, dans divers états. Concevez maintenant l'admirable ordonnance de ce système : le peuple, les seigneurs du peuple, les seigneurs des seigneurs du peuple,

(1) *Del municipio, etc.*, n° 38. — (2) Si aucune si cuident que je puisse lessier le fief que je tieng dē mon Seigneur et la foi et l'ommago tout à la fois qu'il me plaît... Mais se il advenait que Messires m'eut semons pour son grand besoing... et je en tel point vouloir lessier mon fief, je ne garderais pas bien ma foi et ma loyauté envers mon Seigneur. (BEAUMANOIR, *Coutume de Beauvoisis*, ch. LXI, n° 29.) — (3) *Histoire des divers États.*

les barons, les seigneurs des barons, les comtes, le seigneur des comtes, le seigneur de tous les seigneurs, le chef-seigneur, le seigneur souverain, le roi. Voyez comme à cet ordre tiennent ces nombreux liens qui unissent les hommes entre eux, qui multiplient leurs mutuels rapports de bienveillance et d'amitié, qui établissent entre tous les membres de l'État, depuis le premier jusqu'au dernier, depuis le roi jusqu'au plus pauvre serf, un continuel commerce de services reçus et rendus : car si les serfs et les tenanciers sont obligés de donner une partie de leur blé, de leur vin, de leurs bestiaux et de leur travail à leur seigneur, à son tour leur seigneur est obligé de défendre les champs, les vignes, le troupeau et la personne des serfs et des tenanciers, et de les secourir dans leurs pertes, leurs accidents et leurs malheurs. En même temps, si le seigneur est obligé, d'un autre côté, à servir de ses armes et de ses conseils le baron, à son tour le baron est obligé de protéger le seigneur contre la malveillance, les usurpations et les attaques des autres seigneurs ; mêmes obligations des barons envers les comtes, du comte envers le baron, du comte envers le roi, du roi envers le comte. Et, chose admirable ! l'effet nécessaire de cette grande combinaison politique, c'est le bonheur de chacun en particulier et de tous en général. En effet, le roi étant propriétaire des fiefs des comtes, a intérêt que les comtés soient riches et prospèrent, les comtés ont le même intérêt à l'égard des baronies, le baron à l'égard des seigneurs, les seigneurs à l'égard des serfs, des tenanciers, c'est-à-dire du peuple. Plus ce peuple sera bien nourri, bien vêtu, plus il sera riche, ou ce qui revient au même, plus il sera heureux, plus le seigneur sera lui-même riche et heureux, ainsi en remontant.

« Qui ne voit que, dans cette merveilleuse hiérarchie, tous les chefs ont les mains liées pour faire le mal, pour détériorer leur fief, et qu'ils ont les mains entièrement libres pour faire le bien, pour améliorer leur fief, qui, de différentes manières, appartient à différents maîtres? »

Cet idéal n'est pas tout à fait dépourvu de réalité. L'essence du pacte féodal, c'est la prestation de foi et hommage sous la garantie du serment. C'est Dieu pris à témoin d'une promesse de fidélité. C'est un double lien social, cimenté à la fois par la religion et l'honneur. L'idée de la féodalité se confond, dans la mémoire des hommes, avec celle de la chevalerie, institution dont l'origine est germanique, et dont les épreuves, les grades, les tournois, la discipline, se sont développés dans les douzième et treizième siècles; école d'honneur, dont les principes se sont reproduits dans toutes les institutions de ce moyen âge, où, depuis l'humble artisan qui aspirait à la maîtrise jusqu'au souverain qui recevait des mains de son sujet l'épée de chevalier, chacun était classé par son mérite personnel dans la hiérarchie sociale, où chaque individu devait compte de ses actions et de ses principes au corps dont il dépendait, où chaque corps était solidaire de tous ses membres, où la société politique était comme une pyramide, dont les institutions locales formaient la base, et dont le trône était le sommet.

VI. — La hiérarchie féodale a été non-seulement un instrument puissant de défense extérieure, mais encore, comme le remarque M. Troplong (1), un moyen « de substituer à « l'antagonisme de l'élément germanique et de l'élément « romain, qui, depuis 486 jusqu'en 888, avait déchiré les « nations, une organisation qui, s'appuyant sur l'une et sur « l'autre, emprunta à tous les deux, quoiqu'à des degrés « inégaux, la force nécessaire pour rajeunir les institutions « politiques et civiles, et les mettre en rapport avec l'es-

(1) *Revue de législation*, vol. de 1846, p. 8.

« prit des peuples. » M. Michelet, lui-même (1), avoue que la féodalité fut populaire à sa naissance. L'universalité de son établissement est, selon la judicieuse remarque de M. Guizot (2), la preuve qu'elle était nécessaire, qu'elle était le seul état social possible au dixième siècle.

Les droits de justice et les droits de fief, tels étaient les deux éléments essentiels du principe féodal ; les premiers correspondaient à la puissance publique exercée par le seigneur, les seconds dérivaient de son droit de propriété privée.

DE LA JURIDICTION FÉODALE ET DES DROITS DE JUSTICE.

VII. — Une ordonnance du 29 mars 1553 définit les caractères de la juridiction féodale. Elle distingue la juridiction ordinaire et la juridiction extraordinaire (3), et les jurisconsultes expliquent cette distinction :

« Ordinaria jurisdictio, » dit Dumoulin (4), « illa est quæ « per legem, vel principem datur universaliter pro modo « territorii. »

« Extraordinaria jurisdictio, » dit Heineccius (5), « est quæ « non, nisi certis magistratibus, speciali lege defertur. »

Nous tenons en France, dit Loyseau (6), qu'outre les officiers des cours souveraines extraordinaires, il n'y a d'ailleurs que ceux de la justice qui soient vrais magistrats, ayant seuls puissance ordinaire, juridiction entière, et vrai

(1) T. I, p. 408. — (2) *Cours d'histoire moderne*, p. 6. — (3) Voulons et ordonnons que toute juridiction soit laissée aux juges ordinaires, sans que nos sujets soient désormais trais et ajournés par devant les maîtres des requêtes, les connétables, les maréchaux et les maîtres des eaux et forêts, excepté tant seulement... — (4) *Ad. lib.* III, *Cod.*, tit. XIII. — (5) *Ad. Pand.*, liv. II, tit. I, n° 251. — (6) *Des offices*, liv. I, ch. VI, n° 48.

détroit et territoire, qui est à nous la marque de la juridiction et magistrature; et quant aux officiers des justices extraordinaires, ils ont plutôt une simple notion ou puissance de juger qu'une vraie juridiction. Les élus sont juges des aides et des tailles, et les grenetiers juges du sel; les maîtres des eaux et forêts, des rivières et bois, les prévôts de maréchaux, des vagabonds; les juges-consuls, du fait des marchandises; mais les juges ordinaires sont juges des lieux et du territoire; « ubi tanquam magistratus, jus « terrendi habent, » et une justice régulièrement et universellement sur toutes les personnes et les choses qui sont dans icelui, de laquelle justice les autres justices extraordinaires et extravagantes sont démembrées, « et extra or- « dinem, utilitatis causa, constitutæ. »

Ainsi le signe caractéristique de la juridiction ordinaire, c'est le droit de territoire, droit qui, des magistrats romains auxquels il appartenait (1), passa, sous la domination franque, aux seigneurs qui l'avaient acquis en totalité ou en partie, soit en vertu d'une concession spéciale du prince, soit en vertu de la prescription *longi temporis*, ou trentenaire, s'il s'agissait de l'*imperium mixtum*, et de la prescription *longissimi temporis*, ou immémoriale, s'il s'agissait de l'*imperium merum*.

Chopin (3), et après lui Bacquet (4), accusé non sans raison de s'être approprié ses idées, tout en protestant qu'il ne comprenait pas son latin dur et concis, se sont appliqués à distinguer les caractères de la juridiction exercée par les seigneurs (*ducs, comtes, vicomtes, barons, châte-*

(1) Territorium dicitur ab eo quod magistratus intra fines ejus terrendi jus habet, L. 239, § 8, ff., de V. S. — (2) L. vivos, cod. de divers. off., L. 3, § ductus aquæ de aqua quot. et æst.—(3) *De Andeg. jurisd.*, lib. I, tit. I, n. 1.—(4) *Des droits de justice.*

lains), ainsi que les administrateurs des *cités* et des *castra*.

« Ces caractères, » dit un docteur allemand (1), « varient « selon les coutumes et les statuts de chaque province. Les « Italiens distinguent la juridiction en haute et basse ; les « Germains la distinguent en supérieure et inférieure, « moyenne et basse. Comme elle n'est définie par aucune « loi du droit commun, on a laissé aux coutumes et aux « constitutions locales le soin de fixer les limites dans les« quelles ses diverses parties sont circonscrites. »

Constatons seulement trois caractères généraux du droit de juridiction qui résultent de l'ensemble de la législation féodale :

1° La juridiction ordinaire ou universelle comprend les régales majeures, telles que la création des ducs, comtes, marquis, barons, et des duchés, comtés, marquisats et baronnies, la légitimation des bâtards, la concession des dispenses d'âge, la constitution et la confirmation des corporations, des académies, etc.

Les régales mineures, telles que les voies publiques, les fleuves navigables, les ports, les douanes, les monnaies, les biens vacants, les péages, la nomination des magistrats, la chasse, la pêche, etc.

2° La simple concession d'un territoire, d'un castrum, d'une villa, d'une cité ne suffit pas pour transférer la juridiction. « Licet enim multa cum universitate transeant, « tamen id locum tantum habet in eis quæ universa com« prehenditur civitate et neque illi cohæret, sed potius « magistratibus et jus territorii dicentibus. L. eum qui 13, « § 1 ff. de juridict. — L. præfectus urbi ff. de off. præ« fect. urb., l. 215 de V. S. »

3° La concession d'un *castrum* ou d'un *pagus* avec toute

(1) Arumoeus, *Discursus* VI, *de jurisd.*

la juridiction (*cum omnimodo jurisdictione*) impliquait celle du « merum imperium; nam genere jurisdictionis con- « cesso intelliguntur omnes ejus species concessæ, cum « genus complectatur omnes species. L. I, § generaliter « ff. de legat. præst. »

VIII. — A la juridiction étaient attachés les droits de justice.

« Justitia, » dit Ducange, « jurisdictio cognitio judicis, » et un peu plus loin : « Justitia præstatio, census, justitia, « mulcta judiciaria. » Le droit de *juridiction* et les *redevances* justicières sont donc également exprimées par ce mot *justitia*, que les jurisconsultes des premiers siècles définissaient : *Jus suum cuique tribuere.*

Mais sous le régime provincial de l'empire romain, les mots *justitia* et *judex* ont déjà perdu de leur pureté primitive. Les fonctionnaires désignés sous le nom de *judices* ne sont plus des magistrats indépendants, mais des agents du fisc : *exactores*, *procuratores Cæsaris.* Les *justitiæ* sont des redevances provinciales.

Les plaintes de Salvien nous ont laissé d'éclatants témoignages de la tyrannie exercée par les *præsides*, les *judices pedanei*, les *procuratores*, les *rationales*, les *exactores* (1) ; et en admettant avec quelques écrivains que la *judiciaria potestas* n'embrassât que le pouvoir administratif et le pouvoir judiciaire, et que la levée des impôts fût considérée comme une branche particulière de l'administration, ayant ses employés et ses agents à part, il est certain que les exactions se commettaient sous le patronage et avec la complicité du pouvoir judiciaire.

(1) Voyez l'*Histoire des Gaules sous l'administration romaine*, par AMÉDÉE THIERRY ; — l'*Histoire du droit français*, par LAFERRIÈRE ; — l'*Histoire du droit francais au moyen âge*, par GIRAUD.

IX. — L'origine des droits de justice a été le sujet d'une controverse qui dure encore. Cujas et Loyseau pensaient que c'était au droit romain que les séigneurs les avaient empruntés par des usurpations successives.

L'origine romaine des justices seigneuriales est combattue par Montesquieu, qui soutient que c'est dans l'application légitime des usages et des coutumes des Germains qu'il faut chercher cette origine. Je prie de voir dans Loyseau, dit l'illustre publiciste (1), quelle est la manière dont il suppose que les seigneurs procédèrent pour former et usurper leurs diverses justices. Il faudrait qu'ils eussent été les gens du monde les plus raffinés et qu'ils eussent volé, non pas comme les guerriers pillent, mais comme des juges de village et de province se volent entre eux. Montesquieu cherche surtout la justification de son opinion dans le caractère germanique et purement local du *frèdum* (2), c'est-à-dire dans la composition pécuniaire qui était le seul attribut du droit de justice.

Malgré cette grave autorité, on pense communément aujourd'hui (3) que le fait fondamental de l'histoire des droits de justice, c'est qu'ils ne sont autre chose que les éléments de l'impôt romain, persistant sous la domination des rois de race germanique, et tombé dans le domaine privé par suite du démembrement et de la dispersion du domaine public.

Tout, en effet, semble concourir à indiquer un lien, non-seulement d'analogie, mais encore de généalogie, entre les

(1) *Esprit des lois*, liv. XXX, ch. xx. — (2) Fredum multa compositio qua exsoluta reus pacem consequitur, nam frid germanis idem valet quam pax (DUCANGE). — (3) CHAMPIONNIÈRE, *Eaux courantes*, n. 71 et 107 ; — DALLOZ, v° *Propriété féodale*, ch. I, n. 10-15.

justices romaines et les justices franques. Les officiers plus spécialement chargés du recouvrement de l'impôt étaient à Rome les *judices*, dont les émoluments consistaient dans les délégations de l'impôt, appelées *delegationes* ou *annonæ*. (L. 1, t. 24; liv. VI, *Cod. Just.*; — l. 75, tit. 1, liv. XII, *C. Th.*) C'est au nom du peuple romain ou de l'héritier représentant de tous ses droits, que s'opéraient ces perceptions fiscales, soit en fournitures de denrées, soit en travaux personnels, soit en services, soit en redevances pécuniaires. Après l'invasion germanique, les mêmes impôts furent perçus, non plus, il est vrai, au profit d'un maître unique, l'empereur, mais au profit des diverses bandes armées, qui n'avaient entre elles d'autre lien commun que l'intérêt du moment, ou l'influence toute matérielle du plus puissant. Tandis que les résultats de la conquête romaine convergeaient vers un même objet et tendaient à se réunir dans la même main, ceux de la conquête barbare devaient, par la nature même de leur cause, se diviser et s'éparpiller, comme les éléments qui les produisaient. Mais quelque diverse que fût la distinction des impôts, ils continuèrent évidemment, après l'invasion germanique, à peser comme auparavant sur les possesseurs du sol, et à être perçus, en vertu des délégations des seigneurs, par les *honorati*, dont les bénéfices, d'abord amovibles et viagers, devinrent héréditaires après l'édit de Charles le Chauve.

« C'est ainsi, disent avec raison les auteurs de l'article : *Propriété féodale*, inséré dans le Recueil de M. Dalloz, c'est ainsi qu'on peut reconnaître l'origine des justices patrimoniales et leur histoire : l'officier chargé du recouvrement de l'impôt, et plus tard donataire et possesseur de l'impôt lui-même, s'appelle *judex justitiarius*, *judex cen-*

sualis, dans les lois romaines, dans les capitulaires et dans les actes rédigés en latin, jusqu'au treizième siècle ; il se nomme *justicier*, *seigneur censier*, lorsque le français devient la langue des lois, des chartes, des coutumes. L'impôt, devenu patrimonial, s'appelle, dans son ensemble, *justitia*, son recouvrement *justitiure; consuetudo*, dans les textes latins du code de Théodose aux règlements de saint Louis ; *coutume*, dans les lois de ce même prince, rédigées en français, jusqu'aux actes du dix-huitième siècle. Dans ses détails, il conserve aussi les mêmes noms, les mêmes objets, les mêmes règles, les mêmes conditions. Quant aux hommes soumis à la justice, aux hommes *coutumiers*, leur identité n'est pas moins manifeste : le *rusticus* ou *villanus* devient le roturier, le vilain ; l'*hospes*, l'hôte ; les *manantes*, les manants.

« Dans ce rapprochement, ce qu'on rencontre, ce n'est pas l'emploi du même mot pour désigner des choses différentes, emploi dû au hasard ou à une simple analogie : c'est le même objet, sans qu'il soit possible d'indiquer dans l'histoire l'époque où il aurait cessé d'être ce qu'il était sous la domination romaine. »

X. — Les justices seigneuriales étaient très-diversement constituées. On les distinguait ici par la qualité des justiciables, là par la mesure des peines et le taux des amendes qu'elles pouvaient infliger ; ailleurs par les lieux où elles siégeaient et par leur caractère sédentaire ou ambulatoire. Elles se divisaient en hautes, moyennes et basses justices. Bacquet et les autres feudistes expliquent la différence de ces trois ordres de juridictions. Leur caractère commun, sous le régime féodal, c'était d'être à la fois *patrimoniales* et *indivisibles*.

Delaurière sur Loysel, liv. II, tit. II, regl. 42, constate et explique ainsi la patrimonialité des justices seigneuria-

les : « La justice est patrimoniale, c'est-à-dire que les sei-
« gneurs ont le domaine et la propriété de leurs justices ;
« d'où il résulte qu'elles sont héréditaires comme les au-
« tres biens. »

Du caractère patrimonial et héréditaire des justices seigneuriales, dérivaient les droits *utiles*, prélevés par le seigneur haut justicier sur les personnes et sur les choses. Sur les personnes : les corvées, le service militaire, les tailles, les droits de gîte, de past, de logement, les amendes, les condamnations personnelles, les droits de passage, de hallage, d'habitation, etc. ; — sur les choses : les droits de mutation, d'épaves, de vacance, de déshérence, de bâtardise, d'aubaine, de confiscation, les banalités, les censives et redevances de certaines espèces, les droits de chasse, de pêche, les droits honorifiques et divers priviléges. Le nom générique de ces droits était aussi celui de *coutumes* ; les hommes qui y étaient assujettis s'appelaient coutumiers.

DES DROITS DE FIEF OU DE DIRECTE.

XI. — A côté des droits de justice attachés à l'exercice de la puissance publique, le régime féodal admettait des droits de fief, c'est-à-dire des droits de *foncialité* ou de *directe*, termes entièrement synonymes, suivant Boissieu (*De l'usage des fiefs*, ch. LVI, p. 297), et suivant un arrêt du parlement de Toulouse, du 12 septembre 1730 (1).

Pontanus, très-ancien commentateur de la coutume de Blois, explique en ces termes la distinction du domaine direct et du domaine utile. « In primis, » dit-il sur l'art. 33, « constat dominium nihil aliud esse quam id jus, quo res

(1) *Recueil de* M. DE JUIN, t. V, p. 11.

« mea dicitur, ut ait Baldus... Id autem duplex est, di-« rectum et utile : Directum id est, quod *verum*, *pro-« prium ac principale dominium est*. Quo fit ut cum domi-« nium simpliciter nominamus, de directo intelligendum « sit teste Bartholo post Accursium... Cui etiam directo « dominio proprietatis tantum appellatio convenit et nun-« quam utili. Aliud autem est utile dominium quod a di-« recto dependit, illud quo veluti recognoscit. »

« D'abord il est certain que le domaine n'est rien autre « chose que le droit en vertu duquel je puis dire : Ceci est à « moi, ainsi que l'enseigne Balde. Le domaine est double : « direct et utile. Le direct, c'est-à-dire le vrai, le propre et « le principal domaine. C'est pourquoi, lorsque nous di-« sons simplement le domaine, on doit entendre le domaine « direct; c'est ainsi que l'atteste Barthole d'après Accurse. « Aussi le nom de propriété convient seulement au do-« maine direct et jamais au domaine utile... Car c'est au-« tre chose que le domaine utile qui dépend du domaine « direct et en quelque sorte le reconnaît. »

XII. — On distinguait en droit féodal la directe particulière et la directe universelle. Celle-ci ne pouvait être prétendue par le seigneur qui n'avait que des titres particuliers. Une inféodation générale, prouvée par le titre constitutif, soit par deux reconnaissances conformes soutenues de la possession, aux frais et avances du seigneur, pouvait seule établir que le territoire qu'il voulait se faire reconnaître était sous sa directe (1).

La directe réservée au seigneur, dans la constitution du fief, impliquait en sa faveur la plénitude de la propriété et selon qu'elle était particulière ou générale, elle attaquait

(1) *Arrêt du parlement de Toulouse*, du 11 septembre 1738; — de Juin, t. VI, p. 149.

seulement les particuliers qui l'avaient reconnue ou s'étendait à tous les habitants du territoire (1).

Selon la généralité des auteurs, l'inféodation n'était point une vente, elle ne transférait pas la propriété au vassal. Le domaine direct que se réservait le seigneur était le vrai, propre et principal domaine. « En matière d'inféo- « dation, la propriété, » dit Cazeneuve (2) « demeure au « pouvoir de celui auquel appartient la seigneurie directe. » Cujas définit le fief aux mains du féodataire, *jus in prædio alieno* (3), et Dumoulin, *servitus quædam aut quasi servitus.* Ce qui prouve, dit Championnière (4) que, dans la constitution essentielle du fief, le feudataire n'était pas propriétaire de son fief, c'est qu'il le devenait par la forfaiture du seigneur dominant (5). Deux sortes de droits de fief étaient attachés à la directe : 1° Les distinctions honorifiques dans l'église (6) et le patronage de la paroisse qui n'appartenaient point au seigneur moyen et bas justicier ; 2° Les droits utiles, c'est-à-dire les redevances, soit en argent, soit en nature, acquittées par l'homme du fief, en reconnaissance du domaine direct du seigneur.

La redevance en argent était qualifiée du nom générique de *cens.*

La redevance en nature prenait, selon les localités, les noms de *terrage*, *agrier*, *champart*, *dîme*, *blairie*, *moisson*, *avenage*, *civerage*, etc.

Les mots : *terrage*, *agrier*, *champart*, avaient une éty-

(1) *Arrêt du parlement de Toulouse*, du 27 mai 1737 ; — DE JUIN, t. VI, p. 112. — (2) *Du franc-alleu*, p. 84. — (3) *Traité des eaux courantes de la patrimonialité dans les fiefs*, p. 148. — (4) *Quest. féodal.*, p. 127, n. 18. — (5) MARÉCHAL, *Des droits honorifiques* ; — DE ROYE, *De juribus honorificis, etc.* — (6) *Arrêt du parlement de Toulouse*, du 19 juillet 1739 ; DE JUIN, t. VI, p. 173.

mologie commune : *quasi pars terræ, agri, campi.* Ils exprimaient le droit attribué au seigneur de prélever une certaine quantité de récoltes, avant que celui à qui appartenaient les fruits de la terre enlevât ce qui restait pour lui (1). Cette portion était en général le dixième, la dîme.

« La blairie, dit Renauldon (2), est un droit seigneurial consistant en grains, argent ou gelines que, dans quelques coutumes, le seigneur prend sur les habitants de la seigneurie, pour la permission qu'il leur accorde de faire paccager leurs bestiaux dans les places communes, dans les chemins, les terres vaines ou vagues de la seigneurie, même sur les terres labourables après la récolte. »

Le droit de blairie ayant pour cause les concessions présumées faites par le seigneur à ses justiciables, de terres vaines et vagues, chemins, places communes, etc., était inconnu dans les pays de droit écrit, où tous les héritages étaient réputés libres, s'il n'y avait preuve du contraire.

Ce droit, quand il consistait en redevances en avoine, s'appelait *avenage.* Il était usité sous ce nom dans les coutumes d'Anjou, du Maine, de Blois, etc., et sous les noms de *civerage*, *moisson*, etc., dans d'autres provinces.

XIII. — Tous ces droits, qui dérivaient de la directe seigneuriale, étant fondés sur la présomption que les seigneurs étaient primitivement propriétaires du territoire et en avaient détaché certaines portions en faveur de leurs vassaux, il s'ensuivait que, dans les bois d'origine domaniale, il devait en être perçu de semblables au profit du roi. Tels étaient les droits connus sous les noms de *tiers et danger*, *graire*, *grairie*, *segrairie*, etc.

(1) RENAULDON, *Dictionnaire des fiefs*, *his verbis*; — DELAPOIX DE FREMINVILLE, *Traité des communes*, p. 146. 148, 388, 389. — (2) *Dict. des fiefs*, v° *Blairie.*

Les droits de *tiers* et *danger* consistaient en un prélèvement uniforme qui était du prix du tiers du bois vendu pour le premier, et du dixième pour le second. Les droits de *graire*, *grairie*, *segrairie* variaient à l'infini, selon les titres qui en réglaient la quotité.

Les droits des communautés d'habitants correspondant à ces redevances consistaient en vaines et grasses pâtures, droits de parcours et d'entrecours, droits d'usage et de propriété sur les terres vaines et vagues, landes, marais, bois, etc.

Ceci nous conduit à examiner les deux maximes qui partageaient les pays de franc-alleu, et les pays régis par les coutumes féodales : la maxime *nulle terre sans seigneur*, et la maxime *nul seigneur sans titre*.

XIV. — Nous avons vu que Loyseau faisait *exclusivement* remonter à la conquête et aux distributions faites par Clovis et ses successeurs à leurs compagnons d'armes l'origine du droit de propriété en France, et qu'un grand nombre de jurisconsultes avaient adopté cette opinion.

De là la maxime féodale : *Nulle terre sans seigneur*, qui, quoique érigée en loi de l'État, seulement par l'article 383 de l'ordonnance de 1629 (1), et quoique attribuée par Boulainvilliers (2) et l'abbé Dubos (3) au chancelier Duprat, paraît avoir une origine historique beaucoup plus ancienne.

« Le franc-alleu, dit Duplessis, en sa préface sur le second livre de son *Traité des héritages tenus en franc-alleu*, ne peut devoir sa naissance, ou qu'à la liberté naturelle, ou qu'à la prescription, ou qu'à la concession d'affranchisse-

(1) Cet article disposait que tous les héritages ne relevant d'aucuns seigneurs seraient censés relever du roi. — (2) *Histoire du gouvernement de la France*, I, 145. — (3) *Histoire critique de l'établissement de la monarchie*, *Disc. prél.*, p. 52.

ment faite par le seigneur. Or, les deux premières voies sont sur cela impuissantes, ce qui est constant, puisque la maxime, *nulle terre sans seigneur*, rejette sur ce toute liberté naturelle, et que la prescription, quant à ce, ne peut avoir lieu contre le seigneur. »

Bourjon proclame (1) comme maximes du droit commun de la France : 1° qu'il n'y a aucune terre sans seigneur; qu'aucun héritage n'est allodial, c'est-à-dire franc et ne relevant d'aucun seigneur, s'il n'y a titre qui prouve qu'il est tel; — 2° que la preuve du franc-alleu peut résulter, non-seulement du titre constitutif de la concession primitive, mais de plusieurs titres déclaratifs, et même de la possession immémoriale; — 3° que la directe est perpétuelle, et, quoi qu'en dise Dumoulin, imprescriptible, même par cent ans d'interruption de paiement.

Mais, quoi qu'en dise Bourjon, Dumoulin soutient avec raison que l'idée de la directe n'est pas essentiellement liée à celle du droit de propriété, et qu'elle est indépendante de l'idée de la juridiction : « Ex quibus liquet falsum esse « illud dictum vulgarium, non posse quem in hoc signo « tenere terram sine domino scilicet directo, quem sit ne- « cesse in dominium directum sibi regnoscere, sed intelli- « gendo sine domino, id est, quia subsit dominationi et « jurisdictioni regis vel subalterni domini sub eo est ve- « rissimum. »

Bouhier (2) se demande si, en l'absence du titre de concession, la qualité d'alleu noble doit se présumer. Il faut distinguer (3), dit-il, entre les provinces où le franc-alleu

(1) *Droit commun de la France*, l. I, tit. II, ch. IV ; t. I, p. 149.— (2) *Observations sur la coutume du duché de Bourgogne*, ch. XLIX, t. II, p. 250.— (3) BRODEAU, *sur Louet*, lettre C, ch. XXI, n. 19 et suiv. ; — LALANDE, *sur Orléans*, art. 255, n. 16 ; — *Arrêts de* M. DE LAMOIGNON, *Ch. du franc-alleu*, art. 1 et 2.

est naturel, et celles où il ne l'est que par concession et par privilége. A l'égard de ces dernières, il faut que le possesseur prouve son privilége, non qu'on l'oblige à rapporter précisément le titre de sa concession, ce qui souvent serait impossible; mais il doit, du moins, y suppléer par quelque acte déclaratoire de son droit, qui soit passé avec la partie intéressée à le contredire ou avec ses auteurs. Mais pour les pays tels que ceux qui sont dans le ressort de notre parlement, où tous les héritages sont présumés de franc-alleu, si on ne prouve le contraire, il suffit au propriétaire de la seigneurie qu'on prétend un alleu noble d'être en possession de son allodialité, car elle forme en sa faveur une présomption légale, qui rejette la preuve contraire sur celui qui lui dispute cette qualité. C'est l'avis de M. de Chasseneux (1) en deux endroits; et, quoique sur le premier, Dumoulin, en son apostille, ait paru d'un avis contraire, son raisonnement fait juger qu'il n'en parlait que par rapport au pays où l'on a pour maxime : *nulle terre sans seigneur.* Mais autre chose est dans les coutumes du franc-alleu, où l'allodialité est une qualité naturelle à l'héritage, comme disent tous nos auteurs (2).

La différence caractéristique entre la maxime : *nul seigneur sans titre*, qui régnait dans les coutumes allodiales et dans les pays de droit écrit, et la maxime : *nulle terre sans seigneur*, est clairement expliquée par les auteurs du *Répertoire de jurisprudence*, v° *Enclave* : « Dans « les coutumes où règne la maxime : *nulle terre sans sei-* « *gneur*, la circonscription du territoire suffit pour donner « le droit d'enclave. Le seigneur d'un territoire circons-

(1) CHASS., *In Cons. Burg. rubr.*, III, § 8, gl. 1, n. 50.—(2) BRODEAU, let. C, ch. XXI, n. 19; — DANTY, *De la preuve par témoins*, ch. XVII, n. 16; — FERRIÈRE, *sur Paris*, art. 68, n. 17 et 18.

« crit par des bornes certaines peut exercer tous les droits « qui dérivent de la directe, dans toute l'étendue de ce « même territoire, et cela indistinctement, sur tous les hé- « ritages qu'il renferme. » Tel est l'effet du droit d'enclave; cependant il n'exclut pas les seigneuries particulières possibles; il est possible qu'il en existe dans ces mêmes bornes; mais celui qui les prétend doit les établir par des titres bien positifs, par des titres qui s'adaptent individuellement à chaque partie qu'il veut asservir, qu'il veut soustraire à la loi générale du territoire; voilà la règle, on la trouve dans tous les jurisconsultes, elle est inscrite dans le *Traité des fiefs* de Dumoulin, avec autant de lumière que d'énergie. En voici les termes, ils sont précieux : « Ha- « bens territorium limitatum, in certo jure sibi compe- « tente, et est fundatus ex jure communi, in eodem jure, « in qualibet parte sui territorii... Habet intentionem fun- « datam quod quilibet possessor fundi in eodem territorio « teneatur agnoscere eum, in feudum vel in censum (§ 68, « gl. I, n° 6). »

Chopin tient absolument le même langage : « Quoties « penes aliquem certum dominium stat, certis regiunculo « finibus septum, tunc intra ejus limites positi fundi ei ser- « vire prœsumuntur (*Sur la coutume d'Anjou*, art. 40). »

Cette règle est législativement consacrée par la coutume d'Angoumois, art. 55, par l'usance de Xaintes, art. 18, etc.

Ainsi, dans les coutumes censuelles, la circonscription de la seigneurie en détermine l'enclave. Le seigneur a la grande main sur tout ce qui est renfermé dans les bornes de sa terre : l'assiette d'un héritage, dans ces mêmes bornes, est un titre suffisant pour l'assujettir au cens.

Il n'en est pas à beaucoup près de même dans les pays allodiaux. « Le seul territoire limité n'y sert de rien pour « l'établissement de la directe. » L'assujettissement de la majeure partie des héritages n'est pas même un titre suffisant. Il faut, pour établir une directe universelle, des baux à cens, des actes recognitifs qui s'appliquent individuellement à chaque héritage, ou des titres généraux, qui embrassent l'universalité du territoire. Ainsi, dans les coutumes allodiales, le droit d'enclave ne résulte pas, comme dans les coutumes censuelles, de la circonscription de la terre, mais uniquement des titres de la seigneurie.

Voilà le principe : l'intérêt ne l'a que trop souvent combattu; mais il demeurera, parce qu'il n'est pas possible d'y porter atteinte, sans jeter la plus grande confusion dans cette matière; effectivement, ce serait effacer la ligne qui sépare les coutumes censuelles des pays allodiaux.

Dumoulin semble avoir pris un soin particulier de rendre cette ligne sensible à tous les yeux; il s'en occupe en plusieurs endroits de ses ouvrages. C'est le véritable sens de ce fameux passage de son commentaire sur l'art. 48 de l'ancienne coutume de Paris : « Habens territorium limita- « tum in certo jure tibi competente, etc... » Il y revient encore sur l'art. 2 de la même coutume, § 2, gl., 6, n° 6, où, parlant des droits extraordinaires, tel qu'est le cens lui-même, dans les coutumes allodiales, il s'exprime en ces termes : « Etiamsi maxime cœteri omnes circumvicini « fundi jus illud pendant, nihil concludit ad onerandum « certum intermedium prædium, nisi alias de titulo vel « longissima perceptione particulari doceatur. »

Ainsi, dans les coutumes allodiales, la circonstance qu'un héritage est environné de terres censuelles ne suffit pas pour l'assujettir au cens : il en résultera, si l'on veut, une présomption; mais que peut une présomption contre l'autorité du droit public? L'héritage conservera donc sa liberté naturelle.

Cambolas, dans son *Traité du franc-alleu*, s'exprime

sur ce point avec une précision qui ne laisse rien à désirer. Voici ses termes : « Il faut qu'il apparaisse par titre que « toute la terre a été baillée en fief ou en emphytéose par « des confrontations générales. »

On retrouve la même décision et presque les mêmes termes dans les écrits de deux jurisconsultes également distingués par le rang qu'ils occupaient dans la magistrature, et par les excellents ouvrages qu'ils ont donnés au public. Nous parlons de M. de Salvaing et de M. le président Bouhier.

« Ceux qui prétendent la directe universelle dans leurs terres, doivent être fondés en titres, ne suffisant pas qu'il y ait des reconnaissances de la plus grande partie d'un territoire uniforme, continu, limité et en droit d'enclave. (Salvaing, *Usages des fiefs*, ch. 55).

« Supposons qu'un fonds soit entouré, de tous les côtés, d'autres héritages censables au seigneur, aurait-il raison d'en conclure que ce fonds est aussi chargé de cens envers lui ? Il y serait, sans doute, mal fondé... Dans les pays de franc-alleu, la charge imposée sur les héritages voisins ne fait aucune preuve contre ceux qui les touchent. (Bouhier, *Sur la coutume de Bourgogne*, ch. 65.) »

Il n'est pas possible d'invoquer des autorités plus respectables. Il serait inutile d'en citer un plus grand nombre, pour établir une vérité qui ressort d'ailleurs de la nature des choses.

Ce qui distinguait au surplus les pays régis par la maxime : *nulle terre sans seigneur*, et les pays régis par la maxime : *nul seigneur sans titre*, ce n'était pas que dans les premiers les terres fussent toutes asservies et que dans les seconds elles fussent toutes libres. Ce n'était pas non plus que le pacte féodal fût observé dans les unes et rejeté dans les autres ; ce n'était pas même que l'on comprît d'une manière différente, en l'absence de titres formels, et dans le concours des conditions requises pour prouver la directe universelle et la limitation du fief, la présomption des droits de propriété et d'usage des seigneurs et des communes. Ce qui constituait la différence essentielle entre le régime féodal et le régime de franc-alleu, c'était que, dans les coutumes censuelles, la circonscription du territoire suffisait pour attribuer au seigneur la directe sur les héritages qui y étaient renfermés ; tandis que, dans les coutumes allodiales, le seigneur devait établir par titres que la terre avait été baillée en fief ou en emphytéose (1).

CHAPITRE II

DE L'EXTENSION ABUSIVE DES DROITS DE JUSTICE ET DES DROITS DE FIEF.

I. — L'autorité publique et le droit de propriété rétablis sous la double forme de droits de justice et de droits de fief, et redevenus, par les concessions en franc-alleu ou à cens, un moyen d'affranchissement des personnes et des terres, de repeuplement des campagnes et de multiplica-

(1) Castrum præsumitur potius allodiale quam feudale... qua regula seu præsumptione generali sic stante resultabat de consequenti onus esse cameræ prætendentis devolutionem ratione feudalitatis ipsam probare... DE LUCA, v. I, *De feudis discursus*, VI, 5.

tion des villages, tels furent les avantages du régime féodal.

Dans tous ces pays dévastés, au nord par les invasions des Normands, au midi par celles des Arabes, partout par les guerres civiles des grands, du clergé et de la couronne, s'établit, dans un lieu isolé et élevé, le château fort, habité par le seigneur avec sa femme et ses enfants ; et, au pied de ce manoir, l'église, autour de laquelle se groupèrent, sous la double autorité du baron et du prêtre, curé de la paroisse et chapelain du château, les familles des cultivateurs, amenés successivement du servage à la main morte, et de la main morte à la liberté.

La société féodale se développa sous l'égide d'une autorité puissante et d'un système d'associations qui avait pour objet d'unir, par la double hiérarchie des personnes et des terres, soit entre eux, soit avec le roi, les seigneurs aidés de leurs paysans dans la défense des terres conquises contre les nouveaux aventuriers qui voudraient les disputer, et dans la fusion des divers éléments de la nation en un tout, compact et homogène, marchant à l'unité politique par l'affranchissement et l'association des communes.

II. — Ce système d'associations hiérarchisées était un principe d'ordre et de subordination. La formule de l'hommage imposait au vassal le fidèle service pour la guerre et pour le plaid : « Fidele servitium faciam, » disait-il, « videlicet guerram et placitum ad submonitionem vestram. » Mais la liberté du citoyen, ce puissant mobile de progrès des sociétés antiques, défaillait dans l'ordre féodal.

L'esprit d'hérédité, de perpétuité, était en quelque sorte l'essence du système féodal. « Comme toutes choses, dit Loyseau (1), tendent et s'établissent enfin à propriété et

(1) *Des offices féodaux.*

succession, on en était venu à considérer que c'était une cruauté d'ôter le fief aux enfants d'un pauvre soldat bien mutilé, puisque c'était un droit commun que les enfants mâles succéderaient tous ensemble au fief du père. » La propriété héréditaire était le principe de la famille, de la cité, de l'État.

Mais que devenaient, en présence des privilèges de la masculinité et du droit d'aînesse, les droits naturels de la famille, c'est-à-dire la réserve légitimaire des enfants, et la liberté de tester des pères ?

Que devenaient dans la cité, en présence des droits de fief et de justice du seigneur, droits mal définis, arbitrairement interprétés par ses officiers et mis à exécution souvent avec une rigueur inouie par ses sergents, la liberté des personnes, du travail, de la propriété ?

Au point de vue des rapports entre le vassal et son suzerain, la forme féodale était, selon la judicieuse remarque de Robertson (1), aussi défectueuse dans son régime intérieur qu'elle était puissante pour protéger la société contre l'étranger. — Tout y semblait fait pour maintenir, entre les diverses parties du corps politique, la hiérarchie et la subordination, et tout en réalité aspirait à l'indépendance. — Les parties monarchiques et aristocratiques de la constitution, n'étant contrebalancées par aucune force intermédiaire, se combattaient sans cesse, et leur lutte tournait à l'oppression du corps du peuple.

Aussi le gouvernement féodal dégénéra-t-il rapidement en un système tyrannique. Les nobles, dont les usurpations étaient devenues excessives et intolérables, réduisirent le corps entier du peuple à un état de véritable servitude ; et la condition de ce qu'on appelait les hommes libres ne fut

(1) *Introduction à l'Histoire de Charles-Quint*, p. 17.

guère meilleure que celle du peuple. L'oppression ne fut pas seulement le partage de ceux qui habitaient la campagne et cultivaient les terres de leurs seigneurs; les villes et les villages relevaient de quelques grands barons, dont ils étaient obligés d'acheter la protection, et qui exerçaient sur eux une juridiction arbitraire. Les habitants étaient privés des droits naturels et inaliénables de l'espèce humaine. Ils ne pouvaient disposer des fruits de leur industrie, ni par un testament, ni par aucun acte passé pendant leur vie. Ils n'avaient pas même le droit de donner des tuteurs à leurs enfants dans l'âge de minorité ; ils étaient obligés d'acheter la permission de se marier de leurs seigneurs, qui s'arrogeaient quelquefois un droit encore plus étendu. Si le vassal avait commencé un procès en justice, il ne lui était pas permis de le terminer à l'amiable, parce que cet accommodement aurait privé le seigneur, au tribunal duquel l'affaire se plaidait, des droits qui lui revenaient lorsqu'il rendait la sentence. On exigeait des habitants, sans indulgence et sans pitié, des services de toute espèce, souvent aussi humiliants qu'onéreux. L'esprit de l'industrie était gêné dans quelques villes par des règlements absurdes, et dans d'autres par d'injustes exactions ; les maximes étroites et tyranniques d'une aristocratie militaire ne pouvaient manquer d'arrêter les progrès de toute industrie.

M. Guizot a donc pu dire (1), sans être accusé d'injustice, quoique ses paroles, allant peut-être au delà de sa pensée, semblent incriminer le régime féodal, *même à sa naissance :* « On peut remonter le cours de notre histoire et s'arrêter où l'on voudra ; on trouvera partout le régime féodal considéré par la masse de la population comme un ennemi qu'il faut combattre et exterminer à tout prix. De

(1) *Essai sur l'Histoire de France*, p. 341.

tout temps, quiconque lui a porté un coup a été populaire en France. On a vu les gouvernements les plus divers, les systèmes les plus funestes, le despotisme, la théocratie, le régime des castes, acceptés, soutenus même de leurs sujets, par l'empire des traditions, des habitudes, des croyances. Depuis sa naissance jusqu'à sa mort, aux jours de son éclat comme de sa décadence, le régime féodal n'a jamais été accepté par les peuples. Je défie qu'on me montre une époque où il paraisse enraciné dans leurs préjugés et protégé par leurs sentiments. » L'extension abusive des droits de justice et des droits de fief explique cette impopularité.

III. — Le caractère patrimonial des justices seigneuriales et la dépendance dans laquelle se trouvaient par rapport au seigneur les baillifs (1), sénéchaux (2), prévôts (3), et autres officiers, révocables à sa volonté, durent nécessairement rendre féconde en abus une institution si défectueuse.

Aussi, quoique les droits de justice eussent, en général, une origine digne de faveur, et qu'un grand nombre d'entre eux constituassent des droits légitimes de propriété, la plupart dégénérèrent en impôts ou en monopoles, dont l'abrogation devint une nécessité sociale.

Les banalités, par exemple, dont les besoins des populations avaient justifié dans l'origine la légitimité et même la nécessité, devinrent, dans la pratique, des servitudes très dures, lorsque les seigneurs, profitant des guerres et divisions du royaume, se rendirent insensiblement propriétaires des fiefs qu'ils ne possédaient d'abord qu'à titre viager.

(1) Bailli dérive du mot celtique bail. Les baillifs étaient les officiers à qui les seigneurs donnaient la régie de leurs biens. (LOYSEAU, *Traité des offices.*)— (2) Sénéchal dérive du mot latin *senex*, et du mot germanique *schalch*, chef, maître, puissant. (DU-CANGE.) — (3) Prévôt dérive du mot latin *præpositus*.

Non-seulement, en effet, ces seigneurs s'attribuèrent, autant qu'ils le purent, les droits de ces mêmes fiefs, mais ils assujettirent encore leurs vassaux à des services exorbitants; et de ces usurpations naquirent une foule de droits, qui n'avaient d'autre cause que l'avidité des seigneurs, et dont l'usage formait le seul titre, comme on peut le voir dans le *Traité des droits de justice* de Baquet, dans l'*Usage des fiefs* de Salvaing, ch. XXXIV, et surtout dans le *Traité des fiefs* de Guyot (1), où ce savant jurisconsulte discute cette matière avec autant d'érudition que de justice et d'impartialité.

Ainsi la surveillance des eaux, si nécessaire aux intérêts agricoles et économiques, amena successivement l'envahissement par les seigneurs de la propriété des eaux courantes; et puis la banalité des moulins, que les habitants considéraient d'abord avec faveur, parce que la construction et l'entretien d'un moulin excédaient les facultés de chacun d'eux, mais qui devint plus tard une source d'exactions.

Ainsi l'établissement des fours communaux, dont certaines chartes nous montrent les habitants sollicitant la conservation, eut d'abord un but utile, celui de prémunir les chaumières, couvertes en paille, habitées par les vassaux, contre les dangers des incendies causés par la cuisson des pains, et amena comme conséquence le monopole des fours, que ne compensait pas même l'obligation du seigneur de chauffer toujours son four.

Ainsi le ban des vendanges, institué dans un double but de bonne récolte et de surveillance, donna naissance au droit de *banvin*, en vertu duquel le seigneur pouvait vendre son vin avant le temps fixé par les coutumes, à l'exclusion de tous les habitants de la paroisse.

Ainsi le droit de péage, perçu sur les marchandises, den-

(1) *Des banalités*, t. I, p. 250.

rées et bestiaux à certains passages, qui correspondait dans son principe à l'obligation des seigneurs d'entretenir les chemins et de les rendre sûrs, dégénéra plus tard en un impôt si odieux, que les rois furent obligés de le restreindre par leurs édits (1).

La même réflexion s'applique aux droits de police et de voirie, de foires et marchés, de poids et mesures, etc.

La corvée, instituée pour faciliter l'établissement et la réparation des chemins, devint un moyen de confiscation des bras, cet unique gagne-pain du pauvre.

Tous ces abus étaient inhérents à la nature des droits de police, dont l'exercice était presque entièrement livré à la discrétion des seigneurs. « Il n'y a point d'élément, dit « Salvaing (2), que les hauts justiciers n'aient tâché de « s'approprier, pour assujettir de toutes parts les habitants « de leurs terres, contre la loi de nature qui en a rendu « l'usage commun... » Ils s'attribuèrent les eaux, en s'attribuant les petites rivières et la banalité des moulins. L'air était à eux, puisqu'ils prenaient en quelques lieux un droit pour la naissance d'un enfant, comme un tribut qu'il devait à l'instant qu'il respirait l'air ;

... Et vescitur aura
Etherea.

Les usurpations commises sans titres par les seigneurs, en matière de banalités, de droits de Leyde, de péage, etc., devinrent tellement odieuses, qu'elles excitèrent de vives et constantes réclamations.

(1) Voyez les édits du 15 mars 1430, 27 mai 1448, 12 janv. 1461, rapportés par BACQUET, *Droits de justice*, liv. I, ch. XVIII. — (2) *De l'usage des fiefs*, ch. XXXIV.

Delapoix de Fréminville discute très-longuement ce sujet en sa *Pratique des terriers et des droits seigneuriaux*, t. II, p. 389 et suivantes, et rapporte, entre autres lois qui y sont afférentes, l'ordonnance de 1629 (art. 207), ainsi conçue : « Défendons auxdits seigneurs et gentils-« hommes d'assujettir leurs vassaux et tenanciers à leurs « moulins, fours et pressoirs, s'ils ne sont fondés en titres, « à peine de confiscation desdits fours et moulins, et de la « perte de tous autres droits, qu'ils pouvaient prétendre sur « eux. » Ce texte est une nouvelle preuve du progrès des abus incessants des droits de justice.

Les seigneurs haut-justiciers commirent un second genre d'abus. Ils empiétèrent sur le domaine des seigneurs investis de la directe, et profitèrent de la puissance publique dont ils disposaient, pour envahir, à l'aide d'une confusion entre les droits de justice et les droits de fief, les propriétés et les usages communaux.

IV. — Lorsque le domaine direct (*dominium directum*) était établi, soit par les chartes de concession, soit par les aveux, dénombrements et autres actes récognitifs, le seigneur était présumé propriétaire des terrains compris dans le territoire assujetti à sa direction, mais en était-il de même, lorsqu'au lieu du domaine direct, c'était le droit de justice (*imperium mixtum*), le droit de juridiction (*jurisdictio*), qui appartenait au seigneur ?

En d'autres termes, la qualité de seigneur justicier entraînait-elle la même présomption de propriété des terres comprises dans le territoire, que la directe universelle?

Cette question est subordonnée à une question plus générale, celle de savoir si les droits de fief et les droits de justice étaient nécessairement cumulés sur la tête du seigneur, ou bien si le fief et la justice étaient distincts et indépendants l'un et l'autre.

La justice suit le territoire et enclave, disait Loyseau (1). *Fief et justice n'ont rien de commun*, disait, au contraire, Loysel en ses institutions coutumières (2). *Autre chose est fief, autre chose est justice*, disaient mieux encore les établissements de saint Louis. D'Argentré disait, en conséquence, en la coutume de Bretagne : « Jurisdicto exerceri « potest, etiam separata et abstracta a feudo ; » et Dumoulin, en son traité des fiefs : « Potest esse territorium sine « jurisdictione, et jurisdictio sine territorio. »

Mais le fief et la justice, quoique distincts l'un de l'autre, n'étaient-ils que le démembrement d'un droit unitaire et primordial, ou bien n'avaient-ils ni la même origine ni la même application ?

Cette question est controversée, et M. Laferrière (3) soutient la première opinion, tandis que M. Championnière (4) soutient la seconde.

Il est nécessaire, pour la résoudre, de définir exactement les droits de fief et les droits de justice.

Le fief étant, par son essence même, censé avoir fait primitivement partie du domaine commun, et n'en avoir été distrait qu'à la condition de rester engagé dans l'ordre féodal, pour en recueillir les avantages et en subir les charges, le droit de fief était considéré comme un droit foncier, attaché à la qualité de propriétaire ; le droit de justice était une prérogative attachée à la puissance publique. L'un était un attribut de la directe universelle, l'autre était une dépendance du droit de juridiction. La justice pouvait donc, selon les commentateurs de la coutume de Paris (5), appartenir à l'un et le fief à l'autre, dans un même territoire,

(1) Liv. I, ch. III. — (2) T. III, p. 919. — (3) *Revue de jurisprudence*, t. II, p. 687. — (4) *Traité des eaux courantes*, ch. IV. — (5) *Coutume de Ferrière*, art. 345, n. 6.

et la justice pouvait être sans territoire et le territoire sans justice.

Il est vrai que, dans certaines provinces, en Bretagne, par exemple, il était rare de voir le fief séparé de la juridiction : *Rarum est in Britania feudum sine jurisdictione reperi* (1). Il en était de même en Anjou (2), dans le Maine (3), etc. Mais, dans la coutume de Paris (4), sur cent quarante-neuf fiefs, vingt-cinq seulement avaient droit de justice.

La maxime de droit commun, consacrée par les coutumes de Berry, de Blois, d'Auvergne, de Bourbonnais, de la Touraine et de la Marche, est adoptée par les publicistes anciens et modernes (5). Montesquieu pense, il est vrai, que dans les fiefs anciens comme dans les fiefs nouveaux, la justice était un droit inhérent au fief même (6) ; mais M. Henrion de Pansey décide, avec plus de fondement, que le droit de justice n'était pas inhérent à tous les bénéfices, et qu'à chaque bénéfice ou fief n'était pas indistinctement attachée cette prérogative. De là cette conséquence, que le seigneur haut-justicier n'était pas, par ce seul fait, investi de la directe du territoire.

Avant que les bénéfices n'eussent été convertis en fiefs, ils n'impliquaient pas les droits de justice, et le roi conservait son droit de juridiction sur les vassaux de ses bénéficiers. C'est ce que démontrent les capitulaires par lesquels Charlemagne, Louis le Débonnaire et Charles le Chauve au-

(1) D'ARGENTRÉ, *Sur l'art.* 10 *de l'ancienne coutume et sur les art.* 87 *et* 116 *de la nouvelle.* — (2) DUPINEAU, *Sur l'art.* 4 *de la coutume d'Anjou.* — (3) *Art.* 7 *de la coutume du Maine.* — (4) FERRIÈRE, *Préliminaires*, p. 207. — (5) DUMOULIN, *Traité des fiefs* ; — FERRIÈRE, BACQUET, *Droits de justice*, ch. IV, § 4 ; — *Coutume de Paris*, t. I, p. 54 ; — HENRION DE PANSEY, *Dissertations féodales* — CHAMPIONNIÈRE, *Traité des eaux courantes*, ch. IV. — (6) *Esprit des lois*, liv. XXX, ch. XX et XXII.

torisent les Espagnols réfugiés à se recommander à leurs comtes, et prendre d'eux des bénéfices, afin de se placer à leur égard dans les liens du vasselage (1).

La distinction des droits de justice et des droits de fief dut se reproduire naturellement sous le régime féodal. Le droit de fief était considéré comme un droit foncier, attaché à la qualité de propriétaire; le droit de justice était une prérogative attachée à la puissance publique. L'un était un attribut de la directe universelle, l'autre était une dépendance du droit de juridiction. La justice pouvait donc appartenir à l'un et le fief à l'autre, dans le même territoire, et la justice pouvait être sans territoire et le territoire sans justice. Ces maximes libérales sont celles du plus grand nombre des jurisconsultes (2). Dumoulin les résume en ces termes : « Potest esse territorium sine jurisdictione et « jurisdictio sine territorio. »

V. — La confusion des droits de justice et des droits de fief établie, nonobstant ces principes, produisit des résultats d'autant plus fâcheux, qu'elle se combina avec la faculté dangereuse de démembrer les fiefs.

Lorsque les fiefs étaient à vie, dit Montesquieu (3), on ne pouvait pas donner une partie de son fief, pour le tenir pour toujours en arrière-fief : il eût été absurde qu'un sim-

(1) Noverint tamen iidem Hispani sibi licentiam a nobis inesse concessam ut se in vassaticum comitibus nostris more solito commendent. Et si beneficium aliquod quisquam eorum ab eo qui commendavit fuerit consecutus, sciat se de illo tale obsequium seniori suo exhibere debere quale nostrales homines de simili beneficio senioribus suis exhibere solent. (BALUZE, I, 552.) — (2) DUMOULIN, *Traité des fiefs* ; — FERRIÈRE, *Coutume de Paris*, art. 345, n. 7 ; — BACQUET, *Droits de justice*, ch. IV, § 4 ; — HENRION DE PANSEY, *Dissertations féodales* ; — CHAMPIONNIÈRE, *Des eaux courantes*, ch. IV, etc. — (3) *Esprit des lois*, liv. XXXI, ch. XXXII.

ple usufruitier eût disposé de la propriété de la chose. Mais lorsqu'ils devinrent perpétuels, cela fut permis avec de certaines restrictions, ce qu'on appela *se jouer de son fief.*

Un acte de 1140, publié par M. Guérard, dans son savant *Commentaire du polyptique d'Irminon* (1), constate la coexistence et la distinction de deux droits sur la même terre, savoir : la justice ou *advocata*, et la propriété ou seigneurie ; la première appartenant au comte et inféodée à son vassal, la seconde appartenant à l'abbé et possédée par les habitants à titre de colonage ; l'une et l'autre produisent des revenus, *census* pour le justicier, *reditus* pour le propriétaire.

« Si vero vel totum vel partem volebat per feudum aliquem investire, hoc licebat ei sine fraude facere (2). Vassallus potest in feudum dare sine voluntate domini (3).

« Non-seulement, » dit Loyseau (4), « le prince souverain des Français donna à ses capitaines, tant pour eux que pour leurs soldats, les terres de la partage à titre de fief vers lui ; mais aussi ces capitaines baillèrent à chacun de leurs soldats la part qu'ils voulurent leur en bailler à même titre de fief envers eux, etc. » (Pocquet de Livonière, *Traité des fiefs*, liv. II, ch. I, n° 66 ; — Ranchin, v° *Feudum* ; — Despeisses, *Des fiefs*, liv. II, art. II ; — Graverol sur Laroche, *Droits seig.*, ch. XI, art. 19.)

Par l'effet des sous-inféodations, la substance du fief n'était pas altérée en ce sens, qu'à l'égard du vassal, il

(1) Tom. II, p. 380. — (2) DUMOULIN, tit. IX, *Lib. de feudis.* — (3) CUJAS, *In lib. de feudis*, liv. I, tit. II. — (4) *Des seigneurs*, ch. I, n 66 ; — Voyez aussi MORNAC, ad l. VI, *De pecul.* ; — GUYPAPE, quest. 16 ; — BRODEAU-SUR-LOUET, let. XII, tom. XXVI, n. 3 ; — FERRIÈRE, *Des fiefs*, ch. I, sect. 4, n. 42 ; — *Rapports, arrêts*, liv. XIII, tit. XIV ; — LEMAÎTRE, *Des fiefs*, liv. IV, ch. III.

subsistait dans son intégrité. « Semper remanet uniter « feudalitas. — Remanet vassallus ratione totius feudi. « — Infeudatio feudi sive de relevio, aut de aliis juribus « (DUMOULIN). » Mais chacun des sous-inféodataires faisait peser sur le vassal une portion de tyrannie correspondante à celle qu'il avait recueillie, par l'effet du démembrement du fief,

Les démembrements des fiefs devinrent usuels ; les rois d'abord, les comtes ensuite disposèrent, à titre d'honoraires, de certains tributs qui devinrent le patrimoine des concessionnaires, et que le génie fiscal multiplia à l'infini. Tous ces bénéfices de la justice, désignés génériquement sous le nom de *justitiæ*, étaient souvent partagés, et tantôt de manière que chacun des possesseurs en jouît pendant une partie de l'année, tantôt qu'il en jouît dans certains lieux désignés, tantôt qu'il perçût les produits seulement de tels ou tels droits, de telle ou telle redevance. C'est ainsi, dit M. Championnière (1), que les cartulaires féodaux nous montrent tenus en fief, *in feodo*, les droits de forêts, de péage, de rotage, de tonlien, de foire, de marché, de bouteillage, de taille, de hallage, tous éléments de la justice.

Cette transformation en droit de fief, des droits de justice, tombés eux-mêmes du domaine public dans le domaine privé, et éparpillés à l'infini, aida à l'ambition autant qu'à l'activité des seigneurs ; et la multiplication des contrats d'inféodation, pendant les onzième et douzième siècles, devint entre leurs mains l'un des plus puissants instruments d'usurpation des choses publiques et des propriétés communales.

VI. — Le droit de directe était aussi légitime dans son

(1) *Traité des eaux courantes*, ch. III, n° 77.

principe que l'était le droit de justice. Celui-ci était l'attribut de la puissance publique, celui-là était l'exercice du droit de propriété privée; mais le droit de directe produisit, comme le droit de justice, des abus que le progrès du temps finit par rendre intolérables.

Le premier de ces abus fut l'accroissement incessant et immodéré des redevances foncières.

Dans l'origine, les prés, les marais, les bois, les terres, même propres à culture, n'avaient pas assez de valeur, pour que le plus ou moins de jouissance pût donner matière à contestation. Les redevances d'ailleurs étaient modiques et n'avaient d'autre prix que leur bizarrerie même. Dans une seigneurie de France, les paysans devaient par redevance conduire jusqu'au château une alouette placée sur une voiture à quatre chevaux. Ailleurs c'était un œuf. A Boulogne, l'emphytéote payait, à titre de redevance, aux moines bénédictins de Saint-Procule la fumée d'un chapon bouilli; c'est-à-dire que chaque année, à un jour déterminé, l'emphytéote s'approchait de la table de l'abbé, apportait le chapon dans l'eau bouillante, entre deux plats, et le découvrait de telle sorte que la fumée s'en échappait; cela fait, il emportait le plat et était quitte.

Toutes les redevances n'étaient pas excessives comme on le voit; les formules de certaines d'entre elles ont un remarquable caractère d'humanité (1). Mais les besoins toujours croissants des seigneurs les obligèrent d'augmenter la valeur des redevances; toutefois, comme elles n'é-

(1) Exemple : L'homme de la Marche, dont la femme vient d'accoucher, peut prendre du bois pour elle, et lui acheter, avec ce bois, du vin et du pain blanc. Les poules de redevance ne peuvent être réclamées de celui dont la femme est en couches. Seulement, le bailli coupera la tête de la poule et la portera à son seigneur. (*Droit de la Hesse*, MICHELET, *Origin.*, p. 56.)

taient pas excessives, le sort des cultivateurs, soit à l'égard de leurs propriétés particulières, soit à l'égard des fonds laissés en commun pour la dépaissance des bestiaux, alla d'abord s'améliorant. Mais enfin, les progrès du luxe et des dépenses des seigneurs, à l'époque des croisades et depuis, les obligèrent d'aggraver incessamment les charges de leurs vassaux. Ils les soumirent à des droits, à des exactions de toutes sortes, ils restreignirent et finirent par anéantir leurs usages et leurs biens communs; ils portèrent les redevances et les servitudes à un degré tel qu'ils déterminèrent des insurrections, préludes des jacqueries des quatorzième et quinzième siècles.

On lit dans l'ancienne coutume de Bourgogne, publiée de 1270 à 1360 : art. 50 : *Item*, qui a vaine pâture en ung bois, lisière des biens, puet on dit bois, faire étangs ou gaignages sens congie d'iceuly qui y ont le pasturage. Art. 51 : *Item*, qui a vaine pasture ung ploige est pris pour tout jusques a fin de querelle. L'art. 2, titre IX, de la coutume de Bourgogne, porte : L'on ne peut avoir usage en bois et rivière, bande d'autrui, ni droit pétitoire ou possessoire, par quelque laps de temps qu'on en ait joui, sans en avoir titre ou payer redevance.

Aux exactions fiscales vinrent se réunir, sous la domination féodale, comme nous l'avons vu sous la domination franque, les aliénations des biens communaux, arrachées aux communautés d'habitants par leurs seigneurs. « Attendu, dit la Cour de Cassation par un arrêt du 24 février 1807, B. O. 63, relatif à un acte d'aliénation de ce genre, mais d'une date récente, qu'il est prouvé que la commune de Rabon était à cette époque propriétaire et en possession de la pièce de pré qui fait l'objet du procès; que ce traité prouve encore que cette commune a, sans autorisation légale et sans nécessité, aliéné ledit pré en affranchissement des prétendus droits féodaux qui, en les supposant dus, n'auraient pas été la dette de la commune, mais celle des particuliers possesseurs des fonds; qu'une aliénation de cette espèce ne peut être considérée que comme un effet de l'abus de la puissance féodale, etc.

VII. — Les usurpations des biens et des usages communaux par les seigneurs eurent pour auxiliaires, outre la force dont ils disposaient et la justice que rendaient des fonctionnaires payés par eux, l'indécision des principes sur la directe universelle, sur le fief circonscrit et limité, sur la portée légale des titres récognitifs et des preuves légales ou présomptives de la possession. C'est de ces sources diverses que naquirent les abus.

Le droit commun exigeait, pour la justification de la propriété du seigneur, la preuve qu'il avait le domaine direct du territoire. L'abus consista à considérer le seigneur haut justicier comme investi, à titre de dépendances de sa puissance publique, du domaine direct qui ne lui avait pas été inféodé.

Le droit commun exigeait la directe universelle, c'est-à-dire la jouissance de tous les droits, la possession de toutes les redevances attachées à la seigneurie. L'abus consista à faire dépendre de quelques redevances, ou plutôt de quelques extorsions abusives et arbitraires, la légitimation des usurpations des seigneurs, sur des biens dont l'origine n'avait rien de féodal.

L'interprétation des mots : *fief circonscrit et limité*, ne prêta pas moins aux abus que celle des mots : *directe universelle.*

Le droit commun, admis dans les pays de droit écrit comme dans les pays de coutume, voulait que le seigneur, qui avait un territoire circonscrit et limité, n'eût pas besoin de titres particulièrement appliqués sur les différentes possessions qui étaient dans ce territoire, pour prétendre au droit de fief, c'est-à-dire au domaine direct et aux censives qui en dépendaient. Mais, selon Dumoulin, il suffisait au seigneur, pour prétendre au droit de cens sur une terre, de prouver qu'elle faisait partie du territoire reçu en fief par ses auteurs, tandis que les auteurs du parlement de Toulouse pensaient plus communément qu'il fallait prouver, de la part du seigneur, un bail à cens général (1).

L'interprétation des mots : *terroir circonscrit et limité*, donnait lieu à une seconde difficulté. Selon Dumoulin, le seigneur dont le titre primitif contenait un corps de terre uni et continu, sans expression de limites, pouvait exiger la reconnaissance de proche en proche des fonds voisins. On jugeait autrement dans les pays de franc-alleu (2) Le parlement de Toulouse décidait que le seigneur ne pouvait prétendre de censive que contre les particuliers qui y étaient assujettis par titres exprès, et que les censives ne pouvaient être étendues de proche en proche.

C'est ainsi que s'établit, dans les provinces censuelles, à l'aide d'un système d'interprétation de plus en plus favorable à la puissance féodale, la maxime : *nulle terre sans seigneur*, avec toutes les conséquences qui en firent un instrument de spoliation et de despotisme, étendu de proche en proche à tout le territoire (3).

VIII. — La puissance plus ou moins grande, attachée aux titres récognitifs et aux faits de possession, devint

(1) Voyez Dumoulin, *sur Paris*, § 67, gl. 1, n. 6 ; — et Boutaric, *Matières féodales*, p. 14. —(2) Voyez un arrêt du 17 juillet 1731, rapporté dans les recueils à sa date, et qui n'est que la confirmation de l'ancienne jurisprudence. — (3) Dumoulin, § 3, gl. 6 ; — Darg., *sur Bret.*, art. 277 ; — Coquille, *sur Nivernais*, ch. vii, art. 1 ; — Bacquet, c. lxxxiv, n. 24.

aussi un sujet de perpétuelle dissidence entre les pays allodiaux et les pays féodaux.

Dans le parlement de Toulouse, par exemple, on pensait que *fief et justice n'ayant rien de commun*, et la justice ne pouvant être une présomption de la directe, une seule reconnaissance ne faisait foi au profit du seigneur, si elle n'était soutenue par d'autres adminicules (1) ; on était encore moins favorable aux seigneurs dans le parlement de Bordeaux, où l'on jugeait qu'à l'égard des seigneurs ordinaires une seule reconnaissance ne pouvait jamais faire foi, même contre celui qui l'avait passée (2). En Dauphiné, au contraire, une seule reconnaissance suffisait (3) ; en Bourgogne, la question était controversée (4).

Quant aux pays régis par la maxime : *nulle terre sans seigneur*, le seigneur, comme le remarque Boutaric (5), n'avait besoin d'aucun titre ; tous les tenanciers qui étaient dans l'étendue de la juridiction étaient ses censitaires; tous étaient obligés de lui payer les droits seigneuriaux, et de le reconnaître de proche en proche, c'est-à-dire chacun suivant et à proportion des tenures que possèdent les plus proches voisins.

IX. — Les exactions, les spoliations, les violences des seigneurs envers leurs vassaux finirent par se transformer en coutumes.

« Tous les seigneurs féodaux ou leurs commis, dit He-« vin (6), rançonnaient les hommes des villes de leur éta-« blissement et baillage, d'abord sous le nom de libéralités,

(1) Boutaric, *Matières féodales*, ch. i. — (2) Lapeyrère, *Lettre R.*, n. 29. — (3) Guypape et Basset, l. III, t. ii, c. ii. — (4) Taisand, *sur Bourg*, tit. ii, art. 1, n. 9 ; — Raviot, *sur Perier*. t. ii, 9, 338. — (5) *Matières féodales*. — (6) *Questions sur les fiefs*, p. 79 et 277.

« qu'on leur faisait de peur de rançon pis, comme les ido-
« lâtres faisaient des offrandes aux mauvaises divinités, de « crainte qu'elles ne leur fissent du mal; mais ces exac- « tions passèrent en coutumes, » et c'est ainsi que s'établirent, selon la remarque de M. Championnière (1), ces incroyables coutumes, qui autorisaient les pillages et les dévastations dans des circonstances déterminées, le droit du seigneur de prendre ici les chevaux, les bœufs et les récoltes, ailleurs le linge et l'argenterie, non-seulement des hommes de poeste, mais encore des hommes riches qui, sans doute, n'avaient pas pu toujours se défendre de ces déprédations. La plus étrange de ces coutumes fut assurément celle que réclamaient encore au treizième siècle plusieurs hauts seigneurs, de piller complétement les palais des évêques décédés, et de prélever une contribution arbitraire sur leurs sujets.

Les usurpations ne venaient pas toujours cependant du fait des seigneurs. Les communes, elles aussi, s'efforçaient souvent de transformer leurs droits d'usage primitifs en droits de propriété, et nous avons sous les yeux quelques documents d'un procès qui a duré plusieurs siècles, entre la dame de Chaime et la commune de Vérannes, rendu dans les circonstances suivantes : par la charte de concession, le seigneur de Vérannes avait baillé et délaissé aux habitants de ce village, pour leurs usages, tous les bois et accrues de bois en nature de bois et buissons dans sa seigneurie, excepté le bois de la Pointe et celui des Joïllands, pour leur demeurer à toujours perpétuellement usages. Les procureurs de la commune de Vérannes essayèrent de se créer un titre de propriété par une reconnaissance postérieure d'un siècle à la charte de con-

(1) *Traité des eaux courantes*, n. 299.

cession et où on lisait : *Jouissent lesdits habitants en nature et droit de communaux* d'une pièce de bois, buissons et usages appelés le bois des noisettes, contenant 56 arpents. De là un procès considérable, qui, après de nombreuses péripéties, a été terminé par un arrêt de la Cour de Cassation, du 9 pluviôse an XIII (B. o. 173), qui a ramené la commune à l'exécution de son titre primitif.

C'est ainsi que, dans tous ces conflits d'usurpations réciproques, les principes du droit féodal primitif dégénérèrent en un vrai chaos.

X. — Le droit de triage fut un autre abus du double droit de justice et de fief des seigneurs.

On distinguait, au point de vue de l'exercice de ce droit, les chartes concédées à titre gratuit, et les chartes concédées à titre onéreux. Dans un grand nombre, la concession n'avait lieu que moyennant une rente affectée sur le fonds vendu. Ainsi l'on voit Thierry d'Alsace, comte de Flandre, accorder en 1187, à des cultivateurs, une terre en friche, moyennant un cens annuel qu'il détermine. Vers la même époque, la plupart des grandes abbayes du nord de la France cèdent aux mêmes conditions de nombreuses portions de terrain, dont elles gardent la seigneurie foncière. On pourrait multiplier ces exemples. Ces concessions à titre onéreux étaient généralement respectées ; mais quand les concessions avaient été faites à titre purement gratuit, les successeurs des seigneurs se considéraient comme ayant le droit de se faire délivrer le tiers des communes, parce qu'ayant, comme principaux habitants, la plus forte jouissance, concurremment avec leurs vassaux, ils ne leur causaient aucun préjudice en se restreignant à un tiers dont ils pussent disposer à leur gré, de là le droit de *triage*. Ce droit était-il légitime dans son principe ? Nous ne le pensons pas.

Le respect dû au pacte féodal, établi soit par le titre primitif de concession, soit par des reconnaissances conformes soutenues de la possession, protégeait les droits concédés aux communautés d'habitants comme ceux que les seigneurs s'étaient réservés.

Le seigneur haut justicier ne pouvait donc puiser dans sa qualité, non-seulement le droit d'évincer les habitants de leurs communaux, à quelque titre qu'ils les eussent acquis, mais même celui d'y faire paître ses bestiaux, sinon comme premier habitant et sauf règlement de ses usages.

Aussi ne trouve-t-on pas la moindre trace du droit de *triage*, dans les monuments les plus authentiques et les plus complets des premières sources de notre jurisprudence féodale.

« Ouvrons, dit M. Merlin (1), les assises de Jérusalem, « les établissements de saint Louis, les conseils de Pierre « des Fontaines, la coutume de Beauvoisis, par Beauma- « noir, les coutumes notoires du Châtelet, les décisions de « Jean des Mares ; descendons, s'il le faut, à des temps « plus modernes, et parcourons cette immense galerie de « lois gothiques et bizarres, qui, dans le seizième siècle, « ont été formées par le concours de plus de la moitié des « habitants de la France. Qu'y trouverons-nous sur le « triage ? Pas un mot ; et certainement on ne persuadera à « personne qu'un silence aussi absolu, aussi universel, « perpétué aussi longtemps sur un droit d'un telle impor- « tance, soit compatible avec l'idée qu'il ait alors existé, « je ne dis pas des traces, mais une ombre de ce « droit. »

La prétention qu'élevèrent les seigneurs, par l'extension

(1) *Rép. de jurisprudence*, v° *Triage*, n. 3.

des abus de la puissance féodale au droit de triage eut pour principe une confusion d'idées entre les bois, marais, terres vaines et vagues, possédés par les communautés d'habitants en toute propriété et les terrains possédés simplement à titre d'usages.

L'abus de la présomption légale de propriété des seigneurs, en l'absence de titres et de possession contraires de la part des communes, fit fléchir dans l'esprit d'un grand nombre jusqu'à l'autorité contraire de ces titres et de cette possession, et alla jusqu'à faire supposer, non-seulement que tous les biens ruraux des communes provenaient des concessions seigneuriales, mais que ces concessions étaient perpétuellement révocables, quand il n'était pas prouvé qu'elles eussent été faites à titre onéreux.

Cette prétention était injuste à un double point de vue : 1° Elle obligeait les communautés d'habitants à rapporter les titres de concession, ce qui était véritablement leur faire la querelle du loup avec l'agneau de la fable.

« Il n'y a peut-être pas en effet, dit Delapoix de Fremin-ville (1), une paroisse dans le royaume qui soit en état de les rapporter, en ce que ces concessions se sont faites dans le temps que les villes, bourgs et paroisses se sont formés après la division et le partage des conquêtes des Francs, et lors de l'établissement des fiefs, seigneuries, paroisses et communautés ; c'est ce qui est prouvé par M. Bouquet, dans le *Droit public de la France*, tom. I, pages 4 et 6, et par l'auteur de l'*Esprit des lois* et autres, et même par les ordonnances du Louvre, dans lesquelles l'on ne peut trouver de ces concessions, quoique ce recueil rapporte des chartes très-anciennes, parce que la vétusté du temps,

(1) *Traité du gouvernement des biens des communautés d'habitants*, p. 33.

jointe au peu de soins des communautés, toujours mal gouvernées, les ont fait périr. Il ne faut cependant pas douter un moment que ces concessions aient existé, parce qu'elles ont été absolument nécessaires pour les conventions et arrangements qui se sont faits : 1° entre les seigneurs et leurs habitants ; 2° entre les seuls habitants d'un ou de plusieurs cantons, pour les plans que l'on appelle *consorts*, dont nous parlerons ci-après ; et 3° entre les habitants de deux ou trois paroisses, pour les usages du parcours ; parce que c'est dans ces titres où sont détaillés les droits respectifs des parties, et les charges des habitants qui se sont obligés de faire pour leurs seigneurs des charrois, corvées et manœuvres, fixés à certain nombre par an, de moudre leurs grains au moulin que le seigneur a établi pour être banal, cuire leurs pains au four déclaré banal, faire guet et garde à son château, et enfin les autres servitudes personnelles, qui se trouvent généralement établies sur les habitations d'une paroisse en la justice du seigneur. »

2° A quel titre d'ailleurs les seigneurs pouvaient-ils prétendre révoquer des donations irrévocables de leur nature ? « En général, dit avec raison M. Merlin, *loco cit.*, ce que nous avons donné purement et simplement n'est plus à nous ; et il ne nous est pas permis d'en reprendre ni le tiers, ni le quart, ni une partie quelconque.

Les donations que les seigneurs ont faites aux communautés d'habitants seraient-elles exceptées de la règle générale ? Mais si cette exception existait, quel en serait le motif ?

La qualité du donateur ? Mais un seigneur qui donne à un particulier donne irrévocablement. La qualité du donataire ? Mais une communauté d'habitants est aussi habile qu'un particulier à recevoir une donation irrévocable dans ses parties comme dans son tout. Il resterait à dire que le triage a été réservé par les actes même de concession; et c'est ce que personne n'oserait avancer.

C'est donc à tort que les seigneurs qui avaient cédé à titre gratuit élevèrent contre les communes les prétentions à l'exercice du droit de triage, et qu'abusant de leur puissance ils s'emparèrent de ces biens tantôt à force ouverte, tantôt subrepticement, par des transactions sans prix ou par des ventes simulées qu'ils arrachèrent aux habitants. Charles IX tenta de remédier à ces abus du droit de triage par l'édit de 1567, donné en faveur de la Bretagne. Mais ces précautions furent insuffisantes, et l'ordonnance de Blois elle-même, ainsi que les règlements dont elle fut suivie, ne parvinrent pas à arrêter les usurpations des seigneurs.

L'art. 7 de l'édit de 1667 y mit un terme.

« Seront, dit-il, tous les seigneurs prétendant droit de « tiers dans les usages, communes et communaux des com- « munautés, ou qui auront fait faire le triage à leur profit « depuis l'année 1630, tenus d'en abandonner et d'en lais- « ser la libre et entière possession au profit desdites com- « munautés, nonobstant tous contrats, transactions, ar- « rêts, jugements et autres choses au contraire. » Deux ans après, l'ordonnance de 1669 édicta que si les biens étaient de concession gratuite, le seigneur pouvait en distraire le tiers à son profit (pourvu que les deux tiers restants fussent suffisants pour satisfaire aux besoins de la communauté), et que s'ils avaient été concédés à titre onéreux, le seigneur serait admis à jouir comme premier habitant.

C'est l'abolition de ce droit injuste qui a été, dès l'année 1789, le prélude des attaques de nos assemblées législatives contre tous les genres de propriété d'origine féodale.

XI. — Un droit plus abusif encore et plus onéreux que le droit de triage était le droit de *plantis*. C'est le droit que s'arrogeaient les seigneurs dans l'Artois, où était en vigueur avec toutes ses conséquences la maxime : *nulle terre sans seigneur*, de planter sur les marais communaux situés dans la mouvance de leurs seigneuries. Ce droit était basé sur l'art. 5 de la coutume d'Artois ainsi conçu : « La justice de visconte se extend en flots et flegards chemins et « voieries, estant à l'encontre des tenants de son fief : en « faction se les héritaiges d'un costé es d'autre sont à lui « ou de lui tenues telles voies et chemins et ce qui y croit, « du tout le droit de justice et seigneurie d'iceulx lui ap- « partient : et se les héritaiges de l'une des costés sont « seulement tenus du dict seigneur viscontier, la dicte jus- « tice s'extend en la moitié seulement des dits chemins et « à l'endroit d'iceux tenements. »

Le droit de plantis était considéré comme légitime par tous les commentateurs de la coutume d'Artois (1), et Renauldon rapporte un arrêt du parlement de Paris qui le déclare imprescriptible (2). Ce droit particulier, dit Denisart (3), est fondé sur l'art. 5 de la coutume, suivant lequel tout ce qui croit dans les flots et flegards appartient au seigneur viscontier. Les communes sont comprises dans ces mots : et *flegards*, suivant tous les commentateurs, et suivant le *Glossaire du droit français* aux mots *flegards* et *frocs*. On en jugeait autrement dans les autres coutumes même féodales. Denisart, *loco cit.*, rapporte un arrêt du parlement de Rouen, qui condamna la marquise d'Hautefeuille à arracher des plantations faites par elle sur les communes de sa terre d'Halleville ; et Freminville, en son *Nouveau traité de jurisprudence* (vol. in 12, p. 96), cite

(1) Beaudoin, Maillard, Gosson, Hibert, en leurs notes sur l'art. 5 de la *Coutume* ; — et Roussel de Bourets, *Coutume d'Artois*, t. 1, p. 133. — (2) V° *Plantis*. — (3) *Communauté d'habitants*.

un arrêt rendu à la table de marbre du palais, qui a déclaré illégale une plantation d'arbres faite sur les communes du village de Lonjear par le chapitre d'Amiens, seigneur haut justicier (1).

XIII.—Les droits de triage et de plantis n'étaient pas à beaucoup près les seuls abus seigneuriaux qui existassent au quinzième siècle et dans les siècles suivants. Il y en avait une grande quantité d'autres, dont la diversité provenait, selon la remarque de Boutaric (2), de ce que, lors des affranchissements, les seigneurs exigeaient tout ce qu'ils pouvaient de leurs serfs affranchis, suivant les lieux et les circonstances ou même suivant leur caprice.

Le même jurisconsulte fait une longue énumération qu'il suffirait de reproduire pour prouver à quel point certains polémistes (3) ont dépassé les justes bornes en présentant ce qu'ils appellent le grenouillage comme une commutation probablement très-demandée et accueillie avec beaucoup de reconnaissance par les vassaux que le seigneur obligeait de battre ses étangs, et en cherchant à expliquer par des origines pures peut-être, mais dont le régime féodal avait singulièrement dévié, le droit de formariage, et les accessoires qui s'y rattachaient; les chartes qui reconnaissent en faveur de certains seigneurs du Béarn le droit honteux qui a donné lieu à la controverse existent dans les archives de Pau ; et tout en reconnaissant qu'elles ne constituaient ni un droit, ni même un usage universel, on ne peut nier qu'elles ne fussent la conséquence naturelle du régime de bon plaisir vers lequel avait si rapidement dégénéré le droit féodal.

(1) Voyez la consultation rapportée par M. Legentil, *Traité de la législation des portions communales ou ménagères*, p. 172. — (2) *Matières féodales*, ch. xv. — (3) *Du droit du seigneur au moyen âge*, par M. Louis Veuillot, p. 93 et 99.

XIII. — En résumé, le seigneur, armé du droit de justice et du droit de glaive, ce double attribut de la souveraineté, détourna l'un et l'autre de leur destination sociale, et s'en fit un double instrument de spoliation et de tyrannie.

De là les iniquités des juges seigneuriaux, l'accroissement immodéré des redevances justicières, l'empiètement des droits de justice sur les droits de fief. De là les usurpations incessantes des seigneurs justiciers ou directs, non-seulement sur les choses communes et publiques, mais sur le droit de propriété communale et même privée, sur le droit du travail, sur les facultés les plus sacrées, les plus inviolables de leurs vassaux.

De là le faux principe en vertu duquel les vassaux ne pouvaient prescrire contre les seigneurs l'acquisition d'aucun droit et la libération d'aucune charge.

De là le droit de triage, le droit de plantis et cette myriade de droits d'Abeillage, d'Afforage, d'Affouage, d'Arbans, d'Arciut, d'Arrière capte, d'Aubenage, d'Avenage, d'Aveu nouvel, de Bachellerie, Barrage, Bichenage, Bladage, Bordage, Boutage ou Bottage, Bris, Meilleur-Cattel, Cauciage, Cellerage, Chambellage, Chantellage, Chemage, Chévage, Cheval ou Roucin de service, Chevrotage, Civerage, Commande, Congrier, Coponage, Coutelage, Coutume, Doublage, Double d'août, Douzième, Dixième et Centième, Egage, Echelle, Essongne, Eparité, Eperons dorés, Eflabage, Eflocage, Fleflage, Formariage, Fouage, Fournage, Gants et Ventes, Grurie et Garenne, Hallage ou Ostellage, Pains de Hostellage, Haut Ban, Herbage vif et mort, Huictième, Jurée, Levage, Liage, Logies, Loges, Logues, Louade, ou Laude, Maille d'or, Mannée de sel ou de salage, Marque, Marquettes, Minage ou Stellage, Moisson, Monnéage, Oubliage, Ostise, Pannage, Pellage, Plassage, Pontenage, Préage et Faultrage, Prévôté, Parée,

Pasques, Pasquerase, Pontage, Pulverage, Quintaine, Rivage, Rodage, Rouage, Sacquage, Ségorage, Sexterage, et stellage, Tabellionage, Terceau, Tonlieu, Gabelle de Thonnieu, Traîcte, Treu accoutumé, Vientrage, Vins et Ventes, Vinage, Vinade, Xomage, etc. ; droits dont quelques-uns avaient une source et un caractère légitimes, mais dont un grand nombre étaient devenus une source intarrissable de tyrannies et de vexations. La grande quantité de ces droits seigneuriaux, dit Boutaric (*Matières féodales*), après les avoir expliqués, prouve combien les anciens seigneurs ont été attentifs et même ingénieux à tirer parti de tout ; les quatre éléments se trouvent ici asservis à la puissance des seigneurs, pour respirer l'air de leurs seigneuries, pour y tenir feu, il faut payer un droit. Toutes les eaux, même pluviales, qui tombent dans les seigneuries appartiennent aux seigneurs. La terre, soit en culture, soit en friche, leur paye mille différents tributs. Ce n'est pas tout, les hommes, leur vie, leur mort, leur liberté, leurs contrats, leurs héritages, leurs troupeaux, leur commerce, leurs moindres actions, tout enfin, jusqu'à leurs plaisirs, est devenu l'objet d'un droit seigneurial.

Toutes les iniquités du régime seigneurial étaient résumées dans deux maximes :

1° La maxime : nulle terre sans seigneur, maxime attentatoire à la fois au droit de propriété, à la liberté du travail, à la liberté des personnes, aux droits les plus sacrés de la nature.

2° La maxime de l'imprescriptibilité des droits ou plutôt des exactions du seigneur contre le vassal.

CHAPITRE III

DE L'AFFRANCHISSEMENT DES COMMUNES.

I. — Le principal but de l'affranchissement des communes, aux douzième et treizième siècles, c'était de les défendre contre les vexations des seigneurs et de mettre fin aux troubles et aux guerres domestiques que ces vexations occasionnaient. Il n'existe presque pas une charte qui n'oblige les confédérés par serment de se secourir, de se défendre, de se venger les uns les autres contre tout agresseur et ennemi (1); c'est un devoir qu'acceptent tous ceux qui s'établissent dans une ville libre (2). Les communautés d'habitants ont le droit de porter les armes, de faire la guerre à leurs ennemis particuliers, et d'employer la force militaire pour faire exécuter toute sentence prononcée par leurs magistrats (3); personne ne peut être arrêté ni emprisonné s'il n'est accusé d'un crime capital, et il est permis, hors ce cas, de l'arracher des mains des officiers qui voudraient le prendre (4). Toutes les questions relatives à la propriété sont décidées dans la commune, non par le juge seigneurial mais par des juges nommés par les bourgeois (5); les taxes arbitraires sont interdites au seigneur (6), l'égalité dans la

(1) D'Achéri, *spicileg.* x, p. 642, xi, 341, etc. — (2) *Ibid.*, xi, 344. — (3) *Ibid.*, x, 643, xi, 343. — (4) *Ordonnances des rois de France*, v. iii, p. 17; — Guden, *Sylloq.*, *dipl.* cdlxxii. — (5) *Ordonn.*, t. III, p. 204; — D'Ach., t. X, p. 644, 646, xi, 344. — (6) *Ordonn.*, t. III, p. 204.

la répartition des impôts lui est commandée (1). La commune est instituée pour défendre et pour garder ses propriétés : « Ut sua propria melius defendere possint et magis « integre custodire (2), » dit la charte donnée à la ville de Poitiers par Aliénor, reine d'Angleterre et duchesse de Guienne. Les habitants ne prêtent au seigneur le serment de fidélité qu'à la charge par celui-ci de s'engager aussi par serment à respecter leurs priviléges (3), et quelquefois même d'offrir des ôtages (4).

Tout, dans les chartes communales des douzième et treizième siècles, offre le caractère de garanties données aux principes de liberté et d'égalité contre la tyrannie féodale; tout y respire la protection des faibles contre les puissants, et c'est ce qui explique le caractère éminemment chrétien de l'affranchissement des communes.

II. — Au double fléau déchaîné sur la terre par l'oppression des petits et par les guerres entre les grands, il fallait un remède du ciel tel que *la paix* et *la trève de Dieu*, cette admirable création de l'esprit chrétien du moyen âge.

L'Église, qui avait déjà sauvé la société du cataclysme du cinquième siècle, se retrouva forte et dévouée en présence des orages sanglants qui éclatèrent lors de la chute de l'empire de Charlemagne, et dans les premiers temps de la féodalité.

Le droit de guerre privée était alors sanctionné par la coutume (5), et dépendait uniquement de la volonté des

(1) D'Ach., t. X, p. 350, 365. — (2) Ducange, v° *communia*, t. II, p. 863. — (3) Voyez les *Formules des Fueros de l'Espagne et des provinces pyrenéennes de la France*; — D'Ach., t. IX, p. 183. — (4) *Histoire du Dauphiné*, t. I, p. 17. — (5) Beaumanoir examinait encore au treizième siècle : « comment guerre se fait par coutume, et comme elle faut, et comment on se pot aidier de droit de guerre. »

seigneurs. Chacun d'eux prétendant ne relever que de Dieu et de son épée, recourait impunément à la force, pour se venger d'un ennemi ou pour opprimer qui il lui plaisait.

Les ravisseurs des biens des pauvres furent les premiers en butte aux anathèmes de l'Église, et dès la fin du dixième siècle, les conciles de Charroux, de Narbonne, de Limoges, du Puy, etc., fulminaient des interdits « à cause « des rapines des hommes de guerre et de la ruine des « pauvres gens (1). « L'appel à la *paix de Dieu,* » uniquement soutenu d'abord par les armes spirituelles, s'éleva, dès la première année du onzième siècle, dans le concile de Poitiers, à la hauteur d'une grande institution politique. Le canon 1er de ce concile obligea de déférer les querelles qui s'élèveraient, dans les diocèses dont les membres du concile étaient les chefs, à l'autorité du seigneur ou du juge de la contrée, et affirma le droit des princes et des évêques de s'unir pour attaquer et punir les contrevenants au *pacte de la paix.* Ce droit, confirmé par plusieurs conciles postérieurs, qui du midi de la France s'étendirent au centre et au nord, ne fut sanctionné d'abord par la force que dans les provinces du domaine du roi, et soumises à son autorité. Mais l'excès du mal devint tel qu'au risque de confondre la juridiction spirituelle et la juridiction temporelle, dont l'Évangile et la tradition des premiers siècles du Christianisme commandaient la séparation, les évêques s'arrogèrent le droit d'instituer dans chaque église, sous leur autorité et avec le consentement de leurs paroissiens, une trêve qui devait durer depuis l'heure de none de samedi jusqu'au lundi à l'heure de prime, pour rendre au dimanche l'honneur convenable, et dont la durée et les conditions

(1) Voir les textes dans le livre intéressant de M. Ernest Semichon : *La paix et la trêve de Dieu.*

pouvaient être modifiées par les pactes des diverses paroisses. Ducange rapporte, v° *treva* ou *treuga*, plusieurs conciles provinciaux, où se trouvent ces prescriptions, avec leur sanction pénale édictée du consentement de tous. « Quod « si ab aliquo fieri contigisset contra hoc decretum publi« cum, aut de vita componeret, aut a christianorum con« sortio expulsus patria pelleretur. Hoc insuper placuit « universis, veluti vulgo dicitur, ut treuga Domini voca« retur. »

III. — Au milieu du onzième siècle, la trève et la paix de Dieu avaient pris place dans le droit public européen ; et toutes les nations rivalisaient de zèle pour les propager, à l'aide de ces assemblées mixtes, appelées *conciles*, qui réglaient à la fois le dogme, la discipline ecclésiastique et la législation temporelle. En Espagne, l'influence chrétienne prit, dès la première monarchie gothique, dans les conciles de Tolède et de Léon, et après l'expulsion des Arabes, dans celui de Compostelle, en 1056, dans celui d'Iacca d'Aragon, en 1068, un caractère politique (1), qui tourna au profit de la miséricorde en faveur des pauvres et de la justice envers tous. En France, où les capitulaires carlovingiens avaient été décrétés dans des assemblées mi-parties d'ecclésiastiques et de laïcs, et se composaient en grande partie des extraits des actes des conciles et de toute la législation canonique (2), le concile de Tuluges de 1041, celui d'Elnes en Roussillon de 1059, ceux de Bourges, de Beauvais, de Limoges (3) constituèrent et confirmèrent la trève de Dieu, qui se répandit successivement dans toutes les par-

(1) MARINA, *Théorie des Cortès*, I, 9, 10, 13, 14 ; II, 9 et suiv. ; — *Concil. Hisp*, IV, p. 413, 422, etc. — (2) *Capit. regn. franc.*, BALUZE, t. I, col. 364, 366, 640, t. II, col. 56, 209. — (3) *Conciles* du P. LABBÉ, t. IX, p. 869, 890, 1249.

ties du royaume, où les faibles et les puissants, effrayés par les maux passés, l'accueillirent avec un égal enthousiasme. « Dans ces conciles, dit Ducange, d'après une dissertation de Joinville, on établit surtout que la paix demeurerait inviolable, afin que les hommes de l'une et de l'autre condition pussent déposer les armes et se livrer à leurs occupations. Tous, les bras levés vers le ciel, crièrent unanimement : *Paix*, *paix*, *paix*, et prirent Dieu à témoin de l'observer à toujours (1).

La loi de la paix et de la trêve de Dieu fut accueillie en Angleterre, où elle existait sous saint Édouard, et fut confirmée par Guillaume le Conquérant, dans la quatrième année de son règne, avec le conseil de ses barons (2); elle pénétra en Normandie, comme on le voit par un décret synodal de Caen de 1042 (3), et les chroniques de la Belgique nous apprennent qu'elle y fut établie par Henri, évêque de Liége, d'accord avec Albert comte de Namur, du consentement des primats et des barons, possesseurs de duchés et de marquisats dans le diocèse de Liége, qui relevait de l'empire (4).

La trêve de Dieu envahit donc et pacifia à peu près tous les pays de l'Europe; mais, comme le remarque Ives de Chartres, dans une lettre qui jette une vive lumière sur la nature des confréries ou associations de la paix (5), « la trêve de Dieu ne fut pas consacrée par une loi générale

(1) Quod. inquam, adeo lubentes omnes sunt amplexi, ut palmis ad Deum extensis, Pax, pax, pax unanimiter clamarent, ut esset videlicet signum perpetui pacti de hoc quod spoponderant inter se et Deum (Ducange, *Treva*, *Treuga*). — (2) Labbe, *Conciles*, t. IX, p. 1020. — (3) Bessin, *Conciles de Normandie*, 1re partie, p. 39. — (4) Voir dans Ducange, v° *Treva*, un passage d'Agidius, moine d'Orval, au diocèse de Trèves. — (5) Épître 135, citée par Ducange, *Glossaire*, *Trêve de Dieu avec le n° 30.*

(*communi*); ce furent des accords, des pactes (*placités*), consentis dans les villes, sous l'autorité des évêques et des églises. Les jugements sur la violation de la paix devaient être modifiés selon les pactes et les décisions que chaque église avait institués avec le consentement des paroissiens. »

IV. — Ceci nous explique le synchronisme remarqué par quelques publicistes (1) des actes des conciles qui constituèrent la paix de Dieu et des concessions de chartes faites à un grand nombre de communes.

L'œuvre de pacification partiellement entreprise dans les conciles provinciaux présidés par les évêques fut consommée dans le concile général de Latran de 1123, présidé par le pape Calixte II, où on lit : « Tout ce qui a été établi par nos prédécesseurs, les pontifes romains, sur la paix et la trêve de Dieu, sur l'incendie et la sûreté des chemins publics, nous le confirmons par l'autorité du Saint-Esprit (2). »

La date de ce concile coïncide avec celle des affranchissements des communes. Les seigneurs à qui la guerre est désormais interdite voient l'obéissance du vassal s'arrêter devant un nouveau serment qui modifie le serment féodal; de nouveaux droits naissent et se développent; des arbitres, pris en général parmi les évêques ou les hommes commis par eux, s'interposent sous le titre de *jurés de la paix* (3), entre les seigneurs et les vassaux; les rois interviennent, et c'est à leur puissante initiative, secondée par le concours des évêques, des seigneurs et des bourgeois, que sont dues

(1) *Mémoire de* M. TAILLIAR, *sur l'affranchissement des communes*, nos 3, 13, 14, 18, 19, 20 et 60; — *La paix et la trêve de Dieu*, par ERNEST SEMICHON, ch. XII, XIII. — (2) DOM MARTENE, *Amplissima collectio*, t. V, 68, etc. — (3) Voyez le *Répertoire de jurisprudence*, v° *Jurés*.

ces institutions de *paix* (1), d'*amitié* (2), synonymes d'après les glossaires du moyen âge comme d'après ceux de l'antiquité grecque, des communes et des corps électifs qui les gouvernèrent.

C'est une institution de paix que nous établissons (3), dit Louis le Gros, en octroyant en 1128 la charte de la commune de Laon.

Nous donnons comme institution de paix et comme commune, dit Philippe-Auguste, en octroyant en 1187 la charte de Tournai, les usages et coutumes que les bourgeois de Tournai observaient avant l'institution de la commune (4).

La charte de la ville d'Aire, de 1188, est appelée charte d'*amitié*.

Les garanties mutuelles que se donnent les *amis*, sous l'autorité des *jurés de la paix*, et qui protégent à la fois la liberté individuelle et la paix publique, consistent dans des associations de défense mutuelle inaugurées par l'Église et protégées par les souverains. Dans les pays où n'existaient auparavant que des paroisses épiscopales, on voit se former des communes non plus d'un diocèse mais d'une ville, d'un bourg, d'un village : la commune de Doullens, érigée en 1107, Noyon, Soissons, Laon, Reims, Amiens, Rouen, etc. La résurrection de ces communes éclate sans doute par un appel aux sentiments de l'égalité et de la fraternité origi-

(1) *Pax*, scabinorum seu ædilium corpus (CARPENTIER, *Supplément au glossaire de Ducange*); — *Pax villæ*, banleuca, districtus urbis intra quem paciari seu scabini jurisdictionem habent (DUCANGE) ; — *Pax* paciariorium collegium. (*Ibid.*) — (2) *Amicitia*, communia jurata (CARPENTIER). — (3) Institutionem pacis instituimus hanc... *Recueil des ordonn.*, t. XI, p. 185. — (4) Pacis institutionem et communiam dedimus et concessimus eosdem usus et consuetudines quos dicti burgenses tenuerant ante institutionem communiæ ; *Recueil des ordonnances*, t. XI, p. 248.

nelles (1); mais ces premières communes sont indistinctement appelées : *communes* ou *paix;* les jurés de la commune sont appelés hommes de la paix : *paciarii*, *paiseurs* (2); la maison où ils délibèrent est la *maison de la paix*; le corps des officiers de la commune s'appelle *paix*; le serment est le *serment de la paix*; l'enceinte, la banlieue de la commune est *l'enceinte de la paix* (*pax villæ*, *terminus pacis*).

Afin de réprimer les atteintes portées à la paix, chaque commune lève sur les citoyens l'impôt que Ducange appelle : *pazagium*; le collecteur de l'impôt est appelé : *pazagiator* (3).

Ceux qui payent cet impôt sont liés entre eux par une sorte d'assurance mutuelle, *securitatis*. Ils forment une confrérie dont l'archidiacre est le chef. L'argent commun, *commune*, est recueilli dans chaque paroisse par l'un des paroissiens que le curé, avec le conseil de l'archidiacre et par la volonté des paroissiens doit choisir; « Si des terres, « des villages, des châteaux sont pillés ou détruits, les « choses mobilières sont payées sur le commun, et les « dommages aux immeubles sont réparés dans la propor- « tion de ce qui a été récupéré (4). »

(1) Nous sommes hommes comme ils sunt
Des membres avuns comme ils unt
Et altresi grands cors avuns
Et altretant soffrir poiin
Ne nous faut fors cuers seulement.
(WACE, *Roman de la Rose.*)

(2) DUCANGE, v° *Paciarius*, donne comme synonymes les mots : *paiseurs*, *édiles*. *échevins*. — (3) Les cartulaires des provinces méridionales donnent aussi à l'impôt de la paix le nom *compensum*, d'où est dérivé sans doute le mot *compois*. — (4) Lettre d'ALEXANDRE III, pape en 1160, à Hugues, évêque de Rodez *La paix et la trêve de Dieu*, p. 291.

C'est ainsi que le régime municipal du moyen âge s'élève, par la nature des choses, aux principes de justice, de concorde et de secours mutuel, qui présidaient aux *étairies* de la Grèce et aux *sodalitia* des Romains. C'est ainsi que dans chaque ville, dans chaque bourg, dans chaque village, les associations de la paix, instituées pour la protection des faibles et des pauvres, se transforment en associations communales, où chacun s'oblige par serment de défendre ses proches, ses amis, ses concitoyens. C'est ainsi que la commune devient l'unité élémentaire d'un ordre politique, qui monte par des associations libres et électives jusqu'aux états généraux de la nation et au roi.

V. — L'Église catholique, cette puissante initiatrice de la civilisation de l'Europe par la création de la paroisse épiscopale du sixième siècle, apparaît, on le voit, en première ligne dans l'affranchissement des communes pendant la période féodale, mais la royauté ne reste pas en arrière de ce grand mouvement des sociétés du moyen âge.

« Vainement, dit M. Benjamin Guérard, prétend-on disputer à Louis le Gros le titre de fondateur des communes en France, attendu que si plusieurs communes s'étaient déjà formées lorsqu'il monta sur le trône, aucune n'avait alors pour elle la sanction du temps et de l'autorité royale... Ce fut Louis le Gros, ajoute ce savant écrivain, qui leur donna la stabilité et la légitimité; ce fut lui qui éleva le premier la commune au rang d'institution publique, qui lui fit une belle et grande place dans la constitution de la monarchie, et qui lui concéda ou reconnut des droits que chacun dans le royaume fut désormais tenu de respecter. »

Louis le Gros ne créa pas sans doute le mouvement d'émancipation et d'association qui éclata, sous l'inspiration du clergé, par un appel à la paix de Dieu, mais il étendit et sanctionna les associations de la paix en les érigeant en communes, et fonda sur cette solide base l'avenir du tiers-état. Louis le Gros, sans répudier le titre de seigneur suzerain, mérita le nom de roi du peuple, et confirma dans son royaume, sous l'inspiration de Dieu, comme le rappelle Ives de Chartres (1), les communautés populaires qui, après l'avoir accompagné lui-même dans plusieurs expéditions militaires, s'immortalisèrent à Bouvines et plus tard dans les guerres de Charles V et de Charles VII (2). Avant le règne de Louis le Gros, ces communautés existaient sans doute, surtout dans le midi de la France, sous le nom et avec toutes les attributions des communes; mais ce prince émancipa plusieurs villes du joug féodal, notamment Noyon, Saint-Quentin, Laon, Amiens, et c'est sous son règne et sous ceux de Louis VIII et de Philippe-Auguste que les principales villes, qui faisaient partie des domaines de la couronne, furent admises à jouir des mêmes priviléges.

De là, l'adage du droit public de la France que « nul ne peut faire ville de commune sans le consentement du roi. » De nombreuses autorités confirment ce témoignage (3). Charles V régent écrivait en 1358 : « Cum ad dictum do-« minum nostrum, et nos in solidum pertineat creare et « constituere consulatus et communitates (4). » Un arrêt du parlement de Paris, de 1318, supprime la commune de

(1) Lettres 162 et 255 citées en partie par M. A. Thierry, *Documents du tiers-état*, t. I, p. 31. — (2) Tunc ergo communitas in Francia popularis statuta est a præsulibus, ut presbyteri comitarentur regi ad obsidionem vel pugnam cum vexillis et parochianis omnibus (Orderic Vital. liv. IX). Suger dit (*Vie de Louis le Gros*) : Les communes des paroisses du pays assistèrent au siége de Thoury, par Louis le Gros. — (3) *Recherches sur les communes*, en tête du t. XI, *des Ordon. du Louvre*, p. XXVIIJ. — (4) *Ordonn. du Louvre*, t. III, p. 305.

Chelles, faute par elle de pouvoir représenter une concession royale. Les communes ne pouvaient être modifiées ou supprimées que par des lettres du roi (1). En un mot, le roi donnait l'être et la vie à la commune.

Est-ce à dire que l'existence des anciens municipes était remise en question? Nullement. « Il est de principe en « France, écrivaient nos publicistes (2), qu'aucun corps « n'a d'existence légale s'il n'est sanctionné par lettres pa- « tentes. Mais, à l'égard des communautés d'habitants, dont « l'existence est en quelque sorte nécessaire, elles n'ont « besoin de titres que pour établir en leur faveur la conces- « sion de quelques droits ou priviléges extraordinaires. » Le municipe d'origine soit italique, soit germanique, conserva, depuis le douzième siècle, son existence légale et son administration autonome, mais il se dégagea par degrés des entraves que la puissance des seigneurs opposait au développement de la liberté des vassaux, et la commune jurée constituée par une confédération, tantôt précédée, tantôt suivie de la concession royale, confirma ses coutumes anciennes et ajouta de nouvelles lois.

VI. — L'intervention des princes et des seigneurs dans la reconstitution des communes à dater du onzième siècle n'est point particulière à la France : on la retrouve en Allemagne où, dès cette époque, les seigneurs rivalisaient de zèle pour créer des villes nouvelles, et où l'on professait dans l'usage le principe, sanctionné par la loi publiée depuis à Spire en 1312, qu'aucune ville ne peut être fondée sans le consentement des empereurs et des rois. On la re-

(1) Lettres de Philippe III (1282) pour Brioude, de Charles IV, pour Soissons (1325), et de Charles V, pour Roye (1378), etc. — (2) *Nouveau Denizart*. v° *Communautés d'habitants*.

trouve en Espagne sous les règnes d'Alphonse V, de Sanche le Grand et d'Alphonse VI, qui dotèrent de leurs *fueros* les principales villes de la Castille et du royaume de Léon. On la retrouve en Angleterre, dans les chartes de Guillaume le Conquérant, de Guillaume le Roux, de Henri Ier, d'Étienne, et surtout dans la grande charte de 1215, sur laquelle repose encore le gouvernement *par roi, lords et communes* dont jouit la libre Angleterre.

De tous les États de l'Europe, l'Italie est peut-être le seul où l'affranchissement des communes ait été l'œuvre des citadins plutôt que celle des princes.

On a fait un reproche aux rois d'avoir vendu la liberté aux communes ! comme si le bienfait d'un affranchissement garanti contre la puissance des seigneurs n'appelait pas naturellement quelques sacrifices pécuniaires, comme légitime compensation des charges que l'érection des communes faisait peser sur les États !

Un reproche, peut-être plus grave, pourrait être adressé aux princes, c'est de s'être quelquefois préoccupés outre mesure, dans leurs alliances avec les communes contre les les seigneurs, de l'intérêt de leur propre puissance, et d'avoir ainsi préparé, dans la plupart des États de l'Europe, les voies aux gouvernements absolus plutôt qu'aux gouvernements représentatifs.

La renaissance de l'étude du droit romain au douzième siècle fournit en effet aux rois et aux empereurs, aidés par les jurisconsultes, le moyen de découvrir dans les constitutions des empereurs romains, si habilement mélangées d'autonomie municipale et d'*imperium politique* (1), le

(1) Voyez notamment le § 6, *Instit. de jure nat. gent. et civili*, L. 1, § 2, *l.* 3, *ff. de const. princ. l.* 9, *ff. ad Le Rhod. de jactu. L.* 6 *cod. de sacro. sanct. eccles., l.* 12, *cod. de legibus. Nov.* LXIX, C. I.

moyen d'étendue leur propre puissance, et l'on vit dès lors se manifester chez tous les souverains de l'Europe, excepté les rois d'Angleterre, une tendance vers le césarisme.

C'est ce que remarque, dans ses considérations sur la France, M. Augustin Thierry. « Les légistes, dit-il, dès qu'ils purent former un corps, travaillèrent avec une hardiesse d'esprit et un concert admirables, à replacer la monarchie sur ses anciennes bases sociales, à faire une royauté française à l'image de celle des Césars, symbole de l'État, protectrice pour tous, souveraine à l'égard de tous, sans partage et sans limites. Ils fondèrent une école théorique et pratique de gouvernement, dont le premier axiôme était l'unité et l'indivisibilité du pouvoir souverain, qui, en droit, traitait d'usurpation les seigneuries et les justices féodales, et qui, en fait, tendait à les détruire au profit du roi et du peuple. Remontant par la logique, sinon par des souvenirs clairs et précis, jusqu'au delà du cinquième siècle, du démembrement de l'empire romain, ils regardaient comme nulle l'œuvre du temps écoulé depuis cette époque : ils ne voyaient de loi digne de porter ce nom que dans le texte des codes impériaux, et qualifiaient de droit odieux, droit haineux, la coutume contraire ou conforme au droit écrit; ils donnaient au roi de France le titre d'empereur et appelaient crime de sacrilége toute infraction à ses ordonnances. « Sachez, dit un vieux jurisconsulte, qu'il est empereur en son royaume, et qu'il y peut faire tout et autant qu'à droit impérial appartient. »

Les progrès du pouvoir politique des princes temporels alarmèrent les Souverains-Pontifes et trouvèrent en eux des adversaires doublement surexcités par leur propre intérêt et par leur attachement aux libertés municipales. De là, les luttes sanglantes des Guelfes et des Gibelins, qui aboutirent en Italie aux progrès d'une démocratie catholique, dont l'autorité spirituelle des papes était le lien, tandis qu'en Allemagne, au contraire, Frédéric Barberousse et ses successeurs étendaient les droits régaliens et l'influence de la couronne au double détriment des droits des peuples et de la puissance des grands vassaux.

Cet exemple se propagea, et tous les princes de l'Europe eurent à leur service des jurisconsultes et des professeurs, qui répandirent les principes du droit civil et municipal de l'empire romain. L'université de Paris se distingua dans cette émulation d'efforts en faveur du pouvoir politique, et le pape Honorius III défendit, en 1220, l'étude du droit romain dans l'université de Paris et dans les autres cités voisines des pays coutumiers (1).

Ces conflits d'une part entre le sacerdoce et l'empire, de l'autre entre les rois et les grands vassaux tournèrent, dans tous les États de l'Europe, au profit des peuples, qui mirent d'ailleurs à profit les atteintes portées à la fortune des seigneurs par les expéditions ruineuses des croisades; les communes progressèrent partout quoiqu'avec des caractères divers, et les municipes de l'Italie, les villes de l'Allemagne, les communes de la France, les *ayuntamientos* de l'Espagne, les bourgs et les paroisses de l'Angleterre devinrent, à l'aide des institutions intermédiaires qui prirent selon les pays, les noms d'*austregues*, d'*états provinciaux*, *de fueros*, *de comtés*, etc., les anneaux qui rattachèrent les cités affranchies au pouvoir central représenté par des princes entourés d'assemblées nationales appelées diètes, états généraux, cortès, parlements etc.

Mais ce serait se faire une étrange idée de l'humanité

(1) Le texte (c. XXVIII, § *de privilegiis*) porte : *quia in Francia et quibusdam provinciis laici romanorum imperatorum legibus non utuntur*.

que de supposer le concours toujours normal, toujours paisible de tant d'éléments divers à la reconstitution d'une société qui sortait à peine de l'anarchie du dixième siècle.

La puissance féodale, si populaire à sa naissance à cause de sa participation à la défense des territoires et à la reconstitution des unités nationales, par les associations formées sous le sceau de l'honneur et de la fidélité, avait dégénéré en une tyrannie intolérable, et l'Église et les rois avaient hérité, en la combattant, des bénédictions populaires que les seigneurs avaient recueillies à une autre époque.

« Ce fut un immense avantage, dit M. Guizot (1), que la présence d'une influence morale, d'une force morale, d'une force qui reposait uniquement sur les convictions, les croyances et les sentiments moraux, au milieu de ce déluge de force matérielle qui vint fondre à cette époque sur la société. Si l'Église chrétienne n'avait pas existé, le monde entier aurait été livré à la pure force matérielle. L'Église exerçait seule un pouvoir moral, elle faisait plus : elle entretenait, elle répandait l'idée d'une règle, d'une loi supérieure à toutes les lois humaines ; elle professait cette croyance fondamentale pour le salut de l'humanité, qu'il y a, au dessus de toutes les lois humaines, une loi appelée selon les temps et les mœurs, tantôt la raison, tantôt le droit divin, mais qui, toujours et partout, est la même loi sous des noms divers. »

Mais l'influence de l'Église fut compromise à son tour par la confusion de l'ordre temporel et de l'ordre spirituel, dans des législations mi-parties de droit civil et de droit religieux, et par les excès de pouvoir qu'elle amena de part et d'autre.

(1) *Histoire générale de la civilisation en Europe*, p. 55.

Les rois se considéraient comme les évêques du dehors. En recevant l'onction sacrée, ils juraient de maintenir, même par le fer et le feu, l'unité religieuse, de donner aux lois de l'Église la force de lois de l'État. A l'exemple des Césars de Byzance, ils intervenaient dans les questions de dogme et de discipline, et prêtaient le secours du glaive aux conquêtes de la foi. Que l'on compare les résultats de cette protection armée à ceux des prédications des martyrs de la primitive Église.

L'invasion des fiefs et de la puissance seigneuriale par le clergé ne fut pas moins funeste à la religion; elle détacha les prêtres des choses spirituelles, et créa pour eux, seigneurs ou vassaux, un nouvel ordre d'intérêts, qui devinrent une source de monstrueux déréglements. L'Église, corrompue par son alliance adultère avec le pouvoir, eût peut-être subi les destinées de l'Église du Bas-Empire, sans l'avénement de Grégoire VII.

Cet audacieux et puissant génie réforma l'ordre religieux. Un clergé de mœurs guerrières et dissolues fut renfermé dans les devoirs et dans les limites du sanctuaire. La hiérarchie fut ramenée à sa pureté évangélique, et la discipline affranchie du joug de l'autorité séculière. L'influence de la chaire pontificale sur la politique du moyen âge n'a en elle-même rien qui répugne à une saine philosophie. Chaque siècle a ses besoins, et il serait étrange de juger avec nos idées les capitulaires de Charlemagne ou les bulles de Grégoire VII. N'y a-t-il pas d'ailleurs quelque grandeur dans l'idée de cette république des États chrétiens, dominée par la puissance spirituelle des papes? Ce qu'ont rêvé souvent Henri IV et Louis XIV, les papes l'avaient entrepris six siècles auparavant : admirable théorie et bien faite en apparence *pour résoudre le grand problème.*

Mais quelle est l'institution que ne corrompent les passions de l'homme? La religion ne devait se mêler à la politique qu'avec les armes qui lui sont propres : la sagesse des conseils, l'autorité de l'exemple, les admonitions, les censures, l'excommunication, tels étaient, dans les premiers siècles, les moyens de domination des ministres de l'Église. Aucune puissance coercitive n'était attachée aux décisions d'une autorité arbitraire, d'autant plus puissante qu'elle n'agissait que par des moyens spirituels (1); mais plus tard la persuasion dégénéra en contrainte, et les souverains pontifes s'arrogèrent le droit de déposer les rois de leurs trônes, de délier les sujets du serment de fidélité, de mettre les royaumes en interdit. On sait jusqu'à quel point étaient poussées ces prétentions. « Le Christ, disait-on, est le roi des rois, le seigneur des seigneurs; le pape, vicaire du Christ, peut donc commander aux rois. » « Vaines illusions, répondait saint Bernard au pape Eugène. Il faut opter entre la souveraineté et l'apostolat. Vous ne pouvez commander à la fois comme prince de la terre et comme vicaire de Jésus-Christ. Que si vous prétendez exercer les deux puissances, vous les perdrez l'une et l'autre. » Qu'arriva-t-il, en effet? Cette autorité paternelle, qui, dans saint Léon et dans saint Grégoire, avait été chérie des peuples, devint un sujet d'effroi sous les successeurs de Grégoire VII. Puis la stupeur fit place à une violente réaction : on méprisa les peines spirituelles dont les papes avaient abusé, on brava les interdits, on déposa les pontifes. La juridiction ecclésiastique fut non-seulement refoulée dans ses limites, mais envahie elle-même par les tribunaux sé-

(1) *Rex cogit, sacerdos exhortatur... ille necessitate, hic libera voluntate; ille habet arma sensibilia, hic arma spiritualia.* CHRYS. *Homel.* IV, *Verbis Isaiæ*, t. III, p. 753; S. PAUL, I, *Corinth.*, VI.

culiers. La convocation et la direction des conciles, l'institution des évêques et du souverain pontife lui-même furent réclamées par les souverains, et appuyées par eux du droit terrible du glaive.

Au milieu de ces orages paraît *la Pragmatique* de saint Louis, monument de haute sagesse et de véritable piété (1), mais barrière impuissante contre les passions déchaînées. Quelques-unes des usurpations de la tiare sont réprimées par le saint roi ; les élections sont rétablies ; le droit des ordinaires est affranchi du joug du Saint-Siége ; les levées de deniers sont interdites à la cour de Rome. Mais là s'arrêtent les réformes : la distinction des deux puissances n'est pas l'objet de la loi.

Aussi la lutte continue avec le même acharnement. D'un côté, le clergé s'arroge, dans un concile présidé par un légat de Grégoire X (2), le droit de juger de tout au civil et au criminel, parce qu'il n'est, dit-il, aucun délit qui ne soit en même temps un péché, aucun contrat qui ne puisse en devenir une occasion ; d'un autre côté, le parlement condamne comme criminel de lèze-majesté l'archevêque qui fait publier les statuts de ce concile. Il lève les censures et les excommunications, et force par arrêts les ecclésiastiques d'administrer les sacrements. Les grands du royaume conviennent de tenir pour non avenues les excommunications injustes, et le roi limite par une lettre le droit de les infliger. Enfin, le désordre est poussé au comble par les violents démêlés de Philippe le Bel et de Boniface VIII.

(1) L'authenticité de cet acte a été révoquée en doute, mais elle a été clairement démontrée par Bossuet, dans sa *Defensio declarationis cleri gallicani*. (*Essai historique sur la puissance temporelle des papes*, t. I, p. 223-225 ; t. II, p. 230-234 ; — FONTANON, t. IV, tit. X, n° I. — (2) Concile de Bourges, tenu en 1276.

L'issue de ces querelles était facile à prévoir : l'avantage resta à la force, et chaque jour fut marqué par une nouvelle conquête de la couronne sur la tiare, du pouvoir sur la religion.

Avant même l'exaltation de Boniface VIII en 1294, la puissance pontificale avait été minée sourdement et avait perdu de son influence. Le hardi successeur de Grégoire VII et d'Innocent III, loin d'arrêter sa décadence, ne fit que la précipiter. Humilié pendant sa vie par les deux plus puissants monarques de l'Europe, Philippe le Bel et Édouard Ier; désavoué après sa mort par l'héritier immédiat de son pouvoir spirituel, c'est à lui qu'on peut rapporter, comme à sa première cause, le coup porté à la cour de Rome par la translation du siége pontifical à Avignon et par le grand schisme qui en fut la suite.

Forte des dissensions de l'Église, la puissance temporelle marche dès lors avec hardiesse, pendant deux siècles consécutifs, à la domination absolue des intelligences : c'est l'époque où Louis XI fait prendre les nominaux, où d'autres font brûler les juifs et les hérétiques. Sur les ruines des libertés ecclésiastiques et populaires s'élèvent en Italie les républiques dominatrices, en Allemagne les gouvernements féodaux, en France et en Espagne les monarchies absolues.

VII. — Les usurpations des princes ne manquent jamais de panégyristes, qui rivalisent de zèle et d'habileté pour fausser le droit public dans l'intérêt du pouvoir. C'est ce qu'ont fait dans tous les États de l'Europe, et particulièrement en France, les historiens et les publicistes absolutistes qui, exagérant la part légitime prise par les rois et les empereurs à la civilisation du moyen âge, ont méconnu à la fois les droits du peuple, ceux de l'Église, ceux des seigneurs mêmes à la reconnaissance publique, pour la part qu'ils avaient tous prise, chacun dans son temps, à l'œuvre commune. Ces historiens (1) et ces publicistes (2) ont presque tous, à dater surtout du seizième siècle, soutenu la doctrine de la seigneurie féodale universelle du roi, sans prendre garde que cette doctrine est condamnée par le texte même de l'allocution des Francs à Clovis, sur laquelle elle se fonde surtout, et est d'ailleurs incompatible avec le fait avéré de l'existence immémoriale des alleux et des droits également sacrés de la propriété communale, ecclésiastique ou seigneuriale.

La réaction contre ce système, commencée par les travaux du dix-huitième siècle, a été continuée de nos jours avec un incontestable succès par l'écrivain éminent (3) qui a consacré trente ans de sa vie à l'analyse des éléments si complexes de notre ancienne constitution municipale. Nous tenons donc pour demontrée l'erreur de ceux qui rapportent *exclusivement* aux concessions royales ou seigneuriales la création et le développement des communes, des bourgeoisies, des corps d'arts et métiers, de tous les éléments constitutifs du tiers-état.

(1) Voyez VELLI et le père DANIEL, *Histoire de France;* —l'abbé DUBOS, *Histoire de la monarchie française*; — DUPUY, *Dissertation sur les causes de l'abolition de la servitude, et sur l'origine du gouvernement municipal*; — VILLEVRAULT, *Recherches sur les bourgeoisies*; — *Mémoires de l'Acad. des Inscriptions et des Belles-Lettres*, t. XXXVIII, p. 196; — DE BRÉQUIGNY ET SECOUSSE, t, XI et XII *des Ordonn. du Louvre*; — ROBERTSON, *Introd. à l'histoire de Charles-Quint*, etc. — (2) DUPLESSIS, *Traité des fiefs et des censives*, p. 1; — DUNOD, *Des prescr.*, p. 3, ch. XV; — BASNAGE, *art* 82 *de la cout. de Normandie*; — BOUHIER, liv. II, ch. VI; — CHANTEREAU-LEFÈVRE, *Traité des fiefs*; — LEBRET, *De la souveraineté du roi*, liv. II, ch. VI; — FEVRET, *De l'abus*, t. II, liv. VI; — DELAPOIX DE FRÉMINVILLE. *Traité des communes*, ch. I, p. 17, etc.— (3) M. AUGUSTIN THIERRY, *Lettres sur l'histoire de France, Histoire du tiers état*, etc.

VIII. — Mais l'école historique moderne a-t-elle eu raison d'affirmer que, « dans le grand mouvement d'où sortirent « les communes au moyen âge, tout fut l'ouvrage des marchands et artisans, qui formaient la population des villes, « et que dans la plupart des chartes de communes on ne « saurait attribuer aux rois autre chose que le protocole, « la signature et le grand sceau ? » N'y a-t-il pas dans ce jugement, dominé peut-être par des préoccupations politiques, un certain oubli de la part qu'ont prise dans le moyen âge la couronne, le clergé et la noblesse à l'affranchissement des communes, et ne faut-il pas fermer les yeux à la lumière pour ne pas reconnaître que, dans l'affranchissement des peuples du joug féodal, la royauté et les communes ont le plus souvent agi de concert, et que cette œuvre a été d'autant plus solide, d'autant plus féconde en bons résultats, qu'elle a été faite avec le concours de l'Église et des seigneurs, par les voies pacifiquement progressives de l'affranchissement des personnes et des terres ?

On ne peut nier que la réaction de l'esprit municipal contre les monstrueux abus de la féodalité n'ait éclaté sur beaucoup de points par des luttes à force ouverte, et que la sainte cause des droits imprescriptibles des peuples n'ait été souvent souillée par le sang (1).

Les chartes de Laon, de Sens, de Beauvais, d'Amiens (2), de Vezelay furent arrachées par les armes et plus de sept mille personnes dans la province du Berry périrent en l'an-

(1) Voyez Bréquigny, *Recherches sur les communes*, *Ordonnances du Louvre*, t. XI ; — Augustin Thierry, *Histoire du tiers-état*, ch. I, etc. — (2) Eodem anno (1183) in provincia Bituricensi interfecta sunt septem millia... et eo amplius, ab incolis illius terræ in unum contra Dei inimicos fœderatis, isti terram regis vastando prædas ducebant. (Rigordus, *De gestis Philippi Augusti. Apud scriptores rerum gallic. et francisc.*, t. XVII, p. 11)

née 1183, victimes des violences populaires; mais en bien d'autres lieux les chartes s'établirent par des transactions (1) ou par des achats (2); et l'affranchissement des communes ne procéda pas toujours à beaucoup près par l'insurrection.

Il suffit de jeter les yeux sur les cartulaires du douzième siècle pour se convaincre qu'en général la demande d'affranchissement émanait de tous les ordres de citoyens, était agréée par le seigneur immédiat, qui contribuait à l'établissement de la commune en lui donnant une première forme, et était enfin autorisée par une concession spéciale du roi (3).

L'acte fondamental de la commune était, il est vrai, la conjuration, la confédération par serment. Mais qu'entendait-on, en droit féodal, par *conjuration?*

Conjurer, c'était en appeler à la foi du pacte : *Conjurare*, dit Ducange, « submonere, in jus vocare per fidem « et sacramentum quo domino feudali obstrictus est quempiam citare, » de même que le seigneur, s'il faisait défaut au droit : « Ut porro vassalum conjurare poterat dominus, ita dominum vasallus, si de jure deficeret (4). » Les citoyens d'une ville, opprimés par leurs seigneurs, en appelaient au roi, seigneur suzerain, et prêtaient serment de se défendre réciproquement. C'était une conjuration (5).

(1) *Gallia Christiana*, t. VI, col. 142, ann. 1194; col. 145, ann. 1199; — *Histoire du Languedoc*, t. III, preuv. p. 575. — (2) *Archives des départements*, t. II; *Texte des documents*, p. 39. — (3) Lettre XIII, *sur l'histoire de France*. — (4) Quicumque contra illam loqui voluerit quoniam illam confirmavimus et securavimus, nequaquam illi respondebitur (*Ch. de Beauvais*, t. VII, *des ordonn. des rois de France*.) — (5) *Assises de Jérusalem*, ch. CCXXXIV, CCXLI, CCXLIV, CCXLVII. Le ch. CCXXXIV a pour titre : « Ce sont ceux qui peuvent

Les savants auteurs de *la France littéraire* rétablissent le véritable sens du mot : *Conjuration*.

«Philippe d'Alsace, comte de Flandre et de Vermandois, donna, disent-ils, à la ville d'Aire, en 1164, une charte où on lit : « Omnes autem ad amicitiam pertinentes villæ per « fidem et sacramentum firmaverunt, quod unus subveniet « alteri tanquam fratri suo utile et honestum. » Ce passage est un de ceux qui peuvent servir à prouver l'ancienne existence de ces associations faites entre les habitants d'un même lieu, avec promesse et serment de se défendre dans tout ce qui est honnête et utile, pour nous servir des termes sous lesquels se cache la véritable pensée des contractants; c'est-à-dire plus particulièrement du moins contre les vexations des seigneurs, vexations toujours plus étendues, plus multipliées et plus oppressives. Aussi voit-on toujours de semblables amitiés protégées par les rois, protection qui était une suite nécessaire de la volonté plus générale de l'affranchissement des communes. » Le serment par lequel on le cimentait fit plus souvent encore désigner l'association par *jurata*, *communia jurata* (3). Quelquefois aussi, nous lisons : *Conjuratio*, mot qui ne suppose pas nécessairement, comme on l'a cru, une insurrection, une révolte, mais qui peut très-bien indiquer seulement cette action du serment mutuel qui achevait et affermissait l'union : ainsi, pour ne pas sortir du siècle dont nous retra-

« gagier ou semonder le Seignor ou conjurer de sa foi, et coment « et lesquels non par l'assise ou l'usage du reiaume de Jérusalem.»

(1) Conjuratio communia, commune. Juratorum conventus jurati enim et conjurati dicuntur cives unius oppidi (DUCANGE). —(2) *France littéraire*, t. XIV, p. 5.— (3) *Conjure, conjurement* se prenaient dans le même sens. *Quiconque détourbera échevins ne coremauz quand ils sont en bans et font conjure*, il doit amender au seigneur de trois sous (DUCANGE, au mot : *Paix*).

çons l'histoire littéraire, et du pays même que Philippe gouvernait, une charte de Thierri d'Alsace, son père, de l'an 1147, porte : « Concesserim hominibus S. Bertini ad « Popæringehem pertinentibus ejusdem pacis securitate per « omnia gaudere, qua Furnenses fruuntur, quam conjurave- « runt, in qua et confirmati sunt. » Une charte du même siècle, postérieure seulement de quelques années (elle est de 1161), et donnée par l'empereur Frédéric Ier, se sert également du mot *conjuratio* pour désigner la commune de Trèves.

M. Augustin Thierry prête au mot : *conjuration*, un tout antre sens; mais prouve-t-il, d'une manière bien victorieuse, que l'état de la commune, dans tout son développement, ne s'obtint qu'à force ouverte, et en obligeant la puissance établie à capituler malgré elle? Un élève de l'École des Chartes (1) a combattu, non sans succès, les inductions que l'éminent historien a tirées de l'insurrection de Vezelay ; et même, en faisant une large part aux mouvements révolutionnaires, qui contribuèrent dans les douzième et treizième siècles à la révolution communale, on doit reconnaître qu'il a généralisé outre mesure des exceptions.

La conjuration de la commune s'opérait par le concours du clergé, des grands et du peuple : *Facta inter clerum, proceres et populum mutui adjutorii conjuratione*, dit la charte de Laon; *communi consilio tam militum quam burgensium*, dit Ducange ; *omnes cleri, omnesque milites firmiter juraverunt*, dit la charte de Vezelay; mais cet accord entre les clercs, les chevaliers et le peuple devait, pour légitimer l'institution de la commune, s'accomplir sous les auspices, sous l'autorité du roi, qui reconnaissait

(1) M. Léon de Bastard.

l'existence et les statuts de l'association communale, et couvrait celle-ci de la protection royale.

Concluons que quoique l'histoire des fondations de communes ait été mêlée, comme il arrive toujours, de troubles causés par les passions tantôt des seigneurs, tantôt des bourgeois, tantôt même, quoique bien plus rarement, de la royauté, arbitre presque toujours impartial entre les parties belligérantes; du sein de faits très-divers a toujours surgi cette double leçon, que les réformes libérales naissent rarement des insurrections, et que ce n'est pas à la commune insurrectionnelle qu'il faut attribuer le réveil municipal des onzième et douzième siècles.

« L'insurrection communale, quelque légitime qu'elle soit dans son principe, dit M. Guérard (1), n'a pas ce caractère de noblesse et de générosité avec laquelle on la représente. Je ne vois presque rien de commun, au moins dans les causes, entre la révolte des citoyens libres de l'antiquité contre la tyrannie, et le soulèvement des serfs et des mercenaires contre les seigneurs. L'amour de la liberté et de la patrie est l'âme des premiers; la misère seule n'a que trop souvent suscité les seconds.

« Dans la plupart des plus anciennes chartes de communes, les intérêts matériels sont seuls sentis et réclamés par les révoltés; pourvu qu'on obtienne de vivre à l'abri des extorsions et des mauvais traitements, on fera bon marché du reste. Les traités et pactes des serfs avec les seigneurs sont des espèces d'abonnements, d'après lesquels les uns abandonnent aux autres une part de leur avoir et de leurs droits pour mettre l'autre en sûreté : quant au côté politique et moral de leur cause, il n'est pas même aperçu. »

(1) *Polyptique d'*Irminon, *Prolég.*, § 99.

Sans doute, dit aussi M. Pardessus (1), dans un certain nombre de communes, les habitants obtinrent le droit de choisir des magistrats qui veillaient à l'administration intérieure, à l'exécution des statuts, à la défense générale et qui rendaient la justice ; mais c'étaient simplement des garanties pour le maintien des concessions obtenues. Il n'en résultait pas une constitution politique, destinée à prendre la place de l'autorité du seigneur. Bien loin de là, il n'est pas une charte où, soit dans son préambule, soit dans dans sa clause finale, la fidélité au seigneur ne soit réservée et jurée. A l'instant où les parties se trouvaient en présence, soit pour prévenir, soit pour pacifier une insurrection, le seigneur était en possession de droits dont on ne contestait pas l'existence, et dont seulement on voulait faire réformer l'abus ou l'extension injuste (2) ; et même, quoique presque toujours les communes obtinssent un droit de juridiction, il y en eut où le seigneur la conservait dans toute son ancienne étendue, comme le prouvent, pour la commune de Beauvais, des lettres de 1151 (XI, 198).

Ce n'est donc pas de l'insurrection que procéda le mouvement régénérateur du douzième siècle, et il faut chercher plus haut les sources de l'immense progrès dont la civilisation générale de l'Europe lui est redevable.

« Le mouvement insurrectionnel général des communes au onzième siècle qu'a remarqué l'école moderne, dit M. de Chateaubriand, dans ses *études historiques*, ne doit être admis qu'avec restriction. Cette école s'est laissée entraîner sur ce point à l'esprit de système. »

Pendant longtemps, dit M. Guizot (3), c'est au dou-

(1) *Essai historique sur l'organisation judiciaire*, partie III, p. 347. — (2) DE BRÉQUIGNY, *Préface du t. XI, des ordonn.*, p. XLIII. — (3) *Cours d'histoire moderne*, t. IV, p. 130, 131.

zième siècle qu'on a rapporté l'origine, la première formation des communes françaises, et on a attribué cette origine à la politique et à l'intervention des rois. De nos jours, ce système a été combattu, et avec avantage ; on a soutenu, d'une part, que les communes étaient beaucoup plus anciennes qu'on ne le croyait ; que sous ce nom, ou sous des noms analogues, elles remontaient fort au delà du douzième siècle ; d'autre part, qu'elles n'étaient point l'œuvre de la politique et de la concession royales, mais bien la conquête des bourgeois eux-mêmes, le résultat de l'insurrection des bourgs contre les seigneurs... « J'ai peur que l'un et l'au-« tre système ne soient incomplets, que tous les faits n'y « puissent trouver place et que, pour bien comprendre la « véritable origine, le véritable caractère du tiers-état, il « ne faille tenir compte d'un beaucoup plus grandnombre « de circonstances, et regarder en même temps de plus près « et de plus haut. »

Des travaux récents et consciencieux ont développé et fortifié l'opinion de MM. Chateaubriand et Guizot (1).

Trois éléments concourent à la formation des communes du moyen âge, dit le savant archiviste de Lille (2). Toujours la société s'y compose de trois personnes : L'homme de l'Église, l'homme des camps, l'homme de labourage et de négoce ; en effet, travailler, combattre, prier, n'est-ce point toute la vie humaine ?

C'est bien ainsi que l'entendait le roi anglo-saxon qui écrivait ces belles paroles : « Tout trône ne se soutient

(1) Voyez l'*Introd. au Cameracum christianum* de M. LEGLAY ; — *Le mémoire sur l'affranchissement des communes du nord de la France*, par M. TAILLARD ; — M. LÉOPOLD DELILLE, *De l'état des classes agricoles en Normandie* ; — M. SEMICHON, *De la trêve et de la paix de Dieu*, ch. XII, etc. — (2) M. LEGLAY, *Introd. au Cameracum christianum*, p. 14.

« que sur trois colonnes : le prêtre, le guerrier et le la-« boureur. Le prêtre prie nuit et jour pour la prospérité « du peuple ; le guerrier défend le peuple avec son épée ; « le laboureur cultive les terres et travaille pour la subsis-« tance de tous. Si l'une de ces trois colonnes vient à se « rompre, le trône est renversé. »

Ce triple caractère des institutions municipales, dans les temps mérovingiens et sous la dynastie de Charlemagne, ne s'est pas démenti lors du réveil du douzième siècle.

Ce que le mouvement de cette époque féconde eut de vraiment civilisateur, il le dut, non aux révoltes presque toujours malheureuses des bourgeois contre les seigneurs, mais au concert préalable qui s'établit ordinairement entre les forces supérieures qui dominaient, en la contenant, une société turbulente. Il le dut surtout au bienveillant patronage d'une royauté élevée par son principe d'hérédité incontesté au-dessus des orages et des révolutions politiques.

En 1175, le comte de Nevers, avec l'assentiment du roi, voulut de nouveau instituer une commune à Auxerre : mais l'évêque, Guillaume de Toucy, s'y opposa vivement, et porta le différend devant la cour du roi, non sans danger cependant et sans de grands frais ; car il encourut presque le mauvais vouloir du très-pieux roi Louis, qui lui reprochait de s'efforcer d'enlever la cité d'Auxerre à lui et à ses héritiers, attendu qu'il réputait siennes toutes les cités où il y avait des communes (1). Cette charte est une des

(1) Comes (nivernensis), de assensu regio, communiam Antissiodori de novo instituere voluit, cui item præsumptioni præsul insiguis se confidenter opponens super hoc in regia curia causam ventilendam suscepit, non tamen absque periculo et expensarum nimietate ; fere enim malevolentiam illius piissimi Ludovici regis incurrit, qui ei improperabat quod Antissiodorensem civitatem

preuves les plus décisives de l'alliance de la royauté et du tiers état, dans la création des communes urbaines.

Lorsque saint Louis monta sur le trône, une grande quantité de villes avaient déjà recouvré leur liberté; Louis le Gros, Louis le Jeune, et surtout Philippe-Auguste avaient, dans cette partie, laissé peu de chose à faire à leurs successeurs. Saint Louis n'eut guère qu'à confirmer d'anciennes chartes, qu'à réviser celles qui avaient besoin de changements (1).

En mars 1227, il renouvela les libertés de La Rochelle établies par Louis VIII, dans l'année 1224 (2).

Au mois d'avril 1228, il approuva les lettres que Louis VIII avait accordées aux habitants d'Asnières (3). En 1229, il confirma deux chartes données en 1144 et 1196 à la ville d'Henin (4), ainsi que les priviléges accordés à la ville de Saint-Omer par Louis VIII (5).

En juillet 1233, il en fit autant pour Niort (6).

Par des lettres accordées à la ville de Bourges en mars de la même année, il approuva la charte que cette ville avait reçue de Louis VIII (7).

Il donna, en 1246 et 1254, de grands priviléges aux habitants de Nîmes et d'Aigues-Mortes (8), et en 1263 il fit un don pareil à ceux de Château-sur-le-Cher (9).

L'origine et les caractères de la commune des douzième et treizième siècles sont donc essentiellement monarchi-

ipsi et hæredibus suis auferre conabatur, reputans civitates omnes suas esse in quibus communiæ essent. — (1) *Ordonn. du Louvre*, t. IV, p. 325. — (2) *Ordonnances du Louvre*, t. XII, p. 320. — (3) TAILLEZ, *Recueil des actes des* XIIe *et* XIIIe *siècles*, p. 389 et 392. — (4) *Ordonnance du Louvre*, t. IV, p. 247. — (5) *Ordonnance du Louvre*, p. 327. — (6) *Ordonnance du Louvre*, p. 328. — (7) *Ordonnance du Louvre*, t. II, p. 332. — (8) *Ordonn. du Louvre*, t. II, p. 332. — (9) *Ordonn du Louvre*, p. 333.

ques. L'esprit qui a inspiré les chartes royales à cette époque, c'est le dévouement aux intérêts populaires. Partout se manifeste la belle pensée de Louis le Gros qui, selon une vieille chronique (1), exhorta son fils, en mourant : « A conserver les lois, l'autorité et dignité publiques et « tranquillité et repos des communes, lui remontrant que « le royaume n'était que comme une charge publique, don-« née par provision, ainsi qu'une tutelle dont il fallait tou-« jours rendre compte à Dieu. »

Que l'affranchissement des communes ait trouvé dans un grand nombre de seigneurs une vive opposition, on ne doit pas s'en étonner. L'abbé de Nogent appelait la commune ; une nouveauté détestable : *Communio novum ac pessimum nomen* (2). L'archevêque de Rheims, Ives de Chartres, Jean de Salisbury, Étienne de Tournay déclamaient à l'envi contre les communes. L'évêque de Laon se fit tuer plutôt que de souffrir l'érection d'une commune dans sa ville; mais, malgré ces résistances intéressées, l'œuvre royale et libérale ne s'en accomplissait pas moins.

IX. — Les conquêtes persévérantes de la juridiction royale des baillis et des sénéchaux et de celle des consuls, échevins et jurats sur les justices seigneuriales vinrent puissamment en aide à cette œuvre, et c'est aux légistes que la royauté et les communes en furent surtout redevables.

On connaît les boutades contre les justices seigneuriales du jurisconsulte Loyseau, qui les appelle les *mangeries de village*, et qui à l'appui de l'accusation de condescendance vénale contre les juges seigneuriaux, rappelle l'ancien proverbe : *Le seigneur de paille mange le vassal d'acier.* « La confusion des justices seigneuriales, dit Loyseau, n'est

(1) *Dialogue du royaume*, M. B. — (2) *Script. rer. francisc.*, t. XII, p. 950.

guères moindre que celle des langues, lors de la tour de Babel, confusion qui consiste non-seulement en la division du territoire de chacune justice, mais aussi en ressort et par conséquent en la coutume qu'il y faut suivre, pour que dans l'enclave d'une province, il y a telle petite justice entrelacée, qui a pour coutume de ressortir en une autre province où est la seigneurie dont elle relève... Surtout cette confusion est si grande en la qualité et pouvoir de chacune justice, pour distinguer les justices haute, moyenne ou basse, il est encore plus mal aisé de savoir quel est le moyen du haut, du moyen et du bas justicier. »

Une analyse détaillée des justices royales nous entraînerait hors des bornes de notre sujet, mais nous devons dire un mot des progrès des juridictions municipales, exercées par les *échevins*, *bons hommes*, *consuls*, *jurats*, *capitouls*.

X. — La juridiction municipale s'établit ou se rétablit dans les communes affranchies, partout en même temps, avec une variété infinie de détails. Exercée dans le nord par les maires et échevins jurés, dans le midi par les consuls, tous officiers élus par le peuple, sauf quelques rares exceptions (1), cette juridiction fut mise partout en regard de la juridiction seigneuriale, mais nulle part les rapports de ces deux juridictions rivales ne furent réglés de la même manière parce que, en chaque endroit, les vieilles habitudes firent entrer la législation dans une voie particulière. Ici, la municipalité jouissait d'une juridiction absolue (2). Là, elle jugeait concurremment avec le prévôt (3);

(1) A Rouen et à Falaise, les 100 pairs de la ville présentaient 3 notables au roi qui choisissait parmi eux le maire *Ordonn. des rois de France*, t. V, p. 81. — (2) *Chartes de Rouen*, *id.*, p. 228, art. 1. — (3) *Chartes de Chaumont*, *id.*, p. 225, art. 4.

le plus souvent sa compétence n'était ouverte que quand les juges royaux ou seigneuriaux n'avaient pas prononcé dans un délai déterminé (1). En certains endroits, les juges municipaux n'exerçaient que la basse ou moyenne justice; en d'autres ils possédaient la juridiction capitale (2). Louis le Gros et ses successeurs ne prétendaient pas ramener les juridictions municipales à un système absolu d'unité, mais ils étendirent leur compétence, *salvo jure regis*, disent la plupart des chartes (3), et après s'en être servis comme d'une arme défensive contre la puissance des seigneurs, ils limitèrent d'abord et enchaînèrent ensuite, au profit des cas royaux et des juges nommés par le roi, les justices municipales elles-mêmes, non dans les affaires de peu d'importance et ressortissant par leur nature des associations communales, mais dans toutes celles où se trouvaient impliqués les intérêts généraux des communautés, dont le roi se considérait comme le tuteur (4). C'est ainsi que la haute justice était originairement partagée entre les seigneurs et le roi, de sorte que les débats entre les *potentiores* étaient

(1) *Chartes de Mantes*, *ibid.*, p. 197, art. 2; — *de Crespy*, p. 235, *Ch. de Bruyères*, p. 246, art. 6; — *de Laon*, p. 249, art. 6. — (2) *Charte de Laon*; — *ibid.*. p. 249, art. 6. — (3) *Ordonnances*, t. XI, p. 264, art. 4, p. 274, art. 54, p. 278, art. 2.

(4) Cette tutelle était acceptée par les communes dans leurs chartes. On lit dans celles de Bruyères et de Crespy, un article ainsi conçu : « Homines hujus communiæ extra potestatem placitare non compellentur; quod si super aliquos eorum causam habuerimus, judices juratorum nobis justiciam exæquentur ; si autem super universas querelam habuerimus judicio curiæ nostræ justiciam prosequentur. (*Ordonnances du t. XI*, p. 236, art. XVIII.)

Voyez dans les *Olim*, t. I, p. 159, num. XIII, p. 495, n° XIV, pendant le XIIIe siècle, desquels il résulte que la cour était l'arbitre souverain entre les juridictions municipales et les juridictions seigneuriales, laïques et ecclésiastiques.

jugés par le roi, tandis que les débats de moindre importance étaient jugés sous la surveillance des officiers du ro par les centeniers (1), à l'époque où les offices étaient révocables, et par les barons, quand ils furent devenus héréditaires. Plus tard, cette haute justice devint une attribution exclusive des sénéchaux, des présidiaux et des parlements.

Telle est l'institution qui, combinée avec celle des bourgeoisies et des corps d'arts et métiers dans les villes, vint en aide aux rois, dans la lutte engagée contre les seigneurs, et prépara de loin le triomphe du tiers-état qui, après avoir détruit la puissance féodale avec l'aide de la couronne, a abusé plus tard contre la couronne elle-même du pouvoir dont elle l'avait armé.

CHAPITRE IV

DES BOURGEOISIES DES VILLES ET DES CORPS D'ARTS ET MÉTIERS.

I. — L'étymologie des mots : *bourgeois*, *bourgeoisie* est entre les érudits le sujet d'une controverse qui offre peu d'intérêt. Les uns les font dériver du mot : *burg*, lieu fortifié, dont on trouve les racines dans Tacite, qui parle d'un fort construit au milieu de la Germanie, appelé *asciburgium*; dans Orose, liv. VII, ch. XXII, qui dérive les noms des Bourguignons des châteaux qu'ils appelaient *burgi*; dans

(1) HENRION DE PANSEY, *De l'autorité judiciaire en France.*

Zozime, liv. II, ch. XXXIV, qui se sert dans ce sens du mot grec πυργος. Les mots *burgrave* (*burgi gravio*), bourgmestre (*burgi magister*), paraissent justifier cette étymologie. D'autres prétendent que le mot bourgeois dérive du mot : *borg*, garant et se rattache à l'assurance mutuelle des habitants des communes contre les vexations des seigneurs. Ces deux étymologies se confondent, on le voit, dans une idée commune, celle d'une association, dont les membres se prêtent réciproquement main forte contre l'oppression des hommes puissants.

Les lois anglo-saxonnes d'Édouard, qui font la nomenclature des communautés d'habitants établies par les coutumes germaniques, donnent (art. 35), le nom de *hundreds* aux centaines, et celui de *burgi* aux décanies. Ces mots subsistent encore dans la langue du droit public anglais : le royaume est divisé en *shires* ou *comtés*, qui correspondent aux communautés très-étendues appelées dans les lois d'Édouard : *Wapentachies*; chaque comté est divisé en *hundreds*, et chaque *hundred* en *boroughs* (*burgi*) (1), réunions d'habitants, villes ou villages, qui ont chacun le droit d'envoyer un député à la Chambre des Communes.

En allemand, le mot : *burger* (bourgeois) peut se rattacher au mot : *burg*, château fort, ou au mot : *burge*, caution, fidéjusseur.

II. — Ce qu'il y a de certain, c'est que, dans les coutumes germaniques, le principe de solidarité qui unissait les familles et auquel se rapportent la *faïda*, le *werigildum*, le *fredum*, etc. (2), s'étendait aux associations connues sous les noms divers soit de *villæ*, *burgi*, *urbes*, *oppida*, *civitates*, soit de *hundreds*, *décanies*, etc. Tous les

(1) Blackstone, *Commentaire des lois anglaises*, introd., § 4. —
(2) *Droit municipal dans l'antiquité*, t. IV, ch. I, § 2.

hommes libres réunis dans ces associations répondaient les uns des autres, et avaient ainsi intérêt à prévenir les délits et à représenter les coupables. C'est ce que décident formellement les lois d'Édouard, ch. xx : « Hæc securitas « hoc modo fiebat, scilicet, quod de omnibus villis totius « regni sub decennali fidejussione debebant esse universi, « ita quod si unus ex decem foris fecerit, novem ad rectum « eum haberent ; si aufugeret, capitalis de friborgo... Si « duodecimo existente purgaret, se et friborgum suum, si « facere posset, de foris facto et fuga supradicti malefac-« toris. Quod si facere non possit, ipse cum friborgo suo « damnum restauraret. » La caution mutuelle des hommes libres (*freoman*, *freyer mann*), s'appelait *freoborg*, *friborg* en anglais, *freyer burge* en allemand. Deux diplômes, l'un de Clotaire II, l'autre, de Childebert, publiés vers l'an 595, chargent les habitants de chaque centenie de faire des rondes, et de poursuivre les voleurs, en leur imposant l'obligation de réparer les dommages. « Similiter convenit, « ut si furtum factum fuerit, capitale de præsenti cen-« tena restituat, et causator centenarium cum centena re-« quirat. »

Les citoyens étaient garants des étrangers qu'ils recevaient dans leurs familles et responsables de leurs délits. Après trois nuits passées dans la maison, l'étranger devenait familier : *Twa night gest*, *thrid nigth agen*, disait le proverbe saxon emprunté aux lois anglaises d'Élothaire et d'Éadric (art. 15), et aux lois d'Édouard (ch. xxvii). Les Saxons et les Bourguignons vendaient les étrangers qui n'avaient pas de patron (1). On réforma cette coutume barbare en faisant du roi le patron des étrangers : *Rex alie-*

(1) Peregrinum qui patronum non habebat vendebant Saxones. (HÉGINHARD, *In translatione sancti Viti*, ch. XIII.)

nigenorum patronus, disent les lois anglo-saxonnes du roi Canut, ch. XXVII. C'est l'avouerie du roi, proclamée par les établissements de saint Louis, liv. I, ch. XXXI. A part cette protection, les étrangers ne jouissaient d'aucun des avantages réservés aux citoyens, de la garantie publique, du droit de porter les armes, des droits civils, tels que le droit de tester, celui de laisser ses biens à ses héritiers naturels, celui de contracter mariage avec des personnes jouissant de leurs droits civils. A leur mort, leurs biens étaient dévolus au fisc à titre de deshérence, comme biens vacants. C'est la source du droit d'aubaine : *jùs albînagii.*

II. — En Angleterre, en Allemagne, ainsi qu'en Suisse et dans les Pays-Bas, après la séparation de ces deux États de l'empire germanique, le droit de bourgeoisie a joué un rôle important. C'était le drapeau des associations communales, jalouses de maintenir les conquêtes faites sur le pouvoir féodal, et toujours en éveil pour prévenir ou réprimer les usurpations des seigneurs.

En Italie et en Espagne, où, dès le moyen âge, la puissance seigneuriale s'inclina devant celle des cités affranchies et régénérées, les mots *bourgeois* et *bourgeoisie* se confondent avec ceux de *citoyen* et de *cité*. L'élément féodal n'est pas totalement étranger au municipe italien, à *l'ayuntamiento* espagnol, mais il s'y efface par degrés, et les institutions municipales de ces deux États conservent, à travers les siècles, leur caractère romain primitif.

En France, dans ce pays mixte, où les coutumes germaniques et le droit écrit de Rome ont exercé au moyen âge une influence simultanée, dans des conditions souvent ennemies, le droit de bourgeoisie et le droit de cité marchent en quelque sorte côte à côte sans se confondre.

III. — Les chartes des treizième et quatorzième siècles nous montrent l'intervention des rois de France dans la création des bourgeoisies, plus active encore et plus efficace que dans la création des communes, et nous expliquent, bien mieux que la fausse théorie de la commune insurrectionnelle, pourquoi le régime féodal exerça une influence moins puissante et moins durable sur l'administration des villes que sur celle des campagnes.

Le droit de bourgeoisie, en France, était analogue au droit de cité, mais avait quelque chose de plus spécial (1). Il se distinguait du droit de *commune*, en ce sens que les communes avaient une magistrature tirée de leurs corps, qu'elles étaient administrées par leurs maires ou leurs consuls, qu'elles pouvaient faire des statuts en matière civile et criminelle, tandis que les villes de simple bourgeoisie étaient régies et administrées par les officiers du roi.

L'origine des bourgeoisies se lie, dans notre histoire, à celle de l'intervention des rois dans la grande œuvre de l'affranchissement des serfs (2).

L'ordonnance de Philippe le Bel, de 1287, sur le règlement des bourgeoisies, est à peu près contemporaine de celle de 1302, par laquelle le même roi porta les premiers coups au servage et de celle du 3 juillet 1315, par laquelle Louis le Hutin ordonna que généralement par tout le royaume franchise fût donnée à bonnes et convenables conditions. Ce qui constituait dans l'origine le caractère de la bourgeoisie, c'était l'association d'hommes libres, par opposition aux serfs, dans une ville et avec domicile réel continué pendant un an (3).

(1) BRÉQUIGNY, *Préface du t. XII des Ordonnances du Louvre*; — *Nouveau Denizart*, v° *Bourgeois*. — (2) BRUSSEL, *De l'usage des fiefs*, t. II, p. 940. — (3) *Nouveau Denizart*, v° *Bourgeois*, t. II, p. 708; — BOERIUS, *Décision* CLX; — DUMOULIN, *Sur l'ancien style du parlement de Paris*, part. III, tit. XLV; — V. BRODEAU, *Sur la coutume de Paris*, art. 173.

« Celui qui veut entrer dans la bourgeoisie d'une ville, est-il dit dans l'ordonnance de 1287, doit se rendre en cette ville et dire au magistrat : « Sire, je vous requiers la bour- « geoisie de cette ville et suis apperçu d'en faire ce que « j'en dis faire. » Le prévôt, maire ou lieutenant du roi reçoit la *sûreté* de l'entrée en bourgeoisie, en présence de deux ou de trois bourgeois, c'est-à-dire l'engagement pris par le candidat d'acheter dans le délai d'un an une maison de la valeur de soixante sous, située dans la ville ; le tout est mis par écrit, après quoi le magistrat lui donne un sergent en compagnie duquel il se rend devant son seigneur, et lui déclare qu'il est entré dans la bourgeoisie de telle ville, à tel jour de telle année, ainsi que le porte la lettre de bourgeoisie, signée par les bourgeois qui assistèrent à la déclaration comme témoins. Ces formalités sont nécessaires, et quiconque ne les remplira pas ne sera point tenu pour bourgeois, ni défendu à ce titre par les officiers du roi (1). »

L'engagement de résider ne suffit pas, et une résidence de fait depuis la veille de la Saint-Jean est exigée, sauf le cas d'empêchement déterminé; le bourgeois peut, pendant l'autre partie de l'année, s'absenter pour vaquer à ses travaux, mais il doit laisser en ville sa femme, et, s'il n'est pas marié, ses gens (art. 3, 4, 5, 6).

Enfin le bourgeois doit acquitter les droits et tailles pour lesquels il avait été précédemment taxé dans le lieu qu'il a abandonné, et une bourgeoisie nouvelle ne commence que quand la précédente a cessé (art. 6).

Telles sont les garanties principales exigées par le législateur de 1287, pour faire de la bourgeoisie une chose

(1) Art. 2.

réelle, sérieuse, non un expédient pour se dérober à des charges et à des obligations légitimes.

IV. — Ces garanties furent altérées par des usurpations progressives de l'autorité royale :

1° Les rois, jaloux d'étendre le droit de bourgeoisie, permirent de suppléer par un domicile fictif au domicile réel.

2° On considérait dans l'origine le droit d'accorder des bourgeoisies non comme un droit de souveraineté, mais comme un droit féodal ; les rois commencèrent par le partager avec les seigneurs, en créant des bourgeois dans leurs fiefs, et finirent par le revendiquer tout entier comme appartenant au roi seul et pour le tout (1).

3° Ils s'arrogèrent en outre le droit de juger en conseil d'État de la légitimité des refus des corps de ville d'admettre des bourgeois dans leur sein, et des conditions de ce refus (2).

Les titres de noblesse et le droit de bourgeoisie ne s'excluaient pas dans l'origine (3).

Mais un statut de 1480, relatif aux tournois, défendit aux nobles, sous peine d'être exclus du tournois, de se faire bourgeois d'une ville. Les ecclésiastiques pouvaient être exclus de la bourgeoisie, les bâtards l'étaient toujours (4). Il en était de même des criminels, des ennemis du roi et de la ville, des lépreux, des serfs jusqu'à leur manumission par Philippe le Bel et Louis X.

Il y avait deux manières d'acquérir la bourgeoisie : l'une en vertu d'une concession générale et primordiale, accordée

(1) *Ordonnance de Charles V*, de 1372. (*Recueil du Louvre*, t. V, p. 480, art. 10.) — (2) Voyez les arrêts rapportés par MERLIN, v° *Bourgeois*, 263. — (3) BRÉQUIGNY, préface en tête du tome XII des *Ordonnances du Louvre*, preuve XIX. — (4) Si vous étiez bâtard ou clerc... ne seriez mie bourgeois, si perdriez votre argent. VANDER HAÖT, châtelain de Lille, p. 181.

à tous les habitants d'un lieu; l'autre en vertu d'une concession spéciale, faite à une personne déterminée. La première était appelée bourgeoisie de ville ou réelle; la seconde, bourgeoisie du roi ou personnelle. Il y avait, en outre, des bourgeois du dedans et des bourgeois forains. Ceux-ci étaient vus de mauvais œil sous le règne de Philippe le Bel, comme le prouve l'ordonnance de 1287, qui impose à ceux qui veulent se faire agréer à une bourgeoisie l'obligation d'acheter une maison de la valeur de 60 sous parisis au moins, de tenir continuellement la bourgeoisie au lieu, de la veille de la Toussaint jusqu'à la veille de la Saint-Jean, et de payer toutes les tailles, les jurés et les frais de la ville.

On perdait la bourgeoisie par la perte du droit de cité dont elle était une dépendance, par la translation que le bourgeois faisait de son domicile, hors de la ville de sa bourgeoisie, et en certains lieux par l'acceptation d'une autre bourgeoisie (1). On la perdait aussi par punition pour crime, par désobéissance aux ordres de la corporation, ou faute de remplir les obligations prescrites par le règlement : il était permis de renoncer volontairement à la bourgeoisie (2).

L'institution des bourgeoisies fit rentrer dans les mains du souverain une portion considérable de la puissance publique usurpée par les seigneurs particuliers, ce qui détermina de fréquentes collisions entre eux, au sujet des réceptions de bourgeois (3). Elle força les seigneurs d'adoucir tellement le joug que les serfs refusèrent souvent de se racheter. Elle multiplia et peupla les villes, qui servaient d'asile aux personnes et aux fruits de leurs travaux. Tandis

(1) MERLIN, *Rép. de jurisprudence*, v° *Bourgeois*, § 2, p. 265, art. 3, 4 et 5 du règlement. — (2) MERLIN, *Ibid.*, § 3. — (3) *Règlement* de 1287, art. 6 et 8; — *Nouveau Denizart*, v° *Bourgeois*, § 7.

que, de notre temps, le but de l'économie politique devrait être de faire refluer dans les campagnes l'excédant de population des villes; dans le douzième siècle, au contraire, il fallait tendre à agrandir, à fortifier, à peupler les villes, d'où l'industrie et l'aisance devaient se répandre sur les campagnes. C'est ce qu'on fit en attribuant aux bourgéois de grands priviléges (1). Mais ainsi qu'il arrive souvent, le but fut dépassé. On fit abus des bourgeoisies, surtout dans le Languedoc, et il fallut, pour y remédier, réduire ces priviléges, qui avaient le double inconvénient d'amoindrir outre mesure l'autorité des seigneurs, et d'attirer dans les villes un très-grand nombre d'habitants (2). De là, entre autres ordonnances, celle du 23 août 1376, rapportée dans le recueil du Louvre, t. VI, p. 214.

V. — A côté des priviléges de la bourgeoisie s'élevèrent dans les communes, dès la fin du douzième siècle, les corporations d'arts et métiers.

L'idée des corps d'arts et métiers du moyen âge se rattache à celle des *collegia opificum* des Romains (3). Dans les localités où dominait l'esprit germanique, les règlements empruntés aux cités romaines se combinèrent avec ceux des gildes, dont le nom vient, selon les uns, du mot allemand : *gilde*, qui signifie un banquet auquel toute une famille est rassemblée; selon les autres, du mot : *gilden*, payer. Les *gildes* s'offrent, selon la remarque de M. Augustin Thierry (4), sous le triple aspect de réunion conviviale, de conjuration politique et de société de secours mutuels.

Skenée (*Trait. anglo-nor.*, 2e vol., p. 467) nous a conservé le statut de la gilde de Berwick en 1283.

(1) Merlin, v° *Bourgeois*, § 5 et 6. — (2) *Nouveau Denizart*, v° *Bourgeois*, § 8. — (3) *Code de Justinien*, liv. XI, t. XII et suiv., tit. XXXI et suiv. — (4) *Considérations sur l'Histoire de France*, ch. V et VI.

1° Pour être admis en la communauté ou confrérie, on devait payer une somme, à moins qu'on ne fût fils ou fille de ses membres; et chaque membre était obligé, lorsqu'i faisait son testament, de faire un legs au *gildon*; la valeur en était arbitraire.

2° Si quelque personne infirme ou âgée donnait tous ses biens au *gildon*, la communauté était tenue de payer toutes ses dettes et de lui fournir le nécessaire en santé ou en maladie jusqu'à son décès.

3° Tout confrère qui en insultait verbalement un autre était condamné en une amende au profit de la société; cette condamnation était prononcée par son doyen et son procureur général.

4° Si l'injure était atroce, et suivie d'effusion de sang, l'amende était proportionnée au délit.

5° Le lieu où les confrères se rassemblaient pour y exercer chacun leur profession était enclos; et sous des peines sévères, il était défendu d'apporter des immondices contre les clôtures.

6° Quand un confrère, par décrépitude ou maladie, ne pouvait subvenir à ses besoins, il y était pourvu aux dépens de la communauté.

7° S'il laissait en décédant une fille de bonnes mœurs, qui voulût entrer en religion, ou qui ne pouvait donner de dot à son mari, les chefs du *gildon* lui procuraient l'état où elle se destinait, proportionnément aux facultés de la communauté. Ces chefs étaient au nombre de 24, présidés par un doyen, et aidés dans l'exercice de leur juridiction domestique par un procureur général et un sergent.

8° On pourvoyait de même à la décence des funérailles de ceux qui ne laissaient pas de quoi en faire les frais.

9° Quiconque négligeait de se présenter aux assemblées tenues pour le bien commun, malgré la sommation qui lui en était faite, était condamné en la plus forte amende.

10° Tout associé qui possédait en meubles pour la va-eur de quarante livres était obligé d'avoir toujours à son service un cheval de 20 sous (70 livres de notre monnaie).

11° La communauté avait un moulin commun ; le droit du meunier était du troisième boisseau ; et si l'on moulait son grain chez soi, tandis que le moulin commun était en bon état, on payait au *gildon* la vingt-quatrième partie du grain moulu.

12° Quiconque confiait les deniers de la communauté à des marchands étrangers en était exclu.

13° Un associé ne pouvait acheter des poissons, du blé et autres denrées venant par mer, à moins qu'ils ne fussent au port, afin que ses associés pussent prendre part à son achat, non-seulement pour les nécessités de leur commerce, mais encore pour la subsistance de leur famille.

14° Tout acheteur était obligé de donner au vendeur un denier à Dieu ou quelques arrhes en argent, sous peine d'amende applicable à la communauté.

15° Toute marchandise, avant la vente, devait être visitée, afin que la bonne ou mauvaise qualité en fût constatée.

16° Le prix des moutons était fixé depuis Pâques jusqu'à la Pentecôte à 16 deniers, de la Pentecôte à la Saint-Jacques à 12 ; on ne pouvait les vendre que 10 de la Saint-Jacques à la Saint-Michel, et 8 de la Saint-Michel à Pâques.

17° Nul boucher, tant qu'il massacrait et disséquait les bestiaux, ne pouvait acheter des cuirs ou des laines.

18° La bouteille de bière ne se vendait que deux deniers de Pâques à la Saint-Michel, et de la Saint-Michel à Pâques, elle ne devait valoir qu'un denier.

19° Il y avait des heures fixées pour la vente et les achats de la communauté, afin que ceux qui n'y étaient pas admis pussent faire leurs provisions avant elle.

20° Tout pelletier ne pouvait vendre de la laine provenant des peaux qu'il avait achetées, que depuis la Pentecôte jusqu'à la Saint-Michel.

21° Les brasseurs de bière ne pouvaient acheter de l'avoine que jusqu'à une certaine quantité pour prévenir les enharrements.

22° Les étrangers ne pouvaient vendre qu'en plein marché; et les bourgeois, ainsi que les confrères du gildon, ne pouvaient aller au-devant des forains pour acheter leurs denrées.

« C'était, dit Houard, *Dictionnaire de Normandie*, v° *gildon*, à la faveur de ces priviléges exclusifs que nos premiers ducs et les seigneurs réussissaient à favoriser la population en leurs domaines et à y augmenter leurs droits. Mais les vues des uns et des autres étaient bornées à leur intérêt particulier; on a dû faciliter l'industrie et débarrasser le commerce de toutes ces entraves, dès que les seigneurs ont perdu le droit de parodier le souverain, et qu'il n'y a plus eu de privilége qu'en vertu de la concession. »

VI. — Les innombrables statuts des corps d'arts et métiers dans les villes de l'Italie et des autres États régis par le droit romain et canonique, offrent dans un cadre plus restreint les caractères de la libre organisation des cités. Nous avons sous les yeux les statuts d'un corps de marchands de la ville de Rome rédigés sous l'invocation de cette parole de saint Matthieu : « Per concordiam parvæ « res crescunt, per discordiam maxime dilabuntur. » Les deux premiers chapitres traitent des droits et des devoirs du chapelain ; le troisième, de la fête du patron de la confrérie, le quatrième détermine le nombre des officiers qui sont au nombre de trois, savoir : un consul, un camerlingue et un syndic. Le cinquième détermine le mode d'élection de ces officiers; les sixième, septième, huitième et neuvième, leurs attributions respectives, et les peines attachées à leur refus d'accepter; les dixième et onzième, les droits et devoirs du procureur et du notaire ou secrétaire. La manière de convoquer l'assemblée des membres, les résolutions à y prendre, les peines à infliger à ceux qui ne s'y rendent pas, les impôts à établir pour le maintien de l'association, le mode d'admission des nouveaux membres, les règlements tendant à assurer la bonne fabrication des marchandises, à prévenir la fraude dans les ventes, à garantir la régularité des écritures, y sont l'objet de prescriptions détaillées et minutieuses, dont la substance, sous des formes infiniment variées, se rencontrait sans doute dans tous les statuts de cette nature.

VII. — En France, les statuts des corps de métiers recueillis par les soins d'Étienne Boileau, prévôt des marchands, sous le règne de saint Louis, ont des points de contact avec ceux des *ghildes* germaniques, mais s'en distinguent par un caractère moins exclusif, et par une plus grande dépendance du pouvoir royal et municipal.

Les corps de métiers en France étaient, comme les *collegia opificum* des Romains, ouverts à quiconque s'était rendu idoine à en faire partie. Il fallait pour cela obtenir le *congiet des officiers du roi*, et celui des *échevins* (1); mais l'intervention de l'autorité n'était requise que dans un intérêt de police. L'édit de Henri II, de 1551, et les autres édits fiscaux qui, vers le milieu du seizième siècle, transformèrent les rois de France en *marchands de titres de maîtrise*, portèrent les premières atteintes au principe de liberté que, dans leur organisation toute locale, rete-

(1) Voyez le livre de M. DEPPING, et les *Olim*, édit. BEUGNOT, t. 1, p. 720.

naient originairement les corporations d'arts et métiers (1). Jusque-là, les administrateurs des métiers étaient exclusivement les chefs élus par le corps lui-même, et chargés de faire les règlements intérieurs, d'exercer le pouvoir disciplinaire, et de statuer sur les *vilains cas*, tant en ce qui concernait les maîtres que les compagnons et les apprentis.

Les échevins, à qui les chartes communales donnaient le droit de constituer les corps de métiers, de régler leurs statuts, de publier les règlements principaux appelés *bans de l'échevinage*, et d'assurer, par des inspecteurs la loyauté de la fabrication et de la vente des produits étaient souvent en lutte avec les chefs des corps de métiers. Nous aurons surtout à constater dans l'examen des institutions municipales des Pays-Bas, les conséquences fâcheuses de cet élément de perturbation.

(1) Voyez LOYSEAU, *Des ordres du tiers-état* ; — BODIN, *République* ; — DELAMARRE, *Traité de la police, etc.* ; — Voyez le *Recueil d'actes des douzième et treizième siècles*, publiés par M. TAILLAR, p. CXCIV, les *Observations* à la suite des *Arrêts recueillis dans les Olim et les chartes municipales des douzième et treizième siècles.*

CHAPITRE V.

DE L'AFFRANCHISSEMENT DES SERFS, DES BAUX A CENS OU EN FRANC-ALLEU, ET DE LA MULTIPLICATION DES VILLAGES.

I. — Tandis que les villes s'affranchissaient du joug féodal, à l'aide de la protection royale, par des chartes tantôt conquises à main armée, tantôt volontairement consenties ou libéralement octroyées, les seigneurs et les rois affranchissaient dans les campagnes les personnes et les terres, et créaient les communes rurales, communes infiniment plus nombreuses que celles dont l'école historique moderne attribue la création à l'insurrection des bourgeois. L'affranchissement des serfs, cette œuvre chrétienne et patriotique, avait été commencée, dès les premiers siècles de la monarchie, par les seigneurs ecclésiastiques, et leur origine se confond avec celle des paroisses chrétiennes.

Le Souverain-Pontife Alexandre III, généralisant l'œuvre locale des évêques, proclama du haut de la chaire de saint Pierre, en 1179, qu'il ne devait pas y avoir d'esclaves dans la chrétienté, et l'on trouve dans le préambule d'une charte d'affranchissement donnée au quatorzième siècle, par le chapitre d'Auxerre, des paroles presqu'identiques à celles de Louis X dans la célèbre ordonnance de 1315 (1).

(1) Comme Notre-Seigneur et Rédempteur, auteur de toute créature, a voulu, pour cette raison, revêtir la nature humaine, afin que, par la grâce divine, rompant ce lien de servitude qui nous tenait captifs, notre ancienne liberté nous fût rendue, comme tous les hommes doivent, en vue du droit naturel, jouir

La coopération des rois à l'œuvre de l'affranchissement des serfs remonte aussi au douzième siècle. Du vivant même de son père Philippe Ier, Louis le Gros songeait à veiller à la sûreté des laboureurs, des artisans et des pauvres, en faisant éprouver aux grands vassaux tous les maux et toutes les calamités dont la majesté royale a droit de punir la désobéissance de ses sujets (1). Parvenu au trône, il entreprit, avec l'aide de l'abbé Suger, son ami d'enfance, une œuvre héroïque, et mérita les hommages que lui a rendus la postérité (2). Les premiers affranchissements généraux datent du règne de Louis le Gros. On en trouve en 1118, en 1128, en 1135. Ils se multiplièrent pendant les treizième et quatorzième siècles (3), et c'est en 1315

du bienfait de la liberté, et qu'entre tous les ministres de la foi chrétienne, l'Église, en tant que mère de tous les fidèles, est tenue, non-seulement de donner le privilége de la liberté, mais encore de veiller, pour tous les fidèles du Christ, au maintien et à la défense de ce privilége, selon l'ordonnance des sacrés canons et la sanction légitime des plus saintes lois. Considérant donc que nos actions et nos lumières viennent de Notre-Seigneur Jésus-Christ, voulant, en outre, marcher sur les traces de notre Sauveur et suivre la doctrine des saints Pères, nous accordons à nos hommes, à nos bourgeois les libertés ci-dessus mentionnées. (*Dictionnaire raisonné de diplomatie chretienne*, par M. QUENTIN, v° *Affranchissement.*)—(1) *Vie de Louis le Gros*, par l'abbé SUGER, ch. II. (*Coll. des historiens*, t. VIII, p. 8.) — (2) M. GUIZOT, *Hist. de la civilisation en France*, 12e leçon, p. 105, et *Vie de Louis le Gros*, par l'abbé SUGER, p. 103; — SCHŒLL, *Cours d'histoire des Etats européens*, t. V. ch. XIII, p. 38 ; — LEBER, *Histoire critique du pouvoir municipal*, 1re part., ch. IV ; — RAYNOUARD, *Histoire du droit municipal en France*, t. II, c. VIII, p. 293, etc., etc. — (3) En 1180, Louis VII affranchit tous les hommes de corps d'Orléans et de ses environs, dans un rayon de cinq lieues. En 1197, le comte de Blois et de Clermont affranchit les hommes de Creil. En 1222, Philippe-Auguste affranchit ceux de Beaumont-surque fut rendue la célèbre ordonnance de Louis le Hutin, « Comme selon le droit de nature chacun doit être franc... Nous, considérant que le royaume est dit et nommé royaume des Francs, et voulant que la chose en vérité soit accordante au nom... par délibération de notre grand conseil, avons ordonné et ordonnons que généralement par tout notre royaume franchise soit donnée à bonnes et valables conditions... et pour ce que les autres seigneurs qui ont hommes de corps prennent exemple à nous de les ramener à franchise (1). »

De là l'adage de droit public cité par Loisel, en ses *Institutions coutumières* : « Toutes personnes sont franches « dans le royaume, et sitôt qu'on y est entré, il suffit pour « être affranchi de recevoir le baptême. »

II. — L'affranchissement, dont le bienfait une fois conquis était inamissible (2), ouvrait la porte à toutes les dignités séculières et ecclésiastiques (3), mais ne donnait pas à tous les affranchis une liberté entière.

Oise et de Chambly. En 1223, la comtesse de Nevers affranchit les hommes de condition servile habitant Auxerre. En 1250, l'abbé de Saint-Germain affranchit ceux du bourg de Saint-Germain, d'Antony, de Verrières, de Villeneuve-Saint-Georges, de Valenton et de Crosne, de Thiais, de Choisy, de Grignon et de Parny. Tous s'engagent à lui payer une rente comme prix de la liberté. La même année, la reine Blanche affranchit plus de 1,000 serfs dans sa châtellenie de Pierrefonds. Le Chapitre de Notre-Dame de Paris affranchit les hommes de Chevilly et de Lhay, en 1258 ; d'Orly, en 1263 ; de Vitry, en 1269 (DARESTE, *Histoire des classes agricoles*, p. 92) ; — V. sur l'affranch. des serfs, l'*Abrégé de l'Hist. de France*, par MÉZERAY, t. III, p. 360 ; — l'*Abrégé chronologique*, de M. le président HÉNAULT, etc. — (1) *Ordonnance du 3 juillet* 1315 ; — HÉNAULT, *Variations de la monarchie française*. — (2) DE BUAT, *Origines*, tit. I, liv. III, ch. IX. — (3) La constitution du royaume de France est si excellente, qu'elle n'a jamais

Les serfs devenaient lites, les lites devenaient colons, et la dignité morale des hommes s'élevait ainsi par degrés (1).

Au commencement du onzième siècle, il n'y avait plus d'esclaves, et un grand nombre de serfs, lites ou colons, avaient passé à l'état de domesticité libre (2). Deux siècles après, les seigneurs laïques et ecclésiastiques affranchissaient à l'envi leurs serfs.

En 1270, Beaumanoir écrivait, « pot le serf perdre et « gaignier par marcandise, et si pot vivre de ce qu'il a lar- « gement a sa volonté que ses sires ne l'en pot ni de droit « contraindre et tant poent-il bien savoir de seigneurie en « leurs cores, qu'ils acquièrent à grief peine et grant tra- « vail (3). » A cette époque, dit M. Guérard (4), la servitude n'était plus admise dans le Beauvoisis, et même ne semble pas avoir été très-répandue ailleurs. On serait fort en peine d'en retrouver beaucoup de vestiges dans les chartes et autres documents contemporains.

En Normandie, où les lois féodales ont été rédigées les premières; dans le pays chartrain, où le régime féodal remonte aussi à une époque très-reculée, la mainmorte avait, dès le onzième siècle, détrôné le servage absolu et

exclu et n'exclura jamais les citoyens nés dans le plus bas étage des dignités les plus élevées. (MATHAREL, *Réponse au livre d'Hotman, intitulé : Franco-Gallia.*)— (1) M. GUÉRARD, *Introd. au polyptiq. d'Irminon*; — M. DURESTE, *Hist. des classes agricoles*, t. II. — (2) Une formule de Sirmond rapporte un de ces contrats de domesticité libre : « Comme il est bien connu à tous que je n'ai pas les moyens de me vêtir et de me nourrir... je m'engage, disait le récipiendaire, à la condition que vous me fournirez la nourriture et les vêtements, à proportion du service que je vous ferai et du mérite de mon travail. » — (3) *Coutume de Beauvoisis*, ch. XIV, n. 37. — (4) *Condition des personnes et des terres, etc.*

avait cédé elle-même à la domesticité-libre (1). « Non-seulement, dit M. Léopold Delille, les seigneurs n'y exerçaient sur personne un pouvoir absolu et arbitraire, mais tous les vassaux, moyennant une redevance minime et déterminée, pouvaient se marier suivant leurs inclinations, et transmettre leurs biens à leurs héritiers. Au lieu de payer au seigneur le prix réel de l'héritage, ceux-ci ne devaient plus qu'un droit modéré connu sous le nom de relief. »

III. — Les serfs, liés à leurs maîtres par des contrats d'accensements, étaient appelés, dans l'origine, *homines de corpore*, ou *de potestate*, termes qui précisaient leur état de servitude, et *homines conditionis manusmortuæ*, termes qui indiquaient leur impuissance de vendre leur propriété sans le consentement du seigneur. Celui-ci héritait d'eux quand ils n'avaient pas d'enfants, à moins que leurs parents n'acquittassent les droits de mainmorte.

Les serfs étaient tellement attachés aux terres qu'ils cultivaient que, lorsque ces terres étaient vendues, on vendait aussi ou l'on donnait les serfs. *Et quodam modo servi terræ existimabantur*... Ils étaient obligés, dit Varsavaux, de nourrir un certain nombre de chiens et de chevaux, de faire réparer les fossés des châteaux et des terres de leur seigneur, de fumer et ensemencer ses terres, de couper et faner les foins, de faire le guet dans le château en temps de guerre, si bien qu'ils ne pouvaient désemparer, et que le seigneur pouvait les réclamer, ce que les coutumes appelaient droit de *poursuite* ou de *requête*. Ils ne pouvaient aussi se faire gens d'Église sans le consentement du sei-

(1) Voyez M. Léopold Delille, *Classes agricoles de la Normandie*; — M. Guérard, *Cartulaire de Saint-Pierre de Chartres*; — M. Dareste, *Des classes agricoles en France*, p. 52, etc.

gneur, parce que la tonsure était un affranchissement ou soustraction, « quia clericatus privilegio vacationem ab « oneribus sordidis et operarum prestatione merebantur; » et cette prohibition fut même autorisée par le droit canonique et civil; enfin, ils ne pouvaient se marier qu'à des personnes de même condition et de même seigneurie, d'où on les appela *mortales homines, mortales servi*, attachés à la tenure ou tènement roturier. La condition de ces hommes était semblable à celle des colons romains, *coloni adscriptitii, censiti, addicti glebæ*; ils étaient appelés *mortaillables, gens de poeste et de serve condition.*

La condition des serfs passés à l'état de mainmortables était moins dure que celle des serfs sur lesquels leurs seigneurs exerçaient auparavant un pouvoir tout à fait arbitraire. « Les autres serfs, dit Beaumanoir, sont démenés « plus débonnèrement, car, tant comme il vivent, li signor, si ne leur pueent riens demander se ils ne meffont « for lor cens et lor rentes et lor redevances qu'ils ont accoutumées à payer por lor servitutes, et quand ils se muerent ou quand ils se marient en franques femmes, quanques ils ont esqui et à lor seigneur, muebles et héritages; « car cil qui se formarient, il convient qu'il fissent à la volonté de lor seigneur, et s'il muert, il n'a nul hoir forsque son seigneur, ne li enfant du serf n'i ont riens, s'ils « ne le racatent au seigneur, aussi comme feraient estrange, « et cette derraine coutume que nos avons dite quort entre « les serfs dé Biavoisis des mortemains et des formariages « tout communément (1). »

Ainsi les mainmortables étaient libres, mais d'une liberté fort restreinte. Ils ne pouvaient se marier ou quitter la seigneurie sans le consentement du seigneur. Ils ne pou-

(1) *Coutume de Beauvoisis*, édit. BEUGNOT. t. II.

vaient disposer de leurs biens dont à leur mort le seigneur héritait ou pouvait hériter. Dans les pays qui ne jouissaient pas des bonnes coutumes de la commune, le défaut de paiement du cens et des autres prestations faisait retomber en servitude ces serfs affranchis, appelés autrement censitaires, *capite censi*, *hommes de cors et de chief*. Mais il en était autrement dans d'autres communes. La charte de Laon, par exemple, disposait, art. 8 : Les censitaires ne payeront à leur seigneur d'autre cens que celui qu'ils lui doivent par tête : s'ils ne le payent pas au temps marqué, ils seront punis selon la loi qui les régit, mais n'accorderont rien en sus à leur seigneur que de leur propre volonté (1). La charte de Soissons punissait d'une simple amende le censitaire qui n'avait pas payé son cens au jour fixé.

La mainmorte offrait certains avantages ; elle établissait entre les seigneurs et leurs hommes une solidarité d'intérêts que Beaumanoir, au treizième siècle, et le président Bouhier, au dix-huitième, s'accordaient à reconnaître comme favorable aux uns et aux autres (2). Mais les conditions économiques de ce régime étaient mauvaises. Il nuisait aux transactions, il empêchait le crédit, et s'il est vrai qu'en attachant les paysans à leurs seigneurs, il fa-

(1) Statuimus enim ut homines capite censi dominis suis censum capitis sui *tantum* persolvant, quem si statuto tempore non persolverint, lege qua vivunt emendent, nec nisi spontanei a dominis requisiti aliquid eis tribuant. — (2) Et li segneur meisme n'i font se gagner non, car il en acquièrent plus volontiers par quoi les mortemains et les formariages sont plus grand quand ils esquiéent. Et si dist-on un proverbe que cil qui a une fois escorche, deus, ne trois, ne tout ; dont il apert, espais où on prend çascun jor le lor, qu'il ne voelent gagner fort tant comme il convient çascun jor à la soustenance d'aus et de lor mesnie. (BEAUMANOIR, t. II, p. 237.)

vorisât, comme le dit le président Bouhier, les progrès de l'agriculture, il nuisait aux intérêts généraux de la civilisation en mettant obstacle à la population des villes, et par suite aux progrès de l'industrie et des arts.

Il y a encore, écrivait Bretonnier, en 1771, plusieurs coutumes dans le royaume où le droit de mainmorte personnelle a lieu ; ce sont les coutumes de Troyes, de Vitry, de Châlons, de Chaumont en Bassigny, d'Auvergne, de la Marche, du Bourbonnais, du Nivernais, de Bourgogne duché et comté, Sole et Saint-Sever, Haynault et autres. Il y a aussi des mainmortables en Bresse (1). Ce sont là, comme on le voit, des pays relativement pauvres.

Aussi toutes les chartes des douzième et treizième siècles s'accordent-elles à condamner et sinon à abolir tout à fait, du moins à mitiger la mainmorte, cause incessante d'insurrections et de troubles, comme nous l'apprend Ducange, v° *manusmortua* (2). Les mainmortes sont entièrement abolies, porte la charte de Laon (3). La charte de Soissons, et d'après elle, celles de Sens et de Dijon, et celles de plusieurs communes du diocèse de Soissons, renfermaient des dispositions semblables. La charte de Beauvais dispose, art. 22 : Moi, Louis, je veux faire savoir à tous que les hommes de la commune de Beauvais, interrogés par nous sur le point de savoir comment ils ont tenu leur commune, ont répondu qu'ils n'ont pas vu payer la main-

(1) Bouvet, part. 2, v° *Mainmorte*, q. 1 et 2. — (2) Vetus charta ex tabulario S. Arnulphi Crespiac anno 1102. Et in tantum numerum eorum (servorum) tumultum popularem valuisse, ut omnino commeatum uxorum ducendarum et partem suarum pecuniarum, quam vulgo mortuam manum dicimus, se daturos denegarent. — (3) Mortuas autem manus omnino excludimus, art. 9 ; — Acherii, *Spicilegium*, t. xi, p. 322 et suiv.

morte à Beauvais, et qu'ils sont prêts à l'affirmer devant nous par serment s'il en est besoin (1).

La mainmorte, cette forme adoucie du servage de la glèbe, était devenue, dans le douzième siècle, grâce aux progrès constants de la liberté, un objet d'horreur. C'est, dit une charte de Suger, abbé de Saint-Denis, en 1162 (2), une détestable coutume. C'est, dit un évêque d'Autun, une servitude inhumaine envers le genre humain : *Servitus lineæ humani generis inhumana* (3). Dans les communes mêmes où elle ne fut pas abolie, la mainmorte fut convertie en une redevance fixe, et c'est ainsi que, par la charte donnée en 1221 à la Ferté-Milon, Philippe-Auguste affranchit les habitants des droits de mainmorte et de formariage, moyennant le paiement annuel de 40 livres parisis (4).

IV. — L'esclavage, le servage, la mainmorte, la domesticité, la liberté absolue sont les phases successives de l'affranchissement des personnes; celui des terres subit des transformations analogues. Ceux-là seuls s'appellent, à proprement parler, bourgeois, disait un vieux légiste, Guillaume Benoît, dont les biens allodiaux ne sont soumis à personne (5).

Les chartes des douzième et treizième siècles propagèrent dans les pays de coutumes le régime du franc-alleu, qui s'était toujours maintenu dans les pays de droit écrit.

(1) *Recueil des ordonnances*, t. XI. — (2) *Rép. de jurisprudence* de GUYOT, v° *Mainmorte*. — (3) *Chronic. episc.* ANTISSIOD, ann. 1162. — (4) *Recueil des ordonnances*, ann. 1221. Quittamus in perpetuam manummortuam et foris maritagium, quod super eos habemus, et a quod propter hoc nobis reddent annuatim XL libras parisienses de censo in festo sancti Remigii. — (5) Soli illi proprie dicuntur burgenses, quorum bona sunt allodialia, nemini subjecta. DUCANGE, v° *Burgenses*.

Quiconque sera entré dans la commune, disent les chartes de Noyon et de Saint-Quentin (1), demeurera sauf de son corps, de son argent et de ses autres biens, sans que le comte puisse mettre ban ni assises de deniers sur les propriétés des bourgeois. Ni l'évêque, ni l'empereur, dit la charte de Cambrai (2), ne peuvent asseoir de taxe dans la commune; aucun tribut n'y est exigé. Tous, dit la charte de Brai, donnée par Philippe-Auguste, doivent être saufs, tant de leur corps que de leur argent et de leurs possessions, tenures et gages (3). Tous, dit la charte donnée en 1175 par Louis VII aux habitants de Dun-le-Roi, seront affranchis des droits de queste, de tolte, d'albergue, de couvertures (*calcitrarum*) et de coussin (*pulvinaris*) (4). Ces clauses sont plus usuelles encore dans les chartes des communes du centre et du midi de la France. Inhibition aux baillis d'Auvergne d'imposer ni *alberiatge*, ni *tolta*, ni *talha*, ni *quista*, ni *compra forta damont*. Les citoyens de Lyon ne peuvent être ni taillés ni imposés par les seigneurs. Les fors du Béarn ne permettent pas que nul « habitant de la terra ne sia tengut paga, peatge, leude « ne autre bertegal. » Les coutumes du comté de Bigorre défendent au seigneur de prendre arbitrairement et sans indemnité préalable aucune partie des biens de ses vassaux. Alphonse, comte de Poitiers, frère de saint Louis, octroye à la ville de Riom des libertés et coutumes, et défend au seigneur d'y établir ni taille, ni queste, ni albergue, etc., (5). Un demi-siècle auparavant, Guillaume, comte de Rodez, disait, en confirmant les priviléges de

(1) AUGUSTIN THIERRY, *Lettres sur l'Histoire de France. Histoire des communes.* — (2) *Hist. de la commune de Cambrai*, p. 204. — (3) *Recueil des Ordonnances*, t. XI, an 1210. — (4) *Ibid.*, an 1175; — DUCANGE, *Calcina pulvinat, etc.* — (5) D'ACHERII, *Spicilegium*, t. XI, p. 373.

cette ville : « Donam et autorgam eis lo do et afrancar-« ment... assaber que jamai tolta ni forza ad home ni a « femena no fassaen en lor villa dor Rodes, nos ni hom per « nos. »

La charte donnée en 1187 à Milhau, par Alphonse, roi d'Aragon, comte de Barcelone, marquis de Provence et vicomte de Milhan, dispose aussi : « Et nullum chestum « vel toltam ab eo exigemus (1). Ces exemples pourraient être multipliés à l'infini.

V. — L'affranchissement progressif des personnes et des terres devait avoir pour résultat la création d'une classe de cultivateurs et de propriétaires libres et par suite des concessions de droits de propriété et d'usage faites par les seigneurs comme conséquence et condition du droit de cité.

De là les tenures roturières (*ruptuaria, a rumpendis terris*) établies par les baux à cens.

L'intérêt autant que l'humanité commandait aux propriétaires d'alleux ou de bénéfices qui ne pouvaient faire valoir par eux-mêmes leurs héritages, de traiter avec des censiers et ménagers à qui ils donnaient, avec une liberté limitée et progressivement étendue, des terres à cultiver, des pâturages pour la nourriture de leurs bestiaux, du bois de chauffage, moyennant des redevances annuelles en argent, des corvées annuelles, des droits de lods, l'obligation de se servir des moulins et fours banaux, et autres obligations de ce genre. De là des avantages et des charges corélatives. D'un côté le censier trouve dans sa ferme des ressources pour la subsistance de sa famille et quelquefois des moyens de fortune. Il entretient des valets de ferme, des bergers, des garçons de cour, il devient pro-

(1) *Archives des départements*, t. II, p. 20.

priétaire à son tour, et étend peu à peu son *courtil*, composé d'un petit manoir et d'un jardin. Il trouve d'ailleurs dans son seigneur protection et sûreté, et, quoique soumis en général à une autorité absolue, il ne peut être frappé d'une amende, si ce n'est par le jugement des échevins, sauf pour les crimes très-graves, tels que meurtres, incendies, vols. Les nécessités de la vie étant ainsi assurées, les hameaux, les villages, les villes s'élevaient autour du château, et formaient des populations de laboureurs, d'artisans, de soldats qui s'obligeaient, en échange des concessions faites par les seigneurs, à des redevances en argent, à des corvées de natures diverses, à des tailles, à des droits de guet et de garde, à des dîmes, à des champarts, à des cens, à des droits de lods, à cette multitude infinie de droits seigneuriaux, dont Ducange et de Laurière nous ont donné l'analyse et que venaient compliquer encore des franchises non moins variées que les droits eux-mêmes. Les censiers s'établissaient sur les terres, y bâtissaient des maisons et acquéraient droit de cité (1).

On voit, par une foule de chartes des douzième, treizième et quatorzième siècles la liaison étroite qui existait entre les actes d'affranchissement des serfs et les concessions féodales de droits d'usage ou de propriété connus sous les noms de *baux à cens*, *accensements*, *affièvements*, etc.

Guillaume V, seigneur de Linières, accorde en 1168 la liberté à ses sujets, et leur concède en même temps ou leur confirme des droits d'usage, à la charge de la prestation

(1) Quiconque sera reçu dans cette commune, porte l'art. 24 de la charte de Laon, devra, dans l'espace d'une année, ou se construire une maison, ou acheter des vignes, ou, du moins, apporter dans la cité assez de sa fortune immobilière pour pouvoir être saisi par la justice. (D'ACHERII, *Spicilegium*, t. XI, p. 322.)

d'un setier d'avoine et de quelques autres charges (1).

Dans la concession des priviléges faite en 1213 par Hervé à la ville de Lury, on lit, art. 7 : « Homines de franchisia « reddent census et reddibitiones terrarum illis de quibus « terras tenent, sicuti debent (2).

Dans l'affranchissement des villes du Berry par Robert de Courtenay, on lit : « Ego, Robertus de Courtenay, do- « minus de Cellis... quod hominibus commemorantibus « apud Cellas, tamen concessi libertatem quod quicumque « in parrochia cellensi domum habebit pro domo sua da- « bit unum sextarium avenæ, 12 denars usualis monetæ « et duas gallinas (3).

Dans l'acte de confirmation d'affranchissement de Beaumont sur Yonne par Charles VI, en mai 1402, on lit, art. 5 : « Quod ipsi quittaverant in perpetuum omnes ho- « mines suos, ab omni servitute corporis, et a qualibet « alia exactione, videlicet tailliæ, allacionis rogæ et con- « veiæ. Ita videlicet quod quilibet dictorum hominum te- « nebitur reddere annuatim, ubicumque eat vel maneat 12 « denars turonenses, ratione dictæ libertatis, ipsis et hæ- « redibus suis, vel eorem mandato, in crastino omnium « sanctorum.

Art. 12. « Dicti homines pascua in nemoribus dictorum « helvisis, petri et hœredum suorum habebunt post quin- « tum folium, ad oves, animalia et equos suos. »

Des actes d'affièvement, déposés dans les archives de Béarn et de Navarre, de 1200, de 1205, de 1282, de 1289, de 1296, de 1298, affranchissent les habitants des com-

(1) Secousse, t. III. — (2) *Ibid.*, t. III, p. 8. — (3) Les faits à l'occasion desquels est intervenu un arrêt de la Cour de Bourges, du 8 février 1841 (*Journal du palais*, tom. II, de 1841, p. 602), offrent un exemple d'un droit d'usage concédé par une charte d'affranchissement de 1270.

munautés de Meriteus, de Bezeruns, de Bagneux, de Camptout, de Castanets, ensemble les biens meubles et immeubles *gaigniés* ou à *gaigner*, en payant chaque communauté une certaine quantité de sous morlaas.

Les archives du comté de Bigorre, déposées à Tarbes, renferment un certain nombre d'actes contemporains et analogues, notamment un mandement du 28 février 1319, donné par le comte de Bigorre à son sénéchal, d'inféoder aux enchères les terres hermes et incultes de son comté et l'acte d'exécution par le sénéchal du mandat à lui donné par le comte, acte daté de la fête de saint Nicolas, en 1320.

On ne poussera pas plus loin une énumération suffisante pour prouver l'influence réciproque qu'exerçaient l'un sur l'autre l'affranchissement des personnes et l'affranchissement du sol. Le pacte d'affranchissement, dit avec raison M. Léber, n'était au fond que la conversion du droit que le seigneur avait sur la personne du serf, en un autre droit qu'il acquérait sur le bien, le revenu ou le travail de l'affranchi. La servitude cessait d'être personnelle, elle devenait réelle; et comme les conditions onéreuses d'un pareil contrat ne pouvaient être exactement remplies qu'au moyen d'une certaine aisance, ou parce que des charges sans bénéfices équivalents auraient écarté ceux que les seigneurs étaient intéressés à attirer ou à fixer dans les terres, les affranchis obtinrent des concessions qui, jointes à celles dont ils jouissaient déjà, les mirent en état de subsister avec leurs familles et même d'augmenter leur patrimoine (1).

(1) Voyez les chartes citées par M. Leber, *Histoire critique du pouvoir municipal*, p. 339 et suiv.

DES TENURES EN FRANC-ALLEU ET DES TENURES CENSUELLES.

VI. — Les tenures des habitants des seigneuries étaient de deux sortes ; il y avait des tenures en *franc-alleu* et des tenures *censuelles*. Dans la langue du moyen âge, l'alleu était la propriété originairement libre ; le franc-alleu, la propriété affranchie du joug féodal.

Il y avait deux sortes de franc-alleu ; le noble et le roturier.

Le franc-alleu noble était celui auquel il y avait justice, fief ou censive annexés.

Le franc-alleu roturier était celui où il n'y avait ni justice, ni fief, ni censive.

Le propriétaire d'un franc-alleu roturier était obligé de reconnaître une juridiction, parce qu'on regardait la justice comme un droit de souveraineté universelle et imprescriptible. C'est pourquoi Loysel, en ses *Instituts coutumiers* (1), enseigne que « tenir en franc-alleu est tenir de « Dieu tant seulement, fors quant à la justice. »

Le franc tènement était dispensé de toute autre charge. « Ungs francs tènements, sont tenus sans hommage et sans « partage en fief lay ; et ce est fait par composition qui est « faite entre aucunes personnes ; si comme ce un homme « a 20 sous de rente sur un fief, et en donne à un autre « 10 sols, et en retient les autres 10 sols, et hommage de « son homme, cil qui tient le fief ne fera pas hommage à « autre ; car il le tient pour un seul hommage, et telle te- « nure est appelée volontaire, pour ce qu'elle est faite par « la volonté de celui qui baille et par celle à celui qui re- « çoit, et non pas de nécessité d'héritage. » De ces termes

(1) Liv. II, tit. I, règle 19.

de ancienne coutume de Normandie, on concluait que les terres de franc-alleu étaient celles qui ne reconnaissaient aucun supérieur en féodalité et n'étaient sujettes à payer aucuns droits seigneuriaux.

Le franc-alleu était une propriété affranchie tout à la fois du lien féodal, c'est-à-dire de la foi, de l'hommage, du relief, de la féodalité et des redevances justicières, telles que vest, devest, censive, servitude, etc...

Rageau, en son *Indice des droits royaux et seigneuriaux*, dit : « Le franc-alleu est un héritage qui peut être sujet à « la juridiction d'un seigneur justicier, mais qui ne doit « cens, charges, fiefs, rentes, champarts ni autres rede- « vances de fonds de terre, saisine, desaisine, rachat, re- « lief, lods et ventes, entrée, ni issue, ni autre servitude, « et duquel nul n'est seigneur direct et foncier. »

Bacquet, *Traité du droit de franc fief*, chap. II, nombre 21, dit : « Héritages allodiaux ou tenus en franc- « alleu, sont toutes terres, possessions et droits immobi- « liers, pour raison desquels n'est due aucune prestation « de foi et hommage, censive, rente ne redevance, ou de- « voir quelconque et sont appelés allodiaux, parce que « les propriétaires ne les tiennent d'aucun seigneur féo- « dal, censier ou autres, tellement qu'ils sont francs, « libres et exempts de vest et devest de foi, d'hommage, « de quint, de requint, de rachat, et de prise par défaut « d'hommes, et de toutes servitudes quelconques, ensemble « de tous les droits et devoirs tant féodaux que seigneu- « riaux. »

Cazeneuve, *Traité du franc-alleu du Languedoc*, dit : « L'alleu est un bien possédé en propriété pleine et ab- « solue, où la directité et l'utilité se trouvent unies sans « reconnaître aucune autre puissance supérieure que la « souveraineté du prince. »

Les tenues allodiales dérivaient d'origines diverses :

1° Les rois firent don à titre perpétuel, non en bénéfice, mais en toute propriété, comme le remarque Jérôme Bignon (1), d'une partie de ce qui leur était échu à des tenanciers en franc-alleu;

2° Les terres échues au lot des soldats furent possédées par eux en pleine propriété héréditaire, sans être même assujetties aux tributs, suivant l'opinion commune des historiens, et, d'ailleurs, par cette raison sans réplique que leurs terres étaient de vrais alleux;

3° Les anciens propriétaires possédèrent aussi leurs terres en franc-alleu, sans reconnaître aucun autre seigneur foncier qu'eux-mêmes.

VII. — Les tenures censuelles étaient établies par des contrats appelés baux à cens ou emphytéoses, en vertu desquels les possesseurs étaient tenus de payer une rente à temps ou à perpétuité (2). « Le mot *cens*, dit M. Bouthors (3), offre un double caractère : ou il est représen-« tatif de la possession, ou il est recognitif de la seigneu-« rie. Le cens représentatif de la possession diffère peu de « la rente foncière ; comme celle-ci, il constitue un vérita-« ble revenu. Le cens recognitif a cela de particulier qu'il « consiste toujours en une prestation modique, qui n'est pas « en rapport avec la valeur de l'objet auquel il s'applique. « Le premier est dû au propriétaire, abstraction faite de la « seigneurie ; le second est dû au seigneur, abstraction « faite de la propriété. Le premier peut se détacher du do-« maine et s'inféoder comme le domaine lui-même ; le se-« cond ne peut jamais être séparé de la seigneurie. »

(1) BIGNON, *sur Marculfe*, liv.   , ch. 17. — (2) *L.* 103, *de verb. signif.* ; *l.* 2, *c. de jure emphyt.* ; *l.* 23. *c. de adm. tut.* — (3) *Coutumes locales du baillage d'Amiens.*

Le bail emphytéotique offre le *cens* sous l'aspect d'une rente purement foncière recognitive du droit de propriété. Son origine est romaine. Elle correspond, comme l'a très-bien prouvé M. Troplong (1), à l'*ager vectigalis*, c'est-à-dire aux terres communes, aux domaines attribués aux cités romaines lors de la fondation des colonies, et concédés par elles à perpétuité ou à temps moyennant un canon (*vectigal*) à des familles pauvres qui devaient cultiver, planter, améliorer les terres incultes (2), et qui ne pouvaient en être dépossédées tant qu'elles payaient la rente (3).

Réglé, mais non pas créé par la fameuse constitution de l'empereur Zénon (4), étendu, perfectionné par l'empereur Justinien (5), le droit emphytéotique survit à la chute de l'empire d'Occident, et prend place dans les lois, les capitulaires et les conciles des deux premières races, à côté des autres contrats (6). Vient la féodalité, et dès lors le bail emphytéotique, absorbé par d'autres contrats appropriés au nouveau régime, perd ses caractères, à tel point que Dumoulin n'y retrouve plus sa nature primitive. « De quo ex solo verbo emphyteosos non continuo liquet, » dit le grand jurisconsulte (7), « propter naturam ejus exo-« letam. »

(1) *Du contrat de louage*, t. I, n. 31 et suiv. — (2) Le mot emphitéose dérive d'un mot grec qui signifie planter des arbres, semer et améliorer les terres. — (3) Vectigales vocantur qui in perpetuum locantur ea lege ut tamdiu pro illis vectigal pendatur neque ipsi qui conduxerunt neque his qui in eorum locum successerunt auferri eis liceat (*L. 1, ff. si ager vectig.*) — (4) *L 1, c. de emphyt.....* Jus emphyteucarium, neque conductionis, neque alienationis esse titulis adjiciendum, sed hoc jus testium esse constituimus. — (5) *L. c. de jure emphyt.* — (6) *Lois des Lombards*, liv. III, tit. II, ch. IV ; — *Capitulaire de février* 877 (BALUZE, t. II, p. 241 et 341) ; — *Concile de Tours*, III, ch XXXV, etc. — (7) *Sur Paris*, § 82, gl. 1, n. 10.

VIII. — Le bail à cens seigneurial, substitué à l'emphythéose, est confondu avec lui par quelques jurisconsultes; mais les feudistes les plus éminents signalent des différences profondes entre ces deux genres de contrats. Quoique nous ayons adopté le mot d'emphytéose, dit Fonmaur, le vrai est pourtant qu'il n'y a pas de véritable emphytéose chez nous, mais seulement des baux à cens. Duparc Poullain dit la même chose, t. III, p. 262. M. Troplong a analysé les motifs et les caractères de cette profonde altération. « Quand le droit féodal, dit-il, eut pris « possession de la société, et qu'il se fut trouvé en face de « cette plaie de la grande propriété, qui avait perdu Rome « et l'empire, son génie original multiplia les moyens soit « de sous diviser les terres, soit d'associer les classes indi- « gentes aux bienfaits de la possession du sol. On vit naître « tour à tour les baux à fief, les baux à rente perpétuelle « foncière, les baux d'usage et de pacage, les baux à cens! « Les baux à cens surtout furent un des contrats les plus « fréquents parmi ceux auxquels il donna naissance et qui « soutinrent sa longue domination; c'était une convention « par laquelle le maître d'un héritage noble en transpor- « tait le domaine utile au preneur, qui se tenait désormais « à titre de propriétaire roturier, mais sous la réserve du « domaine direct et féodal, et d'une modique rente an- « nuelle appelée cens, et destinée à témoigner de la supé- « riorité du seigneur (1). Ce contrat n'était pas sorti « d'une imitation du droit romain; les mœurs féodales « l'avaient produit spontanément (2), et quoiqu'il eût « beaucoup de rapport avec l'emphytéose, il en différait « cependant par des points essentiels. L'emphytéose avait

(1) COQUILLE, *Instit. du droit français des cens.* — (2) DUMOULIN, *sur Paris*, § 73, n. 22.

« pour fin spécifique (1) d'améliorer des terres incultes et « d'augmenter la richesse agricole du sol. Le bail à cens « était plutôt destiné à procurer au seigneur des hommes « et des sujets. L'emphytéose ne transmettait au preneur « qu'un quasi-domaine, et le bailleur retenait non-seule- « ment la directe, mais encore une partie du domaine « utile; au contraire, le bail à cens faisait passer sur la tête « du preneur tout le domaine utile; il ne restait au con- « cédant que les droits honorifiques de la propriété et de « la directe seigneuriale, portion de la puissance publi- « que (3). L'emphytéose tombait en commise par défaut « de paiement du cens; les censives étaient exemptes de « cette peine (4). Enfin, l'emphytéote ne pouvait aliéner « *irrequieto domino*. Au contraire, le vassal avait droit de « disposer librement de la chose accensée, sauf le paie- « ment des lods et ventes (5).

« Mais ces deux contrats avaient des rapports de res- « semblance capitale, c'est que l'un et l'autre laissaient « subsister entre le bailleur et la chose baillée un lien de « dépendance qui réduisait le droit du bailliste à un do- « maine imparfait. C'est que, dans le bail emphytéotique « comme dans le bail à cens, une prestation annuelle ve- « nait témoigner de l'infériorité du preneur. C'est enfin « que l'un et l'autre contrat faisaient porter la perte totale « par le propriétaire direct, et la perte partielle par le dé- « tenteur (6). »

IX. — Les différences d'origine, de but et de caractère qui existaient entre le contrat romain d'emphytéose et les con-

(1) DUMOULIN, § 73, n. 30. — (2) *Infr.* n. 32. — (3) M. MERLIN, *Repert.*, v° *Fief*, p. 245, col. 5 ; *Infr.*, n° 32. — (4) DUMOULIN, *sur Paris*, § 73, n. 22. — (5) DUMOULIN, *sur Paris*, § 73, n. 22. — (6) *Ibid.*, *loc. cit.*

trats analogues usités dans le droit féodal, se manifestent dans les jurisprudences souvent opposées des pays de droit écrit et des pays de coutume.

Dans le droit commun coutumier, le mot *cens* supposait essentiellement la seigneurie directe. « De consuetudine « servatur qui cui census solvetur est dominus directus et « percipit laudimia quandoque res venditur; » telle était la doctrine enseignée par Joannes Faber et par Dumoulin. Un arrêt du parlement de Toulouse, du 6 mars 1649 (1), jugea au contraire que la dénomination de bail à cens ne constituait point par elle la directité, et n'emportait qu'une rente simplement foncière et les droits en dépendant. D'argentré (2) tenait aussi que, dans la Bretagne, le bail à cens n'était par lui-même qu'un simple bail à rente, et qu'il fallait que la directité eût été expressément stipulée.

L'essence du bail à cens était, selon les jurisconsultes des pays féodaux, la même que celle du contrat romain d'emphytéose. Ils pensaient que, par l'un et par l'autre, le domaine utile était seul aliéné, tandis que la dominité directe restait au bailleur, avec une rente qui lui était payée en reconnaissance de la directité. Mais les jurisconsultes des pays de franc-alleu pensaient, au contraire, que les deux contrats différaient en ce sens que le partage du domaine direct et du domaine utile, qui est le caractère essentiel du contrat d'emphytéose selon le droit féodal, était inconnu aux Romains (3). Tous les auteurs s'accordaient néanmoins sur un point, c'est qu'on ne pouvait bailler à cens qu'un fonds que l'on possédait comme noble, au lieu que, pour

(1) CATELAN, liv. III, ch. XLI. — (2) *Sur Bretagne*, art. 73, n. 2. — (3) V. DUMOULIN, *Coutumes de Paris* ; — SALVAING, *Usage des fiefs* ; — BOUTARIC, *Matières féodales* ; — FURGOLE, *Traité du franc-alleu*.

bailler un fonds à titre d'emphytéose, il suffisait de le posséder en franc-alleu ; les deux rentes portaient d'ailleurs le nom de *censives.*

X. — La distinction des tenures allodiales et des tenures féodales apparaît d'une manière sensible dans un vieux manuscrit composé d'aveux ou déclarations donnés en 1273 à Édouard Ier, roi d'Angleterre (1), en sa qualité de duc de Guyenne, par les habitants du duché. Les *feudataires* y reconnaissent leur qualité de subordonnés, *ligii feudatarii*, le lien féodal, *quod tenent de rege*, la nature de leur tenure, *in feodo*, l'obligation du service militaire, etc. ; mais, à côté d'eux, apparaissent les *alleutiers*, dont les uns déclarent qu'ils ne tiennent rien du roi, qu'ils ne lui doivent rien, ni l'hommage, ni le serment de fidélité, ni la justice. Les autres se reconnaissent débiteurs d'une rente, d'une redevance, d'une corvée personnelle. Tous s'y déclarent francs et libres possesseurs d'une terre allodiale, obligés au service militaire, et tenus non d'obéissance et de fidélité ou d'hommage comme les feudataires, mais d'alliance, *pace.*

Le caractère de la concession se déterminait par le titre d'investiture. On n'avait recours au droit commun que lorsque l'investiture manquait. C'est, dit Gœtzman, *Traité des fiefs d'Alsace*, chap. II, art. 1, § 42, la teneur de l'investiture qui constitue la nature du fief.

La tenure en franc-alleu était originairement collective. Elle provenait tantôt, comme nous l'avons expliqué, de concessions faites *in integritate*, tantôt d'un droit de préoccupation exercé par des associations spontanément formées sur des propriétés incultes ou abandonnées ; tels étaient

(1) M. Delpit et M. Championnière, p. 290, ont donné de ce manuscrit une intéressante analyse.

ces communs d'origine romaine, désignés par les *Scriptores rei agrariæ* sous les noms de *communalia*, *vicinalia*, *proindivisa*, *consortia*, etc.

Le contrat d'inféodation se formait de deux manières : par *oblation* ou par *tradition*.

Il se faisait par *oblation*, lorsque le propriétaire d'un bien libre ou allodial en faisait hommage à un roi, à un prince, à un seigneur quelconque, et le recevait ensuite de sa main sous la condition de le tenir de lui en fief.

Il se faisait par *tradition*, lorsqu'un roi, un prince, un seigneur quelconque, détachait de son propre patrimoine un domaine qu'il concédait à un particulier, pour le tenir de lui en fief et lui en faire hommage.

Dans le premier cas, il se formait ce qu'on appelait un fief d'oblation ou un fief offert; dans le second cas, le fief était appelé fief de tradition (1).

Dans les pays allodiaux, en Alsace, par exemple, tout fief dont l'origine était inconnue était réputé fief d'oblation plutôt que fief de tradition (2), et ne retournait par conséquent pas au seigneur en cas d'extinction de l'agnation du premier investi, ce qui avait lieu, sauf clause contraire, dans les fiefs de tradition.

Les tenures roturières étaient constituées par le bail à cens (*contractus censualis*).

XI. — Les principes sur le franc-alleu n'étaient pas les mêmes dans les pays de droit écrit et dans les pays de coutumes.

Dans les pays de droit écrit, l'allodialité était une qualité naturelle à l'héritage, et dans le doute, on la présu-

(1) *Répertoire de jurisprudence*, v° *Réversibilité des fiefs*. —
(2) Voyez les *Arrêts de la Cour de Colmar et de la Cour de Cassation*, rapportés par Sirey, 35, 1, 486 ; 36, 1, 521 ; 38, 1, 871.

mait. « Sciendum est, » dit Cancérius (1), « quod in dubio « quælibet res præsumitur allodialis non feudalis, neque « emphyteusaria, et ratio est quia feudum et emphyteusis « dicuntur quædam servitutum species... » Et au n° 31 : « In dubium sæpe verti solet utrum si res aliqua sita intra « fines alicujus castri prœsumatur de directo dominio dicti « castri, oppidi aut civitatis ; an vero præsumatur allodialis, « nam quod dicitur dominos terrarum habere suam inten- « tionem fundatum quoad ea quæ in finibus dictorum ter- « rarum sunt, illud verum est quoad jurisdictionem, non « super dominio directo neque utili rerum singularum, etc. »

Aux autoritées citées par le célèbre jurisconsulte aragonais, à l'appui du principe de la liberté naturelle des terres dans les provinces romaines, et parmi lesquelles on distingue Paul de Castre, Guy pape et autres, on peut joindre Larocheflavin *Traité des droits seigneuriaux*, ch. Ier art. 1er. Un autre jurisconsulte toulousain, Maynard (2), a fourni, il est vrai, des armes aux adversaires du franc-alleu naturel, notamment à l'auteur du *Traité des francs-fiefs* (3), en disant : « Que l'on ne peut tenir terre sans sei- « gneur dans le ressort du parlement de Toulouse, et que « celui qui prétend que son héritage est tenu en franc-alleu « doit faire apparaître de titre exprès et spécial, autrement « qu'il peut y être imposé cens. » Mais cette opinion isolée ne saurait prévaloir contre le témoignage unanime des jurisconsultes que Cazeneuve et Furgole citent en faveur du franc-alleu naturel des pays régis par la loi romaine.

La liberté naturelle des terres formait le droit commun de tous les pays de droit écrit, et l'on y tenait pour principe

(1) *Variarum resolut. Part.*, 1, ch. XXIX, p 223.—(2) *Notables et singulieres questions de droit écrit*, liv. IV, ch. XXXV.—(3) *Jurisprudence du Conseil sur les francs fiefs*, t. II, p. 465.

que c'était au seigneur à montrer son titre pour assujettir le possesseur au cens féodal.

XII. — Quant au droit coutumier, il y avait : 1° des coutumes censuelles ; 2° des coutumes allodiales, 3° des coutumes qui admettaient le franc-alleu roturier ; 4° des coutumes muettes.

Parmi les coutumes censuelles, on peut citer la coutume de Melun, art. 104 ; la coutume de Meaux, art. 189 (1) ; la coutume de Senlis, art. 101 et 262 ; la coutume de Blois, art. 331. Beaumanoir (2), Loysel (3), Louet et Brodeau (4), Galand (5), Dumoulin (6), Varsavaux (7) enseignent que les principes consacrés par ces coutumes remontent à une époque bien antérieure à leur rédaction.

Deux arrêts de la Cour de Cassation, des 1er juillet 1835 (8) et 23 février 1836 (9), ont jugé que la province de l'Alsace était un pays allodial, où l'on ne connaissait pas la maxime : *nulle terre sans seigneur*, et qui était régi par la maxime : *nul seigneur sans titre.*

Cazeneuve (10) cite parmi les coutumes allodiales la coutume de Paris, dont l'art. 68 ancien, devenu le 118 nouveau, a été commenté par Charoudas le Caron dans un sens favorable à la liberté des terres. Telle est aussi l'opinion de Salvaing (11) sur cette question, mais les auteurs du *Répertoire de jurisprudence* paraissent incliner vers une opinion contraire (12).

(1) Par la dite coutume franc alleu partout le dit baillage et anciens ressorts d'icelui ne peut être tenu et possédé sans titre particulier. (BOBE, p. 389.) — (2) *Coutumes de Beauvoisis*, ch. XXIV. n. 2. — (3) *Instit. cout.*, liv. II, tit. II. — (4) *Lettre C.*, ch. XXI. — (5) *Franc-alleu*, ch. VII, n. 95. — (6) *Coutumes de Paris*, art. 68, n. 6. — (7) *Traité des communes, préface.* — (8) SIREY, 35, 1, 490. — (9) SIREY, 36, 1, 521. — (10) *Franc-alleu du Languedoc*, liv. II, p. 476. — (11) *De l'usage des fiefs*, ch. LII. — (12) V° *Franc-alleu*, § 19.

L'ancienne coutume de Vitry, premièrement rédigée par écrit, consacrait incontestablement le régime allodial maintenu par l'art. 135 de la nouvelle coutume, ainsi conçu : « Toutes terres occupées, tenues et réclamées franches « par dix ans entre présents, et vingt ans par absents, âgés « et non privilégiés, avec juste titre et de bonne foi, sont à « toujours franches et sans servitude, et ainsi en use-t-on.

L'art. 51 de la coutume de Troyes disposait : Tout héritage est franc et réputé de franc-alleu, qui ne se montre serf et être redevable d'aucune charge, posé qu'il soit assis en justice d'autrui et qu'il n'en ait titre (1).

L'art. 62 de la coutume du baillage de Chaumont en Bassigny était conçu en ces termes : « On tient au dit bail- « lage que tout héritage est réputé franc, qui ne le mon- « tre être redevable d'aucune charge, quelque part qu'il « soit assis. »

On lit dans la coutume d'Auxerre, art. 23 : « Tous hé- « ritages sont réputés pour francs et libres de censive, s'il « n'appert du contraire. »

On peut comprendre avec Louet, parmi les coutumes allodiales, la coutume de la chastellenie de Sezanne et la coutume de Meaux, et avec les auteurs du *Répertoire de jurisprudence* (*loc. cit.*, § 18), la coutume de Saint-Quentin, en vertu de l'art. 3 de la charte de commune que lui donna Philippe-Auguste en 1195.

Dans certaines coutumes, on admettait le franc-alleu noble, non le franc-alleu roturier. Telle était notamment la disposition des art. 130 et 131 de la coutume de Bourgogne.

L'art. 102 de la coutume de Normandie portait : « Les « terres de franc-alleu sont celles qui ne reconnaissent su-

(1) Voyez LEGRAND, en son *Commentaire*, p. 160.

« périeur en féodalité et ne sont subjettes à faire ou payer « aucuns droits seigneuriaux. » Le franc-alleu n'était donc pas inconnu en Normandie, mais il n'y était pas de droit commun.

D'autres coutumes, et en grand nombre, étaient tout-à-fait muettes sur le sujet du franc-alleu.

DE LA CRÉATION DES VILLAGES.

XIII. — La plus grande partie des communes constituées ou rétablies dans la période féodale s'établit dans de très-petits villages. C'est ce que prouve la nomenclature des communes de cette époque, rappelées dans le tome XI des *Ordonnances des rois de France*, dans le *Glossaire* de Ducange, et dans les histoires locales. Or, ce n'est pas assurément à des révoltes de paysans contre des seigneurs qui les auraient si facilement domptées, c'est bien plutôt aux concessions volontaires des seigneurs, qui confirmèrent les communes anciennes plus encore qu'ils n'en constituèrent de nouvelles, qu'il faut attribuer l'origine des communes rurales.

Les actes de concessions émanés des seigneurs laïques ont eu une large part dans la création des villages et des propriétés communales ; car, dit Montesquieu, chaque seigneur s'appliquait à faire fleurir son pays. Mais la part des seigneurs laïques dans cette grande œuvre a été moindre que celle des évêques, des abbés, des seigneurs ecclésiastiques (1).

Nous avons vu, dès les premiers siècles de l'invasion germanique, les évêques défenseurs des cités, et les abbés des monastères affranchissant les serfs et les appelant

(1) CURASSON, *Traité de l'usage*, t. III, p. 60.

dans les paroisses pour défricher les terres et bâtir les habitations. Ces bienfaits du clergé reçurent une vive impulsion de l'accroissement de sa puissance, par l'effet de l'accroissement des biens ecclésiastiques.

Il suffit d'ouvrir les cartulaires des anciennes abbayes pour se convaincre qu'un nombre immense de villages et de communaux dérive des inféodations que des seigneurs ecclésiastiques ont consenties à des communautés d'habitants. Les vastes marais du littoral des deux mers, les bois et les forêts dont les montagnes étaient couvertes, ont été desséchés ou défrichés par des moines de l'ordre de saint Benoît de Cluni, de saint Bruno, etc., et des villages, des bourgs, des villes, se sont successivement élevés dans des lieux auparavant insalubres et inhabitables; un grand nombre d'entr'eux portent encore les noms de leurs fondateurs et de leurs patrons.

Dans l'impossibilité où nous sommes d'entrer dans des détails sur ce point, nous nous bornerons à citer deux documents puisés, l'un, dans les archives d'un de nos pays de droit écrit et de franc-alleu; l'autre, dans l'histoire de l'une de nos provinces féodales, et qui indiquent l'un et l'autre l'origine à la fois aristocratique et religieuse d'un grand nombre de villages.

Le premier de ces documents est la charte de l'an 1135, qui se trouve au cartulaire de l'abbaye de Moissac, déposé dans les archives de la préfecture de la Haute-Garonne, et dont nous devons la communication à l'obligeance du savant et modeste archiviste, M. Belhomme. Cette charte nous a paru dans la constitution du village de Saint-Nicolas et de ses libertés et franchises un specimen précieux de la constitution des villages non-seulement à l'époque où elle a été écrite, mais dans des temps plus reculés.

Le prieur de Moissac, investi du double mandat de l'abbé

du monastère et du seigneur vicomte, établit le village de Saint-Nicolas dans des conditions de liberté analogues à celles dont jouissait déjà le village de Haut-Villars, sous la réserve, en faveur des moines, de douze deniers à titre d'acapte, de quelques autres droits, et des justices selon la coutume du village de Haut-Villars. En même temps sont stipulées en faveur du vicomte et de la vicomtesse des redevances en blé et en avoine, proportionnées au nombre de bœufs ou aux instruments d'agriculture avec lesquels travailleront les manants et habitants. Ceux qui n'auront ni bœufs ni foussous (1) seront nourris par les moines. Un cens doit être payé à deux époques fixées pour les produits des bestiaux. Si le vicomte et ses serviteurs ont des sujets de querelle avec les habitants, ce sont les moines qui jugeront selon la justice. Les moines et les hommes de Saint-Nicolas seront défendus par les seigneurs. Tel est le pacte écrit en présence de témoins. Le vicomte jure le premier de l'observer fidèlement. L'abbé et les moines signent ensuite, les hommes après eux, tous sur l'autel de saint Nicolas, et des témoins certifient la prestation du serment. Le vicomte jure de ne pas leur enlever les droits qui leur sont assurés en ces termes. « Le sei-
« gneur n'exigera aucune garantie d'un habitant, si ce
« n'est en cas de clameur. Si un habitant veut éluder les
« garanties qu'il a dû donner, le seigneur s'emparera de
« ce qui lui appartient, et, s'il n'a rien, de sa personne, en
« attendant que deux hommes probes jugent et terminent
« le différent; puis et après avoir apaisé les clameurs, il
« pourra se retirer tranquillement où il lui plaira. Nul des
« habitants ou de ceux qui viennent au marché ne pourra
« être retenu en gage ni perdre ce qu'il a, s'il n'est débi-

(1) *Fossorium*. Instrument d'agriculture.

« teur ou fidéjusseur. Mais le débiteur ou le fidéjusseur, « foi mentie (*fide mentities*), pourra être retenu en gage et « conduit au juge qui décidera selon le droit. Si quelqu'un « tire l'épée dans le village, il donnera 20 sous ou aura la « main coupée. S'il frappe ou lève la pierre, il sera traité « selon la volonté du seigneur. S'il fait jaillir le sang, le « seigneur exigera la mise en gage ou la caution. Après la « mort du vicomte, son successeur jurera le pacte qui se « termine par les signatures des parties et des témoins. »

Telle est la constitution municipale d'un village au douzième siècle. Les deux puissances concourent à son établissement ; l'abbé, au nom du droit ; le seigneur au nom de la force ; tous, les témoins eux-mêmes, se lient par un serment réciproque, en vue de prévenir la violence et la fraude et de faire régner la justice.

XIV. — Ce qui a dû multiplier, dans les douzième et treizième siècles, les villages autour desquels se sont groupés les biens communaux, c'est l'impulsion imprimée par le zèle éclairé des rois aux défrichements des terres couvertes de bois ou incultes. Ces défrichements s'expliquent d'un côté par l'augmentation de la population à laquelle il fallait procurer des habitations et de la nourriture ; d'un autre côté par le profit qui en revenait aux propriétaires.

Saint Louis se servit principalement des moines pour exécuter ces entreprises. Les preuves de ce fait surabondent pour le midi comme pour le nord, et tandis que les historiens du Languedoc nous montrent le saint roi dans son palais d'Aigues-Mortes, d'où il s'embarqua pour la Terre Sainte, traitant avec l'abbé Psalmodi pour l'assainissement des marais qui environnaient cette ville et pour la construction des remparts (1), autorisant l'abbé de Ma-

(1) Voyez les *Actes de cession d'Aigues-Mortes et le Mémoire pré-*

ran qui, du fond du Vivarais, était venu vers lui, à ériger en ville un petit fort flanqué de quatre tours qui servait de refuge à l'abbaye en cas d'hostilités ou de menaces de la part des seigneurs des environs, fondant ainsi, avec le concours de l'autorité ecclésiastique, Villeneuve de Berg (1), et créant de la même manière plusieurs autres villages et bourgs, nous voyons dans les chartes normandes publiées par M. Léopold Delille (2), de nombreux exemples de défrichements et d'établissements de villages érigés en paroisses par les abbés de Citeaux avec le concours du souverain dans ces immenses forêts d'Alibermont, du Trait, d'Évreux, de Breteuil et autres, qui n'avaient pas été comprises dans le partage du territoire et dont les rois s'étaient réservé la disposition.

XV. — Une page de l'abbé de Croyland, citée par le même auteur, nous montre à la même époque un riche village de la Normandie s'élevant dans des circonstances analogues avec le concours du seigneur et d'un monastère voisin.

Richard de Roullours, qui avait épousé la fille et l'héritière de Hugue d'Envermeu, seigneur de Bourn et de Deeping, s'adonna beaucoup, dit M. Léopold Delille, à l'agriculture.

Il était surtout fier du nombre de ses juments et de ses troupeaux. Pour étendre son domaine de Deeping, il voulut y enfermer un grand morceau de marais commun, qu'il se proposait de partager en prés et en pâturages. Il vint en demander la permission aux moines de Croy-

senté au roi par les habitants de cette ville en 1248. — (1) Voyez l'*Histoire générale du Languedoc*, t. III ; — M. DE VILLENEUVE, *Histoire de saint Louis* ; — *Histoire d'Aigues-Mortes*, par EM. DE PIETRO. — (2) *De l'état des classes agricoles en Normandie.*

land. Jaloux de s'associer à une si utile entreprise, ils s'empressèrent non-seulement de la lui accorder, mais encore d'inscrire sur leur martyrologe son nom et celui de sa femme. Richard leur témoigna sa reconnaissance par une aumône de 20 marcs d'argent. Ce puissant seigneur ferma donc tout le terrain depuis la Chapelle-Saint-Guthlac à l'est, jusqu'à Caredick et depuis Caredick jusqu'à Ceïlake, en laissant Crammor de côté. Il opposa une très-forte levée à la rivière de Welland, qui, chaque année, inondait presque toutes les prairies situées sur ses bords, circonstances qui avaient fait donner à ce lieu le nom de Deeping c'est-à-dire pré profond. Sur la levée, il bâtit des tènements et des cottages. Bientôt ce fut un village important. Des jardins y furent tracés, des champs cultivés ; l'endiguement du fleuve avait transformé en campagnes très-fertiles, en terres d'excellènte quantité, des prés, où naguère on ne trouvait que des lacs profonds et des marais impraticables. Ces gouffres et ces hideux marécages s'étaient métamorphosés en un jardin de délices. Le succès fut si complet, qu'on dut y établir une paroisse dont l'antique chapelle de Saint-Guthlac devint l'église.

On retrouve les mêmes caractères dans une donation du village de Saint-Maurice en Gourgois et de ses dépendances faite, le 4 avril 1233, à Humbert, prieur de Saint-Rambert, par Robert de Saint-Bonnet-le-Château, dans la charte de Cisoing, petite ville bâtie à deux lieues de Lille en Flandre, sous le double patronage du seigneur et de l'abbé de Cisoing, ayant, avant 1204, son enceinte, ses portes, ses échevins, régie dès lors par la loi de la Bassée que le savant M. Tailliar suppose être la même que la charte communale octroyée en 1163 pour Raoul de Couci aux habitants de Veryins et recueillie par dom Lelong, parmi les preuves de son *Histoire ecclésiastique et civile du diocèse de Laon* (p. 607).

XVI. — Les chartes de fondation des villages du Cambrésis consacrent aussi la triple alliance de l'évêque, du châtelain et des bourgeois. Balderic (liv. III, ch. xxxv) donne la formule du serment que l'évêque de Cambrai exigeait de son châtelain ; elle peut être ainsi résumée : Je te garderai la foi promise aussi longtemps que je serai *tien* et que je conserverai tes biens. « Fidelitatem sicut « tibi promisi adtendam quandiu tuus fuero et tua bona « tenuero. » A ce serment qu'il rapporte dans son *Histoire de Cambrai*, première partie, ch. xii, Carpentier ajoute avec Adam Gélicq, qu'il cite à ce sujet, la promesse de défendre les églises, les bourgeois, leurs maisons et leurs meubles (*cateux des ciutoiens et ciutoiennes*) ; de ne pas les abandonner aussi longtemps qu'ils auront un danger à courir ; à l'occasion et la guerre étant ainsi déclarée, de marcher avec la bannière de l'évêque, ses avoués (*avoyez*), ses pairs (*pers*), ses héraults (*heralts*), ses varlets, et si besoin est avec ses échevins et la commune tout entière (*et la commungue*), et d'y revenir avec un chacun en bon ordre, enfin de faire rendre à tous bonne justice. En échange de cette protection, le châtelain de Cambrai avait droit au tiers des amendes encourues et recevait des marchands de Crevecœur deux deniers cambrésiens, à la Saint-Remi, deux au Noël et quatre à la Saint-Georges ; les voitures qui arrivaient de Cambrai, chargées de vin, lui devaient chacune un setier de vin et un denier cambrésien, et il recevait un denier de timonage de celles qui venaient du Hainaut. C'est sur cette réciprocité de droits et de devoirs, base bien plus solide que celle de l'insurrection, que reposaient les sept chartes modèles des villages du Cambrésis, la première donnée à Esnes en 1193, la seconde à Busigny en 1201, la troisième à Solemes en 1202, la quatrième à Crevecœur en 1219, la cinquième à Nieguy en 1239, la sixième à Haucourt en 1240, la septième à Walincourt en 1316 (1).

La fondation des villages par les évêques et les seigneurs rappelle les colonies romaines, mais avec les modifications introduites dans la hiérarchie des personnes et des propriétés, par les principes du droit féodal. Pour bien apprécier ce régime, dit un de nos écrivains contemporains (2), qui concourent à remettre dans leur véritable jour les institutions du moyen âge, essayons de reconstituer la théorie qui eût présidé à l'établissement d'une colonie fondée pendant le onzième siècle, sur un sol vierge, par des hommes imbus du principe de la féodalité. Nos émigrants eussent été conduits par un chef : nous l'appellerons seigneur suzerain. Ce chef se réservera quelques portions du territoire de la colonie, par exemple, l'emplacement des meilleurs ports, celui des châteaux les plus importants, de vastes forêts, de grandes prairies, des coteaux propres à la culture de la vigne, il partagera le reste du sol entre ses principaux compagnons. Le lot de chacun constituera un grand fief. Ce fief sera souvent composé de terres éloignées les unes des autres, et susceptibles par leur nature de donner les produits les plus différents. Ceux qui recevront ces grands fiefs (appelons-les vassaux) seront sous la dépendance immédiate du souverain : ils tiendront en chef ou nuement de ce denier ; ils lui feront hommage. A la possession de chaque fief, le suzerain attachera certaines obligations militaires ou judiciaires ; de la sorte,

(1) WILBERT, *Formation et administration des villages*, p. 7. — (2) LÉOPOLD DELILLE, *Etude des classes agricoles en Normandie au moyen âge*, p. 27 à 29.

il n'aura ni troupes ni tribunaux à entretenir. Les tenants en chef imiteront la conduite de leur suzerain : ils retiendront dans leurs mains une partie de la terre qui leur a été inféodée. Avec le reste, ils établiront en faveur de leurs propres vassaux de petits fiefs, qui relèveront d'abord d'eux-mêmes, ensuite du seigneur suzerain. Envisagés dans leur rapport avec celui-ci, nous les appellerons arrière-fiefs. Ils seront soumis à des obligations analogues à celles des grands fiefs.

« Mais ni le suzerain, ni les tenants en fiefs, ni les arrière-tenants ne peuvent exploiter les terres qui leur sont échues : chacun d'eux procède alors à une nouvelle opération. Il fera deux parties de la terre, il se réservera l'exploitation de la première, la seconde se partagera entre des laboureurs qui jouiront de chaque parcelle à des conditions différentes : les plus ordinaires de ces conditions seront des rentes en nature ou en argent, et des services le plus souvent destinés à l'exploitation de la terre restée entre les mains du seigneur.

« Ainsi, deux espèces de propriétés : l'une, qui oblige à l'hommage, et le plus souvent au service militaire; l'autre, qui engage au paiement de certaines redevances, à l'accomplissement de certaines corvées. Donnons l'épithète de *nobles* aux terres possédées suivant le premier de ces modes, celle de *roturières* aux terres possédées suivant le second.

« Autre destination : les terres comprises dans les limites du fief sont exploitées, ou directement par le seigneur, qui s'en est réservé la propriété, ou par des laboureurs, à qui il les a concédées à des conditions plus ou moins onéreuses. Les unes forment le *domaine* proprement dit, les autres forment le domaine fieffé.

« Ce que nous venons d'exposer peut donner une idée

assez complète de l'organisation hiérarchique de la propriété, telle que l'aurait établie la féodalité dans un monde nouveau. On s'imagine aisément que ces principes ne furent pas toujours rigoureusement appliqués dans des pays où la féodalité s'implanta lentement et en quelque sorte au hasard, sur d'anciennes institutions dont le sens était perdu, et dont la ruine était accélérée par l'impéritie ou l'ambition des hommes et le malheur des temps. Mais elle n'en est pas moins caractérisée par les traits que nous avons indiqués. »

LIVRE III

CARACTÈRES DISTINCTIFS DU DROIT MUNICIPAL AU MOYEN AGE DANS LES ÉTATS DU MIDI DE L'EUROPE.

CHAPITRE PREMIER

HISTORIQUE DES MUNICIPES, DES RÉPUBLIQUES ET DES LIGUES DE L'ITALIE AU MOYEN AGE.

I. — Le droit municipal romain, abrogé dans l'empire d'Orient, par la Novelle XLVI de Léon le Philosophe, subsista en Italie, malgré les incursions répétées des Huns, des Goths, des Vandales et des Lombards, jusqu'au moment où Odoacre vint mettre fin, avec ses Hérules, à l'empire d'Occident, et où la chute de Rome fit dire à saint Jérôme : « Que la lumière du monde était éteinte et que l'univers « entier venait de crouler par la chute d'une seule cité. »

Alors commença pour l'Italie une période de ténèbres, de barbarie et de corruption universelle, n'empruntant aucune lumière aux sciences, aucun charme aux lettres, et ne laissant apercevoir les formes d'aucun gouvernement arrêté.

« Si nous regardons autour de nous, s'écriait saint Grégoire le Grand, dans son homélie sur Ézéchiel, nous ne voyons partout que le deuil; si nous prêtons l'oreille, nous entendons des gémissements de toutes parts. Les villes sont détruites, les châteaux abattus, les champs dépeuplés, la terre est devenue une solitude... Il n'y a plus d'habitants dans les campagnes; il n'y en a presque plus dans les villes, et cependant les restes du genre humain sont frappés encore, et chaque jour et sans relâche : les uns sont traînés en captivité; d'autres sont massacrés; voilà le spectacle que nous avons sous les yeux... Rome elle-même, qui semblait être autrefois la reine du monde, nous voyons ce qui en reste : la voilà écrasée de plusieurs manières sous des douleurs immenses, par la désolation des citoyens, par les marques de dévastation que ses ennemis ont imprimées sur elles, par la fréquence des ruines. Où est le sénat? Où est le peuple (1)? En les perdant, elle a senti la moelle de ses os se dessécher, ses chairs se consumer, et tout l'éclat des dignités séculières, qu'elle étalait comme une parure, s'est évanoui... Dépouillée de son peuple et de ces hommes puissants, au moyen desquels elle s'élançait sur sa proie, Rome ressemble à un vieil aigle tout chauve, qui n'a plus ni ailes, ni plumes (2). » Tel était, en effet, alors l'avilissement du peuple de Rome que lorsque Bélisaire, le défendant contre les Goths avec une très-petite armée, voulut se servir des citoyens, il put à peine trouver un nombre de gens suffisant pour relever ses soldats pendant la nuit aux endroits où il y avait le moins à craindre, et qu'il se contenta de faire servir les habitants en guise de manne-

(1) Ubi enim senatus? Ubi jam populus? Contabuerunt ossa, consumptæ sunt caues, omnis in ea sæcularium dignitatum fastus extinctus est. (S. Greg., *Homel. in Ezech.*, 6, lib. II.)— (2) Calvitium ergo suum sicut aquila dilatat, quia plumas perdidit quæ populum amisit, etc.

quins (1). La brutale férocité des Goths, des Hérules et des Vandales put s'exercer à plaisir sur ces peuples amollis, et l'Italie ne commença à respirer que lorsque les Lombards, plus civilisés que les Goths, eurent, après un traité de paix fait avec le pape saint Grégoire, rétabli l'empire du droit municipal romain. La loi des Lombards, dit Montesquieu (2), était impartiale, et les Romains n'avaient aucun intérêt à quitter la leur pour la prendre. Le motif qui engagea les Romains sous les Francs à choisir la loi salique n'eut point lieu en Italie ; le droit romain s'y maintint avec la loi des Lombards. »

Il suffit de jeter les yeux sur les nombreux statuts des cités lombardes recueillis dans les archives de Milan (3), pour voir à quel point le contact des principes du droit romain et de ceux du droit germanique a été fréquent dans cette contrée. Grâce au concours de l'esprit de liberté et d'équité des lois lombardes, des principes du droit romain et des influences chrétiennes, la régénération fut rapide, et, sous le règne d'Othon le Grand, la plupart des villes de la Lombardie, de la Vénétie et de la Toscane relevèrent leurs murailles détruites par les barbares, reprirent leurs magistrats populaires, et se reconstituèrent sur le modèle de la république romaine et de ses colonies (4).

A la tête de chaque ville étaient deux consuls annuels, élus par les suffrages du peuple ; ils cumulaient le droit de

(1) SARTORIUS, *Essai sur l'état civil et politique des peuples d'Italie, sous le gouvernement des Goths.* — (2) *Esprit des lois*, liv. XVIII, ch. VI. — (3) *Statuti di Valtellina, riformati nella città di Coira nel* 1545 ; — *Statuta civilia communitatis Leuco, Mediolani*, 1669 ; — *Liber statutorum communis Mouza, Med.*, 1579 ; — *Statuta civit. Novariæ, nov.*, 1585 ; — *Statut. Crem., Passa., Vicin., Placent., Pad., S.-Marini, Regg., Bresc., Triestæ, Bag., Lodi, Asti, Voghera, etc.* — (4) MURATORI, *Ant. ital., Dissert.* XLV et XLVI, t. IV.

combattre et le droit de juger, et présidaient en même temps aux conseils de la République. Ces conseils étaient au nombre de deux, outre l'assemblée générale du peuple. L'un, peu nombreux, appelé le conseil de confiance (*il consiglio di credenza*), administrait les finances, surveillait et secondait les consuls ; c'était le conseil exécutif. L'autre, composé de cent membres au moins, et désigné sous le nom de *sénat* ou de *grand conseil*, préparait les décrets, qui étaient ensuite soumis aux délibérations du peuple. Le sénat participait ainsi à la puissance législative, qui était exercée par l'assemblée générale du peuple, convoquée, au son de la grosse cloche, sur la place publique par le parlement.

Les villes étaient fermées et divisées en quartiers, qui prenaient ordinairement leur nom de la porte la plus prochaine, parce que les habitants du quartier étaient plus particulièrement chargés de la défense de cette porte et de la muraille qui en dépendait.

Les quartiers formaient des corps militaires, avec des étendards différents ; chaque quartier choisissait parmi les plus riches citoyens, et, lorsque les nobles eurent commencé à se recommander aux Républiques, parmi ces nobles, une ou deux compagnies de cavaliers armés de pied en cap. Le même quartier formait ensuite deux autres corps d'élite, dont chacun était du double plus nombreux que le précédent ; c'étaient les arbalétriers et l'infanterie pesante. Cette dernière était armée du *pavois*, espèce de bouclier, de la *cervellière* ou coiffe de fer, et de la lance. Les autres citoyens, également divisés par compagnies, et n'ayant pour armes que leurs épées, étaient obligés de se rendre sur la place d'armes de leur quartier, toutes les fois que le tocsin sonnait. Aucun homme, depuis l'âge de dix-huit ans jusqu'à celui de soixante-dix, n'était dispensé de ce devoir. Les consuls commandaient les armées, et sous leurs ordres ils avaient le capitaine du quartier, son gonfalonier ou porte-étendard, et le capitaine de chaque compagnie (1).

La division des quartiers était civile en même temps que militaire. Chacun d'eux était le siége d'une assemblée électorale. Le nombre des consuls fut augmenté de manière qu'on pût en élire un par chaque quartier. L'élection du conseil de *credenza* et du sénat était répartie de la même manière (1).

II. — Ces républiques municipales, propagées de Milan et de Venise à Pavie, à Amalfi et à Naples, trouvèrent dans Rome papale, selon la remarque de M. de Châteaubriand, ce que le monde antique avait trouvé dans Rome païenne, *le lien universel;* et lorsque l'Italie se détacha de Constantinople, pour s'affranchir des excès du despotisme byzantin, le pape, doté par la reconnaissance des peuples et par la munificence des princes d'un pouvoir temporel, qui est encore aujourd'hui la garantie de son pouvoir spirituel, devint naturellement le centre de l'unité de l'Italie et de tout le monde chrétien. « C'était l'heure qu'attendait la Providence, dit un évêque, qu'en notre temps de défaillance morale a si heureusement inspiré l'esprit de foi et de liberté (3), l'heure où cette grande institution du pouvoir temporel des papes, si providentiellement préparée de loin, devait être solennellement confirmée et proclamée, entrer enfin dans le droit public des nations, et prendre parmi les nouvelles monarchies de l'Occident, substituées à l'unité

(1) SIMONDE DE SISMONDI, *Histoire des républ. italiennes*, t. I, ch. VI, p. 389. — (2) Voyez les *Antiquités* de MURATORI, t. II, p. 467 et 469. — (3) Mgr l'évêque d'Orléans, *La souveraineté pontificale*, ch. VI.

politique du monde ancien, ce rang élevé qui, sans porter ombrage aux autres souverainetés, répondait suffisamment aux desseins de Dieu sur l'Église. Pépin et Charlemagne furent destinés à l'accomplissement de ce grand ouvrage... Charlemagne ne se borna pas à reconnaître et à respecter la souveraineté du pape en Italie; il l'étendit et la consolida encore par ses victoires sur les Lombards, et par l'entière destruction de leur monarchie en 773. »

Charlemagne fit plus encore en faveur du Saint-Siége, et, à la veille de sa mort il écrivit dans son testament les instructions suivantes, qui forment comme les promesses du baptême des États chrétiens. « Au-dessus de toutes choses, nous ordonnons que nos fils prennent la protection et la défense de l'Église romaine, comme l'ont fait Charles notre aieul, le roi Pépin notre père d'heureuse mémoire, et comme nous l'avons fait nous-même; qu'avec l'aide de Dieu ils s'efforcent de la défendre contre ses ennemis, et qu'ils maintiennent ses droits selon leur pouvoir, et autant que la raison le demandera. »

Toutefois cette grande œuvre fut menacée, dès son origine, par les efforts des empereurs d'Allemagne, qui s'obstinaient à considérer Rome comme un fief de l'empire, ainsi que par les factions dont la turbulence, excitée par les jalousies locales, alimentait incessamment les guerres civiles entre les nobles et les bourgeois. L'histoire de l'Italie, pendant le dixième siècle et pendant la première moitié du onzième, est, comme celle des autres États de l'Europe, marquée par des alternatives d'anarchie et de despotisme; et l'Église elle-même est atteinte par des choix honteux qui, en attestant les profondes misères de l'humanité, prouvent en même temps la divinité d'une religion qui a la puissance de survivre aux crimes de ses propres ministres. Mais quel est, au milieu des discordes sanglantes des Guelfes et des Gibelins, le double élément de salut et de pacification, sinon la liberté des cités dans l'unité religieuse et sous le pouvoir spirituel et temporel de la papauté?

III. — M. Augustin Thierry (1) présente le mouvement qui, dans la dernière moitié du onzième siècle, se propagea de l'Italie dans les autres États de l'Europe, comme un mouvement *révolutionnaire.* « Ce mouvement, dit-il, de proche en proche ou par contre-coup, fit renaître, sous de nouvelles formes, et avec un nouveau degré d'énergie, l'esprit d'indépendance municipale. Sur le fonds plus ou moins altéré de leurs vieilles institutions romaines, les cités de la Toscane et de la Lombardie construisirent un modèle d'organisation politique, où le plus grand développement possible de la liberté civile se trouva joint au droit absolu de juridiction, à la puissance militaire, à toutes les prérogatives des seigneuries féodales. Elles créèrent des magistrats à la fois juges, administrateurs et généraux ; elles eurent des assemblées souveraines, où se décrétaient la guerre et la paix ; leurs chefs prirent le nom de consuls. »

Les efforts des cités italiennes contre la tyrannie féodale furent, en effet, favorisés d'un côté par l'affaiblissement de la puissance des seigneurs à demi ruinés par les croisades, de l'autre, par la faible et imparfaite juridiction des empereurs allemands, par leur éloignement de l'Italie et par leurs querelles avec le Saint-Siége. Ces empereurs s'appuyèrent, pour combattre leurs adversaires, sur les chevaliers (*milites*) et sur les bourgeois (*burgenses*) et prêtèrent main forte à l'émancipation des communes, qui se formèrent partout à l'exemple des villes de l'Italie méridionale, telles qu'Amalfi et Naples, affranchies depuis longtemps de la domination des empereurs de Byzance, et qui élurent,

(1) *Histoire du tiers-état*, p. 17.

comme elles, douze consuls dont quatre présidaient à l'administration de la commune (*consules de communis*), et dont huit s'occupaient des matières judiciaires (*consules de placitis*) (1).

Enorgueillies de leurs progrès dans la liberté et oubliant les bienfaits dont elles étaient redevables à la papauté, ces villes se laissèrent séduire par les doctrines hérétiques d'Arnaud de Brescia, jusqu'à essayer de réaliser le rêve d'une république unitaire, où des comices, un sénat et un patrice laïques remplaceraient à Rome le pouvoir pontifical; mais Arnaud de Brescia fut vaincu par Frédéric Barberousse, que le pape Adrien appela à son secours, et, ainsi que cela arrive toujours, l'excès de la liberté amena la réaction du despotisme.

IV. — Les chances de la lutte tournèrent cependant d'abord au profit des villes, qui reprirent sur les seigneurs les terres communales adjacentes aux anciennes cités romaines (2), et obligèrent les successeurs des conquérants qui les avaient usurpées à devenir membres de leur communauté, et à prêter serment de fidélité à leurs magistrats (3).

(1) MURATORI, *Disseit. XLVI, Sopre le antich. ital.*—(2) MURATORI, *Antiquit. ital.*, v. IV, p. 159.— (3) Othon de Freisengen représente ainsi l'état de l'Italie sous Frédéric Ier : « Les villes ont tant d'amour pour la liberté et sont si jalouses de se dérober à l'insolence du pouvoir qu'elles ont secoué toute autre autorité que celle des magistrats par qui elles sont gouvernées ; de sorte que toute l'Italie est actuellement remplie de villes libres, qui ont chacune obligé leur évêque à résider dans l'enceinte de leurs murs. A peine y a-t-il un noble, quelque étendu que puisse être son pouvoir, qui ne soit pas soumis aux lois et au gouvernement d'une cité. » (*De gest. Freder. I imp.*, l. II, c. XIII. p. 453.) — V. aussi MURAT., *Antitchita Estensi*, vol. I, p. 411, 412 ; — et BACQUET, *Droit d'aubaine*, 1re part., c. II.

En même temps, elles assumèrent fièrement de nouveaux priviléges, et se formèrent en corps publics régis par des lois faites d'après leur propre consentement. Dans quelques cas elles acquirent à prix d'argent certaines immunités ; dans d'autres, ces immunités leur furent gratuitement accordées. La passion pour la liberté était devenue si générale en Italie avant la fin de la dernière croisade, que chaque cité avait extorqué, acheté ou reçu généreusement du prince dans la dépendance duquel elle se trouvait, des priviléges communaux très-étendus et très-importants.

Non contentes d'avoir brisé le joug féodal, les villes italiennes assujettirent leurs anciens seigneurs à leur propre domination. Quelques nobles embrassèrent par choix cet état de dépendance. Ils renoncèrent à leurs châteaux, fixèrent leur résidence dans les villes, et briguèrent l'honneur d'en être reçus citoyens. Les ecclésiastiques suivirent l'exemple des nobles, et bientôt les villes, peuplées d'habitants d'un rang distingué, en vinrent à un tel degré de puissance qu'elles obtinrent des empereurs qu'ils cessassent d'y envoyer leurs troupes, et qu'ils s'engageassent à ne plus entrer eux-mêmes dans leur enceinte, et même à établir leur demeure hors de leurs murailles (1).

Mais ces usurpations successives alarmèrent les empereurs, qui voulurent rétablir la juridiction impériale, et remettre les choses dans leur ancien état. Frédéric Barberousse, élu empereur après de nombreux et sanglants triomphes, réagit le premier contre la puissance municipale qui s'était affermie pendant les longues guerres entre Milan et Pavie et les villes alliées de ces deux métropoles.

Les *podestats* qu'il nomma en 1158 dans chaque diocèse, en les investissant de l'autorité judiciaire, et qu'il s'imposa

(1) *Chart. Henric. V.* MURAT.. *Ibid.*. p 24.

la loi de choisir toujours étrangers à la ville qu'ils devaient régir, se trouvèrent partout en opposition avec les *consuls*, élus par le peuple et représentants naturels du principe de liberté, tandis qu'ils étaient dévoués eux-mêmes à l'autorité impériale et au pouvoir absolu. La diète de Roncaglia intervint dans ces conflits, et, grâce à l'appui que prêtèrent à l'empereur les jurisconsultes, imbus de la jurisprudence du Bas-Empire et toujours portés à défendre par les subtilités du droit les prérogatives de l'autorité réclamées par un prince victorieux à la tête d'une puissante armée, les consuls furent ou abolis et remplacés par des podestats, ou tout au moins nommés par l'empereur, sauf l'assentiment du peuple.

V. — Dépouillées successivement de toutes leurs prérogatives et réduites au régime des provinces romaines par de nouveaux proconsuls, qui sextuplaient les impôts et se livraient à de monstrueuses exactions (1), les villes de la Lombardie essayèrent de former une ligue pour se soustraire à leur oppression. Cette ligue, inaugurée par la ruine de Milan, par la soumission au régime des podestats, non-seulement des villes alliées des Milanais, mais même de celles qui avaient envoyé leurs milices pour les combattre, se développa insensiblement par les excès mêmes du despotisme. Les villes libres de la Marche véronaise contractèrent de leur côté une alliance pour la défense de leur liberté et de celle de l'Église. Une diète fut convoquée le 7 avril 1167 au monastère de Puntido, entre Milan et Bergame (2). Les villes y contractèrent, par l'organe de leurs députés, l'obligation, sous serment, de s'assister réciproquement, pendant vingt années, pour la défense des

(1) MORENA, *Historia Laudensis*, p. 1127, 1120. — (2) SIGONIUS, *De regno ital.*, l. XIV, p. 320.

priviléges qu'elles possédaient depuis Henri IV, et de contribuer à la compensation des dommages que les membres de la ligue pourraient éprouver en défendant leur liberté (1).

Le traité signé à Constance, le 25 juin 1183, après trente ans de guerres entre l'empereur et les villes confédérées, assura, il est vrai, à ces villes, le droit de lever des armées, de fortifier leurs murailles, d'exercer dans leur enceinte la juridiction tant civile que criminelle, de conserver et de renouveler leur confédération aussi souvent qu'elles le voudraient. Mais les républiques lombardes, quoique légalement reconnues et constituées par ce traité, restèrent en proie à des divisions et à des guerres continuelles.

Ainsi, les Milanais, à qui l'empereur avait accordé le privilége d'élire eux-mêmes leur *podestat*, et de lui conférer, par les seuls suffrages du peuple, le titre et les prérogatives de comte de leur ville (2), ayant ôté le pouvoir judiciaire à leurs consuls, pour en revêtir ce magistrat, trois juridictions se trouvèrent en présence : celle de l'archevêque, celle du podestat et celle des consuls, et causèrent, par leur antagonisme et l'indécision de leurs pouvoirs, des désordres toujours renaissants.

Ainsi, malgré la savante organisation de la république de Bologne (3), les factions des nobles et des bourgeois, des Guelfes et des Gibelins, s'y développèrent avec furie et en firent autant de foyers de révolutions.

Ainsi, enfin, les villes toscanes s'armant contre les empereurs et organisant une ligue guelfe (4), tandis que Pise

(1) MURATORI, *Ant. ital.*, *Dissert.* XLVIII, t. IV, p. 261, rapporte le serment des confédérés. — (2) GALVAN., *Flammæ manipulus*, t. XI, p. 655. — (3) Voyez SIGONIUS, *De Reb. Bo.*; — GHIRARDACCI et SIMONDI DE SISMONDI, t. II, ch. XII. — (4) La charte de cette ligue

s'enrôlait dans le parti gibelin, le nord de l'Italie fut troublé pendant les dernières années du douzième siècle par les guerres extérieures et les dissensions intestines.

VI. — Ces luttes aboutirent à l'abaissement du parti gibelin et des magnats, et au développement des libertés populaires (1).

Maîtresses de l'empire des Grecs, conquis par la quatrième croisade, les républiques italiennes virent, malgré leurs rivalités, leurs ligues, leurs guerres toujours renaissantes, leur prospérité s'accroître, ainsi que celle des colonies fondées par elles en Orient (2). Milan avait été rebâtie, et sa population croissante, son territoire fertilisé, ses milices aguerries pouvaient désormais défier la puissance des empereurs. Modène, Parme, Padoue, plusieurs autres cités importantes augmentaient l'enceinte de leurs murs, multipliaient leurs édifices, fortifiaient leurs châteaux (3). Ls capitaux s'accumulaient en Lombardie, à tel point qu'après avoir satisfait aux besoins des manufactures et de l'agriculture, on en faisait trafic avec les nations étrangères. Bologne, justement fière de ses libertés antiques et de sa docte université, suppléait à la puissance et à la gloire militaire par la solidité et l'éclat de ses travaux intellectuels. La ligue lombarde se renouvelait, et les

est rapportée par Scipione Ammirato, et par l'auteur anonyme *De libertate civitatis Florentiæ ejusque dominii.* — (1) L'an 1200, dit la chronique de Padoue, les plébéiens ôtèrent aux magnats l'administration de la ville, et ils se l'attribuèrent. (JACOB. MALVECII *chronicon Brixianum*, *Dissert.* VII, p. 894, t. XIV.) — (2) Ces colonies s'administraient elles-mêmes par des officiers qu'elles élisaient, sans les recevoir de la métropole. (MURATORI, *Ant. ital.*, vol. II, p. 906; — ROBERTSON, *Introduction à l'Histoire de Charles-Quint*, p. 54.) — (3) Voyez les *Annales veteres mutinenses*, p. 55-58; — MALVECIUS, *Chronicon Brixianum*, ann. 1228, p. 901; — *Chronicon parmense*, ann. 1221, p. 764.

députés de Milan, Bologne, Plaisance, Vérone, Brescia, Faenza, Mantoue, Verceil, Lodi, Bergame, Turin, Alexandrie, Vicence, Padoue, Trévise, contractèrent, le 2 mars 1226, dans une église du district de Mantoue, nommée San-Zenone-de-Mosio (1), l'engagement de se soutenir réciproquement contre les entreprises de l'empereur Frédéric, et de maintenir, entre les villes confédérées, la paix et la liberté.

Les républiques italiennes conservèrent, jusqu'au milieu du treizième siècle, le plein exercice des priviléges qu'elles avaient si glorieusement acquis, et d'accord avec le Saint-Siége, soutenu par le frère de saint Louis, Charles d'Anjou, qui s'était constitué au-delà des Alpes le lieutenant du Pape, et qui s'honorait de recevoir les titres de vicaire du Saint-Siége et de capitaine général de l'Église romaine, elles firent régner à la fois l'Église et les libertés populaires.

C'est de cette époque, à jamais célèbre par la renaissance des libertés municipales, que datent, dans les campagnes (*contadi*) de l'Italie, les progrès merveilleux de l'agriculture lombarde et toscane, et les immenses travaux d'assainissement, d'endiguement et d'irrigation, auxquels on reconnaît encore, après cinq siècles, les districts affranchis de la domination féodale.

C'est à cette époque que les villes de l'Italie, rivalisant avec celles de la Flandre, leurs émules en liberté, conquirent par l'excellente organisation de leurs *arts* ou corps de métiers, par l'application intelligente des sciences à la production de la richesse, par les heureuses combinaisons du salaire de l'ouvrier, de l'intérêt du capital et du profit

(1) *Memorie della cità e della campagna di Milano n'secoli bassi del conte Giorgio Giulini*, liv. L, p. 404.

du commerce, le monopole de toute l'Europe ; c'est à cette époque que le superflu des richesses, accumulées par le travail, se répandant avec profusion et dans les maisons privées et dans les édifices publics, les progrès de l'architecture, ceux de la sculpture en marbre et en bronze se signalèrent de toutes parts dans les ponts, les aqueducs, les murs, les portes, les tours, les palais, les églises de Florence, de Milan, de Gênes, de Pise, etc. (1).

C'est à cette époque que les beaux-arts et les lettres grecques et latines renaissant avec les arts de luxe, la musique, la peinture, la poésie firent des progrès parallèles ; que la langue italienne fut fixée, et que l'histoire, la philosophie, la politique trouvèrent d'éloquents interprètes, et éclairèrent de vives lumières l'horison intellectuel.

Tous ces éléments de prospérité furent compromis par les efforts que firent, dans la plupart des États de l'Italie, les podestats et les capitaines du peuple pour étendre leur pouvoir absolu, en abusant de l'isolement et de la faiblesse des populations. Les Médicis à Florence, les Este à Ferrare, les La Scala à Vérone, les Della Torre et les Sforza à Milan devinrent les ennemis des intérêts populaires qu'ils auraient dû protéger, et la corruption des cours, les crimes des petits souverains, l'audace servile des *bravi*, l'injustice des tribunaux, la vénalité des *condottieri*, la perfidie des diplomates, triste cortége du despotisme et de

(1) Le palais vieux, le plus digne d'admiration des palais de Florence, fut fondé en 1298. La Loggia, dans la même ville, l'église de Santa-Croce, celle de Santa-Maria-del-Fiore, avec son dôme tant admiré par Michel-Ange, furent commencées par l'architecte Arnolfo, disciple de Nicolas de Pise, entre 1284 et 1300. En 1300, André de Pise, fils de l'architecte Nicolas, coula les admirables portes de bronze du baptistère de Florence. (SIMONDE DE SISMONDI, *Histoire de la liberté en Italie*, t. I, p. 174.)

l'oligarchie, firent de la péninsule un théâtre de conspirations toujours renaissantes, de conflits toujours imminents.

VI. — Les plus funestes présages menaçaient l'Italie naguère si prospère. La plupart de ses républiques étaient asservies ou en proie aux guerres civiles; et cette terre, naguère fertile en si grands citoyens et couverte d'États jadis si florissants, n'offrait plus que le triste spectacle de ses déchirements et de ses corruptions. L'esprit de faction qui y régnait, au lieu de l'esprit de liberté, tenait en grande partie à l'isolement des petits États.

A l'organisation libérale, qui avait fait de chaque ville un centre de civilisation, il fallait joindre un lien central qui coordonnât des forces éparses et souvent hostiles, et qui empêchât les gouvernements de dégénérer, comme à Padoue en tyrannie féodale, comme à Florence en démocratie turbulente, comme à Venise en despotisme oligarchique.

Henri VII, élu empereur après cinquante-huit ans d'interrègne, vint en Italie; et s'interposant entre les factions rivales qui la désolaient, il essaya de rétablir l'ordre légal fixé par le traité de Constance, en corrigeant, par l'institution de vicaires impériaux, l'excès d'indépendance des magistratures municipales. Mais, après cinq ans de luttes contre des insurrections incessantes, il mourut, laissant l'Italie en proie aux guerres civiles des *condottieri*.

Une république démocratique, Florence, avait imaginé un système politique tendant à suppléer à l'absence de l'autorité centrale, par la pondération et la balance des pouvoirs locaux, et un système administratif qui substitua aux élections des *anziani* tous les deux mois, le tirage au sort des magistrats municipaux. La seigneurie (ou balie) fut chargée, en 1323, de procéder à ce tirage pour quarante-deux mois à venir, après avoir pris l'avis des *prieurs* au nom du gouvernement, des *gonfaloniers* au nom de la milice, des *capitaines* du parti en son nom, des *juges du commerce* au nom des marchands et des consuls des *arts* au nom de l'industrie (1).

Cette double innovation se propagea rapidement. Presque toutes les villes libres de l'Italie adoptèrent immédiatement l'usage du tirage au sort de leurs magistrats, et cet usage s'est conservé jusqu'à nos jours à Lucques, et dans les municipalités de Toscane et des États de l'Église. Le système de la balance des puissances de l'Italie n'eut pas un moindre succès. « C'est dans les efforts des républiques pour maintenir la balance politique de l'Italie, dans les efforts des princes pour la renverser, qu'il faut chercher, dit l'historien des républiques italiennes du moyen âge (2), la clef de toutes les négociations du quatorzième siècle ; le motif de toutes les alliances et de toutes les guerres ; la cause des changements inattendus des partis et de ce mouvement continuel de la politique, qui empêche peut-être le lecteur d'en saisir l'ensemble à la première vue. Tous les événements du siècle peuvent se rapporter à une seule lutte en faveur de la liberté, à un seul effort pour empêcher que quelqu'un des princes qu'on voyait s'élever ne réduisît l'Italie entière sous sa puissance, et ne la réunît en une seule monarchie. »

Il n'entre point dans notre plan de comparer ce système, le seul peut-être que pût comporter l'état de l'Italie au quatorzième siècle, avec la monarchie qui, en Espagne et en France, se personnifia, un siècle plus tard dans deux grands rois, Charles-Quint et François Ier. Mais il est impossible de ne pas déplorer l'absence d'un système quel-

(1) MACHIAVELLI, *Istor. Florent.*, liv. II, p. 145 ; — GIOVANNI VILLANI, liv. IX, ch. CCXXVIII, p. 546 ; — LÉONARDO ARETINO, liv. V, p. 169. — (2) SIMONDE DE SISMONDI, t. V, ch. XXIX.

conque de centralisation politique, en voyant l'état où fut réduite, à la fin du quatorzième siècle, cette belle Italie, naguère couverte de républiques où régnaient l'ordre et la liberté, où florissaient le commerce, les manufactures et l'agriculture, où l'étude des lois et de la philosophie, le goût de la poésie et des arts avaient fait plus de progrès qu'en aucun autre pays du monde.

Partagée en une foule de petits États (républiques, royaumes ou principautés) divisés entre eux et en eux-mêmes, et dont aucun n'était assez puissant pour dominer les autres, l'Italie n'avait secoué le joug des empereurs d'Allemagne que pour voir chacun de ces États inféodé à une famille. Un heureux aventurier, François Sforce, régnait sur Milan, sur Parme et Plaisance; Ferrare et Modène étaient au pouvoir de la maison d'Este; les comtes de Maurienne étaient devenus souverains de la Savoie, du Piémont, de Nice; Gênes et Florence n'avaient passé par toutes les agitations de la démocratie que pour subir l'autorité, l'une des ducs de Milan, l'autre de l'opulente famille des Médicis; Naples obéissait au roi d'Aragon et de Sicile; Venise subissait le joug de son terrible Conseil des Dix.

Tel est l'état auquel l'Italie était réduite à la fin du moyen âge.

Quatre éléments avaient concouru, depuis l'invasion germanique, à former sa constitution municipale et politique : 1° les constitutions impériales; 2° les lois lombardes; 3° les coutumes traditionnelles; 4° le droit romain. Les deux premiers avaient perdu à peu près toute leur action depuis le traité de Constance, et de la lutte entre le pouvoir féodal et la liberté des cités était résulté le despotisme de petits tyrans semblables à ceux que nous avons vus (*Droit municipal dans l'antiquité*, livre II) opprimer les cités de la Grèce, de la grande Grèce et de la Sicile.

Le nombre des citoyens libres qui, dans les XIIe et XIIIe siècles, formait un dixième au moins de la population italienne, avait graduellement décru. A peine était-il, à la fin du XVe siècle, de deux à trois mille à Venise, de quatre à cinq mille à Gênes, de cinq à six mille répartis entre Florence, Sienne et Lucques. Les États de l'Église, les républiques de la Lombardie, le royaume de Naples avaient perdu leur liberté. Sur une population de dix-huit millions d'âmes, il ne restait plus que quelques milliers d'hommes participant à l'exercice de la souveraineté, et prêts à défendre au péril de leur vie leur patrie et leur gouvernement.

Le nombre des cités libres diminua en Italie avec celui des citoyens libres, et le joug qui pesait sur les cités sujettes ne cessa de s'aggraver. A la fin du XVe siècle, Brescia, Bergame, Vérone étaient sous la domination de Venise; Pise, Pistoïa, Prato, Arezzo, Cortone, Volterra dépendaient de la République Florentine. La plupart des villes des deux rivières obéissaient aux Génois. Presque toutes les villes libres situées entre Rome, les États de Florence et ceux de Venise, étaient incorporées au Saint-Siége; et les papes, placés à la tête de la confédération des États indépendants de l'Italie, régnaient à la fois sur la ville de Rome, privée de son sénat et réduite aux libertés municipales, et sur les provinces voisines, dont la noblesse feudataire ne conservait plus qu'une autorité nominale, sous l'autorité suprême de l'Église. Partout, en un mot, la liberté politique était opprimée, dans les villes sujettes par les capitales, et dans les capitales elles-mêmes par de petits princes qui ne voulaient plus tenir leur droit que de leur épée.

VIII. — Au sein du mouvement général qui, dès le milieu du XVe siècle, entraînait déjà l'Italie vers la servitude politique, deux républiques, Florence et Venise, se distinguaient cependant par quelques traits particuliers.

La République Florentine avait une forme de gouvernement à peu près démocratique qui n'avait pas cessé d'exister. Tous les pouvoirs publics s'y renouvelaient fréquemment; tous les citoyens commandaient et étaient commandés à leur tour. Le *collége*, le *conseil du peuple* et le *conseil commun* décrétaient les lois; le pouvoir administratif était confié à un *gonfalonier*, et les huit *prieurs* qui, pendant les deux mois de leur charge, ne sortaient pas du palais public, le *capitaine du peuple*, le *podestat* et le *bargello*, assistés de leurs juges, de leurs sergents et de leurs officiers, présidaient à la fois à la justice et à la police, et rendaient même compte à leur sortie de charge devant un syndicat (*sindacato*) chargé d'examiner leur conduite. Mais ce n'étaient plus là que les formes extérieures d'un gouvernement populaire. L'égalité véritable, celle qui a pour base l'honneur et les dignités graduelles, disparaissait en réalité devant le mensonge de l'égalité consacrée par le tirage au sort. Des magistrats incessamment renouvelés par le hasard, ne pouvant avoir ni esprit de suite, ni constance dans les projets, n'inspiraient aucune confiance. En dehors et à côté d'eux s'élevait un parti, une faction qui devenait le centre de l'autorité réelle. L'assemblée nationale, le parlement était convoqué. On créait une *balie*, comme à Rome on créait une dictature. On la recrutait dans le parti dominant; on l'investissait du droit de faire des élections *à la main*, d'exiler, d'emprisonner quiconque ferait de l'opposition, d'établir à son gré les impôts, d'exercer un pouvoir sans limites : et la tyrannie née, selon l'usage, des excès de la démocratie, engendrait à son tour les guerres et les séditions.

Venise péchait par l'excès contraire à celui de l'égalité.

Cette république comptait, à l'image de la république romaine, plusieurs sortes de citoyens : les Vénitiens, les peuples de Terre-Ferme et les Levantins. Les premiers étaient le peuple-roi, les *optimo jure cives*, ils gouvernaient seuls la république par un patriciat analogue à celui de Rome, mais bien autrement oppresseur; les seconds jouissaient, à l'instar des municipes romains, du droit de s'administrer eux-mêmes. Ils étaient d'abord Bressans, Bergamasques, Véronais, Padouans, puis Vénitiens. Moins jaloux de participer à la souveraineté vénitienne que de conserver leurs franchises locales, ils ne songeaient qu'à faire prospérer leur commerce et leur agriculture, et voyaient, grâce à la liberté, s'accroître incessamment leur population et leur aisance. Les habitants des provinces situées au delà des mers, régis par les lois de la métropole, écrasés d'impôts, tenus de servir au dernier rang dans l'armée, traités, en un mot, comme ceux des anciennes provinces romaines, voyaient, au contraire, se perdre, sous l'influence délétère du despotisme, tous les avantages de leur riche sol, de leur délicieux climat, du nombre et de la beauté de leurs ports, de leur caractère à la fois industrieux et guerrier. Les Grecs, les Illyriens, les Istriens, les Dalmates étaient traités comme des Barbares par le gouvernement de Saint-Marc, et la république ne retirait de ses exactions et de sa tyrannie d'autre fruit que le mécontentement, l'indifférence et la haine de *sujets* qui, restés à l'état de peuples libres, lui auraient offert de précieuses ressources pour son commerce, et pour le recrutement de ses flottes et de son armée, dans les guerres contre les Musulmans.

Un peuple qui perd sa liberté est toujours à la veille de perdre son indépendance. Maître des royaumes d'Épire, de Macédoine, de Servie, de Bosnie, d'Esclavonie, et délivré par la mort du héros de l'Albanie, Scanderberg, du seul obstacle qui pût s'opposer à sa marche triomphante, Mahomet II menaçait la rive droite de l'Adriatique, et toutes ces puissances de l'Italie, naguères si fières, si belliqueuses, maintenant courbées sous le joug, voyaient d'un œil indifférent les succès d'une invasion menaçante. Vainement le pape Pie II faisait-il appel à une croisade ; tous les projets de ligue échouaient ; aucune armée n'était sur pied ; aucun trésor n'était en état de subvenir aux frais de la guerre ; l'Italie dormait au bord de l'abîme. Son énergie, ses mœurs, son caractère national, tout s'était évanoui.

IX. — Entraînés par une pente insensible vers la servitude politique, les États de l'Italie subirent, pendant les trois derniers siècles, des temps d'arrêt divers dans la décadence de leurs libertés. Le premier résultat de la conquête de Charles VIII fut d'affranchir de la domination de Florence les villes qui lui étaient sujettes : Pise, Sienne, Lucques, Gênes. Pise avait conservé, malgré sa dépendance, ses magistratures municipales. Elle avait, en 1494, une seigneurie composée d'*anziani*, dont le premier portait d'abord le titre de prieur, et reçut plus tard celui de gonfalonnier. Cette seigneurie se renouvelait tous les deux mois ; elle était secondée par d'autres corps qu'on nommait le Collége, les Six Bons Hommes et le Conseil secret des Douze. Les Pisans y ajoutèrent, en s'affranchissant du joug de Florence, le *conseil du peuple*, et rétablirent la croix pisane comme bannière (1).

Florence recouvra aussi les formes républicaines, dont l'avait privée pendante soixante ans le despotisme des Médicis. Trois partis s'y disputaient alors ; l'un, dirigé par le moine Savonarole, voulait l'alliance de la religion et des libertés populaires ; le second penchait, avec Vespucci et Dolfo Spini, vers le gouvernement des patriciens ; le troisième se composait des amis des Médicis. Le peuple, assemblé en parlement, le 2 décembre 1494, au son de la

(1) Voyez, sur les diverses magistratures de Pise en 1316 et en 1535, *Raccolta di diplomi Pisani di flaminio del Borgo*, p. 237 et 432.

grosse cloche, sans armes et sous ses gonfalons, fut interrogé par la seigneurie sur la constitution à donner à la république nouvelle; la seigneurie fut investie par acclamation des pouvoirs du peuple. Elle nomma vingt commissaires qui, sous le nom d'*accopiatori*, devaient faire seuls les élections de la seigneurie dans l'année, et renouvela le pouvoir dictatorial des Dix de la guerre, qui furent appelés cette fois les Dix de la liberté et de la paix. Mais, grâce à la division des partis, qui ne permit pas aux *accopiatori* de s'entendre sur les choix, et aux vives instances de Savonarole, le pouvoir souverain fut rendu au peuple, et un conseil, formé de tous les citoyens de Florence et qui ne s'éleva pas à moins de dix-huit cents membres, fut investi du droit d'élection, qui avait été jusqu'alors livré aux caprices du sort ou exercé par un petit nombre de citoyens privilégiés (1).

Cette forme démocratique du gouvernement ne convenait ni par son instabilité, ni par la publicité de ses actes, aux négociations diplomatiques, rendues nécessaires par la nouvelle situation de l'Italie. L'un des prieurs proposa, en conséquence, à la seigneurie de mettre à la tête de la république un gonfalonier à vie, comme l'était le doge de Venise, et de l'admettre au partage de l'initiative avec le *proposto* journalier de la seigneurie. Cette proposition, approuvée d'abord par la seigneurie et les colléges, reçut, le 16 août 1502, la sanction du grand conseil (2), et Pierre Soderini fut promu à cette dignité. Une loi du 15 avril précédent avait supprimé les offices de podestat et de capitaine de justice, et fondé une rote (rouota, roue), composée de cinq juges, dont chacun présidait six mois avec le titre

(1) Voyez GUICCIARDINI, liv. II, p. 82, 83; *Istoria di Giov. Cambi*, t. XXI, p. 83; — SCIPIONE AMMIRATO, liv. XXVI, p. 206 et 207. — (2) *Istor. di Giov. Cambi*, t. XXI, p. 181; — JACOPO NARDI, *Ist. Flor.* t. IV, page 138.

de *podestat.* Toutes ces institutions furent remplacées en 1512, à la suite de l'expulsion des Français de l'Italie et de l'entrée des Espagnols en Toscane, par le despotisme d'une *balie* uniquement composée des créatures des Médicis.

La constitution de Florence fut réformée de nouveau en 1527. On limita le droit de cité à ceux qui le tenaient par héritage de leurs aïeux et qui habitaient, non le territoire florentin, mais la ville même ; on en exclut ceux qui ne payaient pas des impositions directes, et qu'on désignait par le nom de *non sopportanti.* On n'accorda le titre de *statuali* ou citoyens actifs et le droit d'entrer dans le grand conseil qu'à ceux qui, âgés de vingt-quatre ans, prouvaient que le nom de leur père ou de leur aïeul avait été mis dans les bourses d'où l'on tirait au sort les trois magistratures suprêmes, et qui étaient ensuite approuvés par la seigneurie, au scrutin secret. Enfin, on partagea tous les citoyens en quatorze métiers ou *arts*, dont les premiers ou les arts mineurs (*arti minori*) avaient en partage le quart des honneurs publics, et dont les *arti maggiori* avaient les trois quarts (1). Ainsi, sur une population d'environ un million d'habitants, deux mille cinq cents citoyens seulement siégeaient dans le grand conseil, ce qui donna lieu à des discussions et à des guerres intestines.

La constitution de la république de Gênes fut aussi réformée en 1528 par un grand homme, André Doria. Douze magistrats, créés avant lui sous le titre de *réformateurs*, s'appliquèrent surtout à réconcilier les partis et à rendre accessibles à tous les magistratures municipales. Les familles puissantes, qui étaient, de temps immémorial, dans l'usage d'en adopter d'autres et de devenir ainsi des *al-*

(1) JACOPO NARDI, *Ist. Flor.*, l. VIII, p. 333 ; — GIOVANI CAMBI, *Ist. Flor.*, t. XXIII. page 1.

berghi (auberges), furent dénombrées (1), et obligés d'adopter tout le reste des citoyens génois qui pouvaient participer aux honneurs de l'État, sans distinction de partis ou de classes. Tous les citoyens génois durent avoir entrée dans le sénat, en qui résidait la puissance souveraine et qui avait quatre cents membres. Ce sénat en nommait un autre, composé d'abord de cent, et plus tard de deux cents membres, qui était renouvelé tous les ans. Le premier nommait encore le doge, les huit conseillers de la seigneurie et les huit procurateurs de la commune, dont l'office était bisannuel, et qui formaient entre eux le gouvernement. Cette constitution, purement aristocratique, mais moins cependant que celle de Venise, ne dura que fort peu de temps, et dès le 15 mars 1530, la république de Gênes n'était plus qu'un fief impérial (2). Pise s'épuisait, à la même époque, dans sa guerre contre Florence; Lucques se laissait asservir sans bruit par une étroite oligarchie, et Sienne obéissait à un citoyen qu'elle avait nommé capitaine de sa garde, à Pandolfe Petrucci, despote républicain.

En même temps et à l'autre extrémité de la Péninsule, le royaume de Naples, seule contrée de l'Italie où les institutions féodales eussent conservé quelque vigueur, voyait, malgré le serment prêté par Charles VIII aux Napolitains *de les gouverner en leurs droits, libertés et franchises*, s'aggraver de jour en jour le despotisme des courtisans ; et les États du Saint-Siége subissaient le pouvoir absolu des vicaires pontificaux.

Au sein de cette prostration générale, Venise et Milan

(1) On reconnut l'existence de vingt-huit familles dites *Alberghi* en 1528. Les *Alberghi* furent supprimés le 17 mars 1576. — (2) Voyez GUICHARDIN, l. XIX, p. 508 ; — JACOBI BONFADI, *Annual. Genuens.*, l. I, p. 1341 ; — FILIPPO, *Annali di Genova*, t. II, lib. III, etc.

jouissaient encore, sinon de la liberté, du moins d'un gouvernement régulier. Venise succomba sous les coups de la ligue de Cambrai, et vit ses villes et ses campagnes livrées aux ravages des Français, des Suisses, des Allemands, des Espagnols. Milan et la Lombardie tombèrent au pouvoir des Français après la bataille de Marignan, et bientôt toute l'Italie, au sein de révolutions et de guerres toujours renaissantes, fut définitivement soumise aux ultramontains.

Depuis le jour où Charles-Quint reçut à Bologne la double couronne de la Lombardie et de l'Empire, jusqu'au jour où la coalition de 1814 a replacé l'Italie sous le joug des Autrichiens, l'histoire de la Péninsule n'offre aux regards de l'observateur que l'uniformité de gouvernements absolus plus ou moins tempérés par des franchises municipales. Il n'entre pas dans notre plan d'analyser en détail les institutions de cette période historique. Nous avons indiqué leurs caractères généraux dans l'*Introduction au droit municipal dans l'antiquité*, pages XLVI et suivantes. Nous nous bornerons à rappeler les atteintes portées aux libertés traditionnelles de l'Italie par les lois, imposées à la suite de l'invasion française de 1796, qui mirent les municipes dans la dépendance immédiate des préfets et des sous-préfets, et les difficultés qu'oppose aujourd'hui à l'établissement d'une fédération, seul mode possible de centralisation dans un état antipathique à l'unité politique, la diminution progressive des libertés municipales pendant le dernier demi-siècle. Il nous reste à compléter rapidement cet aperçu, et à montrer la liaison nécessaire qui existe entre les libertés locales et l'avenir politique de la Péninsule italienne.

CHAPITRE II

CARACTÈRES DISTINCTIFS DU DROIT MUNICIPAL DE L'ITALIE AU MOYEN AGE.

I. — On ne peut nier que l'instabilité du gouvernement intérieur des États de l'Italie et leur faiblesse envers l'étranger n'aient eu pour principale cause les imperfections du système de petites associations qui, absorbant les pensées et l'activité des citoyens, ne leur permettaient pas de s'élever au-dessus de l'étroite sphère de leurs rapports immédiats, et devenaient une occasion perpétuelle de guerres tantôt entre le municipe et l'État, tantôt entre les municipes eux-mêmes considérés comme corps politiques, tantôt entre les classes et les membres des diverses communes. Quatre guerres différentes co-existaient avec l'apparence d'être les épisodes d'une seule. La noblesse, le clergé et les municipes ne faisaient trève entre eux que lorsqu'ils avaient besoin de réunir leurs forces contre le peuple révolté, ou contre l'État usurpateur. Le baron appelait à son secours ses vassaux contre ses associés, ou ceux-ci contre ceux-là. Le clergé allié aux hérétiques, la petite noblesse aidée des compagnies d'aventuriers, de l'État ou des communes, vengeaient les insultes qu'ils avaient reçues des prélats et des grands feudataires. Le vertige de la discorde envahissait tout, troublait tout.

Mais les dissensions intestines des municipes italiens, plutôt dommageables que ruineuses, plutôt violentes que durables, troublaient la vie publique sans la détruire. C'était la guerre sans doute, mais la guerre tempérée par les intérêts communs des parties belligérantes, qui ne voulaient pas sacrifier à l'intérêt de quelques-uns le salut de tous. Chose remarquable ! les guerres des Guelfes et des Gibelins ne tarissaient pas en Italie la source des richesses, de la civilisation, de la force, tandis que celles des deux roses en Angleterre, des Bourguignons et des Armagnacs en France, amenaient d'épouvantables ruines. La vie italienne, momentanément suspendue à Lodi et à Pise, se réveillait à Milan et à Florence, et restait sauve dans les municipes moins importants qui, comme prix d'un jeu terrible, passaient du vaincu au vainqueur, tandis que la vie anglaise ou française devenait tout à fait languissante au milieu des alternatives de succès et de revers qui naissaient des guerres furieuses entre les barons et les vassaux, les nobles et les bourgeois, les soldats et les citadins.

Les discordes de l'Italie au moyen âge étaient les filles de celles qui mettaient l'Europe entière en convulsion. Les municipes, loin de les envenimer, les tempéraient ; et pour peindre par une seule image la différence de caractère des discordes italiennes et de celles des ultramontains, les premières divisaient les parties par une ligne verticale qui laissait de chacun des côtés une portion de chaque classe de citoyens, et les secondes les divisaient par une ligne horizontale qui divisait les classes mêmes.

Les municipes italiens et les fiefs des pays d'outremont aspiraient également à se constituer en corps politiques ; dans les uns comme dans les autres s'allumaient des guerres intérieures et extérieures, excitées par la soif de l'or et par l'ambition. Mais tandis que les municipes trouvaient dans l'intérêt général un frein aux usurpations des puissants, les fiefs y trouvaient, au contraire, une occasion perpétuelle de guerres.

Les municipes puissants devenaient des républiques ou des monarchies électives; et quand, par les chances de la guerre, ils venaient à être détrônés, ils retournaient à leurs conditions sociales primitives. Les barons détrônés disparaissaient au contraire de la face de la terre pour passer dans le domaine de l'histoire, et de la monarchie féodale naissaient les monarchies absolues.

II. — En Italie comme en Allemagne, l'obstacle à la constitution des nationalités a été non le principe municipal, qui est au contraire la plus puissante des unités politiques, mais l'absence de lien soit républicain et fédératif, soit monarchique et héréditaire.

Ceux qui considèrent l'esprit communal comme la source des divisions et des malheurs de l'Italie, ne prennent pas garde que, dans les trois siècles que nous venons de parcourir, les cités dont l'étendue excessive et les perpétuelles rivalités furent une source de troubles, avaient cessé d'être des municipes, et étaient devenues des républiques souveraines, tout à fait détournées de leur vocation primitive.

III. — Ce n'est ni la caste, ni la corporation, ni le patriciat, ni le fief, ni la tribu, ni le district, c'est le municipe qui a toujours été la base et la forme de la nationalité de l'Italie et de ses diverses constitutions politiques, comme le prouve l'histoire de ses principales révolutions.

Nous avons rappelé ailleurs les constitutions municipales et fédératives des peuples de l'Italie antique (1). Ses conditions d'existence politique au moyen âge n'ont guères différé de ses conditions primitives. Tandis que les États les plus fiers de leur unité politique, l'Espagne, la France, l'Angleterre ont vu interrompre leur vie nationale sous le joug de la domination étrangère, tandis que l'Allemagne,

(1) *Droit municipal dans l'antiquité*, liv. II, ch. VIII; liv. III, c. I.

uoiqu'exempte de l'invasion, a fait divorce avec son passé par ses formes de gouvernement, l'Italie est restée immuable dans ses conditions primitives d'existence, et a conservé non-seulement son unité religieuse, mais son unité nationale, malgré les différences de climats, de races et d'États, et malgré les invasions successives des Lombards, des Grecs-Orientaux, des Francs, des Arabes et des Normands. Vainement ses provinces ont-elles été livrées au joug de conquérants très-divers. Du sein de ce désordre on a vu surgir, au onzième siècle, un ordre nouveau, dont l'élément municipal a été la base ; et quelles qu'aient été, depuis cette époque jusqu'à nos jours, les péripéties politiques de la péninsule italienne, les moyens de solution du problème n'ont pas changé, et plus l'Italie s'est éloignée de sa politique traditionnelle, plus elle s'est exposée à voir s'appesantir le joug de la domination étrangère.

IV. — Quatre faits ont concouru à conserver à l'Italie, depuis les premiers temps historiques, sa personnalité identique au milieu de tant d'éléments de dissolution.

Le premier de ces faits, c'est la tendance des Italiens à former des ligues sur le modèle de celles qui, durant la guerre sociale, mirent Rome à deux doigts de sa perte; qui, au moyen âge, résistèrent victorieusement à l'empire, et qui, dans des temps voisins de nous, ont été tentées avec des chances diverses. Jamais un mouvement politique ne s'est produit en Italie, sans que les esprits ne se soient tournés vers ce moyen de salut.

Le second fait, c'est la résistance invincible des Italiens à se diviser en nations, malgré les divisions politiques et l'influence des étrangers, et à subir l'empreinte des peuples dominateurs. La diversité des langues, des coutumes, des manières de vivre a sanctionné les séparations politiques du Portugal et de l'Espagne, du Danemarck et de la

Suède, de la Hollande et de l'Allemagne. La communauté de langage et de formes sociales, qui a toujours subsisté dans les diverses parties de l'Italie, a établi entre elles un lien plus solide qu'entre les diverses provinces d'un même empire.

Le troisième fait, c'est qu'à l'inverse des autres peuples chez lesquels tantôt les vainqueurs ont accepté la nationalité des vaincus, tantôt ceux-ci celle des vainqueurs, tantôt il s'est formé une nationalité mixte, l'Italie, victorieuse ou vaincue, a toujours conservé sa propre nationalité.

Le quatrième fait, c'est qu'elle a résisté invariablement à tous les maux qui l'ont tourmentée, et dont un seul aurait suffi pour mettre à mort un autre peuple. L'histoire générale de l'Italie se résume dans ces quatre faits. Malgré ses mille révolutions, l'Italie a conservé invariables quelques caractères fondamentaux, au moyen desquels la continuité de sa personne n'a pas été interrompue dans le cours des siècles. Malgré la division politique à laquelle elle est assujettie, elle n'a jamais cessé de composer un ensemble capable de se poser comme un tout en face des autres nations. Malgré la fréquence et la durée des occupations étrangères, elle a soustrait à l'influence de ses dominateurs ses principales manières d'être. Malgré des calamités de tout genre, elle n'a jamais été réduite à une position inférieure parmi les nations les plus prospères et les plus civilisées du monde.

Si l'Italie parvient à secouer le linceuil sous lequel semble l'avoir ensevelie la domination de l'étranger, c'est parce qu'elle aura su conserver dans les murs de ses municipes l'éternel souvenir de sa liberté perdue; c'est parce que l'esprit de ses institutions traditionnelles aura prévalu contre celui de l'unitarisme moderne.

« Nous avons parmi nous, s'écriait, il y a douze ans, un publiciste dévoué à l'indépendance et aux libertés de sa patrie (1), nous avons des imprudents qui, éblouis par le faux éclat d'institutions étrangères, font des vœux pour que nous fassions divorce avec notre passé, et pour que nous nous réorganisions sur de nouvelles bases, préparées dans les officines des journalistes et des libellistes. Mes entrailles ont quelquefois frémi en entendant des paroles de malédiction contre ces souvenirs municipaux, qui ont composé jusqu'à présent toute notre vie publique, et j'en étais d'autant plus affligé, qu'elles sortaient de poitrines échauffées par l'amour de la patrie et d'esprits éclairés. Puissent mes concitoyens faire désormais de leur patrie le sujet principal de leurs études, et ne chercher dans les affaires de l'étranger que ce dont ils ont besoin pour éclaircir et conduire à bonne fin les leurs propres. »

Les sentiments de l'illustre et infortuné Ricci sont encore aujourd'hui ceux des Italiens les plus dévoués aux intérêts vraiment nationaux de leur patrie. La loi sur l'administration communale et provinciale, promulguée sous le ministère. La Marmora-Ratazzi, s'était déjà signalée par une réaction contre l'esprit d'unitarisme, et avait réalisé un progrès par rapport à la législation antérieure du Piémont. Un nouveau pas vers les institutions traditionnelles de l'Italie a été fait dans le projet présenté par le ministre Minghetti, surtout en ce qui concerne l'organisation régionale. Aussi le parti révolutionnaire se soulève-t-il contre cette idée, qui tendrait à ramener l'Italie à sa constitution historique, et que minent sourdement ceux-là mêmes qui, pour ne pas blesser le sentiment national, ont eu l'air de l'adopter.

(1) Ricci, *Del municipio.*

L'avenir nous apprendra si l'Italie doit conserver ses mœurs et ses lois traditionnelles, ou les sacrifier à une prétendue unité politique, qui non-seulement n'est pas de l'essence de sa nationalité, mais qui répugne même à sa constitution sociale. Ce qu'il y a de certain, c'est que la nationalité de l'Italie n'a été dans le passé, ne peut être dans l'avenir que le double développement de sa vie chrétienne et municipale, et que, quels que puissent être les triomphes momentanés d'une révolution excitée par les intrigues, soudoyée par l'or, soutenue par les armes de quelques ambitions étrangères, ou l'Italie rentrera dans les conditions normales et primitives de son existence nationale, ou elle subira à la fois les alternatives inéluctables de l'anarchie et du despotisme, et le joug persévérant de la domination étrangère.

Les traités de 1815 ont attenté, il est vrai, à l'existence traditionnelle de quelques-uns de ses États, en annexant à l'Autriche la Lombardie et la Vénétie, et au Piémont la république de Gênes, cette forte rivale de Venise et de Florence. Mais c'est en vain que les unitaristes prétendent continuer l'œuvre antinationale des annexions dont le temps, il faut l'espérer, fera justice, même pour le passé. Tout proteste contre l'œuvre violente qui dépossède les souverains des États de l'Italie trop faibles ou trop pauvres pour résister au fer ou à l'or de l'étranger, contre l'œuvre impie qui s'attaque à la pensée civilisatrice de Charlemagne, et qui menace dans le Saint-Siége le boulevard de tous les trônes, de toutes les sociétés, contre l'œuvre révolutionnaire qui ébranle dans ses fondements l'édifice des nationalités formées par l'action lente des siècles. Cette politique tendrait, en se prolongeant, à confisquer, sous des prétextes plus ou moins spécieux, la liberté, l'indépendance, l'existence des États secondaires, au profit du despotisme centralisé des grandes puissances.

« L'Italie est si féconde, dit M. de Lamartine (1), qu'elle a enfanté, comme la Grèce, toutes les formes de gouvernement ; sa véritable unité se compose de ces diversités puissantes. Celui qui lui veut l'uniformité, la mutile. » Il y a en Italie sept États distincts, confondus dans une seule nation : Les États de Naples, les États du Pape, les États Toscans, les États de Modène, les États de Parme, les États de Lombardie, les États de Venise, les États de Gênes, enfin les États mixtes, moitié Subalpins, moitié Cisalpins de la maison de Savoie. Ces États ont un double lien : la nationalité italienne et la puissance spirituelle du Saint-Siége. Vouloir les réunir en un seul, c'est mentir aux traditions historiques, c'est tuer l'unité par l'unitarisme, la liberté par le libéralisme, l'esprit national par ce faux principe des nationalités qu'on peut appeler nationalisme.

La question improprement appelée *italienne*, dit, dans un livre récent, un ancien chef d'état-major de l'armée anglo-sicilienne sous les ordres de lord William Bentick, aurait dû s'appeler, depuis 1815 jusqu'en 1831, la question Carbonara, puis la question Mazzini, ensuite la question Balbo-Gioberti, et depuis 1840 jusqu'à aujourd'hui la question sardo-piémontaise. Espérons que l'aveugle habileté du ministre qui a rêvé l'annexion de l'Italie au Piémont, et qui a jeté dans les aventures de la piraterie politique un prince appelé par l'histoire de sa famille à de meilleures destinées, ne prévaudra pas contre la nature des choses, et que les libertés immémoriales ainsi que l'unité religieuse et nationale de l'Italie ne seront pas sacrifiées aux chances de la révolution unitaire qui, sous le voile d'une comédie pseudo-constitutionnelle, ne parviendrait peut-être à fonder dans le péninsule italienne que le règne avilissant de l'autocratie militaire.

(1) *Cours de littérature*, 53e livraison.

CHAPITRE III

DROIT MUNICIPAL ESPAGNOL SOUS LA DOMINATION DES ROMAINS, DES VISIGOTHS ET DES MAURES.

I. — Quelle que soit l'origine, d'ailleurs si obscure, si controversée (1), des populations primitives de l'Espagne, on ne peut douter que les Phocéens d'Ionie, établis à Marseille, n'aient envoyé, vers le milieu du sixième siècle avant notre ère, une colonie former sur les côtes de l'Hispanie les établissements d'Emporias, de Dianium, de Menaca qui prirent ensuite de grands accroissements (2). Longtemps avant cette époque les Phéniciens avaient fondé Gades ou Cadix, et Médina Sidonia dont le nom rappelle celui de Sidon. Les origines historiques de l'Espagne sont donc, comme celles de l'Italie, de la Sicile et du midi de la France, des *républiques municipales.*

Les peuples de ces républiques, répandus dans un pays coupé de toutes parts par des rivières et des montagnes, étaient divisés en autant de petits États qu'il y avait de districts habités. Quelques sociétés ne possédaient qu'une ville : Sagonte, Numance, Cadix; d'autres occupaient des contrées plus étendues, telles que la Celtibérie, la Bétique et la Lusitanie. Les citoyens de ces petits États

(1) Voyez l'*Essai critique sur l'origine des premières populations de l'Espagne*, par GRASLIN. — (2) HÉRODOTE, liv. I, ch. CLXIII, CLXVI, CLXVII ; — THUCYDIDE, liv. I, ch. XIII ; — STRABON, liv. III ; — TITE-LIVE, liv. XXXIV, ch. IX ; — AULU-GELLE, liv. X, ch. XVI ; — JUSTIN., liv. XLIII, ch. III-V ; — AMMIEN MARCELL., liv. XV, ch. IX.

avaient leurs lois particulières, leurs mœurs, leurs usages; mais tous s'accordaient à vouloir être indépendants, et cherchaient à se soustraire à toute espèce d'oppression. Les peuples se gouvernaient eux-mêmes selon les coutumes du pays et la pratique de leurs ancêtres; ils confiaient la décision de leurs différends à la sagesse des vieillards, et la défense de leur territoire à quelque *cacique*, dont l'intrépidité et la prudence leur était connue... Mais tandis qu'au milieu des richesses d'un pays fertile, et sous le plus beau ciel de l'Europe, les Espagnols jouissaient paisiblement des avantages de leur situation, leur tranquillité fut troublée par la division de deux nations rivales, que leur puissance, la sagesse de leur gouvernement et les vertus de leurs citoyens placent au premier rang dans les fastes de l'histoire (1).

II. — Les Espagnols, envahis par les Carthaginois et mécontents de l'administration des fils d'Asdrubal et d'Amilcar, implorèrent l'alliance romaine; mais cette alliance leur fit défaut, et l'héroïsme des Espagnols ne put sauver Sagonte, attaquée par Annibal. Le sénat romain, honteux d'avoir abandonné son fidèle et courageux allié, demanda cependant une satisfaction à Carthage, qui la refusa avec arrogance; et alors s'alluma la seconde guerre punique, dont l'Espagne fut le théâtre, et dans laquelle la foi punique et l'ambition romaine se disputèrent la proie d'un pays qui repoussait également les deux interventions étrangères. Tour à tour vainqueurs des Carthaginois, qu'ils réduisirent à la possession de Carthagène, puis abandonnés dans une nouvelle lutte par la fortune, les deux Scipion cédèrent le commandement des armées romaines au jeune Scipion l'Africain, qui battit Asdrubal et détruisit par cinq ans de vic-

(1) MARINA, *Théoric des Cortès*, *Introduction*, XLIX.

toires les restes de la domination carthaginoise en Espagne pour y substituer la domination romaine.

« Il en coûta, dit à ce sujet Velleius Paterculus (1), pour réduire les Espagnes, des combats multipliés, dont les événements se balancèrent. Tantôt Auguste y commanda lui-même les légions, tantôt ce fut Agrippa, qui devait à l'amitié de ce prince un troisième consulat et l'honneur de partager avec lui l'autorité tribunitienne. Les armées romaines entrèrent, pour la première fois, dans ces provinces, il y a deux cent cinquante ans, sous la conduite de Cn. Scipion, oncle paternel de l'Africain, pendant le consulat de Scipion et de Sempronius Longus, la première année de la seconde guerre de Carthage. Des torrents de sang y coulèrent des deux côtés dans un espace de deux cents ans. Plus d'une fois, la défaite des armées de la République et la perte de leurs chefs flétrirent la gloire de nos armes et mirent l'empire en danger. Les Espagnes furent le tombeau des Scipion. Là, nos ancêtres soutinrent pendant vingt ans, contre Viriathus, une guerre honteuse et pénible. Là, Numance, ennemie redoutable, ébranla la puissance du monde romain. Là, Pompée fit un traité déshonorant, et Mancinus une paix encore plus infâme, qui força le sénat d'en livrer l'auteur aux ennemis, après avoir désavoué sa capitulation. Plusieurs généraux, consulaires ou prétoriens y périrent; et du temps de nos pères, elles donnèrent à Sertorius assez d'importance pour rendre, pendant cinq années, la supériorité douteuse entre les Romains et les Espagnols, et pour laisser incertain laquelle des deux nations obéirait à l'autre. »

« Les Espagnols ne combinèrent jamais entre eux, dit Strabon, leurs plans de campagne; jamais ils ne mirent

(1) Liv. II, c. XC, de son *Histoire romaine.*

sur pied d'armée un peu considérable; et cependant, quoique séparés et désunis, ils disputèrent le terrain pied à pied, plutôt par leur adresse et leur constance que par le nombre de leurs combattants. » Mais ils succombèrent enfin dans une lutte inégale, et l'Espagne, courbée sous le régime des proconsuls, subit, malgré des révoltes fréquemment renouvelées, dès l'an 160 avant notre ère, le joug des aigles romaines.

III. — L'Espagne était déjà soumise en partie aux usages et aux lois de la nation conquérante, quand Sertorius y établit un gouvernement semblable à celui de la république romaine. Ce grand homme fit revivre en Espagne les institutions qui avaient fait la force de cette république, et dont elle s'éloignait chaque jour davantage sur la pente insensible qui l'entraînait vers l'empire. L'Espagne eut un gouvernement municipal, calqué sur celui de l'ancienne Rome; elle eut un sénat, des édiles, des questeurs, des tribuns du peuple et une armée composée de légions armées par les cités et façonnées à la discipline romaine. Perpenna, l'un des lieutenants de Sertorius, le trahit, l'assassina et lui succéda comme général. Son crime, trop utile aux Romains pour ne pas laisser croire qu'ils en avaient été complices, livra l'Espagne à Jules César.

IV. — Octave, resté maître de l'empire, divisa, dans un intérêt fiscal, l'Espagne en Tarragonaise, Lusitanie et Bétique, et fit des deux premières provinces des provinces impériales en laissant la troisième au sénat; dès lors, et malgré les soulèvements des Cantabres, des Astures, des Galiciens et d'autres peuples qui occupaient un pays étendu de la Biscaye à Burgos et de Burgos jusqu'au royaume de Léon, la liberté des Espagnols fut entièrement domptée, et leur pays se trouva réduit à la condition des autres provinces romaines.

Les cités espagnoles ajoutèrent le nom d'Auguste à leurs anciens noms. Saragosse, autrefois *Salduba*, devint *Cæsarea Augusta Mérida*, *Emerita Augusta*, Braga en Portugal, *Braga Augusta*, etc.; des autels s'élevèrent de toutes parts en l'honneur du *divus imperator*, et l'Espagne devenue, comme la Gaule méridionale, une véritable Italie, et accrue par Adrien de trois nouvelles provinces, la Galice, la Carthaginoise et la Mauritanie, vit les gouverneurs de ces provinces conserver soigneusement à chacune d'elles ses coutumes locales, tout en faisant respecter l'*imperium* des Romains.

V. — Dépendante de l'autorité du préfet du prétoire des Gaules, mais couverte d'opulentes cités, par des essaims d'hommes industrieux sortis la plupart de l'Italie, l'Espagne jouissait, en échange de sa liberté perdue, de tous les avantages d'une brillante civilisation, quand elle fut envahie, près d'un demi-siècle avant l'invasion de Clovis, par les Visigoths, qui étaient les moins barbares des peuples sortis de la Scandinavie.

Ataulphe, successeur d'Alaric, passa les Pyrénées, vint s'établir dans la Catalogne, et jeta les fondements de la première monarchie gothique en Espagne. Euric étendit sa conquête à toute la péninsule, et rédigea la célèbre collection des lois gothiques, connue dans l'Aragon sous le nom de *Fuero Juzgo* (*forum judicum*, ou *fori judicium*). C'est à cette période de l'histoire qu'il faut remonter pour vérifier l'origine et le caractère particulier du gouvernement espagnol et de ses lois fondamentales.

VI. — « Ce gouvernement, dit Hallam (1), différait en plusieurs points de celui des Francs à la même époque. La couronne n'était pas aussi héréditaire chez les Goths (2),

(1) *L'Europe au moyen âge*, t. I, p. 384. — (2) Le *Fuero Juzgo* atteste même que la monarchie gothique était élective : « Elec-

ou du moins la succession régulière des rois y était plus souvent interrompue. Le haut clergé avait une influence encore plus marquée dans les affaires temporelles. La distinction de Romains et de Barbares y était moins sensible; les lois étaient plus uniformes et se rapprochaient beaucoup de celles de l'empire. L'autorité du souverain y était peut-être plus limitée qu'en France, par le conseil aristocratique; mais elle ne céda jamais à l'influence dangereuse des maires du palais. On y vit souvent des guerres civiles et des successions disputées; mais l'intégrité des royaumes ne fut jamais violée par la coutume des partages. »

Les rois goths restaurateurs de la liberté espagnole, le clergé dont ils appelèrent les lumières à leur secours, et les principaux citoyens concoururent à fonder une monarchie tempérée, mêlée d'aristocratie et de démocratie, d'après les souvenirs empruntés à la fois aux institutions primitives de la Grèce et de Rome et aux coutumes libres des Germains.

La monarchie gothique espagnole a, dans ses trois cents ans de durée, subi des vicissitudes analogues à celles des autres États de l'Europe, mais nulle part l'influence catholique n'a été aussi prépondérante. Le saint évêque de Séville, Isidore écrivait au septième siècle : « Reges a recte « agendo vocati sunt; ideoque recte faciendo, regis nomen « tenetur, peccando amittitur (*Sentent.*, l. III, ch. XLVIII); » et ailleurs : « Unde apud veteres tale erat proverbium : Rex « eris, si recte facias; si non facias, non eris. »

VII. — Depuis le roi catholique Reccarède jusqu'à la funeste bataille de Guadaleté, qui livra la péninsule aux infidèles, les affaires ecclésiastiques et civiles de la nation se

« tione igitur, non autem jure sanguinis olim Hispaniæ reges as- « sumebantur (*Fuero Juzgo*, *Prolego*, *ley.*, II, c. v). »

décidèrent presque tou urs dans les conciles de Tolède. C'est là que les lois étaient décrétées ou modifiées. Or, bien que ces assemblées fussent de véritables cortès, leur nom indique assez quelle influence dominante le clergé devait y exercer. Le premier canon du dix-septième concile de Tolède, qui défend aux laïcs d'assister aux séances (*Nullo secularium assistante, inter eos habeatur collatio*), ne s'applique sans doute qu'aux matières ecclésiastiques, sur lesquelles le clergé délibérait seul, sauf aux ducs, aux comtes palatins et aux gouverneurs des provinces, qui assistaient aux séances, à assurer par leur épée l'exécution des décrets. Mais dans les matières civiles, le peuple, représenté par ses principaux citoyens, devait concourir avec le clergé aux résolutions politiques. Ce principe de droit public, consacré par plusieurs textes de conciles (1), est affirmé par d'anciens auteurs espagnols (2). Toutefois, il est certain non-seulement que les matières de dogme et de discipline sacerdotale étaient agitées dans ces conciles (3),

(1) Et ideo, si placet omnibus qui adestis, hæc tertio reiterata sententia, vestræ vocis eam consensu firmate; ab universo clero vel populo dictum est, qui contra hanc nostram definitionem præsumpserit, anathema sit. (*Concile de Tolède*, IV, c. LXXV.) De santilane vero, id cum gentis consultu decrevimus. (*Ibid.*) — (2) Etiam quod in eo res gravissimæ, tam rerum spiritualium et Ecclesiæ, quam temporalium et reipublicæ tractabantur. Hæc igitur concilia dicebantur nationalia, eo quod totius gentis et nationis primates, principes, prælati, episcopi et magnates regni in unum congregati inibi assistebant. Eorum ideo magna fuit auctoritas. Erant ergo regales curiæ. Cum ibi non solum ecclesiastica res agebatur, sed etiam seculares ordinabantur leges et constitutiones, ut ex iis legibus aperte ostenditur. (GORON, *Goth.*, p. 1.)—(3) Ut trium dierum spatiis percurrente jejunio, de mysterio sanctæ Trinitatis, aliisque spiritualibus, sive pro moribus sacerdotum corrigendis, inter nos habeatur collatio. (*Concile de Tolède*, XVII, ch. I)

mais encore qu'elles y avaient la priorité (1), et que les causes du roi et du peuple ne venaient qu'après (2).

La prépondérance du clergé dans la constitution de la monarchie gothique espagnole se manifeste par des lois nombreuses, conçues dans un esprit de protection des faibles contre les forts. Chaque prince, en montant sur le trône, jure de respecter les prérogatives de la nation (3). Si contre le respect dû aux lois, le roi abuse de sa domination pour se livrer au faste et à la cupidité et pour exercer sur les peuples une puissance cruelle, il est voué à l'anathème (4). Il ne peut pas plus attenter à la propriété qu'à la liberté des citoyens (5), et s'il y a doute c'est au concile qu'il appartient d'en décider.

VIII. — Ces garanties, accordées par les conciles aux peuples contre les rois, n'ont pas toujours été efficaces; mais elles n'en témoignent pas moins de l'esprit d'une constitution où l'abus de la force a laissé si peu de traces que les auteurs les plus accrédités nient l'existence même du principe seigneurial en Espagne, avant la destruction de l'empire des Goths par les Arabes (6).

(1) Imprimis censuimus ut omnibus conciliis quæ deinceps celebrantur, causæ Ecclesiæ prius judicentur. (*Concile de Léon*, an 1058, ch. I.) — (2) Indicato ergo Ecclesiæ judicio, adeptaque justitia, agatur causa regis, deinde populorum. (*Concile de Léon*, an 1020, c. VI.) — (3) Et non prius apicem regni quisquam percipiat, quam se ille per omnia suppleturum jurisjurandi taxatione definiat (*Concile de Tolède*, VIII, ch. X). — (4) Sane de tam præsenti quam de futuris regibus hanc sententiam promulgamus, ut si quis ex eis contra reverentiam legum superba dominatione et fastu regio in flagitiis et facinore sive cupiditate, crudelissimam potestatem in populos exercuerit, anathematis sententia, etc. (*Code Visigoth*, liv. VI, tit. II. — *Concile de Tolède*, IV, c. LXXV.) —(5) *Concile de Tolède*, VIII, c. X. — (6) MARINA, *théorie des Cortès, note du livre Ier*.

Ce qui paraît certain, c'est que les ducs et les comtes qui faisaient auprès du roi l'office de lieutenants généraux, et les officiers subordonnés appelés *millenarii*, *quingenarii*, *centenarii*, *denarii*, avaient un caractère plutôt romain que germanique, et que les diocèses et les municipalités étaient sous la direction des évêques et des chefs de famille plutôt que sous celle des seigneurs.

Le *fuero juzgo*, cette charte fondamentale de la législation espagnole, appellée aussi loi antique des Visigoths ou code de Reccarède (1), fut publié pour la première fois peu de temps après la publication de la *lex romana* d'Alaric, qui date de l'an 506. Sa rédaction fut modifiée au commencement du huitième siècle, et après la conversion des Visigoths au catholicisme. On a trouvé des analogies suffisantes pour rendre probable une origine commune entre quelques titres de cette loi et certains chapitres du traité des *Origines* composé par saint Isidore, qui était l'âme des conciles de son temps et qui a pénétré les lois visigothiques de leur esprit. La troisième rédaction du *fuero juzgo* remonte au règne de Chindasvinde, qui était maître de toute la péninsule hispanique depuis 642, et qui, pour favoriser la fusion des races, ce but constant des législations du moyen âge, abrogea expressément la prohibition des mariages entre les Goths et les Romains, prohibition consacrée par les coutumes germaniques (2). Chindasvinde défendit l'application du droit romain, tout en en recomman-

(1) Voyez, sur le *Fuero Juzgo*, les études de M. Batbie (*Recueil de l'Académie de législation*, 1859); la *Dissertation* de M. Pétigny (*Revue historique du droit français et étranger*, 1855, p. 212); — et l'*Histoire du droit français*, par M. Laferrière, t. V, p. 520. —(2) Voyez le *Fuero Juzgo*, III, I, 1 ; — Tacite, *De mor. Germ.*, c. IV ; — Procopius, *De Bello Goth.*, I, III, c. II ; — et Canciani, t. IV, p. 88, note 1.

dant l'étude, mais les idées et les institutions romaines n'en subsistèrent pas moins dans le royaume des Visigoths, et cinq formules d'affranchissement d'esclaves contiennent cette expression commune : « Ingenuo te civemque roma-« num esse constituo ac decerno (1). » Les textes du *forum judicum* offrent un mélange perpétuel des usages visigothiques, des lois romaines et du droit canonique.

Les lois visigothiques, dit le judicieux Marina, sont des témoignages certains de la manière brillante dont les prélats espagnols ont rempli la tâche qu'ils s'étaient imposée. Le corps ecclésiastique de cette nation se distingua d'ailleurs à cette époque par la sagesse avec laquelle il s'abstint de prendre part aux dissensions religieuses qui désolaient les églises de France, d'Allemagne et d'Italie. Tout entier à la morale de l'Évangile, l'ordre et l'union des citoyens lui paraissaient le plus grand bien qu'il pût obtenir. Ne croyant pas devoir substituer les institutions humaines aux institutions apostoliques et à la simplicité des mœurs des chrétiens, il regardait comme dangereuse toute espèce d'innovation, et il refusait absolument de reconnaître les fausses décrétales, cette source éternelle de discorde entre le sacerdoce et l'empire. L'immunité ecclésiastique, dont les prélats des autres pays se montrèrent si jaloux, fut longtemps inconnue en Espagne, et tant que les Goths y demeurèrent, elle ne fut que peu pratiquée ; les évêques et les communautés concouraient avec les citoyens aux charges de l'État ; ils payaient les mêmes redevances, et ressortissaient des mêmes tribunaux. On trouve dans les lois civiles des dispositions pénales relativement aux ecclésiastiques qui refusaient de comparaître devant une cour séculière, devant

(1) Voyez les *Formules visigothiques*, publiées par M. DE ROZIÈRE, en 1854, II, III, IV, V et VI.

laquelle ils étaient cités; les prélats et les églises ne possédaient point de grands biens comme dans le reste de l'Europe, et ils ne jouissaient pas du droit de la dîme. Peu jaloux d'étendre leur autorité, les évêques n'exerçaient point la juridiction temporelle, parce qu'en Espagne on ne connaissait point l'odieuse coutume des fiefs et des terres seigneuriales; et leur honorable médiocrité était une raison de plus pour qu'ils n'eussent point d'intérêts contraires à ceux de l'État. C'est ainsi que, dans les premiers temps de la monarchie espagnole, la grande influence que le corps ecclésiastique exerça sur les délibérations des assemblées nationales, bien loin d'être préjudiciable à la société, fut la seule et unique cause qui éleva l'empire des Goths à un degré de gloire et de puissance auquel aucune autre nation de l'Europe ne parvint à cette époque.

IX. — Envahie par les Maures au commencement du huitième siècle, l'Espagne subit, dans le caractère de sa civilisation, une transformation radicale. La politique antichrétienne du premier Abdéradame inaugura une ère brillante de prospérité commerciale, de mœurs polies et élégantes, de progrès dans tous les arts de la paix et de la guerre; et tel est le prestige du spectacle attrayant donné au monde par les braves et ingénieux Arabes d'Espagne qu'on a été, quoiqu'à tort peut-être, jusqu'à leur faire honneur de l'invention de la chevalerie: mais quelqu'ait été l'éclat de cette civilisation sans pareille, elle n'a rien fondé de durable. Aux tribus asiatiques campées dans les palais splendides de tant d'opulentes cités il manquait le souffle de la vie chrétienne et le double élément municipal et fédératif sous l'influence duquel l'Europe du moyen âge s'est développée.

X. — Tandis que les monarques arabes, aveuglés par leurs succès et s'abandonnant à une trompeuse sécurité, jouissaient, à l'exemple des despotes de l'Asie, des délices de Cordoue, Pélage, ce roi des Asturies qui ceignait pour couronne un cercle hérissé de fers de lance arrachés aux guerriers maures, commençait une résistance qui fut continuée par Garcias Ximenès, et secondée par les révoltes des sujets maures qui fondèrent les états de Tolède, d'Huesca, de Saragosse et d'autres moins connus. Le royaume chrétien d'Oviédo, dont le siége fut transféré à Léon en 914, s'étendit bientôt jusqu'au Duero, et la Vieille-Castille, dont les comtes héréditaires s'affranchirent de la domination des rois de Léon, formèrent un royaume distinct, où domina l'élément aristocratique et judiciaire (1). Une autre race de princes chrétiens fonda, à l'ombre des Pyrénées, les royaumes de Navarre et d'Aragon, et enfin, vers le commencement du onzième siècle, Sanche le Grand, ayant réuni à ses États les royaumes de Castille et de Léon, put se qualifier de droit empereur des Espagnes, tandis que le beau royaume de Cordoue se démembrait par l'effet des dissensions intestines des Musulmans.

XI. — Le droit féodal régnait à cette époque dans toute l'Europe, et le principe d'hérédité, qui y était inhérent, s'attacha à la couronne d'Espagne comme aux couronnes moins éclatantes qui relevaient d'elle; le royaume de Léon fut incorporé à celui de Castille, le royaume de Navarre à celui d'Aragon. L'Espagne était partagée, au commencement du douzième siècle, en deux monarchies héréditaires: la Castille et l'Aragon.

Jusqu'à cette époque, l'influence des évêques avait été dominante et presqu'exclusive. La noblesse, qui s'était dis-

(1) Sibi et posteris providerunt, et duos milites non de potentioribus sed de prudentioribus elegerunt, quos et judices statuerunt, ut dissentiones patriæ et querelantium causæ suo judicio sopirentur. (Roderic, de Tolède, liv. V, ch. i.)

tinguée sur les champs de bataille dans les guerres contre les infidèles, ne se contenta plus de la part modeste que prenaient les anciens seigneurs aux conciles (1), et tandis que les conciles devinrent, comme dans le reste de l'Europe, des réunions exclusives du clergé, des juntes mixtes s'occupèrent, sous la direction des rois, du règlement des affaires de l'État. C'est à cette époque que les libertés municipales de l'Espagne prirent un rapide et puissant essor. Marina (2) les considère, avec quelque exagération peut-être, « comme une digue élevée par les rois contre l'or-« gueilleuse fureur des grands et les prétentions exclusives « du clergé, non moins à craindre que la noblesse par ses « richesses immenses et ses injustes usurpations. » Quelqu'intime que fût le lien établi en Espagne entre les rois et les communes, il est difficile d'y voir une sorte de coalition permanente contre la noblesse et le clergé. C'est de l'accord, non de l'antagonisme des classes de la société, que se forma, en delà comme en deçà des Pyrénées, une puissante unité nationale.

CHAPITRE IV

DROIT MUNICIPAL ESPAGNOL DEPUIS L'EXPULSION DES MAURES JUSQU'AU RÈGNE DE CHARLES-QUINT.

I. — A mesure que les villes d'Espagne s'affranchissaient du joug des Maures, elles se reconstituaient sur les bases

(1) Ordeño que se juntase un concilio, señalando à Toledo su córte, para que concurriesen á ella los prelados, con quienes avian de assistir los principales señores, etc. (*Concile de Tolede* de 635.) — (2) *Théorie des cortès*, 1re partie, liv. III

des anciens municipes romains, et leurs *fueros* (1) ou priviléges, développés par les rois catholiques, devenaient un double élément de prospérité locale et de puissance nationale.

L'institution ou plutôt le rétablissement des communes remonte en Espagne à l'an 1020, époque où Alphonse V, dans les *cortès* de Léon, institua les priviléges de cette ville et lui donna un code destiné à régler l'administration des magistrats. Les communes des villes de Carrion, Llanes et autres furent établies par le même prince. Sanche le Grand donna une constitution semblable à la ville de Naxara. En 1076, Sepulveda reçut un code d'Alphonse VI. Sous le même règne, Logrono et Sahagun, et bientôt après Salamanque, obtinrent leurs chartes de priviléges. Le *fuero*, ou charte primitive d'une communauté espagnole, était proprement un contrat par lequel le roi et le seigneur accordaient aux bourgeois une ville et le territoire environnant, avec divers priviléges, entre autres celui d'élire les magistrats et un conseil municipal, tenus de se conformer aux lois imposées par le fondateur. Ces lois civiles et criminelles étaient en substance tirées de l'ancien code des Visigoths, qui forma la loi commune de la Castille jusqu'au treizième ou au quatorzième siècle ; mais elles différaient entre elles par certaines coutumes locales, dont l'origine et l'existence dans ces districts étaient probablement antérieures à l'époque où elles y reçurent une sanction légale. Le territoire dépendant de ces villes était souvent d'une étendue considérable, et au-delà de toute proportion avec celui des villes de commune de France et d'Angleterre ; il comprenait les terres des propriétaires fonciers soumis à l'autorité

(1) Voyez *El fuero viejo de Castilla y el ordenamento de Alcala.* — Madrid, 1847.

et à la juridiction de la municipalité, indépendamment des domaines inaliénables, affectés à l'entretien des magistrats et à d'autres charges publiques (1).

II. — On donna le nom d'*ayuntamientos* (du mot : *ayutar*, se réunir,) aux corps municipaux chargés d'administrer et de rendre la justice. Ils étaient élus, à la pluralité des voix, par tous les citoyens chefs de famille, qui se réunissaient chaque année à cet effet dans des colléges électoraux appelés *concejos*. Leur organisation primitive était très-démocratique, et l'officier royal leur était tellement subordonné que, suivant le *fuero* de Logrono, s'il tentait de s'introduire par force dans la maison d'un particulier, il était permis de le tuer. Mais Alphonse XI modifia cet état de choses, en plaçant l'administration municipale dans les mains des *regidores*, plus dépendants du pouvoir central.

Les *ayuntamientos* étaient dépositaires de l'autorité publique, tant dans la cité que dans les villages qui en dépendaient. Ils choisissaient dans leur sein des *alcades*, entre lesquels ils partageaient l'administration et la comptabilité des revenus que les villes tiraient de la ferme de leurs propriétés ou des impôts sur les denrées. La nomination des alcades administrateurs et celle des alcades investis de la juridiction municipale était confirmée par le monarque. Cette disposition était établie par une loi réitérée dans plusieurs assemblées nationales, et particulièrement dans les cortès de Madrid de 1435; mais le choix du roi ne pouvait tomber que sur l'un des trois candidats proposés par leurs municipalités respectives et il résulte même des pétitions des cortès de Burgos de 1430, de celles de Valladolid de 1442, etc., que le roi fut supplié, à cause des

(1) HALLAM. *L'Europe au moyen âge*, t. I, p. 392.

inconvénients résultant pour les villes, bourgs et communes, de ce que les offices qui les concernaient n'étaient pas donnés par elles, de ne s'entremettre ni par lui-même ni par d'autres ressources dans le choix des maires, notaires, majordomes, inspecteurs publics, etc. (*novissima recopilacion*, l. VII.)

Les milices communales se recrutaient du ban fourni par la cité *intra muros*, et de celui des bourgs et villages qui dépendaient d'elle. La milice communale faisait respecter l'*ayuntamiento*, assurait l'exercice de la justice, et concourait au service militaire du souverain avec l'armée active, à laquelle chaque cité était tenue de fournir le contingent fixé par sa charte pour être conduit sous la bannière royale, ou pour garder les remparts. Les alcades qui les commandaient étaient élus comme les administrateurs et les juges municipaux.

Chaque *ayuntamiento* avait dans son sein quatre *alcades mayors*, qui le présidaient alternativement, et qui jugeaient les appels portés contre les sentences des alcades ordinaires. Un *alguazil mayor*, nommé par le roi parmi les chefs des familles les plus considérables, prêtait main forte à l'exécution des mandements de justice (1).

III. — Les cités de l'Espagne, quoique très-jalouses de leur indépendance, avaient l'esprit d'unité monarchique qui distinguait la nation des Goths. Chaque *ayuntamiento* choisissait dans son sein, par la voie du sort ou de l'élection, des députés (*procuradores*) qui, sur la convocation du roi, se rendaient à l'assemblée générale, pour y délibérer sur les intérêts politiques.

(1) Voyez MARINA : *Ensayo historico critico sobre la antigua legislacion y principales cuerpos legales de los reynos de Leon y Castilla, especialmente sobre el codigo de D. Alonzo el Sabio, conocido como el nombre de las Siete-Partidas.*

Tandis qu'en Angleterre, ce pays classique de la liberté politique, le peuple n'a été admis dans le parlement que sous le règne de Henri III en 1225, tandis que les représentants des cités allemandes n'ont figuré dans les diètes qu'en 1293, et le tiers-état dans les états généraux de France qu'en 1302, dès l'an 1169, on voit les députés des villes siéger, sous le règne d'Alphonse IX, dans les états de la Castille, réunis à Burgos ; les mêmes états, huit ans après, obligeaient chaque *hidalgo* à payer annuellement une somme de cinq maravédis d'or, en plus de l'impôt fourni par les bourgeois et les paysans. Les *cortès* (cours) de Léon de 1188, où le tiers-état (*la muchedumbre de las cibdades é embiados de cada cibdat*) fut réprèsenté sans opposition, introduisirent l'usage de la langue romane ; toutefois, il faut reconnaître que l'entrée authentique et légale du tiers-état dans la constitution castillane ne date comme en France, que du commencement du quatorzième siècle, sous le règne d'Alphonse XI, qui, après avoir décrété, de sa pleine puissance et autorité royale, en 1325, l'abrogation des justices seigneuriales et de la servitude de la glèbe, convoqua les cortès à Médina-del-Campo en 1328, et fit décréter par eux, comme loi constitutionnelle, la nécessité de convoquer, pour toutes les affaires importantes, les trois ordres du royaume dans les cortès (1).

IV. — Les lois veillaient avec une vive sollicitude à ce que les sources de l'élection ne fussent pas altérées. « Défense était faite à tout préposé du souverain, à toute personne d'une grande influence, de recommander un candidat à *l'ayuntamiento*, sous peine de nullité de la nomination. » Les députés des villes, comme ceux des deux autres

(1) Voyez le recueil des lois espagnoles, publié sous le titre de *Novissima recopilacion*.

ordres, avaient un caractère inviolable ; pendant la session, ils devaient habiter dans le même quartier, afin que, dans les intervalles des séances, ils pussent plus facilement se concerter entre eux sur les objets en discussion dans l'assemblée. Chaque député recevait de sa ville des appointements pour subvenir à ses frais de déplacement et de séjour, durant la tenue des cortès ; mais il ne pouvait, sous aucun prétexte, accepter de la couronne aucune fonction rétribuée, aucun argent, aucune faveur quelconque, ni pour lui ni pour ses proches (1) : il s'y engageait par serment, en se soumettant, en cas d'infraction, aux peines les plus sévères.

V. — Les trois ordres, appelés aussi *brazos* (bras) ou *estamentos* (états), étaient représentés aux cortès : le clergé par les archevêques, les évêques et les abbés des grands monastères à la dignité desquels se trouvait attaché le droit de présence aux assemblées ; la noblesse, par les grands maîtres des trois ordres militaires de saint Jacques, de Calatrava et d'Alcantara, par les comtes ou grands feudataires de la couronne, par les *hidalgos* (2), les *ricos hombres* et les plus puissants des *infanzones* ou *caballeros* : les députés des villes, qui avaient le droit de représentation, votaient au nom du tiers-état.

« Les cortès, instituées de cette manière par l'assemblée de *Medina-del-Campo* de 1328, établirent l'ensemble d'un véritable gouvernement représentatif. Toutes les parties constitutives de la société populaire avaient, à l'assemblée gé-

(1) Défense aux *procuradores* d'accepter toute faveur du roi, pour mieux conserver l'indépendance de leurs votes dans l'adoption ou le rejet des lois concernant la nation. (*Cortes de Madrid*, de 1329.) — (2) Le noble appelé *hidalgo* était celui dont le père, l'aïeul et le bisaïeul étaient nobles. *S. Rotæ rom. Decis.* CCXXIX, n. 4, v. 16.

nérale, des représentants de leurs intérêts dans les mandataires que chaque ordre y comptait, lesquels avaient tous une égale prépondérance dans les débats. La royauté, clef de voûte de ce bel édifice social, paraissait, mieux que jamais, représenter l'image vivante de Dieu sur la terre ; investie du beau droit de tenir entre tous une balance égale, et de veiller à ce qu'une parfaite harmonie régnât entre les trois pouvoirs qui gravitaient autour d'elle, elle mettait un frein aux vues ambitieuses de chacun d'eux. Ces cortès, appelées ainsi à statuer sur les besoins de l'État, sous la présidence du souverain, formèrent alors un de ces gouvernements du moyen âge, qui ont inspiré ces paroles d'admiration à l'immortel auteur de l'*Esprit des lois* : « La liberté civile des peuples, les prérogatives de la noblesse et du clergé, la puissance des rois se trouvèrent dans un tel concert, que je ne crois pas qu'il y ait eu sur la terre de gouvernement si bien tempéré que le fut celui de chaque partie de l'Europe dans le temps qu'il y subsista (1). »

VI. — Les cortès, convoquées par le roi dans le lieu qu'il lui plaisait, pourvu cependant que ce ne fût pas une place de guerre, se réunissaient ordinairement dans une église et toujours dans une enceinte d'où était exclue toute force armée. L'époque de leur réunion n'a jamais été périodique ; elles étaient présidées par le roi, et se tenaient avec une grande pompe tantôt à Tolède, capitale de la Nouvelle-Castille, tantôt à Burgos capitale de la Vieille-Castille. Quand les états étaient convoqués à l'avénement d'un nouveau règne, la séance s'ouvrait par une invitation que l'archevêque de Tolède adressait au prince en ces termes : « Que Votre Altesse confirme et jure d'observer les libertés

(1) DUHAMEL, *Histoire constitutionnelle de la monarchie espagnole*, t. I, p. 177.

et franchises, exemptions, priviléges et coutumes du royaume, et qu'elle donne à chaque cité, ville et bourg sa charte de confirmation. » Le prince répondait : Je le jure; et puis les trois ordres prêtaient serment de fidélité et d'obéissance à leur souverain : c'était la cérémonie connue sous la dénomination de *jura.*

VII. — En Espagne, comme dans toute monarchie représentative, aucune taxe ne pouvait être levée sans le consentement des représentants du peuple (1). Les communes payaient, pour prix de leurs franchises, un impôt annuel et fixe appelé : *Monada forera* (2); aucun autre subside ne pouvait leur être demandé. Les cortès de 1393 ayant voté un impôt en faveur de Henri III, y mirent pour condition que ce prince n'établirait pas des taxes de sa seule volonté, ajoutant, dans un langage à la fois ferme et respectueux, que toutes lettres contraires seraient obéies, non exécutées : *Obedecidas é non complidas.*

Toutes les dépenses publiques étaient soumises à l'examen des cortès et les impôts consentis pour y faire face étaient répartis et perçus par des personnes respectables (*hombres buenos*) des villes et villages; le produit des taxes était versé au trésor du conseil du roi, et ne pouvait être appliqué qu'aux objets auxquels il avait été destiné (3).

VIII. — Les cortès étaient investies de l'autorité législative, et c'est avec l'assentiment (*con acuerdo*) des différents ordres du royaume qu'ont été décrétées, en Espagne, toutes les lois fondamentales du moyen âge, notamment

(2) Liberi et ingenui semper maneatis reddendo mihi et successoribus meis in unoquoque anno in die Pentecostes de una quaque domo duodecim denarios, et nisi cum bono voluntate vestra feceritis, nullum alium servitium faciatis. —(2) MARINA, *Ensayo hist. crit.*, c. CLVIII ; — *Teoria de las cortès*, t II, p. 387. —(3) MARINA, *ibid.*, t. II. p. 411.

les lois des *Siete-Partidas*, rédigées par Alphonse X, qui ne furent sanctionnées qu'en 1348, dans les cortès d'Alcala.

Les attributions des cortès embrassaient les questions de commerce et d'industrie, les traités de paix, les déclarations de guerre, et même les alliances matrimoniales des souverains (1).

IX. — Vers le milieu du quatorzième siècle, une révolution importante survint dans l'ordre municipal de la Castille. Alphonse XI, vainqueur de Tariffe et d'Algésiras, abusa de ses triomphes contre les Maures pour étendre outre mesure les prérogatives de la couronne dans ses rapports avec les *ayuntamientos* et les *cortès*. Sous prétexte de faire cesser les dissensions populaires, auxquelles donnait lieu l'élection des *ayuntamientos*, ce prince s'arrogea le droit de les composer lui-même, et les *ricos hombres*, que mécontentait cette innovation ultra-monarchique, obtinrent seulement que les membres des corps municipaux, nommés par le roi, devinssent titulaires perpétuels de leurs offices, afin que le roi ne pût pas revenir capricieusement sur ses choix. Par l'ordonnance adressée en 1345 à l'*ayuntamiento* de Burgos, Alphonse XI édicta d'ailleurs, après avoir nommé les conseillers, que ceux-ci, réunis aux alcades ordinaires et au procureur de la commune, eussent à se réunir deux jours de chaque semaine pour délibérer en conseil sur les intérêts municipaux. D'autres règlements, émanés de ce prince et de ses successeurs contribuèrent, à inspirer aux représentants des communes le zèle et la fermeté nécessaires pour l'accomplissement de leurs devoirs. « En vertu de ces règlements, dit Marina (2), les administra-

(1) Voyez ce que dit Ferreras des cortès de *Medina-del-Campo*, de 1328, et d'*Alcala de Henarez*, de 1349. — (2) *Théorie des cortès*, 1re part., liv. III.

teurs, les jurés et les autres officiers municipaux devaient exercer leurs emplois par eux-mêmes, sans que jamais ils pussent se faire suppléer par des étrangers : dans le cas même où ils avaient de justes motifs pour se démettre de leurs fonctions, c'était entre les mains du conseil qu'ils devaient remettre leur démission, afin qu'après l'avoir acceptée, s'il y avait lieu, il pût leur nommer un successeur, conformément à la loi. Cette partie de la législation municipale fut, dans tous les temps, considérée comme tellement importante par le gouvernement, que les députés du royaume, sachant qu'elle était tombée en désuétude dans quelques communes, réclamèrent son observation dans les cortès de Madrid, de 1435, et demandèrent qu'elle fût exécutée comme loi nationale.

« Les rois ne pouvaient augmenter à leur gré le nombre des administrateurs et des autres officiers perpétuels des conseils municipaux. Des princes qui tendaient à établir la monarchie absolue, ayant souvent éludé cette sage disposition, elle fut solennellement confirmée dans différentes occasions, sur la représentation des communes, et entr'autres dans les cortès de Tolède, en 1480. »

Malgré ces changements radicaux dans l'organisation des *ayuntamientos*, le mode d'élection aux cortès des *procuradores* des villes ne subit aucune altération; mais l'influence royale, dans les assemblées nationales, s'accrut à tel point qu'Alphonse XI put reprendre les hostilités contre les Maures, faire le siége de Gibraltar, et transformer en loi décrétée par l'assemblée nationale, le code des *Siete-Partidas*, qui consacrait la transmission héréditaire de la couronne d'Espagne.

X. — Les institutions municipales du royaume de Castille se reflétaient dans les provinces qui dépendaient de cette couronne. Celles des provinces vascongades d'Alava, de Guipuzcoa et de Biscaye, étroitement unies par le lien d'une défense commune, dont le symbole était trois mains ensanglantées et jointes entr'elles avec cette devise : *Irurakbat* (les trois n'en font qu'une), avaient primitivement un seigneur viager, qui les gouvernait sous le contrôle des assemblées nationales: les députés de ces provinces offrent en 1352 le titre de seigneur au roi Alphonse XI, et la couronne de Castille devient suzeraine des pays basques, sous la foi du serment que prêtèrent le roi et ses successeurs : « Vous êtes libres, vos *fueros* sont sacrés pour nous, qui jurons de les maintenir, et les eaux du *Zadora* cesseront de couler, avant que nous et nos fils manquions à nos serments. »

Les pays basques sont ainsi restés jusqu'à nos jours dépendants du roi dans les relations extérieures, mais investis au dedans d'un autonomie telle qu'aux termes des traités le roi ne pouvait posséder aucune forteresse sur leur territoire, et que la peine de mort était prononcée contre quiconque (basque ou étranger) prétendrait au nom du roi, faire exécuter des lois non approuvées par les assemblées provinciales.

Les fueros de ces provinces libres et fidèles consacrent un hommage éclatant à la dignité humaine en ces termes : *Todo Biscaio de Biscaya cristiano viejo, rancio, limpio de toda mala raza y mancha, es noble*; Tout vrai Biscayen, s'il est de vieux sang chrétien et pur de toute souillure, est noble. L'esprit de famille y est si religieusement respecté, que le manoir héréditaire (*la casa solare*) ne peut être vendu par le chef de famille (*el parente major*), ni exproprié pour dettes qu'à des conditions difficiles. Ce sont les chefs de famille, réunis en assemblées communales, qui nomment dans chaque commune l'alcade, les deux assesseurs, le secrétaire, et même en quelques lieux le curé. Chaque bourgade a sa milice ou *alarde*, qui est commandée par l'alcade, sous les ordres suprêmes du *coronel* de la province, chargé de défendre tout le territoire en cas de péril. La commune pourvoit aux frais de son administration intérieure par ses revenus territoriaux et ses impôts indirects. La justice y est rendue par le *corregidor* (l'homme du roi), assisté de quatre juges nommés par la province ou par les alcades des villages, au choix des plaideurs. Toutes les fonctions municipales sont essentiellement gratuites.

Chaque province a sa junte générale, composée de *procuradores* députés par des corps électoraux, dont fait partie tout propriétaire d'un foyer (*foguera*). Celle de Biscaye, composée de cent huit *procuradores*, nommés tous les deux ans par l'assemblée générale, qui se tient sous l'arbre de *Guernica*, près du village de ce nom, se réunit dans la chapelle de Notre-Dame *de la Antigua*, sous la présidence du *corrégidor* ou de l'un des deux députés désignés par l'assemblée générale. Celle du *Guispuscoa*, composée de soixante-dix *procuradores*, se tient tour à tour dans dix-huit localités importantes de la province, une fois par an, sous la présidence du corrégidor, et est remplacée, dans l'intervalle des sessions, par une commission permanente de sept députés, dont le premier est en quelque sorte un président de république, et est obligé de résider trois mois dans chacune des principales villes de la seigneurie. La junte d'*Alava* se réunit deux fois par an, au mois de mai dans un couvent de Victoria, au mois de septembre dans une autre ville, dans des conditions analogues à celles des autres provinces, mais cependant avec cette différence que ce sont les *ayuntamientos*, au lieu d'une assemblée générale, qui y députent les *procuradores*. Le *procurador* général, nommé annuellement par la junte, prête, sur un couteau antique, ce serment terrible : *Je veux qu'avec ce couteau on me coupe la gorge, si je ne défends pas les fueros du pays.*

Tels sont, ou plutôt tels ont été jusqu'au traité du Bergara, par lequel ils ont été sacrifiés aux nécessités légitimes peut-être de l'unité nationale, les *fueros*, si variés dans leurs caractères et leurs formes, de ces provinces basques, dont la libre et courageuse fidélité à leur souverain est une preuve historique de plus de la liaison intime qui existe entre les libertés locales et l'esprit national et monarchique, mais dont les immunités des charges qui pesaient sur le reste de la nation espagnole étaient, il faut le reconnaître, anormales, et incompatibles avec le grand principe de l'égalité devant la loi.

XI. — La constitution municipale de l'Aragon apparaît aussi dans le moyen âge avec des franchises très-étendues, quoique plus dépendantes peut-être du pouvoir central que celles des provinces basques. Le savant annaliste de cette province nous montre, dès 1118, Sarragosse jouissant d'une certaine liberté politique, et ses citoyens élevés au rang de nobles de deuxième classe, prenant part à la puissance législative, et jouissant de priviléges inconnus au reste de l'Europe (1).

Déjà, en l'an 1068, avait été écrit en latin un code qui a été imprimé à Barcelone, en 1544, sous le titre : *Antiquiores Barchinione leges quas vulgus Usaticos apellat* (2). Ce code, traduit en catalan, en l'an 1413, formait avec le *forum judicum* la constitution de cette province. C'est une loi dont les dispositions, malgré leur caractère féodal, portent cependant l'empreinte de l'esprit d'éga-

(1) ZURITA, *Annal. de l'Arag.*, t. I, p. 44. — (2) Voyez le texte dans l'*Histoire du droit au moyen âge*, par M. CHARLES GIRAUD.

lité et de justice qui avait inspiré le *forum judicum* (1).

La constitution municipale de Barcelone était en grande partie empruntée au droit municipal romain. Un jurisconsulte catalan définit ainsi les caractères de la *ciutada de Barcelone.* « Il y a, dit-il, à Barcelone, deux sortes de citoyens : les uns simplement citoyens, les autres dits *honorati*. Les premiers sont ceux qui ont séjourné un an et un jour à Barcelone ; leurs priviléges sont énumérés dans les chartes données par Jacques Ier en 1232, par Jacques II en 1292, 1323, etc. L'habitation d'an et jour ne suffit pas pour rendre apte aux *honneurs*, charges et offices de la cité, consulaires et autres semblables. Dix ans de résidence peuvent seuls donner cette aptitude. Quant aux *ciantadans honorats de Barcelone*, qualité correspondante aux *honorati* romains, on les élit chaque année le 1er mai, dans leurs corps d'états respectifs, à la majorité des suffrages, en vertu d'une ancienne coutume approuvée par le roi, et ils sont entièrement assimilés aux chevaliers créés par le roi, et jouissent des mêmes priviléges pour eux et leur postérité masculine, sauf qu'ils n'ont pas le droit de voter dans les curies où se font les lois municipales avec le concours des trois états (2). » Le principe des priviléges des *honorati* se trouve dans une constitution de Raymond, comte de Barcelone, mort en l'an 1076 (3).

(1) LAFERRIÈRE, *Histoire du droit français*, t. V, p. 534.

(2) Hos (cives honoratos) creat civitas de voto majoris partis eorum collegii, seu status, prima die maii in singulis annis, ex privilegii vel antiquissima consuetudine regio privilegio approbata et confirmata... Qui in omnibus et per omnia æquiparantur militibus a regi creatis, et eorum gaudent privilegiis una cum tota progenie nata et nascitura præterquam quod non habent votum in curiis sicuti milites. (FONTANELLA, *De pactis nuptialibus clau.*, III, gl. 22, n. 77. — *Ibid.*, cl. III, gl. 3, n 67.) — *Ibid.*, n. 94.

(3) *Ibid.*, cl. III, gl. 3, n 93.

Les institutions municipales du royaume d'Aragon étaient plus libres encore et plus fières que celles de la Castille, dont elles se rapprochaient d'ailleurs par leur origine romaine. « Comme en Castille, dit Robertson, les villes d'Aragon étaient dans un état si florissant, qu'elles devinrent bientôt une portion respectable de la société, et eurent une grande part dans la législation. Les magistrats de l'*ayuntamiento* de Barcelone, entre autres, aspiraient au plus grand honneur auquel pussent prétendre des sujets en Espagne, celui de se couvrir en présence du roi, et d'être traités comme les grands du royaume. »

C'est le royaume d'Aragon qui paraît avoir été le berceau du droit politique de l'Espagne au moyen âge, droit antérieur et supérieur à celui des autres États de l'Europe. Zurita nous apprend que les cortès d'Aragon étaient composées, depuis un temps immémorial, de quatre *brazos* ou *estamentos* : l'ordre ecclésiastique, deux ordres de nobles et l'ordre du peuple. Il cite les états d'Aragon, de 1133, où siégeaient les députés des cités et des villages (*procuradores de las ciudades y villas*). Un commentateur *des institutions aragonaises*, à Sarragosse, en 1588, attestait que le roi ne pouvait ni déclarer la guerre, ni faire la paix et les traités, ni résoudre aucune affaire importante sans l'assentiment des cortès (1).

Aucune loi ne pouvait être portée ou abrogée, ni aucune taxe imposée sans le consentement des états dûment assemblés. Pierre II ayant essayé, en l'an 1205, d'imposer une taille générale, la noblesse et les communes se réunirent pour défendre leurs franchises, et la taxe fut ensuite con-

(1) Bellum aggredi, pacem inire, inducias agere, remve aliam magni momenti pertractare caveto rex, præterquam seniorum consensu. BLANCAS, *Aragonensium rerum commentarii*, p. 26. Sarragosse, 1588

sentie en partie par les cortès. Les priviléges des Aragonais étaient garantis par des statuts, notamment par celui de 1283, qui a quelque analogie avec la grande charte d'Angleterre (1).

Les états choisissaient, dans la deuxième classe des nobles, un magistrat nommé *justicia*, dont le pouvoir, bien supérieur à celui des éphores de Sparte et des tribuns du peuple de Rome, tenait en échec le pouvoir royal (2). Ce grand justicier, environné, dans l'assemblée nationale qu'il présidait, des députés du clergé, de la noblesse et des villes, adressait, assis et la tête couverte, au roi ces paroles si connues : « Nous qui valons autant que vous et qui pouvons plus que vous, nous vous faisons notre roi et seigneur, à condition que vous garderez nos priviléges et libertés, sinon, non. » « Le roi, dit Antonio Perez, à genoux et la tête découverte, promettait, la main étendue sur les quatre Évangiles, de garder et observer inviolablement les immunités et franchises du royaume, sous les peines portées par les constitutions qu'avait indiquées le Saint-Siége lui-même aux Aragonais. »

Le *justicia*, dont le nom indique la personification de la justice, était à la fois le juge suprême d'où ressortissaient toutes les autres juridictions, par voie d'appel ou d'évocation, l'interprète souverain des lois, le surveillant de tous les administrateurs, des ministres, du roi lui-même. Mais il était dans la dépendance des cortès, auxquelles tout opprimé pouvait recourir, contre les abus de pouvoir ou les dénis de justice. Une commission, prise au sein de cette assemblée, lui était adjointe dans l'intervalle des sessions, et veillait à ce qu'il ne violât pas la constitution.

(1) Voyez les autorités citées par HALLAM, *L'Europe au moyen âge*, t. I, p. 473. — (2) *Fueros y observancias del reyno de Aragon*, t. I. p. 21.

La législation aragonaise, dont une partie du Languedoc subit l'influence, par le mariage que Pierre Ier contracta avec l'héritière du comté de Montpellier, au commencement du treizième siècle, se maintint sous les successeurs de ce roi, et fut confirmée, sous le règne de Pierre II, par une fédération, dont le but était de protéger les libertés publiques contre les progrès de la puissance royale. Après l'invasion de la Sicile, Pierre, enorgueilli des succès auxquels se mêle l'affreux souvenir des Vêpres-Siciliennes, essaya de restreindre les immunités de la nation. Les cortès de Sarragosse, de 1283, l'obligèrent de renoncer à ses ambitieux desseins. La confrérie de l'union opposa les mêmes obstacles à des tentatives semblables du fils de ce roi, Alphonse III, et fit même reconnaître la légalité de son existence par les cortès de Tarragone de 1288. Les priviléges des Aragonais furent confirmés de nouveau par les cortès de Sarragosse, de l'an 1325, « et l'on peut conclure, dit Robertson, d'après l'acte enregistré de cette assemblée, que les droits de la noblesse et ceux des communes étaient alors plus étendus et mieux combinés en Aragon qu'en aucun autre royaume de l'Europe. » A dater du milieu du quatorzième siècle, et sous le règne de Pierre le Cruel, s'engagea entre la confrérie de l'union et la prérogative royale une lutte vive et persévérante, qui se termina par l'abolition de la confrérie. Mais la puissance des cortès et du *Justicia*, momentanément affaiblie par la concurrence de la confrérie, reprit toute sa prépondérance, et les libertés aragonaises, maintenues par les cortès de 1461, et respectées par Ferdinand le Catholique, *qui comprit*, dit Antonio Perez, *l'importance et la bonté des institutions, que jadis le pape avait conseillées aux Aragonais*, se fortifièrent des *fueros* provinciaux, notamment de ceux de la Navarre, dont les *pueblos* furent réunis à la couronne d'Aragon, et devinrent, par la réunion de l'Aragon et de la Castille (1), le type du droit public espagnol, jusqu'au moment où l'altération des institutions municipales, ratifiée par les cortès de 1480, fit pressentir la décadence des libertés du moyen âge, et l'avénement du pouvoir absolu des souverains.

XII. — Envisagé dans son ensemble, le droit municipal espagnol est peut-être celui qui s'est le plus rapproché du prototype romain. Dans chacune des provinces de la péninsule, on trouve des caractères particuliers : les Cantabres, les Vascons, les Navarrais, les Asturiens, les Gaulois (Galiciens), les Lusitaniens se gouvernent chacun par des lois appropriées à leurs mœurs et à leurs traditions historiques, et à dater surtout de la réaction contre l'invasion musulmane, la physionomie particulière de chaque province s'accentue; mais ces provinces, quoique formant des États distincts, tendent à s'unifier par le lien fédératif, et comme l'a récemment prouvé, dans un beau travail historique, un publiciste espagnol, M. Olozaga, la prospérité de chaque province se mesure au degré de liberté dont elle a joui dans son administration intérieure.

Aussi le célèbre historien de l'empereur Charles-Quint ne peut-il s'empêcher, en entreprenant le récit de ce règne fameux, de jeter un coup d'œil de regret sur les franchises municipales de l'Espagne au moyen âge. « L'Espagne, dit-il, avait, au commencement du quinzième siècle, un très-grand nombre de villes, beaucoup plus peuplées et plus florissantes sous le rapport des arts, du commerce et de l'industrie, que toutes les autres cités du reste de l'Europe, à l'exception de celles de l'Italie et des Pays-Bas, qui pouvaient rivaliser avec elles... Les principes de la liberté semblent avoir été mieux entendus dans ces temps-là par

(1) Voyez le *Fuero de Navarra*, l. I, t. I.

les Castillans. Ceux-ci possédaient des sentiments plus justes sur les droits du peuple, et des notions plus élevées sur les priviléges de la noblesse, que généralement toutes les autres nations. Enfin, les Espagnols avaient acquis plus d'idées libérales et plus de respect pour leurs propres droits, leurs immunités; et leurs opinions sur la forme du gouvernement municipal et provincial, de même que leurs vues politiques, avaient une étendue à laquelle les Anglais eux-mêmes ne parvinrent que plus d'un siècle après. »

Les principales sources du droit municipal espagnol au moyen âge ont été, comme celles du droit municipal italien, le droit romain et le droit canonique, et les deux péninsules, après avoir brillé du plus vif éclat dans cette glorieuse période, se sont presqu'éteintes dans un sommeil de deux siècles : l'une dévouée à la monarchie, qui l'avait rachetée de la servitude arabe; l'autre dévouée à la république, qui l'avait grandie; la première réunie en un seul corps, et riche de municipes qui avaient toujours vécu d'accord sous le sceptre monarchique, et qui étaient tout à fait privés de souvenirs politiques; la seconde divisée en une foule de parties indépendantes, et pleine de municipes ennemis les uns des autres ; la première prenant place parmi les puissances de premier ordre; la seconde réduite à servir de petite monnaie, pour solder les comptes entre les monarchies de l'Europe. Or, tandis que, sous le joug de l'invasion étrangère, l'Italie a conservé intacts tous ses éléments de vie publique et de régénération nationale, l'Espagne a vu périr, étouffés sous un réseau de priviléges, d'impôts arbitraires, d'intolérance religieuse, tristes fruits de deux siècles d'absolutisme, les germes de prospérité et de gloire, développés dans son sein par ses *ayuntamientos*, ses *fueros* et ses *cortès*.

Quel a été le jour du réveil de cette nation héroïque?

C'est celui où, envahie par l'armée française, instrument d'une ambition injuste, elle a vu ses principales forteresses occupées par l'ennemi, son armée dissoute, l'État à deux doigts de sa perte. C'est le jour où elle s'est établie résolûment dans ses municipes, dégagés de l'enveloppe artificielle sous laquelle ils languissaient comme étouffés; et où chaque commune, couvent ou chapitre, est devenu un centre autour duquel se sont spontanément ralliés les bras et les cœurs des citoyens, pour conspirer s'ils étaient vaincus, pour combattre s'ils étaient toujours libres, n'étant d'ailleurs ni retenus ni encouragés par le sort adverse ou propice, et ne se demandant pas même si l'État existait encore.

Depuis que, par la révolte de 1823, l'Espagne a été jetée hors de ses voies traditionnelles, sa constitution politique incline tantôt vers une république centralisée, tantôt vers le despotisme militaire, sans retrouver l'appui que lui prêtaient, à d'autres époques, les puissantes organisations de ses assemblées locales, base si longtemps respectée de sa constitution nationale. Son organisation communale et provinciale, soumise à toutes les vicissitudes du régime politique, avait été conçue sous l'empire des idées insurrectionnelles dans un esprit de défiance et d'hostilité envers le gouvernement. Le législateur de 1823, réagissant avec excès contre les abus du pouvoir, avait énervé l'action de l'autorité, en dotant en partie les assemblées électives de la puissance exécutive dont les gens du roi étaient investis sous la monarchie absolue, et en livrant la conduite des affaires à des corps démocratiques. Ferdinand VII, rétabli sur le trône de ses pères, abrogea la loi provinciale, qui créait à son gouvernement des résistances incessantes et d'inextricables embarras. Cette loi, rétablie par un décret du 15 octobre 1836, attend encore la révision promise par l'art. 7 de la constitution de 1837; quant à l'organisation communale, les lois de 1840 et de 1855 ont été calquées sur les lois françaises qui, sous le règne de Louis-Philippe, s'étaient appliquées à concilier la liberté politique du régime parlementaire, et la centralisation administrative du régime impérial. L'Espagne subit ainsi, grâce aux traces, bien effacées d'ailleurs, qu'a laissées dans sa constitution politique le traité de la quadruple alliance, les effets antinationaux du système administratif que lui ont imposé les influences de l'étranger.

L'Espagne et l'Italie, ces deux nations dont les origines, les langues, les mœurs semblaient devoir être identiques, ont eu des destinées bien diverses, causées surtout par la différence de leurs institutions primitives. Ni l'une ni l'autre n'est aujourd'hui dans ses conditions normales, parce que ni l'une ni l'autre n'a pu, dans son état de faiblesse politique, se prémunir contre les influences intéressées de l'étranger. Le gouvernement, prétendu constitutionnel, de l'Espagne est un triste reste des combinaisons politiques de la France et de l'Angleterre, et l'unitarisme républicain ou monarchique, que les populations italiennes, interrogées par oui et par non, ont semblé adopter à l'envi, n'est, en réalité, qu'une importation exotique. Tant que ces deux nations généreuses ne vivront pas de leur vie propre, et ne développeront pas, dans une pleine liberté, les germes de civilisation que la marche progressive du temps a déposés dans leur sein, elles subiront les fléaux, l'une de la domination étrangère, l'autre de la guerre civile, et ces deux États seront agités, jusqu'à ce que l'invincible nature ait enfin repris son empire.

LIVRE IV

CARACTÈRES DISTINCTIFS DU DROIT MUNICIPAL AU MOYEN AGE DANS LES ÉTATS DU NORD DE L'EUROPE.

CHAPITRE PREMIER

DROIT MUNICIPAL DE L'EMPIRE GERMANIQUE AU MOYEN AGE.

1. — Les tribus germaniques, dont les caractères étaient analogues à ceux des tribus de la Gaule et de tous les peuples primitifs, subsistèrent dans un état à peu près nomade jusqu'au moment où elles formèrent des établissements permanents dans les terres de l'empire romain conquises par elles. Ces tribus différaient entre elles de population et d'importance, mais avaient des caractères communs. Elles étaient toutes essentiellement militaires (1). Elles prenaient leurs rois dans les familles nobles, et leurs chefs parmi les guerriers éprouvés par leur valeur. Elles se réunissaient en conseils armés, pour délibérer sur toutes les affaires importantes; elles formaient entre elles des confédérations ou plutôt des ligues pour la défense commune,

(1) Voyez le Mémoire de M. MIGNET, sur l'*Introduction de l'ancienne Germanie dans la société civilisée de l'Europe occidentale*, et l'*Histoire du droit français*, par M. LAFERRIÈRE, t. III, p. 133.

mais avaient été toujours impuissantes à former un corps de nation.

Dans ces vastes et vagues forêts, où l'écureuil sautant d'arbre en arbre pouvait courir sept lieues sans descendre, la tribu réclamait comme sienne telle lande, telle clairière, l'appelait marche (terre marquée), et l'interdisait aux autres tribus (1). Rien de plus fier, dit M. Michelet (2), que ces rois de la bruyère, ces souverains de la prairie, ceux qui, ayant *feu* et *fumée*, *arme* et *bien*, peuvent s'intituler *Erfexen*, c'est-à-dire haches héréditaires, hommes qui, par droit de naissance, peuvent porter la hache dans la forêt... Plusieurs déclarent qu'ils ne relèvent de personne « ni du bourg, ni du roi, ni de l'empereur. »

Les anciens Germains n'avaient point de villes (3), et regardaient comme une marque de servitude d'être obligé d'habiter dans une enceinte de murs (4). Conring (5) affirme que, des bords du Rhin aux côtes de la mer Baltique, il y avait à peine une ville avant le neuvième siècle. Heineccius (6) combat cette opinion par des arguments et des autorités dignes d'attention; mais il faut cependant reconnaître que ces tribus indomptables qui, lorsqu'elles avaient secoué le joug des Romains, démolissaient les murailles bâties sur leur territoire, ne cédèrent qu'à regret au régime des décurions,. des consuls et des duumvirs, et que ce gouvernement, mêlé d'autonomie municipale et de servitude politique, leur était profondément antipathique.

(1) Celui qui n'est pas de la commune, et qui y acquiert des terres, ne peut, quand il traverse la marche, atteler les chevaux à la charrue, il faut qu'il la porte lui-même. (GRIMM.) — (2) *Origines*, *Introduction*, XXVI. — (3) HEINECC., *Elementa juris germanici*, lib. I, tit. V, § 99, 100 — (4) TACITE, *De morib. Germ.*, lib. XVI. —(5) *Exercit. de urb. German.*, t. I, § 25, 27, 31.— (6) *Elem. juris german.*, liv I, tit. V, § 102.

Ces tribus, qui s'étaient montrées inhabiles à composer une nationalité, parce qu'elles ne contenaient aucun des éléments qui lui sont nécessaires, durent cependant se dissoudre, et accepter des Romains une civilisation capable de tempérer la force brutale par l'idée du droit.

Sous la domination romaine, quelques villes germaniques furent fondées sur les rives du Danube et du Rhin, et soumises au régime municipal de l'empire. Elles y formaient en quelque sorte des oasis, placées dans une condition exceptionnelle, et isolées du reste du territoire que parcouraient les tribus nomades. Des colléges de décurions, divisés en corporations, administraient les affaires de ces villes dans des assemblées régulières. Sans participer aux priviléges de la cité, telle qu'elle était constituée pour les Romains qui s'établissaient dans les municipes, les artisans qui se joignirent à eux formèrent des associations, dont la surveillance appartint aux décurions. Des duumvirs ou des consuls à la tête des décurions, puis des édiles, des questeurs administraient la justice, la police, les affaires communes. A côté du magistrat, pourvu d'une autorité complète, il y avait la coopération, puissante par elle-même, des citoyens libres. C'est ainsi qu'en Germanie, comme dans les autres provinces de l'empire, les municipes et les colonies possédèrent un organisme capable de les faire jouir de la vie sociale, et ce fut un effet naturel de cette situation que les corps et communautés, développés sous l'influence de cet organisme, commandèrent la considération, lorsque la domination romaine dut céder à l'invasion des peuples étrangers.

II. — Les rois francs trouvèrent avantageux de laisser aux communautés de bourgeois leur organisation intérieure, et les libertés apparentes de leur propriété foncière. Les commandants royaux des provinces, les ducs et les comtes prirent leur résidence dans les cités municipales et coloniales. A côté des grands s'établirent les premiers évêques des communautés des chrétiens qui se développèrent dans le pays, et la paroisse épiscopale vint en aide à la résurrection du régime municipal.

D'après l'organisation des provinces, soit libres soit soumises auparavant à l'empire romain, des districts plus ou moins étendus furent créés sous les noms tudesques de *Gangemeinde*, *Hundreden*, *Gésammtburgschaften*, et *Markgenossenschaften.*

La *Markgenossenschaften* était une réunion de colons qui, voisins les uns des autres, par leurs habitations et leurs parcelles de terre, jouissaient en même temps en commun de certains terrains (*Gemeine Mark-Allmande*). Dix de ces *Markgenossenschaften*, situées les uns près des autres formaient une *Gésamentbpruchaft*, cent *Markgenossenschaften* ou dix *Gésammtburgschaft* formèrent une *Hundrede* (contera) (1) et plusieurs *hundrede* une *Gangeminde.*

Les éléments de la population se divisaient en deux classes principales : les libres et les non libres. Parmi les hommes libres existait une distinction entre les nobles ou les les races nobles (*Edelinge*), et les hommes nés libres (*Frilinge*) qui, sous certains rapports, se firent les égaux des premiers.

Ainsi, conformément aux traditions rapportées par Tacite, les nobles eurent une prépondérance manifeste dans leurs grandes possessions territoriales (véritables proprié-

(1) M. Guérard pense que le capitulaire de 819 a prononcé, pour la première fois, le nom de centaine ; mais c'est une erreur démontrée par le capitulaire de Clotaire II de l'an 595, qui organise la responsabilité des centaines.

tés selon le droit public), par leur aptitude aux charges de magistrature, par leur droit de décider dans les affaires de moindre importance, et de délibérer préliminairement sur les résolutions à prendre dans les assemblées générales, par la faculté d'entretenir une suite de vassaux, et par leur droit de patronage sur les personnes non libres.

Les hommes nés libres avaient, comme les nobles, une liberté personnelle et un véritable droit de propriété sur les lots de terre plus petits qu'ils occupaient, et où ils avaient bâti leurs habitations, le droit de porter les armes, de combattre et d'obtenir les grades militaires. Ils exerçaient, concurremment avec les nobles, le droit de voter par eux-mêmes, dans les assemblées publiques, et prenaient part au jugement des affaires judiciaires, qui ressortissaient de ces assemblées.

La classe des non libres comportait différents degrès, dont les serfs occupaient les échelons inférieurs ; après eux, venaient les lites, manans, corvéables (*liti, hofhœrige, frohnpflitchtige*), et généralement tous les serviteurs non libres (*ministeriales*). Répandus sur les possessions des nobles, et soumis au droit seigneurial qu'ils avaient établi sur leurs terres, ils cultivaient le sol qui leur était assigné, sans qu'aucun droit de propriété leur fût attribué, en parcelles isolées (petites métairies et hameaux). Ils rendaient, en outre, des services plus considérables dans les métairies et les fermes de leurs seigneurs, qui les représentaient dans les assemblées publiques et protégeaient à la fois leurs personnes et leurs biens (1).

La réunion de colons formée de ces différentes classes et appelée *mark genossen schaft*, possédait en commun

(1) Voyez Heineccius, *Loc. cit.*, § 106 et 107.

des propriétés indivises qu'on appelait marches. La marche se composait de tout ce qui n'était pas propriété individuelle, les terres incultes et abandonnées s'y réunissaient. « Si quelqu'un a laissé son bien se couvrir de ronces, au point que des bœufs ne puissent le labourer, le bien est déclaré marche, commun pacage. Si quelqu'un ayant terre ou pré, les plantait en forêt, que la forêt grandît au point d'y paître deux bœufs, qu'elle grandît tellement que les bœufs s'y abritassent, alors cette forêt sera comme toute autre marche. »

Des lois draconniennes défendaient les propriétés privées et publiques des marches contre le vol des animaux domestiques (1), contre la destruction des arbres et des moissons (2). Les seigneurs s'assuraient, par des mesures violentes, le privilége exclusif de la chasse, et des châtiments atroces étaient infligés aux délinquants (3). Des peines rigoureuses garantissaient surtout contre les déprédations, les forêts seigneuriales et les *bois communs* qu'un jurisconsulte, M. Proudhon, appelle improprement *bois communaux*; car cela supposerait que toutes les populations germaniques et surtout les populations rurales jouissaient du régime municipal : or ce fait est démenti par l'histoire (4), et par le texte même des lois barbares qui articulent à

(1) *Lex salica*, cap. II, *de furtis porcorum* ; cap. III, *de furtis animalium* ; cap. IV, *de furtis ovium* ; cap. V, *de furtis caprarum* ; cap. VI, *de furtis canum* ; cap. IX, *de furtis apium*. — (2) *Lex salica*, cap. VIII, *de furtis arborum* ; cap. X, *de damno in messe vel qualibet clausura* ; cap XXIX, *de furtis diversis*. — (3) Voyez GRÉGOIRE DE TOURS, liv. X, ch. X. Si quilibet in fraude venationis deprehensi fuissent, eruebantur oculi eorum, abscidebantur virilia, manus vel pedes truncabantur. (MATHIEU PARIS.) — (4) Voyez DALLOZ, v° *Forêts*, ch. I, et les autorités qu'il cite ; — Voyez aussi le *Codex legum antiquarum*, t. I, p. 230, et BALUZE, t. I, p. 50.

peine les mots de *rachimbourgs* et *d'alodes* (1), et où le nom de *cité* n'est pas même prononcé.

Toutefois chaque association locale, chaque district depuis la marche jusqu'à la *gangemeinde*, avait son organisation et ses administrateurs spéciaux. A la tête de la dizaine, était le *decanus*, à la tête de la centaine, le *centenarius*, à la tête de la *Gangemeinde* le comte (*graf*), qui exerçait, avec un conseil formé de l'élite des hommes libres, l'administration publique, et qui prononçait comme juge dans les affaires de peu d'importance. Le comité (*gau*, *comitatus*) se confondait avec la cité et le diocèse, il était gouverné par un comte concuremment avec un évêque. L'assemblée du comité, convoquée soit par le comte, soit par l'évêque, jugeait les questions de droit public, d'état des personnes, de propriété. Là aussi, les actions qui avaient blessé les personnes dans leur corps, dans leur honneur, dans leur bien, ou qui avaient troublé la paix publique étaient examinées, et ceux qui étaient trouvés coupables étaient condamnés à des réparations du dommage et à des peines. Pour les *Gau* et les *Hundrede*, il y avait des jours d'audience fixés périodiquement, et il pouvait aussi, sur la plainte des parties, en être indiqué d'autres. L'instruction des affaires portées devant la juridiction extraordinaire et devant la juridiction régulière, était confiée à des juges qui étaient choisis en moins grand nombre pour cette dernière juridiction, en plus grand nombre pour l'autre, parmi les hommes complétement libres et à tour de rôle, tandis que la présidence, la direction du procès et l'exécution de la sentence appartenaient au comte ou au centenier.

Au dessus des diverses aggrégations dont nous venons de parler, était le roi, exerçant un rôle de vigilance et de

(1) Art. 55 et 56 de la loi ripuaire ; 60 et 63 de la loi salique.

surveillance, et qui avait le droit et le devoir de travailler activement à la sûreté des personnes et de la propriété, de provoquer la punition des infractions à la paix publique, et de ménager l'accomplissement des condamnations, soit pour la satisfaction des individus, soit pour la peine encourue. Le roi, lorsque la guerre était résolue, devait voir accourir à sa suite les nobles avec leurs vassaux et les hommes libres.

III. — Le défrichement toujours croissant du pays plat eut naturellement cet effet, que les colonies des *markgenossen* qui étaient au commencement plus dispersées, se transformèrent successivement, par le rapprochement des cours seigneuriales, en groupes d'habitations et d'établissements (*ville*) qui, selon la classe à laquelle appartenaient leurs habitants, se trouvèrent dans différents rapports au point de vue du droit. Dans les *villes*, où ne demeuraient que des hommes libres (villes publiques), était en vigueur le droit public qui fortifiait les *markgenossen* dans la *gesammtburgschaft*, assurait l'égalité du droit de propriété sur les terres échues en partage, garantissait la liberté, régularisait même l'usage des biens communs (*allmande*), décidait de l'admission de nouveaux associés dans la communauté de la mark, et conservait les institutions judiciaires de la communauté (*markgerichte*). Les autres villes (seigneuriales et patronnées) étaient formées de plus petites métairies (*mansi*), réunies autour du domaine plus considérable (*curia*, *curtis*) du seigneur foncier, lesquelles, en se réunissant avec leurs terres, tantôt aux nés libres ou aux non libres séparément, tantôt aux libres et aux serfs ensemble, étaient inféodées à la culture, soit pour la vie, soit à temps, soit à révocation. Le seigneur foncier faisait pour ces manants ou vassaux les lois du territoire, ou les conditions de la possession territoriale dans laquelle les hommes apportaient des services légers et des prestations de cens limitées, tandis que les serfs étaient chargés de corvées personnelles plus lourdes, au profit de la *curtis* (domaine du seigneur), et d'impôts multipliés.

Le seigneur réglait encore le *markrecht* (le droit de la marche), d'après lequel les métairies sujettes des hommes libres et des serfs devaient avoir part à la jouissance des terres laissées en commun entre elles et la curie. Souvent, les seigneurs protecteurs recueillaient dans les villes différents artisans, auxquels ils laissaient bâtir leurs habitations dans de petites parcelles de terre ou jardins, mais qui ne prenaient aucune part aux droits de la communauté (*mark-casati*, *bordiers*). Le seigneur pourvoyait encore aux offices de judicature de la *mark*, et nommait l'administrateur de la communauté.

IV. — Cette organisation fut modifiée par Charlemagne qui, Germain de race, mais Romain de sentiment, et roi d'un peuple dès longtemps romanisé, a subi le double reproche, de la part des Français, d'avoir sacrifié au germanisme les traditions gallo-romaines, et de la part des Allemands, de s'être montré l'ennemi des traditions de sa patrie, et d'avoir essayé de la mettre sous le joug d'un ordre politique contraire à ses conditions d'existence.

Quoiqu'il en soit de ces accusations contradictoires, il est certain que Charlemagne favorisa le développement des villes germaniques, et en érigea plusieurs en cités par la création de deux archevêchés allemands (1). Ses successeurs en augmentèrent le nombre, et cette circonstance aida puissamment à rattacher au régime municipal des populations justement jalouses des bienfaits du droit de cité (2).

(1) AUB. MIR., *Op. diplom*, v. I, p. 16. — (2) CONRING, *Exercit. de urb. Germ.*, t. I, § 48.

Les cités, les villes et les bourgs se multiplièrent, au fur et à mesure de l'accroissement des populations, et reçurent des capitulaires une organisation plutôt seigneuriale que républicaine (1).

Les *scabini* d'Outre-Rhin devinrent, en langue tudesque, des *skapen* ou *skafen*. C'étaient des juges choisis, soit dans les cités, soit dans les districts du plat pays, par les comtes, les commissaires impériaux (*missi dominici*) et le peuple, pour administrer et rendre la justice (2). Mais cet essai d'organisation municipale romaine rencontra d'insurmontables obstacles dans la propension des mœurs germaniques vers le système féodal, et les institutions purement locales, propension que favorisa l'absence d'un lien puissant de monarchie héréditaire.

V. — L'avénement de Louis le Germanique à l'empire, par l'effet des troubles qui éclatèrent après la mort de Louis le Débonnaire, amena en Allemagne une nouvelle organisation politique. Le royaume des Francs orientaux se composait alors des Francs établis sur les bords du Rhin et du Mein, des Bavarois depuis le Tyrol jusque dans le palatinat du Rhin, des Allemands dans le centre, des Saxons depuis l'Elbe jusqu'au Bas-Rhin, des Thuringiens et des Frisons, qui étaient de moindre importance. Chacun de ces peuples dont les coutumes ont été soigneusement recueillies, avait un duc nommé par le roi, et administrant le pays en son nom, et sous ce duc des comtes palatins, des margraves et des comtes. Il y avait, en outre, des évêchés, des abbayes dotées de terres, autrefois incul-

(1) Sub Francis jam urbes quædam celebrabantur, quæ tamen non singulares respublicas habebant, comites iis præerant. HEINECC., loc. cit., § 103 et 104, Capit. 2. ann. 805, tit. VII. — (2) Ut judices... scabinei boni et veraces et mansueti, cum comite et populo, eligantur et constituantur. (*Capitular.* I, an 809, tit. XXII.)

tes et devenues importantes. Louis le Germanique rétablit l'assemblée des États, et y convoqua les ducs, margraves, comtes palatins, comtes, archevêques, évêques et abbés.

Henri dit l'Oiseleur, qui vivait en l'an 920, fonda et fortifia plusieurs villes, pour garantir le territoire de l'empire contre les incursions des Hongrois et d'autres peuples barbares, et dota l'Allemagne d'institutions municipales (1), au moment où ce régime périssait en France dans l'anarchie.

Quatre classes distinctes coexistaient alors dans l'empire : celle des *reichsfreiherr* (seigneurs libres ou barons), celle des vassaux, des seigneurs ou de l'Église, qui étaient par conséquent arrière-vassaux de l'empire : celle des *bourgeois* ou hommes libres, réfugiés auprès des abbayes ou sur les bords du Rhin, pour s'y livrer à l'industrie et au commerce, sous la protection de leurs *ghildes* ou associations de métiers ; enfin celle des esclaves, composée en grande partie de prisonniers faits sur les Esclavons.

Ces quatre classes d'hommes affluèrent successivement dans les villes. Les nobles y furent attirés par le légitime espoir d'y vivre, comme citoyens, dans une condition honorable (2). L'établissement des évêchés et l'érection des cathédrales, engagèrent les ecclésiastiques et leurs vassaux à s'y établir. Les hommes libres y recherchèrent des arts et métiers analogues à ceux qu'exerçaient les Italiens dans leurs municipes (3). Les esclaves artisans y formèrent une population ouvrière, qui s'adonna, entre autres travaux, à

(1) Urbes plures ab Henrico conditæ, extracta in Germania Carolidarum stirpe..... regis istius circa urbes instituta. HEINECC., loc. cit., § 105 et 106. — (2) VITTIKING, *Annal.*, l. II. *ap.* CONRING. § 82. — (3) KNIPSCHILD, *Tract. polit. hist jurid. de civil. imp. jurib.*, v. I, l. I, c. v, n. 23.

l'exploitation des mines (1); et c'est ainsi que les cités germaniques, développées progressivement, devinrent des centres d'industrie et des boulevards de sûreté nationale, en même temps que des siéges de cours de judicature civile et ecclésiastique, de conciles et d'assemblées d'États.

Mais les colléges d'échevins qui présidaient à ces assemblées, avaient à leur tête, sous le titre de *sculteti*, des magistrats choisis parmi les soldats, les ingénus, et quelques fois les nobles (2), pour rendre la justice, et qui étaient nécessairement à la dévotion des princes (3).

Le régime municipal germanique était dépourvu d'un élément vital, de la liberté. Les villes situées dans le domaine de l'empire étaient soumises aux empereurs et à leurs *missi dominici* ; celles qui étaient dans le territoire d'un comte relevaient uniquement de la juridiction seigneuriale (4) ; aucune ne possédait une juridiction municipale ; de là, l'affaiblissement progressif de l'esprit municipal germanique (5). Les villes que Henri l'Oiseleur avait fondées ou développées, au lieu de se gouverner elles-mêmes comme les villes de l'Italie, étaient gouvernées par les empereurs ou par les comtes d'une manière absolue. Les statuts de Henri l'Oiseleur, qui portaient que celui de ses soldats qu'il avait choisi s'établirait dans la ville avec

(1) On les appelait *homines proprii*. (KNIPSCHILD, l. II, ch. XXIX, n. 13.) — (2) HEINECCIUS, *Antiq. Goslar.*, lib. II, p. 220. — (3) Non dubium est quin comitibus pagos, plerosque jure hæreditario paulatim vindicantibus, in reliquis urbibus in regum ac principum potestate constitutis, jus eorum loco dixerint advocati et sculteti qui circa hæc tempora ubique scabinorum præerant collegiis. DITHM., *Cod. dip.*; — HEINECC. *Antiq. Gosl.*, l. II. p. 220. —(4) CONRING, *Ibid.*, § 72, 74 ; — HEINECC., *Elem. jur. germ.*, l. I, § 102, 104 ; VITTIKING, *Ann*, l. I — (5) HEINECC.; *Elementa juris germanici*, § 101 et sequent.

huit de ses compagnons, et prendrait le tiers des fruits et des denrées qu'il récolterait dans les terres dépendantes de la cité, n'avaient pas cessé d'être en vigueur.

VI. — Toutefois les fondations de villes continuèrent, et des princes, des comtes, qui se partageaient la Germanie, il n'y en eut pas un qui ne voulût créer quelque ville nouvelle, la doter d'immunités, et y appeler des habitants ; car on ne pensait pas alors qu'il fût possible de fonder une ville, sans le consentement de l'empereur ou du roi (1).

Tel était l'état des choses, lorsqu'à la suite de la renaissance de l'étude du droit romain dans toute l'Europe méridionale, Frédéric Barberousse, qui monta sur le trône en 1152, entreprit de rétablir, à l'aide des constitutions des empereurs romains, l'ancien pouvoir de la cour impériale, et d'étendre les droits régaliens contre la triple puissance des papes, des peuples et des grands vassaux (2). Cet empereur voulut à l'exemple de Louis le Gros, augmenter la liberté des communes pour restreindre la puissance des nobles (3); mais, malgré les efforts de ce prince et de ses successeurs, qui cherchèrent à faire revivre en leur faveur le pouvoir des Césars de Rome, la lutte entre les coutumes locales, le droit

(1) *Ibid.* § 119. Ab hoc tempore fervebat in Germania urbium condendarum studium. Quumque tot episcoporum, principum, comitum in quorum provinciis distracta esset Germania nullus esset quin urbem aliquam celebriorem vel plures, habere vellet : cœperunt et ipsi de condendis urbibus cogitare, simulque variis propositis privilegiis atque immunitatibus, homines ad vitam urbanam invitare. At tunc nondum id facere posse existimabant sine imperatorum vel regum consensu, adeoque jus condendi civitates ab iis videbatur precibus impetrandum. — (2) PFEFFEL, *Abrégé de l'histoire et du droit public d'Allemagne.* — (3) RADEVICUS, *De rebus gestis Friderici I*, lib. II, c. V, rapporte la constitution de 1183 sur les droits régaliens, et raconte que les quatre principaux des conseillers de l'empereur étaient des glossateurs et professeurs de droit à l'université de Bologne.

romain et le droit canonique continua en Allemagne, et de l'accord du peuple et des grands contre une législation étrangère, qui répugnait à leurs traditions et à leur esprit national, naquit le système mi-parti d'éléments féodaux et d'éléments municipaux qui est, de nos jours encore, le fond des gouvernements germaniques.

VII. — Dès le treizième siècle, les villes de l'Allemagne jouirent de franchises municipales assez étendues et commencèrent même à former, pour leur défense mutuelle, des ligues qu'on peut considérer comme l'origine de leur système fédératif, ce qui fut un attrait de plus pour les hommes des diverses classes à rechercher le droit de cité. Les villes de la Lombardie, où les fiefs avaient pris naissance, avaient réagi les premières contre le régime seigneurial, et les colonies commerçantes de l'Italie avaient répandu en Europe le goût de la liberté. Cet exemple fut suivi par les villes allemandes. Francfort était déjà ville libre en 1254. Le sénat qui la gouvernait était composé partie de patriciens, partie de citoyens ingénus (*civibus primariis*), partie de savants et de marchands, partie d'artisans. Aix-la-Chapelle où Charlemagne avait décrété ses capitulaires (1), Augsbourg, célèbre par sa diète de 1530, Brême, Hambourg, Lubeck, se constituaient en villes libres, et ces villes, dont l'association, dite Hanse maritime, date de l'an 1241, jouissaient des plus grands priviléges, et couvraient les mers de leurs vaisseaux, à une époque où l'Angleterre, devenue depuis la terre de la liberté, gémissait encore sous le joug de la féodalité.

L'élément populaire fit, au quatorzième siècle, des pro-

(1) *Premier Capitulaire de* 789, *Capitulare Aquis-Granense*; *Capitulaire des Saxons, de* 797, *Capitul. Saxonum, datum Aquis-Graiæ. Capitulaire de* 809... *Capitula quæ domus imperator aquis palatio constituit, etc.*

grès considérables dans le régime municipal de l'Allemagne. L'administration des cités avait eu, jusqu'alors, un caractère aristocratique, et les consuls et décurions appartenaient à la classe des ingénus, qui avaient fixé leur résidence et leur domicile dans les villes ; au quatorzième siècle, les richesses du peuple s'accrurent, les corporations industrielles agirent avec plus de liberté, et les efforts des classes ouvrières pour conquérir une place importante dans les cités furent tels, qu'il en naquit de fréquentes discordes civiles, qui ne s'apaisèrent que lorsque le peuple eut dépouillé les ingénus de leurs priviléges et eut fortifié ses voies dans la possession des curies (1).

C'est ce qui explique, dit Heineccius, § 113 : 1° pourquoi, aujourd'hui, il n'y a presque pas une ville considérable de l'Allemagne qui soit gouvernée par un régime purement aristocratique ; 2° pourquoi, en beaucoup de lieux, le sénat se borne à s'occuper des choses qui concernent l'ordre et l'ornement des cités (2), sans présider au droit de juridiction ; 3° comment ce droit de juridiction, qui était d'abord exercé par les *sculteti* et les *advocati*, perdit peu à peu son caractère féodal et devint un droit des communes, soit qu'elles l'eussent racheté, soit qu'elles en eussent obtenu l'octroi des rois et des princes ; ainsi, dans certaines villes, il n'y eut plus de *sculteti*, dans d'autres, ils étaient nommés, non par le prince, mais par le sénat, et la juridiction municipale s'exerça, non-seule-

(1) CONRING, *De Urb. germ.*, § 131 ; — HERT, *De Spec. imp. rom.*, c. II, § 22. — (2) Ex quo consequitur : 1° ut falso vulgo doceant, concesso jure civitatis, concessam simul intelligi jurisdictionem, saltem inferiorem ; 2° quæ sit origo statutorum municipalium plerumque ad ordinem et decus urbium pertinentium, qualia condendi facultatem, anno 1292, Hamburgensibus factam novimus ac comitibus Holsatiæ. (HEINECC.)

ment dans l'intérieur des villes, mais encore dans les lieux suburbains désignés par le mot *weichbildum*. Dans cet espace, avant que la paix n'eût été établie par des traités publics, quiconque avait commis une violence était déclaré coupable de l'infraction à la paix, ce qui été appelé : *Das Weeichfried-Recht*.

Cette origine des juridictions suburbaines explique celle des *scabinats* établis dans les villes les plus célèbres de l'Allemagne; ainsi que les statues élevées dans les curies et les places publiques des cités saxonnes : muets témoins, non-seulement de leur liberté et de leur autonomie, mais surtout de leur juridiction souveraine, renouvelée de l'époque où les Germains disaient la loi et rendaient la justice *sub dio* dans les assemblées appelées *mâls* (1).

En même temps que les libertés municipales se développèrent, les diètes, ces assemblées de vassaux appelées *Parlement* dans la grande Bretagne et *Etats genéraux* en France, s'établirent en Allemagne, et y obtinrent une autorité plus étendne que celles des autres cours féodales, puisqu'elles disposaient de la couronne impériale, depuis l'extinction de la dynastie carlovingienne. Elles n'exerçaient cependant dans l'origine aucun pouvoir, qu'autant que le roi ou l'empereur avait sanctionné leur avis. C'était le souverain qui seul avait le droit de les convoquer et d'y commander l'obéissance; il n'y appelait que ceux de ses grands vassaux qu'il lui plaisait, et s'il est vrai qu'on trouve dans l'histoire des exemples de diètes qui aient déposé des empereurs et nommé d'autres monarques, elles étaient considérées comme rebelles, à moins que le pape n'eût effacé, par le sacre du nouveau souverain, les vices de son origine.

La diète allemande formait une sorte de haute-cour, pré-

(1) ECCARD, *Ad Leg. sal.*, tit. II, § 1, p. 14.

sidée par l'empereur, qui jugeait, condamnait, proscrivait, mettait au ban de l'empire des ducs, des comtes palatins, des électeurs, des souverains des divers États de l'Allemagne. Elle devenait quelquefois l'arbitre des différends survenus entre les rois étrangers. Elle tendait à faire prévaloir la prétention des empereurs, comme successeurs des Césars et de Charlemagne, à la suzeraineté générale. Elle exerçait, sur la législation et sur l'administration intérieure des États, une influence considérable.

Mais cette influence décrut par l'effet de plusieurs causes combinées : les grands vassaux, devenus entièrement indépendants et souverains dans leurs territoires, cessèrent de suivre les empereurs dans leurs cours ambulantes, et de s'occuper d'affaires contentieuses. L'autorité judiciaire de la diète se trouva restreinte au jugement des accusations de félonie portées contre les grands vassaux, et son action politique, administrative et législative s'effaça devant le pouvoir des chefs des associations féodales.

Les villes impériales et les monarchies féodales, entre lesquelles l'Allemagne se trouva partagée, jouissant du droit de guerre et de paix, faisant les lois et jugeant les différends dans les diètes, enfin exerçant séparément les droits de souveraineté, l'autorité impériale s'affaiblit graduellement, et finit presque par s'anéantir sous les règnes successifs de la maison de Saxe et de la maison de Franconie. Les querelles de Henri IV et de Henri V avec le Saint-Siége, le trafic des dignités ecclésiastiques, qui en fut la suite, les invasions des Normands, les révoltes des Saxons, tous les éléments de perturbation se déchaînèrent en même temps. Dans ce pêle-mêle de papes et d'antipapes, d'empereurs et d'antiempereurs, les princes et les prélats allemands, vendant leur secours au prix de nouvelles concessions et abusant de l'hérédité de leurs fiefs, paralysèrent les efforts de Henri VI, pour rendre l'empire héréditaire, et attirèrent au conseil des ducs toute l'autorité publique.

Le consentement des États devint nécessaire pour conférer un duché, pour élever au rang de prince, pour faire grâce à ceux que les États avaient condamnés. La juridiction impériale s'affaiblit à proportion. Les princes ecclésiastiques eurent la haute et basse justice dans leurs terres ; les princes séculiers ne souffrirent chez eux que le tribunal de l'empereur en personne. En un mot, les États s'emparèrent de tout le gouvernement public, et tous les efforts commencés par Frédéric Barberousse et continués par ses successeurs, pour introduire en Allemagne les lois de Justinien et les lois lombardes, vinrent échouer contre les obstacles de la constitution féodale.

Ainsi, du douzième au quinzième siècle, tout gravita en Allemagne vers le morcellement politique, et c'est ainsi que se constitua cette fédération de gouvernements féodaux tempérés par de larges franchises municipales qui a résisté jusqu'à nos jours au nivellement et à l'unitarisme démocratiques.

VIII. — Par les constitutions impériales qui se succédèrent, les empereurs d'Allemagne se réservèrent le droit d'intervenir dans la fondation et l'organisation des cités ; mais ces constitutions, et surtout celle de Charles IV, de 1356, plus particulièrement connue sous le nom de Bulle d'or, consacrent à la fois la souveraineté territoriale des électeurs, l'autonomie des cités sous la protection du droit romain, et la souveraineté de l'empereur. Cette bulle règle d'ailleurs les conditions auxquelles, selon le droit germanique, on acquérait le droit de cité (1) ; « nous décrétons, y est-il dit, que les citoyens et sujets des princes, barons et

(1) *Bulla aurea Caroli*, 10 janvier, an 1356, cap. XVI, *De falburgeriis* ; — V. CHOPIN, *De moribus parisiens.*, lib. II, tit. VII, n. 3.

autres, qui veulent se faire admettre comme citoyens dans d'autres cités, ne puissent y jouir des droits et des libertés qu'à la condition de s'y fixer corps et biens, d'y établir leur foyer domestique, d'y résider continuellement et d'y supporter les dettes et charges municipales. »

Résumons, en peu de mots, les priviléges des villes allemandes, tels qu'ils se trouvèrent constitués par cette loi fondamentale.

Le premier de ces priviléges fut celui du *décurionat*, qui ne fut plus réservé exclusivement aux ingénus ou *cives primarii*, mais auquel participèrent les ouvriers députés par leurs corporations au sénat (1).

Le privilége du *décurionat*, c'est-à-dire le droit d'avoir des colléges de décurions chargés de prendre soin de leurs intérêts existait en Allemagne depuis la création des cités ; des colléges de décurions existaient en plusieurs lieux. Henri V concéda aux habitans de Spire le droit de confier à douze d'entre eux l'administration publique (2). Le dernier duc de Souabe, Conrad autorisa à Augsbourg la création d'un sénat, de curateurs de la cité, de duumvirs appelés burgmestres, etc. (3). Mais ce n'est qu'au quatorzième siècle que les richesses du peuple se développant à l'aide des corporations de marchands et d'artisans, les prérogatives des patriciens s'affaiblirent, au milieu des discordes civiles (4), et que les magistratures

(1) Tribus vel corpore opificum jure quodam suo postulare solebant, ut quidam ex contribulibus suis vel in senatum cooptentur, vel, ubi de republica consulitur in medium, adhibeantur in consilium unde formula Goslariensibus solemnis : *Conclusum in beyden Rathen mit Zuzienbung der freunde von gilden und gemeinde.* (HEINECC) — (2) LEHUR., *Chr. spir.*, lib. IV, c. II. — (3) CRUS., *Annal. spir.*, p. 3, liv. II, c. XVII. — (4) CONRING, *De urb. German.*, § 131 ; — HERT, *De special. imp. rom.*, cap. II, § 22.

municipales perdirent leur caractères exclusivement aristocratique (1).

Le second privilége des villes consista dans le droit exclusif attribué aux citoyens ou aux *municipes* de faire le commerce, de fabriquer et de vendre de la bière, d'ouvrir des ateliers et de cultiver les arts, d'excercer, en un mot, tous les droits qui appartenaient aux cités germaniques, sous la domination romaine. Henri V, qui commenca à régner en l'an 1106, avait dès cette époque affranchi les artisans esclaves qui habitaient les villes, et leur avait donné le rang de citoyens ou hommes libres (2).

Les *suburbains* étaient d'une condition inférieure à celle des autres citoyens.

Les droits et les devoirs des habitants des faubourgs (*pfalburgers*) furent réglés par une constitution de Henri VII, de 1352.

Les forains (*ausburgers*), c'est-à-dire ceux qui habitaient hors de la banlieue (*weichbildum*), mais sur le territoire des princes d'où l'empire dépendait, différaient des faubouriens en ce que, sans avoir altéré en rien les droits de leurs maîtres, ils avaient obtenu quelques droits dans la cité.

On appelait *incolæ* les hommes des dernières classes du peuple, qui louaient leurs services à prix d'argent; on les tolérait dans les villes et dans les banlieues, mais sans les associer aux avantages des citoyens.

Il y avait, en outre, la classe des *exempts* (exemti); c'étaient les ministres des princes, les nobles, les professeurs, etc., qui étaient exemptés des charges municipales, à moins qu'ils ne possédassent des fonds sur le territoire des villes, ou qu'ils ne profitassent des avantages municipaux (3).

(1) PFEFFEL, *Abrégé du droit public germanique*, p. 254. — (2) KNIPSCHILD, liv. II, ch. XXIX, n. 13 et 19. — (3) BEYER, *Spir. jur. Germ.*, c. XII, § 33.

Les villes s'armèrent pour leur défense. Le droit de faire partie de la milice n'appartenait d'abord qu'aux nobles et aux ingénus. Les citoyens ou municipes étaient exclusivement adonnés au commerce, aux arts et métiers, à la navigation. Mais la puissance des villes s'étant accrue, et les citoyens ayant porté loin de leurs murs leurs armes victorieuses, un grand nombre d'hommes non nobles entrèrent dans la milice. C'est ce qui arriva à Colmar, en 1281, et à Strasbourg, en 1287, lorsque les princes, dans leurs démêlés avec le Saint-Siége, sentirent le besoin de faire appel aux forces des villes. C'est par là que commencèrent les premières guerres des villes suisses, lesquelles furent le berceau de la liberté et de la nationalité helvétiques (1).

Les villes, même les plus riches et les plus peuplées, étaient d'abord privées de toute juridiction municipale, comme nous l'avons dit plus haut ; mais elles parvinrent peu à peu à se débarrasser de la juridiction féodale des *sculteti*. Elles achetèrent, ou obtinrent gratuitement des rois, le droit de faire nommer les magistrats par leurs sénats, et leur juridiction, d'abord renfermée dans l'enceinte de leurs murailles, s'étendit dans un espace suburbain, qu'on appela *weichbildum* (banlieue), et revêtit le caractère de juridiction souveraine.

Ce système d'administrarion intérieure différait sous un rapport considérable des systèmes contemporains de la France, de l'Espagne, de l'Angleterre, il n'avait pas un lien suffisant de centralisation politique.

XI. — Le tribunal de la chambre (*hamergericht*), qui siégeait autour de l'empereur, et auquel se rapporte l'origine

(1) Heinecc., *Antiq. Gost.*, lib. V, p. 381, 382, 404, 405, 410, 419.

de la chambre aulique, tribunal permanent, et composé de juges nommés pour un temps déterminé ou à vie par l'empereur, aurait pu devenir un moyen de centralisation, s'il avait obtenu l'obéissance des grands vassaux; mais tous ces petits souverains, dont les jugements étaient impuissants, faute de pouvoir être exécutés, n'en usaient pas moins des priviléges *de non appellando* reconnus par la Bulle d'or; et ces causes, jointes aux guerres civiles, épuisèrent les forces intérieures de l'Allemagne et l'empêchèrent de progresser, comme la France, vers l'unité (1).

On imagina, pour remédier aux dangers du démembrement, la création des austregues, associations fédérales dont le but était d'en appeler à un tribunal arbitral, pour le jugement des contestations, soit entre les villes libres, soit entre les princes et nobles immédiats; mais cette institution, analogue à la *santa hermandad* espagnole, loin d'aider à rétablir l'autorité monarchique, aurait transformé l'empire germanique en une confédération semblable à celles de l'Helvétie et des Pays-Bas, si les empereurs n'eussent réagi contre ces tendances républicaines.

XII. — Dès les règnes de Sigismond et de son gendre Albert II d'Autriche, qui commença la série des empereurs de la maison de Hapsbourg, on s'appliqua à centraliser l'institution des *austregues*, qui furent convertis en cercles (*Kreitsen*), investis d'une juridiction et d'une puissance administrative étendues à tout l'empire (2), et dirigés, dans

(1) Si principatus per Germaniam indivisi manerent, longe formidabilior esset virtus ejus, quam sit modo quum sint multis partibus dimembrata ut crebrius in se versis viribus abutatur éviscereturque quam ab exteris supereretur, non sic Francia quæ semper studet unico per omne regnum principatui. (ALBERTI KRANTZII VANDALIÆ, liv. VIII, p. 185.) — (2) EICHORN, *Deutsche staats u Reehts Gesch*, § 400.

l'intervalle d'une diète à l'autre, par un comité directeur de seigneurs et de princes présidé par l'empereur lui-même ou par son lieutenant général. Ce comité directeur fut contrarié par quelques électeurs et princes avec tant de succès que, malgré les soins que lui donnèrent pendant soixante-dix ans Frédéric III et Maximilien Ier, il ne fut jamais complétement réalisé. Mais l'empereur Maximilien Ier établit, sous le nom de *chambre impériale*, un tribunal pour tout l'empire, fixé d'abord à Spire et ensuite à Vetzlar. Ce tribunal, nommé par les États, fut chargé de connaître des différends entre les grands vassaux, les seigneurs, les villes libres ou les nobles immédiats, et chacun des électeurs ou princes fut chargé d'assurer l'exécution de ses jugements dans le cercle qu'il gouvernait, tandis que le *ban de l'empire*, la peine la plus grave contre un souverain immédiat, resta réservé à la seule diète.

A côté de ce tribunal fut instituée la *chambre aulique*, dont l'empereur nommait seul les membres, et qui siégeait dans ses domaines particuliers, tandis que la chambre impériale siégeait dans une ville libre et impériale.

Ces institutions, contemporaires de la diète tenue à Worms en 1495, qui décréta une paix perpétuelle, et mit un terme à l'existence légale du *droit de poignet*, en prononçant le ban de l'empire, une amende de deux mille marcs d'or, et perte du fief contre tout vassal de l'empire qui chercherait à se faire justice lui-même, inaugurèrent en Allemagne, comme dans les autres États de l'Europe, l'ère des gouvernements absolus.

Les villes allemandes s'étaient accrues à cette époque de tout ce que la chevalerie et la noblesse avaient perdu, soit par le changement de la tactique militaire depuis l'introduction des armes à feu, soit par la vente des titres. Les nobles s'étaient faits citadins et courtisans ou soldats des princes qui avaient organisé dans leurs États héréditaires des armées permanentes, divisées en régiments et en compagnies; les milices communales étaient devenues non moins formidables que la cavalerie de la noblesse. Seize universités, fondées dans les principales villes, à l'image de celle de Leipsick, répandaient dans toutes les classes une instruction favorisée par les progrès de l'imprimerie, inventée à Mayence. Les cités avaient atteint un tel degré de prospérité, que les princes mêmes sollicitaient leur alliance et le titre de bourgeois; et les états, composés dans chaque principauté des députés de la noblesse, du clergé et des villes, ces états, qui pouvaient dire au duc Guillaume de Brunswick, en 1485 : *Là où nous ne conseillerons pas, nous ne contribuerons pas non plus*, semblaient indiquer en Allemagne l'avénement prochain d'un gouvernement représentatif.

Mais les cités de l'Allemagne, quoiqu'intérieurement fortes par la concorde et par la richesse de leurs membres, furent extérieurement faibles, parce qu'elles étaient trop nombreuses, et séparées les unes des autres par de longs espaces soumis à la puissance seigneuriale, laquelle, exclue de leur sein, se trouvait à son tour impuissante à dominer l'entier corps politique, parce qu'elle manquait d'argent, d'intelligence et d'union. Le clergé, qui tenait avant la réforme le milieu entre la noblesse d'où il tirait ses membres les plus considérables et le municipe où il fraternisait avec les plus humbles, pouvait servir jusqu'à un certain point de lien commun; mais les dissensions religieuses détruisirent ce précieux élément de concorde. Aucune autorité ne put dès lors s'interposer comme arbitre, et ainsi la discorde resta irréconciliable et la formation d'une commune et forte nationnalité devint impossible. De là, la facilité avec laquelle chacune de ces forces put s'organiser séparément et durer soit dans de petites monarchies féodales, soit dans des républiques municipales ; de là, l'indépendance presque absolue de toutes les terres, de tous les seigneurs ; de là, les démembrements successifs, qui formèrent, au sein de l'empire germanique, des nations nouvelles, par l'affermissement de la nationalité suisse, et par la création de celles de la Hollande et de la Belgique, qui, devenue française par sa langue et par sa littérature, autant que par ses sentiments, rompit tout à fait avec l'Allemagne. Toutes ces pertes irréparables eurent leur source non dans le principe municipal, mais dans l'absence presque absolue de traditions de confraternité entre des communes semblables de forme et tendant au même but, et surtout, faute dans l'empire de ce lien puissant de l'hérédité monarchique, sans lequel les diverses parties d'un grand État ne sont jamais indivisiblement unies.

XIII. — Après trois siècles de guerres civiles et étrangères, et de révolutions dans ses gouvernements absolus, l'empire germanique a cessé d'exister, et trente-cinq États, soumis à des princes divers, mais réunis en confédération, sont à la veille peut-être de subir une épreuve, doublement périlleuse pour leurs constitutions politiques et pour l'existence même de leurs nationalités. La révolution cherche d'un côté à démembrer l'empire d'Autriche, et de l'autre à réunir en un seul corps les petits États de la Confédération germanique. Un appel aux institutions municipales traditionnelles peut seul préserver l'Allemagne du double péril des révolutions et du despotisme militaire, qui serait, bien plutôt que la république universelle, l'inévitable conséquence du prétendu système de nationalité, qui prétend procéder en Prusse par annexions, et en Autriche par dislocations.

Un caractère commun à toutes les législations traditionnelles de l'Allemagne, c'est la spontanéité des statuts particuliers qui y gouvernent les diverses communautés d'habitants. Chaque commune forme une corporation, et a le droit d'administrer ses affaires elle-même. Elle élit le corps et le conseil communal (gemeinde-obrigkeit, gemeinde-rath). Elle règle les bases de sa constitution particulière par un statut qui pourvoit aux règlements concernant les affaires de la commune, et les droits et les obligations de ses membres. Le corps communal forme l'autorité locale, et administre les affaires locales.

Parmi les anciennes lois allemandes, il y en a qui contiennent des dispositions générales aux communes urbaines et aux communes rurales. Mais, en général, les statuts des villes (stadte-ordnung) ne sont pas les mêmes que ceux des villages.

La commune urbaine se compose de tous les habitants de la ville. Elle doit employer ses revenus et ses biens conformément aux statuts, et pourvoir à toutes les dépenses qu'exigent ses besoins. Elle est représentée par des délégués municipaux, et placée sous l'autorité d'un corps de magistrats chargés de l'administration de toutes les affaires communales.

Le nombre des délégués et leurs conditions d'aptitude sont fixés par les statuts de chaque ville. Ce sont les bourgeois qui les élisent, d'après les divers modes déterminés par les statuts.

Quiconque a établi son domicile dans la commune, y exerce une profession, y possède un immeuble et jouit d'une réputation intacte, est admis à prêter le serment de bourgeoisie entre les mains du corps de magistrats, et à participer aux élections et à toutes les affaires communales.

Les habitants non-bourgeois (schutzverwande ou gemeinde-anhehörige) sont ceux qui ont, comme les *incolæ* des villes latines, leur domicile dans la ville, mais sans pouvoir y prendre part aux élections et aux affaires de la commune. Ils peuvent cependant y acquérir des immeubles et y exercer une industrie. Pour être compris dans le rôle des bourgeois, il faut être du sexe mâle, et n'être placé ni sous la puissance paternelle, ni sous une tutelle ou curatelle. Les autorités municipales peuvent refuser ou retirer le droit de bourgeoisie aux individus condamnés à des peines criminelles, ou qui auront encouru, par leur conduite ou par leurs actions, le mépris public. Les décisions du corps municipal sont soumises à l'approbation du magistrat, et peuvent être déférées par appel à l'autorité supérieure. Les statuts de chaque ville fixent le chiffre du revenu que doivent posséder les bourgeois. Il y a des bourgeois honoraires, dispensés des conditions requises pour l'obtention du droit de bourgeoisie.

Sont éligibles aux fonctions de délégués, et élus par tous les bourgeois, ceux d'entre eux qui, ayant satisfait aux conditions de capacité prescrites par les statuts locaux, et parmi lesquelles figure, en première ligne, la qualité de propriétaire foncier, paraissent les plus propres à remplir ces fonctions, d'autant plus honorables qu'elles sont gratuites. Les statuts locaux déterminent le mode de l'élection.

Le corps des délégués, ou conseil municipal, représente la commune, et prend des résolutions pour elle. Il élit chaque année son président et son secrétaire. Le président convoque le conseil, règle les délibérations et les votes, et présente les procès-verbaux au magistrat. Il doit résigner ses fonctions, quand le conseil et le magistrat s'accordent pour l'exiger. Le corps des délégués et son président sont responsables, devant la commune, des conséquences de leurs résolutions, quand ils ont agi de mauvaise foi.

Le magistrat, sous l'autorité duquel agissent les délégués, forme un corps qui se compose d'un bourgmestre et de quelques auxiliaires, salariés en partie, dont les statuts locaux fixent le nombre, les traitements et les conditions d'aptitude. Le bourgmestre et les autres membres du magistrat sont élus par le conseil des délégués, sauf l'approbation de l'élection par l'autorité supérieure.

Le magistrat est à la fois l'administrateur suprême des affaires communales et le représentant de l'État. Tous les habitants, ainsi que les autorités, les établissements et les corporations de la commune, lui doivent obéissance. Il veille à l'observation des lois générales, lorsque des autorités spéciales n'ont pas été établies à cet effet. Le bourgmestre préside le corps appelé magistrat, et sert d'intermédiaire entre lui et le gouvernement.

Les rapports entre le magistrat et le conseil des délégués varient selon les localités, mais reposent, en général, sur le double principe de l'autonomie locale et de l'unité du gouvernement. Les actes de pure administration sont confiés aux autorités locales; mais le gouvernement intervient, dans les actes d'aliénations directes ou indirectes, surtout en matière d'impôts et d'emprunts. Les frais de police sont à la charge des localités. Ces frais, ainsi que l'assistance due à la police, pour le maintien de la tranquillité et de l'ordre public, sont des affaires communales. Le changement des institutions proposé par le conseil des délégués et le magistrat est soumis à l'examen de l'autorité provinciale, et arrêté par le gouvernement. Le magistrat est chargé surtout de l'exécution des affaires qui se rapportent aux lois générales et à la constitution. Des députations ou commissions permanentes, composées de membres du magistrat, et de délégués ou de bourgeois élus par le conseil municipal, s'occupent des affaires qui exigent un contrôle assidu, notamment de celles qui ont trait aux affaires ecclésiastiques, aux écoles, à la charité publique. En Allemagne, la direction des pauvres est une affaire communale et se divise même, dans les grandes villes, en plusieurs sections. Des députations spéciales se partagent les diverses branches de l'administration locale, elles se subdivisent entre elles, afin de mieux répartir le travail, et le délèguent au besoin à des commissaires pris dans leur sein. Le conseil communal contrôle les comptes de la caisse communale et de toutes les députations ou commissions et chefs de districts. En toutes ces matières, le magistrat se borne à un rôle de surveillance, et est chargé de former les récours devant l'autorité supérieure, avec laquelle il correspond seul.

Les bourgeois sont tenus d'accepter, sauf les cas d'excuse définis par la loi, les fonctions municipales et les commissions particulières, et de les exercer gratuitement, pendant un temps dont la durée varie selon les statuts. Les cas d'indignité, d'incapacité et d'incompatibilité sont aussi déterminés par les lois.

Au dessus des assemblées communales, existent, dans l'ordre municipal de l'Allemagne, des cantons ou cercles (kreis), des districts ou arrondissements (bezirk), et enfin des provinces.

Le conseil du canton (kreis-versammlung) et le comité du canton (kreis-ausschus) concourent à l'administration de ses affaires. L'un et l'autre sont électifs.

Les districts d'arrondissements ou de régences ont chacun un conseil (bezirksrath), composé d'un chef de régence et de députés élus.

Les provinces sont administrées par des diètes provinciales (provincial-landtag, provincial-versammlung).

Nous avons constaté ailleurs (1) la tendance non seulement des petits États de l'Allemagne, mais encore des deux grandes puissances qui s'en disputent l'hégémonie, à faire revivre les traditions municipales, qui sont si étroitement liées à ses institutions politiques. Puisse-t-on, au delà du Rhin, si rien ne peut être tenté en deçà, sortir des voies de bureaucratie et de centralisation excessive où l'on est engagé, surtout depuis quelques années. Les constitutions des divers États de la vieille Europe sont solidaires, et les réformes municipales qu'appellent chez nos voisins les traditions historiques, et les souvenirs des travaux entrepris au commencement de ce siècle, par le grand ministre de Prusse, le prince de Stein, sont étroitement liées à l'avenir non seulement de l'Allemagne, mais de l'Europe entière. On assure que les chambres législatives de la Prusse sont à la veille de reprendre le projet de loi de 1859, et de provoquer le rétablissement de la législation municipale et provinciale de 1850. Les premières délibérations du *reichsrath* autrichien ont révélé, d'un autre côté, dans ses membres les plus éminents, des pensées conformes à celles que le nouveau ministre a exprimées, dans sa circulaire aux gouverneurs des provinces. La centralisation, si antipathique à l'agglomération des petites nationalités qui forment la monarchie des Hapsbourg, a été battue en brèche avec d'autant plus de vigueur, que les vices de ce système se sont produits, depuis dix ans, avec plus de persistance. « Dans toutes les branches de l'administration, a dit le rapporteur de la commission, il s'est manifesté constamment une tendance à tout attirer au centre. Chaque fonction de la vie et de

(1) *Administration intérieure de la France*, t. II. *Appendice*; — *Droit municipal dans l'antiquité*, *Introduction*; — V. aussi la *Revue française et étrangère*, 1837, t. III, p. 451.

l'activité politique est absorbée par la hiérarchie administrative, et comprimée par une organisation inanimée. Chaque manifestation d'une action publique ne semble justifiée que si elle est incorporée à l'action administrative. La conséquence naturelle et nécessaire de cet état de choses, c'est l'accroissement continu de ces formalités mortes, de ces paperasses, de cet apparat inutile, par lesquels on cherche à exercer un contrôle sans but réel. » La commission, poursuivant ses plaintes avec l'assentiment unanime de l'assemblée, s'est associée au dessein, manifesté par le nouveau ministre, de replacer la constitution autrichienne sur la large base des franchises communales et provinciales, et d'attribuer à des communes indépendantes, à des corps provinciaux autonomes, à des associations libres et à des corporations industrielles fondées dans tous les pays, la tâche complexe d'exploiter avantageusement les richesses de la production et du gain, de développer l'agriculture, la silviculture, les mines, l'industrie, le commerce, toutes les sources de la prospérité ; de répandre dans toutes les classes l'instruction publique, cette source inépuisable de tout perfectionnement, de désintéresser, en un mot, la révolution par la liberté, dans un État où, plus qu'ailleurs peut-être, se vérifie ce mot de madame de Staël : « Que la liberté est ancienne et le despotisme nouveau. »

CHAPITRE II

DROIT MUNICIPAL DES PAYS-BAS AU MOYEN AGE.

I. — Les Belges et les Bataves se partageaient, avant l'invasion romaine, la possession des Pays-Bas. Les Ménapiens, Toxandiens et autres peuples connus sous le nom générique de Belges, occupaient la partie méridionale, qui devint, après la conquête de Jules César, la province dite *Belgium*. La partie septentrionale était occupée par les tribus bataves qui, malgré des rébellions fréquentes, furent enfin confondues avec tous les peuples gaulois et germains, sous le joug politique de l'empire romain.

Les traces de la domination romaine dans la Batavie sont peu sensibles, parce que ces contrées, incultes et abandonnées, comme lais et relais de la mer, n'étaient peuplées que de rares habitants vivant dans un état de barbarie (1).

L'invasion germanique mit au pouvoir des Francs la partie méridionale des Pays-Bas, jusqu'au Rhin; et des hordes de Germains, connus sous la dénomination de Saxons et de Frisons, s'établirent dans la partie septentrionale. Charlemagne les y poursuivit pour les convertir au christianisme, et étendit jusqu'à la mer du Nord les limites de son empire, dont le démembrement fit passer une partie des Pays Bas à la France, et l'autre à l'empire germanique, tandis qu'une troisième partie formait un royaume séparé de Lotharingie ou de Lorraine.

(1) Pline, *Hist. nat.*, l. XVI, c. i; — Tacite, *Ann.*, l. II, c. 23; — Eumène, *Panégyr. de Constantin*, c. viii.

II. — Les Pays-Bas furent divisés, dans la période féodale, entre plusieurs seigneurs, dont les comtes de Flandre et de Hollande, et les ducs de Brabant et de Luxembourg étaient les plus puissants. Ces fiefs de l'empire ou de la France se réunirent peu à peu aux États de la maison de Bourgogne, et tout semblait faire pressentir la création d'un grand royaume, qui embrasserait le duché et le comté de Bourgogne, la Suisse, la plus grande partie des débris de l'ancien royaume de Lorraine, et tout le littoral du Rhin jusqu'à son embouchure. La bataille de Granson changea le cours probable des choses, et Charles le Téméraire, ivre du pouvoir absolu qu'il avait conquis sur ses vassaux, au mépris des institutions jurées (1) et respectées par Philippe le Hardi, Jean sans Peur et Philippe le Bon, perdit à jamais la Bourgogne et la partie de la Champagne qu'il avait possédée autrefois. Le mariage de Marie de Bourgogne avec Maximilien d'Autriche acheva ce qu'avaient commencé les projets aventureux et insensés de son père ; et tandis que, grâce à la politique prudente de Louis XI, le duché de Bourgogne, la Picardie et la partie de la Champagne que Charles avait possédée, restèrent assurées à la France, les autres provinces passèrent à la maison d'Autriche, et vinrent accroître la puissance de l'empereur Charles Quint. Cet état de choses dura jusqu'à l'époque où les sept provinces septentrionales se constituèrent en république, tandis qu'une autre partie restait au pouvoir du roi d'Espagne, et passait à la maison d'Autriche, et qu'une troisième partie était cédée à la France.

III. — Plusieurs écrivains (1) ont constaté, dans les an-

(1) EICHORN, *Ueber der Ureprung der stadischen Uerfassung* ; — GEMEINER, *Ueber der Ursprung der stadt Regensburg* ; — MEYER. *Institutions judiciaires*, t. III, p. 34.

ciennes coutumes de quelques communes des Pays-Bas, les traces du droit municipal romain. Cette observation, vraie pour les villes du *Belgium* où les Romains avaient exercé une domination contestée, ne l'est pas pour la Hollande et les autres parties septentrionales des Pays-Bas restées, à cause de leur inculture et de leur insalubrité, inaccessibles aux armées romaines.

IV. — Quelques traditions, plutôt que des monuments écrits, montrent, dans l'histoire des Pays-Bas, pendant les premiers siècles après la chute de l'empire d'Occident, des assemblées populaires et des plaids seigneuriaux. Tout indique qu'à cette époque les riverains du Rhin, du Vaal, de la Meuse et de la mer formèrent, sous la direction de leurs comtes, des associations de *polders*, pour défendre contre les eaux et pour assainir leurs terres marécageuses, et que ces associations nommaient elles-mêmes leurs magistrats. Tel a été, selon les auteurs les plus accrédités (1), le berceau des communes rurales. L'origine des villes flamandes se confond avec celle des *ghildes* ou corps de métiers (2). Toutes ces associations reçurent leur impulsion première des comtes de Flandre et de Hollande et autres seigneurs du pays.

Les comtes de Flandre étaient vassaux de la France pour le comté de Flandre, et de l'empire pour la seigneurie du même nom ; les comtes de Hollande ne relevaient que de l'empire (3). Les uns et les autres luttèrent longtemps contre les invasions des pirates connus sous le nom de Normands, et conquirent un tel renom et une telle puis-

(1) KLUIT, *Hist. der uederl Staats regering*, t. IV. p. 156-356. — (2) Voyez RAPSAET, *Histoire des états*, § 468, et les *Statuta gildæ* de Bervick, publiés par HOUARD, *Coutumes ang'o-normandes*, t. I. p. 464. — (3) D'OUDEGHERST, *Annales de Flandre*, ch. CLXIX.

sance, qu'au dixième siècle, le comte de Flandre était un des sept grands vassaux qui disposèrent de la couronne en faveur de Hugues Capet. Un siècle plus tard, le comte Baudouin soutenait avec honneur une guerre contre les forces réunies de l'empereur, du roi de France et du duc de Normandie. Les comtes de Flandre traitaient alors d'égal à égal avec les monarques, s'attribuaient le titre de souverains indépendants (1), et exerçaient leur pouvoir suzerain sur des villes telles que Gand, Bruges, Lille, etc., dont la splendeur égalait déjà celle des grandes cités italiennes.

L'effet des associations territoriales, industrielles, commerçantes s'est fait sentir dans les origines municipales des Pays-Bas, plus que dans celles d'aucune autre contrée de l'Europe. Ces associations, dont le but primitif était de conquérir sur les eaux la terre qui devait les nourrir, et de multiplier leurs ressources par l'industrie et la navigation, se transformaient au besoin en ligues, pour défendre leurs libertés et les fruits de leur travail contre les vexations et les rapines des hommes puissants. Elles demandaient à leurs seigneurs des chartes d'affranchissement, afin de jouir du droit de se défendre elles-mêmes, et obtenaient, après l'affranchissement, le droit de commune, c'est-à-dire le beffroi, le sceau, le bourgmestre, le conseil de ville. Elles devenaient alors *civitates regales*, *Reichsstädte*, et les citoyens pouvaient avoir un maître ou *maieur* des citoyens, des consuls et recteurs de la cité choisis par eux ; ils pouvaient convoquer le conseil au son de la cloche, et jouissaient de toutes les prérogatives des cités royales. « Valebant cives habere magistrum civium, consules et « rectores civitatis a se electos, et campanas jam erexerant

(1) De Bast, *Diss. sur Baudouin, comte de Flandre* ; — D'Oudegherst, *Ann. de Flandre*, ch. xxxv.

« ad eorum consilium convocandum, et sic intendebant « more regalium civitatum (1). »

V. — Le caractère distinctif de la commune des Pays-Bas, c'est le lien féodal qui l'unissait au seigneur. « La commune inféodée, dit M. Meyer (2), était considérée comme un être moral et abstrait, composé de tous les associés. Elle était regardée comme vassale du seigneur, capable des mêmes droits, et astreinte aux mêmes devoirs, idée qui donna naissance à toutes les singularités de la nouvelle institution. La commune, comme telle, exerçait tous les droits féodaux ; elle prêtait foi et hommage au suzerain lors de son inauguration ; elle faisait le service militaire, elle siégeait aux états tenus par le seigneur ; elle payait les mêmes aides ; elle ne pouvait être assujettie à aucune redevance que de son consentement ; enfin, elle avait tous les droits comme toutes les obligations du vassal. En revanche, les bourgeois de la commune, c'est-à-dire ceux qui faisaient partie intégrante de l'association, n'étaient que les arrière-vassaux de cette commune, prise collectivement, et ne communiquaient avec le seigneur que par son intermédiaire. »

Vassale du seigneur et suzeraine des bourgeois, la commune des Pays-Bas était représentée par un conseil ou comité chargé de diriger ses affaires, et dont le chef, appelé tantôt *bailli*, tantôt *mayeur*, tantôt *burgraff* ou *châtelain*, selon qu'il était élu par la commune ou nommé par le seigneur, à titre amovible ou héréditaire (3), représentait

(1) Voyez RAPSAET, *Histoire des états*, § 140, 141, 437 ; — DE BAST, *Origine des communes*, *Introd.* ; — EICHORN, *Ursprung der stadischen Uerfassung*, not 172. — (2) *Institutions judiciaires*, III, 47. — (3) Le *burgraff* héréditaire s'appelait *erfburggraaff*. Cette dignité était assez rare dans les Pays-Bas, elle répugnait au caractère indépendant des habitants de cette contrée.

les habitants dans leurs rapports avec la cour et l'armée du suzerain. Dans les communes où le seigneur ne nommait pas ce magistrat, il était représenté par un lieutenant ou bailli, qui présidait les assemblées et sanctionnait les délibérations.

La commune exerçait, sur les habitants non bourgeois, une domination analogue à celle qu'elle subissait elle-même de la part du seigneur. Non-seulement elle les excluait des fonctions publiques, mais elle leur interdisait l'exercice de tout métier (1), et réservait aux bourgeois tous les avantages du droit de cité, tels que la juridiction communale, l'exemption des services personnels, corvées, confiscations, etc. Aucun étranger ne pouvait entrer dans la commune et s'y établir sans la permission du conseil de ville, qui pouvait même révoquer les permissions accordées par lui (2).

Les communes se soutenaient réciproquement contre les seigneurs, et l'histoire abonde d'exemples de ligues entreprises dans ce but. Mais les fréquentes rivalités qui éclataient entre elles les engageaient à solliciter, même à prix d'argent, la faveur des princes, et à se faire concéder par eux des privilèges souvent injustes.

Les *ghildes*, ou associations de commerçants ou d'artisans, qui se formaient dans chaque commune, lui étaient inféodées, comme la commune l'était au seigneur. Il y avait sans doute des avantages dans ces *jurandes*. Elles servaient de point d'appui aux industries naissantes ; elles protégeaient leur faiblesse contre l'abus de la force des anciens établissements ; mais leur caractère exclusif (3)

(1) Roseboom, *Recueil van Keuren, van Amsterdam*, c. xl, n. 13, 29, 39 ; c. xli, n. 2. — (2) Kluit, *Histor, der Hollandsche Staats reg.* t. III, p. 53. — (3) De même qu'à Rome on ne pouvait être

tendait à élever des barrières qui arrêtaient le progrès des arts, et était, d'ailleurs, une cause incessante de rivalités, de troubles, et même de luttes sanglantes.

VI. — Les communes des Pays-Bas apparaissent, dès leur origine, turbulentes et toujours prêtes à faire la guerre à leurs seigneurs. Nulle part l'excès d'indépendance du pouvoir municipal n'a enfanté plus de querelles et de séditions. On peut juger de sa puissance, en voyant l'empereur Charles-Quint déployer, contre une révolte des Gantois, toutes les forces de la monarchie espagnole et de l'empire germanique (1).

L'histoire des conflits entre les villes, les seigneurs et les ghildes des Pays-Bas offre, indépendamment des caractères généraux communs aux luttes de ce genre dans tous les États de l'Europe, un caractère spécial dérivé de l'*inféodation* des villes et des communautés flamandes et hollandaises.

De ce singulier système d'associations vassales et de sous-associations arrière-vassales, sont résultées, dans les Pays-Bas, au moyen âge, des institutions municipales toutes différentes de celles du reste de l'Europe, et qui peuvent seules expliquer l'histoire si troublée de cet État. Communes et jurandes, tout y est fermé et inaccessible; tout s'y barricade dans l'égoïsme des intérêts particuliers, et les auteurs citent des exemples de communes sollicitant et obtenant des souverains la promesse de ne point autoriser dans leur enceinte l'établissement de corps de métiers (2).

L'incorporation des communautés de commerçants et

citoyen de deux municipes, de même, dans les Pays-Bas, on ne pouvait appartenir à deux corps de métiers. — (1) D'OUDDGHERST, *Annales de Flandre*, ch. LXXI, CLVII, CXCXV. — (2) Voyez les autorités citées par M. MEYER, t. III, p. 63.

d'artisans créa, au sein des communes, des êtres moraux qui acquirent assez de puissance pour s'arroger une participation à l'administration communale. C'est dans les villes flamandes, à Gand, à Bruges, etc., que les corps de métiers commencèrent à concourir au choix des magistrats et à la gestion des affaires. Ces accroissements de pouvoir se propagèrent de là en Hollande et dans les autres parties des Pays-Bas; dès lors, l'action individuelle des bourgeois fut dominée par l'action collective des corps de métiers qui, composés eux-mêmes, au moins dans certaines villes (1), exclusivement de bourgeois, votèrent, chacun selon l'esprit de la corporation, dans toutes les assemblées relatives aux affaires communales. De là, la dénomination de *Guildhall*, halle des corporations, donnée dans quelques villes commerçantes au lieu des séances de l'administration municipale.

L'intervention des corps de métiers dans les communes des Pays-Bas exerça sur leurs constitutions une influence qui a été diversement appréciée (2). Elle y fit prévaloir, peut-être avec exagération, l'esprit de corps sur l'individualisme, et créa une sorte d'aristocratie patricienne de brasseurs et de tisserands, qui s'interposa entre le pouvoir démocratique des communes et l'autorité monarchique des princes et des magistrats.

La lutte entre ces trois éléments de l'organisation administrative et judiciaire, et l'absence d'un pouvoir supérieur, capable de les concilier, ont été le principal obstacle à la formation de l'unité nationale des Pays-Bas, et la source des révolutions qui les ont incessamment démembrés.

(1) Tegen - Wordige, *Staat van Utrecht*, t. I, p. 56 et 425.

(2) Rapsaet loue cette influence, que désapprouve M. Meyer.

VII. — Les comtes cherchèrent à établir un centre d'unité administrative analogue aux diètes et aux parlements féodaux de l'Allemagne, de la France et de l'Angleterre, dans le haut conseil du pays (*hoge raad des lands*), auquel on donna, au quinzième siècle, le nom ordinaire d'états (*staten*). Mais ces états, dit M. Meyer (1), quoique réunis en un seul et même lieu, ne constituaient pas une administration ou magistrature suprême, qui pût obliger les vassaux et les communes; ils n'étaient point un corps délibérant, dans lequel la majorité des suffrages l'emporte sur la minorité; chacun y était pour soi, et pouvait seul refuser ce que tous les autres avaient accordé, s'il voulait s'exposer à encourir la disgrâce du souverain, et à souffrir les désagréments que pouvaient lui causer les autres vassaux plus dociles. Il est très-possible et même vraisemblable, dans des temps si peu assurés, où généralement les faibles étaient en butte à toutes les vexations que se permettaient les puissants, qu'on n'ait pas toujours regardé au refus de quelques vassaux peu importants; qu'une majorité assez grande, et d'autant plus puissante qu'entrant dans les vues du souverain elle pouvait compter sur son appui, ait souvent forcé la main à quelques petits vassaux opposants; qu'on ait même passé outre à lever un subside auquel ils n'avaient pas consenti. Cette probabilité devient plus grande, lorsqu'après un refus partiel de secours, on voit ordinairement ceux qui n'avaient pas voulu y entendre se réunir et contracter des alliances étroites, dans l'unique but de se garantir des violences et des guerres civiles qui en étaient presque toujours la conséquence. Mais si la suprématie de la majorité existait de fait, elle était inconnue de droit; et, aux yeux de la loi, ou plutôt des usages reçus, qui

(1) *Institutions judiciaires*, t. III, p. 108.

tenaient lieu de constitution, chaque vassal, comme chaque commune, était libre de se déterminer à consentir ou à refuser le subside, sans se mettre en peine de la soumission des autres (1).

Les états n'étaient d'abord que des parlements féodaux. Ceux du comté de Hollande ne se composaient même que de seigneurs laïques, à l'exclusion du clergé (2). Les communes y pénétrèrent, comme en Angleterre et en France, à dater du quatorzième siècle ; à la différence des états provinciaux du midi de la France, où les *biens-tenants* étaient représentés sans distinction d'ordres, ils étaient divisés en trois ordres, à l'instar des états généraux et de quelques états particuliers de la France. Toutefois, dans le comté de Hollande, où les communaux avaient acquis une influence considérable, tandis que les nobles étaient déchus dans la même proportion, cette noblesse, non-seulement votait avec les communes, mais, réunie en ordre équestre, elle n'avait collectivement qu'une seule voix sur vingt, de même que chaque commune. Le clergé, chose sans exemple dans les pays organisés d'après le système féodal, ne faisait point partie des états du comté de Hollande (3).

VIII. — Les états, dont la composition offrait de nombreuses diversités, n'étaient pas souverains, et n'exerçaient ni la puissance législative, ni même la puissance administrative, qui n'appartenait qu'aux seigneurs. Ils se bornaient à donner des avis, à établir des impôts, à les répartir et à les recouvrer, sous l'autorité des seigneurs qui, après les troubles passés, reprenaient la possession

(1) S. V. SLINGELAND, *Staatkundige geschriften*, t. I, p. 40 et 41. —(2) KLVIT, *Hist. der Holl. Staats reg.*, t. IV, p 576.—(3) KLUIT, t. IV, p. 576.

de leurs fiefs, et de toutes les prérogatives qui y étaient attachées.

Aucun lien n'existait d'ailleurs entre les états des diverses provinces des Pays-Bas, quoique soumis au même souverain. La maison de Bourgogne aurait pu les réunir et former des états-généraux; quelques tentatives faites en ce sens signalèrent les règnes de Marie de Bourgogne, de Philippe d'Autriche et de Charles-Quint ; mais ces tentatives échouèrent contre la résistance des états des provinces qui, composés des vassaux et des députés des communes, aimèrent mieux conserver seuls un pouvoir plus restreint que d'en partager un plus étendu. Ces états firent maintenir leurs droits et priviléges par la charte appelée *le grand privilége de Marie*, qui contenait, entre autres, la promesse de ne confier les emplois, dans le comté de Hollande, qu'à des indigènes de la province, et par des chartes semblables accordées aux Brabançons et aux Flamands. Kluit atteste que ces priviléges furent révoqués depuis, et que les états n'osèrent pas s'en faire un titre devant Charles-Quint. L'archiduc Philippe les rétablit par une ordonnance du 14 décembre 1495 ; mais, à son avénement au trône, par suite de l'abdication de son père, il les réduisit dans des bornes très-étroites, laissant au gouverneur général le droit de nommer les *stathouders*, les chevaliers de la Toison d'or, et les fonctionaires les plus éminents.

Le roi Philippe II, dont le pouvoir absolu se trouva, dans les Pays-Bas, en présence de communes et de provinces dépourvues de lien commun, tenta un coup d'État contre les priviléges locaux, qu'il voulut soumettre au contrôle d'une cour instituée à Malines ; mais cette tentative détermina la révolte d'un grand nombre de communes et de provinces, et aboutit à la révolution de 1572, qui détacha de la monarchie espagnole une partie des Pays-Bas, et fonda la fédération d'où est sortie plus tard la République des Provinces-Unies, à l'insu ou plutôt contre le gré des auteurs du projet, qui réservait à la généralité le droit de se soumettre à tel prince ou seigneur qu'elle jugerait nécessaire, pour la protection des habitants contre le roi d'Espagne.

La république des Pays-Bas, née d'une insurrection de communes et de provinces contre l'autorité monarchique, a offert, dès son origine, tous les caractères d'une confédération analogue, sous certains rapports, à celle des État-Unis d'Amérique, mais différente d'elle sous d'autres rapports. Les dix-sept provinces, unies pour combattre le pouvoir royal et ses projets de réunion des Pays-Bas en un seul État, se réservèrent chacune son administration autonome, et ne laissèrent aux états généraux que la direction des affaires intéressant toute la confédération, encore même, sous la réserve de chacun de ses membres, de persister dans son vote, malgré l'avis contraire de la majorité (1). Or chaque unité autonome de la confédération était divisée par des intérêts de caste, de municipe, de fief et de corporation, dont les rapports étaient très-imparfaitement définis. Les communes avaient obtenu, sous le nom de priviléges, la plus complète autonomie locale ; mais elles n'avaient pas pu la changer en souveraineté, renfermées comme elles l'étaient dans leurs limites par un pouvoir monarchique héréditaire, toujours vivace. La caste noble, appuyée sur ses fiefs, avait renoncé à l'abus et perfectionné l'usage de ses droits héréditaires, en faisant tour à tour alliance avec la plèbe municipale et avec l'État, selon que

(1) Kluit, *Hist. der Holl. Staatsreg.*, t. I, ch. ix, p. 170-198; — Ricci, *Del municipio*, § 727.

l'équilibre vacillait entre les deux forces. Le clergé s'associait volontiers, comme en Italie, aux communes ; mais il ne rompait pas le lien qui, tout en l'étreignant, lui donnait la force de combattre pour la liberté commune, en combattant pour la sienne propre. Les corps de métiers s'associaient aussi volontiers aux municipes; de là, une civilisation qui aurait pu rendre inexpugnable la liberté et l'indépendance si tous ces membres avaient pu être réunis en un seul corps bien organisé. Malheureusement, la cause même qui avait produit le bien produisit le mal ; chaque province, riche et heureuse de ses priviléges, au lieu de renoncer, en vue de l'intérêt général, à sa propre autonomie, pour faire partie d'un tout indivis, passa de maison en maison princière, obéissant servilement à un prince étranger et lointain, en même temps qu'elle déployait une énergie merveilleuse dans la défense des priviléges locaux ; et c'est ainsi qu'à la différence des villes de l'Italie, où les partis étaient animés par des espérances ambitieuses, les villes flamandes et hollandaises, qui tiraient d'un pacte exprès et non oublié leurs franchises les plus précieuses, et qui ne pouvaient s'assujettir les communes moindres et les baronies, sans violer le pacte, et sans détruire le principe d'une vie entièrement féodale, n'eurent pas plutôt brisé le sceptre du roi d'Espagne, qu'elles offrirent au prince d'Orange le titre de *stathouder*, et manifestèrent, au milieu des troubles religieux et politiques que suscitait la rivalité de l'aristocratie des magistrats, du pouvoir monarchique des souverains et de la démocratie populaire, leurs tendances vers une monarchie tempérée par les libertés locales et par les états généraux. Heureuses la Belgique et la Hollande autrefois unies, maintenant séparées, mais dotées l'une et l'autre d'institutions représentatives en harmonie avec leur passé, d'avoir trouvé le port, et de vivre heureuses et tranquilles dans une neuralité respectée par les grands États qui se disputent la domination de l'Europe !

CHAPITRE III

DROIT MUNICIPAL DE LA SUISSE AU MOYEN AGE.

I. — Les Helvétiens tirent leur origine des tribus celtiques établies entre la forêt d'Hercynie, le Rhin et Mein (1). L'histoire nous les montre coalisés tantôt avec les Gaulois, tantôt avec les Germains, pour lutter contre Rome, avec toute la puissance d'une barbarie énergique contre une civilisation dégradée. Conquise par Jules César, l'Helvétie fut érigée en province romaine, avec quelques institutions libres. L'empereur Claude accorda aux Helvétiens le titre de citoyens romains. Cette nation, illustrée, dit Tacite (2), d'abord par ses armes et ses guerriers, ensuite par les souvenirs de leurs faits glorieux, fut mêlée aux guerres que suscita la compétition au trône de Galba et de Vitellius, et fut ravagée par Cecina. Elle respira sous les règnes bienfaisants de Vespasien et de Titus, et fut associée depuis à la bonne et à la mauvaise fortune de la province des Gaules, dont elle dépendait.

Le gouvernement régulier des Romains dans l'Helvétie cessa vers le quatrième siècle, époque à laquelle les incursions réitérées des Barbares amenèrent dans l'empire

(1) Igitur, inter Hercyniam silvam Rhenumque et Mænum, amnes Helvetii (TACITE, *De moribus Germ.*, XXVIII). — (2) TACITE, *Hist.*, I, LXVII, LXVIII et LXIX.

d'Occident l'anarchie et la dissolution. Dès lors, l'Helvétie fut indépendante, par suite de la retraite des légions romaines, et les *Allemani*, qui s'étendaient dans la Germanie et sur les bords du Rhin jusqu'à Cologne, gouvernèrent le pays entre l'Aar et le lac de Constance, jusqu'au moment où les Francs, victorieux dans les Gaules, et maîtres de toutes les Alpes, conquises sur les *Allemani*, réunirent l'Hélvétie sous une seule domination.

II. — Vers le milieu du sixième siècle, Théodebert, roi d'Austrasie, fit la conquête de la Rhétie ; les Bourguignons s'établirent dans l'Helvétie orientale ; les Lombards occupèrent le Valais ; plusieurs villes furent fondées, et le clergé travailla, avec le secours du *duc* qui gouvernait l'Helvétie septentrionale, et du *patricien* qui gouvernait l'Helvétie bourguignonne, à la fusion difficile des institutions germaniques et des institutions romaines. Ce travail se continua sous les deux premières dynasties, avec les caractères généraux que nous avons essayé de décrire. Dans l'Helvétie, comme ailleurs, se retrouvent, à cette époque les manoirs (*mansi*), les uns libres (*ingenuiles*), les autres serviles (*serviles*,) dont les habitations, tantôt éparses, tantôt réunies, forment la *villa*, le *castrum*, le *burg*, l'*oppidum*, la *civitas*. Le peuple y est divisé en races (*gentes*), puis en tribus, en centaines, en dizaines qu'administrent des *farones*, des *graviones* (*comites*), des *centenarii*, des *decani*. La tribu devient un canton (*pagus*, *gau*), gouverné par le duc ou le comte, et la commune est administrée, sous *l'imperium* du seigneur, par un magistrat électif (*ammann*), assisté des hommes libres. Tel apparaît, dans l'Helvétie, pendant plusieurs siècles après l'invasion, le caractère essentiel de la commune germanique.

III. — Vers le milieu du neuvième siècle, l'Helvétie allemande fut réunie au duché d'Alsace, et la puissance indépendante des ducs de Souabe s'établit dans la partie septentrionale. Le second royaume de Bourgogne, fondé en l'an 888, comprit les pays de Berne, de Fribourg et de Neuchâtel, les villes de Lausanne et de Genève. Payerne, (Peterlingen), ville du canton de Vaud, devint la résidence des rois de Bourgogne. Alors, plusieurs villes furent fondées et se peuplèrent d'hommes libres, qui élevèrent des forteresses pour se défendre contre les attaques des hordes arabes et hongroises. La liberté des peuples se développa au milieu des troubles, et les villes se fortifièrent. Les villages se formèrent autour des monastères et des abbayes richement dotées par les princes. La noblesse éleva des tours et des châteaux dans les hautes vallées. C'est l'époque brillante du municipe féodal.

Il serait difficile d'analyser exactement les variétés nombreuses des municipes féodaux, nés dans les vallées de l'Helvétie, au milieu des accidents si divers produits par les invasions successives des Romains, des Lombards, des Bourguignons, dans le régime primitif, soit des familles patriarcales des pasteurs des Alpes, soit des tribus militaires répandues sur le territoire. Essayons cependant d'esquisser quelques traits du tableau.

Le peuple du pays des forêts (Valdstœtten), formé depuis le neuvième siècle en trois juridictions, qui sont les cantons primitifs, a marqué de sa forte empreinte le caractère national. Ces bergers, convertis au christianisme, vivaient libres et paisibles au sein de leurs familles, quand l'empereur Henri II inféoda leurs pauvres vallées à l'abbaye d'Ensiedlen. Ils résistèrent courageusement à cet abus de pouvoir, et continuèrent à vivre comme ils avaient toujours vécu. Puis, ralliés par la politique conciliante de Frédéric Ier, ils suivirent ce prince en Italie, devinrent les soldats fidèles des princes de Hohenstauffen, et sans renoncer à l'indépendance de leur régime patriarcal, choisirent des avoués (*advocati*), pour défendre leurs droits à la cour du roi des Romains. Tel est le berceau des communes et de la nationalité helvétiques, sous le régime féodal.

IV. — L'histoire municipale de l'Helvétie aux douzième et treizième siècles offre le double spectacle qui se manifeste partout en Europe, de l'influence croissante des communes, et de la rivalité des comtes et des évêques, cause incessante d'affaiblissement de la puissance féodale. On y voit apparaître deux sortes de communes, les communes bourgeoises et les communes rurales ou de propriétaires.

Les communes bourgeoises de la Suisse ont été, dans l'origine, des associations militaires, formées dans les *burgs* (lieux fortifiés), afin de résister aux vexations des grands feudataires qui, non contents d'avoir rendu héréditaire le pouvoir qu'ils avaient reçu primitivement à la charge de l'empire, aspiraient à se rendre indépendants de l'empereur. C'est contre cette double tendance de la haute noblesse, révolutionnaire envers son souverain, despote envers ses vassaux, que la plupart des villes helvétiques, secondées par les officiers de l'empire, eurent à lutter, à l'aide de leur organisation militaire.

Le droit de burg ou de bourgeoisie, dans les villes suisses, n'était pas simplement, au moyen âge, ce qu'il est aujourd'hui, une source de droits ; il est vrai qu'il assurait aussi des avantages aux associés : mais ces avantages, il fallait les acheter, en se tenant constamment prêt au combat, et même au prix de sacrifices pécuniaires. Il n'était pas encore question de riches fonds de bourgeoisie ; on faisait face à la plupart des dépenses publiques par des impositions. En conséquence, on n'apportait pas d'entraves à l'admission au droit de bourgeoisie ; loin de là, on le rendait extrêmement facile pour les étrangers.

Tandis que, dans d'autres États de l'Europe très-attachés aux franchises municipales, dans les Pays-Bas, par exemple, l'accès des bourgeoisies et des ghildes était hérissé de difficultés, en Suisse, les nouveaux venus, qui cherchaient surtout dans les villes protection contre les seigneurs, étaient accueillis volontiers, parce qu'ils y apportaient un double élément de force et d'industrie.

D'après la charte Handveste, dit l'auteur d'un rapport sur la réorganisation des communes du canton de Berne, le combourgeois avait absolument les mêmes droits que le bourgeois établi ou interne. Des villes et des contrées entières furent mêmes reçues combourgeoises de la ville de Berne. Aucun état n'en était exclu : on y admettait même des juifs, des serfs ; mais ces derniers devenaient libres par leur admission. Au quinzième siècle, il était même de principe que, lorsque Berne acquérait de nouvelles seigneuries, soit par la conquête, soit par voie d'achat, tous les habitants libres devenaient bourgeois par le fait même. Le besoin d'augmenter la bourgeoisie était tel, que l'on alla encore plus loin, et que l'on regarda l'affranchissement de tous les ressortissants établis dans une localité ou dans une contrée comme une conséquence de l'incorporation de cette contrée ou de cette localité à l'État de Berne. En 1504, les districts (*langerichte*) furent formellement sommés de venir s'établir dans la ville, et d'en accepter la bourgeoisie. En 1442, la diète chercha à limiter la réception de nouveaux bourgeois : elle voulait que l'on n'admît plus que ceux qui s'établiraient corps et biens dans l'endroit « francs « de tout autre lien. » Mais Berne et Zurich protestèrent : ils prétendirent s'en tenir à leurs libertés traditionnelles. A Payerne, il suffisait même, pour acquérir le droit de bourgeoisie, d'épouser la fille d'un bourgeois.

Telle est l'origine des communes bourgeoises. L'acquisition des droits de bourgeoisie était facile, car elle était attachée à des conditions dont l'accomplissement dépendait de la volonté de celui qui aspirait à devenir bourgeois.

Le droit de bourgeoisie n'était pas héréditaire, mais personnel; car celui-là seul qui remplissait les conditions légales était bourgeois, et le caractère, aussi bien que le but du droit de bourgeoisie, était essentiellement public.

Les communes rurales, ou communes de propriétaires, ont une origine de droit purement privé. La majeure partie du canton avait été morcelée en seigneuries, par suite des conquêtes antérieures; ces seigneuries, quoique de peu d'étendue, étaient cependant trop vastes pour que leurs propriétaires, les seigneurs pussent les cultiver eux-mêmes; aussi, vit-on de bonne heure ces propriétaires les donner en fief à des tiers, moyennant certaines prestations. Cet usage paraît avoir été surtout répandu dans l'ancien comté de Bourgogne, qui embrassait le territoire de la rive droite de l'Aar depuis la Sulg près de Thoune, jusqu'à la frontière actuelle du canton, du côté d'Argovie et de Lucerne, c'est-à-dire les districts actuels de Konolfingen, Berthoud, Traschselwald, Tranbrunnen, et la plus grande partie de ceux d'Arwangen, Wangen, Arberg, Buren et Berne.

A l'époque où Berne fut bâti, et encore longtemps après, il n'existait, dans cette partie du canton, en dehors des villes, aucune autre corporation que les communes rurales; celles-ci reposaient, comme on l'a déjà dit, sur des rapports de droit privé. Chaque seigneurie se divisait en un certain nombre de fiefs (*Hofe*) et ceux-ci en « *Schuppose.* » Dans la règle chaque fief renfermait quatre *schuppose*, et la *schuppose* 12 arpents. Le possesseur du fief portait le nom de paysan (*bauer*) et la totalité des paysans s'appelait « *bäuersame*, » ou commune rurale. L'administration commune de la corporation était tout à fait simple, et conforme à la nature de cette organisation. Elle n'avait, dans le principe, d'autre objet que les intérêts féodaux communs. A la possession du fief était attaché l'usage de la forêt et du pâturage, c'est-à-dire le droit de prendre dans les forêts seigneuriales le bois dont on avait besoin, et de faire paître le bétail sur les pâturages dépendant de la seigneurie. La gestion de ces intérêts communs composait toute l'administration des communes rurales. Celles-ci n'avaient d'autres fonctionnaires que les gardes-champêtres et les « *vier* » (quatre), ainsi appelés, parce qu'ils étaient au nombre de quatre, pour soigner l'administration. Tous les autres intérêts étaient ou négligés, ou laissés aux soins du seigneur. Pour juger les différents entre les paysans, il existait des bureaux de seigneurie ou de village, où tous les possesseurs de *schuppose* rendaient, ou se faisaient rendre justice. Ces tribunaux étaient présidés par le seigneur ou par ses représentants.

En présence de cette organisation primitive si simple des communes rurales, la participation à la communauté ne pouvait faire naître aucun doute, aucune contestation. Comme on n'était membre de la commune qu'à cause de la possession du bien fonds, on ne le restait que tant que durait cette possession. La qualité de membre d'une commune était inséparable de la possession de propriétés foncières et ne pouvait s'acquérir sans cette possession. Quiconque devenait propriétaire d'un fief par voie d'achat ou de succession était membre de la commune. Quiconque cessait d'être propriétaire de fief perdait aussi sa qualité de membre de la commune. En un mot, les communes rurales avaient pour base un droit réel et de nature privée, et les communes bourgeoises un droit personnel et de nature publique.

V. — Tels étaient les caractères généraux, soit de la commune *bourgeoise*, soit de la commune de *propriétaires*. Mais ces caractères n'étaient pas à beaucoup près les mêmes partout. Entre la commune et la seigneurie, les rapports étaient très-divers. Dans les pays de Valdstœtten ou d'Appenzel, la commune était tout à fait indépendante de la seigneurie. A Neuchâtel, l'élément seigneurial dominait entièrement la commune. L'organisme féodal et l'organisme communal étaient mélangés et combinés dans les villes telles que Zurich, Bâle, Schaffouse, foyers d'activité industrielle et commerciale, mais ce système mixte n'y subsista pas longtemps, et dès la fin du treizième siècle, les villes de la Suisse avaient acheté à deniers comptants de leurs seigneurs, ruinés en grande partie par les croisades, le droit de s'administrer elles-mêmes, Dès lors, les fonctions exercées précédemment par les ministériaux de la seigneurie furent au pouvoir des conseils électifs des villes et des magistrats bourgeois nommés par ces conseils ; non-seulement les villes jouirent de l'indépendance municipale, mais elles achetèrent ou usurpèrent successivement la juridiction civile et même criminelle, le droit de battre monnaie et de lever les impôts. Devenues ainsi souveraines, elles ne se contentèrent plus du conseil judiciaire et administratif qui administrait, sous la présidence des *avoyers* ou *bourgmaîtres* leurs affaires locales, elles créèrent un grand conseil législatif et *s'épanouirent* en États. C'est ainsi que se formèrent successivement les républiques de Zurich, de Berne, de Bâle, de Schaffouse, de Lucerne, de Soleure, de Fribourg, de Genève, toutes pourvues dès leur naissance, comme elles le sont de nos jours, de deux corps législatifs et de fonctionnaires exécutifs individuels. L'histoire de la Suisse au moyen âge n'offre qu'une seule exception au mouvement progressif qui faisait prévaloir partout l'esprit républicain sur le pouvoir féodal, c'est l'exemple de Neuchâtel qui, quoiqu'affranchie par son seigneur au commencement du treizième siècle, et dotée d'un conseil de ville et d'un maire ou juge (*centenarius*) qu'elle appelait ses *ministériaux*, est restée république municipale mais non souveraine jusques à nos jours. Le régime féodal substitua à la commune germanique la commune urbaine ou bourgeoise, à la tête de laquelle étaient les officiers du seigneur, l'un appelé *stadtvoogt*, *villicus*, et chargé de l'administration, l'autre appelé *avoyer*, *scultetus*, *schulze*, exerçant la juridiction civile assisté des échevins, qui n'étaient plus comme auparavant des hommes libres choisis indistinctement parmi le peuple, mais des magistrats de la seigneurie, des délégués de l'empereur.

A côté de ces fonctionnaires ministériaux étaient les patriciens libres (*die geschlechter*), et les bourgeois propriétaires de biens allodiaux. La lutte s'engagea entre eux et les officiers de l'empereur, et, avant la fin du treizième siècle, la plupart des villes de la Suisse, dotées des chartes municipales qui leur attribuèrent l'élection des magistrats, nommèrent, pour s'administrer, un petit conseil exécutif, et un grand conseil législatif (1).

Dans les villes libres de la Suisse, tout était combiné de manière que chaque membre de l'association eût sa part

(1) Voyez CLAVEL, *Essai sur les communes et sur le gouvernement municipal dans le canton de Vaud* (1827) ; — BLUNTSCHLI, *Staats and Rechtsgeschichte der stadt and Landschatf. Zurich* (1839) ; — MATILE, *Histoire des institutions judiciaires et législatives de Neuchâtel et de Valengin* (1838) ; — STETTLER, *Versuch einer urkundlich geschichtlichen Ent Wiekelung der gemeinde und Burgerrechts verhceltaisse in kanton Bern* (1840) ; — *Chroniques de* BONNIVARD (1831) ; — CHERBULIEZ, *De la démocratie en Suisse*, etc.

équitable et proportionnelle d'influence et de bien-être, et que tous les excès opposés fussent réciproquement rendus impossibles ou facilement prévenus.

« Ainsi, dit Bonnivard, chroniqueur du quinzième siècle, avait été constituée la ville de Genève, car elle avait son évêque pour monarque, non point donné par le Pape, mais postulé par le peuple et nommé par le clergé. Il n'était, à Genève, en plus grande autorité qu'à Venise le doge, car il n'était que gardien des lois faites, et non faiseur d'icelles, et président pour empêcher les aristocrates de tomber en oligarchie, et les démocrates en anarchie.

« Le conseil aristocratique était de deux sortes, le spirituel et le temporel. Le spirituel était de trente-deux chanoines ; mais, depuis que les papes eurent mis évêques et chanoines à leur appétit, tout fut gâté, les chanoines ne voulant être sujets à l'évêque, ni l'évêque que les chanoines se mêlassent de ses affaires.

« Les assesseurs temporels de l'évêque étaient quatre syndics avec vingt conseillers et un trésorier, qui, tous ensemble, faisaient le nombre de vingt-cinq élus par les têtes d'hôtel (chefs de familles) de la ville, tous les ans, le dimanche après la Purification. Ceux-ci étaient assesseurs de l'évêque pour le garder de la tyrannie, et du peuple pour l'empêcher de déborder. Ainsi voulait la loi que quatre syndics fussent en égale autorité, et, qu'élus pour un an, ils ne retournassent de trois ans à leur place.

« Le conseil démocratique était par degrés ; car afin que les pauvres gens de métiers ne fussent pas empêchés par les affaires publiques de gagner leur vie, s'il leur fallait souvent s'assembler, ils avaient établi leurs procureurs. Ce nonobstant, le second (soit grand) conseil démocratique, composé des chefs d'hôtel, s'assemblait deux fois l'année, le dimanche d'après la Saint-Martin, pour fixer la vente du vin, et celui après la Purification, pour faire les syndics et conseils ordinaires. Là, outre la matière principale, mettait en avant qui voulait ce qui lui semblait bon pour l'état public et la réformation d'icelui. Sur quoi, l'on consultait et faisait des édits que l'évêque confirmait, ce qui était pour retenir l'évêque de tyrannie et le petit conseil d'oligarchie.

« Pour montrer que les uns ne pouvaient rien contre les autres, on faisait les criées ou proclamations publiques comme il suit : De la part de l'évêque et prince de Genève, de son vidame et des syndics et prudhommes de la ville. »

VI — Toutes les villes n'avaient pas, comme Genève, un prince-évêque, mais toutes vivaient sur un fond de libertés traditionnelles, mêlées d'aristocratie et de démocratie.

Ces libertés se fortifièrent par le lien fédératif qui, dès les premières années du quatorzième siècle, unit les peuples des petits cantons. Ces peuples, simples et sincères, avaient placé toute leur confiance dans le prince Rodolphe de Habsbourg qui, élevé à la dignité impériale, n'abusa pas des droits qu'il s'était acquis à la reconnaissance des Valdstœtten. Ceux-ci lui demeurèrent fidèles ; mais Albert succède à son père, et veut étendre outre mesure la souveraineté de l'Autriche. Alors commence la résistance énergique des Valdstœtten, et, à mesure que la tyrannie autrichienne se développe, Schwits, Uri et Underwald, dirigés par des chefs énergiques, se réunissent de nuit à Grutli et font serment de délivrer leur chère patrie. Guillaume-Tell tue Gessler. Le pays tout entier se soulève. Landerberg est chassé du château de Rottemberg. Les représentants des trois cantons libres renouvellent solennellement le serment du pacte de leur antique alliance. L'empereur Henri de Luxembourg l'approuve et confirme les priviléges des trois cantons. La Confédération Helvétique est formée. Lucerne y adhère en 1332, Zurich en 1351, Glaris et Zug en 1352, Berne en 1353, Fribourg et Soleure en 1481, Bâle et Schaffouse en 1501, Appenzel en 1513. Cinquante et une villes impériales recherchent successivement l'alliance des confédérés, cimentée par les droits de la justice et de la guerre contre d'injustes oppresseurs. Telle est l'origine légitime du gouvernement libre et fort, inauguré par le serment de Grutli, et confirmé par les victoires de Granson et de Morat.

VII. — Ce qui fait, depuis tant de siècles, la force et la durée de ce gouvernement libéral, c'est le caractère lent et naturel de ses progrès. En Suisse, plus que partout ailleurs, la commune est née de la famille, l'État de la commune, la république fédérale de l'union spontanée des États. Les communes déjà pourvues d'un chef électif (*ammann*) se sont choisi, en s'associant, un chef suprême (*landammann*), se sont formé un conseil (*landrath*), et ont réservé à l'assemblée générale des citoyens (*landsgecueinde*) la décision des affaires importantes et la nomination du *landammann*. Dans cette généalogie des pouvoirs publics, si naturelle et cependant conquise au prix de tant de courage et d'héroïques efforts, réside dès le moyen âge, le double secret de la stabilité et des progrès du gouvernement helvétique.

VIII. — Ce serait cependant une erreur de croire qu'une fois affranchies de la puissance féodale, les communes helvétiques jouirent toujours d'un bonheur parfait : les principes de l'organisation sociale sont trop complexes, et les passions humaines trop exigeantes, pour que le régime républicain, même sorti naturellement des entrailles d'une nation, puisse satisfaire à tous ses besoins, et la préserver de tous les périls.

Les villes de la Suisse, investies de la souveraineté, se considérèrent comme les héritières des anciens seigneurs, et appesantirent sur les communes placées dans leur circonscription territoriale le joug dont elles s'étaient elles-mêmes affranchies. Elles eurent des baillis (*vogt landvogt*), qui administraient et jugeaient en leur nom ; elles se firent appeler *seigneurs* ou *seigneuriaux*, et eurent des armoiries, des livrées, des ministériaux, des vassaux. La liberté conquise par elles fut transformée en domination souvent tyrannique. Elles eurent d'ailleurs, celles du moins qui, comme Bâle, Zurich et Schaffouse, s'étaient enrichies par l'industrie et le commerce, à lutter souvent sans succès contre un patriciat d'un nouveau genre, non moins exclusif que celui des anciens seigneurs, contre le monopole jaloux et cupide des corps de métiers, protégés, comme dans les villes de l'Italie et de la Flandre, par des statuts très-indépendants. De là, des querelles, souvent sanglantes, auxquelles les dissensions religieuses vinrent, à dater du seizième siècle, fournir un nouvel aliment. Mais quels qu'aient pu être, au moyen âge comme de nos jours, les inconvénients du système municipal et fédératif de la Suisse, ce système, préférable en lui-même à celui de la démocratie unitaire, se recommande d'ailleurs par un avantage relatif : il est né des entrailles du peuple helvétique, et est doublement approprié à sa position géographique et à son amour de la liberté ; aussi, tandis que, sous l'empire de la politique machiavélique qui pousse partout les rois et les peuples à chercher dans les révolutions le moyen de faire prévaloir le droit de la force au profit des ambitions les plus désordonnées, et des tyrannies les plus odieuses, la Suisse est-elle restée immuable dans son régime municipal et fédératif, avec une tendance constante vers la centralisation politique, mais sans aucune abdication de ses libertés traditionnelles.

Vainement des publicistes français ou allemands imbus, les uns de l'esprit de la démocratie unitaire dont l'autocratie militaire est, on le sait, le dernier mot, les autres des fausses théories du radicalisme hégélien, ont-ils cherché à transformer ces républiques municipales en soldats aveugles de la grande armée révolutionnaire, dont le mot d'ordre est aujourd'hui *république universelle*; le bon sens populaire a résisté à ces séductions, et, grâce à la vertu de ses franchises municipales, la Suisse est restée la terre classique de la vraie liberté, et peut-être le dernier refuge de l'ancien droit public de l'Europe.

IX. — Les formes du principe démocratique y sont très-diverses. Le gouvernement direct par le peuple existe dans les cantons primitifs, chez les descendants de Guillaume-Tell, plus large, plus sincère, plus moral que dans les républiques de l'antiquité : là, point de lois écrites; la vieille foi, les mœurs, les traditions historiques, toutes les affaires publiques sont réglées par l'assemblée générale, par la *lands-gemeinde*, assise, en commémoration des vieilles luttes contre l'oppression féodale, sur les pierres des murs et des tours des châteaux démolis. Dans quelques démocraties représentatives, telles que Zurich, Saint-Gall, Argovie, Thurgovie, le Valais, les Grisons, l'assemblée générale de tous les concitoyens domiciliés dans la commune forme l'assemblée législative. Un conseil communal, élu par cette assemblée, forme le pouvoir exécutif. Dans d'autres cantons, dans ceux de Vaud, de Genève, etc., l'assemblée communale est purement électorale; elle nomme un conseil communal, auquel seul est confié l'exercice du pouvoir exécutif.

Dans certains cantons, la commune politique, la commune bourgeoise, la paroisse sont distinctes, et quant aux personnes, et quant aux biens. Dans d'autres, elles se confondent dans la commune des *habitants;* dans d'autres enfin, le système d'administration est mixte. Ici, les bourgeoisies sont fermées, ailleurs elles sont ouvertes à quiconque veut les acheter. Dans certains cantons, le chef de la commune est élu par l'assemblée communale; dans d'autres, il est nommé par le conseil communal. Ici, l'*ammann* est un magistrat purement municipal; ailleurs, il exerce des fonctions déléguées par le Conseil d'État. Dans certains cantons de la Suisse orientale, tels que Saint-Gall, Glaris, les Grisons, la souveraineté communale est presque absolue. Dans les cantons occidentaux, il y a plus de centralisation. Mais partout subsiste un double principe : la démocratie tempérée par l'aristocratie bourgeoise, l'autonomie modérée par la surveillance du Conseil d'État.

En Suisse, comme aux États-Unis (1), la vie politique et administrative est concentrée dans trois foyers d'action qu'on pourrait comparer aux divers centres nerveux, qui font mouvoir le corps humain. Au premier degré se trouve la commune, plus haut le canton, enfin l'État. En Suisse, comme aux États-Unis, la commune n'existe légalement qu'à la condition d'être reconnue et incorporée. Libre association contractée entre ses membres, incorporation politique faite par le souverain, tel est son double caractère, emprunté au municipe romain, à la commune germanique et anglo-saxonne.

Le droit de cité et de libre établissement, quoique souvent altéré en Suisse, comme dans les autres États, par des empêchements réciproques, est cependant le fond de son régime traditionnel. Les corporations municipales ont le droit de choisir leurs membres, sauf le contrôle du gou-

(1) Voyez TOCQUEVILLE, *De la République en Amérique*, t. I, p. 70.

vernement; et tout en respectant le droit de libre établissement de la part des compatriotes et même des étrangers, elles peuvent exiger, de ceux qui s'établissent au milieu d'elles, les garanties nécessaires pour assurer l'ordre, la moralité des populations. De là, ces registres matricules établis de toute ancienneté dans les villes suisses, et où sont inscrits les noms et les principaux actes de la vie publique des bourgeois et des habitants. Ces registres sont importants : 1° comme base du droit de cité cantonal, qui ne peut appartenir qu'à celui qui possède déjà dans une commune ; 2° comme donnant le droit de voter dans la commune d'origine ; 3° comme base des droits de propriété, et jouissance des biens communaux ; 4° comme base des registres de l'état civil. Un homme d'État du canton de Berne (1) fait remarquer, à ce sujet, qu'en France la tenue des registres de naissances, de mariages et de décès est parfaitement bien réglée, mais que ces registres n'ont pas de base certaine. Comme en France, dit-il, le droit d'origine n'existe pas, les naissances, les mariages, les décès ne sont inscrits qu'au lieu du domicile; mais le domicile change, de sorte qu'il arrive naturellement que souvent, au bout d'un petit nombre d'années, il est difficile, sinon impossible, de produire des pièces de légitimation. Il n'en est pas de même en Suisse, où l'inscription se fait toujours au domicile, en même temps qu'au lieu de bourgeoisie. Comme cet endroit est connu, il suffit, pour établir l'état civil de tous les citoyens, que les registres soient bien tenus.

X. — L'esprit conservateur et libéral de la commune suisse a été l'antidote le plus efficace contre l'invasion des

(1) M. Bloesch, *Rapport sur les affaires communales du canton de Berne*, 1851, p. 43.

fausses doctrines et les égarements du suffrage universel, le principe de l'énergie vivace de la république, la source de ses progrès constants et de sa sécurité inviolable au sein des ébranlements de l'Europe et de ses révolutions avortées. C'est des entrailles de la commune que sont sorties, en Suisse, les constitutions cantonales et la constitution fédérale dont l'équilibre, conquis par tant de siècles d'efforts, constitue en quelque sorte le lest de la nationalité helvétique.

Les garanties du droit de cité ont été sans doute souvent déviées de leur but essentiellement moral, et ont servi d'instrument tour à tour au monopole des bourgeoisies closes et aux usurpations des gouvernements qui, dans des vues tantôt fiscales, tantôt despotiques, se sont arrogé le droit de s'immiscer dans le choix des membres et des officiers des corporations. Les révolutions du droit de cité composent en quelque sorte toute l'histoire de la Suisse. C'est pour le conserver que les paysans et les bourgeois se sont armés contre les seigneurs, et ont établi sur les ruines de la féodalité vaincue leurs républiques fédératives. C'est pour le maintenir en l'étendant outre mesure que les bourgeois ont mis obstacle au libre établissement, au libre exercice des industries. Mais, chose remarquable! ce n'est pas du moyen âge, c'est du seizième siècle que date en Suisse, soit par l'effet des dissensions religieuses, soit par l'esprit de monopole des corporations industrielles l'abus des bourgeoisies closes. Le temps fait incessamment justice de cet abus et ramène les esprits aux idées que développa en Suisse l'affranchissement des communes.

L'homme d'État éminent qui, après avoir servi dignement cette république a été assassiné à Rome où il servait aussi la république chrétienne, M. Rossi constatait, il y a vingt ans, dans son rapport sur la révision du pacte fédéral, que, dans plus d'un canton, les Suisses ne rencontraient aucune difficulté pour leur établissement, quels que fussent leur lieu d'origine, leur langue, leur religion, leur industrie. La constitution fédérale de 1848 a généralisé cette honorable exception, en garantissant à tous les Suisses de l'une des confessions chrétiennes le droit de s'établir librement dans toute l'étendue du territoire suisse, à la charge de produire un acte d'origine ou une autre pièce équivalente, un certificat de bonnes mœurs, une attestation qu'il jouit des droits civiques et qu'il n'est pas légalement flétri, et à la charge encore de prouver, s'il en est requis, qu'il est en état de s'entretenir lui et sa famille par sa fortune, sa profession ou son travail. Mais la constitution de 1848 s'est bien gardée d'altérer les caractères essentiels du droit de cité : aujourd'hui comme au moyen âge, on n'est citoyen du canton qu'autant qu'on est bourgeois d'une commune de ce canton ; le droit de bourgeoisie locale, qui doit être conféré par l'assemblée communale sauf recours au conseil d'État, est resté la base du droit de cité cantonal.

C'est ce droit qui autorise à voter dans la commune d'origine. C'est ce droit qui permet de prendre part à la jouissance des biens communaux. C'est ce droit qui sert de base aux registres de l'état civil. Le droit de bourgeoisie communale est la source de tous les droits politiques et civils qui confèrent en Suisse la qualité de citoyen. C'est l'ancre de la Suisse ; ce sera son moyen de salut pourvu que, fidèle au but et à l'esprit de l'institution, on n'en fasse pas un instrument d'oligarchie et de despotisme.

En rétablissant les principes sur le droit de cité et le libre établissement, la constitution actuelle n'a fait qu'un retour vers les principes de la constitution primitive.

XI. — Le suffrage universel est, comme le droit de cité et de libre établissement, un des caractères essentiels et primitifs de la constitution helvétique. Un gouvernement fondé par quelques pâtres des Alpes, qui venaient de briser le joug d'une intolérable tyrannie, ne pouvait pas admettre, dans l'expression du vœu populaire, des inégalités qui n'existaient pas dans le peuple même. Partout où l'égalité est un fait, la démocratie est un droit dont le suffrage universel est l'expression nécessaire. A mesure que la constitution sociale des divers cantons de la Suisse se modifia, le suffrage universel primitif se transforma tantôt, comme à Berne, à Fribourg, à Soleure en un vote à deux ou plusieurs degrés, tantôt, comme à Bâle-Ville et à Neuchâtel, en un système électoral, limité par des conditions d'âge, de fortune ou de position. Mais la force des choses a ramené, depuis quelques années, le suffrage universel à ses conditions primitives d'égalité absolue. Les conservateurs s'en sont effrayés, et il semblait, en effet, qu'il y avait tout à craindre d'un système qui pouvait mettre aux prises les classes riches et les classes pauvres, et faire prévaloir la force brutale sur l'intelligence et le droit de propriété. L'événement a démenti ces appréhensions sinistres, et, grâce au bon sens des populations, et de leurs habitudes contractées de temps immémorial dans les assemblées communales et cantonales, où, selon la remarque d'un citoyen de Genève (1), les formes démocratiques peuvent être appliquées sans danger, le suffrage universel fonctionne en Suisse, depuis douze ans, dans des conditions de liberté et de modération politiques que de grands États pourraient envier à cette petite république, s'ils ne se rappelaient que ni leur passé, ni leur état social actuel ne pouvaient offrir à leurs espérances les

(1) M. Cherbuliez, *De la Démocratie en Suisse*, t. I, p. 215.

mêmes éléments de succès, pour une épreuve aussi chanceuse.

XII. — En Suisse, comme aux États-Unis, le correctif de la démocratie politique, ce sont les franchises municipales. Les communes suisses ne sont cependant pas des États dans l'État. Elles sont placées sous la surveillance du gouvernement, qui l'exerce par l'intermédiaire du ministre de l'Inrieur et des préfets. Mais, hors des cas exceptionnels, où intervient l'action soit préventive, soit répressive du gouvernement et des tribunaux, les communes vendent, achètent, plaident, établissent des impôts, contractent des emprunts, sans être ni recherchées ni contrôlées par personne; et plus elles ont de force et d'indépendance, plus elles en prêtent au pouvoir central.

XIII. — Le gouvernement municipal et fédératif de la Suisse s'est perfectionné graduellement par la centralisation des services d'un intérêt général, sans rien sacrifier de son économique simplicité, de l'indépendance pleine de dignité de son administration communale et cantonale; et c'est un spectacle digne de fixer l'attention de nos démocrates unitaires que celui d'une république traditionnelle et progressive qui ne sépare jamais l'ordre de la liberté, qui cherche le secret de leur accord dans la spontanéité d'un ordre social et politique fondé sur des bases tout à la fois naturelles et historiques.

Les racines de ce gouvernement énergique et modéré plongent dans les siècles, et le développement de ses vigoureux rameaux est l'œuvre de la seule nature. C'est la principale cause de sa stabilité. Ce qui causait la mobilité et l'état de révolution perpétuelle des républiques de la Grèce antique, c'étaient les élements étrangers au sein. La Suisse vit et vivra libre au dedans, respectée au dehors tant qu'elle se souviendra que ses républiques nées du développement naturel de la famille et de la commune, ces deux germes féconds des sociétés humaines, ne sont, selon les expressions de l'un de ses citoyens (1), que des municipalités affranchies de toute dépendance, revêtues des attributs de la souveraineté, épanouies enfin en États souverains.

XIV. On a pu craindre, à diverses époques, que la lutte engagée entre l'indépendance des cantons et la souveraineté du pouvoir central n'aboutît ou à la dissolution du lien fédéral, ou à la réunion de tous les cantons en un seul État. Ni l'une ni l'autre de ces craintes ne s'est réalisée, et, grâce au bon sens du peuple suisse, et à son respect de la tradition, l'épreuve redoutable du suffrage universel s'est faite sans trouble et sans péril pour l'ordre et pour la liberté.

L'administration municipale fédérative de la Suisse, telle que l'ont consacrée et perfectionnée cinq siècles de progrès continus, se distingue par des résultats économiques et moraux, obtenus à des frais bien moindres que dans aucun autre État de l'Europe. En Suisse, les routes sont belles, les professeurs éminents, les monuments utiles et nombreux, les fabricants riches, les populations éclairées, aisées, armées, les impôts légers, les emprunts presque inconnus. Les familles se perpétuent, l'expérience nationale traverse les siècles. Malgré les échecs temporaires de la fortune, ce peuple, après des invasions subies ou tentées, revient dans ses frontières séculaires, comme les eaux de ses beaux lacs, soulevées quelquefois pendant les tempêtes, rentrent dans leurs limites éternelles (2).

La république suisse ne se distingue, il est vrai, ni

(1) M. Cherbuliez, *De la Democratie en Suisse*, t. I, p. 8. — (2) Cordier, *Mémoire sur les travaux publics*.

par l'éclat de sa capitale, ni par la beauté de ses monuments. Cela tient à deux raisons, les dépenses y sont plutôt disséminées que concentrées, et le goût de l'utile y règne plus que celui du beau. Où est la capitale de la Suisse? s'écriait M. Rossi, dans son rapport sur le projet d'acte fédéral. Où est, en Suisse, la ville-nation, théâtre de toutes les capacités, but de toutes les ambitions; que tous les talents vont illustrer, toutes les fortunes enrichir, que tous les arts ornent et embellissent à l'envi, objet de la pensée, des entretiens, des vœux de tous; orgueil du pays, reine reconnue, à qui les palais et les chaumières, les bourgs et les villes des provinces ne refusent pas les hommages? nulle part. Est-ce un bien? est-ce un mal? qu'importe? C'est un fait et un symptôme. Ce fait est le résumé de l'histoire de la Suisse.

Le citoyen de Genève, J.-J. Rousseau se rappelait sa chère patrie, quand il disait que la science administrative consistait à répandre la vie dans tous les membres du corps social, au lieu de la concentrer dans la tête. Est-ce à dire que la république municipale et fédérative soit l'idéal des gouvernements? Non, assurément.

Une démocratie fédérative, même placée dans des conditions favorables à ses progrès, ne s'élèvera jamais au-dessus d'un certain niveau. Les rudiments des connaissances humaines s'y répandront dans toutes les classes; mais les intelligences d'élite, les grands caractères s'y développeront peu. Les habitudes y seront, en général, honnêtes, paisibles; les vertus rarement héroïques. On y pourvoira, avec intelligence et sollicitude, aux premiers besoins de la vie; on n'y recherchera ni le luxe, ni l'éclat des lettres et des beaux-arts.

L'esprit de conservation y dominera, plutôt que le génie des grandes choses. On saura se défendre dans une guerre de résistance, on manquera d'audace et d'habileté peut-être dans une guerre d'invasion.

Une monarchie représentative peut prétendre à de plus hautes destinées. Assise sur la large base de la famille et de la cité, et couronnée par un pouvoir héréditaire et inamissible, elle peut donner à la liberté les satisfactions les plus larges, sans ébranler les fondements de l'ordre; elle peut, sans nuire au bien-être des populations, leur permettre d'aspirer à la gloire artistique et littéraire, au génie des conquêtes civilisatrices, à tout ce qui anoblit et élève l'humanité.

CHAPITRE IV

DROIT MUNICIPAL DE L'ANGLETERRE AU MOYEN-AGE.

I. — Quelqu'obscure que soit, selon la remarque de Hume, la période britannique de l'histoire d'Angleterre, lord Coke, l'un des grands juges de cette nation, a prétendu trouver dans un vieux manuscrit intitulé : *Modus tenendi parliamentum*, la preuve que les premiers habitants de l'île, malgré leur vie nomade, vivaient en sociétés régulières, et étaient soumis à une sorte d'excommunication, que prononçaient les Druides (1). L'antique nationalité bretonne consistait en un régime de clans.

(1) Si quis aut privatus aut publicus eorum decreto non steterit, sacrificiis interdicunt. Hæc pœna apud ipsos est gravissima. Quibus ita est interdictum ii numero impiorum ac sceleratorum habentur. Ab iis omnes decedunt, aditum eorum sermonemque defugiunt, ne quid ex contagione incommodi accipiant. Neque iis potentibus jus redditur, neque honos illis communicatur (CŒSAR).

César, qui avait pénétré deux fois chez les Bretons, s'excuse de leurs révoltes par leur état de barbarie (1), et Agricola, gendre de Tacite, qui en acheva la conquête et la civilisation, les peint discourant sur la liberté, mais asservis par le luxe et la corruption (2).

II. — L'état de la Grande-Bretagne, dans la période romaine, est entouré de ténèbres.

Les uns soutiennent avec Selden que la loi romaine y dominait tout, tandis que les autres y prétendent retrouver les traces nationales des *Folk-notes* ou assemblées du peuple par arrondissements. Ce qu'il y a de certain, c'est que, sous l'empire des aigles romaines, l'esprit traditionnel des clans bretons dut languir, tandis que, durant l'heptarchie anglo-saxonne, dont les sept ou huit royaumes subsistèrent depuis le milieu du cinquième siècle jusqu'au neuvième, le droit romain disparut de l'Angleterre, jusqu'à ce que, au douzième siècle, l'influence de l'école de Bologne vint l'y importer de nouveau. Telle est l'opinion de Selden, l'un des auteurs les plus profonds qui aient écrit sur l'histoire du droit au moyen âge (3).

M. de Savigny, ce curieux investigateur des traces laissées par le droit romain dans les institutions du moyen âge, dit n'avoir trouvé dans le recueil de lois publié par Wilkins qu'un seul passage évidemment tiré du droit romain, et ajoute que ce passage est postérieur à la conquête des Normands (4).

(1) Quod homines barbari et nostræ consuetudinis imperiti bellum populo romano fecissent (*Bell. Gall.*, IV). — (2) Agitare inter se mala servitutis... Paulatimque discessum ad delinimenta vitiorum porticus et balnea, et conviviorum elegantiam ; idque apud imperitos humanitas vocabatur, cum pars servitutis esset (*In Agric.*, XV et XXI). — (3) SELDEN, *Dissert. ad Fletam.*, c. VII. — (4) *Histoire du droit romain au moyen âge*, t. II, ch X.

III. — Ce qui domine dans l'Angleterre du moyen âge, c'est l'esprit de liberté germanique. Il ne cessa de s'y développer après l'invasion saxonne, et les hommes libres y furent toujours consultés pour toutes les affaires publiques : paix ou guerre, justice, police, finances, etc. — Un code de lois saxonnes du huitième siècle attribué au roi Ina et fait avec le consentement des évêques et *aldermens*, dans la grande assemblée du peuple, contient des dispositions favorables à l'affranchissement des serfs et à l'extension du nombre et des priviléges des hommes libres.

Les lois d'Alfred, ce grand roi contemporain de Charlemagne qui, né pour le trône, fut obligé de le conquérir, sont des lois d'affranchissement calquées sur les principes du décalogue. La durée de l'épreuve du serf est, comme l'a été plus tard celle de l'apprenti, de sept ans. L'affranchissement procède en général de causes morales. La serve séduite par le fils du seigneur, le serf frappé par le seigneur deviennent libres, l'infraction à la foi donnée est punie de la confiscation des biens et des armes et d'un emprisonnement de quarante jours. Les autres peines sont le banissement, l'exil, l'excommunication ; le droit d'asile dans le sanctuaire des églises est consacré, le vagabondage est interdit, et le seigneur est responsable de celui du serf. Il est défendu de se battre dans la cour de l'*alderman*, du roi ou de l'évêque. Un registre général de toutes les propriétés est institué sous le nom de *Dooms-day-Book*; toute la population est divisée en décanies et en centaines, à chaque circonscription est préposé un magistrat. Les habitants sont déclarés responsables les uns des autres ; l'existence de terres allodiales est reconnue. On remarque,

(1) Voir sur le *Dooms-Day-Book*, M. LAFERRIÈRE, *Histoire du droit français*, t. III, p. 123, et t. V, p. 614.

sous le règne d'Alfred, l'établissement d'une colonie danoise dans cinq villes : le Derby, Nothingam, Lincester, Lincoln et Stamford. Londres (Londinium selon Tacite, London-Byris d'après les lois saxonnes), que gouvernait un officier civil nommé *Port-Reeve* est brûlé par les Danois en 839 et rebâti par Alfred vers l'an 856. Ethelred, comte de Nuecia, son gendre, en devient le commandant militaire, un *alderman* est établi pour les affaires civiles.

Alfred et Athelstan encouragèrent le commerce. Suivant une loi de ce dernier, un marchand qui avait fait trois voyages d'outre-mer était promu à la dignité de *thane*. « Peut-être, dit Hallam (1), ne réclama-t-on pas souvent ce privilége ; mais les bourgeois des villes formaient déjà une classe distincte des *céorls* ou paysans ; et quoiqu'à peine libres suivant nos idées, ils paraissent avoir dès lors jeté les fondements de priviléges plus importants. Il est probable du moins que les villes d'Angleterre avaient fait autant de progrès que celles de France vers leur émancipation. »

L'invasion de la Grande-Bretagne par les Normands reproduisit les mêmes phénomènes que celle de l'Italie par les Vandales et les Lombards.

On s'est demandé, dit M. Léopold Deslille (*Des classes agricoles en Normandie*, p. 29), si Rollon et sa troupe dépouillèrent les anciens propriétaires de la Normandie. Dudon de Saint-Quentin rapporte bien que ce chef partagea la terre au cordeau entre ses fidèles. Mais ce langage n'empêche pas de croire qu'il respecta, au moins dans une certaine mesure, les droits des anciens propriétaires. Seulement ceux-ci durent devenir les vassaux des seigneurs normands dans le fief desquels se trouvaient leurs terres.

(1) *L'Europe au moyen âge*. t. II, p. 161.

Ce qui nous fait croire qu'ils ne furent point expulsés, c'est qu'alors les hommes manquaient plutôt à la terre que la terre aux hommes ; et l'ambition des conquérants dut être satisfaite des terres du domaine carlovingien, de celles des monastères détruits, et de celles des anciens propriétaires qui avaient pris la fuite ou étaient morts sans laisser d'héritiers.

Rollon, après le partage des terres, publia des lois et des statuts. Sa justice était célèbre ; c'est à l'invocation de sa justice et de son nom qu'on a rapporté la clameur de Haro : Ah ! Roll ! Il organisa un tribunal souverain et ambulatoire, l'*Echiquier*, qui jugeait les causes en appel et en dernier ressort, sur le rapport des délégués du prince, envoyés pour tenir les assises locales... Le nom d'Échiquier figurait dans un rôle de 1061, antérieur à la conquête de l'Angleterre par les Normands, et relatif aux tenures nobles de l'île de Guernesey. Ce rôle fut cité par les commissaires de la reine Élisabeth, nommés en 1587, pour rechercher à Guernesey quelles tenures nobles pouvaient exister dans cette île (1).

La conquête de l'Angleterre par les Danois aurait pu arrêter le progrès de l'œuvre des ducs de Normandie. Mais Canut le Grand régna en respectant les lois du pays, et l'état de l'Angleterre, sous Édouard le Confesseur, apparaît protégé par de sages institutions qui, sous le nom de *lois communes*, gouvernaient, sans distinction de race, tous les habitants de l'Angleterre.

IV. — Édouard le Confesseur ayant été chassé de son trône, Guillaume, fils naturel de Robert, duc de Normandie, chez qui il s'était réfugié, l'y rétablit. Institué, par reconnaissance, héritier de la couronne, il fit, en l'an 1066,

(1) LAFERRIÈRE, *Histoire du droit français*, t, III, p. 120.

à la tête de cinquante mille hommes, une descente en Angleterre et la conquête de l'île.

Au moment de l'invasion, les villes anglaises ne jouissaient pas d'administrations municipales électives. Les bourgeois, ou habitants des villes, vivaient sous la protection du roi ou des seigneurs, à qui ils payaient des rentes annuelles et des droits de coutume ou redevances fixes, et qui pouvaient même établir sur elles des impositions arbitraires. Quelquefois un bourgeois appartenait à différents seigneurs, ou bien payait ses droits de coutume à un maître et était soumis à la juridiction d'un autre. Quelquefois les villes étaient baillées à cens par les seigneurs aux bourgeois et à leurs successeurs à perpétuité. On cite un exemple, au moins, d'un contrat de ce genre, appelé *firma-burgi*, antérieur à la conquête. Dans les villes ainsi affermées, les seigneurs ne retenaient que le domaine direct et le cens féodal. Les bourgeois possédaient leurs terres par tenure bourgeoise (*burgage tenure*), et n'auraient dû, dès lors, subir d'autre redevance que la rente perpétuelle qui leur était imposée pour prix du domaine utile qui leur avait été transféré. Mais les seigneurs transgressaient souvent la règle et imposaient des taxes arbitraires.

Les lois saxonnes avaient accordé aux villes, à titre de garantie contre les abus de droit des seigneurs, le droit de former des gildes, c'est-à-dire des associations libres, tantôt religieuses, tantôt séculaires, ayant à la fois pour objet la défense et les secours mutuels. Ces associations possédaient, au moment de la conquête, des biens communs, et avaient, sans doute, un gouvernement intérieur et électif, chargé d'administrer leurs affaires et de gérer leurs revenus. Ces associations survécurent à la conquête, et devinrent surtout des compagnies de commerçants ou d'artisans, qui furent confirmées et sanctionnées par les chartes des rois (1). Londres, surtout, en était peuplée. Longtemps avant l'invasion de Guillaume, ses citoyens, enrichis par le commerce, faisaient cause commune avec les barons pour arracher des chartes aux rois, et les principaux d'entre eux prenaient même le titre de barons (2).

Guillaume, duc de Normandie, se garda bien, après avoir enlevé au roi Harold la couronne et la vie dans la bataille de Hasting, de supprimer les priviléges accordés aux magistrats de Londres et reconnus par Édouard le Confesseur (3). Reçu dans cette ville par l'archevêque de Cantorbéry, *cum principibus civitatis*, il fit élever dans les faubourgs quelques redoutes, où il se retrancha avec son armée ; et, maître de la cité, il octroya aux habitants une charte par laquelle il leur accorda, entre autres priviléges, la qualité de *legales homines*, c'est-à-dire d'hommes libres. « Guillaume, le roi, y est-il dit, salue Guillaume l'évêque et Godfrey le port-reeve (officier civil), et tous les bourgeois, soit anglais, ou français-normands, et je vous déclare que je vous accorde à tous d'être dignes de la loi, comme, dans le temps, le roi Édouard, et j'accorde que chaque enfant soit l'héritier de son père après le décès de celui-ci, et je ne permettrai à personne de vous faire de mal. Que Dieu vous tienne en sa sainte garde. »

Toutefois, Guillaume le Conquérant porta atteinte aux institutions nationales de l'Angleterre, en y introduisant

(1) Voyez, dans les *Récits mérovingiens* de M. AUGUSTIN THIERRY, t. I, p. 414 et suiv., les statuts des ghildes anglo-saxonnes établies à Cambridge au neuvième siècle, à Exeter au dixième siècle ; le statut de la ghilde danoise du roi Canut, mort en 1036, etc. — (2) Voyez HALLAM, t. II, p. 163, et les autorités qu'il cite.— (3) *Leges Edwardi*, art. 35, de HETEROCHIIS, *in fine* ; — HOUARD, *Coutumes anglo-normandes*, I, p. 179.

l'établissement des Normands, le système féodal et de sévères lois de police, entre autres la loi du couvre-feu (1). Mais le registre général appelé Dooms-Day-Boock, livre des assises, ou livre terrier, dans lequel il fit dénombrer et décrire toutes les terres, fiefs et tenures de son royaume, prouve qu'il respecta les propriétés établies et les lois des rois saxons, entre autres celles d'Édouard le Confesseur. Il exigea, d'ailleurs, le serment de tous ses sujets, même des Normands qui étaient venus avec lui, et les obligea tous d'observer la paix les uns envers les autres, sans aucune distinction pour le paiement des impôts. Les villes furent investies du droit de nommer leurs officiers civils, et tous les hommes libres furent solidairement tenus du service militaire. Quelques terres furent accordées par une charte aux citoyens de Londres en ces termes : « Guillaume, le roi, salue amicalement Guillaume l'évêque, le sireyn, le shériff (officier civil) et tous les nobles (ou thanes) parmi les Saxons de l'Ouest, à qui je fais connaître par ces présentes que, selon une convention faite, j'ai accordé aux peuples, mes serviteurs, une pièce de terre à Cydesdane. » On remarque aussi, dans *Dooms-Day-Book*, plusieurs chartes concédées aux couvents ou monastères, entre autres aux abbayes d'Évesham, de Battle, etc. Parmi les priviléges dont les bourgs et les villes jouissaient à cette époque, figurait le droit de juridiction civile, exercé par le petit tribunal appelé *court-baron*, qui existe encore de nos jours.

V. — Guillaume le Roux, par le partage fait par Guil-

(1) CANCIANI, t. IV, et HOUARD, *Coutumes anglo-normandes*, I, p. 159. — (2) C'est dans cette vue qu'il publia la charte intitulée : *Charta regis de quibusdam statutis per totam Angliam firmiter observandis*, et qui contient les principes généraux du droit public féodal.

laume le Conquérant de ses États, entre ses trois fils, Robert, Guillaume et Henri, succéda au trône d'Angleterre, tandis que son frère Robert succédait au duché de Normandie. Son règne, de treize ans, fut constamment troublé par les conspirations et les guerres. L'histoire reproche à ce roi ses exactions et sa tyrannie, mais le docteur Brady affirme, dans son *Histoire des bourgs anglais*, qu'il accorda des priviléges aux barons et aux villes pour les retenir dans son parti ; il est permis de douter de ces chartes, qui n'ont laissé aucune trace, mais on peut croire, cependant, que la nation anglo-saxonne gagna quelque chose aux soulèvements incessants des barons normands, irrités de ce que Robert n'était pas roi d'Angleterre et avait même mis en gage entre les mains de son frère, en partant pour la croisade, son duché de Normandie, pour treize mille marcs d'argent que celui-ci lui avait prêtés.

Quoiqu'il en soit, Henri Ier succéda à Guillaume le Roux, et comme son droit au trône était contesté par Robert et par les barons normands, il chercha à se faire pardonner son usurpation par une charte qui confirma les lois d'Édouard le Confesseur, qui promit de ne pas toucher aux revenus de l'Église dans les vacances des bénéfices, et qui renonça aux prélèvements faits par la couronne sur les héritiers de ses vassaux d'une partie de leurs biens. Henri I[r] octroya, en outre, à la cité de Londres une charte dont on doit s'étonner avec Hallam que Brady n'ait pas parlé. Par cette charte, les habitants étaient autorisés à tenir les fermes de Middelsex à 300 liv. st. par an, à élire leurs propres shérifs et leurs magistrats, et à tenir la cour des plaidoyers de la couronne. Ils étaient exempts du scot, du danegelt, des jugements par combats et du logement de la suite du roi. Ces prérogatives, et la confirmation des priviléges de leurs cours d'*hastings*, des *quarteniers* et *commonhalls*, jointes à la liberté de la chasse dans les forêts de Middelsex et de Surrey, composaient les principaux articles de cette charte (1). Étienne, successeur de Henri Ier et usurparteur comme lui, donna aussi des chartes qu'il ne respecta guère mieux.

C'est sous son règne, et en l'année 1139, que les rois d'Angleterre conquirent la suzeraineté de l'Écosse, qu'ils ont conservée jusqu'à Robert Bruce (1307-1339). Ils trouvèrent dans les villes et dans les bourgs écossais, des libertés municipales consacrées par les *leges Burgorum* qu'avait données David Ier, roi d'Écosse, mort en 1153. On peut voir, dans ces lois, le chapitre LXXVII : *De electione præpositorum et eorum juramento*, où la justice des *probi homines* est établie comme institution fondamentale, le chapitre CXXXIX : *De libertate burgensium*, etc. (2). Ces lois, vraiment libérales, exercèrent une heureuse influence sur la constitution municipale de l'Angleterre.

Henri II, qui monta sur le trône en 1154, inaugura son avénement par une charte qui favorisa à la fois le progrès des communes et celui de l'autorité royale, au détriment des seigneurs. Cette charte substitua l'escuage au service personnel des vassaux. L'établissement et les limites de cet impôt, dont les rois abusèrent pour solder des armées mercenaires, devint, entre eux et les barons, le sujet de la lutte qui fut terminée sous Jean sans Terre, par la concession de la grande charte de 1215.

VI. — Ce palladium de la liberté britannique se divise en 67 articles. « Nous avons accordé, dit le roi, par l'article 11, à tous nos sujets libres du royaume d'Angleterre,

(1) HUME, *Histoire d'Angleterre*, ch. VI. — (2) *Recueil des lois d'Ecosse*, par SKÉNÉE, 1613 ; — *Coutumes anglo-normandes*, de HOUARD, p. 423 et 458.

pour nos héritiers et nos successeurs, toutes les libertés spécifiées ci-dessous, pour être possédées par eux et leurs héritiers, comme les tenant de nous et de nos successeurs. »

Par les articles 12 et 14, le roi s'interdit d'établir aucun escuage, aucune levée ou imposition, soit pour le droit de sentage ou autre, sans le consentement du conseil commun du royaume.

L'article 15 maintient les anciennes libertés et coutumes de la ville de Londres, tant sur l'eau que sur terre.

L'article 16 accorde à toutes les autres cités et villes, bourgs et villages, aux barons des cinq ports et à tous autres ports, qu'ils puissent jouir de leurs priviléges et anciennes coutumes, et envoyer des députés au conseil commun, pour y régler ce que chacun doit fournir, les trois cas de l'article 14 exceptés.

L'article 22 rend sédentaire la cour des communs plaidoyers, veut que les procès soient jugés dans les provinces dont les parties dépendent, et ajoute : Nous ou notre grand justicier, enverrons, une fois tous les ans, dans chaque comté, des juges qui, avec les chevaliers des mêmes comtés, tiendront leurs assises dans les comtés mêmes.

Les articles 25 et 26 veulent que les tenanciers libres et les paysans ne soient condamnés à des amendes que sous la réserve des moyens nécessaires à leur subsistance.

Le jugement par les pairs est garanti par les articles 28 et 48, non seulement à l'égard des barons, mais à l'égard de toutes personnes ; « Nullus liber homo capiatur, vel im-
« prisonnetur, aut dessesietur de libero tenemento vel li-
« bertatibus, vel liberis consuetudinibus suis, aut ut la-
« getur, aut exuletur, aut aliquo modo destruatur, nec
« super eum ibimus, nec super eum mittemus nisi per
« judicium parium suorum. »

« Nous ne vendrons, dit l'article 49, ne refuserons ou

ne différerons la justice à personne; » *Nulli vendemus, nulli negabimus, aut differemus justiciam vel rectum.*

L'article 41 accorde aux marchands la pleine et sûre liberté de venir en Angleterre, d'en sortir, d'y rester et d'y voyager par terre et par eau, pour vendre et acheter sans aucune maletôle (*male tolta*), selon les anciennes et droites coutumes. Les marchands, les bourgeois et vilains sont protégés contre les vexations par les articles 20, 26, 27, 28, 30, 31, etc.

L'article 61 et dernier garantit en ces termes les droits reconnus par la grande charte : « Les barons éliront à leur gré vingt-cinq barons du royaume, chargés de veiller au maintien et à l'exécution de la charte; les pouvoirs de ces vingt-cinq barons sont illimités; si le roi ou ses serviteurs se permettent la moindre violation des dispositions de la charte, les barons dénonceront cet abus au roi et le sommeront de le faire cesser sans retard. Si le roi n'obtempère pas à leur demande, les barons auront le droit, quarante jours après la sommation faite par eux, de poursuivre le roi, de le dépouiller de ses terres et châteaux (sauf la sûreté de sa personne, de celle de la reine et de ses enfants), jusqu'à ce qu'enfin l'abus ait été réformé au gré des barons. »

La guerre civile entre les barons et la royauté, organisée plutôt que prévenue par cet article, continua sous le règne de Henri III, au milieu de concessions, de violations, de révocations, de confirmations nouvelles des chartes; mais, sous le règne d'Édouard 1er, la lutte parlementaire succéda à la guerre civile, et c'est du fond d'un sable mouvant et à travers les orages que le régime représentatif s'établit et se consolida.

VII. — Le corps représentatif de la nation anglaise remonte-t-il à la période bretonne et à l'assemblée appelée

Witen-agemot et ensuite conseil commun, ou bien, comme le pense Blackstone (1), a-t-il été l'œuvre des Saxons? C'est une question à laquelle nous ne nous arrêterons pas.

Ce qu'il importe de constater en Angleterre, au point de vue du principe municipal et représentatif, c'est la formation du parlement, par l'introduction successive dans le grand conseil des barons, d'abord des députés des comtés, c'est-à-dire des chevaliers vassaux immédiats du roi, qui prenaient déjà part aux affaires des comtés par la voie des cours de comtés, et ensuite des députés des villes et bourgs.

Les chevaliers furent appelés au parlement par le roi Jean, qui chercha en eux un appui contre les barons, mais qui échoua dans sa tentative, parce que les chevaliers et les francs-tenanciers, leurs auxiliaires dans les comtés, adhérèrent au parti des barons plutôt qu'à celui du roi. Le parlement convoqué à Oxford, le 12 juin 1258, fit éclater le triomphe de l'aristocratie féodale. Vingt-quatre barons, dont douze furent nommés par le roi, y furent investis d'une autorité illimitée. Par les règlements connus sous le nom de *provisions d'Oxford*, ces délégués de la haute aristocratie décrétèrent la confirmation des chartes, le droit des barons de nommer eux-mêmes les juges, le chancelier, le trésorier et les autres officiers du roi, et de garder les châteaux royaux, la convocation des parlements trois fois par année, les commissions permanentes des barons, la délégation, à quatre chevaliers de chaque comté, du soin de recueillir les plaintes contre les shérifs et autres officiers du roi, la nomination des shérifs par les cours des comtés, etc.

(1) *Parliament, in some shape, are of as kigth antiquity as te saxon government in this Island* (*Analys.*, B., I, c. v, § 2).

VIII. — Mais les abus de pouvoir des barons provoquèrent contre eux une réaction de la bachelerie anglaise (*communitates bachelariæ angliæ*), qui n'était sans doute autre chose que le corps des chevaliers du comté ; et l'on vît dès lors apparaître une puissance nouvelle, intermédiaire entre la noblesse et la royauté.

Saint Louis, choisi comme arbitre entre ces deux puissances rivales, annula les provisions d'Oxford, auxquelles Henri III avait prêté un serment dont le pape l'avait délié. La guerrre civile recommença. Leicester battit l'armée royaliste, et fit prisonnier Henri et son fils Édouard. Puis, il convoqua, au nom du roi, le parlement à Winchester, et y appela deux chevaliers pour chaque ville et deux francs-tenanciers pour chaque bourg. Leicester, qui avait lutté tour à tour contre le roi et contre les barons, succomba dans une lutte inégale ; mais on attribue à ce grand et hardi factieux la fondation du gouvernement représentatif en Angleterre, parce qu'il hâta les progrès des classes moyennes, et leur assura définitivement leur place dans l'assemblée nationale, sous la date du 12 décembre 1264 (1).

A la mort de Henri III, en 1272, le parlement se convoqua lui-même pour éviter l'anarchie résultant de l'absence d'Édouard 1er. Les villes et bourgs élurent leurs députés, nommés auparavant par le roi ; ces députés commencèrent à se distinguer des barons, pour former *la chambre des communes.* Mais la séparation de cette chambre de la chambre des lords ou pairs ne fut complète et définitive qu'au milieu du quatorzième siècle.

Les communes anglaises ne furent pas, d'ailleurs, immédiatement convoquées. Ce ne fut qu'en 1295 qu'Édouard

(1) *Histoire du gouvernement représentatif*, par M. Guizot, t. II, p. 175 ; — Hallam, *L'Europe au moyen âge*, t. II, p. 174.

adressa des ordres aux shérifs d'envoyer au parlement deux chevaliers de chaque comté, et deux députés de chaque ville et bourg. C'était, dès lors, la coutume du royaume d'Angleterre que ce qui intéresse tous doit être approuvé par tous, et que le danger commun doit être repoussé par des efforts réunis (1). Les seigneurs étaient appelés pour traiter les grandes affaires du royaume, et pour donner leurs conseils : *De arduis negotiis regni tractaturi, et consilium impensari* ; les communes étaient appelées pour agir et consentir : *Ad faciendum et consentiendum.* Les statuts arrêtés dans le parlement de Westminster, le 25 avril 1275, portent dans le préambule : « Ces statuts ont été faits par le roi Édouard, de l'avis de son conseil, et du consentement des évêques, abbés, prieurs, barons, *et de la communauté du royaume.* »

Ainsi, dès le treizième siècle, apparaît, dans la constitution britannique, le concours libre et intelligent de toutes les classes du peuple à l'utilité générale, et les forces sociales, concentrées dans le parlement, ne sont, en quelque sorte, que le résumé de celles qui animent le bourg et le comté.

IX. — Le système électoral des treize et quatorzième siècles est en harmonie avec cette idée; tous les francs-tenanciers, ou à peu près tous, siégent dans la cour du comté, et les chevaliers députés au parlement sont désignés par la communauté du comté, du consentement et avec l'avis du comté, *per communitatem comitatus, de assensu et consilio comitatus.* De même, dans la corporation municipale ou le bourg, le droit d'élire le député au parlement se confond avec celui de gouverner les affaires loca-

(1) Consuetudo est regni Angliæ quod in negotiis contingentibus statum ejusdem regni requiritur consilium omnium quos res tangit.

les, et s'exerce dans les mêmes formes et par les mêmes citoyens. C'est d'abord aux magistrats mêmes des bourgs que s'adressent les *writs*, ou ordres d'élire les députés, témoin ceux de 1263, de 1283, de 1295 et même, au moins pour une partie de ces bourgs, ceux de 1352 et 1353. Plus tard, le droit d'élire s'étend, mais provient toujours des pouvoirs municipaux, organisés d'après les anciennes chartes d'incorporation. Ces élections, dont la forme n'est pas précisément définie, se faisaient par le vote public, ainsi que cela se pratique aujourd'hui même en Angleterre.

A toutes ces barrières contre le pouvoir absolu, les statuts d'Édouard Ier et de ses successeurs, jusqu'à Édouard IV, en ajoutèrent d'autres, qui méritent d'être recueillis.

Édouard Ier, non content de confirmer la grande charte, et de la faire lire deux fois par an dans les cathédrales, déclara, par le statut *de tallagio non concedendo*, qu'on ne pourrait lever aucun impôt sans le consentement et l'assemblée des communes : « Nullum tallagium vel auxilium « per nos, vel hæredes nostros in regno nostro ponatur « seu levetur sine voluntate et consensu archiepiscoporum, « comitum, baronum, militum, burgensium et aliorum « liberorum hominum de regno nostro. »

Édouard II, à son couronnement, en 1308, jura de garder et faire observer les lois et statuts que le parlement jugerait à propos de faire.

Édouard III adressa des writs à tous les juges, pour administrer la justice, conformément aux lois, et sans aucun égard aux ordres arbitraires des ministres.

Sous Henri IV, les communes qui, dès le règne d'Édouard II, avaient introduit le droit de pétition, refusèrent de statuer sur les subsides, avant qu'on eût fait droit à leurs pétitions.

X. — Édouard IV substitua, en 1461, à l'ancien style des parlements : *Accordé par le roi et les seigneurs, aux prières et sollicitations des communes*, la nouvelle formule : *Accordé par le roi et les seigneurs, avec le consentement des communes.*

C'est ainsi que, par un progrès constant vers la liberté, l'Angleterre vit, depuis la fin de l'Heptarchie jusqu'au milieu du quinzième siècle, le parlement s'établir, les communes y être admises, le peuple élire les députés, et ces conditions vitales du gouvernement représentatif se réaliser sous l'influence de la liberté aristocratique, qui est l'essence même de la constitution britannique.

XI. — L'unité élémentaire de cette constitution, ce n'est pas, en effet, comme en Italie et dans les Pays-Bas, la commune : c'est le comté ; l'origine du comté anglais est aristocratique, puisque c'est des classes privilégiées qu'il s'est formé ; mais à la différence du comitat hongrois, demeuré toujours inaccessible aux non nobles, il s'ouvrit, dès le moyen âge, à la classe des francs-tenanciers, et devint tellement semblable à la commune, qu'on les a souvent confondus, malgré la différence qui résulte de l'espace occupé par chacun d'eux. Cette différence est très-substantielle, cependant : car, entre des citoyens dispersés sur une vaste surface, il ne peut y avoir cette communauté de sentiments, de besoins et d'idées qui forme le caractère distinctif des municipes. Aussi, le comté anglais, à mesure qu'il s'étendit à une population plus nombreuse, fut-il contraint de se subdiviser en bourgs et paroisses, dans lesquels la vie locale se concentra, et dans lesquels s'organisèrent des sociétés semblables à celles qu'on voit dans les véritables communes, quoique différentes au point de vue de la dignité du nom, de la forme et de l'étendue des attributions ; mais, entre la commune et l'État, resta interposé le comté, et le *self government* se forma peu à peu de ces institutions combinées qui, dès le moyen âge, étaient déjà des faits accomplis, et qui ont traversé les siècles, marquées du double caractère traditionnel et progressif qui s'attache ordinairement aux aristocraties ouvertes. Ce caractère est à la fois ecclésiastique et civil.

L'institution ecclésiastique de la paroisse diocésaine (*parochia*, *diochia*, termes synonymes d'après Selden) accompagna, en Angleterre, la formation du comté.

Camden atteste, dans sa *Britania*, que l'archevêque Honorius divisa l'Angleterre en paroisses dès l'an 630; et quoi qu'en aient dit d'autres auteurs, cités par Blackstone, t. Ier, p. 191, ce fait paraît conforme à l'histoire générale. Des dîmes furent affectées par le roi Edgard à chaque paroisse : *Dentur omnes decimæ primariæ Ecclesiæ ad quam parochia pertinet* (Selden, *of Tith.* c).

Par sa division civile, empruntée à la fois au régime des clans et au régime ecclésiastique, le territoire de l'Angleterre fut partagé en comtés, les comtés furent partagés en centuries ou cantons (*hundreds*), les centuries en décuries, villes ou villages (*tithings*, *wills*, *townships*). Ce fut, sous des noms différents ou semblables, à peu près la division germanique. La cité ou la ville érigée en corporation était la ville siége de l'évêque, *urbs episcopalis*. Il y avait d'ailleurs une église en chacun de ces lieux; on y célébrait le service divin, on y administrait les sacrements, on y procédait aux funérailles. Tel fut, en Angleterre, comme dans les autres États de l'Europe, le double berceau du régime municipal au moyen âge. Bornons-nous à esquisser ici quelques traits spéciaux des institutions britanniques.

XII. — Blackstone définit la loi municipale : « Une règle « de la conduite civile, prescrite par le pouvoir suprême

« dans un État, laquelle ordonne ce qui est juste et défend « ce qui est injuste : » cette définition ne vaut pas celle des Instituts de Justinien : *Quod quisque populus ipse sibi jus constituil, ipsius proprium civitatis est, vocaturque jus civile quasi jus proprium ipsius civitatis.* Elle donne, d'ailleurs, une idée bien inexacte des institutions libres d'où dériva, en Angleterre, l'élection par le peuple de tous ses magistrats, même de ses rois dans l'origine, jusqu'à ce qu'une expérience achetée chèrement eût démontré l'avantage et la nécessité d'établir la succession héréditaire de la couronne.

XIII. — Les magistrats du comté (*magistrats of the county*) étaient :

1° Le *shérif* (baillif, officier, *the reeve, vice-comes*), qui était originairement, sauf quelques exceptions, élu par le peuple, et dont un statut d'Édouard II, modifié par des statuts postérieurs, prescrivit le premier l'élection par quelques hauts fonctionnaires de la couronne ;

2° Le *coroner*, qui est encore élu, dit Blackstone, par tous les propriétaires ou *freeholders* dans la cour du comté ;

3° Le juge de paix, garde des actes publics et registres du comté (*custos rotulorum*), préposé, avec le *shérif* et le *coroner*, à la conservation de la *paix du roi*, et qu'une commission spéciale du roi, dont la forme a été déterminée par les douze juges, en 1590, investit de ces hautes fonctions administratives et judiciaires ;

4° Le haut constable (*koning-stapel*, support du roi, ou *comes stabuli*, connétable), nommé par la *cour-lect* de justice particulière, et chargé également de maintenir la paix du roi à l'aide de la responsabilité solidaire de la centenie ou canton.

Le comté est, en Angleterre, un centre administratif

intermédiaire entre la commune et l'État, et analogue aux provinces de la Belgique, de la Hollande, de l'ancienne France ; il a ses commissaires spéciaux (*county commissionners*), son comité de contrôleurs chargé d'examiner leurs comptes (*board of examiners*), ses trésoriers (*county-treasurers*), son archiviste (*register of deeds*), etc.

Le comté n'est pas seulement une circonscription administrative ; c'est un corps politique, une personne civile, capable en justice, soit en demandant, soit en défendant, d'acheter et de vendre des terres dans ses limites, pour l'usage de ses habitants, ainsi que des propriétés mobilières, et de faire tous les actes nécessaires à son intérêt.

XIV. — Les coutumes anglo-normandes nous montrent aussi dans les paroisses, les bourgs, les cités ainsi que dans les *gildes* ou corps de métiers, créés dans les comtés, soit par la loi commune, soit par prescription ou par un acte du parlement, des personnes civiles, incorporées à l'État, et investies du droit d'acheter, de vendre, d'hériter, de poursuivre et d'être poursuivies en justice en nom collectif.

Les habitants domiciliés, les propriétaires libres (*free men*), payant l'impôt, et enrôlés dans les registres civiques, se réunissent dans des assemblées périodiques, qui votent les sommes d'argent nécessaires pour le culte, les écoles, les pauvres et autres charges communales, et lèvent les impôts autorisés par les statuts. C'est le juge de paix (*the judge of the peace*), ce magistrat à la fois administratif et judiciaire, dont l'autorité est si étendue et dont les abus de pouvoir sont si sévèrement réprimés (1), qui est le président, le *moderator* des *meetings*. Le greffier ou secrétaire (*clerk*) transcrit les délibérations et les enregistre.

(1) Blackstone, t. II, page 31.

Les corporations municipales (*town corporations*) sont élues par l'assemblée des habitants, et partagent leurs soins entre l'édilité et la paroisse; les chefs de l'administration sont le maire (*mayor*) et les conseillers de ville (*aldermen*). De nombreux officiers (*officers*) se partagent le soin des affaires publiques, et veillent à l'entretien de la paix, du bien-être, et du bon ordre. Ils sont ou élus dans dans le *town meeting* ou désignés par le maire et les *aldermen*; quelques-uns sont des hommes d'élite (*selectmen*), chargés d'une mission générale. Des assesseurs (*assessors of taxes*) sont chargés d'imposer les taxes, et remplissent ce mandat, après avoir prêté serment entre les mains du juge de paix ou du greffier. Les percepteurs (*collectors of taxes*) obtiennent au besoin du juge de paix des moyens coercitifs contre les contribuables. Chaque bourg a son trésorier (*treasurer*), qui reçoit le montant des taxes et en poursuit au besoin le recouvrement Les constables sont préposés au maintien de la paix publique, et chargés de mettre à exécution les ordonnances de prise de corps et les autres actes de l'autorité; ils proclament le *riot-act*, font observer le dimanche, informent devant le juge de paix du comté contre les blasphémateurs, contre les maisons de jeu, contre les voleurs, et prennent en général toutes les mesures de police. Originairement, cet office était rempli par le chef de bourg ou de décurie (*borsholder*), dont l'institution remonte jusqu'au temps du roi Alfred. C'est sous le règne d'Édouard III que chaque ville et chaque paroisse fut dotée d'un petit constable, chargé d'assister le haut constable du canton. Les constables ont pour auxiliaires des inspecteurs des lieux publics (*tithing-men*), qui étaient originairement les chefs de décuries.

Chaque paroisse est tenue, de droit commun, de maintenir en bon état de réparation les chemins qui la traversent. Cette charge, qui subsiste encore, était, au moyen âge, une des parties de la *trinoda necessitas* à laquelle étaient assujetties toutes les propriétés, savoir : *expeditio contra hostem, arcium constructio et pontium reparatio*. Le statut 2 et 3 (Ph. et M., c. viii), ordonna que des inspecteurs des grands chemins, nommés par le constable ou les marguilliers de la paroisse (*church-wardens*), surveilleraient les chemins. Cet office de *survejors of hig wais* répond à celui des *curatores viarum* chez les Romains, mais y est moins honoré (Blackstone, t. III, p. 39).

Les *church-wardens* s'occupaient surtout des revenus de l'Église, des dépenses du culte, de l'observation des fêtes et dimanches, des écoles, et de la charité publique, alors libre et volontaire, et devenue, depuis la Réforme, un impôt forcé ; c'étaient eux qui nommaient les fonctionnaires paroissiaux, appelés inspecteurs des pauvres (*overseers of the poor*) : cette charge était purement municipale. Les pauvres doivent être assistés, disait la loi commune, par le recteur de l'église et les paroissiens, de manière qu'aucun d'eux ne meure à défaut d'aliment. Les statuts 12 (Ric., ii, c. vii et xix ; Henri VII, c. xii) ordonnaient en conséquence que les pauvres demeureraient dans les cités ou villes où ils avaient pris naissance, et dans celles où ils auraient vécu pendant trois ans. Henri VIII changea tout cela et établit la taxe des pauvres. On sait ce qui en est advenu. Les centralisateurs applaudissent à l'organisation de la charité publique à Londres, sous forme de service public, et pour ainsi dire de département ministériel (1). Ils choisissent mal leur exemple. Les protestants les plus éclairés condamnent eux-mêmes la centralisation de la bienfaisance publique, et sa transformation en impôt. La

(1) *La Centralisation*, par M. Dupont-White, page 37.

taxe des pauvres, loin de soulager la misère, l'accroît en excitant la paresse et le vice. L'ouvrier anglais partage sa vie entre les bouges et les *work-houses*; c'est le comble de l'abrutissement, de la misère et de l'oppression. Lord Ashley appelait, il y a quelques années, l'attention de la Chambre des Communes sur l'état de la population juvénile de la capitale. « On évalue, » disait-il, « à 30,000, le nombre « des jeunes gens des deux sexes qui, presque nus, dé- « goûtants, abandonnés, battent le pavé de la capi- « tale. » Croit-on que les aumônes des couvents, abolis par Henri VIII, aient jamais exercé sur la classe ouvrière une influence aussi délétère que cet impôt qui, selon la remarque de Malthus, ne diminue un peu les maux individuels qu'en répandant la souffrance sur une surface beaucoup plus étendue? La charge des inspecteurs des pauvres doit redevenir en Angleterre ce qu'elle était au moyen âge, l'auxiliaire locale de la charité volontaire.

Les fonctions municipales que nous venons d'énumérer sont les principales, mais non les seules. Les Anglais pensent comme les Américains (1) que c'est la division du travail qui distingue les nations civilisées des peuples sauvages; et, à l'exemple des anciens Romains, ils multiplient, dans les bourgs et les paroisses, les fonctions distinctes, autant que le demandent les progrès de la civilisation. On peut citer entr'autres : les inspecteurs des clôtures (*fence viewers*), chargés de veiller aux haies, rivières, ruisseaux, étangs, etc., qui limitent les héritages; les inspecteurs des champs (*field-drivers*) ; les gardiens du feu (*fire-wards*) ; les commissaires de la santé (*health-committee*) ; les commissaires priseurs (*auctioneers*) ; les vé-

(1) *Introduction of the science government*, by ANDREW YOUNG, p. 235.

rificateurs des poids et mesures (*sealers of wigths and measures*) ;. les mesureurs du bois (*measurers of wood*) ; les inspecteurs de la chaux (*inspectors of lime*) ; les peseurs du bœuf dans les marchés (*wheighers of beef in towns*) ; les préposés au choix du poisson (*surveyors and cullers dry fish*) ; les inspecteurs du charbon (*inspectors of charcoal*). Toutes ces fonctions, dont le cadre est en quelque sorte élastique, étaient au moyen âge et sont encore, pour la plupart, aujourd'hui, tout à fait locales, malgré les prétendus progrès de la centralisation, si difficiles dans un État où il n'y a pas de préfets.

XV. — Le régime des grandes villes (*cities*) n'est pas en Angleterre le même que celui des paroisses, des bourgs et des villes. Plusieurs ont obtenu, comme on l'a vu par l'historique des libertés municipales, des chartes en vertu desquelles elles jouissent de priviléges spéciaux. De ce nombre sont Manchester, Birmingham, Bolton, etc.

La cité de Londres est gouvernée depuis dix siècles, en vertu de la charte de Guillaume Ier, confirmée et étendue par celles de Henri Ier, de Henri II, de Henri III, d'Édouard Ier, d'Édouard II, d'Édouard III, etc., par une corporation municipale, qui se compose d'un *lord maire*, d'*aldermen*, de *shérifs*, d'un *recorder* et d'un *common concil*. Le siége de cette corporation c'est le *guild-hall*, lieu où se réunissent aussi, dans les occasions solennelles, les *gildes* ou *guildes*, corps de métiers, avec leurs bannières et leurs costumes bigarrés. Le lord maire est pris par les *aldermen* ; il est élu pour un an, par tous les habitants portés sur la liste des hommes libres (*freemen*). Les *aldermen* sont nommés à vie. Chacun d'eux est élu dans le quartier (*ward*) où il réside, les *shérifs* sont aussi élus pour un an. Le *recorder* est choisi parmi les avocats de renom, par le *maire*, les *aldermen* et le *common concil* ou *town concil* (conseil municipal), qui se compose des députés élus par les divers quartiers. A *Guidhall*, siége le tribunal du *shérif*, qui est présidé par le *recorder*. Il y a aussi à *Guidhall* un tribunal de police, qui est tenu par un des shérifs. L'autorité du *lord maire* est non-seulement administrative, mais judiciaire, et sa cour connaît d'un grand nombre de procès, sauf le renvoi au jury d'un grand nombre de délits. L'administration de la cité est d'ailleurs presqu'indépendante de la couronne et de ses ministres, et le lord-maire est à la fois le roi, le ministre et le préfet de ce district royaume. Tous les quartiers de Londres, autres que celui de la cité, se gouvernent comme paroisses, librement. en vertu d'usages qui se perdent dans la nuit des temps.

XVI. — Le trait le plus caractérisque de l'administration décentralisée de l'Angleterre, c'est l'absence, dans les comtés comme dans les bourgs, cités et paroisses, de délégués des ministres et des tribunaux administratifs. Tout y est local et municipal, tout y procède de l'élection, tout y est empreint de l'esprit corporatif du moyen âge. Si les fonctionnaires commettent des actes de négligence ou de fraude, ils ne peuvent invoquer, comme en France, leur inviolabilité, leur *garantie constitutionnelle*. L'article 75 de notre constitution de l'an VIII serait une anomalie dans la constitution britannique. C'est devant les nombreux tribunaux dont l'idée du *droit* a peuplé le territoire de l'Angleterre que sont portées toutes les contestations, soit entre les citoyens et les administrations locales, soit entre ces administrations elles-mêmes, dont les attributions n'ont pas toujours des limites précises. Qu'il y ait des abus dans ce régime imprégné de la rouille des âges, on ne peut le nier. Mais les vices les plus regrettables de la constitution sociale de l'Angleterre ne datent pas du moyen âge ; ce sont les tristes fruits de la double révolution qui a livré au dedans les classes ouvrières à l'exploitation de la féodalité mercantile, et qui a fait prévoir au dehors les spéculations révolutionnaires d'une politique sans entrailles. L'Angleterre fait un usage détestable de sa force politique contre le repos des nations et le bien-être de son propre peuple. Mais son gouvernement représentatif, appuyé sur la large base des libertés municipales, n'en subsistera pas moins comme un modèle digne d'envie jusqu'au jour où l'unitarisme révolutionnaire qui lui sert aujourd'hui d'instrument se tournera contre lui-même, et vengera la justice et l'humanité, depuis si longtemps et si impunément outragées, en rompant le faisceau des puissantes autonomies qui unissent entr'eux, par un lien presqu'indissoluble, la paroisse, le bourg, la cité, le comté, le parlement et la couronne.

LIVRE V

CARACTÈRES GÉNÉRAUX DU DROIT MUNICIPAL DE LA FRANCE AU MOYEN AGE.

CHAPITRE PREMIER

DES DIVERS SYSTÈMES SUR LES ORIGINES DU DROIT MUNICIPAL DE LA FRANCE ET DE LA NÉCESSITÉ D'EXPLORER LES SOURCES LOCALES.

I. — Quatre nations distinctes, divisées chacune en une foule de petits peuples, occupaient le territoire des Gaules au moment de l'invasion germanique : les Celtes, les Aquitains, les Belges et les Romains. Trois nouvelles nations vinrent s'y superposer, outre quelques hordes de barbares qui le traversèrent comme un ouragan, sans y faire d'établissements fixes : c'étaient les Bourguignons, les Visigoths et les Francs. De la fusion de toutes ces races est née la nation française, et du concours des libres cités, dont elles couvrirent le sol, s'est formée l'unité politique de sa puissante monarchie ; mais que de luttes sanglantes, que de révolutions, que de guerres, avant que ce magnifique résultat ait été obtenu. Un écrivain trop favorable à notre régime de centralisation excessive (1) en a cherché les fondements dans nos institutions primitives, et a pré-

(1) M. Leber, *Histoire critique du pouvoir municipal*, 1re part., ch. II, § 3.

tendu que, sous la dynastie mérovingienne, il n'y avait pour la France d'autre droit municipal que la volonté absolue des rois. Il s'est fondé sur le pacte conclu à Andelau, en 587, entre Childebert, roi d'Austrasie, et Gontran, son oncle, duc de Bourgogue, pour assurer contre Frédégonde leurs droits et leurs intérêts communs.

Le traité d'Andelau lui-même condamne la théorie du pouvoir absolu des rois francs, et de leur prétendu droit de *propriété* des cités (1), puisque le consentement de ceux qui représentaient alors la nation : *inter eos mediantibus sacerdotibus atque proceribus*, y apparaît nécessaire pour ratifier les concessions et les transactions des princes.

Deux diplômes royaux, postérieurs de quatre ans seulement au traité d'Andelau, prouvent d'ailleurs que, dès l'origine de la monarchie, l'autorité des rois n'était pas exclusive de l'intervention des hommes libres qui, réunis avec plus ou moins de régularité, dans les décanies et dans les centenies, formaient entre eux des sociétés d'assurances mutuelles, qui ont été l'une des sources des confédérations communales. Nous avons indiqué ailleurs la marche des institutions libres dans tous les États de l'Europe et particulièrement en France, de manière à n'avoir pas besoin d'insister sur la portée exagérée donnée par M. Leber au traité d'Andelau.

II. — L'histoire ne proteste pas moins contre la prétendue uniformité du régime municipal gallo-franc que contre le prétendu absolutisme des rois.

Quand on examine, dans les documents contemporains, la lutte que les divers peuples d'origine germanique ont

(1) Convenit ut Cadurcam civitatem (Cahors) cum terminis *et cuncto populo suo*, domus Brunechildis (Brunehaut) de presenti in sua *proprietate* percipiat.

soutenue contre les Gaulois, on reconnaît que les caractères et les résultats de cette lutte, trop souvent réduits par l'esprit de système à une forme absolue, ont varié selon le degré de résistance que déterminaient les forces matérielles, les dispositions morales et l'organisation intérieure des cités.

Ce qui frappe d'abord dans le régime municipal de la France au moyen âge, c'est la distinction fondamentale entre les pays situés au sud de la Loire, où la nationalité romaine avait conservé toute sa force, et les pays limitrophes de la Seine, de la Meuse et du Rhin, où s'exerçait, dans toute son énergie, l'action des peuples germaniques.

« Les Goths, les Suèves, les Bourguignons, les Francs, les Lombards qui occupèrent l'occident romain, entrèrent, dit Ricci (1), en lutte avec la nation vaincue, et furent ordinairement modifiés ou absorbés par elle avec plus ou moins de lenteur, et un effet plus ou moins complet selon que le municipe y était plus ou moins fort. En montant de la Méditerranée au Rhin, la face de la nationalité romaine diminuait, et par là même l'action barbare des Francs et des Bourguignons sur les peuples vaincus augmentait, de sorte qu'au dixième siècle encore, le Languedoc, au sud de la Loire, se considérait comme Romain vis-à-vis du Français de la Seine et de la Meuse, et heureux dans son municipe, quoique bien imparfait, résistait à l'invasion du fief, de la famille et de la nationalité française, après avoir réduit à un pur souvenir historique la domination visigothe qui avait duré plusieurs siècles.

« Il est absurde, dit M. Augustin Thierry (2), de donner

(1) Del municipio considerato come l'unita della citta el della nazione italiana. — (2) *Lettres sur l'Histoire de France*, p. 22; — *Histoire du tiers-état*, ch. I, p. 14 et suiv.

pour base à une histoire de France. la seule histoire du peuple franc... Comment veut-on qu'un Languedocien ou qu'un Provençal aime l'histoire des Francs, et l'accepte comme l'histoire de son pays? Les Francs n'eurent d'établissements fixes qu'au nord de la Loire, et lorsqu'ils passaient leurs limites et descendaient vers le sud, ce n'était guère que pour piller ou rançonner les habitants, auxquels ils donnaient le nom de Romains... Du sixième au dixième siècle, et même dans les temps postérieurs, les héros du nord de la France furent des fléaux pour le Midi. »

Tout apparaît divers et même contradictoire dans les origines de notre constitution sociale. Là, ce sont des conquérants qui s'établissent en maîtres après de sanglantes batailles ; ici, ce sont des hôtes qui sont reçus en libérateurs. Là, c'est une invasion violente du territoire ; ici, c'est un partage amiable. Là, ce sont les coutumes germaniques qui font loi ; ici, c'est le droit écrit de Rome ou les traditions celtiques qui se combinent avec les coutumes bretonnes et anglo-normandes. Là, c'est le régime féodal, la maxime : *Nulle terre sans seigneur* ; ici, c'est le franc-alleu et la maxime : *Nul seigneur sans titre.* Là, c'est la commune jurée, naissant tantôt des concessions libres ou forcées des seigneurs, tantôt de l'insurrection des bourgeois ; ici, c'est la commune consulaire, développement naturel et pacifique des traditions romaines, faiblement mêlées de droit féodal.

Une curiosité que surexcite le besoin de soumettre à un nouvel examen les chartes que les écrivains français, anciens et modernes, ont trop souvent étudiées sous l'empire des préoccupations de parti, amène chaque jour de nouvelles découvertes historiques de nos archivistes et des hommes laborieux qui s'associent à leurs recherches. Ce mouvement intellectuel, parti de tous les points de la

France, sans autre guide que l'amour du vrai, a produit en quelques années des résultats considérables, et les bibliothèques publiques possèdent déjà sur les matières du droit municipal plusieurs milliers d'ouvrages où, chose remarquable ! malgré la diversité de leurs inspirations, les écrivains éclairés par les lumières de l'histoire aboutissent tous à la même conclusion pratique, c'est-à-dire à l'affranchissement des communes et des provinces. Ces précieux travaux, d'autant plus difficiles à retrouver dans l'immense labyrinthe de livres où ils sont épars, sans qu'on ait même pu les inscrire encore dans les catalogues, jetteront, s'ils sont un jour résumés avec intelligence, les plus vives lumières sur les origines si diverses de notre histoire municipale, et feront justice des systèmes capricieux trop souvent, préférés aux témoignages de l'expérience.

Les uns n'ont voulu voir, avec M. de Boulainvilliers et de Montlosier, dans l'état et le gouvernement de la France au moyen âge, qu'une aristocratie fortement constituée. Les autres, avec l'abbé Dubos et la plupart des juriconsultes des seizième et dix-septième siècles, ont prétendu expliquer par les principes de la monarchie absolue toutes nos origines historiques. Mably et ses disciples ont travesti souvent l'histoire, pour y trouver le germe des démocraties et des républiques modernes.

L'abbé Dubos (1) prétend établir, sur la foi de simples traditions, que chaque cité gallo-franque était gouvernée, sous l'autorité d'un *comte*, officier du roi et investi du pouvoir civil et militaire, par un sénat électif, analogue au sénat romain.

(1) *Histoire critique de la monarchie française*, t. III, liv. II, c. VI.

Le comte de Buat, développant cette hypothèse (1), admet une sorte de hiérarchie entre les comtes ou ducs des cités et les comtes ou ducs des provinces, qu'il subordonne à des préfets, analogues à ceux qui existaient dans les Gaules avant la conquête. Selon lui, ces comtes et ducs n'exerçaient leur juridiction que sur les citoyens inférieurs et les habitants des bourgs ; les citoyens du premier ordre obéissaient à un sénat électif, à la tête duquel était un président ou un tribun, administrateur local, et en même temps collecteur et dépositaire des deniers royaux. Ce président était nommé, selon les lieux, *maire*, *juge*, *mayeur*, *bourg-maître*, etc. Dans les citées épiscopales, telle que celle de Cologne, où l'évêque avait lui-même droit de présider et de juger, de l'avis des échevins, ce bourg-maître était l'envoyé ou commissaire de l'évêque. Mais quelque fût l'officier qui présidât dans une cité, le tribunal municipal était toujours le même, les bons bourgeois le composaient, et on y jugeait toutes les causes municipales : on l'appelait communément *præsidium*, d'où l'origine de *présidiaux*. Comme le président n'exerçait pas la haute justice, et ne connaissait pas des cas royaux, il y avait, dans chaque cité, un juge royal, qui exerçait cette partie de la juridiction. Telle est l'organisation régulière et uniforme que le comte de Buat a créée, avec plus d'imagination que de vérité, sur la foi des historiens du bas-empire, des capitulaires de Charlemagne, et des institutions de son temps.

Le système de l'abbé Dubos et du comte de Buat, exagérés par Moreau (2) qui, sans égard à l'influence de la constitution des Francs, a donné pour unique base au sys-

(1) *Origines de l'ancien gouvernement de la France*, t. I, l. V, ch. XXVII à XXXIV. — (2) *Principes de morale*, t. II, p. 70, 73, 115, t. IV, p. 151 et 167 ; — et *Discours sur l'Histoire de France.*

tème mérovingien l'organisation des cités romaines, a été combattu de divers côtés.

Mably (1) critique vivement l'hypothèse des sénats gaulois. Il montre les différentes nations dont la conquête avait peuplé l'empire français habitant pêle-mêle les mêmes contrées, les mêmes villes, les bourgs, et voit dans les ducs, les comtes, les vicaires, assistés dans les tribunaux de sept scabins et assesseurs juges, choisis par le peuple (2), et dans les évêques et les défenseurs des villes, aussi choisis par le peuple, les symptômes de l'organisation démocratique et républicaine.

L'auteur de la *Théorie des lois politiques* (3) nie, comme Mably, la conservation du régime municipal gallo-romain, et ne voit, dans le défenseur et les curiales, que les simulacres d'une institution anéantie.

Malgré les différences qui séparent ces deux théories, leur élément intime est le même, comme l'a remarqué M. Augustin Thierry ; c'est le divorce avec la tradition romaine. Il était dans le livre de Mably, il est dans celui de Mlle de la Lézardière, plus fortement marqué, surtout motivé plus savamment.

M. de Montlosier (4) admet, avec l'abbé Dubos, le maintien de l'organisation municipale des villes gallo-romaines, mais pense que cette organisation fut suspendue, quand les Gaulois s'incorporèrent aux Francs, et que le régime germanique devint dominant et même exclusif.

Le système gallo-romain a repris faveur de nos jours, et

(1) *Observations sur l'Histoire de France*, liv. I, ch. II. note 5. — (2) Tunc grafio congreget secum septem rachimburgios idoneos (*Leg. salic.*, t. LII). *Vidè leg. salic.*, t. LIX ; *Leg. rip.*, t. LV ; *Leg. alam.*, t. XIV, etc... — (3) Tome VII, *Sommaire des preuves*, p. 176-180. — (4) *De la monarchie française*, t. I, p 12, 13, 340.

MM. Guizot et Thierry (1) se sont efforcés de montrer, dans la constitution des communes du moyen âge, la continuation des formes, droits et franchises de la municipalité romaine. Les savantes recherches de MM. Raynouard (2) et Leber (3) ont été circonscrites dans le cercle des lois et des monuments romains. Les jurisconsultes français se sont attachés de préférence à ce point de vue (4), tandis que ceux d'Outre-Rhin, à l'exception peut-être de M. de Savigny (5), ont repris la théorie de quelques publicistes du dernier siècle, et ont cherché, dans les institutions des Francs l'unique principe de notre régime municipal.

Un système que Pithou et Grosley (6) avaient essayé de faire prévaloir à une autre époque, le système celtique, a aussi trouvé ses interprètes, et un jurisconsulte dont la science déplore la perte récente, M. Laferrière, a rendu à cette partie de nos origines une importance qu'elle avait perdue (7).

Enfin les écrivains catholiques, justement blessés de l'ingrat dédain que les protestants et les voltairiens ont témoigné à l'Église malgré ses bienfaits envers la civilisation du moyen âge, ont réagi contre leurs systèmes, peut-être avec exagération, en blâmant, par exemple, M. Augustin Thierry d'avoir cherché, dans les ghildes germaniques, un des principaux éléments des associations communales (8).

(1) *Lettres sur l'Histoire de France. Essai sur l'Histoire de France. Considérations sur l'Histoire de France, en tête des récits des temps mérovingiens*, liv. III, IV et VI. — (2) *Histoire du droit municipal.* — (3) *Histoire critique du pouvoir municipal.* — (4) M. LATRUFFE MONTMEYLIAN, *Des biens communaux*; — PROUDHON, *Des droits d'usufruit, d'usage, etc.*; — LEGENTIL, *Législation des portions communales et usageres*, p. 26. — (5) *Histoire du droit romain au moyen âge.* — (6) *Recherches pour servir à l'histoire du droit français.* — (7) *Histoire du droit français.* — (8) M. SEMICHON, *De la trève et de la paix de Dieu*, ch. XII.

IV. — Tous ces systèmes, remarquables à différents degrés par l'érudition et le talent, n'ont-ils pas un peu trop tendu à assouplir les faits historiques à des idées préconçues, et à ce besoin d'uniformité qui est, en quelque sorte, le fond du caractère français, tel que l'ont fait deux siècles de monarchie centralisée et soixante ans de révolution ?

S'il y a quelque chose de certain dans l'histoire, c'est la variété infinie des institutions municipales au sein de notre pays.

Sous la domination romaine elle-même, le *jus provinciale* (1), édicté pour la province des Gaules par les proconsuls et les présidents, pour introduire, selon le vœu consigné par l'empereur Adrien dans l'*edictum perpetuum*, un régime uniforme dans l'administration des provinces, le *jus provinciale* respectait, dans une certaine mesure, les coutumes de chaque pays. tout en laissant, pour les cas douteux, la suprématie au droit romain. « Semper in stipulationibus et in cœteris contractibus, » disait Ulpien (*ad Sabinum*, l. L, tit. XVII, frag. 24), « id sequimur quod actum est. At si non pateat quod actum est, « erit consequens ut id sequamur quod in regione, in quâ « actum est, frequentatur. » Ce témoignage de la persistance des coutumes locales est confirmé par l'édit d'Alexandre Sévère, qui permettait d'exprimer les fideicommis en langue gauloise (*sermone gallicano*).

Le code théodosien, qui gouverna les Gaules après l'invasion germanique, d'une manière souveraine et plus uniforme que le *jus provinciale*, n'excluait pas non plus, comme le remarquent après Claude Fleury (2) et Du-

(1) Voyez le *Commentaire* de Gaius, rédigé de l'an 138 à l'an 161. — (2) *Histoire du droit français.*

bos (1), MM. Guizot (2) et de Pétigny (3), l'empire simultané des lois des Bourguignons et des Visigoths.

Le droit municipal français a des origines très-diverses : celtiques, grecques, phéniciennes, normandes, ibériennes, mais surtout romaines et germaniques. Les curés, les évêques, les plaids royaux et seigneuriaux ont concouru à sa naissance et à ses développements. Tous ces éléments primitifs de l'organisation gallo-franque ont agi d'une manière souvent confuse sur les caractères originaires des communes, mais chacun y a eu sa part, et ce serait manquer de justice, que d'attribuer à un seul de ces éléments les résultats produits par tous.

Les caractères des institutions municipales de la France sont divers comme ses origines, et comme les populations auxquelles elles se sont appliquées. Ici, ce sont des municipes restaurés; là, des communes toutes nouvelles; tantôt, la commune est née d'une insurrection à main armée, tantôt elle a été le produit d'une transaction pacifique; quelquefois, elle a été achetée à deniers comptants. Partout, le double but, qui est poursuivi à travers les âges, c'est l'affranchissement progressif des personnes et des terres; mais les degrés de l'affranchissement varient à l'infini. Les bourgeois des villes, les hommes de poeste des campagnes, les serfs des châteaux et des monastères participent très-inégalement aux bienfaits des révolutions communales, et la physionomie si diverse du municipe féodal se reproduit, avec des traits plus multiples et plus divers encore, après l'affranchissement des communes qu'auparavant.

(1) Tome II, p. 492. — (2) *Histoire de la civilisation*, 1re part., xe leçon. — (3) *Etude sur les Mérovingiens*, t. XXIV. p. 494.

CHAPITRE II

DES INSTITUTIONS PROVINCIALES DANS LES PAYS DE DROIT ÉCRIT ET DANS LES PAYS DE COUTUMES.

I. — Le territoire de la Gaule Narbonaise et de l'Aquitaine, dont la réunion formait l'ancienne Aquitanique, et qui était partagé, sous la domination romaine, en plusieurs provinces appelées : *Viennoise*, *Province romaine*, *Septimanie*, *Aquitaine*, tomba partie au pouvoir des Bourguignons, qui s'établirent en 443, avec le consentement d'Aëtius préfet du prétoire des Gaules, dans les cités adossées aux Alpes au-dessous du Léman et dans une partie de la Viennoise ; partie au pouvoir des Visigoths, dont le roi Théodoric, premier fils d'Alaric, mit sous ses lois presque toute la première Narbonaise du Rhône à la Garonne, et de la mer aux Cévennes et aux Pyrénées, ainsi que la plus grande partie du territoire aquitanique.

Tout ce territoire passa sous la domination des *comtes* et des *ducs* qui étendirent peu à peu leur pouvoir sur les provinces qu'ils gouvernaient, et qui, lorsque les bénéfices devinrent héréditaires, s'y établirent en souverains.

1° La Viennoise, cette province romaine de droit italique, transformée d'abord en monarchie bourguignonne, et soumise ensuite au sceptre des seigneurs appelés dauphins, prit le nom de *Dauphiné*, qu'elle a conservé depuis la concession que Humbert II en fit à la France en 1349.

2° La Provence, peuplée de républiques municipales, à l'instar de celles de la Gaule Cisalpine et de l'Italie, fut gouvernée par les rois-comtes des familles des Bozon et des Bérenger, et des deux maisons d'Anjou, jusqu'à ce qu'elle fut incorporée à la France, sous le règne de Louis XI, *non comme accessoire, mais comme principal à principal.*

La Septimanie, successivement érigée en royaume des Visigoths de 408 à 712, et en comté de Toulouse de 712 à 1200, fut aussi réunie à la France en 1271 *sous la réserve de ses libertés et priviléges*, comme province du Languedoc.

Les quatre peuples dont l'origine rappelle les *fueros* Ibériens, et qui composaient, sous la domination romaine, la monarchie espagnole (*Sardones*, *Consoranni*, *Bigeronnes*, *Convenæ*), devinrent les provinces appelées Roussillon, terre de Foix, Comminges. Gouvernées d'abord par des comtes, elles furent réunies successivement à la couronne de France : savoir le comté de Comminges en 1455, le comté de Foix en 1607, le Roussillon et la Cerdagne en 1659.

L'Aquitaine, envahie tour à tour par les Visigoths, les Francs et les Sarrasins, et réunie à la France par le mariage de Louis VII avec Éléonore fille de Guillaume X, l'un de ses ducs nationaux, resta, après trois siècles de guerre contre les Anglais, incorporée au royaume par la conquête qu'en fit Charles VII en 1452.

L'Aquitaine se divisait en trois provinces : La première Aquitaine comprenait le Rouergue, le Gevaudan, le Velay, le Vivarais, le Périgord, le Quercy, le Limousin, la Marche, l'Auvergne, le Berry, le Bourbonnais. La deuxième Aquitaine était composée du Bordelais, de l'Agenais, du Condomois, de l'Aunis, du Poitou. La troisième Aquitaine ou

Novempopulanie, dont le nom dérive des neuf peuples qui l'habitaient originairement, embrassait la Bigorre, le Béarn, la Navarre et les pays basques.

Ces diverses provinces jouissaient de temps immémorial de libertés antérieures aux conquêtes de Jules César, qui les avait trouvées consacrées par le fameux conseil des druides, convoqué annuellement dans le pays des Carnutes (1). Auguste les respecta et convoqua à Narbonne une assemblée générale des *honorati*, des *possessores* et des *judices*, c'est-à-dire de ceux qui jouissaient ou avaient joui des honneurs municipaux, ainsi que des *curiales* et des *magistrats* (2).

Les constitutions théodosiennes des années 357 et 393 mentionnent aussi les conseils provinciaux composés des honorés et des grands propriétaires de la province (3). Ces assemblées métropolitaines, dont le code théodosien trace les règles dans le titre : *de legatis et decretis legationum*, traitaient des intérêts de la patrie commune, et envoyaient aux empereurs les cahiers de leurs demandes en même temps que l'or coronaire (4).

Enfin, l'édit d'Honorius, de l'an 418, convoqua à Arles les représentants des sept provinces méridionales, pour s'en faire un bouclier contre l'invasion des Barbares, et

(1) In certo anni tempore in finibus Carnutorum, quæ regio totius Galliæ medio habetur, considunt in loco consecrato : huc omnes undique qui controversias habent conveniunt, eorumque decretis et judiciis parent (Cœsar, lib. VI). — (2) Comitia populi transtulit ad senatum (Tacite, lib. II). — (3) *Cod. Théod.*, 111-18-1, 111, 13; xii, 12, 13. — (4) Moreau, *Discours sur l'histoire de France*, t. I, p. 137 ; — Leber, *Hist. crit. du pouvoir municipal*, p. 23; — Raynouard, *Histoire du droit municipal*, ch. xxviii; — Guizot, *Essais sur l'Histoire de France* ; — Albisson, *Lois municipales du Languedoc*, t. I, p. 316.

prescrivit que cette assemblée provinciale se réunirait tous les ans dans la même cité métropolitaine (1).

II. — L'invasion germanique n'opéra pas dans le régime municipal et provincial de la France méridionale les mêmes effets que dans la France du nord. Les Francs n'occupèrent pas ces contrées d'une manière fixe et permanente ; ils n'y pénétrèrent qu'en petit nombre, pour y lever des tributs et des troupes auxiliaires, sans chercher à s'immiscer dans l'administration locale, qui y subsista presque sans atteinte avec son caractère essentiellement municipal, respecté par les lois des Visigoths et des Burgundes.

« On s'abuserait étrangement, dit M. Guizot (*Essais sur l'histoire de France*), si l'on attachait à la conquête et à la monarchie de Clovis les idées que révèlent aujourd'hui de semblables mots. Il s'en fallait bien qu'il régnât partout où il avait porté ses armes, ni qu'il possédât tout ce qu'il avait conquis. Clovis et ses guerriers s'enfonçaient dans le pays, battaient les rois et les armées qui s'opposaient à leur marche, pillaient les campagnes, les villes, et revenaient ensuite, emmenant des esclaves, des trésors, des troupeaux, mais sans avoir en aucune façon incorporé à la monarchie franque le territoire qu'ils venaient de parcourir. Après leur départ, le pays, dépeuplé et dévasté, rentrait dans une indépendance à peu près entière, et les conquérants recommençaient vingt fois les mêmes conquêtes.

« Les expéditions de Clovis au-delà de la Loire, contre les rois visigoths, offrent surtout ce caractère. Il pénétra jusqu'à Angoulême, Bordeaux, Toulouse, et conquit, di-

(1) Voyez le texte de ce décret dans le *Cours d'histoire moderne* de M. GUIZOT, p. 17.

sent les historiens, toute l'Aquitaine. Ce fut une conquête du genre de celles que je viens de décrire, et qui laissa l'Aquitaine presque aussi étrangère au peuple et au roi des Francs qu'elle l'était auparavant. Il en fut de même des conquêtes de Clovis dans la partie méridionale du royaume des Bourguignons. »

« Depuis qu'elle fut soumise par les fils de Clovis, dit « Fauriel (t. II, p. 174), la Burgundie fut plusieurs fois « morcelée et partagée, mais en conservant son nom et « une sorte d'individualité. Devenus sujets des Francs, les « Burgundes ne furent point dispersés ; ils continuèrent à « vivre en corps de nation, sous leurs propres lois. »

De là la persistance, que nous avons constatée ailleurs, de la législation de Théodose et de Justinien, et des principes du franc-alleu dans les provinces françaises situées au sud de la Loire, et qui sont connues sous le nom de provinces du droit écrit, de même qu'en Italie et en Espagne. De là aussi, la survivance à l'invasion germanique d'assemblées provinciales, semblables à celle qu'avait convoquée à Arles l'édit de 418. L'une d'elles eut lieu en l'an 506, et prépara, d'après l'ordre d'Alaric II, l'abrégé des lois théodosiennes qui devint la loi romaine des Visigoths. Elle était composée des vénérables évêques de la province *et des élus provinciaux*. Une autre assemblée de même nature eut lieu en l'an 589. Ces assemblées, interrompues sous la domination des Sarrasins, étaient trop ancrées dans les mœurs pour tomber en désuétude ; elles reparurent dans les *plaids*, *placita* que les *missi dominici* tenaient à Narbonne dans les mois de janvier, d'avril, de juillet et d'octobre de chaque année, espèces de grands jours ou parlements, qu'on appelait *conventus*.

Les assemblées générales des communautés de la province et des états du Dauphiné apparaissent aussi dans l'histoire de ces deux provinces, ou plutôt de ces deux nations volontairement annexées à la monarchie française, avec le caractère, non sans doute d'assemblées souveraines, mais d'états généraux, distincts et indépendants des états de France.

Une assemblée tenue à Narbonne, en l'an 1080, pour délibérer sur la dîme du sel et du poisson, réclamée par l'église de Saint-Pastour, apparaît composée des trois états du pays. Le procès-verbal constate les noms des citoyens de Narbonne qui y assistent et ajoute : *Avec une innombrable multitude d'habitants de la province.*

En 1099, les coutumes de la Bigorre furent rédigées par écrit, dans une assemblée composée non-seulement du clergé et de la noblesse, mais des *hommes du tiers-état* (1).

En 1126, une assemblée du comté de Barcelonne, composée d'évêques, d'abbés, de comtes, de nobles et de mandataires des villes, délibéra sur les réformes à faire dans l'intérêt général (2).

Les principes du droit romain et du franc-alleu eurent pour interprètes, dans les provinces du droit écrit, les parlements établis ou confirmés, à Toulouse par Philippe le Bel en 1302, à Bordeaux par Charles VII en 1451, à Grenoble par Louis XI en 1453, à Aix en 1551 par Louis XII, qui confirma l'institution faite en 1415 par Louis II comte de Provence. Ces trois auxiliaires du parlement de Toulouse, auxquels se réunit plusieurs siècles après le parlement de Navarre, maintinrent constamment dans les provinces formées du démembrement de la Narbonaise et des trois Aquitaines les franchises municipales.

(1) FAGET DE BAURE, *Essais historiques sur le Béarn*, p. 97. — (2) RAYNOUARD, *Histoire du droit municipal*, t. II, p. 171.

III. — La Gaule Belgique, divisée, sous la domination romaine, en Séquanaise, Germanie supérieure, Germanie inférieure, première et seconde Belgique (1), se décomposa, après l'invasion germanique, en comté de Bourgogne ou Franche-Comté, Alsace, Lorraine, Champagne, Picardie, Artois et Flandre.

Toutes ces provinces, d'origine germanique, étaient régies par le droit coutumier et féodal, mais offraient, dans leur régime administratif, des caractères très-divers.

On distinguait trois sortes de coutumes.

Les unes voulaient que tout héritage fût réputé franc, si le seigneur dans la justice duquel il était situé ne montrait le contraire. Dans ces coutumes, il n'était pas nécessaire au propriétaire d'une terre de produire des titres pour montrer qu'elle était allodiale.

Il y avait d'autres coutumes où le franc-alleu n'était point reçu sans titre particulier. Dans ces coutumes, le seigneur d'un territoire était bien fondé à prétendre que tous les héritages qui y étaient enclavés étaient mouvants de son fief, en fief ou en censive; et ceux qui prétendaient que leurs héritages étaient libres en devaient produire les titres. De plus, les héritages qui n'étaient enclavés dans aucun territoire n'étaient pas présumés libres, et la mouvance était censée appartenir au roi, comme seigneur universel de tout le royaume.

Certaines coutumes distinguaient entre le franc-alleu noble et le franc-alleu roturier; elles admettaient le premier et excluaient le second.

Il y avait enfin des coutumes qui n'avaient point de dispositions particulières sur le sujet du franc-alleu.

On tenait anciennement que, dans ces coutumes, c'était

(1) *Droit municipal dans l'antiquité*, p. 518 et suiv.

au seigneur à prouver sa mouvance, lorsqu'il n'avait pas un territoire circonscrit et limité. Mais, grâce aux usurpations incessantes de la féodalité, on adopta plus tard, dans presque tous les pays coutumiers, la maxime : *nulle terre sans seigneur*, et ceux qui prétendaient que leurs terres étaient libres durent le prouver (1).

Les provinces de la Gaule Belgique se distinguaient entre elles sous un autre rapport. Les unes étaient restées, après le démembrement de l'empire de Charlemagne, sujettes de l'empereur d'Allemagne ; les autres avaient passé sous le sceptre des rois de France. La première Belgique, la Germanie et la Séquanaise formait la première catégorie ; la seconde Belgique formait la seconde. Or, tandis que les rois de France protégeaient et développaient les libertés municipales, les empereurs d'Allemagne nourrissaient contre elles une hostilité systématique et persévérante (2).

IV. — Entre la zone germanique où, sous l'influence du principe : *nulle terre sans seigneur*, le municipe féodal et la commune jurée devinrent le principe élémentaire de la civilisation ; et la zone italique où, sous l'influence du principe : *nul seigneur sans titre*, le municipe allodial et la commune consulaire naquirent en quelque sorte des cendres du droit municipal romain, se trouvait la France

(1) Argou, *Institution au droit français*, liv. II, chap. III. —
(2) Conventiculos quoque omnes et conjurationes in civitatibus et extra, omnibus modis fieri prohibuimus (*Constitutio pacis Friderici I, Monumenta Germaniæ historiæ*, t. II, p. 112).

Quod nulla civitas, nullum oppidum, communiones, constitutiones, colligationes, confederationes, vel conjurationes aliquas, quocumque nomine censeantur facere possent (*Henrici regis sententia contra communiones civitatum. Ibid.*, t. I, p. 270.)

centrale, dont les origines celtiques furent successivement modifiées par les influences tantôt germaniques, tantôt romaines, et qui se partageait en une foule de cités diverses, où se mêlaient les vieilles institutions indigènes, les lois importées par les nations conquérantes, les capitulaires des rois de la deuxième dynastie, les principes du droit romain, et les coutumes locales diversifiées à l'infini.

Cette zone *intermédiaire*, au double point de vue de sa position topographique et du caractère mixte de sa civilisation, s'étendait depuis les bords du Rhône et de la Saône jusqu'au littoral de l'Océan, et comprenait à l'est le duché de Bourgogne et le Lyonnais, au centre le Nivernais, l'Orléanais, le Gatinais, le pays Chartrain, Meaux, Paris et l'Ile de France, à l'ouest l'Anjou, le Maine et le Perche, la Touraine, le Lodunois, l'Angoumois, la Bretagne et la Normandie.

Toutes les parties de ce vaste territoire, désigné par le nom général de *Gaule celtique*, dont la réunion formait les quatre Lyonnaises, n'étaient pas gouvernées par les mêmes lois ; la loi romaine, le code bourguignon et les coutumes locales se partageaient l'empire des provinces de l'est et du centre ; les lois bretonnes et anglo-normandes dominaient dans celles de l'ouest.

V. — Dans tous les pays situés au nord de la Loire, l'organisation provinciale avait des caractères autres que ceux des provinces méridionales.

M. Laferrière (1) a cru reconnaître, dans les conciles provinciaux et nationaux, quelque chose d'équivalent aux assemblées provinciales. Il cite comme exemples de conciles mi-partis :

(1) *Mémoire à l'Académie des sciences morales et politiques* (juillet 1860).

1° Le concile nationale de 511, convoqué par Clovis.

2° L'assemblée de Paris, de l'an 615, dont le Père Sirmond et Baluze ont recueilli les délibérations, l'un comme texte de concile, l'autre comme texte de capitulaire.

3° Les conciles tenus en l'an 813, dans les cinq villes de Mayence, Reims, Tours, Châlons, Arles, et présidés, soit par Charlemagne, soit par les *missi dominici*.

4° Le concile de Saint-Mâcre, dans le diocèse de Reims, tenu en 881, et dans lequel les évêques proposèrent à Louis le Bègue l'exemple de Charlemagne.

Ces assemblées, composés d'ecclésiastiques et de laïques, et où, par l'effet de la confusion du spirituel et du temporel, les matières civiles et les matières ecclésiastiques se discutaient simultanément, ne sont pas, en effet, sans quelque analogie avec les conciles espagnols, qui ont été le berceau des cortès, et sont d'ailleurs une preuve de plus de la part immense que le clergé de tous les États de l'Europe a prise, en offrant pour modèle ses propres institutions. A la restauration des franchises communales et provinciales. Mais ce qui les distingue essentiellement des états provinciaux du midi, c'est l'absence de l'élément bourgeois, à une époque où les députés des villes exerçaient déjà dans ces derniers une influence considerable, les deux ordres privilégiés de l'État faisaient seuls partie des premiers, le clergé y avait la plus large part, et il est difficile de voir, dans l'intervention des princes à ces assemblées, autre chose que l'effet de leur protectorat en matière religieuse (1). Ces conciles n'étaient au fond, malgré leur im-

(1) Voyez, sur le protectorat des princes en matière religieuse, JACQUES DUHAMEL, *De la police royale*; — *Recueil des libertés de l'Eglise gallicane*, t. I, p. 319; — DU TILLET, *Sur les libertés gallicanes*, XXI, etc.

mixtion accidentelle dans le temporel, immixtion regrettable plus que profitable, que des assemblées ecclésiastiques, et, dès le règne de Hugues-Capet, ils se distinguaient, par leur composition et par leur objet, de l'institution qui, dans les provinces du nord de la France, se rapprochait le plus de celle des états provinciaux du midi. Cette institution est celle des parlements féodaux, appelés indistinctement plaids, assises, cours, grands jours, parlements, et qui devinrent plus tards des assemblées provinciales (1).

VI. — Tel était le conseil des comtes de Bourgogne que Philippe-le-Bel érigea en parlement entre l'année 1294 et l'année 1396 (2).

Tels étaient le conseil que les ducs de Bourgogne tenaient à Beaune et à Saint-Laurent, les grands jours de Champagne, d'Auvergne, du Nivernois, etc., et cet échiquier de Normandie, que Philippe le Bel rendit sédentaire à Rouen en l'année 1302, et qui tirait son nom du mot *schelzen*, mittere, comme étant, dit Laroch-Flavin, « la dite assemblée « envoyée par les provinces pour juger en dernier ressort, « alléguant que, par les constitutions de Charlemagne, » *missi dominici vocabantur qui juridicos conventus per provinciam principis peragebant.*

Ces parlements féodaux avaient surtout pour mobile l'intérêt du seigneur suzerain, qui les convoquait quand il lui plaisait, en la forme qu'il lui convenait, et qui fixait à son gré les objets et les formes des discussions. Les communes subissaient les décrets émanés de ces assemblées, mais ne participaient pas à leur confection avant le quatorzième siècle.

Cependant Savaron (3) atteste que Raimond, comte de

(1) *Recueil des historiens*, x, 267, 269, 633. — (2) PERRECIOT, *De l'état civil des personnes*, t. II, p. 107. — (3) *Origines de la ville de Clermont en Auvergne*, p. 96.

Clermont, et Armand son évêque, qui vivaient dans le dixième siècle, convoquèrent une assemblée d'ecclésiastiques, barons et députés des villes, pour aviser aux moyens de rétablir le monastère de Saint-Allyre, ruiné par les Normands, et qu'ils prirent à ce sujet une délibération; mais l'histoire ne mentionne, que nous sachions, avant le quatorzième siècle, aucun autre exemple d'immixtion des communes du nord de la France dans les parlements de leurs seigneurs.

Les assemblées que Hugues-Capet et ses successeurs convoquèrent à Paris étaient exclusivement composées de princes du sang, d'archevêques et d'évêques, des grands vassaux de la couronne, des seigneurs relevant immédiatement du roi et des officiers du palais. « Nous ne voulons pas, » écrivait Gerbert au nom de Hugues à l'archevêque de Sens, « abuser de la puissance royale, et nous confions « toutes les affaires de la république à la consultation et à « l'avis de nos fidèles. » *Regali potentia in nullo abuti volentes, omnia negotia reipublicæ in consultatione et sententia fidelium nostrorum deposuimus.* Les grands du royaume, dit Albon, dans son recueil des canons présentés à Hugues-Capet et à Robert, sont tenus de donner au roi aide et conseil : *Regi primores regni auxilio et consilio tenentur exhibere debitum honorem cum reverentia* (1).

VI. — Ce concours du roi et des seigneurs à l'administration publique sembla d'abord devoir se passer du secours du peuple, non-seulement des campagnes, mais même des villes, dont la plupart étaient devenues la propriété de seigneurs laïques ou ecclésiastiques.

Le code des lois féodales connu sous le nom d'*Assises de Jérusalem* ne prononce une seule fois le nom de com-

(1) *Recueil des historiens*, x, 392 et 627.

munes que pour leur interdire d'acheter en tout ou partie les fiefs (1).

Les établissements de saint Louis contiennent quelques dispositions sur l'obligation des habitants de moudre leur blé ou de cuire leur pain au four banal du seigneur haut justicier (2), sur les défenses qui leur sont faites de chasser dans les garennes ou de pêcher dans l'eau courante et les étangs du seigneur (3), sur l'affranchissement des hommes de corps du seigneur (4); mais il n'y a rien de relatif au régime municipal ni dans ces établissements, ni dans les coutumes, dont quelques-unes ne parlent de communes que pour exprimer la dépendance où elles sont des seigneurs (5).

XII. — Ce n'est qu'environ deux siècles après les premiers actes d'affranchissement des communes qu'apparaissent, dans l'histoire de France, les chartes provinciales (6). Boulainvilliers, t. II, 32 et suiv., enregistre, indépendamment de la célèbre *charte aux Normands*, d'autres chartes provinciales, dont la plupart sont d'avril et de mai 1315, savoir : celle de Champagne (30 art.) celle de Picardie (14), celle du baillage d'Amiens et du com-

(1) Qui aliène tout son fié ou partie de son fié sans l'octroi de son seignor et autrement que par l'aseise ou l'usage don réaume de Jérusalem, et le met en mains de gens d'églises ou de religion ou de *communes*; le seignor de qui il tient celui fié puet prendre et avoir ce qu'il a aliéné et tenir et user come de son chose (*Assises de Jérusalem*, ch. CCXXXIV, édit Beugnot, p. 372).

Ne le fié ne deit estre vendu à maison de religion, n'a *commune*, n'a église qui acheter la vueille (ch. CCLIX, p. 399).

(2) Ch. CVII, CVIII, CIX, CX. — (3) Ch. CVII, CVIII, CIX, CX. — (4) Ch. XXXIV. — (5) *Communes d'Allemagne et Vosges, Metz, etc.* — (6) Voyez Contin. Guillehm. Nang., *Ord.*, VII; — DOM VAISSETTE, IV; — ISAMBERT, *Anc. lois franç.*, III, 270.

té d'Artois (26), celle du Languedoc (17), celle du comté de Nevers, etc. On remarque, dans ces chartes, au milieu de dispositions conçues dans l'intérêt particulier des seigneurs, des articles sur la liberté individuelle, sur les taxes illégales, sur l'altération des monnaies, sur l'indépendance des juridictions bourgeoises, conformes aux principes d'une sage administration et d'une politique éclairée.

C'est de la même époque que datent les états du Nivernais, décrits par Guy-Coquille, en son histoire de cette province, les états du Cambrésis, de l'Artois, du Hainaut, de la Flandre, du Tournaisis et du Brabant, dont M. Vilbert a écrit l'histoire en 1846, les états de Bretagne, dont M. Paul de Champagny a analysé, dans un ouvrage publié en 1857, les principales sessions, les états de Normandie, sur lesquels M. Delapierre a fait, en 1789, des recherches qui ont été complétées par l'analyse des états de Normandie sous la domination anglaise, due à M. Ch. de Beaurepaire.

CHAPITRE III

DES ÉTATS GÉNÉRAUX DE LA FRANCE DEPUIS LE REGNE DE PHILIPPE LE BEL JUSQU'A CELUI DE CHARLES VII.

I. — Les assemblées nationales de France, interrompues depuis l'avénement de Hugues-Capet au trône, reparurent au quatorzième siècle sous le noms d'états généraux. Quelques auteurs ont voulu prouver que la reine Blanche, dès 1227, saint Louis en 1240 et 1241 avaient assemblé à Paris des parlements où furent les pairs de France, barons, prélats *et gens de bonnes villes* (1) ; qu'à d'autres époques, notamment en 1245, 1256, 1269 et 1271, le même fait s'était renouvelé (2) ; que dès son retour d'Orient, par une ordonnance rendue à Saint-Gilles, saint Louis avait proclamé la nécessité de consulter les trois ordres de l'État, lorsqu'il était question d'objets qui intéressaient le royaume (3), et qu'enfin, cette séparation des pouvoirs féodaux, judiciaires et politiques, que l'on place ordinairement sous le règne de Philippe le Bel, devrait être reportée à celui de saint Louis.

Cette théorie trop absolue n'est pas appuyée sur des documents authentiques, notamment sur le recueil des ordonnances, où est cependant souvent mentionné le consentement des barons, celui d'un conseil votant après délibération (4) ; quelquefois l'assistance de clercs et sages hommes s'y trouve également indiquée. Une ordonnance de 1262 sur les monnaies, est contresignée par trois bourgeois de Paris, trois de Provins, deux d'Orléans, deux de Sens et deux de Laon, qui ont concouru comme jurés à la faire (5). On trouve également un certain nombre de noms plébéiens, parmi ceux des dix-sept clercs qui faisaient partie du parlement ordinaire de saint Louis.

Mais l'entrée du tiers-état dans les états généraux ne date que de l'édit de 1302, par lequel Philippe le Bel con-

(1) *De l'origine de la convocation des trois états*, manuscrit ; — *Grandes chroniques*, NICOLAS GILLÉ. — (2) FRÉRET, *Mémoire manuscrit* ; — RIVES, *Introduction aux lettres de d'Aguesseau*. — (3) M. VILLENEUVE-TRAVS, *Vie de saint Louis*, III, 232. — (4) De assensu baronum nostrorum, per consilium domini regis, ordinatum fuit et unanimiter concordatum per totum consilium. — (5) Cui faciendæ interfuerant jurati. *Ordonnances du Louvre*, I, 64. Ce terme de jurat reparaît dans les ordonnances de saint Louis sur l'administration de Poissy et lieux circonvoisins.

voqua les barons, les maires et échevins des communes : *majores et scabinos communiarum.*

Dès ce jour, la nation française se trouva constituée dans ses états généraux, d'un côté par la réunion sous la même domination de grandes provinces conquises, ou cédées par ventes, mariages ou autrement ; d'un autre côté, par l'addition aux ordres relativement peu nombreux du clergé et de la noblesse, de ce tiers-état qui de rien devint alors quelque chose, et qui est aujourd'hui tout ; mais les états généraux ne furent pas convoqués sous les quatre premiers successeurs de Philippe le Bel, et il fallut, sous les règnes de ses trois fils, Louis X, Philippe V, Charles IV, et sous celui de Philippe de Valois, recourir à des expédients et à des mesures arbitraires, pour se procurer l'argent nécessaire aux dépenses de l'État (1). C'est sous le règne de Jean II, et après de grands désastres publics, que les états généraux furent de nouveau convoqués, ainsi qu'ils l'avaient été sous le règne de Philippe le Bel.

II. — « Celui a bien faute d'yeux, dit à ce sujet Pasquier en ses recherches, qui ne voit que le roturier fut après ajouté à cette assemblée contre l'ancienne ordonnance de France, non pour autre raison, sinon d'autant que c'était celui sur lequel devait principalement tomber tout le faix et charge. » Peut-être, en effet, des vues fiscales entrèrent-elles dans les grandes mesures qui introduisirent le peuple dans les états généraux ; mais la nécessité de remettre en vigueur les grands principes de notre vieux droit public : *lex fit constitutione regis et consensu populi,* contribua aussi au rétablissements des états.

Charlemagne avait ordonné la convocation annuelle de deux placités, auxquels devait concourir la généralité de

(1) Henrion de Pansey, *Assemblées nationales*, ch. v.

tous les grands, tant clercs que laïques, et où l'état de l'empire était réglé d'une manière immuable (1).

C'est dans un conseil général convoqué en l'an 1188, et composé de tous les archevêques, évêques, abbés et barons, que Philippe Auguste obtint, avec l'assentiment du clergé et du peuple, l'impôt connu sous le nom de *dîme saladine* (2).

« Le roi Louis Hutin, dit Gilles, *Annales de France*, année 1339, conclut que l'on ne lèverait tailles sans urgente nécessité et sans le consentement des trois états... »

« Et c'est en se conformant à cette loi, ajoute le même auteur, qu'il fut conclu par les gens des états de France, pré-

(1) Secunda divisio, ea qua totius regni status, anteposito sicuti semper et ubicumque omnipotentis Dei judicio quantum ad humanam rationem pertinebat, conservari videbatur, hæc est. Consuetudo autem tunc temporis talis erat, ut non sæpius sed bis in anno placita duo tenerentur : unum, quando ordinabatur status totius regni ad anni vertentis spatium ; quod ordinatum nullus eventus rerum, nisi summa necessitas quæ similiter toto regno incumbebat, mutabat. Ex quo placito generalitas universorum majorum tam clericorum quam laicorum conveniebat, seniores propter consilium indicandum, minores propter idem consilium suscipiendum et interdum pariter tractandum, et non ex potestate sed ex proprio mentis intellectu vel sententia confirmandum (*Ex Adalhard, Carol. Magn. propinquo*, HICM., *Epist.* III, cap. XXIX).

(2) Anno Domini millesimo centesimo octogesimo octavo, mense martio, mevia quadragesima, Parisiis celebratum est generale consilium a Philippo rege, convocatis omnibus archiepiscopis, episcopis, abbatibus et totius regni baronibus, in quo innumerabilis militum multitudo seu peditum sacratissima cruce insiquiti sunt. Et propter hanc instantem necessitatem, oppido enim iter Hierosolymitarum rex affectabat cum assensu cleri et populi, quasdam decimas ab omnibus accipiendas esse eo tantum anno decrevit, quæ dicta sancta decima Saladini, quas in præsenti libro posuimus (1188, RIGORD, *De gestis Philippi-Augusti*).

sent le roi Philippe de Valois, que l'on ne pourrait imposer ni lever taille en France sur le peuple, si urgente nécessité ou évidente utilité ne le requérait, et de l'octroi des gens des états. »

C'est dans des états composés, *tant des gens d'Église que des nobles et des députés des bonnes villes*, que le roi Charles VI exposa la nécessité de se pourvoir contre les Anglais, ennemis du roi et du royaume de France, et obtint l'aide qui était une bonne et grosse taille. « A la délibération des trois états, dit Juvenal des Ursins, il y eut diverses imaginations et opinions. Entre les autres, ceux de la province de Reims montrèrent que les aides ordinaires suffiraient bien à soutenir la guerre sans mettre tailles, vu la pauvreté du peuple et les pilleries à cause des divisions, et plusieurs à leur imagination adhérèrent. L'abbé du Mont-Saint-Jean, qui était bien notable, parla spécialement contre les gens des finances et ceux qui avaient des dons excessifs du roi, en montrant qu'on devait reprendre de ceux qui avaient trop eu, et, que ce fait, le roi avait assez pour résister aux ennemis et soutenir la guerre. »

III. — Le consentement des états était réputé nécessaire non seulement pour imposer des tailles aux sujets du roi, mais encore pour aliéner les biens de l'Église et en appliquer le prix à la garde, conservation et défense des fortifications. « Vrai est, dit Mazuer, lett. XXXVIII, § 2, que sur ce serait par aventure requis le consentement des trois états, c'est à savoir de la noblesse, du clergé et du tiers état, ainsi qu'il est accoutumé s'être fait. »

« Et par ce moyen, dit Viguier, (*Etats de Tours*, p. 57), que toutes les tailles, et autres équipollens aux tailles extraordinaires qui par ci-devant ont eu cours, soient du tout tollues et abolies, et que désormais en suivant la naturelle franchise de France et la doctrine de saint Louis (qui commanda et bailla par doctrine à son fils de ne prendre ni lever taille sur son peuple sans grand besoin et nécessité) ne soient imposées lesdites tailles ni aides équipollens à tailles, sans premièrement assembler lesdits trois états, et de déclarer les causes et nécessités du roi et du royaume pour ce faire, et que les gens desdits états le consentent en gardant les priviléges de chacun pays. »

La mission des états est surtout liée, dans les lois du moyen âge, à la garde de la fortune et des libertés publiques. *Octroi de deniers et redressement de griefs se donnent la main*, disaient nos pères. « Il n'est pas, » dit Bodin, « en la puissance de prince du monde de lever l'impôt à « son plaisir sur le peuple, non plus que de prendre le bien « d'autrui. » Philippe de Commines rappela ces principes imprescriptibles aux états assemblés à Tours, pendant la minorité de Charles VIII, et non seulement ces états réduisirent les énormes subsides exigés par Louis XI, en sus de l'impôt établi par Charles VII, mais ils ajoutèrent, en la présence et avec l'assentiment du chancelier, qu'ils n'entendaient pas qu'on pût à l'avenir établir l'impôt le plus léger, sans qu'ils essent été consultés expressément (1). Les états tenus à Orléans en 1560, ceux tenus à Blois en 1576, ceux même tenus à Paris en 1614, ont rendu hommage à ce grand principe, rétabli après deux siècles de monarchie absolue par nos chartes constitutionnelles, et que la démocratie moderne fait trop facilement fléchir devant l'obéissance absolue due, selon elle, à tout pouvoir sorti du peuple.

(1) Non enim intelligunt dicti legati quod aliqui denarii imponantur, nisi vocentur et expresse consentiant (*Procès-verbal* de MASSELIN).

Les états du roi Jean, devenus presque annuels par suite des besoins de la guerre contre les Anglais, et formant ainsi le lien permanent des états provinciaux, firent éclater, au sein des fléaux que déchaînèrent à la fois sur la France et sur son roi captif, l'invasion étrangère et les insurrections populaires excitées par le roi de Navarre, une puissance que n'avaient pas les états provinciaux, vivant chacun de sa vie propre et réduits à des efforts isolés.

Ceux qui se réunirent à Paris, en novembre 1355, prirent des résolutions généreuses, pour venir en aide aux besoins publics, et l'ordonnance du 28 décembre 1355, qui a été justement comparée à la grande charte anglaise, posa des principes de droit public (1) qui se seraient développés naturellement, si l'antagonisme des classes, cette plaie fatale de notre pays, n'y avait mis obstacle, et si les sages principes de liberté, d'égalité, de fraternité communales avaient fait, dans le nord comme dans le midi de la

(1) Cette ordonnance invalide les délibérations des états, si elles ne sont du consentement commun de tous les ordres, sans que la voix des deux puisse conclure la tierce ni la lier. Elle ordonne l'établissement des deux impositions, sans exception de personne, pas même du roi, de la reine, de son aîné fils, de ses autres enfants et de ceux de son lignage; elle décrète leur perception par les gens des états substitués dans cet emploi aux gens du roi et aux seigneurs; la promesse de mettre un terme aux scandaleux abus des monnaies, et la défense du divertissement des deniers, jurée solennellement par les mêmes personnes; l'abolition du droit de prise, ou faculté de s'emparer des chevaux, voitures, blés et autres denrées sans les payer. Et si ceux sur lesquels on voulait l'exercer n'étaient pas assez forts pour résister, ils pourraient appeler aide de leurs voisins et des villes prochaines, lesquelles se pouvaient assembler par cri ou autrement, selon que bon leur semblait (*Ordonnances des rois de France*, III, p. 26 et suiv.).

France, un suprême effort en faveur des libertés publiques et de l'indépendance nationale.

Les états du roi Jean se composent de ceux du 30 novembre 1355, du 15 février 1356, du 15 octobre 1356 (1), du 30 avril 1357, du 22 juillet 1357, du 7 novembre 1357, du 14 mai 1358, du 25 mai 1359.

V. — Ces états, convoqués par le roi, et composés *de ceux des pays, tant gens d'Eglise, comme nobles, bourgeois des bonnes villes et autres* (2), pour délibérer sur les subsides que nécessitaient les désastres de la guerre, la captivité du roi et l'invasion étrangère, n'offrirent d'abord que le triste spectacle des divisions entre le clergé, la noblesse et les communes, et d'une sorte d'émulation des trois ordres contre la couronne.

Le clergé, qui avait pour organe Jean de Craon, archevêque de Reims; la noblesse, dont le chef était Philippe, duc d'Orléans, frère du roi; les gens des bonnes villes, dirigés par Étienne Marcel, prévôt des marchands de Paris, offrirent, dans les états du 15 octobre 1356, d'entretenir 30,000 hommes d'armes, à raison d'un demi florin d'écu pour chacun, et décrétèrent que, pour faire le fonds de cette dépense, il serait payé par les ecclésiastiques un dixième et demi de leurs revenus; par les nobles, pareille somme, savoir 15 livres à raison de 100, et que pour les bonnes villes et le plat pays, il serait soudoyé et armé un homme d'armes par chaque centaine de feux. Mais ils imposèrent la condition que les officiers du roi dont ils présentèrent la liste, et qu'ils accusaient d'être les artisans des malheurs publics, seraient arrêtés et jugés, que leur

(1) Voyez, sur les états généraux. Henrion de Pansey, *Assemblées nationales*, ch. IX à XX. — (2) Secousse, *Préface du tome III des ordonnances des rois de France*, p. 45, 48, 63, 86, etc.

procès serait fait par des commissaires que les états nommeraient et auxquels ils fourniraient les chefs d'accusation, et que, *dans tous les cas*, ils resteraient privés de leurs biens et de leurs offices (1).

D'autres conditions étaient apposées à l'allocation des subsides. C'était « que le dauphin élût, par le conseil des trois états, aucuns grands sages et notables du clergé, des nobles et bourgeois, anciens, loyaux et mûrs, qui continuellement auprès de lui fussent, et par qui il se conseillât, et que rien par les jeunes, simples et ignorants du fait d'un gouvernement, d'un royaume et de la justice, il n'ordonnât; qu'à cet effet, il fût choisi quatre prélats, douze chevaliers et vingt-deux bourgeois; qu'enfin le roi de Navare, qui avait été arrêté le 5 avril 1355, fût remis en liberté. » C'était même. selon le continuateur de Nangis, que le dauphin passerait en Angleterre, et en ramènerait le roi Jean (2).

A ces conditions injustes et humiliantes, vinrent se joindre les menées de Robert Lecoq, qui écrivait au roi de Navarre : « Sire larronciaux, encore te aiderais-je à mettre cette couronne en la teste comme roi de France, » et qui, si l'on en croit l'acte d'accusation porté contre lui, disait aux états : « Entr'autres choses desquelles le commun « des trois estats n'avait onques oy parler et de quoi riens « n'avoit esté chargé à leurs députés; que ce n'estait pas « grand chose car l'on avoit bien veu autrefois que les « trois estats du royaume avoient déposé le roi de France,

(1) Et se iceulx officiers estaient trouvez coulpables, si fussent punis ; se ils étaient trouvés innocents, si voulaient lesdits eleuz qu'ils perdeissent tous leurs biens et demourassent perpétuellement sans office. *Chronique* citée par Lévêque, *La France sous les Valois*, II, 60. — (2) D'Achery. *Spicilegium*, III, 115.

« ou du moins que le pape l'avoit déposé à la requête des « trois estats. »

La conspiration formée, au sein même des états, entre cet ambitieux avocat, devenu évêque et duc de Laon, et d'autres personnages, à la tête desquels était Étienne Marcel, prévôt des marchands de Paris, mit la France à deux doigts de sa perte (1). Mais les temporisations et concessions de Charles le Sage, aidées du patriotique concours des états provinciaux, conjurèrent cet immense péril, et, au moment où Étienne Marcel, après avoir fait assassiner sous les yeux du dauphin ses conseilles intimes, Robert de Clermont et Jean de Conflans, s'apprêtait à ouvrir à Charles le Mauvais les portes de la capitale, il reçut le châtiment de ses crimes, et sa mort prépara la réaction royaliste qui, commencée dans les états du 22 juillet 1357, et continuée dans ceux du 7 novembre 1357, du 14 mai 1358 et du 25 mai 1359, rétablit l'autorité royale sans toucher aux libertés locales, mais en portant une rude atteinte aux prérogatives des états-généraux, dont les violences populaires avaient dégoûté la nation.

XII. — Charles V ne mérite peut-être pas le reproche que lui fait un historien (2), d'avoir cherché, perdant ses seize ans de règne, à hâter le discrédit des assemblées nationales ; mais, instruit par les leçons de sa propre histoire, il reçut des conseils et ne se laissa pas gouverner. Les états, convoqués sous son règne en juillet 1367, en mai et en décembre 1369, n'étaient pas seulement composés de prélats, de princes et de seigneurs. « Et aussi avoient gens « des bonnes villes, envoyés à ladite assemblée, en si « grand nombre, que toute ladite chambre en était

(1) Voyez la *Chronique de Saint-Denis*, ch. XXVIII. — (2) M. SIMONDE DE SISMONDI, *Histoire des Français*.

« pleine. » Mais les attributions de ces états furent très-modestes, et la principale consista à voter, sur la demande du roi, des impôts plus considérables qu'ils n'en avaient jamais accordé (1).

XIII. — Le mouvement démocratique, interrompu par le sage règne de Charles V, recommença avec violence pendant la minorité et la maladie de Charles VI, et chacun, par le royaume de France, ne désira la liberté que pour secouer le joug des impôts (2). C'était alors comme une épidémie révolutionnaire, qui éclatait à la fois en Italie, dans les États de la cité et de la commune de Florence (3), en Flandre, sous Philippe Arteveld, en Angleterre, sous Wat-Tyler. A l'exemple des émeutiers de ces divers États, et en se concertant avec eux, les maillotins de Paris s'insurgèrent, en 1381, pour s'opposer à la perception de nouvelles taxes établies par le duc d'Anjou, régent de France pour Charles VI. Alors, comme de nos jours, le peuple de Paris, tumultueusement assemblé, écoutait avec complaisance la harangue d'un savetier (4), et inspirait à un chancelier de France cette parole : *Dussent-ils le nier cent fois, les rois ne règnent que par le suffrage des peuples* (5). Alors, comme de nos jours, des députés séditieux répondaient à une demande d'impôts nécessitée par les besoins publics : *Potius mori quam leventur!* Alors, comme de nos jours, on passait alternativements des concessions arrachées au roi par la violence du peuple, à l'anéantissement des

(1) Boulainvilliers, II, 210. — (2) Per regnum Franciæ libertatem quisque libentius appetebat et jugum subsidiorum excutere (Moine de Saint-Denis, I, p. 20). — (3) Voyez les *Statuta civitatis et communis Florentiæ*. — (4) Moine de Saint-Denis, p. 132 et 135. — (5) Et si centies negent, reges regnant suffragio populorum (*Ibid.*).

libertés populaires par la puissance royale, rétablie dans toute sa plénitude.

Quel douloureux spectacle que celui de ces états de 1412, où retentissait en quelque sorte, dans les violentes récriminations du clergé et de l'université, de l'hôtel de ville et du parlement, de la faction des Bourguignons et de celle des Armagnacs, la voix des émeutiers cabochiens intimant, par l'organe du chirurgien Jean de Troyes, les ordres du peuple au dauphin, et le forçant de se coiffer du chapeau blanc !

Fort de l'affaiblissement de la France par les divisions des grands et par les violences du peuple, Henri V, roi d'Angleterre, taille en pièces notre armée à la bataille d'Azincourt, et soutenu à la fois par deux grands vassaux de la couronne et par les bourgeois de Paris, il se fait reconnaître, par le traité du 31 mai 1420, héritier du royaume de France. Quelle est, dans ce moment solennel, l'attitude des états-généraux réunis à Paris le 6 décembre 1420 ?

Un roi en démence, Charles VI, leur demande lui-même la ratification du traité de Troyes (1), et ils le jurent sur les saints Évangiles, louant, acceptant, autorisant la paix, et en rendant humblement grâce aux deux rois : « Eamdem pa-« cem laudarunt, acceptarunt et auctorisarunt... referen-« tes humillime gratias utrisque regibus. »

VI. — Charles VII, miraculeusement rétabli sur son trône, convoqua les états-généraux du royaume assez fréquemment. Quoique les procès-verbaux de ces assemblées ne soient pas parvenus jusqu'à nous, on ne peut douter de leur existence, puisqu'elles sont mentionnées dans deux ordonnances, du 28 février 1435 et du 12 novembre 1439. C'est dans des états

(1) Approbatio magnæ et finalis pacis, trecis conclusæ per tres status Franciæ (RYMER'S, *Fœdera*, IV, 192).

de Meun-sur-Yevre, de 1426, que Charles VII obtint l'aide générale et l'offre de messieurs de l'Église, de messieurs les nobles et gens des cités et bonnes villes, pour eux et tous les autres absens et habitants de ce royaume, de leurs corps, leurs biens et tout ce qu'ils pourront finer (c'est à dire financer), et de le servir et obéir envers et contre tous, sans nul except, jusqu'à la mort inclusivement (1). Les états de Chinon, de 1428, accordèrent au roi une aide spéciale de 400,000 livres, et s'occupèrent de quelques réformes intérieures. Les états de Tours, de 1433 et de 1435, rétablirent, sous le nom d'aide générale, un impôt indirect sur les marchandises. Ceux d'Orléans, du 25 octobre 1439, consacrèrent, sur la proposition du chancelier Juvénal des Ursins, l'inaliénabilité du domaine de l'État (2), et organisèrent l'armée et la taille générale, dite de la gendarmerie (3), malgré la vive résistance de la noblesse, qui se sentit frappée au cœur en perdant le nerf de la guerre (4), mais avec l'assentiment du peuple, qui applaudit à la permanence de l'armée et de l'impôt (5), sans calculer le parti que les gouvernements absolus en tireraient un jour contre lui.

Les ordonnances de Charles VII ne s'éloignent pas

(1) MAYER, IX, 146. — (2) DUCLOS, *Histoire de Louis XI*, '. — (3) Taille des gens d'armes levée sur la terre des seigneurs sans passer par leurs mains (art. 42 de l'*Ordonnance* du 29 novembre 1439). — Défense à ceux-ci de rien imposer sur leurs vassaux sans le consentement du roi (art. 42). — (4) Voyez, dans MONSTRELET, les plaintes des seigneurs et réponses du roi.

(5) Las du bon temps du feu roy le tres-saige,
Point n'y avait en temps de lieux truaige
Ne de subsides :
C'était raison de lui payer les aides
Ordinaires, les passages et guides.
(*Vigiles du roi Charles VII*, II, 18.)

d'ailleurs de l'ordonnance de 1355, qui avait statué que la levée de l'aide votée serait confiée, pour chaque pays, à des receveurs choisis par les députés des trois états (1).

Les subsides votés par les états-généraux étaient répartis entre les provinces par les états-généraux eux-mêmes, ou par les délégués réunis au conseil du roi (2).

CHAPITRE IV

DES ETATS PROVINCIAUX CONSIDÉRÉS DANS LEURS RAPPORTS AVEC LA DÉFENSE DU TERRITOIRE, LES FINANCES ET L'ADMINISTRATION.

I. — Les franchises locales respectées par les rois de France avaient établi entre le trône et les provinces un échange de bons offices. Un ancien jurisconsulte dit à ce sujet que le roi et les provinces s'étant joints par les liens d'un mariage politique, rivalisaient de preuves d'affection : les provinces en fournissant constamment des secours d'hommes et d'argent, et le roi en les comblant en échange de tout ce qu'on peut attendre de la munificence d'un prince.

Ce fut surtout dans le quatorzième siècle, époque mémorable des plus grands désastres de la nation, que l'esprit provincial lutta avec énergie contre le malheur des temps, et contribua puissamment à la régénération des

(1) *Ordonnances*, t III, p. 22 ; IV, 181. (2) *Annales manuscrites d'Angoulême*, par M. DESBRANDES, l. XI, p. 216.

institutions et au salut de la France menacée par les ennemis du dehors et du dedans.

En 1363, le Languedoc était infesté par des brigands. Les trois états de la sénéchaussée de Beaucaire et de celle de Nîmes, assemblés à Villeneuve-lez-Avignon sous la présidence du roi en personne, votèrent deux cents hommes et deux cents sergents, sous la réserve de leurs priviléges, franchises et libertés, et avec cette condition, conforme à l'esprit du temps, que si le roi, son lieutenant ou quelque autre officier royal voulait s'entremettre de ce qui regardait cette imposition, elle cesserait aussitôt (1).

« Après la désastreuse bataille de Poitiers et lors de la captivité du roi Jean, les gens des trois états, dit Nicolas Gille, en ses *Annales de France*, de l'autorité du comte d'Armagnac qui était lieutenant du roi au dit pays, s'assemblèrent à Tolose, et libéralement octroyèrent un grand ayde au roi et promirent souldoyer pour un an cinq mille hommes d'armes, mille gens à cheval armés, mille arbalestriers et deux mille partuisaniers, tous à cheval; et, en outre, ordonnèrent qu'audit pays, si le roi n'était délivré durant ladite année, homme ne femme ne porteraient en habillement or, argent, ne perle couleur de vert, ne gris, robes, ne chapperons découpés, n'autres cointises, et que jongleurs et ménestriers ne pourraient jouer de leur métier pendant le dit an (2). »

(1) *Ordonnances des rois de France*, t. III, p. 6,9 et suiv.

(2) En votant dans l'assemblée de 1358 les subsides nécessaires à la rançon du roi captif, les communes des sénéchaussées de Toulouse, Carcassonne, Beaucaire, Quercy et Rouergue eurent soin de faire respecter leurs priviléges, et se réservèrent le choix des collecteurs des subsides, sans qu'il fût permis aux officiers du roi de s'en mêler. D. VAISSETTE, t. IV, p. 295; — MÉNARD, *Hist. de Nîmes*, t. II, p. 185.

Et ce qui rend ce témoignage d'affection d'autant plus glorieux pour la province du Languedoc, c'est que la ville de Paris ayant été requise par le duc de Normandie, fils aîné du roi, de contribuer de ses secours à la conservation de l'État, le refusa. « Monseigneur le duc requit par plusieurs fois à ceux de Paris qu'ils lui voulussent faire aucun ayde pour le fait de la guerre ; mais ils ne voulurent oncques accorder s'il ne faisait de rechef assembler les gens des trois états, ce qu'il ne trouvait pas conseil qu'il dût faire : *at*, ajoute l'histoire après avoir flétri l'ingratitude des Parisiens, *linguæ Occitaniæ et provinciæ narbonensis incolis misericordior animus fuit* (1). »

Le dévouement plein de dignité des provinces de la langue d'Oc se manifesta surtout lors de la révolte de la Jacquerie, à cette époque funeste où le peuple de Paris était devenu l'aveugle instrument des vengeances du roi de Navarre. « Les états du Languedoc assemblés à Mont-« pellier ordonnèrent, dit D. Vaissette (2), pour la garde « du pays, la levée pendant trois mois, à compter depuis « la Saint-Jean-Baptiste, de deux deniers par livre sur « toutes les denrées et marchandises qui seront vendues. »

Le roi Jean entré en France imposa à la langue d'Oil, par une ordonnance du 5 décembre 1360, une contribution sous le nom d'*aide légitime*. Les pays de la langue d'Oc offrirent un équivalent sans avoir été imposés. Du traité de Brétigny, rejeté en masse dans l'assemblée de 1359 par les états de la langue d'Oil, ceux de la langue d'Oc n'effacèrent qu'une seule clause, celle qui donnait aux Anglais la Guienne et la Gascogne. « Ils ne voulurent mie, dit Froissard, du premier obéir à eux, ni eux rendre au roi

(1) Voyez la *Préface des ordonnances des rois de France*, t. III, p. 34. — (2) Tome IV, p. 296.

d'Angleterre, quoique le roi de France les quittât de foi et hommage, car il leur semblait à trop grande adversité, si aux Anglais obéir leur convenait. »

C'est aussi du Languedoc que partit, sous Charles le Sage, l'énergique et généreux mouvement qui poussa les provinces libres au secours des provinces courbées sous le joug anglais, et qui chassa le prince de Galles de la plupart des places fortes dont il avait été investi par le traité de Brétigny. Le franc-alleu du Languedoc, l'un des priviléges les plus importants de la province, fut, au dire de quelques-uns, la récompense des services rendus dans les guerres contre les Anglais (1).

L'exemple patriotique de la province du Languedoc fut suivi par les autres pays d'états.

Les états du Dauphiné, de 1367, achetèrent les châteaux occupés par le comte de Savoie, et obtinrent du roi la faculté d'élire les collecteurs et les répartiteurs des impôts. Les mêmes états, réunis à Romans, en 1398 et 1400, votèrent, à l'occasion du mariage de la fille de Charles VI avec le roi d'Angleterre, une taille de quatre gros par feu sur tous les contribuables.

Les états convoqués à Bordeaux, en 1367, par le prince de Galles, délibérèrent sur le secours réclamé par le roi de Castille.

Les états du Poitou, convoqués par le même prince, en 1368, refusèrent l'impôt et firent un appel à une guerre d'indépendance.

Les états du Quercy, du Rouergue, du Gevaudan, de 1375, 1376, 1385, 1387, s'imposèrent de grands sacrifices, soit pour la tranquillité des grands chemins, que troublaient

(1) Voyez le *Mémoire des syndics de la province lors de l'arrêt du parlement de Toulouse*, du 30 décembre 1595.

d'audacieux aventuriers, soit pour la délivrance du territoire et l'expulsion des Anglais.

Les états du Velay, du Vivarais, du Valentinois, de 1381, 1382, 1385, firent, avec les sénéchaussées d'Auvergne et du Gevaudan, une confédération pour la défense du pays, et accordèrent au duc de Berry, après la mort de Charles V, les secours nécessaires pour chasser les ennemis, encouragés par les divisions de la France.

Les états du Limousin votèrent, en 1399, une somme considérable, pour aider à expulser les Anglais du territoire de la France (1).

Les états d'Auvergne octroyèrent des aides au roi, en 1354 et 1358, et traitèrent directement, en 1374, avec les Anglais, pour faire évacuer le pays; ils obtinrent de Charles VI, en 1389, la décharge d'un impôt arbitraire établi par les ducs de Berry et d'Auvergne sur les habitants de Clermont, votèrent dans les dernières années du quatorzième siècle la levée de gens d'armes et les impôts nécessaires à leur entretien, et octroyèrent au roi, en 1432, 1440 et 1442, les aides nécessités par la guerre de la Praguerie.

Les états de Normandie, mentionnés dans un édit de Louis X, de 1315, votèrent des subsides au roi en 1354, 1358, 1426, 1429.

Les états du baillage d'Amiens en 1360, ceux du baillage de Vermandois et autres furent, aux mêmes époques, convoqués dans le même objet.

II. — Les états provinciaux savaient cependant résister aux demandes importunes d'impôts. Philippe le Bel en fit rudement l'épreuve, lorsqu'oubliant les heureux résultats

(1) Voyez les autorités citées par M. Paquet, p. 76, 89 ; — et par M. Laferrière, *Travaux de l'Académie des sciences morales et politiques*, t. III, p. 114.

des états de 1301, il essaya plus tard de lever des contributions sans les convoquer de nouveau. Ce fut alors qu'on vit se former, dans diverses provinces, de redoutables confédérations de la noblesse et des communes, pour le refus des impositions non votées ; et l'on ne saurait se dissimuler que les rapides et déplorables succès de l'invasion anglaise, sous les règnes suivants, furent dus en partie à cette sourde et profonde irritation, excitée dans les populations françaises par les tentatives réitérées que fit le pouvoir, pour lever des subsides sans leur consentement. Mais l'empressement des provinces, surtout de celles dont l'administration était le plus libre, à verser leur sang et leur or pour la défense de la patrie éclata d'une manière si spontanée et si unanime, qu'il triompha de tous les obstacles, et répara, avec l'aide de Dieu et de Jeanne d'Arc, tous les maux qui accablaient la France (1).

III. — Charles VII acquitta la dette de la reconnaissance publique envers les communes, en substituant à la chevalerie féodale et aux bandes indisciplinées qui, sous le nom de grandes compagnies, avaient ravagé le pays, une armée régulière, permanente et soldée des deniers publics. Comme symbole de cette révolution. il remplaça par la cornette blanche l'oriflamme des anciens rois. C'est du même règne que date l'établissement de l'impôt royal connu sous le nom d'aide et de taille. A ces deux puissants ressorts du pouvoir monarchique se joignirent d'importantes réformes, telle que la Pragmatique-Sanction, la refonte des monnaies, etc., etc. Charles VII qui, à son avé-

(1) Voyez la *Préface des ordonnances des rois de France*, t. III, p. 34. 618, etc. ; — NICOLAS GILLE, *Annales de France* ; — DOM VAISSETTE, t. IV, p. 295 ; — MÉNARD, *Histoire de Nîmes*, t. II, p. 185 ; — PAQUET, *Institutions provinciales*, p. 51, etc.

nement, ne possédait en propre que le Dauphiné, le Poitou, le Berry et la Touraine, reconquit successivement, sur les grands vassaux et sur les Anglais, la plus grande partie du royaume, et tout sembla concourir à relever de ses ruines une monarchie représentative, plus libre et plus puissante qu'elle n'avait jamais été.

Charles VII respecta les franchises des communes et les pérogatives des états provinciaux; il s'empressa de les confirmer sur tous les points du royaume, et trouva en elles un appui contre les complots de son fils et contre les derniers efforts des Anglais. Ce fut à l'aide des secours votés par les états provinciaux, qu'il chassa de la Guyenne ses ennemis héréditaires, ce qui faisait dire aux états de Tours, par les députés de cette province : « Jà ne sera trouvé que le dit pays fut oncques désobéissant à son souverain et naturel seigneur, ne refusant à le secourir en toutes ses affaires, quelque nullité ou pauvreté qu'il eût souffert. »

La nation française, sauvée par les états provinciaux de l'invasion étrangère, recouvra par eux la puissance législative, qu'elle avait exercée autrefois dans les champs de mars et de mai.

Guy-Coquille (*Histoire du Nivernais*, p. 445) prend soin de rappeler «qu'anciennement le pouvoir des états était tel, qu'il n'était loisible au roi de mettre sus nouveaux subsides sans le consentement des états, mais que le pouvoir des parlements n'est pas tel, car il est pour juger les causes des particuliers, et pour recevoir, faire publier et enregistrer les lois que le roi fait. » Guy Coquille ajoute : « L'autre pouvoir des états est au fait des coutumes, qui tiennent lieu et sont le vrai droit civil des provinces, en l'accordance dequelles coutumes est représentée l'ancienne liberté du peuple français, en tant qu'il avait et a encore aujourd'hui droit de faire loy sur soy-même, qui était le même droit qu'avait le peuple romain, quand étant assemblé en comices et étant distribué par certain ordre, il était interrogé par le consul ou par le tribun, s'il lui plaisait que telle et telle chose fût ordonnée et tenue pour loy. »

« C'est vérité, ajoute le publicite nivernois, que nos coutumes sont notre vray droit civil et ne sont pas comme statuts, ainsi qu'aucuns Français par imitation et singerie des docteurs ultramontains les appellent ; car l'Italie est régie par le droit civil des Romains, qui est leur droit commun ; et si on fait quelque loi particulière pour une ville ou contrée, elle est outre ou contre le droit commun, pourquoy elle doit être prise étroitement, et ce sont les statuts. Or nos prédécesseurs français qui savaient plus faire que dire ou écrire, ont fait leurs loix non écrites ,reçues et admises par usages et tacite consentement du peuple.

« Et parce que depuis l'arrivée de la cour de Rome en Avignon, le peuple françois apprit à devenir plaideur, en plaidant, les coutumes étaient mal aisées à prouver n'étant pas écrites, et la chicanerie faisait que chacun les interprétait à sa fantaisie : les preuves des coutumes devaient être par turbes, et convenait avoir deux turbes pour le moins, chacune turbe n'étant comptée que pour un témoin, et étaient nécessaires dix témoins pour chaque turbe. Le roy Charles VII, après avoir chassé de France les Anglois, fit plusieurs ordonnances salutaires pour la réformation en l'an 1454, et par l'article 125 ordonna qu'en chacune province du royaume les coutumes fussent arrestées et rédigées par écrit : cela se fait en l'assemblée des trois états de chacune province, ou des députés en la dite assemblée qui représentent tout le peuple, et par le témoignage, avis et volonté des dits états, les anciennes coutumes sont rapportées et prouvées, et si elles semblent bonnes elles sont confirmées, sinon sont réformées ou autres nouvelles faites. Ce qui fait connoitre que la puissance de faire ces lois est originairement ès mains du peuple : car les lettres-patentes du roy ne sont que pour permettre et authoriser cette assemblée : et les conseillers du roy, commissaires sont pour régler cette assemblée et pour faire registre de ce qui est arrêté. »

Par le passage qu'on vient de lire et par les observations qui précèdent le commentaire de Guy-Coquille sur la coutume du Nivernais, on voit que les lettres-patentes des rois convoquaient les états provinciaux pour les *réformations*, *modifications* et *abrogations des coutumes*, et reconnaissaient par conséquent le pouvoir législatif des états provinciaux. Ce pouvoir était exercé par eux, mais à une condition, savoir : que les trois ordres fussent d'accord. En cas de dissentiment, on en référait au parlement.

IV. — Gardiens sévères de l'indépendance du pays et de son droit sacré et imprescriptible de ne recevoir des lois que de lui-même, les états provinciaux concoururent avec les états-généraux à maintenir le principe fondamental dont nous avons parlé dans le chapitre précédent, celui qu'il n'y a d'impôts légitimes que ceux qui ont été votés par la nation. L'administration financière trouvait de précieuses ressources dans leur coopération.

« Au retour dans leurs provinces des députés des états-généraux qui avaient voté les impôts, les états-d'icelles provinces, dit le publiciste nivernois (1), élisaient certains bons personnages bien connaissant les moyens et facultés des paroisses, pour départir à chaque paroisse la somme qu'elle devait payer, d'où est venu le mot de l'office de l'élu. »

(1) Œuvres de Guy Coquille, t. I, p. 279.

V. — Les finances et toutes les autres branches de l'administration publique trouvaient des ressources fécondes dans la combinaison des éléments multiples et concordants, qui formaient autour du trône un faisceau de forces sociales à la fois libres, intelligentes et dévouées au bien général.

La commune, la province, l'État, concouraient aux travaux publics, chacun dans sa sphère territoriale. L'administration de ces travaux était purement domaniale (1). Ni les rois, ni les grands feudataires dans leurs provinces ne s'en occupaient. C'était exclusivement affaire d'intérêt local. Les assemblées communales, diocésaines et provinciales réglaient chacune ce qui les concernait ; le roi ne se chargeait des travaux à entreprendre que dans son domaine et sur les terres dont il avait la propriété. Ce n'est que du seizième siècle que date un commencement de centralisation des travaux publics.

Les écoles publiques et les établissements de bienfaisance étaient administrés d'après des principes analogues, et l'on trouve dans les anciens recueils (2) une foule d'édits, d'arrêts du conseil, de délibérations des états qui autorisent les communes, les diocèses, les provinces à s'imposer des taxes soit pour les écoles et les colléges, soit pour les églises paroissiales et les presbytères, soit pour les cathédrales et les palais épiscopaux, soit pour les hospices, les maladreries et autres établissements de ce genre.

VI. — L'organisation de nos provinces était merveilleusement adaptée à l'ancien régime politique, et Louis XVI, dans son amour sincère de la liberté, avait eu raison de

(1) DARESTE, *Histoire de l'administration*, t II, ch. XIV, p. 17. — (2) ALBISSON, *Lois municipales du Languedoc*, t V, art. 5, p. 689 ; art. 7, p. 734 ; — CORIOLIS, *Administration de la Provence*, t. III, p. 122.

vouloir en faire le couronnement des institutions municipales de la monarchie régénérée. La science administrative aurait beaucoup à gagner à l'étude des nombreux documents conservés dans les bibliothèques publiques (1) des administrations provinciales, rétablies ou fondées par les lettres-patentes du 9 mai 1779.

Le préambule de cet édit, où respire tout entière l'âme du vertueux Louis XVI, constate la nécessité de l'économie dans les finances, et les ressources que pourraient offrir sous ce rapport, aux intentions bienfaisantes de Sa Majesté, « la marche uniforme et suivie des administrations pro-« vinciales, leur attention plus subdivisée : les diverses « connaissances qu'elles pourraient rassembler, et qui, « en écartant l'arbitraire, assureraient davantage la jus-« tice des répartitions ; la forme d'abonnement qui, en « fixant la somme demandée à chaque généralité, rendrait « tous les propriétaires intéressés à prévenir les abus, et « à féconder les ressources générales de la province ; la « publicité des délibérations, et l'honnête émulation qui « en résulte ; le maintien des principes éprouvés par l'ex-« périence, et cette tendance vers la perfection des éta-« blissements plutôt que vers les changements et les nou-« veautés. »

« En ramenant à un même centre, » dit prophétiquement

(1) On a recueilli, à la Bibliothèque de la rue de Richelieu, vingt-trois volumes in-4° renfermant les procès-verbaux des séances des assemblées provinciales établies par Louis XVI dans les provinces d'Alsace, d'Anjou, d'Auvergne, du Berry, de Champagne, de la Haute-Guienne, du Hainaut, de l'Ile de France ; dans les généralités d'Alençon, d'Auch, de Lyon et de Tours ; dans les duchés de Lorraine et du Bar, dans les provinces de Haute, Moyenne et Basse-Normandie, de l'Orléanais, du Soissonnais, du Poitou, du Roussillon, des trois évêchés et du Clermontois.

l'auteur de ce préambule, « tous les détails de l'adminis-
« tration des finances, la disproportion entre cette tâche « immense et la mesure du temps et des forces du ministre « honoré de la confiance du roi, ou étend trop loin les au- « torités intermédiaires, ou soumet à des décisions rapi- « des des intérêts essentiels, tandis que ces mêmes inté- « rêts, remis à l'examen d'administrations locales sage- « ment composées, seraient presque toujours mieux connus « et plus sûrement balancés. »

La haute sagesse de ces vues administratives fut constatée par neuf ans d'expérience ; et la collection des délibérations des assemblées provinciales, reconstituées par Louis XVI (1), doit exciter l'admiration des juges les plus éclairés.

Impositions, travaux publics, grands chemins, canaux, agriculture, commmerce, manufactures, établissements de charité, tout y est traité avec justesse et profondeur. — « Sur tous ces objets intéressants, dit un savant publiciste (2), il y a des détails, un intérêt, un esprit, une âme, si je peux parler ainsi, que l'on ne trouve pas en général dans la plupart de nos lois froides, maigres et partielles, et que ne peuvent jamais avoir des ordonnateurs étrangers, indifférents, éloignés et occupés d'une immensité d'affaires. »

En Angleterre, dans ce pays classique du *self government*, le bienfait de Louis XVI fut apprécié à sa juste valeur, et le général Conway disait, le 28 avril 1780, à la

(1) « L'administration des pays d'états, à quelques exceptions près, le régime des intendants, à quelques abus près, est ce qu'il y a de mieux dans mon royaume, » disait Louis XVI (*Louis XVI peint par lui-même*, p. 361). (2) PROST DE ROYER, *Dict. de jurisprudence*, t. II. — V° *Administration provinciale*.

Chambre des Communes : « Un jeune prince, successeur et émule du grand Henri, parlant à ses sujets comme un père parle à ses enfants, leur expose la situation dans laquelle il a trouvé sa famille lors de son avénement au trône, et les faits de sa sagesse, en leur communiquant des vues d'économie et de réforme... Il a senti que l'économie était le seul remède qui pût être efficacement appliqué à un mal qui, tirant déjà sur la consomption, conduisait à pas lents vers la dissolution du corps politique. Pénétré de cette vérité, ce roi patriote (*patriot King*) a tourné toutes ses vues du côté de l'économie. Affermi dans son dessein par de sages conseils, inébranlable dans sa résolution, il a eu la force d'exécuter le projet qu'il avait eu la grandeur d'âme de concevoir. Un peuple heureux en recueille déjà les fruits. Une marine créée, une guerre dispendieuse à soutenir : Louis XVI pourvoit à tout. »

VII. — Pourquoi des éloges si mérités n'ont-ils eu en France qu'un faible écho? Pourquoi le restaurateur des vieilles libertés françaises, loin de trouver un appui populaire dans ses généreux desseins, ne trouva-t-il dans sa patrie qu'ingratidude et dédain pour ses réformes administratives? C'est que les états provinciaux avaient encouru par leur caractère aristocratique la haine du parti démocratique et révolutionnaire. « C'est, dit un publiciste contemporain (1), que les prélats, les barons et les nobles étaient de droit membres des états provinciaux, tandis qu'ils n'arrivaient que par l'élection dans les états-généraux; c'est que les chartes provinciales étaient d'ailleurs toutes favorables aux droits des seigneurs et aux prérogatives des deux premiers ordres. »

(1) M. LAFERRIÈRE, *Etude sur les Etats provinciaux* (*Travaux de l'Académie des sciences morales et politiques*.

On ne peut nier que la charte aux Normands et celles des autres provinces féodales ne parlent beaucoup moins des communes que des droits féodaux et des justices seigneuriales, quoi qu'on y trouve cependant, comme nous l'avons déjà remarqué, des dispositions assez importantes sur la liberté individuelle, sur les taxes illégales, sur l'indépendance des juridictions bourgeoises, etc. Quant aux provinces méridionales, aux pays de franc-alleu, ce n'était pas sur des chartes que reposaient les libertés communales et provinciales, elles se perdaient dans la nuit des temps et étaient inhérentes au sol et à la constitution des familles. C'étaient des rameaux plus ou moins touffus de l'arbre des libertés publiques, dont les racines plongeaient dans la terre depuis un temps immémorial, et dont les branches s'étaient développées dans le cours des âges.

Quels que fussent au surplus les abus des états provinciaux, l'Assemblée contituante aurait pu les corriger, sans détruire un principe à la fois conservateur et libéral au profit d'une administration autocratique. En déracinant toutes les traditions de la France, elle a frayé les voies au despotisme révolutionnaire, et nous recueillons les tristes fruits de sa politique imprévoyante (1). Puissions-nous, en mettant à profit le principe d'égalité qui est, depuis 1789, le fond de toutes les constitutions politiques de la France, et en présence duquel il est presque ridicule d'évoquer le fantôme des ordres privilégiés, chercher dans des corps administratifs doués de plus de vie politique que les conseils généraux de nos maigres départements, des moyens d'action plus efficaces pour le progrès matériel et moral des populations !

(1) Voir l'*Introduction au droit municipal dans l'antiquité*, XXXIX.

LIVRE VI

DROIT MUNICIPAL AU MOYEN AGE DANS LE DAUPHINÉ, LA PROVENCE ET LE LANGUEDOC.

CHAPITRE PREMIER

CARACTÈRES GÉNÉRAUX DU DROIT MUNICIPAL EN DAUPHINÉ (1).

I. — La contrée qui s'étend des riches plaines du Rhône et des vallées fertilisées par l'Isère jusqu'aux monts glacés de l'Oysans, et qui se partageait, dans la période gallo-romaine, en deux districts : la Viennoise habitée par les

(1) *Silva Dionysii Salvagni equitis Delphinalis* (1632). *Description du Dauphiné*, extraite du premier livre de l'*Histoire des Allobroges*, par DU RIVAIL ; — *Mémoire pour servir à l'histoire du Dauphiné*, par VALBONNAIS ; — *Mémoire sur la quatrieme race des dauphins*, par DUPÉRIER ; — *Essai sur l'histoire du Dauphiné*, par M. DE FAURES ; — AYMARII RIVALLI. *Delphinatus* ; — *Delphinalia*, par GARIEL ; — *Histoire du Dauphiné*, par TAULIER ; — *Plaidoyer pour le tiers-état du Dauphiné contre les deux premiers ordres dudit pays*, par RAMBAVEL ; — *Défense de la noblesse du Dauphiné*, par DUFOS ; — *Galliæ Delphinatusque panegyricus*, a CLAUDIO LYONNARD ; — *La province du Dauphiné*, par ALLARD ; — Statuta Delphinalia, hoc est libertatis per illustrissimos principes delphinos vienneuses delphinalibus subditis concessa statutaque et decreta ab iisdem principibus ; necnon magnificis Delphinatus præsidibus, quos gubernatores dicunt, et excelsum Delphinalem senatum edita..... Adjecta interinatione litterarum dissectionis sive dismembrationis comitatus astensis a senatu mediolani, et ad-

fiers Allobroges, et les Alpes cottiennes où régnait, en face de César-Auguste sûr son trône presqu'inaccessible des Alpes Briançonnoises, un petit prince, le roi Cottius (1), conserva, après l'invasion germanique, le régime municipal romain modifié par l'influence ecclésiastique.

Cassiodore raconte que Théodoric, roi des Ostrogoths, envoyant un *fridibundus* dans les Alpes Suéviennes pour y faire paître les troupeaux en été, lui remet une lettre adressée à tous les défenseurs et curiales provinciaux et chevelus de ces localités : *Universis provincialibus et capillatis defensoribus et curialibus sueviæ.* Le régime municipal des Ostrogoths en Italie, sous le règne de Théodoric, dut naturellement s'étendre aux Alpes Briançonnaises qui ont été occupées par les Goths à diverses époques. C'est ce qui résulte des articles 52 et 53 de la loi des Visigoths, qui prescrivent des gestes municipaux (*roborata gestis municipalibus*) pour la confirmation des actes de donation et de tradition, et qui désignent à cet effet divers fonctionnaires du municipe, tels que les duumvirs, les défenseurs de la cité, le quinquenal ou trois curiales. On trouve des dispositions semblables dans les lois des Burgundes qui envahirent l'antique Viennoise. La loi Gombette, rédigée par l'ordre du roi Gondebaud, dispose (art. 55-62) en ces termes : *Causam romanis legibus terminari... romano jure conten-*

junctionis dicti comitatus insigni curiæ parlamenti Delphinatus. Gratianopoli, 1619. *L'état politique de la province du Dauphiné*, par CHORIER, Grenoble, 1671 ; — *Essai sur les anciennes institutions autonomes et populaires des Alpes cottiennes-briançonnaises, etc.*, par M. FAUCHÉ PRUNELLE (Grenoble, 1856) ; — *Influence des institutions dauphinoises sur le droit civil*, par M. BURDET.

(1) *Histoire du diocèse d'Embrun*, t. I, p. 37 et 216 ; — CHORIER, *Histoire du Dauphiné*, t. I, liv. VI, § 5.

dere... Sigismond fils, et successeur de Gondebaud, rappelle, dans le § 7 du titre 1er de l'addition faite à ce code, l'exécution du code Théodosien : *Secundum legem Theodosii.* Le droit romain se maintint donc dans le Dauphiné, et si les Goths et les Burgundes y introduisirent quelques nouvelles dispositions, ce ne fut que par rapport à eux-mêmes (1). Les invasions lombardes, mentionnées comme ayant eu lieu vers la fin du quatrième siècle, par Grégoire de Tours (*hist. Franc.*, l. IV), par Paul Diacre (*De gestis Lougob.*, l. III), par Fauriel (*Histoire de la Gaule méridionale*, t. II, p. 186), n'ont laissé que peu de traces dans les coutumes du Dauphiné. Les invasions sarrasines des septième et huitième siècles en ont laissé moins encore, et l'histoire du Dauphiné sous les rois de Bourgogne et d'Arles, et sous la domination de ses comtes du Gresiaudan et de ses dauphins, nous montre cette antique patrie du droit italique jouissant des institutions municipales dont la domination romaine ne l'avait pas deshéritée.

II. — Les trois jurisconsultes classiques du Dauphiné, Guypape, Expilly et Salvaing, qui ont écrit, le premier au XVe siècle, le deuxième au XVIe et le troisième au XVIIe, s'accordent cependant à reconnaître que les constitutions féodales contenues dans le *livre des fiefs lombards* formaient le droit commun pour tous, et que ce droit était observé comme droit écrit dans la *patrie* du Dauphiné, excepté en quelques points sur lesquels la coutume était contraire (2).

(1) *Histoire du Dauphiné*, par FONTANIEU ; — *Histoire des Hautes-Alpes*, par M. DE LADOUCETTE, p. 31. — (2) Constitutiones feodales clausæ in libris feudorum faciunt jus commune apud omnes; et ita etiam in hac patria Delphinatus sicut jus scriptum servatur, exceptis aliquibus in quibus consuetudo contraria re-

La main morte s'y était établie avec ses conséquences naturelles (1). Non-seulement on y assimilait les fiefs aux biens patrimoniaux; mais on y dépassait même le droit commun de la France, en ce sens que le retrait féodal n'y était admis que lorsqu'il avait été réservé par l'investiture. « En ce pays du Dauphiné, disait le président Expilly (2), les fiefs ont passé bien avant, car ils ne sont pas seulement héréditaires, mais comme le reste du patrimoine. » « Il est peu d'hommages réels au-dessus de trois cents ans, disait Salvaing (3), qui n'obligent le vassal, outre le service militaire, *sequi et juvare dominum de placito*, ou bien *facere placitum*. Avant le XIVe siècle, le dauphin était regardé comme le propriétaire de toutes les terres vagues de son domaine, et l'historien de la province, Chorier attribue aux concessions du dauphin l'origine de la plupart des droits d'usage des habitants dans les prairies, dans les forêts, dans les pâturages de toutes sortes (4).

L'origine germanique des fiefs, que nous avons établie ailleurs d'une manière générale, aurait dû d'autant moins être contestée pour le Dauphiné (5), que l'empereur d'Allemagne était seigneur suzerain du comté et de ses alleux (6), et que l'hommage rendu au dauphin était un hommage-lige, conçu dans les termes les plus étendus et

peritur (GUIDOPAPA, quest. 297, p. 191; — *Id.*, quest. 314; — EXPILLY, *Plaid.* 27 ; — SALVAING, I, ch. XIII.) — (1) BRUSSEL, *Des fiefs*, t. II, p. 905 ; — SALVAING, ch. XXXII. — (2) *Plaidoyers, arrêts et reglements notables.* — (3) *De l'usage des fiefs*, ch. XII. (4) *Histoire du Dauphiné*, p. 87, 88, 125, 135, 143, 304, etc. — (5) Voir FAUCHÉ-PRUNELLE, *Essai sur les institutions autonomes du Briançonnois.* — (6) Ut dictus comitatus et allodia supra dicta a nobis et imperio teneantur (*Lettres patentes de* 1247, citées par SALVAING, *Usage des fiefs*, part. 2, p. 6 et 7).

enchaînant la personne et les terres du vassal (1). L'ambition des dauphins, dit Valbonnais, t. I, p. 244, ne permettait guère à ceux qui possédaient des terres en franc-alleu dans leur voisinage de conserver leur indépendance; presque tous avaient été assujettis. En Dauphiné, le pacte féodal était à la fois personnel et réel, et Chorier, t. I, p. 841, nous apprend que la maison des Allemand de Valbonnais était la seule qui fût déchargée de l'hommage de ses terres et obligée seulement à celui de la personne.

III. — Les effets de l'affaiblissement du pouvoir central se firent sentir, à la fin du neuvième siècle, dans le Dauphiné, et les progrès de la tyrannie et de l'anarchie féodale dans le siècle suivant sont attestés par le concile d'Anse, tenu en l'an 995, qui signale les grands comme des hommes inquiets et avides, qui envahissent les biens ecclésiastiques, et qui vont jusqu'à ruiner des églises par leurs violences. La province était divisée en petits États gouvernés par des seigneurs dont la puissance fut peu à peu tempérée par des chartes communales.

Tel était l'état des choses, lorsque le dauphin Humbert II traita, en 1330, avec Philippe de Valois de la cession du Dauphiné à la maison de France. Charles V en prit possession, avec tout droit de propriété, d'hérédité, sous la réserve seulement de ses coutumes, franchises et libertés anciennes; et le roi de France, devenu dauphin, jura de les maintenir, par son serment du 13 juillet 1349, en imposant à ses successeurs l'obligation de remplir la même formalité entre les mains de l'évêque de Grenoble, lors de leur avénement au gouvernement du Dauphiné (2). Cet

(1) Fecit hommagium ligium, præstitit fidelitatem ligiam. ... complosis manibus, interveniente oris osculo.

(2) Jure hæreditario, in possessione et proprietate... cum omni

acte de transport rompit tous les liens de cette province avec l'empire d'Allemagne. Le silence qui y est gardé, ainsi que dans le statut de Humbert II, qui le précéda, sur le *Livre des fiefs lombards*, prouve d'ailleurs, que, dans la pensée des deux parties contractantes, on tendait à alléger autant que possible le joug féodal.

IV. — Le régime des fiefs subit, en effet, à cette époque des modifications profondes ; la justice féodale, exercée auparavant par les pairs de chaque fief dominant, c'est-à-dire par la cour seigneuriale, formée selon les coutumes lombardes; fut remplacée par celle des barons, des bannerets et autres sujets du dauphin ayant château, territoire, bourgs et juridictions avec autorité pleine ou mixte, sauf appel à la cour supérieure du dauphin, appelée *curia delphinalis* ou *sedex judicaturæ majorum appellationum*. La mainmorte fut abrogée par l'act. 50 du statut, et ce fut désormais dans le Dauphiné une règle, contraire à celle qui régnait dans la plupart des provinces, que le vassal pouvait prescrire contre le seigneur le domaine direct, la foi, et la liberté du fief, qui reprenait alors le caractère d'alleu, c'est-à-dire de propriété une, pleine et libre (1).

De là les principes spéciaux, professés par les jurisconsultes du Dauphiné anciens et modernes, et consacrés par les arrêts de la cour de Grenoble (2), héritière en cela des

dominio utili et directo... Servabit Carolus et servare promittit ipsis prælatis et patriæ nobilibus et aliis subditis, ejusdem inviolabiliter bonos usus, consuetudines, libertates suas et privilegia eisdem a dicto delphino vel suis prædecessoribus, tam antiquo quam de novo concessa, secundum continentiam eorumdem, ipsaque per suas litteras solemniter confirmabit (V. SALVAING, *De l'usage des fiefs*, p. 15, 29, 31 et 32). — (1) GUYPAPE, quest. 313 ; — EXPILLY. *Plaid.* 27. — (2) V. notamment un arrêt de la cour de Grenoble du 9 février 1853, dans la cause du marquis de Belmont contre diverses communes.

traditions du parlement. De là, notamment, cette maxime qu'en Dauphiné les héritages étaient réputés francs et libres, et que les seigneurs qui y exerçaient la directe universelle, la haute, moyenne et basse justice, n'avaient pu requérir, en vertu de ces droits seuls, le domaine utile sur les terres faisant partie de leur juridiction. « La qualité de seigneur, dit un jurisconsulte de Grenoble (1), était bien attributive du droit de juridiction sur toute l'étendue de la terre, ainsi que quelques autres droits qu'on appelait de petites régales, tels que ceux de pêche et de chasse, le droit de disposer des eaux des ruisseaux et des chemins publics, et autres de cette nature ; mais la qualité de seigneur n'attribuait aucun droit de propriété sur les immeubles de toutes espèces, que pouvaient posséder les communes ou les particuliers, dans l'enclave d'une seigneurie, et le seigneur n'avait sur les biens communaux aucun autre droit que la faculté d'en jouir avec les autres habitants de la commune, comme premier et principal habitant... C'est ce qu'atteste Cravetta, auteur de la province, en son conseil 154, n° 1, d'après la disposition du § *universitatis*, *Instit. de rer. divis.* C'est ce que décide plus particulièrement encore Salvaing, *De l'usage des fiefs*, ch. XCXVI.

V. — Les principes de franc-alleu, joints aux traditions du droit italique, et à l'amour de la liberté des descendants des fiers Allobroges favorisèrent le développement des vieilles libertés de la patrie delphinale. Ces libertés, dit Guy-Allard, étaient tellement sacrées, que le dauphin, à son avénement, prêtait serment de les observer : *Serenissimus dominus noster modernus juravit libertates præsentes patriæ observare.* Constatées par des titres, dont un grand

(1) M. DUPORT LAVILETTE, *Questions de droit*, t. I, p. 540.

nombre fut détruit par l'inondation de 1219 et par l'incendie de 1252, elles étaient l'œuvre commune des évêques et des dauphins (1), et apparaissaient, sous un double aspect, comme libertés provinciales et comme libertés communales.

L'origine des états du Dauphiné remonte, sinon aux assemblées gauloises, allobrogiennes ou germaniques, du moins aux parlements ambulatoires, que les chartes du onzième siècle nous représentent composés d'hommes religieux et respectables, grands par le privilége et par les fonctions publiques, pour rendre, sous la direction commune des comtes et des évêques, la justice à toute la province (2).

De ces assemblées, formées des deux états qui existaient seuls à cette époque, naquirent, sous les derniers dauphins du Viennois, les deux conseils, l'un judiciaire, devenu successivement le conseil delphinal, la cour delphinale, *consilium delphinale*, *curia delphinalis*, et puis le parlement de Grenoble; l'autre administratif, appelé le grand conseil, *concilium magnum*, qui s'est transformé en états-généraux du Dauphiné.

C'est au concours persévérant de ces deux conseils que

(1) Instrumentum confirmationis libertatum civitatis per omnes Falc. epi. Gratian. et Delph. vien. (*Archives de Grenoble*, tit. n° 738), — *Livre de la chaîne,* ainsi nommé parce qu'il était retenu à une table par une chaîne de fer, f° 16, verso.

(2) Venientes namque religiosissimi et venerabiles patres illustrissimaque societas comitum, solito more, sicut in aliis locis; salmoringen villam... Cæteri quamplures... majores privilegio et proceres potestate, ut de communi tractarent utilitate ad justitiam totius provinciæ (*Charte de* 850, rapportée par Chorier, *Etat politique*, t. I, p. 111) ; — V. aussi le *Recueil des conciles*. t. IX, p. 423 ; — *Assemblées de Varennes en* 889, *et de Valence en* 890, et *Recueils des historiens de France*, t. IX, p. 675 et 702.

le Dauphiné a dû le maintien du droit romain, du franc-alleu, des libertés municipales, et surtout du principe de droit public que Guy Pape résume en ces termes, dans sa question 371 : « In hoc patria delphinatus, dominus nos-« ter delphinus non potest, propria auctoritate, imponere « tallias, invitis hominibus patriæ, secundum libertates « concessas per dominum Humbertum delphinum; atta-« men gentes trium statuum concedunt quandoque dona « graciosa. »

Valbonais (1) attribue à Humbert II l'introduction, dans les états du Dauphiné, par des lettres de convocation d'un parlement ou conseil général datées du 26 juin 1338, des syndics des communautés, et autres personnes : « Omnibus « et singulis nobilibus, prioribus, conventualibus et aliis « quibuscumque, ac syndicis, et cœteris personis, omnibus « et singulis... quæ mandatæ erant pro dicto parlamento « significetis præsens contramandum, etc. ». Des lettres du même prince, datées d'Avignon, le 23 mai 1345, convoquaient à une assemblée générale de province les *populaires et les communautés.* « Volumus et concedimus quod « omnes et singuli nobiles... pro se, et singulorum cas-« trorum populares et communitates pro se, possint et « debeant seipsos ad invicem congregare, etc.

VI. — Les états du Dauphiné survécurent à l'acte de transport qu'Humbert II fit en faveur de la France, afin que, par son bras puissant et sa main forte, la province pût être mieux préservée et gouvernée sous le culte de la justice, de la tranquillité et de la paix : « Quod sub favore et « protectione illustrissimi principis domini regni Franciæ « et posteritatis suæ, Delphinatus terræ, subditi et vassalli « nostri a scandalis, adversitatibus et periculis, sub potente « brachio et manu forti possent quietius et utilius præser-

(1) *Mémoires pour servir à l'histoire du Dauphiné*, n. 126. p. 382.

« vari, et sub cultu justitiæ, tranquillitatis et pacis salu- « brius gubernari. » Charles, premier dauphin français, devenu depuis le roi Charles V, reconnut à la fois la soumission du Dauphiné à la souveraineté nominale des empereurs, et l'accession à la France, mais non d'une manière inséparable, comme le dit Dumoulin, par erreur, dans son *Commentaire de la coutume de Paris* (tit Ier, art. CXIII). Quoique faisant partie du royaume de France, le Dauphiné, dit Valbonais (T. II, p. 605), fut possédé séparément et à un titre différent, celui d'adjonction conditionnelle (arrêt du parlement de Grenoble de la fin du dix-huitième siècle). Les états du Dauphiné étaient des états-généraux composés des trois ordres, comme les états-généraux de France, et prétendaient être distincts de ceux-ci, même quand ils faisaient partie de la même assemblée. « Nos états, dit Murinais, dans son *Histoire du Dauphiné*, ne se sont jamais mêlés avec les états-généraux du royaume, de peur de contribuer aux charges; et s'ils ont été contraints d'y venir, leur réquisition a été distincte et séparée des autres, comme appert par les cayers des états ci-joints, tenus à Tours ès mois de janvier, de febvrier et mars l'an 1483. Cette raison me fit roidir aux derniers estats de Paris, estant dans la chambre de la noblesse, député de nos estats, qu'aux cayers qui seraient présentés au roi nostre qualité fût séparée d'avec les autres; néantmoins nous ne le peusmes emporter, de quoy nous demandâmes acte, afin que cette action ne tournast à l'avenir au préjudice de notre province. »

Les libertés provinciales du Dauphiné et du Briançonnais, successivement garanties par tous les rois de France, avaient pour corollaire et pour complément les libertés communales, dont nous ne pouvons offrir que quelques exemples pris dans les cités les plus importantes.

CHAPITRE II

STATUTS DES PRINCIPALES VILLES DU DAUPHINÉ ET DES ALPES BRIANÇONNOISES.

I. — Il y avait dans le bas Dauphiné trois cités principales : Vienne, Valence et Grenoble, et quelques villes secondaires, situées sur les bords du Rhône, de l'Isère et de la Drôme.

Quand Gondebaud, roi des Bourguignons, s'empara de Vienne, il ordonna, dit Grégoire de Tours (1), de mettre à mort les *sénateurs* qui avaient suivi le parti de Gondesile, son frère. Dix ans après, l'archevêque Avitus disait dans son homélie, *de rogationibus* : *Perturbatur a quibusdam Viennensis status, cujus tunc numerosis illustribus curia florebat.*

Le mot : *senatus* ou *curia*, dit l'historien du droit romain au moyen âge (2), désigne ici la noblesse, et ses membres nombreux composaient alors la *curie* ou l'*ordo*. Dans une charte de donation de l'an 520, relative à la fondation d'un couvent de filles près de Vienne, il est question du noble sénat de cette ville (3). En 696, le testament d'Ephibius, abbé de Géniac, est présenté au vénérable sénat de Vienne, *sacro senatui*, et parmi les sénateurs qui le confirment se trouvent le défenseur de la cité *Eulogius parens* et le questeur *Simplicius* (4).

(1) GREGOR. TURON., *Hist. Franc.*, lib. II, ch. XXXIII. — (2) M. DE SAVIGNY, t. I, p. 201. — (3) MABILLON, *De re diplomatica*, p 463. — (4) D'ACHÉRI, *Spicilegium*, t. III, p. 318, 319.

La ville de Vienne s'administrait elle-même par ses mandataires, élus sous l'autorité de l'archevêque, qui donnait force exécutoire aux rôles dressés par les citoyens.

La constitution municipale aristocratique de Vienne se maintint après l'invasion des barbares sans dégénérer ni en tyrannie, ni en démocratie turbulente. Les chartes données en 1221 et 1266, par l'archevêque Jean de Bournin, seigneur temporel de Vienne, furent, comme dans presque toutes les villes du midi, non des concessions arrachées à main armée, non pas même des libéralités des seigneurs, mais des reconnaissances de franchises immémoriales. Province *juris italici*, Vienne et les terres qui en dépendaient restèrent affranchies de tout impôt direct (1). L'administration, exercée par huit syndics, procureurs ou consuls, était autonome, mais dépendante, quant à la juridiction, de l'autorité de l'archevêque, qui prêtait main-forte pour l'exécution des délibérations communales (2).

II. — Valence se composait d'une ville bâtie au bord du Rhône, et d'un bourg situé au nord, remarquable par ses églises, notamment par celle de Saint-Pierre, attribuée à Charlemagne. L'administration municipale, tant de la ville que du bourg, appartenait à un corps municipal peu nombreux et sans aucune juridiction, composé de syndics et

(1) In primis, quod quicumque habens Vienne domum non solvat leydam vendendo vel emendo. Item habitatores Viennenses non solvant pedagium (*Ordonn. des rois de France*, t. VII, p. 430).

(2) Item quod cives et habitatores Vienne prædicti, si facere voluerint collectam ad opus ville et pro necessariis ejusdem, hoc facere possint et valeant, et dictus dominus archiepiscopus consentire debeat et ibi illos qui solvere noluerint compellere teneatur (*Ibid.*, p. 434), et collecta imposita ad requisitionem dictorum civium, dominus archiepiscopus administrabit duos badellos pro dicta collecta levanda et executione demanda (MENESTRIER, *Histoire de Lyon, Preuves*, p. 95).

de conseillers appelés consuls, d'un secrétaire et d'un mandateur, officier chargé de faire les commandements de service pour la garde urbaine, et d'avertir les magistrats du jour où ils auraient à tenir conseil (1).

Valence était, comme Vienne, dispensée de tout impôt direct et même de toute taxe indirecte (2).

De violents démêlés entre les habitants de Valence et leur seigneur temporel éclatèrent pendant les douzième et treizième siècles. La lutte fut vive, et l'évêque, Guillaume de Savoie, ayant été forcé de quitter la ville, il s'y établit un gouvernement révolutionnaire, composé d'un recteur investi de tous les pouvoirs, sauf la juridiction, et d'un juge, borné à la compétence judiciaire, lesquels se réunissaient *dans la maison de la confrérie*, et avaient pour assesseurs des conseillers élus, et à leur ordre un crieur public (3). Mais ce régime fut de courte durée, et par un traité de paix conclu en 1229, les habitants de Valence rentrèrent sous la domination épiscopale, tempérée par les franchises traditionnelles, qui furent confirmées, en 1331, par l'évêque Aymar de la Voute, et, en 1338, par le prélat Henri (4).

(1) Syndicos et consiliarios, secretarios et mandatores nominare (*Ordonn. des rois de France*, t. XIX, p. 194).

(2) Item plus ultra hæc consuetudo est in civitate Valenciæ, burgo et suburbis ejusdem, et usus longævus et tanto tempore observatus quod in contrarium memoria hominum non existit, quod nullus burgensium, civium, incolarum et habitantium ejusdem, tenetur ad solutionem alicujus leydæ emendo, vendendo, neque alicujus vectigalis sive pedagii in civitate Valenciæ, item quod nulla taillia angarum, paragarium seu aliud tributum vel subsidium, quandocumque eis imponi potest neque debet vel alia quævis collecta seu exactio (*Ibid.*, p. 193). — (3) CHORIER, *Histoire du Dauphiné*, t. II, p. 107. — (4) *Archives de la mairie*, liv. M. coté, *Copies et divers negoces au titre : Libertates civitatis Valenciæ*.

Une charte communale, de 1425, due à la protection du roi de France, devenu dauphin du Viennois, confirma définitivement les « franchises, libertés, usages et coutumes « de la ville, du bourg et des faubourgs (1). »

III. —Les Bourguignons succédèrent aux Romains dans l'administration de Grenoble, et y conservèrent les franchises et les immunités latines. L'usage du droit romain se maintint dans cette cité, ainsi que le prouvent le testament du patrice Abon, daté de l'an 789, un acte de l'an 894, par lequel Louis de Bourgogne confirme, en faveur d'Isaac, évêque de Grenoble, les droits et possessions dont jouissait ce prélat dans la Viennoise, la Lyonnaise et la Provence, et le don de l'église et du bourg de Saint-Donat, et enfin un acte de l'an 1034, contenant une donation de divers droits à l'église de Saint-Laurent de Grenoble, « donation, » dit l'acte, « telle que notre loi romaine nous « prescrit de la faire. » De là, la présomption de franchise des personnes et des terres admise comme loi par tous les auteurs du Dauphiné (2).

Les dernières années du règne des Carlovingiens et des rois de Bourgogne, pendant lesquelles éclata la crise qui servit de fondement à la puissance des dauphins, furent fatales à cette contrée comme à tout le reste de la France. Grenoble et les paroisses voisines, Sassenage, Noyarey, Vourey, le Lans, Meylan, Riviers, Saint-Ismiers, Fraynet, Mont-de-Lans, Quincien, Nerpol, etc., furent livrées aux rapines des hommes de guerre, de ces hommes inquiets et avides, dit le concile d'Anse, de 995, « qui envahissent les « biens ecclésiastiques et qui vont jusqu'à ruiner les égli-

(1) *Essais historiques sur la ville de Valence*, par M. OLIVIER, p. 42 et suiv. —(2) GUIPAPE. quest. 307 ; — SALVAING DE BOISSIEU, *Traité des fiefs*.

« ses par leurs violences. » Toutefois, grâce à la persistance du droit romain, et de l'accord du clergé et du peuple, accord dont témoigne un pacte municipal intervenu en 955 entre les habitants et l'évêque de Grenoble (1), le pays, délivré des païens qui l'avaient ravagé, se repeupla, selon les expressions de ce pacte, de nobles, de gens médiocres, de pauvres venus des terres éloignées, et l'évêque Isarn donna à ces hommes des châteaux pour y habiter et des terres pour les travailler, en retenant sur eux « la domination et « les services qu'il plut aux deux parties, » et l'évêque Humbert, son successeur, posséda comme lui le diocèse en *franc-alleu*, c'est-à-dire en pleine propriété et sans dépendre de personne. « Ainsi, » dit l'acte, « qu'un évêque doit « posséder sa propre terre et ses propres châteaux, comme « une terre arrachée à une nation païenne ; car, » ajoute-t-il, « aucun comte n'existait dans le diocèse de Grenoble « du temps d'Isarn ; l'évêque seul possédait en alleu tout « le diocèse, à l'exception de ce qu'il en avait retranché « lui-même de sa propre volonté. »

A Humbert succéda Mallenus, et ce fut sous cet évêque et vers l'an 1040, que s'établirent dans le Graisivaudan les comtes portant le nom de comtes de Guigues, lesquels partagèrent désormais la puissance des évêques.

Une charte donnée le 6 septembre 1116, à la ville de Grenoble, constate l'accord de l'évêque et du comte pour le maintien des bonnes coutumes de cette ville. « Consue-« tudines bonas quas habuit Gratianopolitana civitas cum « antecessoribus episcopi et antecessoribus comitis ha-« beat et si quid super addiderit uterque dimittatur et hoc

(1) In quorum castra, sive in terras jam dictus retinuit dominationem et servitia sicut utriusque partibus placuit (*Archives de l'évêché de Grenoble. Cartulaire de Saint-Hugues. Charta condaminis quomodo inter comitem et episcopum*).

« sit probatum testimonio probatorum virorum (1). » Ces coutumes confirmées en 1184 par Hugues, duc de Bourgogne, comte du Graisivaudan, du chef de sa femme Béatrix, et en 1225 par Guigues André, fils de ce duc, et par l'évêque Suffrey (2), furent réunies, en 1244, dans une charte connue sous le nom de libertés et franchises de Grenoble, l'un des plus précieux monuments de l'époque féodale (3), et dans une charte du 1er décembre 1316, contenant l'explication donnée par l'évêque Guillaume IV, et par le dauphin Jean II, à divers priviléges de la ville mal interprêtés par les officiers des deux seigneurs (4).

IV. — Parmi les villes secondaires du Bas-Dauphiné, on remarque Aoste, connue, dans les temps de la domination romaine, sous le nom d'*Augusta Tricastinorum*, et dont il ne resta plus, après les ravages du cinquième siècle, que des ruines. L'existence d'Aoste, dans la première période du moyen âge, est environnée de ténèbres. Un membre de la puissante famille des Arnaud concéda,

(1) *Archives de l'évêché de Grenoble. Cartulaire de Saint-Hugues.* De concordia facta inter episcopum Hugonem et Guigonem comitem. — (2) Tandum anno MCLXXXIV. Episcopus et dux taliter convenerunt...et omnes libertates et bonas consuetudines, quas in ecclesiis et feudis et in rebus suis tam apud Sanctum-Donatum quam alibi constitutis, predecessores sui episcopi habuerant, se bona fide conservaturum (*Archives de l'évêché de Grenoble. Cartulaire de l'église de cette ville*, f° 5 ; — *Traité entre Hugues de Bourgogne et Jean, évêque de Grenoble*, touchant leurs droits communs sur la maison de la plaine et sur la mesure des grains vendus dans les temps des foires et dans les marchés de la ville de Grenoble). — (3) Libertates concesse civibus Gratianapolitanis per episcopum et Guigonem Delphinum Domina ejusdem civitatis (*Archives de Grenoble*, titres n° 707 et 738 ; — *Livre de l'Evangile*, f° 4, recto ; — *Livre de la chaîne*, f° 16, verso. — (4) *Archives de Grenoble*, titre n° 802.

le 11 août 1146, cette ville avec plusieurs autres, à Hugues II, évêque de Die (1). Frédéric Ier, empereur d'Allemagne, confirma cet acte de concession en 1157, en même temps qu'il céda à l'évêque sa souveraineté entière sur Die. Les évêques de Die et les seigneurs du Diois et du Valentinois, dont les fiefs étaient enclavés les uns dans les autres, ayant eu des démêlés entre eux, les habitants d'Aoste et d'autres villes voisines en profitèrent pour faire reconnaître leurs franchises et priviléges, sous la juridiction de l'évêque de Valence qui, sanctionnée par la victoire, s'exerça sans obstacle à Aoste pendant quelques années. Les annales d'Aoste, aux quatorzième et quinzième siècles, nous la montrent fortifiant ses institutions municipales, développant dans son sein l'agriculture et le commerce, et se préparant un avenir florissant, par l'allégement des charges publiques, par une paix profonde et par la satisfaction de tous les besoins sociaux. La communauté d'Aoste avait pour code administratif des usages, de vieilles coutumes, des franchises et des chartes. Un châtelain, assisté de deux consuls, présidait aux affaires du mandement, aux assemblées des notables, à la police et à la garde du bourg. Les délits et les infractions étaient réprimés par les arrêts d'une petite cour de justice, fonctionnant au nom du seigneur haut-justicier (2). Tel fut, jusqu'au règne de Louis XI, le régime municipal d'Aoste et des autres petites villes ressortissant comme elle de la juridiction de l'évêque de Valence; tel fut notamment celui d'Allex, bourg situé entre Crest et Livron, où le consulat n'apparut qu'au seizième siècle, mais dont le châtelain existait dans des temps plus reculés. Ce magistrat, nommé par le chapitre de Saint-

(1) Columbi, *De rebus gestis*, etc., p. 76. — (2) *Aoste*, par l'abbé Vincent, p. 19.

Apollinaire, percevait les revenus féodaux, veillait à la garde du lieu, commandait la milice, et servait d'intermédiaire entre le seigneur et les vassaux.

L'évêque de Valence avait d'ailleurs, dans toutes les terres relevant de sa directe, la justice haute, moyenne et basse. De petites cours de justice, établies dans chacun de ses fiefs, connaissaient du plus petit délit, jusqu'aux crimes dont la punition entraînait la peine capitale ; mais leurs décisions étaient sujettes à un appel, par devant le juge épiscopal de Valence (1).

Montélimar, *Accusium* sous les Cavares et les Romains, *Montilium* dans la Gaule chrétienne, devint *Montelium-Aymari*, *Monteil-Aymar*, sous la domination des *Aymar* ou des *Adhémar*, famille qui remonte à une haute antiquité. Cette ville, sortie des ruines de la cité romaine, traversa des phases diverses et peu connues jusqu'au onzième siècle, époque à laquelle elle apparaît sur la scène avec les conditions et les éléments de vitalité qui distinguaient les villes sous le régime féodal. La tour de Narbonne, ce vieux débris des grandeurs et des conquêtes de Rome, la citadelle et les remparts, bâtis par les Adhémar, le bois de Lands, ce vaste parc voisin de la citadelle, où venaient se reposer, dit Expilly, dans son *Dictionnaire des Gaules*, maints chevaliers, maints seigneurs, attirés par la brillante hospitalité des Adhémar, tels sont, entre autres, les muets témoins de la vie sociale et politique de Montélimar, dans l'antiquité et au moyen âge. Les empereurs d'Allemagne, les dauphins, le Souverain-Pontife, les évêques de Valence et les sires de Poitiers se sont disputé pendant plusieurs siècles la juridiction sur cette ville.

C'est de ces rivalités et de ces compétitions que sont nées

(1) *Notice historique sur Allex*, par l'abbé VINCENT, p. 11.

les libertés et franchises d'une cité toujours attentive à faire tourner au profit du bien-être de ses habitants les divisions et les querelles de ses seigneurs. La charte portant concession aux habitants de Montélimar de ces libertés et franchises émane de Giraud et Lambert Adhémar, coseigneurs et frères ou cousins, et est datée de l'an 1188. « De bonne foi, sans dol et par pure libéralité et de notre volonté propre, donnons et concédons, à titre de donation parfaite, à tous nos justiciables de Monteil, présents et à venir, une liberté telle que dorénavant nous ne puissions les soumettre, ni permettre qu'on les soumette à des toltes ou questes, ou à aucun nouvel impôt, ou à aucun service illicite et mauvais, et qu'on ne puisse, par violence ou par force quelconque, leur imposer des charges ou des redevances, à moins qu'elles ne soient dues en droit ou en justice. Que si nous ou quelqu'un de nos successeurs tentions de violer en quelque manière les présentes donations et libertés, nous absolvons, dès ce moment, tous nos justiciables, et les biens qu'ils ont dans la ville de Monteil sous notre dépendance, pour le présent et pour l'avenir, de tout droit, fidélité et hommage; et nous jurons, la main sur les saints Évangiles, que nous observerons fidèlement les concessions écrites ci-dessus, et que nous n'y contreviendrons en aucun temps. » Telle est la charte qu'un écrivain dauphinois du seizième siècle (1) atteste avoir vue inscrite sur une table de marbre dans l'église paroissiale de Montélimar, et dont les priviléges ont été implicitement sanctionnés et ratifiés dans la suite par dix-neuf documents, émanés des Adhémar, des comtes de Valentinois, de Jean XXII, de Charles VII, de Diane de Poitiers et de Henri III. Les assemblées consulaires se tenaient dans la

(1) AYMAR DE RIVAIL, *Description du Dauphiné*, p. 125.

salle du chapitre d'un couvent de frères mineurs ou cordeliers, fondé par le pape Innocent III, qui mourut en 1216. L'histoire municipale de Montélimar au moyen âge est liée, comme celle de tant d'autres villes du midi, à son histoire ecclésiastique, et les chroniques locales (1) assignent une brillante place à un concile qui y fut tenu, en l'année 1210, sous la présidence du légat de Rome, et où les lumières et l'autorité spirituelle de l'Église agirent plus efficacement contre l'hérésie des Albigeois que les victoires sanglantes de Simon de Montfort.

Élevée par ce concile à la hauteur des cités qui ont attaché leur nom à des assemblées religieuses ou politiques, la ville de Montélimar excita l'ambition des dauphins, à qui Rodolphe, empereur d'Allemagne, l'inféoda par une bulle de 1289, et qui y multiplièrent les fondations et les œuvres pies, afin d'y populariser leur pouvoir (2). Mais la famille des Adhémar ne se laissa pas dépouiller paisiblement de ses droits. L'un de ses membres, Giraud d'Adhémar céda même au pape Benoît XII une partie de sa juridiction, et Montélimar, en proie aux compétitions des deux Adhémar, du pape et des comtés de Valentinois, ravagée par les *routiers*, que les désastres des guerres contre les Anglais avaient rejetés dans la Provence et le Languedoc, attaquée par les Anglais eux-mêmes, en 1347, subit à la fois le double fléau de l'anarchie générale et des dissensions intestines, que le partage du pouvoir avait fait éclater dans son sein. Mais le Dauphiné ayant été réuni à la France, et Louis II de Poitiers ayant légué, par son testa-

(1) *Histoire du Languedoc*, par D. VAISSETTE, t. III, p. 161 ; — *Histoire de l'église de Saint-Paul-Trois-Châteaux*, par LOUIS ANSELME BOYER, p. 72, 73 : — *Histoire de l'église de Vaisou*, par le même auteur, p. 116. — (2) *Histoire du Dauphiné*, par CHORIER, t, II, p. 176.

ment du 22 juin 1419, ses États au dauphin Charles, fils de Charles VI, Montélimar, dont les anciens seigneurs étaient rentrés dans la retraite, passa au domaine de la couronne pour la part que possédaient les comtes de Valentinois, et quelques années après pour celle qu'y possédaient les papes.

Les archives de la chambre des comptes et les histoires locales (1) constatent avec orgueil les visites de Louis XI à la ville de Montélimar, sa reconnaissance des droits et priviléges des habitants, et l'extension remarquable qu'il donna à leurs libertés, par les lettres patentes qu'il publia en 1452 et 1459, au profit de la municipalité (2).

V. — Les villes les plus remarquables du haut Dauphiné étaient Die, Gap, et Briançon qui donnait son nom au Briançonnais habité autrefois par les peuples appelés *Brannoni*. Les institutions autonomes et populaires de ce coin de terre ou plutôt de rochers, décrites en détail par M. Fauché-Prunelle (3), méritent une attention toute spéciale. La grande charte municipale des communautés de Briançonnais est du 29 mai 1343. Le dauphin et les députés *transactionem*, *compositionem*, *concordiam*, *declarationem*, *remissionem*, *cessionem et concessionem faciunt ad invicem*. Par cette transaction, dont le prix est de 12,000 florins d'or et d'une rente annuelle de 4,000 ducats payés au seigneur, les Briançonnais reçoivent, dans une longue série d'articles rédigés sans ordre, des franchises de personnes, des franchises de choses et de propriétés, des franchises commerciales, des franchises judiciaires, de grandes

(1) *Histoire du Dauphiné*, par CHORIER, t. II, p. 439. — (2) *Notice historique sur Montélimar*, par l'abbé VINCENT, p. 42. —(3) *Essai sur les anciennes institutions autonomes ou populaires des Alpes cottiennes-briançonnaises* (1856 et 1857, deux volumes).

franchises municipales, et même quelques franchises politiques. Les archives briançonnaises contiennent en outre les chartes, municipo-féodales des paroisses ou communautés de Bardonesche, Rochemolle et Beolland, chartes très-étendues, et qui donnent de curieux détails sur l'état social du pays.

Quelques-unes de ces chartes portent des traces de séditions : *proximis his temporibus elapsis*, dit l'une d'elles, *tempore scilicet seditionum in Brianconnio concitarum*, *quas Deo propicio nos ipse sedavimus* ; mais elles assignent aux libertés des communautés une origine antérieure aux transactions précédées tantôt d'émeutes, tantôt de réclamations judiciaires, et rappellent, en général, les bons usages, les bonnes coutumes, les bonnes mœurs des Briançonnais. Une inscription, signalée par M. Fauché-Prunelle, parle du duumvirat ou de la questure de Parridius, dans le municipe brigantien : *Parridius..... Quæst. II, vir. municip. brigantien.* On ne peut donc pas douter de la relation qui existait entre le municipe de ces contrées au moyen âge et le municipe gallo-romain. On donne dans le registre *probus* aux communautés briançonnaises, les titres : *universitas*, *communitas* ; il y est question des défenseurs (comme en la loi 23, cod. Théod. De suscept.) : *præsentis defensoribus*. Les habitants s'assemblent par turbes et élisent leurs syndics, leurs mandataires jurés : « Electi sunt.... qui electi jurati recognoverunt....
« Singulares universitates possint et sibi liceat eligere et
« constituere sex syndicos, procuratores, manserios,
« aut alias nominandos, vel minus usque ad unum, si vo-
« luerint, pro suis negotiis peragendis. » Qui ne reconnaît là le cachet des lois municipales romaines ?

A ce caractère essentiel des institutions briançonnaises, se joint un détail qui les rattache aux fédérations gauloises.

Ce sont les assemblées appelées *escartons* ou *ecartons*. Nous avons parlé ailleurs des fédérations des cités gauloises, et de leurs assemblées particulières et générales. Les *escartons* du Briançonnais, chargées de l'*escartonnement* des contributions et autres charges générales des communautés, se rattachaient à cette origine, et avaient beaucoup d'analogie avec les assemblés de vigueries en Provence, de diocèses dans le Languedoc, de bailliages dans d'autres provinces. La réunion des cinq escartons du Briançonnais s'appelait escarton du bailliage, ou quelquefois simplement *bailliage*.

Toute la législation municipale du Dauphiné était, malgré des formes diverses, marquée d'un double caractère essentiel, reproduit dans la jurisprudence du parlement de Grenoble : les traditions du droit italique et le régime du franc-alleu.

CHAPITRE III

CARACTÈRES GÉNÉRAUX DU DROIT MUNICIPAL EN PROVENCE (1).

I. — La partie de l'ancienne Gaule narbonnaise, qui avait pour limites au levant les Alpes, au midi la Méditer-

(1) Petri Quiquerani, *De laudibus provinciæ* (1551) ; — *Statuta provinciæ Forcalqueriique comitatum Fortii* (1598) ; — *De provinciæ phocensis comitatibus*, Francisi de Clapiers (1584) ; — *Coutumes de Provence*, par Mourgues ; — *Discours historique sur la Provence et le Dauphiné*, par Aymar Dupérier (1610) ; — *Histoire des comtes de Provence*, par Ruffi ; — *Histoire de Provence jusqu'en* 1599, par Gaufridy (1694) ; — *Rois et comtes de Provence*, par

ranée, au couchant le Rhône, et au nord une ligne tirée de la cité d'Embrun à celle de Saint-Paul-Trois-Châteaux, avait reçu le nom de *Provincia*, Provence. Possédée tour à tour, après la chute de l'empire, par les Goths, les Bourguignons et les Francs, en butte aux incursions des Saxons, des Lombards, des Sarrasins, des Normands, elle subit, en outre, tous les inconvénients des partages entre les fils de rois et fut possédée, par moitié, au sixième siècle, par Childebert et Gontran, l'un fils et l'autre petit-fils de Clotaire. Bozon, qui la gouvernait au nom de Charles le Chauve, en usurpa la souveraineté, et y fonda le royaume d'Arles.

La Provence était régie, sous les rois carlovingiens, par des assemblées composées d'officiers qui administraient la justice, et des principaux habitants. Tous les vassaux avaient la liberté de s'y rendre et d'y opiner. Les évêques, les abbés, s'y faisaient représenter par des députés; les affaires politiques et économiques étaient le sujet ordinaire des délibérations qui y étaient prises, et qui étaient ensuite ratifiées par le prince. Les gouverneurs présidaient à ces assemblées; mais, comme souvent ils s'y occupaient moins de l'intérêt des princes que du leur propre, et qu'ils se servaient de ces assemblées comme d'un moyen d'exciter

CHAZOT (1738) ; — *Essai sur l'histoire de Provence*, par BOUCHE (1785) ; — *Resumé de l'histoire de Provence*, par ROUCHON (1828) ; — *Fastes de la Provence*, par FOUQUE (1835) ; — *Les villes consulaires et les republiques de Provence au moyen âge*, par JULES DE SÉRANON (1858) ; — *Organisation communale et provinciale de la Provence*, par BOUSSOT (1833) ; — *Traité sur l'administration du comté de Provence*, par l'abbé DE CORIOLIS (1786) ; — *Mémoire sur la contribution des trois ordres aux charges publiques et communes de la Provence* (1787) ; — *Droit public du comté* ; — *Etat de la Provence sur la contribution aux impositions*, par BOUCHE (1788) ; — *Etude sur la constitution provençale*, par CH. DE RIBBES.

les peuples à la révolte, dans l'espérance de vivre sous un gouvernement plus doux, les princes y envoyèrent des agents nommés *curiosi*, et plus tard *missi dominici*, chargés d'examiner la conduite des gouverneurs ou comtes, et de recevoir les plaintes du peuple (1).

II. — Le comté de Provence passa successivement des Bozon, rois d'Arles, aux Bérenger et aux deux autres maisons d'Anjou, et sous ces trois dynasties, la Provence ne cessa pas d'être un pays d'*états*, c'est-à-dire une grande communauté, dont l'administration, divisée en plusieurs rameaux, venait se rendre toute sous les yeux des *états*. L'ordre ecclésiastique se composait de quatre provinces, dont les chefs-lieux étaient Arles, Aix, Avignon et Embrun, et dont dépendaient de nombreux évêchés, paroisses, églises, ordres religieux. L'ordre militaire se composait de nobles possédant fiefs, et des hommes d'armes qu'ils soudoyaient, avec le concours de la province. Le tiers-état (*tertius ordo*) concourait, avec les députés du clergé et de la noblesse, à l'administration des affaires politiques et économiques (2). En Provence, les députés du clergé et de la noblesse votaient dans ces assemblées comme *possédants-fiefs*, c'est-à-dire simplement à titre de propriétaires, tellement que, parmi les possédants-fiefs, on en comptait plusieurs qui étaient soumis au franc-fief, sujétion diamétralement opposée à la qualité de nobles (3).

III. — L'esprit d'indépendance, quelquefois très-orageuse, des *parlamenta* provençaux se reproduisait dans les *cités*,

(1) Voyez un plaid tenu à Digne par les *missi dominici*, le 8 cal. de mars 780 (*Gallia christ.*, I, instr., col. 106 ; — *Petit cartulaire de Saint-Victor*, p. 1). — (2) BOUCHE, *Essai sur l'histoire de la Provence*, p. 52. — (3) L'abbé DE CORIOLIS atteste ce fait, *Traité de l'administration du comté de Provence*, t. I, p 25, mais émet quelques doutes pour l'époque antérieure à la réunion.

les *oppida* et les *castra*, où les populations s'étaient groupées pour se défendre, d'abord contre les incursions des Sarrasins, ensuite contre l'oppression des seigneurs, qui les en avaient délivrés. Les villes les plus importantes, telles que Marseille, Arles, Avignon, s'étaient enrichies, à l'exemple de Gênes et de Pise, par le commerce maritime (1), et avaient contracté, par leur concours toujours actif, quelquefois tumultueux, à l'élection de l'évêque, et par la fréquence des *placités*, des habitudes de vie publique, qui leur inspirèrent le désir de s'associer au mouvement qui éclata en Italie, vers le milieu du onzième siècle, et qui, se continuant jusqu'aux douzième et treizième siècles, propagea dans toute la Provence le régime du consulat.

IV. — Par une charte de 1226, l'empereur Frédéric II, seigneur suzerain de la Provence, déclara nuls et comme non avenus tous les consulats et autres gouvernements libres de Provence : « Pervenit super ad notitiam nostram quod quarumdam civitatum, villarum et aliorum locorum universitates in comitatibus ipsis degentes proprio motu et voluntate constituerunt juridictiones, potestates, consulatus, regimina et alia quædam statuta, quæ ad suæ arbitrium voluntatis exercent; et cum jam apud quasdam... in abusum et pravam consuetudinem inoleverunt... nos ex imperiali auctoritate tam juridictiones, consulatus, regimina, potestates et statuta cœtera per universitates civitatum inventa, atque concessiones super his, per comites Provinciæ et Forcalquerii ab eis obtentas, ex certa scientia revocamus, et inania esse censemus. (Papon, *Histoire de Provence*, t. II, preuves, p. 1.) »

(1) Interno mari, Arelatenses, Genuenses et Pisani, nauticarum rerum scientia, præstantes feruntur. Zurita, *In indice rerum Aragonicarum*.

Mais il manquait à l'empereur Frédéric II la force nécessaire pour faire exécuter son décret. Le comté de Provence était divisé alors entre des chefs féodaux, qui ne relevaient plus, depuis l'an 1032, des empereurs d'Allemagne que par la foi et hommage. Les cités elles-mêmes étaient divisées en plusieurs parties, appelées, du nom de leurs seigneurs, *cité épiscopale*, *cité abbatiale*, *cité vicomtale*, etc. Elles profitèrent de la faiblesse dont cette division frappait la puissance féodale pour s'ériger en villes consulaires.

V. — Cette révolution communale ne porta aucune atteinte à la hiérarchie sociale, qui existait alors dans ces villes, où l'on distinguait les *milites majores et minores*, correspondant aux divers ordres de chevalerie, les bourgeois (*burgenses*), descendants directs des *probi homines*, les membres des collèges ou confréries d'arts et métiers, et enfin les paysans. Ces diverses classes, dit un écrivain provençal (1), ne participèrent pas toutes à la révolution communale en Provence. Les gens de métiers, les paysans n'étaient pas en position encore d'y coopérer. Mais les nobles et les bourgeois, habitués les uns et les autres à la liberté, unirent le plus souvent leurs efforts, et parvinrent à établir de concert, dans la plupart des villes de Provence, le consulat, c'est-à-dire le gouvernement de leur choix, celui, au surplus, qui faisait prévaloir leur influence. On vit pourtant les nobles seuls introduire cette nouvelle forme de gouvernement dans la petite ville de Brignoles, et profiter exclusivement de ses avantages. Ailleurs, à Tarascon, les deux classes de la noblesse et de la bourgeoisie, que l'on trouvait presque partout étroitement unies, se divi-

(1) M. JULES DE SÉRANON, *Les villes consulaires et les républiques de Provence au moyen âge.*

sèrent et se disputèrent avec acharnement la supériorité, le commandement dans la commune consulaire. Mais c'était là des exceptions, les seules peut-être qui aient existé; le plus ordinairement ce fut par l'action combinée et simultanée de ces deux classes, que se fit contre la féodalité cette révolution singulière qui n'employa, pour réussir, aucun moyen violent, et qui amena, par la seule et unique volonté d'une partie des habitants de la commune, l'établissement d'un régime rompant ouvertement avec toutes les idées politiques admises à cette époque.

Les communes provençales, dit M. Augustin Thierry (1), eurent recours à leurs évêques, ces anciens défenseurs des cités, pour combattre la tyrannie féodale, mais sans essayer de porter atteinte aux droits légitimes des seigneurs, dont elles se bornaient à empêcher l'aggravation (2).

L'organisation des communes consulaires avait les plus grandes analogies avec celle des villes italiennes. Chacune d'elles avait son petit et son grand conseil. Nobles, bourgeois et chefs de métiers, *capita mysteriorum*, concouraient à former le premier. Les nobles et les bourgeois faisaient seuls partie du second, qui s'appelait *parlamentum*, et qui était souvent très-nombreux. Le petit conseil se réunissait par ordre des magistrats, et au son de la cloche, dans le palais de l'archevêque ou de la commune; le conseil général s'assemblait sur la place publique, où les discussions étaient d'autant plus orageuses, qu'on y traitait des intérêts les plus importants de la cité (3).

(1) *Lettres sur l'histoire de France*, 4e édit., p. 271 et 341. — (2) Verumtamen si domini, ultra id quod debent illos adgraverint, ad consules recurrere possunt. *Gall. christ.*, t. I; — *Instrumenta eccl. Arelat.*, charte XVIII. (3) Multorum etiam civium

Les consuls, au nombre de quatre, de huit, ou de douze, étaient investis du pouvoir exécutif ; ils étaient, en général, désignés par leurs prédécesseurs, qui juraient en les élisant de choisir pour gouverner la cité, en laissant de côté toute crainte et toute affection, ceux que, d'après leur intelligence et le conseil de l'évêque, ils jugeaient les plus idoines (1). Au moment d'entrer en fonctions, il prêtaient eux-mêmes un serment sur l'Évangile, et invoquaient l'assistance de Dieu (2). L'acceptation de ces fonctions était obligatoire, leur durée était limitée, et si elles n'étaient pas gratuites, comme à Rome, elles n'étaient rétribuées que très-médiocrement. Certaines chartes parlent des juridictions des magistrats municipaux, *justiciam per manus consulum* (3). La plupart des détails de l'administration des consuls provençaux sont calqués sur ceux du régime municipal de Rome antique, et de l'Italie du moyen âge.

VI. — La liberté, qui était l'âme de ces institutions, aurait dû, pour porter tous les fruits qu'on peut en attendre, être tempérée par un lien étroit des municipes régénérés avec l'autorité supérieure des princes qui gouvernaient

tam causidicorum et militum quam aliorum proborum virorum, requisito et habito consilio et assensu, sicut est consuetudo in magnis et caris negotiis requirere et habere. FANTONI, t. II, p. 85. — (1) Qui electi fuerint ut consules eligant jurabunt quod, remoto timore et amore, quos magis idoneos esse cognoverint, secundum suum intellectum et consilium archiepiscopi, ad gubernationem civitatis eligant. *Ibid.* — (2) Consul vero electus sic jurabit : ego talis, electus consul, juro... Sic me Deus adjuvet et hæc sanctæ Dei Evangeliæ. *Ibid.* — (3) Unusquisque vero in hoc consulato jus suum habeat, *justiciam consequatur per manus consulum*, et justiciam faciat, salvis statutis et bonis consuetudinibus, quæ jam in aliis consulatibus receptæ et juratæ fuerunt Charte d'Arles.

la Provence ; mais l'esprit républicain, emprunté par les villes de l'Italie à celles de la Grèce antique, altéra plus d'une fois les principes monarchiques de la constitution provençale, et provoqua des rébellions fréquentes des bourgeois contre les petits princes, qu'ils appelaient roitelets (*reguli*), et des réactions du pouvoir central, par l'établissement de la dictature des podestats.

C'est ainsi que les villes d'Arles, d'Avignon et de Marseille ayant contracté entr'elles une ligue offensive et défensive, une lutte s'engagea entre ces trois républiques et Charles d'Anjou, et se continua après le départ de ce prince pour la croisade, avec ses trois frères, saint Louis, roi de France, le comte de Poitiers, mari de l'héritière de Toulouse, et le comte d'Artois. L'archevêque d'Arles, menacé par les patriotes réformateurs, ne cessa point de soutenir dans la ville le parti catholique et monarchique, et fut contraint de quitter la ville, par un décret passé en parlement. La commune ayant cherché un appui chez l'empereur Frédéric II, le pape lança une double sentence d'excommunication contre la ville et contre l'empereur. Le comte de Provence et le comte de Poitiers et de Toulouse, de retour d'Égypte, unirent leurs forces contre les villes révoltées, et des capitulations, signées par Arles le 29 avril. et par Avignon le 2 mai 1251, établirent sur de nouvelles bases le régime municipal de ces deux villes.

Un viguier et deux juges, annuellement nommés par le seigneur, y remplacèrent le consulat et la juridiction consulaire. On leur adjoignit un conseil pris à leur gré moitié chez les nobles, moitié chez les bourgeois. Les citoyens furent déclarés francs d'impôts, mais soumis à une chevauchée annuelle de quarante jours, dans un rayon de vingt lieues de remparts. Il fut prohibé au seigneur d'emprisonner nul citoyen qui aurait offert caution, sauf les cas d'hérésie, d'homicide ou autre crime énorme. Si le viguier ou tout autre de la cour faisait, sous cause pénale, à un citoyen une injonction par laquelle il pût se croire opprimé, la peine n'était exigée que devant le juge, la cause ayant été traitée selon le droit. Le juge seul pouvait soumettre à la question sur légitimes indices, et nul n'était punissable pour un délit non prouvé. Le parlement, c'est-à-dire l'assemblée générale, conservait le droit d'infliger certains châtiments ; mais le viguier connaissait de la plainte en oppression, dans un conseil de juges et de jurisconsultes (1).

VII. — La capitulation de Marseille, signée en 1252, après un siége de huit mois, laissa à la ville de grands avantages. Mais quelques années après, une nouvelle guerre éclata, et Marseille vaincue vit son gouvernement confié à un viguier (*vicarius*) élu par le comte, et à un conseil choisi par le viguier. Les proclamations se firent au nom du comte. L'enseigne de la ville eut sur les vaisseaux la place la moins honorable, celle du comte ayant la plus honorable. Le peuple conserva cependant le droit de s'assembler, d'avoir des armes, d'élire certains officiers, et de n'être taxé que de son consentement; mais Boniface, seigneur de Castellane et de Riez. qui avait soutenu la ville contre le comte, perdit ses fiefs et fut chassé de Provence ; la même guerre porta le dernier coup à la seconde république de Marseille et à la souveraineté des barons de Castellane.

« Chaque jour voyait s'affaiblir les résistances intérieures des seigneurs et des communes, et s'étendre l'influence extérieure du comte. L'évêque d'Avignon aban-

(1) ROUCHON, *Résumé de l'histoire de Provence*, ch. III.

donna sa qualité de chef de la ville. L'évêque de Marseille vendit la ville supérieure au comte pour quatorze châteaux. Le seigneur d'Orange, de la maison des Baux, lui céda le titre de roi d'Arles et de Vienne ou de Bourgogne. Le seigneur de Grignan, de la maison des Adhémard, lui prêta un hommage qui appartenait plus naturellement au comte de Toulouse. Il acquit de la commune d'Apt la juridiction consulaire. Il recouvra le château d'Hyères et les îles de ce nom, sur une branche de la maison de Marseille, qui dominait dans le comté ou diocèse de Toulouse. Les dauphins du Viennois lui firent hommage, en sa qualité de comte de Forcalquier, pour le Gapençois d'outre-Durance et pour l'Embrunois. Le comte de Vintimille lui remit ses droits sur le comté de Vintimille et sur le territoire adjacent, sauf au comte à se régler avec la commune de Gênes, qui en avait la souveraineté. Un grand nombre de communes italiennes, telles que les villes d'Albe, de Savillan, de Fossau, de Mondevis, de Chérasch, de Mons, de Cental, de Busque, de Roque-Sparvière en Piémont, et celles d'Alexandrie, de Parme et de Plaisance en Lombardie, suivirent l'exemple de la ville de Coni, et se rangèrent sous la protection du comte. L'abbé du monastère de l'île Barbe mit dans sa mouvance le territoire libre de Cornillon, vallée des confins septentrionaux du Venaissin, et les seigneurs de Toulon, de la maison de Marseille, cédèrent la souveraineté de cette ville épiscopale (*Ibid.*). »

VIII. — Charles d'Anjou aurait pu user, dans l'intérêt de ses sujets, de cet accroissement de puissance ; mais plein d'ambition et d'activité, il sentit le besoin de quelque grande entreprise. Il entreprit l'expédition contre Naples, que lui avaient donné les papes Urbain II et Clément IV, et fut entraîné vers les guerres que continuèrent ses successeurs.

La politique centralisatrice des comtes de Provence persévéra cependant durant tout le quatorzième siècle et la moitié du quinzième. Dès l'an 1277, Charles Ier avait détruit la souveraineté de l'évêque de Digne dans sa ville épiscopale, et avait enlevé à l'archevêque d'Arles le serment de fidélité du viguier et des autres officiers, le domaine de la cité par indivis avec le comte, l'appel des causes criminelles, la juridiction sur les juifs, la création des notaires. En 1267 Charles II reçut l'hommage d'Isnard, de la maison principale d'Apt, seigneur de la vallée libre de Sault, hommage qui appartenait plutôt ou au roi de France comte de Toulouse, ou au pape marquis de Provence. En 1307, il annexa le comté de Piémont aux comtés de Provence et de Forcalquier, unis depuis l'année 1269, en lui laissant néanmoins son sénéchal et ses officiers propres. L'année suivante, il créa deux sénéchaux, au lieu d'un seul, pour le comté-uni : l'un d'eux, dont le siége fut établi à Forcalquier, eut dans son ressort la vallée de Cornillon, les baillages de Sisteron et de Digne, la viguerie de Forcalquier, la ville d'Avignon, les baillages d'Apt et de Pertuis, la viguerie de Tarascon, la viguerie d'Arles, le baillage de Notre-Dame-de-la-Mer près Arles ; l'autre sénéchaussée, de résidence à Aix, comprit la viguerie d'Aix, la ville de Marseille, les vigueries d'Hyères, de Draguignan et de Grasse, la ville de Nice et les baillages de Toulon, de Saint-Maximien, de Brignoles, de Vintimille, du Puget-le-Thénier, de Castellane et de Moutiers.

IX. — Les progrès de la centralisation du pouvoir de la maison d'Anjou ne la sauvèrent pas des périls que Charles Ier lui avait suscités, en sacrifiant l'administration de son comté de Provence à une ambition qu'il aurait dû au moins borner aux Deux-Siciles, au lieu de poursuivre et de chercher vainement à fixer le fantôme errant de la royauté italienne. Par là, ce prince perdit sa race, en même temps qu'il affaiblit la Provence, en la livrant aux jalousies réciproques de ses seigneurs, et en laissant la maison de Savoie ruiner l'autorité provençale dans le Piémont et dans les pays d'Outre-Mer.

La deuxième maison d'Anjou hérita des fautes de la première, et se trouva placée dans la même situation qu'elle, par rapport à la papauté, à l'empire et à l'Italie. Elle chercha un remède aux calamités publiques dans le conseil des états, où les seigneurs avaient empiété sur les droits des villes consulaires, et où le roi-comte revendiqua le droit qu'il avait d'y porter la voix au nom des bourgs et villages domaniaux. Louis III s'efforça de faire de la ville d'Aix le centre de sa puissance royale, en ordonnant, par lettres patentes du 24 novembre 1425, que les cours souveraines auraient leur résidence dans cette capitale, ainsi que les gouverneurs de la province ; les consuls d'Aix furent de plein droit les procureurs du pays (*procuratores provinciæ*). Vains efforts ! la puissance des comtes alla toujours s'affaiblissant, en même temps que la Provence tombait dans un état de misère et de dépopulation (1).

X. — La réunion de la Provence à la France devint nécessaire, et fut consommée en 1453. En instituant pour ses héritiers Louis XI, roi de France, le dauphin et leurs successeurs, Charles III, comte de Provence, leur imposa, par son testament du 10 décembre 1841, l'obligation de maintenir la Provence : « In suis pactionibus, conven-

(1) Une charte de cette époque, qui existe aux archives de Marseille, prouve que les ressources municipales y étaient si faibles que les consuls furent obligés de se cotiser pour la construction d'un abreuvoir et de se rembourser de cette dépense au moyen d'une taille.

« tionibus, privilegiis, libertatibus, franchisiis, statutis, « capitulis, exemptionibus, ac prerogativis : etiam et in usi- « bus, ritibus, moribus, stilis, ac laudabilibus consuetudi- « nibus, etc. » Ces franchises, libertés, immunités et privilé-ges, qui avaient pour appui le franc-alleu reconnu par la loi romaine et par les statuts locaux, furent jurées par les rois de France, devenus comtes de Provence, et vers la fin du quinzième siècle, l'administration de la Provence prit, sous l'impulsion à la foi vigoureuse et libérale, d'un côté de la couronne de France, de l'autre des communautés et des assemblées provinciales, les caractères qu'a développés M. de Coriolis dans son excellent *Traité sur l'administration du comté de Provence*, et que l'illustre Portalis, alors assesseur de la ville d'Aix, rappela dans un discours prononcé le 2 décembre 1780, devant l'assemblée générale de la Provence (1).

XI. — Le parlement d'Aix, qui succéda au conseil éminent du comte, s'appliqua d'ailleurs à maintenir, à l'exemple de celui de Toulouse, les principes du droit civil romain et du franc-alleu ; mais ces principes étaient mélangés de ceux des coutumes féodales, consacrées par les statuts locaux. On reconnaît les traces de ce mélange dans l'indécision des opinions de Mourgues, Julien, Duperier, Latouloubre, et autres jurisconsultes provençaux, à l'égard des droits respectifs des seigneurs et des communes. Mourgues (*Statuts et coutumes de Provence*, p. 303) met en présence, d'un côté, les textes du droit romain et la doctrine des jurisconsultes espagnols et dauphinois, favorables à la liberté des personnes et des terres ; de l'autre, le double principe enseigné dans les pays féodaux : que le droit de

(1) Voyez le texte de ce discours dans mon *Essai sur la centralisation administrative*, et dans l'étude de M. de Ribbes, sur la *Constitution provençale*.

permettre la dépaissance dans les terres vagues est une dépendance de la haute justice, et que la directe universelle implique la présomption de l'inféodation de ces terres par les seigneurs; puis il conclut, et Julien après lui (*Statuts de Provence*, t. I., p. 314 et 575), qu'en certains lieux les terres gastes appartiennent au seigneur, qu'en d'autres, ils appartiennent à la communauté, et qu'il ne saurait y avoir pour tous les lieux une règle générale et uniforme. En l'absence de titres contraires, la présomption légale admise par ces jurisconsultes, ainsi que par Latouloubre (*Jurisprudence féodale*), c'est que le seigneur haut justicier et foncier (*feudatarius simul et fundiarius*) est propriétaire des terres gastes, et que les habitants sont fondés à y faire paître leurs troupeaux, et à y prendre du bois pour leur usage.

Les dérogations très-diverses à ce principe de droit commun s'expliquent d'ailleurs par la diversité des origines des communes et des communaux de la Provence. A Arles, le droit *d'expleche* (1), c'est-à-dire la faculté de dépaissance, de chasse, de pêche, de lignerage dans les vastes *coussous* (2) de la Crau, paraît être aussi ancien que la cité elle-même qui, selon toute apparence, était propriétaire originaire de ces terrains, et imposa à ses acquéreurs l'obligation d'y laisser de larges *carraires* (3), pour y faire passer les troupeaux, des *posadous* pour les y faire repo-

(1) Expleche, explechia, expleta, jus pastus, venationis, piscationis et lignationis (DUCANGE). — (2) Coussou, cursorium sic vocantur apud Arelatenses singulæ pascuorum portiones quas in planitie de Cravo singuli tenent, pascendorum ovium causa, hyemis tempore. — (3) Carraire, carreria, via per quam adiguntur animalia, sive ad ea pascenda, sive ad æquanda (DUCANGE); — Voyez, sur les *Caractères de la Provence*, CORIOLIS, t. I, p. 311.

ser, et d'y souffrir perpétuellement *l'expleche* des habitants (1). De même, les îles, alluvions, créments, pâturages, pâtis qui entouraient Avignon appartenaient à cette cité, puisque ses statuts interdisaient aux consuls de les bailler à emphytéose ou à locatairie perpétuelle, autrement que pour juste cause, avec l'approbation du conseil de ville et après deux enchères publiques (2). On trouve dans les archives de la ville de Marseille, livre III, f° 13, un acte du 7 juillet 1399, qui témoigne de l'existence, à cette époque et précédemment, de biens appartenant en toute propriété à la communauté des habitants. C'est l'acte d'abandon du château des Pennes et de ses dépendances, fait par cette communauté à la vicomtesse de Provence et de Forcalquier, sous réserve de franchises, péages, droit de lignerage, de forêt et de dépaissance à chacun. Les statuts donnés à la ville d'Aix, par Raymond Bérenguier, comte de Provence et Forcalquier (3), ne contiennent pas de dispositions spéciales sur les communaux. Mais des lettres patentes du roi Réné, rapportées dans le *Recueil des statuts et privilèges de la ville d'Aix*, p. 34, octroyent ou plutôt confirment à la communauté d'Aix tout droit de propriété sur le territoire gaste et inculte. A Orange, les monuments romains, l'arc de triomphe et le théâtre passèrent de la ville antique à la moderne, qui en jouit en toute propriété, tandis que les remparts, les fortifications et leurs dépendances, œuvre des princes, dont le premier fut Guillaume *au court nez*, qui régnait en l'an 880, ont passé à l'État ou à ses concessionaires, qui les possèdent à titre de domaines

(1) *Arrêt du parlement de Toulouse du 11 mai 1621*, qui déclare à suite d'évocation la ville d'Arles propriétaire des coussous de la Crau. — (2) *Statuta civitatis Avenionensis*. — (3) Voyez ces statuts dans l'*Histoire du droit français* de M. GIRAUD, t. II, p. 16.

engagés (1). Quant aux pâtis, pâturages et garigues, situés dans le territoire de la cité d'Orange, les articles 30 et 33 des statuts de la principauté, publiés en 1567, les attribuent *en propriété* à la commune, tandis que les terres vacantes sont déclarées appartenir au seigneur, pour en disposer à sa volonté. On trouve en Provence de simples villages déclarés, en vertu d'anciennes chartes, confirmées par la possession, propriétaires de terres gastes, garigues, marais, montagnes, bois et forêts (2).

Toutefois, et malgré les cas assez nombreux où les communes de la Provence l'ont emporté sur les représentants des anciens seigneurs, dans la question de propriété des terres gastes, le droit commun provençal ne s'éloignait guère du principe : *La propriété est au seigneur, les usages aux habitants*, et la cour d'Aix a même jugé, le 5 février 1829, que, d'après le statut provençal, le seigneur *haut justicier* était de plein droit et sauf les titres contraires, propriétaire *des terres gastes de la seigneurie et des bois y radiqués*, et que la commune en était, aussi de droit commun, usagère (3).

Après ce coup d'œil rapide jeté sur l'ensemble des ins-

(1) Voyez l'*Histoire d'Orange*, in-4°, édit. de 1741, p. 518, et un *Arrêt de la cour de Nîmes*, du 18 septembre 1838, rendu entre l'État et la ville d'Orange.

(2) Voyez l'*Arrêt de la cour d'Aix*, confirmé par la cour de cassation, le 4 juillet 1854, en faveur de la commune d'Allauch contre l'État exerçant les droits du chapitre de la Major, ancien seigneur, et l'arrêt de la cour d'Aix, confirmé par la cour de cassation, le 3 janvier 1841, en faveur de la commune de Lauris contre les hoirs d'Arlatan de Lauris.

(3) La cour de cassation a cassé cet arrêt le 4 mars 1853 (B. o, 4), en se fondant sur des raisons puisées dans la législation nouvelle, mais sans approuver ni désapprouver la théorie de la cour d'Aix sur les principes du droit féodal.

titutions de la Provence (1), examinons le régime municipal de quelques cités de cette province.

Ce sont, dans la Basse-Provence, Avignon, la cité des Cavares, l'asile des papes; Arles, la ville de Constantin, la métropole des Gaules, la capitale du royaume des Bozon, illustrée dans l'antiquité par ses cirques, ses palais, ses théâtres, au moyen âge par son église, son cloître de Saint-Trophime; Marseille, la cité phocéenne, l'émule de Rome, d'Athènes, de Tyr, de Gênes, de Pise et de Florence; Aix, la colonie de Sextius, la capitale des états et du parlement de Provence; Brignoles, ce spécimen des républiques aristocratiques; Antibes, Αντιπολις, hérissée de bastions; Fréjus (*Forum Julii*) célèbre par les travaux d'Auguste; Toulon, ce refuge de pêcheurs, devenu l'un des premiers ports militaires de la France; Nice, la fille de la victoire, la reine des Alpes-Maritimes. Ce sont, dans la Haute-Provence, Forcalquier (*Forum Calcarium*), ville chérie de ses comtes; Apt (*Apta Julia*), célèbre par sa fidélité d'abord aux empereurs d'Allemagne, puis à la double juridiction de ses comtes et de ses consuls; Digne, la cité épiscopale avec son bourg, son château et les cinquante *castra* en dépendant; Manosque, préludant par l'institution du cominalat à son organisation consulaire; Castellane, cette république aristocratique des Saliniens, qui conserva ses vieux priviléges sous le règne de ses barons et sous celui des comtes de Provence; Sisteron, dont les institutions municipales rivalisent, dans leur sphère microscopique, avec celles de Rome maîtresse du monde.

(1) Voyez l'excellente étude de M. Charles de Ribbes sur la constitution provençale.

CHAPITRE IV

STATUTS DES PRINCIPALES VILLES DE LA BASSE-PROVENCE.

I. — Les statuts des villes consulaires de la Basse-Provence, parmi lesquelles se distinguent Avignon, Arles, Marseille, Aix, Brignoles, Draguignan, Antibes, Nice, etc., se distinguent tous par un double caractère : la libre administration des communes, et le respect des prérogatives des comtes et des évêques.

II. — Avignon est une ville latine, qui passa, en l'an 450 de Jésus-Christ sous la domination des Goths, des Bourguignons et des rois d'Austrasie, et en 734 sous celle des Sarrazins. C'était alors, selon le continuateur de Frédégaire, une ville très-fortifiée, *urbs munitissima ac montuosa;* elle fut prise et saccagée par Charles Martel, et passa, après la dissolution de l'empire de Charlemagne, dans le royaume d'Arles et de Provence, dont Bozon fut élu souverain le 5 octobre 879, par le concile de Mantaille. Quand les comtes de Provence, devenus héréditaires, réduisirent à un vain titre la suzeraineté des empereurs d'Allemagne, Avignon devint un municipe féodal; mais elle trouva dans son évêque Geoffroy un protecteur de ses libertés, et reçut de lui, en l'an 1134, la charte municipale qui fut publiée avec le consentement de ses consuls. Cette charte, approuvée en l'an 1157 par l'empereur Frédéric, reconnaît et approuve les franchises des Avignonais, auxquels il enjoint d'honorer leur évêque et de demeurer étroitement unis avec lui. Le pouvoir vicomtal d'Avignon ne put soutenir longtemps la lutte contre les libertés populaires si fortement appuyées, et il expira à une date que les historiens placent vers l'année 1177 (1).

Alors Avignon prit rang, comme Arles et Marseille, parmi les républiques municipales du midi; elle s'administra elle-même par des magistrats électifs. Elle eut ses institutions, sa milice, son trésor; elle battit monnaie, fit des traités de commerce et d'alliance, et fut en état de résister par ses podestats, ses conseils et son sénat, même au roi de France, ainsi qu'on le vit, à l'occasion d'un conflit entre les habitants de la ville et Louis VIII. Les finances communales, malgré les dépenses relativement considérables, parmi lesquelles figure la construction d'un pont sur le Rhône, étaient en si bon état qu'en 1198 l'évêque et les consuls exemptèrent les habitants de toute taxe tant sur leurs personnes que sur leurs terres, leurs meubles et leurs marchandises.

Associée au commerce et au système municipal d'Arles et de Marseille, Avignon devint une ville florissante. Ses marchands faisaient, concurremment avec ceux de ces riches cités, le commerce des productions de l'Inde et de l'Arabie (2), et il en résulta un accroissement de population qui l'obligea d'étendre, au commencement du XIIIe siècle, son enceinte déjà vaste (3).

Un des documents les plus précieux que la ville d'Avignon ait dans ses riches archives est le cartulaire de Perceval Doria, podestat ou souverain magistrat de cette ville en 1232. Ce cartulaire consiste en vingt actes, qui jettent

(1) CAPEFIGUE, *Histoire de Philippe Auguste*, t. IV, p. 238 ; — *Recherches historiques sur les vicomtes d'Avignon*. — (2) HUET, *Histoire du commerce et de la navigation des anciens*, ch. VIII. — (3) CAIRANNE, *Eclaircissement sur les droits respectifs des propriétaires de l'eau découlant du canal de la Durance.*

les plus vives lumières sur le régime municipal, et particulièrement sur l'origine des biens de la ville d'Avignon.

Les consuls, qui étaient alors au nombre de sept, et assistés d'un ou deux juges, traitent avec Raimond, comte de Toulouse, avec Pierre et Gérard l'ami, avec l'évêque, et acceptent les donations, consentent des transactions, des baux à ferme et autres traités. On y voit, entre autres actes, un inventaire fait en 1233 des biens de la commune d'Avignon, *Inventarium bonorum communis Avinionis*, et une sentence arbitrale, relative aux limites respectives du territoire d'Avignon et de celui de Barbentane, intitulée : *Confirmationes antiquæ territorii Avinionis limitatio territorii Avinionis cum territorio Barbentanæ*, 1234.

Les statuts d'Avignon, recueillis en 1570, contiennent aussi, parmi les anciennes coutumes de cette ville, plusieurs dispositions relatives aux offices des magistrats, à l'élection des conseillers, des consuls et autres fonctionnaires municipaux, ainsi qu'à la police et aux propriétés communales (1).

Les communes du Comtat-Venaissin, dont Avignon était le chef-lieu, conservèrent leurs franchises et leurs privilèges, c'est-à-dire le droit de répartir entre leurs membres les taxes générales, de s'imposer, selon leurs besoins, des taxes spéciales, d'emprunter, de contracter librement, en un mot, de s'administrer elles-mêmes. Placées les unes sous la juridiction immédiate du pape, les autres sous celle d'un évêque ou d'un seigneur, que nommait le *viguier*, *bayle*, *capitaine*, ou *chatelain* chargé du gouvernement judiciaire et militaire, elles avaient toutes une organisation municipale, fondée sur l'élection. Chaque année, au 1er mai, à la Saint-Jean ou à la Toussaint, tous les chefs de famille,

(1) *Statuta inclitæ civitatis Avinionis*, de anno 1570.

réunis en assemblée générale sur la place publique, nommaient, par acclamation ou au scrutin, l'administration communale; elle était généralement composée de deux *syndics* et d'un *trésorier*, indifféremment choisis dans toutes les classes de la société, à l'exception du dernier, toujours pris dans le tiers-état.

Le *parlement* qui, dès l'année 1338, siégea régulièrement au palais rectorial, le pape pensant sans doute qu'il était bon souvent d'entendre conseiller ou brayre son peuple et ses ouailles (1), était composé des évêques de Carpentras, de Cavaillon et de Vaizon, avec les députés des feudataires et ceux des villes ou villages du comtat. Ce parlement nommait, pour contrôler et assister les magistrats municipaux, un conseil spécial de dix membres au moins, et de quarante au plus, qui se renouvelait annuellement par moitié, et pouvait se réunir, toutes les fois qu'il le jugeait convenable, sur la simple réquisition des syndics et la convocation du juge.

Il suffisait, pour faire partie de l'assemblée générale, d'être chef de famille; mais on exigeait des membres du *conseil* d'autres conditions : l'éligible devait jouir d'un certain revenu et n'être ni failli ni débiteur de la communauté. Ces conditions étaient exigées à plus forte raison des syndics des communautés et autres fonctionnaires, parmi lesquels les historiens du comtat citent gravement l'abbé de la jeunesse ou prince d'amour, chargé de la direction des fêtes, et même des charivaris donnés à ceux qui se remariaient (2).

Le Comtat-Venaissin, sous l'administration des papes,

(1) PÉRUZZIS, *Discours des guerres de la comté de Venaissin*, t. II. —(2) Secundo nubentibus charivarium nisi se redimant et componant cum abbate juvenum (ÉTIENNE BERTRAND, *De secundis nuptiis*).

jouissait d'un précieux élément de prospérité : il ne payait absolument rien à son souverain (1). *La capitation*, établie en France, y était totalement inconnue, et la taille elle-même n'y exista que par intervalles, pendant les troubles civils. Votée par les états généraux, qui l'imposaient aux trois ordres, consentie par les communes autorisées à la répartir entre leurs membres, le produit en était versé, non dans la caisse du fisc, mais dans celle des communautés et des états. Le trésorier du Saint-Siége ne percevait que les revenus de la chambre apostolique, provenant des biens domaniaux du souverain. Ces rentes s'élevant à peine à une centaine de mille livres, le souverain y suppléait par des ressources italiennes. L'argent du pays n'en sortait qu'à titre de *don gratuit*, ou de *régales* de peu d'importance.

Les guerres civiles de l'Italie, et surtout les émigrations des familles guelfes de la Toscane, dotèrent d'ailleurs la ville papale de somptueux monuments, d'hôpitaux, d'églises, de maisons superbes, de gracieuses *villas*, imprimèrent à son commerce un élan prodigieux, et firent affluer dans son sein des richesses qui lui permirent de prêter des capitaux importants à Sisteron et à Marseille (2). Les historiens attribuent à l'excellente administration du Comtat-Venaissin le renom des produits industriels d'Avignon (3). et de la probité des commerçants des bords du Rhône (4), qui les faisait reculer devant l'infamie du *bonnet vert*, ainsi que les progrès scientifiques et littéraires et la splendeur vraiment inouie de son université, illustrée par des poëtes tels que Pétrarque, par des jurisconsultes tels que

(1) Sa Sainteté ne tire rien du pays, ne moins d'Avignon (PERUZZIS). — (2) DE LAPLANE, *Histoire de Sisteron*, t. I, p. 167 ; — *Archives d'Avignon*, boîte n. 11. — (3) CAMBYS DE VELLERON, *Annales*, t. I ; — BROWN GEORGES DE COLOGNE, *Civit. orb., etc.* — (4) Et natus Rhodani lac probitatis habet.

Bartole, Balde, Alciat et Paul de Castro, et par des théologiens tels que les papes Innocent VI, Urbain V et Innocent IX (1).

L'état du Comtat-Venaissin, resté au XVIe siècle catholique et possesseur de ses municipes libres, contraste avec celui du régime municipal de la France, déchirée par les guerres religieuses et entraînée par une irrésistible fatalité des abus de la féodalité à ceux de la monarchie absolue.

II. — Une ville voisine d'Avignon, Arles, convertie au christianisme par les prédications de saint Trophime, devint, après la conquête des Bourguignons, une capitale riche et peuplée, dont le commerce, favorisé par son établissement aux embouchures du Rhône, reçut aussi une vive impulsion de ses rapports permanents avec l'Italie.

Le nom de la cité d'Arles est inscrit sur les monnaies de la seconde dynastie. Une charte de 962 contient la rédaction d'un traité entre le comte d'Arles et le monastère de Saint-Victor de Marseille : *En présence*, est-il dit, *de tous les hommes d'Arles, des juges et des chefs... de l'avis des chefs d'Arles*, lesquels ne pouvaient être que les magistrats municipaux (2). Dans une donation faite solennellement en 1055, on trouve pour confront les vignes du fief communal situé dans la *communauté* d'Arles. Dix ans après, le comte de Provence confirme une donation avec l'adhésion des *citoyens* de la ville d'Arles.

Dans une autre donation, de l'an 1055, le comte Geoffroy indique pour confront les vignes *du fief communal*

(1) *Etats pontificaux de France au seizième siècle*, par PERRIN, (de l'Isère). — (2) RAYNOUARD, *Histoire du droit municipal*, t. II, p. 195 et 196.

d'Arles, et c'est le comte, le prince lui-même qui reconnaît l'existence de ce fief communal.

Ces derniers mots : *fief communal*, prouvent que, même dans le midi, cette terre privilégiée de l'alleu, les usurpations des seigneurs avaient, dès le dixième siècle, altéré les conditions primitives du régime municipal.

Une charte non datée, mais qui porte en tête le nom d'un archevêque Raymond, qui siégea de 1142 à 1160, institua le consulat d'Arles (1); cette charte énonce dans son préambule qu'elle a été donnée par l'archevêque, « Cum consilio « quorumdam militum et proborum virorum, quos nobis- « cum habere voluimus, et voluntate et assensu aliorum, « ad honorem Dei. » A dater de cette charte, la ville d'Arles jouit, comme les villes lombardes et liguriennes, de l'autonomie, du droit de cité, de l'élection des consuls par les citoyens, des corps de métiers, du grand et du petit conseil, et s'occupa, l'une des premières parmi les villes de France, de l'important objet de la législation, comme le remarque Papon (*Histoire de Provence*, t. II, p. 234). Cette ville se gouverna pendant 30 ans, selon les uns (2), pendant deux siècles, selon les autres (3), non sans doute comme une république proprement dite, telle qu'Athènes dans l'antiquité, ou Venise dans le moyen âge, mais comme Gênes, Pise, Bologne, c'est-à-dire sous la souveraineté de l'empereur, et sous la juridiction de son vicaire l'archevêque (4).

(1) *Gallia christ.*, t. I ; — *Instrumenta eccl. Arelat.*, c. XVII. — (2) PAPON, *Histoire de Provence* ; — et MORERI, *Dictionnaire historique*, V° Arles. — (3) *Mémoire sur la république d'Arles*, par ANIBERT. — (4) Une charte découverte dans les archives du grand prieuré de Saint-Gilles est ainsi conçue : « Acta est hæc carta anno Domini incarnationis MCXXI, indictione VIII, II idas augusti, domino papa Innocenti Romanæ Ecclesiæ præsidente, regnante imperatore Lothero, anno primo consulatus Arelatensis. »

La charte du consulat d'Arles nous montre ses douze consuls choisis, quatre parmi les gentilshommes, et les huit autres parmi les bourgeois ou artisans des différents quartiers de la ville, non, comme le pense l'auteur du *Pontificium arelatense*, de la seule autorité de l'archevêque, ni même par le concours du prélat et des officiers sortants, mais par tous les habitants de la cité et du bourg (1).

Les statuts municipaux de la ville archiépiscopale d'Arles, et ceux des villes secondaires (*castra*) (2), qui ne jouissaient pas du droit de cité ou d'épiscopat et qui ressortissaient de la juridiction de l'archevêque d'Arles (3), renferment un code complet de lois civiles, pénales, administratives, où règnent les principes de la plus pure équité et de l'organisation la plus sage.

Ces statuts ont été modifiés dans le cours des âges.

L'établissement de la *podestatie*, espèce de dictature conférée dans les temps de troubles domestiques à des étrangers, eut pour objet de remédier par une autorité unique au nombre excessif des consuls. Elle fut empruntée

(1) *Archives de l'archevêché*, livre vert, f° 40, verso : « In hoc consulatu erunt duodecim consules, quatuor milites, quatuor de burgo, duo de mercato, et duo de Borriano, per quos illi qui fuerint in consulatu regentur et gubernabuntur et accepto régimine consulatus habebunt potestatem judicandi, et quod judicatum fuerit exequendi. » — (2) Castra vocabant scriptores medii ævi, urbes quæ civitatis, id est episcopatus, jus non habebant (DUCANGE). — (3) Nullum reputamus extraneum qui sit de juridictione nostra videlicet de Salone, de Granis, de Cornilione, de Sancto-Amantio, de Alinico, de Auronis, de Sancto-Mitrio, de Castro-Veteri, de Vaqueriis, de Sancto-Martino, de Palude Majore ((*Statuts municipaux de la ville de Salon*) ; — Voyez ces statuts et ceux des villes d'Arles dans l'*Histoire du droit français au moyen âge*, par M. GIRAUD, t. II, p. 185 à 267.

aux républiques de l'Italie, dont les historiens en définissent les caractères (1).

La podestatie était, comme le remarque M. Augustin Thierry, une magistrature non substituée mais superposée au gouvernement municipal. En effet, en divers actes passés au temps de la podestatie, on trouve des *syndics de la commune*, et des *conseillers du podestat* (2). Papon (3) rapporte une délibération du conseil général qui refuse de s'arrêter à l'opinion du podestat. Toutefois il paraît (4) que le consulat et la podestatie n'ont jamais coexisté. Ces charges différentes, conférant la même autorité, ayant les mêmes fonctions, s'excluaient nécessairement en se suppléant l'une l'autre. En effet, soit que la podestatie fût imaginée pour simplifier la forme du gouvernement, soit qu'on y eût recours pour couper chemin aux altercations qui devaient infailliblement survenir parmi un essaim de consuls, c'eût été une contradiction manifeste, ou une inutilité bien embarrassante, que de créer à la fois des consuls et un podestat.

Une seule charte, criblée en divers endroits par l'injure des ans (5), nous apprend qu'en 1221 le podestat d'Arles fut choisi par quatre citoyens que le conseil secret chargea d'aller chercher en Italie, avec recommandation de choisir un homme de la religion catholique dont la réputation avantageuse fît espérer une lumineuse administration, et avec pouvoir de convenir avec lui de ses appointements, et

(1) Voyez SIGONIUS, *Historia de regno Italiæ*, lib. X ; — DUCANGE, *Verbo podestas* ; — MURATORI, *Antiq. ital. medii ævi*, dissert. XLVI, — (2) *Pontificium Arelatense de Saxi*, p. 269, et *Histoire de Provence* de PAPON, t. II, preuves, n°s 50 et 71. — (3) *Ibid.*, n. 70. — (4) *Mémoires historiques et critiques sur la république d'Arles*, t. II, ch. I, p. 7.—(5) Cette pièce est aux archives de l'archevêché d'Arles, *Livre d'or*, tit. CXXXIV.

d'emprunter même, si besoin était, pour subvenir aux frais de la commission. Ce fut un citoyen de Pavie qui fut élu : Sa nomination délibérée par le conseil secret fut approuvée par le parlement.

Les podestats d'Arles avaient, comme les podestats italiens, le chapeau, l'épée ou bâton de commandement ; ils réunissaient en leur personne toutes les fonctions qu'exerçaient auparavant les douze consuls ; ils s'intitulaient *podestats par la grâce de Dieu.* Les lois municipales, les statuts de police, les proclamations et cris publics étaient faits ou rendus en leur nom : mais, comme le remarque Anibert, « tant de marques d'honneur et tout ce fastueux étalage ne pouvaient cependant effacer le vice radical de cette magistrature. Elle n'existait en quelque sorte que par l'extinction entière de la confiance, ce nœud sacré qui forme et qui maintient toute société. » C'était un remède violent mais dangereux aux vices d'une république démocratique ; aussi la podestatie, après avoir exercé pendant quelques années un pouvoir équivoque mêlé de beaucoup d'avaries (1), disparut-elle comme une institution exotique ; et le consulat, rétabli en 1245, redevint la forme essentielle et définitive du gouvernement municipal.

La forme républicaine, dont la podestatie avait été la conséquence et le correctif, ne convenait pas au caractère de cette nation provençale dont le maréchal d'Ancre disait : « Il n'est point de nation plus capable de suppléer au bien ; mais, comme elle n'est soumise à personne, nul peuple n'est plus disposé à faire le mal. Le terroir qu'elle habite est très-fertile et, dans cette grande abondance, il ne lui manque qu'un bon prince pour la gouverner (2). »

(1) Voyez PAPON, *Hist. de Provence*, t. II, n°s 48, 70 et 71. —
(2) Si dominum continuum haberet, quem teneret, nulla gens

Aussi, quelqu'impétueux qu'eût été le mouvement communiqué à la ville d'Arles par les villes libres de l'Italie, dont Muratori disait avec beaucoup de raison (1) : *Nelli nostre contrade ne vecchi tempi, lo stesso era commune o communita che respublica, o citta libera*, l'autorité des comte de Provence, un moment ébranlée par les rébellions dont s'indignent certains historiens de la Provence, et auxquelles d'autres applaudissent (2), cette autorité ne tarda pas à se rétablir après quelques années d'interrègne non-seulement à Arles, mais dans toute la Provence, notamment à Marseille qui fit pendant le XIIIe siècle des efforts inouïs pour se transformer en république, et qui n'aboutit jamais qu'à d'impuissantes séditions.

III. — Le nom de la cité de Marseille se trouve sur les monnaies de Louis l'Aveugle qui, en 891, possédait le royaume d'Arles. Par un titre de l'an 1095 ou environ, les fils de Geoffroi, vicomte de Marseille, font une vente à l'universalité des citoyens de Marseille, *civium Massiliensium universitati*. Dès 1108, Marseille fait des traités d'alliance avec Gaète, Pise, Gênes, etc. (3).

L'antique citée phocéenne (4) semblait appelée à vivre d'une existence indépendante et souveraine. Bâtie à l'un des confins de la France, favorisée d'un port chef-d'œuvre de la nature, devenue par le génie commercial de ses habitants, dignes descendants des Athéniens et des Phocéens,

citius frangeretur ad bonum, nec ulla quia non est a quo regatur paratior est ad malum. Terra præ omnibus fructuosa, cum in omnibus abundet in solo rectore bono et principe egena est (*Otia imperialia*, 2 decisio, rap. 12). — (1) *Antiquit. Ital.*, *Dissert.* LIV. — (2) *Mémoires historiques et critiques sur l'ancienne république d'Arles*, par M. ANIBERT, t. I, p. 33. — (3) RAYNOUARD, *Hist. du droit municipal*, t. II, p. 192. — (4) Massilia, Phocensium filia, Athenarum æmula, Romæ soror.

l'heureuse rivale des républiques les plus florissantes du moyen âge ; enfin, entourée de colonies qu'elle avait fondées (1), de peuples voisins conjurés contre elle qu'elle avait vaincus et subjugués, et à qui elle avait appris à entourer leurs villes de murailles, à tailler la vigne, à planter l'olivier, tellement, dit un historien, qu'il semblait que la Gaule eût été transportée dans la Grèce plutôt que la Grèce dans la Gaule (2), Marseille avait, d'ailleurs, dans sa constitution municipale, tous les éléments nécessaires pour lui inspirer des tendances républicaines. Enrichie par son commerce, honorée par la part qu'elle avait prise aux croisades, et qui lui avait attiré de la part des rois de Jérusalem l'extension de ses nombreux priviléges, parvenue, en un mot, à un degré de puissance au moins égal à celui des villes les plus florissantes de l'Italie, elle ne brisa cependant pas le joug des vicomtes entre lesquels sa seigneurie était partagée, mais elle racheta cette seigneurie à deniers comptants (3), et se donna, après avoir contracté alliance avec Raymond, comte de Toulouse, et avec les villes d'Avignon, de Tarascon et de Nice, des statuts par lesquels ses anciens vicomtes furent exclus de toutes les charges publiques (4).

Dès lors commença ce que quelques écrivains ont appelé la seconde république de Marseille. La police munici-

(1) Toulon, Hières, Antibes, Nice, Turin, Agde, Marseillan, Massilargues, etc. (RUFFI, *Hist. de Marseille* ; — CHABRIT, *Histoire de la domination française dans la Gaule*).

(2) Ab his (Massiliensibus) Galli et usum vitæ cultioris, deposita et mansuefacta barbaria, et àgrorum cultus, et urbes mœnibus cingere dedicerunt. Tunc et legibus non armis vivere, tunc et vitem amputare, tunc olivam serere consueverunt (JUSTIN. *Histor.*, lib. XLIII, c. IV. — (3) RUFFI, *Histoire de Marseille*, liv. IV, ch. I. — (4) RUFFI, liv. IV, ch. II, f° 105 ; — *Archives de l'Hôtel-de-Ville*, 1224, 1226.

pale y était régie par des syndics. Quatre-vingt-trois conseillers, tirés des six quartiers, propriétaires d'immeubles pour cinquante marcs d'argent, annuellement renouvelés, formaient un conseil où entraient chaque semaine, selon de certaines règles, six chefs de métier avec voix délibérative. Les grandes affaires étaient portées au parlement. Un podestat, pris à l'étranger, était chargé du haut gouvernement, de la guerre et de la justice, en quoi il était aidé par son vicaire, et les citoyens pouvaient dire dans le préambule d'un acte public : « En nos conseils et nations procédant avec zèle, nous avons mis notre ville en liberté ; c'est ainsi que nous avons accru la richesse, l'autorité et la splendeur de la république. »

La puissance de Marseille fut fortifiée par ses alliances avec Avignon dont les statuts étaient à peu près semblables aux siens, et par l'établissement d'un assez grand nombre de bourgs consulaires d'un ordre inférieur, tels que celui de Grasse dans le comté d'Antibes où l'on avait porté un statut exprès contre le comte, celui de Brignoles, dans le comté d'Aix, petite république féodale gouvernée par le corps des nobles, celui de Tarascon, ancien chef-lieu de comté, après la perte de la ville d'Arles (1).

Mais Raymond Berenger III, comte de Provence, entra en 1216 dans les intérêts de la cour de Rome alors engagée dans la guerre contre le comte de Toulouse et les Albigeois ; et, fort d'une double alliance avec le siége apostolique et avec le roi de France qui le soutenait, il attaqua la ligue communale des villes de Marseille, d'Arles et d'Avignon soutenue par l'empereur et par quelques seigneurs du pays : de là une guerre qui se prolongea avec des chances diverses pendant environ quarante-cinq ans, et qui,

(1) *Résumé de l'histoire de Provence*, p. 165.

grâce à la défection de l'empereur Frédéric II, rentré après une première excommunication dans les grâces du Souverain Pontife et devenu depuis l'adversaire des communes consulaires de la Lombardie et de la Provence, se termina par un traité de paix précurseur de la révolution mémorable qui arrachait à un poëte national ce cri de douleur : « Les Provençaux au lieu d'un brave seigneur vont avoir un sire ; on ne leur bâtira plus ni villes ni forteresses. Subjugués par les Français, ils ne porteront plus ni la lance ni l'épée. Plutôt la mort que cet affront !... »

Charles d'Anjou, frère de saint Louis, devenu, par son mariage avec Béatrix fille et héritière de Raymond Berenger III, comte de Provence, changea, en effet, dès l'année 1251 le régime communal des villes d'Arles et d'Avignon. Le consulat et la judicature consulaire y furent remplacés par un viguier et deux juges annuellement nommés par le seigneur. On leur adjoignit un conseil pris, à leur gré, moitié chez les nobles, moitié chez les bourgeois. Les citoyens furent déclarés francs d'impôts, mais soumis à une chevauchée annuelle de quarante jours, dans un rayon de vingt lieues des remparts sur les territoires de l'empire. La capitulation de Marseille de 1252 lui laissa de plus grands avantages ; mais une nouvelle guerre éclata plus tard entre cette ville et le comte de Provence, et un traité définitif de 1257, tout en conservant aux habitants le droit de s'assembler, d'avoir des armes, d'élire certains officiers, et de n'être taxés que de leur consentement, confia le gouvernement à un viguier élu par le comte et à un conseil choisi par le viguier. L'histoire municipale de Marseille se confond depuis cette époque avec celle de la Provence que nous avons esquissée plus haut.

IV. — Les statuts de la ville d'Aix, cette antique colonie romaine de la Gaule Narbonaise, cette capitale peuplée de palais et d'hôtels somptueux qui était en 1789 le siége des états de la province et de l'un des plus illustres parlements de droit écrit, remontent au moyen âge (1).

Le consulat de cette ville est même rattaché par ses historiens (2) au temps où l'administration fut faite proconsulaire sous l'empire romain, et où l'administration populaire fut confiée à la direction du *défenseur de la cité*, dont l'office durait cinq ans, et qui était élu par le peuple, pour faire payer également les tributs, garder les registres publics, enregistrer les nouveaux habitants, recevoir les actes de naissance et de décès, défendre le menu peuple de la vexation des plus forts, et maintenir la tranquillité publique. « Cette forme de régie populaire, dit Joseph de Haitze, dura jusqu'à l'érection de la Provence en royaume sous Charles, fils de l'empereur Lothaire, en 855. Pour lors, elle fut donnée à un conseil établi par les habitants, dont les délibérations étaient commises, pour l'exécution, à un ou plusieurs *syndics*, qui étaient expressément députés, et dont l'exercice durait autant que la commission restait à être achevée, quoiqu'elle emportât le trait de plusieurs années. Suivant cette pratique, il se rencontrait qu'il y avait souvent plusieurs syndics en exercice, selon les occurrences des affaires importantes. Cette manière de gouverner fut continuée jusqu'en 1320, où le syndicat annuel fut établi, en conséquence du règlement fait par le roi Robert, comte de Provence, qui fixe le conseil de ville à trente habitants, tant nobles que bourgeois, avec pouvoir de créer des syndics administrateurs de la chose pu-

(1) Voyez le *Recueil des pièces concernant les priviléges et statuts de la ville d'Aix et de son terrain* ; — Voyez aussi M. Giraud, *Droit au moyen âge*, t. II, p. 16. — (2) Voyez l'*Histoire de la ville d'Aix*, et *Dissertation sur le consulat d'Aix* (1726), par Pierre-Joseph de Haitze.

blique, *toutes* les années. Depuis ce relief donné à ces syndics, il y a des vestiges que la procure du pays leur fut commise, comme je le remarque en plusieurs endroits de mon *Histoire d'Aix*. Cette attribution paraît leur avoir été faite, soit que ces magistrats, qui se trouvent à la tête de la capitale de la province, étant mieux à portée de défendre les autres communautés, celle-ci leur commissent volontairement cette défense, surtout lorsque les intérêts se trouvaient communs : soit que le prince, qui a l'intérêt public en main, l'eût ordonné de la sorte.

« Cette magistrature, ainsi relevée, convia, après la réunion de la Provence à la France, le roi Charles VIII, en 1496, d'y attribuer la qualification consulaire qui, par rapport au fameux consulat romain, passait dans l'esprit des peuples pour la plus auguste qui pouvait être donnée à ces sortes de charges, et qui avait déjà été recherchée par les villes voisines d'Arles, d'Avignon et de Marseille; qualification qui fut réellement prise l'année suivante 1497, et qui est aussi la première comme la plus ancienne de notre consulat. Quand, après cela, on dira que l'exercice de la procure du pays, ainsi commencé par nos magistrats populaires, et la qualification consulaire, attribuée à notre magistrature municipale, servirent de motifs en 1575, au roi François 1er, pour attacher cette même procure à perpétuité au consulat d'Aix, par un édit solennel, on n'avancera rien qui n'ait une vraisemblance entière. »

L'érection des consuls d'Aix en procureurs du pays de Provence s'explique non-seulement par la qualification consulaire, mais par l'origine antique de la colonie de Sextius, et par l'importance relative et toujours croissante d'une cité digne, par sa splendeur et par sa position centrale, d'être à la fois le siége du gouverneur, des assemblées, des communautés et du parlement de Provence.

Quelques villes de la Basse-Provence, d'une importance aujourd'hui secondaire, occupent un certain rang dans l'histoire du moyen âge.

V. — La petite ville de Brignoles est remarquable par son ancienneté et par le caractère tout particulier de son régime municipal. On y trouve des inscriptions romaines (1). Un diplôme de Childebert, roi de Paris, daté de l'an 558, contient la donation du domaine de la Celle... avec la basilique de Saint-Romain, et tous ses confronts et dépendances, sur la rivière de Caraeni, depuis les confins de Brignoles jusqu'à la fontaine de Camps (2). Le nom de Brignoles figure dans la cession d'un alleu sur son territoire, faite par l'évêque Ingilran et son épouse, au monastère de Saint-Victor, pour y bâtir une église. C'est sous le nom de *villa* qu'il est question de Brignoles dans divers titres du onzième siècle (3). Dès le douzième siècle, les princes d'Aragon habitaient fréquemment Brignoles. Les comtes de Provence y établirent leur séjour et y attirèrent des familles nobles qui, pour surveiller et défendre leurs intérêts communs, formaient un corps de communauté dont les plébéiens étaient exclus. Ce genre de prééminence, dit l'auteur anonyme d'une intéressante notice sur Brignoles, publiée en 1829, leur devait être d'autant plus agréable qu'il était plus rare. Mais ce privilége municipal, trop contraire au droit naturel, ainsi qu'au droit public de la Provence, ne pouvait pas durer toujours. Les comtes interposèrent leur autorité médiatrice ; et par un traité du mois de septembre 1222, tous les nobles cédèrent au comte Raymond Bérenger et aux siens le consulat de Bri-

(1) BOUCHE, *Chorographie*, p. 216. — (2) *Diplomata, chartæ*, t. I, p. 52. — (3) *Hist. gén. du Languedoc*, t. II, preuves, p. 168 ; — *Gallia christ.*, t. I, col. 307.

gnoles, à la condition que les contributions dont ils étaient jadis redevables envers le prince resteraient à la charge des plébéiens. De là, des contestations entre ceux-ci et les nobles, qui prétendirent n'être soumis à aucune contribution municipale. Les comtes de Provence limitèrent l'affranchissement aux contributions qui existaient en 1222; quand les affaires exigeaient le concours des nobles avec le magistrat de la communauté plébéienne, les nobles nommaient entre eux deux syndics pour défendre leurs intérêts.

Les affaires publiques se traitaient d'ailleurs à Brignoles, comme dans les autres villes de Provence, *in publico parlamento*. Tous les habitants chefs de famille y nommaient des syndics ou mandataires. On cite des assemblées de ce genre, tenues en 1306, 1309, 1337.

De temporaires qu'ils étaient, les pouvoirs de ces syndics devinrent permanents après qu'en 1321, les habitants de Brignoles eurent obtenu du roi Robert que douze citoyens, élus chaque année parmi eux tous, sans aucune distinction de personnes, administrassent les affaires publiques de concert avec le baile (*Bajulus*, *Bailli*). Devenus ainsi maîtres exclusifs de l'administration municipale, les plébéiens réagirent avec excès contre les nobles; le comte Raymond Bérenger s'interposa entre des prétentions réciproquement exclusives, et par transaction du 3 novembre 1341, les droits respectifs furent réglés, et les nobles furent admis au conseil de ville comme les autres habitants.

La reine Jeanne modifia, en 1377, le régime de Brignoles et édicta : 1° que tous les ans il serait nommé deux syndics et un secrétaire; 2° que les douze conseillers ou administrateurs, sortant de charge, nommeraient douze autres citoyens qui leur succéderaient. L'élection des deux syndics et du secrétaire resta à l'universalité des habitants.

La démocratie brignolaise abusa quelquefois de ses droits, et en l'an 1320, la reine Yolande, tutrice de Louis III, considérant que, chaque année, on élisait, tant pour le conseil de ville que pour les autres offices, un certain nombre de personnes d'une classe inférieure, de manière que les nobles, bourgeois et marchands n'étaient pas écoutés dans les affaires (1), et que cette classe usurpait l'administration, ordonna que, conformément aux anciens usages, on élût les plus sages, nobles, bourgeois et marchands, et non ces personnes dont le soin est de veiller aux travaux de la campagne, à moins que leur conduite et leur intelligence n'offrissent une juste garantie. L'élection se fit à haute voix jusqu'en l'an 1443, époque à laquelle le scrutin secret fut établi par une délibération du conseil de ville.

Ce conseil se réunissait à la porte de l'église, sur une place, dans un jardin ou en quelque maison particulière. *L'hôtel* de ville de Brignoles ne date que de l'année 1540. Il élisait chaque année deux citoyens qui avaient l'attribution de juger les bans et de punir les contraventions aux statuts municipaux. Ordinairement cet emploi était confié aux deux syndics qui sortaient de charge; et quand les deux syndics ou consuls furent établis conseillers-nés pendant l'année qui suivait leur consulat, ils devenaient auditeurs-nés pour l'année suivante.

Les statuts municipaux pourvoyaient à tous les détails d'administration locale; ils pouvaient être, ils furent même, en 1389, du consentement et avec l'autorisation du bayle et capitaine de Brignoles, noble Jean Dragol, corrigés et renouvelés par le conseil de ville, d'après un travail préparé par une commission composée des deux syndics et de nobles et sages hommes.

(1) Suborto dissidio inter plebeios parvi populi ac nobilium, burgensium et mercatorum.

La ville de Brignoles, comme les autres communautés de Provence, était exacte et fidèle à payer son contingent des impositions, mais elle n'acceptait que celles que les états avaient approuvées. Un don gratuit lui ayant été imposé sans ce consentement, le conseil de ville réclama et le roi René déclara que cette innovation ne pouvait tirer à conséquence; de sorte que l'infraction des priviléges du pays en procura une reconnaissance plus expresse. Conformément, d'ailleurs, au droit antique et cher que les communautés de Provence avaient de choisir le genre et le mode d'impôt qu'elles jugeaient nécessaire, la communauté de Brignoles payait ses contributions en argent.

Les registres de baptême et le livre du conseil de la maison commune conservés dans les archives municipales de Brignoles, prouvent que tous les priviléges des citoyens de Brignoles appartenaient aux habitants de Camps.

Il y avait à Brignoles un bailliage qui s'étendait à Saint-Maximin, et dont les sentences étaient déférées au juge-mage qui siégeait à Aix (1).

VI. — Antibes (Αντιπολις), qui devint un municipe romain dont la splendeur est attestée par des monuments en ruine, fut ravagée par les barbares qui passaient de la Gaule en Italie ou de l'Italie dans la Gaule, et devint tour à tour la proie des Lombards en 572, des Saxons en 574, des Visigoths à plusieurs époques. Son histoire municipale n'est autre que celle de son évêché, qui fut transféré à Grasse en 1244, à la suite d'une sédition dans laquelle leurs habitants noyèrent leur évêque, *negaverunt episcopum*, s'il faut en croire un ancien tableau placé dans une église de Grasse. La seigneurie d'Antibes fut achetée par un membre de la famille des Grimaldi qui, selon une his-

(1) *Gallia christ. Instit. eccl. Aquensis*, t. I, p. 72.

toire manuscrite d'Arazy, reçut en don le comté de Nice, du chef de la troisième race royale de France (1).

VII. — Draguignan, simple villa, était régie au moyen âge par les statuts municipaux qu'avait donnés, le 7 octobre 1235, Beringuier, comte de Provence, aux nobles et aux communautés de la vicairie de Draguignan, dépendant du diocèse de Fréjus (2).

VIII. — Fréjus (*Forum Julium*), où avait campé la huitième légion romaine, et où se voient encore quelques vestiges de son séjour, était au contraire au moyen âge une cité épiscopale.

IX. — Toulon, que les Latins modernes appelaient *Trocentium* ou *Thaurontium*, n'était au douzième siècle qu'un amas de cabanes éparpillées çà et là sur une plage située au fond d'une anse où les pêcheurs de la côte, surpris par les gros temps et les tempêtes, venaient chercher un abri. C'est au soleil de Louis XIV, dont l'emblème resplendit sur l'une de ses deux portes, que Toulon est devenu un port militaire presque imprenable contre lequel vinrent échouer en 1707 les armes du prince Eugène et du duc de Savoie réunies, et dont les Anglais ne s'emparèrent en 1793 que parce qu'il leur fut livré.

X. — La reine des Alpes-Maritimes, au moyen âge, c'était Nice fondée par une colonie de Marseillais à l'embouchure du Var dans la rivière de Gênes, et régie, selon Strabon (3), par le droit municipal de la métropole. Placée sur la limite de l'Italie et des Gaules, Nice avait eu des

(1) *Antibes ancien et moderne*, p. 29 — (2) Statuta domini Raymundi Berengarii comitis provinciæ concessa nobilibus et universitatibus locorum villæ Draguigniani Borejuliensis diœcesis (GIRAUD, t. II, p. 4 à 88). — (3) *Nicæa in Massiliensum jure permanet* (STRABO, *Geographia*, lib. IV).

fortunes diverses, et tantôt associée aux mouvements des Italiens, tantôt et plus souvent assujettie à la domination gauloise, elle avait été conquise par les Bourguignons sur les Romains et avait été annexée par eux à leur royaume d'Arles. Elle obéit ensuite aux comtes de Provence, puis se constitua à l'état de municipe libre. Mais elle ne s'y maintint pas longtemps, et tomba, vers la fin du XIVe siècle, sous la domination des comtes de Savoie, auxquels elle fut toujours très-fidèle, et dont elle défendit par son courage la bonne et la mauvaise fortune.

Les statuts et priviléges de la cité de Nice, dont M. Frédéric Sclopis a publié à Turin, en 1835, une édition complète, puisée aux meilleures sources, se rattachent à l'acte du 10 des calendes de septembre 1160, par lequel l'empereur Frédéric donna en fief le comté de Provence et de Forcalquier à Raymond Berenguier, comme l'avaient possédé le comte de Barcelone et ses prédécesseurs, c'est-à-dire depuis la Durance jusqu'à la mer, et depuis les Alpes jusqu'au Rhône.

Ces statuts constatent qu'à cette époque la cité de Nice était gouvernée par des consuls, renouvelés chaque année, et qui juraient sur les saints Évangiles de gouverner la cité qui leur était confiée à l'honneur de Dieu et de l'Église et à l'avantage des habitants, sans recevoir aucun don ni présent de qui que ce soit, *exceptis esculentis, vel poculentis, sine fraude*, et sans autre salaire que celui que leur attribuait le conseil. Toutes les matières de droit civil et de droit public sont confondues dans les articles de ces statuts rédigés sans ordre. On y voit que les consuls exerçaient leur juridiction par un juge qui ne pouvait sortir du territoire, si ce n'est pour des faits de la commune, sans la permission de la majorité des conseillers, ou des consuls s'ils étaient à Nice. Ces consuls élisaient les gardes-champêtres, veillaient à la police du port et de la ville, et ne pouvaient, pendant la durée de leurs fonctions, accepter aucun service. Ils faisaient enregistrer par le greffier de la commune (*scriba*) les sommes reçues par le trésorier (*clavarius*), et rendaient compte de leur administration au conseil réuni au son de la cloche. Ils choisissaient les agents-voyers, règlementaient les poids et mesures, les moulins, la boulangerie, la boucherie, et nommaient quatre auditeurs des comptes que devait rendre le trésorier. Le juge exerçait librement la juridiction en matière tant civile que criminelle, et faisait observer les règlements de police, notamment ceux qui étaient imposés aux marchands et artisans. Les consuls ne pouvaient contredire ses décisions, sans encourir l'interdiction du consulat, du conseil et de tout office communal (1). Alphonse Ier, roi d'Aragon, comte de Barcelone, marquis de Provence et seigneur de Nice, confirma ces statuts et priviléges le 7 juin 1170. Berenguier, comte de Provence, y ajouta le 29 novembre 1229 quelques immunités nouvelles, que Charles d'Anjou et Béatrix renouvelèrent et étendirent en 1245 et 1246. De nombreux statuts de Charles II et de son fils Robert furent aussi donnés à Nice jusqu'à son annexion au duché de Savoie consommée définitivement en l'an 1419, en vertu d'un traité entre Louis III et Amédée VIII, qui ne porta aucune atteinte à ses franchises municipales (2).

(1) *Statuta et privilegia civitatis Niciæ*, p. 45 à 82.—(2) *Statuta Niciæ*, p. 215 et seq.

CHAPITRE V

STATUTS DES PRINCIPALES VILLES DE LA HAUTE-PROVENCE.

I. — La Haute-Provence dépendait originairement du comté de Forcalquier, qui fut réuni au comté de Provence, en 1269, par la mort de Guillaume IV. Quelques villes de ce pays, les unes situées en deçà de la Durance, telles qu'Apt et Forcalquier, les autres en delà, telles que Manosque, Digne, Sisteron, jouissaient au moyen âge d'un régime municipal analogue à celui des Romains.

II. — Forcalquier, *Forum Neronis* selon les uns, *Forum Quariatium* selon les autres, était désigné au moyen âge sous le nom de *Forum Calcarium*, et possédait un château fort dont les vestiges subsistent encore. C'était, dit Bouche (1), l'une des villes de Provence que Raymond Bérenger favorisa le plus. Il maintint tous les priviléges qui lui avaient été accordés par ses souverains particuliers ; il releva une partie de ses remparts, détruits par le temps ou les guerres ; il donna aux nobles et prud'hommes l'exemption et franchise de toutes sortes de péages, tant sur mer que sur terre. Plusieurs seigneurs provençaux avaient prétendu longtemps avoir le droit de prohiber aux habitants de vendre leur vin, lorsque celui du comte était en vente. La plupart étaient sans titres, ou n'en avaient que d'équivoques ; et cependant leurs vassaux, faibles et exténués, languissaient sous ces entraves ennemies de la liberté et du bien public. Les officiers municipaux, qu'on doit regarder comme les premiers ennemis d'une com-

(1) *Essai sur l'histoire de Provence*, t. I, p. 312.

munauté quand ils sont lâches, n'avaient pas même la force d'user de leur droit, qui était de taxer le vin vendable et de commune bonté, que ces seigneurs soutenaient avoir la faculté de vendre, avec leurs autres denrées, dans certains temps de l'année. Raymond Bérenger abolit cette coutume, si préjudiciable au commerce, qu'on regrette de voir reparaître en 1702 sous le nom de *droit de banvin.*

III. — Apt (*Apta Julia*), ville située sur la limite de la Basse et de la Haute-Provence, obéissait, vers l'an 855, à un comte nommé Milon Montan, qui tirait son origine d'une famille déjà connue dans les premiers siècles de l'empire romain. Le régime municipal de cette ville au moyen âge offre cette particularité que lorsque les rois-comtes de Provence succédèrent à ses comtes particuliers, elle fut, ainsi que la plupart des bourgs et autres lieux qui, dans la suite, formèrent son bailliage, l'une des dernières à les reconnaître, et demeura sous la dépendance de l'empereur d'Allemagne. Le règne de Conrad, attesté par les monuments du temps, ne se manifestait cependant que par quelques actes de souveraineté de plus en plus rares, et finit par s'éclipser tout à fait. La formule : *regnante Conrado rege*, disparut vers le milieu du onzième siècle, époque à laquelle la plupart des villes qui s'étaient maintenues sous l'obéissance des empereurs profitèrent de la division des familles seigneuriales, qui se disputaient la domination, pour élire des magistrats qui prirent le nom de consuls, et dont le gouvernement purement municipal semblait attendre la venue d'un roi, puisque les contrats publics étaient intitulés : *Domino regnante, regem expectando; regnante Christo Domino; regnante Domino Jesu in sæcula.*

Les consuls étaient au nombre de quatre, élus à la pluralité des suffrages, et choisis parmi la noblesse et la bourgeoisie, afin que les différentes classes des habitants fussent également représentées. Un chaperon sommé d'un bourrelet, d'où pendait cette longue queue flottante sur les épaules, était la marque de cette dignité.

Les prérogatives de ces consuls sont définies dans une transaction passée entre eux et les seigneurs de Simiane en 1252. On y voit que les consuls avaient le droit d'exercer les fonctions de la haute police dans les différents quartiers de la ville, de recevoir le serment de fidélité des citoyens et des nouveaux domiciliés, et de les y contraindre par force, en cas de refus; d'accorder le droit de bourgeoisie, et d'établir un juge et un greffier pour les matières de leur compétence. Il appartenait à ces magistrats d'élire les conseillers dans les assemblées générales et particulières, de pourvoir à la sûreté de la ville, d'en faire réparer ou abattre les murailles selon l'exigence des cas, d'en garder les clefs, de mettre des sentinelles aux écoutes, tant au dehors qu'au dedans de la ville, et d'aviser à la punition des rebelles qui s'y opposeraient; de faire lever les chaînes et de barricader les rues en cas d'émeute populaire, de régler les séparations des héritages, d'apaiser les débats qui s'élèveraient entre les citoyens, de faire abattre les édifices qui gêneraient la liberté publique, de punir les incendiaires, les receleurs et les ravageurs des campagnes; de limiter l'emplacement des foires, etc. Les consuls étaient chargés de tous les détails concernant la police de la ville et de la campagne, du règlement des poids et mesures, de la police et de la chasse, etc.

Les seigneurs avaient dans la cité le *merum imperium*, le droit de glaive et de couteau, *jus gladii*, et l'*imperium mixtum*, c'est-à-dire la juridiction qu'ils exerçaient par les juges qu'ils avaient le droit d'établir. Ils pouvaient faire emprisonner et punir les voleurs, les assassins, les coupables du crime de fausse monnaie fabriquée au détriment du droit exclusif qu'ils s'étaient réservé. Ils créaient des notaires, faisaient recevoir par leurs officiers l'insinuation des testaments et des donations, nommaient les tuteurs et curateurs, et convoquaient les parlements ou conseils au lieu public et accoutumé. Ils avaient le droit d'*alberge*, c'est-à-dire le privilége de lever cavalcade au temps de guerre, en défrayant les cavaliers, mais non les gens de pied qui étaient tenus de les servir à leurs dépens, sans que ce droit pourtant pût être commué en argent ; les bourgeois devaient servir à cheval comme les nobles et aux frais des seigneurs. Ces différentes attributions étaient adjugées aux seigneurs sauf les droits du consulat. Il ne leur était pas permis de donner asile aux personnes dont les consuls ou même les simples particuliers auraient à se plaindre, et si les coupables étaient en leur pouvoir, ils devaient les leur représenter. Les consuls ne pouvaient être poursuivis en justice durant leur consulat, à moins qu'ils n'y consentissent en donnant la démission de leur charge (1).

Telle était en substance la charte qui réglait dans la cité d'Apt la double juridiction du comte et des consuls. La juridiction épiscopale, constatée par un acte de 1285, s'exerçait par une cour de justice à laquelle pouvaient en appeler les parties condamnées par le tribunal du comte. Les droits et priviléges du consulat de la ville d'Apt avaient été confirmés par un décret de Frédéric II, de l'an 1239; *Quod*, y disait l'empereur, *consulatus dignitatem a solo imperio, et a nobis habent, et ab eo tempore cujus non extat memoria.*

Après que les deux comtés de Provence eurent été réunis, les priviléges municipaux de la cité d'Apt furent reconnus dans une charte que rapporte M. Giraud, p. 144, et

(1) *Histoire d'Apt*, par M. l'abbé Boze, p. 140.

dont voici le titre en langue vulgaire : « Priviléges, frau-« quesas, libertatz et immunitatz, bonas costumas e bonos « usages, loscals an e an costumat daver los ciutadans e « habitans en la ciutat d'At, autreiatz tant per lo comte « Berenguier, lo rey Karle premier, els autre prédécessor, « reys e comtes de Proenza e de Forcalquier, e ufficials « siens. »

Ces libertés subsistèrent sous Charles d'Anjou jusqu'en 1257, époque à laquelle il fut proposé dans une assemblée générale de reconnaître que les droits consulaires de la cité relevaient de l'Église et faisaient partie de son domaine. Ces droits appuyés sur d'anciens titres furent en effet constatés en présence de témoins par quatre consuls de la ville. Mais peu de temps après, la commune céda à Charles d'Anjou les droits et priviléges dont ses consuls étaient investis. Ceux-ci cédèrent le serment qu'ils étaient en usage de faire prêter aux citoyens en vertu de leur dignité, reconnurent le droit de cavalcade, et s'obligèrent au nom de la cité à une redevance annuelle, en échange de laquelle Charles d'Anjou et Béatrix son épouse s'engagèrent à protéger la ville et à la défendre en temps de guerre, à ne charger les habitants d'aucune imposition que de leur consentement, excepté dans les cas impérieux, à ne grever leurs biens-fonds d'aucune cense féodale et à les maintenir dans la possession de leurs coutumes, statuts et anciens priviléges, dont l'origine remonte à un temps immémorial; *longis temporibus retroactis observanda.*

Après avoir circonscrit le pouvoir des consuls par ces articles, qui furent rédigés dans l'église de Saint-Remi en présence de l'archevêque d'Aix, des évêques de Riez et de Nice, de Charles seigneur des Baux, de Guillaume de Beaumont et autres, Charles d'Anjou fit prendre à ces consuls le nom de syndics, qu'ils ont conservé jusqu'en 1525.

Les citoyens assemblés dans la maison commune élisaient les syndics en présence de bailli qui approuvait l'élection, si elle lui paraissait légitime. Les pouvoirs des syndics, quoique moins étendus que ceux des consuls, avaient cependant de l'importance. Ils exerçaient le droit de police en temps de paix comme en temps de guerre. Ils avaient un greffier, des auditeurs de comptes et des commissaires ou maîtres de police, qui veillaient sous leurs ordres à la sûreté publique. Ils veillaient à l'entretien des fortifications, des ponts, des fontaines et des chemins, nommaient en temps de guerre le *capitaine* de la milice bourgeoise, et même un gouverneur qu'ils pouvaient remplacer ou destituer à leur gré. Ils imposaient les denrées et les marchandises étrangères qui se débitaient dans la ville. Mais leurs attributions étaient purement administratives; les baillis rendaient seuls la justice au nom du prince dans la ville et dans son ressort.

IV. — Digne était une cité épiscopale dont dépendaient au XIIIe siècle cinquante *castra*. On trouve compris dans le dénombrement transcrit au registre *pergamenorum* des villes, châteaux et lieux de Provence, le *castrum* de Digne et le bourg de Digne.

L'origine du bourg se perd dans la nuit des temps. Alphonse, roi d'Aragon, comte de Barcelone et de Provence (1), conféra à ses habitants, en 1191, le droit de faire paître leurs troupeaux et de couper du bois sur le territoire de Corbon, et manda à ses baillis de les maintenir

(1) C'est par un acte en date du 13 janvier 1113 que Douce, fille de Gilbert, fit donation à Raymond Béranger, son époux, de son comté de Provence. Ce prince régnait depuis trente-deux ans sur le comté de Barcelone, lorsqu'il réunit la Provence à ses États (*Essai historique sur le cominalat dans la ville de Digne*, par GUICHARD, t. I, p. L de l'introduction).

en paix dans l'exercice de ce droit. On trouve dans les archives de Digne des règlements du XIIIe siècle, relatifs aux troupeaux transhumains. On y trouve aussi, à la date du 6 des ides de mars 1221, la confirmation des priviléges sur le bourg concédés au prévôt de Digne.

Le *bourg* de Digne était gouverné par des consuls, à la fin du treizième siècle, puisqu'on trouve aux archives municipales une sentence arbitrale du 30 mai 1299, entre les cominaux et les consuls de Digne (1) ; mais il est difficile d'admettre, avec quelques écrivains provençaux, que ces consuls avaient continué sans interruption les consuls qui existaient sous les municipes romains. La rénovation municipale importée de l'Italie dans les Alpes françaises, aux douzième et treizième siècles explique la dénomination de consuls qui était auparavant inconnue, et Gassendi affirme avec toute apparence de raison que la faculté d'élire et de créer trois consuls fut concédée aux hommes du bourg en 1297 (2).

Le castrum (château) provenait d'une donation faite en 1038 à l'abbaye de Saint-Victor par Hugo, évêque de Digne. A la différence du bourg dont le régime était démocratique, l'organisation du château offrait tous les caractères de la féodalité militaire, et traitait à titre d'*universitas* avec le comte, la comtesse de Provence et l'évêque de Digne (3). On n'y reconnaît aucune trace d'organisation municipale, aucun représentant élu à la tête de l'*universitas*; les chefs de famille convoqués par le bailli ou le grand sénéchal de Provence s'assemblaient en *parlamentum pu-*

(1) *Essai historique sur le cominalat dans la ville de Digne*, t. II, p. 92, preuve XXXIX. — (2) *Not. eccl. Diniensis*, 1654, in-4°, f° 21. — (3) *Transaction* de 1260, rapportée dans l'*Essai sur le cominalat*, preuves, n. XIX.

blicum (1), mais seulement pour nommer des syndics chargés de missions spéciales et non revêtus d'un caractère permanent. Toutefois les hommes libres, *probi homines*, se réunissaient, paraît-il (2), en associations ou confréries analogues aux gildes germaniques ; et comme ils étaient assujétis à des tailles royales, telles qu'albergue, cavalcade, péage, quistes, gabelle, à des tailles féodales, ecclésiastiques et communales, ils obtinrent, par leurs énergiques protestations, du comte de Provence, l'institution du *cominalat* qui fut le premier échelon des libertés communales. Les cominaux furent institués par une transaction du mois d'août 1260. « Item, y est-il dit que trois des habitants et un gentilhomme soient eslus et choisis toutes les années pour cominaux, qui ayent le pouvoir de diviser et parquer les tailles, icelles exiger et de limiter les terres, et de décider les procès et difficultés des murailles, rues, endrones et chemins publics, canaux des eaux et arrosages, et que les dits trois prudhommes et un gentilhomme soient esleus et establis pour faire tout ce que dessus, à la réquizicion et volonté libre des hommes et habitants du dit château ou cité de Digne, au mandement du bailli. » Les fonctions des cominaux étaient d'abord toutes spéciales et distinctes de celles des syndics ; mais ces fonctions ne tardèrent pas à être cumulées, et à concentrer sur la tête des principaux habitants une puissance que soutenaient les associations ou confréries. De là les progrès parallèles du cominalat, des franchises municipales et des parlements publics dans les luttes politiques soutenues au quatorzième siècle contre les seigneurs par les chefs de famille que fa-

(1) Voyez ceux du 4 juin 1290 et du 12 juin 1302. *Ibid.*, preuves XXIX et XLI. — (2) *Consultation des confréries par les cominaux*, 9 juin 1290. Or en parch., *Arch. de Digne*.

vorisaient sous main les comtes de Provence. Ces progrès furent tels qu'au moment de la réunion du comté de Provence à la France, il n'y avait plus un *castrum*, mais une cité de Digne animée de l'esprit et investie du pouvoir municipal dont jouissaient alors toutes les communes de la Provence.

V. — Une autre ville des Basses-Alpes avait une constitution municipale analogue à celle de Digne. C'était Manosque, divisée aussi en un bourg et un château, et progressant comme elle vers l'organisation consulaire par l'institution des cominaux (1).

Les comtes de Forcalquier avaient donné aux Hospitaliers de Saint-Jean-de-Jérusalem, comme on le voit par deux chartes de 1168 et de 1175, des propriétés auxquelles étaient attachés des droits importants. Le comte Guillaume, jaloux de se créer des appuis contre une puissance rivale, donna, en 1206, aux habitants du bourg et du château de Manosque, des chartes éminemment libérales (2).

Par la première, des nones de février, le comte accorde aux habitants du bourg des priviléges importants. Par la seconde, de la veille des ides de février, il constitue la commune sur la base d'un droit de réunion dégagé de tout obstacle : *sine ullo gravaminis impedimento.* Soixante hommes des plus prudents, choisis quarante dans le bourg et vingt dans le château, doivent élire douze consuls, pris dans les mêmes proportions entre les deux portions de Manosque. Ces consuls ont le droit de censurer le recteur, le bailli et le juge, s'ils remplissent mal leurs fonctions ; ils administrent la commune, défendent ses droits et priviléges, la représentent en justice, en demandant comme en

(1) *Etudes historiques sur la ville de Manosque au moyen âge*, par Damase Arbaud. — (2) *Ibid.*, preuves I, II, III, IV.

défendant contre toute personne tant séculière qu'ecclésiastique.

Les consuls sont annuels, et ils désignent leurs successeurs qui doivent être agréés par le conseil des soixante.

Chaque fois que, par décès ou toute autre cause, le bailli, le juge, le recteur ou le notaire sont remplacés, le nouveau titulaire, à la réquisition des consuls, doit jurer, sur les saints Évangiles, l'observation des libertés et coutumes de la commune. Le défaut d'accomplissement de cette formalité entache de nullité tous leurs actes.

Le recteur, le juge, le bailli et le notaire de la cour sont annuels, et ne sont rééligibles qu'après cinq ans.

Le non-paiement de l'impôt n'entraîne la contrainte par corps que lorsque le retardataire ne peut fournir valable caution de payer dans les quarante jours. Les instruments aratoires, le lit, les vêtements et les bestiaux ne peuvent être saisis qu'à défaut d'autres biens.

Les consuls ont le droit de faire construire, pour la communauté, des moulins, des fours et des moulins à foulon.

Le seigneur, le juge ou le bailli ne peuvent établir aucune peine ou aucun ban, sans le consentement des consuls et du conseil.

Les descendants de Pierre Calveton, co-seigneur du château de Manosque, les chevaliers, les avocats et les notaires publics, sont affranchis de tout droit d'albergue, contalage, etc.

Les habitants du château, à qui sont étendus les privilèges de la première charte, ne pourront être tenus de faire le guet ou d'aller la nuit avec une lumière, et ils auront le droit de vendre en tout temps leur vin, en gros ou à la taverne.

Les ordonnances faites par les consuls du bourg ne sont obligatoires pour les habitants du château qu'autant que leurs consuls et dix d'entre eux les ont consenties après en avoir été requis, et qu'elles y ont été publiées.

Chaque fois qu'il faudra établir une taille foncière ou personnelle, les deux communautés l'ordonneront ensemble, et chacune ensuite colligera sa portion, de telle sorte que ceux qui ne possèdent pas 20 sols ne payent rien; ceux qui ont de 20 sols à 20 livres payent un denier par livre ; de 20 à 100 livres, 3 pittes par livre; de 100 à 500, une obole par livre; de 500 et au-dessus, une pitte par livre. L'estimation du contribuable est crue sous serment pour asseoir sa contribution.

Jaloux de conserver à toujours la constitution qu'il venait d'établir, Guillaume ordonne que les habitants ne pourront jamais y renoncer et que même, après mille ans, on ne pourra pas leur opposer la prescription dans le cas où ces statuts n'auraient pas été exécutés. Il prononce une amende de dix mille deniers d'or fin, peine qui ne pourra être modérée, contre quiconque s'opposera à ces priviléges, et refusera de s'y soumettre.

Cette charte du consulat, écrite par Jean Albi, notaire constitué par l'autorité de l'empereur, et à laquelle était attaché le sceau du comte qui y pend encore aujourd'hui, fut abrogée par le légat du Pape, le 12 des calendes de mars 1211, et le bourg et le château de Manosque reprirent leur ancienne organisation où des *boni homines*, des syndics, des cominaux ne la représentèrent plus qu'en vertu de commissions spéciales, dans leurs fréquentes contestations contre le commandeur de l'Ordre hospitalier de Jérusalem. On trouve aux archives municipales une transaction du 4 janvier 1315, entre les communautés du bourg et du château de Manosque, et frère Élyon de Villeneuve, commandeur de Manosque, tout un système de législation transactionnelle où se manifeste la virilité d'une commune désormais maîtresse d'elle-même, et qui avait reconquis par une lutte persévérante les droits qu'elle conserva, soit depuis la réunion du comté de Forcalquier au comté de Provence, soit depuis la réunion de l'un et de l'autre comté à la France.

VI. — L'histoire municipale de la ville de Sisteron, écrite par M. de la Plane, avec une précision lumineuse, n'offre pas, comme celles de Digne et de Manosque, un caractère de dualité fondé sur la distinction d'un bourg et d'un château. Sisteron jouissait paisiblement depuis un temps immémorial de ses libertés municipales, avant et depuis l'établissement, en 1054, du comté de Forcalquier dont elle faisait partie. Ce n'est qu'au moment de l'usurpation du comté de Forcalquier par Guillaume de Sabran qu'elle demanda une charte confirmative de ses priviléges. L'original de cette charte, qui est de 1212, a disparu des archives communales, mais elle a été recueillie dans une charte de François Ier de 1515, et c'est ainsi que le texte en a été conservé.

Il est question dans cette charte de gens de la campagne (*rusticorum*), comme faisant partie, avec le clergé, la noblesse et les bourgeois, des conseils du prince, et l'on voit dans le siècle suivant toutes les communautés du bailliage de Sisteron convoquées à une assemblée des états tenue à Valensole (1296). Un allivrement du 12 juillet 1327, conservé dans les archives et fait par des mandataires élus par l'universalité des habitants réunie en parlement public dans la cour royale de la cité (1), comprend indis-

(1) Sane quidem universitas in publico parlamento congregata infra curiam regiam civitatis... Coram domino judice, eo ipso domino judice volente et consentiente, unanimiter et concorditer, nemine discrepante, elegerunt infra scriptos homines dictæ

tinctement tous les noms des contribuables. Les caractères essentiels du régime municipal existaient donc à Sisteron aux XIIe et XIIIe siècles. Nous renvoyons à l'excellente histoire de M. de la Plane ceux qui voudront l'étudier en détail. Ce qui nous a frappés, c'est tout à la fois l'antiquité et l'esprit de sagesse et d'équité d'une législation qu'on dirait calquée sur les principes du municipe romain dans ses plus beaux jours, et à laquelle on ne peut comparer dans les temps modernes, sous le rapport de la bonne police, de l'ordre et de la régularité établis dans les diverses branches de l'administration par la répartition du travail et par l'économie des salaires, que le régime des *towns* américains dont nous avons essayé ailleurs d'esquisser les principaux caractères (1).

VII. — Castellane, ce modeste bourg qui est comme un trait d'union entre les cités des Basses-Alpes et celles des bords du Var, a aussi une origine antique. C'est la cité des Saliniens (*civitas Saliniensium*), fondée deux cents ans avant notre ère par des colons de Marseille chassés de leurs côtes par les Phocéens; république aristocratique dont quelques pierres rappellent le préteur *Tiberinus* et le décurion *Marcus-Matucolinius* (2). Détruite par les Visigoths, puis retirée de ses ruines par les évêques d'Embrun, la ville des Saliniens lutta avec Sisteron et Riez contre l'invasion des Sarrasins et contribua à les repousser. Rebâtie et dotée du nom de *Castellane*, elle fut gouvernée tour à tour par ses barons les Boniface et par les comtes de Provence. Elle reçut de ceux-ci des priviléges importants.

civitatis quibus dederunt plenam generalem cum libera potestate reformandi libram. — (1) *Lois municipales de la Suisse et des Etats-Unis d'Amérique* (1853). — (2) *Histoire de Castellane*, par M. Loubiquy, p. 9.

« Ses denrées, dit un écrivain non suspect de partialité, circulaient partout sans obstacle, tandis que celles qui venaient du dehors étaient frappées d'une forte taxe. Proportionnellement à sa population et à ses revenus, elle fournissait un contingent de soldats et payait un impôt moindre que ceux des villes voisines. Elle jouissait du droit de chasse et du port d'armes. Pour qu'un Castellanois ne pût jamais être incarcéré, il suffisait qu'il eût un domicile connu et une caution. Castellane était une des bonnes villes des comtes. Onze magistrats divisés en deux sections rendaient la justice, des syndics veillaient à la police, à la sûreté de la ville, à la conservation de ses immunités. La garde du trésor municipal était confiée au *clavaire*, le bailliage avait un chef qui représentait les comtes et qui s'appliquait à concilier les besoins de la ville et ses droits avec ceux de son maître. Eût-il eu des veilléités de despotisme, les syndics l'auraient arrêté. Presque toujours en contradiction avec lui, jamais ils ne faisaient cause commune contre les administrés dont ils étaient les tuteurs. »

VIII. — A l'autre extrémité des Alpes de la Provence, sur la limite du haut Dauphiné, au point culminant, était Embrun, siége de l'archevêché dont relevaient les évêques de Digne, de Senez, de Nice, etc. C'est l'antique cité dont Jules César met les peuples qu'il appelle *Ambruareti* au même rang que les Autunois et leurs alliés, ceux de Suze, du Val de Maurienne et du Briançonnais. Les *Ambruareti* faisaient partie avec ceux-ci de la ligue de trente-cinq mille hommes formée par les Gaulois contre les Romains au siége d'Alexie. Les Latins modernes appellent cette ville *Ebredunum*. Ses habitants furent convertis au christianisme par saint Nazare, vers l'an 69 de notre ère. Saint Marcelin fut, sur la fin du règne de Constantin, le premier archevêque d'Embrun. Cette ville, après avoir fait partie intégrante du royaume donné par Charles le Chauve à Bozon, fut reprise par les empereurs d'Allemagne et concédée par eux à titre de principauté souveraine aux archevêques. Quatre conciles ont été tenus à Embrun dans le moyen âge : le premier en 588 ; le second en 1150, sous la présidence de Guillaume de Bénévent, évêque d'Embrun ; le troisième, en 1248 ; le quatrième, qui avait trait à la discipline, en 1290. Les archevêques d'Embrun avaient le droit de battre monnaie et exerçaient une juridiction exclusive, malgré l'inféodation faite en l'an 1020 aux comtes de Forcalquier. Les institutions municipales de cette antique cité, empreintes surtout d'un caractère ecclésiastique, participèrent de celles du Dauphiné et de celles de la Provence jusqu'à l'incorporation à la France de ces deux provinces.

CHAPITRE VI

DE L'ADMINISTRATION GÉNÉRALE DU LANGUEDOC (1).

I. — Le Languedoc comprenait la partie de l'ancienne Narbonnaise située entre les Pyrénées et le Rhône et qui

(1) *Notice ou abrégé historique des vingt-deux villes chefs-lieux de diocese de la province du Languedoc*, par GRAVEROL (1696) ; — *Remarques sur l'histoire du Languedoc jusqu'à sa réunion à la France*, par PIERRE LOUVET (1657) ; — *Les gouvernements anciens et modernes du Languedoc*, par GARIEL (1663) ; — *Histoire générale du Languedoc*, par DOM VAISSETTE (1730 à 1745) ; — *Mémoires sur le Languedoc*, par M. DE BASVILLE (1734) ; — *Essai sur le gouvernement du Languedoc*, par DOMERGUE (1773) ; — *Mémoire concernant la forme et les états du Languedoc* ; — *De l'administration diocésaine en Languedoc* (1789) ; — *Un pays d'états sous l'ancien*

était occupée par les Volces Tectosages (capitale Toulouse), et par les Volces Arécomiques (capitale Nîmes). Elle prit le nom de Gothie au Ve siècle, quand les Visigoths s'en furent emparés. Clovis les en chassa en 507. Au VIIIe siècle, les Sarrasins en firent la conquête. Charles Martel, Pépin et Charlemagne leur arrachèrent cette riche province. A partir de cette époque, le Languedoc forma le duché de Septimanie, qui cessa bientôt d'obéir aux rois francs, et qui se confondit avec le comté de Toulouse, créé en 778 par Charlemagne. Il était borné au nord, par le Lyonnais, le Forez, l'Auvergne, le Rouergue et le Quercy ; au midi, par la mer Méditerranée et le Roussillon ; au levant, par la Provence, le Comtat-Venaissin et le Dauphiné ; au couchant, par la Guienne, la Gascogne et le pays de Foix.

II. — Jusqu'au moment où Raymond, comte de Toulouse, neveu de Frédelou favori de Charles le Chauve, eut réuni le duché de Septimanie ou marquisat de Gothie à son comté de Toulouse, l'autorité du droit romain se maintint dans cette province, et ses peuples y trouvèrent, selon la remarque d'Albisson (1), l'origine et les fondements de leur système municipal ; un des plus solides appuis de leur liberté territoriale, de ce franc-alleu dont ils étaient si justement jaloux ; les principes fondamentaux et les maximes les plus essentielles de leur police, relativement à l'assiette et à la répartition de la taille ; la conservation du privilége de délibérer librement sur les subsides

régime, par F. de la Farelle (1857) ; — *Statuts pour la réformation du comté de Toulouse de* 1270 (*Revue française et étrangère*, 1860, p. 339), Albisson ; — *Lois municipales et économiques du Languedoc*, sept volumes in-4° ; — *Franc-alleu du Languedoc*, par Caseneuve.

(1) *Lois municipales et économiques du Languedoc, Introduction*, XXIV.

qui leur étaient demandés par le roi, et de contribuer aux besoins de l'État par des offrandes gratuites et volontaires.

Le comte de Toulouse, devenu duc de Septimanie, conserva aux trois nations de sa vaste province, c'est-à-dire aux Romains, aux Visigoths et aux Francs, les mœurs et les coutumes qu'ils tenaient de leurs ancêtres, et plusieurs actes du dixième siècle témoignent de la persistance de leurs libertés municipales.

Tous les documents historiques font foi de l'intervention des peuples du Languedoc dans leurs propres affaires, même à l'époque où le régime féodal s'établissait dans cette province comme dans le reste de la France. La sage politique des comtes de Toulouse éleva même leur puissance d'autant plus que la famille royale tombait davantage dans le mépris. Par le serment de fidélité et d'hommage qu'ils prêtèrent au roi Raoul en 923, ils gagnèrent le duché d'Aquitaine, le Gevaudan et le Velay. Cette soumission apparente servit à augmenter leur domaine et leur indépendance, leur valut même le Vivarais et le diocèse d'Uzès, lorsque le roi Louis IV implora leur secours contre Othon, roi de Germanie (944); et c'est ainsi qu'après l'avénement de Hugues-Capet à la couronne, les comtes de Toulouse, tranquilles dans leurs vastes États, où ils avaient affermi leur puissance, y régnèrent jusqu'à la malheureuse guerre des Albigeois.

Ces États furent divisés en l'an 991 entre Guillaume Taillefer, l'aîné des trois fils de Raymond Pons et Raymond second comte de Rouergue. Celui-ci eut dans son lot le Bas-Languedoc ou Septimanie, où le comte de Toulouse, resté seigneur du Haut-Languedoc, conserva quelques domaines, auxquels il joignit par son mariage le marquisat de Provence.

III. — Dès lors se multiplièrent en Languedoc comme

ailleurs les abus du régime féodal : le morcelement des seigneuries, les guerres privées, les invasions, les luttes incessantes entre vassaux et arrière-vassaux, dont chacun exerçait la portion d'autorité qui lui était propre, ce qui était un principe d'anarchie d'autant plus actif que chaque particulier, Romain, Visigoth ou Franc, réclamait le bénéfice de sa loi particulière. Cette bigarrure fit négliger la loi salique et le code visigothique qui étaient en vigueur depuis le cinquième siècle, et les trois nations, frappées des inconvénients d'une diversité de législations qui, combinée avec le morcellement des fiefs, produisait une foule d'abus et de guerres particulières, se gouvernèrent principalement par le droit romain et, à l'exemple de l'Église, ne formèrent qu'un seul peuple, en réservant seulement certains usages ou statuts propres à quelques villes principales, comme Toulouse, Montpellier, Nîmes, etc. Chaque comte, chaque seigneur exerçait dans son territoire un pouvoir à peu près absolu. Mais on y tenait quelquefois des assemblées générales sous l'autorité du suzerain, soit pour établir des lois communes, soit pour régler l'observation des coutumes féodales : car depuis l'époque de l'hérédité des fiefs, il n'était plus question d'envoyer des commissaires dans la province, ni d'y faire observer les capitulaires. Les conciles provinciaux, assemblées mixtes où se traitaient, comme dans les conciles de l'Espagne, non-seulement les questions spirituelles, mais les affaires d'administration, étaient comme une transition des champs de mars et de mai, tombés en désuétude, aux états généraux de la province du Languedoc.

Raymond de Saint-Gilles, qui avait réuni tout le Languedoc par la mort du comte de Toulouse sans enfants mâles, partit pour la croisade en l'an 1096, avec cent mille guerriers, ce qui prouve combien le Languedoc était peuplé à cette époque. Son fils et son petit-fils suivirent son exemple, et Alphonse Jourdain, héritier de leurs États, ne songea qu'à affermir son autorité contre Louis le Jeune, qui voulait prendre part au gouvernement du pays, et qui ne put même exercer le droit d'inspection et de ressort que la loi des fiefs donnait au monarque sur le vassal. Entraîné, comme ses prédécesseurs, vers la guerre sainte, Alphonse Jourdain laissa ses États à son fils Raymond V, qui les administra avec sagesse et qui, à son décès à Nice en 1194, les laissa à Raymond VI, comte de Melgueil et marquis de Provence.

Le Languedoc jouissait alors d'une prospérité croissante. Les villes maritimes d'Italie, depuis Naples jusqu'à Nice, faisaient un commerce exempt de droit avec les villes de la côte, depuis Nice jusqu'au port de Vénus en Roussillon. Chaque comte, chaque vicomte avait sa cour, ses pairs, ses troupes, ses finances et son tribunal de justice ; chaque seigneur songeait à favoriser la population pour soutenir la dépense des croisades. La maison des comtes de Toulouse imprimait l'impulsion générale.

IV. — Ce cours favorable des choses fut violemment interrompu par les guerres des Albigeois. Raymond VI, comte de Toulouse, ayant refusé de poursuivre par le fer et le feu des hérétiques contre lesquels saint Bernard demandait qu'on n'usât que des armes purement spirituelles, Simon de Montfort se mit à la tête de la croisade, s'empara des pays conquis, y donna des lois, disposa des fiefs, et, après avoir défait à la bataille de Muret Raymond VI, ligué avec le roi d'Aragon, et les comtes de Foix, de Comminges et de Béarn, fut investi des États de ce prince, sauf une petite partie voisine de l'embouchure du Rhône, par le concile de Latran, tenu en 1215.

Simon de Montfort, voulant affaiblir l'autorité du sénéchal établi par Raymond VI à Toulouse, créa deux nouvelles sénéchaussées, l'une à Beaucaire, l'autre à Carcassone. De là la révolte des Toulousains, la mort de Montfort tué au siége de Toulouse en 1218, et la nouvelle croisade d'Amaury son fils et de Louis VIII contre Raymond VII, croisade qui se termina par l'intervention de Louis IX. Amaury céda au saint roi ses droits sur le comté de Toulouse en échange de la charge de connétable, et celui-ci maria le comte Alphonse son frère avec Jeanne, fille unique de Raymond VII. Alors intervint le traité de 1228, par lequel tous les pays possédés par le comte de Toulouse, depuis le diocèse de Toulouse ou la province ecclésiastique de ce nom et la rivière du Tarn jusqu'au Rhône, furent irrévocablement réunis à la couronne de France.

V. — Par l'incorporation du Languedoc à la France, la suzeraineté se trouva confondue avec la royauté ; mais on gouverna sur le même plan, et les officiers du roi firent la levée des troupes et des impôts dans ses terres et domaines, comme ceux des seigneurs dans l'étendue de leurs fiefs, sous l'autorité de trois sénéchaux, dont l'un résidait à Beaucaire, le second à Carcassone et le troisième à Toulouse.

Le sénéchal de Beaucaire eut sous sa juridiction les diocèses de Maguelone (aujourd'hui Montpellier), Nîmes, Uzès, Viviers, Mende, le Puy, avec les paroisses dépendantes pour le spirituel des diocèses d'Arles, d'Avignon, de Vienne et de Valence, situées en deçà du Rhône, et ce fleuve entier d'un bord à l'autre, depuis la limite septentrionale du Vivarais jusqu'à son embouchure dans la Méditerranée.

Le ressort du sénéchal de Carcassonne fut composé des diocèses de Narbonne (qui comprenait ceux d'Aleth et de Saint-Pons), de Carcassonne, de Béziers, de Lodève, d'Agde, de la partie de l'Albigeois située à la gauche du Tarn, dont un démembrement a formé depuis le diocèse de Castres, et de la partie du diocèse de Mirepoix, appelée pour lors la terre du Maréchal, possédée par Guy de Levis depuis 1209, et dont saint Louis s'était réservé la mouvance par le traité de 1229. La sénéchaussée de Toulouse fut formée par Alphonse, frère de saint Louis, qui succéda à Raymond VII, en vertu du traité de 1229. Elle fut d'abord composée de l'ancien diocèse de Toulouse, qui comprenait les diocèses actuels de Toulouse, Saint-Papoul, Rieux, Lombez, Pamiers, Lavaur, Mirepoix, hors la terre du Maréchal, et la partie du diocèse de Montauban qui est entre la Garonne, le Tarn et la petite rivière du Tescou. En 1264, Alphonse joignit à la sénéchaussée de Toulouse la partie de l'Albigeois qui est en delà du Tarn, qui était restée au comte de Toulouse par le traité de 1229, et qui formait auparavant une sénéchaussée particulière, d'où le sénéchal de Toulouse prit la qualification de sénéchal de Toulouse et d'Albigeois.

Enfin Charles VIII, après avoir réuni à la couronne en 1464 le comté de Comminges, y établit des officiers de justice qu'il soumit au ressort du sénéchal de Toulouse dont ils dépendent encore aujourd'hui.

VI. — En ce qui touche l'administration des communes, la révolution qui, vers la fin du XIe siècle, s'était accomplie dans le nord de l'Italie et qui avait doté Milan de sa charte de 1093, Gênes de celle de 1100, etc., eut son contre-coup en Languedoc, comme en Provence et en Dauphiné.

L'analogie, tant de fois remarquée entre le régime municipal des villes du nord de l'Italie et celui des villes du littoral méditerranéen de la France, se manifesta dans l'organisation intérieure des communes, et dans le libre concours à l'administration municipale du clergé, de la noblesse et du peuple réuni dans des corps d'arts et métiers dont l'idée fondamentale était celle des *collegia artificum et opificum* des Romains, des *arti maggiori et minori* de Florence, des ghildes germaniques et anglo-saxonnes. L'ensemble de cette organisation constituait dans chaque cité les échelles (*scalæ*), terme qui, d'après la définition de l'abbé de Sauvages dans son *Dictionnaire Languedocien*, se prend pour classe, ordre ou rang des citoyens classés dans le registre d'un hôtel de ville, selon leur condition de nobles, de bourgeois, de marchands et d'artisans.

Le principe général et permanent de l'élection, c'était l'universalité de la représentation communale, principe de liberté, d'égalité et de concorde entre les classes de citoyens. Ce principe remonte en France à l'origine du régime municipal; il a passé des capitulaires dans les chartes d'affranchissement (1), et les diverses restrictions qu'il a subies, telles que le choix des habitants soumis à l'approbation du bailli (2), le remplacement du vote par le système des candidatures (3), l'élection des nouveaux officiers faite par les officiers sortants (4), la nomination des consuls et des échevins par le roi ou par le seigneur (5), toutes ces dispositions ont toujours été considérées comme des dérogations au droit commun.

(1) Omnes et singuli habitantes nunc et in futurum habitaturi (*Ordonn. des rois de France*, t. I, p. 379), communiter eligendos (*Ibid.*, t. VIII, p. 24), concessi habitatoribus ut eligant (*Ibid.*, t. IV, p. 200) ; — Voyez aussi les *Edits de Charles IV*, *de Philippe le Bel*, *de Charles VII*, même recueil. — (2) GUY-COQUILLE, *Histoire du Nivernais*, p. 373, 374. — (3) *Ordonn. des rois de France*, t. V, p. 671, 680 ; t. XIV, p. 57, 149 et 150. — (4) *Ordonn. des rois de France*, t. XI, p. 408, 496; t. XII, p. 518, 572; t. XIV, p. 149 et 150. — (5) *Ibid.*, t. XI, p. 504, 505 ; t. XII, p. 28 ; t. XIV, p. 175, 176.

Chaque communauté d'habitants (*cité, castrum, bourg, villa, village*) formait une association administrée par un conseil politique plus ou moins nombreux d'habitants taillables, c'est-à-dire possédant quelque portion des fonds de terre compris au cadastre. Le nombre des conseillers variait selon l'importance de la commune; on adjoignait quelques forains aux propriétaires domiciliés, et, dans les circonstances majeures, le conseil se renforçait d'un certain nombre des plus imposés. L'administration des communes du Languedoc était d'ailleurs à peu près calquée sur celle des municipes de l'Italie, et régie par les principes du droit romain. Le régime du consulat était établi partout avec des nuances variées, selon les coutumes locales. Les chefs de l'administration s'appelaient, selon les lieux, consuls, syndics, capitouls.

VII. — Ce qui distingue surtout l'administration de la France méridionale au moyen âge, et en particulier du Languedoc, de celle de l'Italie, c'est le régime provincial, à l'établissement duquel les jalousies locales réciproques mirent obstacle au delà des Alpes, tandis qu'en France il trouva toujours un appui dans l'esprit traditionnel d'unité.

La persistance dans le Languedoc des assemblées provinciales, dont la tradition s'était conservée, même sous le bas-empire, par l'édit de 418, est attestée par dom Vaissette (1), qui cite le plaid général de Narbonne, de l'an 798, et ceux de 990, 1023, 1080, etc.

Ces assemblées subsistèrent après le traité d'avril 1228, qui réunit le comté de Toulouse au royaume de France. « Le légat qui se rendit à Toulouse, en 1229, pour achever la démolition des murailles, et faire abattre celles des autres villes en exécution du traité, assembla, dit un an-

(1) *Histoire du Languedoc*. t. II, p. 15.

naliste (1), un concile où se trouvèrent les archevêques de Narbonne, d'Auch et de Bordeaux, et un grand nombre d'autres prélats, le comte de Toulouse, plusieurs barons du Languedoc et le sénéchal de Carcassonne; *deux capitouls de Toulouse, l'un de la cité, l'autre du bourg*, s'y trouvaient aussi; et ces derniers firent serment *sur l'âme de la ville* de garder les articles du traité de Paris.

En 1233, le comte de Toulouse convoqua et réunit dans le cloître de Saint-Étienne, les évêques, les nobles *et les bourgeois*; il y fit des statuts pour la conservation de la paix, et pour l'amélioration du régime de la province (2).

En 1254, saint Louis ordonna à son sénéchal de convoquer à Beaucaire un conseil de prélats, de barons, de chevaliers *et d'hommes des bonnes villes*, pour délibérer sur la question de l'exportation des grains (3).

Dans une assemblée mentionnée au *Recueil des ordonnances des rois de France*, t. III, p. 674, figurent un grand nombre des citoyens, *procuratores civitatum potestatem habentes* (4); dans une autre assemblée tenue à Carcassonne, le 15 août 1269, *prælati, terrarii, barones, militares, consules, majores communitatum*, délibèrent ensemble sur la traite des blés : *Cum bono et maturo consilio non suspecto sit faciendum.*

VIII. — Alphonse, comte de Poitiers et de Toulouse, étant parti pour la dernière croisade, les régents qu'il

(1) LAFAILLE, *Annales*, I, p. 134. — (2) LAFAILLE, *Annales* I, 136; — CATEL, *Histoire des comtes de Toulouse*; — CASENEUVE, *Etats du Languedoc*, p. 13. — (3) Congreget senescallus consilium non suspectum in quo sint aliqui de prælatis, baronibus, militibus *et hominibus bonarum villarum*, cum quorum consilio dictum faciat interdictum: et semel factum, absque consilio consimili non dissolvat (D. VAISSETTE, t. III, preuves, col. 508). — (4) *Ordonn. des rois de France*, t. III, p. 674.

avait préposés au gouvernement de ses comtés, publièrent, en l'an 1270, les statuts de réformation du comté de Toulouse (1). Ces statuts, dont le caractère est essentiellement judiciaire, prohibent (art. 19) les associations, confréries et réunions illicites, comme pouvant tourner au préjudice du prince et de ses sujets, mais ne touchent en rien à l'ordre municipal; et depuis comme avant leur publication, on voit se continuer, dans les communes, le régime des *consuls* ou *syndics*, entre lesquels n'apparaissent pas, au point de vue des attributions, des différences sensibles, et dans les sénéchaussées, les assemblées non-seulement de nobles et d'évêques, mais de citoyens du tiers-état (2).

C'est ainsi qu'en 1271 et 1274, Philippe le Hardi convoqua dans le Languedoc les prélats, les barons, les consuls en assemblée générale; *convocavit prælatos, barones, consules*, est-il dit dans le procès-verbal (3). Ainsi, dit Albisson (4), le tiers-état formait en Languedoc, au milieu du XIIIe siècle, un ordre particulier qui assistait par ses représentants aux assemblées générales de la province, convoquées pour des intérêts communs. Les assemblées des trois états du Languedoc sont plus anciennes que les

(1) Statuta super reformatione terræ comitatus Tolosani pertinentes locum domini Pictavensis et Tolosæ anno Domini 1270, die sabbati post festum beati Andreæ apostoli (*Manuscrit découvert dans les archives de Verdun, Tarn-et-Garonne*). — (2) Mandez de tous les pays où il y a des syndics ou procureurs, un ou deux de ces magistrats, et des pays où de tels magistrats n'existent point, deux prudhommes, au choix des habitants (MÉNARD, *Histoire de Nîmes*, t. II, p. 198). — (3) Voyez l'*Essai historique sur les états généraux du Languedoc*, par le baron TROUVÉ; — et un *Aperçu historique sur les Etats du Languedoc*, récemment publié par M. CASES. — (4) *Lois municipales du Languedoc*, t. I, p. 322; — *De l'origine des Etats généraux du Languedoc.*

trois états du royaume; car on sait que le tiers-état n'a été appelé aux assemblées des états de la nation qu'au commencement du XIVe siècle.

Il paraît donc établi que l'origine des états de Languedoc se rapporte au régime municipal que les Romains établirent dans les pays qui forment aujourd'hui cette province, et qui n'y fut jamais entièrement anéanti, même dans les temps les plus malheureux, parce qu'il était fondé sur des lois dont ces pays ont toujours conservé l'usage, et que saint Louis y retrouva lorsqu'il les réunit à la couronne, ainsi qu'on le voit dans son ordonnance précitée de 1254.

Ces états étaient qualifiés *états-généraux*, soit parce qu'ils étaient formés des trois états réunis des trois sénéchaussées de Toulouse, Carcassonne et Beaucaire, qui étaient souvent convoquées séparément dans les XIVe et XVe siècles, et qui s'assemblaient à part pendant la séance des états-généraux pour délibérer de leurs affaires particulières, soit parce que leur autorité s'étendait sur différents pays de Languedoc qui avaient leurs états particuliers, tels que le Vivarais, le Velay, le Gévaudan, etc.

IX. — Philippe le Bel confirma, dans la même année 1302, les états-généraux de la province du Languedoc et le parlement de Toulouse, ces deux boulevards des libertés municipales de cette province. Cette double création ou plutôt ce double rétablissement eut lieu sur les instances et humbles supplications des gens des trois états de la patrie occitanique, « ad requisitionem instantissimam « et humilem supplicationem gentium trium statuum pa- « triæ Occitaniæ (1). » Ainsi furent maintenues l'autorité

(1) BUDÉE, *in l. ff. de senat.*: — LAROCHE-FLAVIN, *Histoire des parlements*, liv. I; — GUYPAPE, quest. XLIII et DLIV.

du droit romain et les libertés des conseils de communautés d'habitants, des assemblées de sénéchaussées et des états provinciaux, qui formaient par leur ensemble une hiérarchie municipale solidement cimentée dans les cours de sénéchaux, de baillis, de recteurs, de vicaires et autres juridictions des *patries* de l'Occitanie et de l'Aquitaine jusqu'au fleuve de la Dordogne.

Sous le règne de Philippe le Bel, une assemblée de la province se réunit à Montpellier, et adhéra à l'appel que Philippe le Bel avait interjeté au concile lors de ses démêlés avec Boniface VIII. Les sept sénéchaussées qui composaient alors la province du Languedoc y furent représentées par leurs députés, et les mandataires de chaque sénéchaussée délibérèrent séparément.

Les états du Languedoc, confirmés dans leurs priviléges par les lettres-patentes de Philippe le Long du 7 avril 1316, multiplièrent leurs réunions pendant les orages politiques et les guerres du XIVe siècle, tantôt sous la forme de réunions d'assemblées de communes dans une seule sénéchaussée, tantôt sous la forme de réunions de deux ou plusieurs sénéchaussées. On peut en voir le détail extrait des *Histoires du Languedoc* par Dom Vaissette, *de Nîmes* par Ménard, et du *Recueil des ordonnances des rois de France*, dans le livre de M. Just Paquet sur les *Institutions provinciales et communales*, p. 29, 30 et 31.

C'est ainsi que, grâce au concours des deux grands corps, l'un judiciaire, l'autre administratif, qui formaient comme le couronnement des institutions municipales, on vit se développer en Languedoc un système vraiment modèle d'administration. Ce système a beaucoup d'analogie avec celui des assemblées des députés des cités gallo-romaines depuis la promulgation du code Théodosien faite en Occident sous le règne de Valentinien III. De même qu'avant le règne de

Théodose le Jeune, qui les anéantit, les assemblées provinciales, composées des principaux magistrats municipaux des villes, avaient été un lien salutaire entre l'empire et les provinces, et un instrument d'administration d'autant meilleur qu'il était plus libre (1) ; de même la monarchie française trouva des secours efficaces contre les fléaux que déchaînèrent tour à tour contre elle l'anarchie intérieure et les invasions étrangères dans les états provinciaux réunis sous l'influence du droit romain et du franc alleu (2).

Les états du Languedoc, gardiens et défenseurs de tous les droits et priviléges de la province, ne séparèrent jamais d'ailleurs le soin de leurs propres prérogatives de la protection de celles des communautés d'habitants. Les conditions de la réunion du Languedoc à la couronne étaient toujours présentes à leur esprit, et ils les rappelèrent courageusement dans une protestation qui précéda de peu de mois la révolution de 1789. « Lorsque le Languedoc, y di-« saient-ils, passa sous la domination de nos rois, les com-« missaires envoyés par le monarque pour recevoir le ser-« ment de fidélité des habitants promirent solennellement « à tous les citoyens de maintenir leurs priviléges, usages

(1) Sive integra diœcesis in commune consuluerit, sive singulæ inter se voluerint provinciæ convenire, nullius judicis potestate tractatus utilitati earum congruus differatur ; neque provinciæ rector, aut præsidens vicariæ potestati, aut ipsa etiam præfectura decretum existimet requirendum (Imp. VALENTINIANUS, *A ad provinciales* ; — *Cod. Théod.*, lib. XII, tit. XII, l. IX) ; — Voyez ALBISSON, *Lois municipales et économiques du Languedoc*, t. I, p. 316. — (2) Voyez, sur l'autorité de ces lois dans les provinces méridionales, l'ouvrage de DONAT ANTOINE DASTI, intitulé : *Dell' uso et autorita della ragion civile nelle provincie dell' imperio occidentale, dal diche furono inondata da barbari sino a Lotario II.*

« et coutumes, et ce fut sous cette condition que les peu-
« ples promirent de leur côté d'être fidèles à leur nouveau
« souverain ; ce qui constitue un vrai contrat synallagma-
« tique que le roi est dans l'heureuse impuissance de
« violer. »

. — Le vrai moyen de rendre un pareil contrat inviolable, et de concilier la puissance extérieure d'un grand État avec la police aisée et le bon ordre d'un petit État, c'est de peupler également le territoire, d'y étendre partout les mêmes droits, d'y porter partout l'abondance et la vie.

C'est ainsi, dit Jean-Jacques Rousseau (1), que l'État deviendra tout à la fois le plus fort et le mieux gouverné. L'administration du Languedoc avait réalisé ces données et approché de la solution du problème social.

La province était divisée en un certain nombre d'arrondissements, subdivisés en autant de municipalités qu'il y avait de communautés d'habitants.

A chacune de ces divisions territoriales correspondait une assemblée élue dans le sein de la communauté par les membres qui la composaient : c'étaient 1° les corps de ville ; 2° les assemblées de diocèses, de baillages, de vigueries ; 3° les états provinciaux.

Les états du Languedoc se composaient des évêques, des barons et des consuls ou des députés des villes chefs-lieux de diocèses, et des villes diocésaines : ces derniers recevaient de leurs communes respectives une indemnité pour droit de présence aux états provinciaux (2). On les considérait comme des mandataires (3).

(1) *Contrat social*, liv. I, ch. XIII. — (2) Voyez D. VAISSETTE, tom IV, p. 336. — (3) *Procuratores civitatum potestatem habentes* (*Ordonn. des rois de France*, tom. III, p. 674) ; — Voyez aussi D. VAISSETTE. t. IV, *Preuves*, ch. CCXXXIII, qui prouve qu'en 1356 des députés à l'assemblée de Toulouse ne purent pas voter faute de pouvoirs suf-

Les états-généraux et particuliers de la province étaient convoqués par les sénéchaux et autres officiers du roi (1); ils élisaient leurs syndics respectifs, chargés de préparer les matières dont les assemblées devaient s'occuper, d'exercer auprès d'elles les fonctions du ministère public et de faire exécuter les délibérations. Il y avait, en outre, des greffiers et des trésoriers.

La noblesse et le clergé ne figuraient pas comme corps, et l'on ne votait pas par ordres, mais à la pluralité des suffrages (2). Ces assemblées étaient de véritables communes comparables à celles d'Angleterre; elles étaient composées de représentants de la classe des propriétaires fonciers et taillables entre lesquels les nobles qui se trouvaient consuls ou députés des municipalités prenaient séance comme les roturiers, sans nulle distinction de rang.

Ainsi les lois de la province, considérées sous le rapport de la municipalité, étaient uniquement fondées sur la propriété du sol : tous les contribuables étaient appe-

fisants ; — et MÉNARD, tom. II, *Preuves*, p. 221, qui raconte qu'à l'assemblée des communes du Languedoc, convoquée à Béziers en 1359, des députés de la sénéchaussée de Beaucaire déclarèrent qu'ils n'avaient de mandat que relativement à la proposition du roi de Danemark, et qu'ils ne pouvaient délibérer sur les autres objets.

Dans une délibération du conseil de la ville de Nîmes du 29 août 1359, on posa entre autres les questions suivantes : Qui sera député ? Quels pouvoirs lui donnera-t-on (*Ibid.*) ?

(1) « L'on ne pourra assembler les trois estatz de nosdits pays se non par vertu de nos lettres patentes » (*Ordonn. des rois de France*, tom. XVIII, p. 247) ; — Voyez aussi MÉNARD, *Hist. de Nîmes*. tom. II, p. 176 et et 244. — (2) Mémoire de M. LEBRET, intendant de la province, rapporté par M. DE BOULAINVILLIERS, t. VI, p. 255 ; — BOULAINVILLIERS, p. 257.

lés à discuter les intérêts de la propriété soumise à l'impôt et à la dette publique.

Les assemblées de *diocèses*, de bailliages, de vigueries, étaient constituées d'après les mêmes principes, mais sur une moindre échelle.

Les états étaient souverains dans les limites respectives de leur administration ; les commissaires du roi y avaient entrée, mais n'y avaient qu'une séance purement honoraire, sans aucun droit de s'immiscer dans l'administration publique et seulement pour y maintenir le bon ordre. Les délibérations n'étaient assujetties à l'homologation du roi, qu'autant qu'elles concernaient des aliénations directes ou indirectes.

Après les cérémonies d'usage, le président formait les commissions ; elles étaient en général au nombre de onze : commission des affaires extraordinaires, commission des travaux publics de la province, commission des impositions de diocèses, commission du mémoire à présenter au roi, commission de la ligne d'étape, commission des comptes, bureau des recrues, commission pour la vérification des impositions des communautés, commission pour la vérification des dettes des diocèses et des communautés.

Ces commissions rapportaient à l'assemblée générale les affaires dont elles s'étaient occupées ; les états délibéraient à la pluralité des voix, et ces délibérations, constatées par un procès-verbal, étaient présentées aux commissaires du roi assemblés à cet effet chez le commissaire municipal.

On faisait dans l'assemblée même la répartition de l'impôt entre les sénéchaussées (1). Les assemblées diocésaines, simples émanations des états provinciaux, faisaient

(1) D. VAISSETTE, t. IV, p. 482 ; t. V, p. 6.

ensuite entre les communautés l'assiette de l'imposition (1). Les conseils municipaux répartissaient à leur tour l'impôt entre les contribuables de chaque communauté. Ces conseils géraient d'ailleurs toutes les affaires communes : ils présidaient à la confection du cadastre, aux règlements de la milice, aux encouragements des arts et de l'industrie; fondaient et entretenaient les colléges, les hôpitaux, les églises et en général tous les établissements d'utilité publique,

Une correspondance active régnait entre tous les officiers et les assemblées auxquelles ils étaient attachés; et cette correspondance du centre à tous les points de la circonférence entretenait la confiance, répandait l'instruction, maintenait la règle, découvrait les abus et déconcertait les entreprises.

Par elle l'administration générale était toujours à portée de perfectionner les règlements intérieurs, de garantir le pays de toute atteinte, d'assurer le repos des citoyens, d'ouvrir l'accès du trône à la faiblesse opprimée et d'obtenir aux malheureux des secours et des consolations. La province était comme une grande famille unie dans la participation solidaire des mêmes charges et des mêmes avantages, ayant par conséquent le plus grand intérêt à la prospérité de chacun de ses membres. Cette solidarité, établie par la constitution politique et le mode de contribution aux besoins de l'État, formait de tous les intérêts particuliers un intérêt général, et rendait les calamités privées l'objet de la sollicitude commune.

L'impôt était prélevé, selon les occurrences, tantôt sur les propriétés foncières, tantôt sur les denrées, tantôt sur les marchandises.

(1) D. VAISSETTE, t. V, p. 482.

La répartition embrassait les deniers du roi, c'est-à-dire ceux qui s'appliquaient aux besoins généraux de l'État, et les deniers du pays, c'est-à-dire ceux qui concernaient les affaires particulières de la province. Un tarif réglait la somme que chaque diocèse ou viguerie devait supporter, d'après une proportion donnée.

Un duplicata de la répartition était remis au commissaire du roi qui le soumettait au grand conseil, à l'effet d'obtenir l'autorisation du conseil de Sa Majesté, autorisation qui ne se refusait jamais.

Les répartitions ainsi approuvées, les syndics généraux de la province adressaient aux syndics de diocèses les *mandes* ou commissions. C'étaient des ordonnances royales par lesquelles les commissaires, présidant pour le roi aux états, *mandaient* au commissaire principal et ordinaire de chaque diocèse de faire asseoir, imposer et lever en la forme accoutumée sur tous les contribuables les sommes qu'ils devaient supporter pour leur part des impositions générales.

Les syndics des diocèses communiquaient ces ordonnances aux commissaires ordinaires qui convoquaient l'assemblée du diocèse, appelée *assiette* à cause de l'objet de sa réunion.

Cette assemblée délibérait sur l'imposition, non-seulement des sommes comprises dans les commissions, mais des frais ordinaires de l'assiette et des dettes et affaires particulières du diocèse, et répartissait, d'après le tarif, toutes ces sommes sur les communautés.

On expédiait ensuite aux consuls de chaque communauté les *mandes* et ordonnances des commissaires principaux et ordinaires de l'assiette, pour asseoir, imposer et lever les sommes qui y étaient énoncées.

Une seule mande adressée à chaque communauté était

reçue par les consuls qui la communiquaient au conseil politique.

Chaque communauté imposait, en outre, le montant de ses dépenses ordinaires et de ses dettes et affaires particulières.

On consignait dans une délibération du conseil assemblé l'état de toutes les sommes à imposer sur la communauté.

Pour faire le département sur les particuliers, les consuls et le greffier se conformaient au compoix.

Le *compoix* était un registre qui contenait, sous le nom de chaque propriétaire et par articles séparés, la description de toutes les possessions, leur contenance, leurs confronts, leur nature, leur qualité et leur estimation.

De la connaissance partielle des compoix de toutes les communautés s'était formé le tarif de chaque diocèse, et de la comparaison de ces tarifs particuliers le tarif général de la province.

Le *département* établi d'après le compoix formait un rôle qui contenait les noms de tous les contribuables et la somme que chacun devait payer.

On insérait au commencement du rôle un état appelé *le préambule du rôle des impositions*, qui énonçait dans le premier article le total des sommes comprises dans la mande adressée à la communauté par le diocèse, et, dans des articles séparés, toutes les impositions particulières à la communauté avec leur destination.

Le recouvrement des impositions ainsi départies se faisait par un collecteur, ou forcé, ou volontaire, qui avait, à titre de gages, un prélèvement sur les deniers perçus.

Les conseillers politiques de la communauté devaient assister aux assemblées convoquées pour donner la *liève* des impositions, soit au collecteur forcé, soit au collecteur volontaire. Ils étaient responsables de la gestion des collecteurs, quand même ils n'auraient pas été présents au conseil.

La nomination des collecteurs se faisait aux enchères; mais les administrateurs n'étaient pas obligés d'adjuger à celui qui offrait de s'en charger à moindre prix. Ils étaient libres de choisir entre les concurrents celui qui leur paraissait le plus digne de leur confiance par son *idonéité*, *prud'hommie*, *légalité*, *expérience* et *suffisance*; l'adjudication devait être faite à celui pour qui la majorité des voix s'était déclarée, « sans avoir égard au moins disant ni « à ce seulement regarder, parce que la chose publique a « grand intérêt que ledit receveur soit de grande loyauté, « expérience et au gré des diocésains (1). »

A défaut de paiement, les collecteurs faisaient procéder par saisie sur les fruits et les meubles des contribuables avant de faire saisir les fonds, mais ils ne pouvaient prendre des bestiaux. Outre les exécutions judiciaires, on employait aussi des soldats qu'on mettait en garnison chez les particuliers qui ne payaient point. L'intendant donnait des instructions à l'exécution desquelles les commissaires des diocèses veillaient particulièrement. Dans les grandes calamités, le gouvernement accordait sur le don gratuit des sommes extraordinaires qui, réparties sur les communautés qui avaient le plus souffert, étaient distribuées par les conseils municipaux aux particuliers qui y avaient le plus de droits.

Les receveurs étaient chargés de recueillir et d'adresser au trésorier du diocèse les deniers qu'ils avaient perçus : celui-ci les transmettait au trésorier de la province, qui les tenait à la disposition des états.

(1) *Lettres de François Ier*, de 1537 et de 1538.

Ce système financier n'admettait pas la distinction, établie depuis, du service des recettes et de celui des dépenses; le même comptable était *receveur* et *payeur* dans l'administration du pays, comme dans celle des communautés.

Les receveurs des communautés rendaient leurs comptes aux auditeurs nommés par le conseil municipal; les trésoriers des diocèses ou vigueries les rendaient devant les délégués de l'assiette, connus sous le nom de *commissaires-auditeurs des comptes.* Les trésoriers de la province les rendaient à des commissaires nommés par les états. La cour des comptes statuait en dernier ressort sur ces règlements.

Dans le principe, l'administration, les justices, les milices mêmes étant purement locales, les collecteurs n'avaient à recouvrer que les impôts fixés par les états provinciaux.

La création d'une administration générale et d'une armée permanente motiva l'établissement, vers la fin du XVe siècle, d'un impôt royal cennu sous le nom d'*aide* ou de *taille.* Cet impôt, qui, sous Charles VII, n'était que de 1,800,000 fr., fut porté par Louis XI à 4,700,000 fr.; on l'augmenta depuis sous le nom d'*octroi* ou de *crue;* on y ajouta le *taillon*, les *vingtièmes*, la *capitation.*

Tel fut, jusqu'au XVe siècle et au delà, le système financier du Languedoc.

Ce mode de procéder conciliait les intérêts généraux qui obtenaient ainsi pour garantie solidaire des recouvrements à effectuer contre chaque contribuable, la communauté, le diocèse et la province, et les intérêts des localités qui, maîtresses absolues de l'assiette des contributions, faisaient frapper l'impôt sur les produits les plus convenables et mettaient dans sa répartition proportionnelle toute l'équité et toute l'intelligence possibles. L'intervention du pouvoir central par les intendants des provinces, commissaires du roi, limitée à la mise en recouvrement des rôles dressés par les administrations locales, complétait, par la promptitude et la rapidité de l'action, les avantages de ce système.

XI. — Le Languedoc n'était point une province *juris italici*. Les faveurs de ce droit exceptionnel avaient été réservées (par la loi 8, ff. *de censibus*) aux Lyonnais et aux Viennois; mais le Languedoc était régi par le droit romain, selon lequel les terres et possessions sont, de leur nature, franches et libres de toute servitude, et c'est l'usage du droit écrit qui était le fondement de la liberté de tout franc-alleu. Euric, roi des Goths, tenta, il est vrai, d'abolir le droit romain en Languedoc, et la chronique d'Isidore, écrite en l'année 900, constate que le code des lois visigothes dit *antiqua*, fut écrit sous son règne. Mais cette loi ne fut pas observée en Languedoc, car la loi 9 (tit. 1er, liv. II) de ce code, où il est défendu de juger les procès par les lois étrangères, notamment par les lois romaines, en ces termes: « Nolumus sive romanis « legibus, sive alienis institutionibus, amodo amplius con- « nexari, » fut faite par le roi goth Chindasuinde, qui régnait en Espagne plus de cent cinquante ans après la mort du roi Euric. Le mot: *amplius*, prouve même que le pays sujet aux Goths avait obéi jusqu'alors aux lois romaines. Alaric, fils d'Euric, fit publier, au contraire, sous ce titre: *Lex romana*, un abrégé des codes Théodosien, Grégorien et Hermogénien, et des écrits des plus célèbres jurisconsultes de Rome. Clovis, maître du Haut-Languedoc, après la bataille de Vouglé, tandis que le Bas-Languedoc était demeuré aux Goths, y confirma l'usage de la loi romaine, et les habitants de cette province, ainsi que ceux de l'Aquitaine, furent appelés Romains et usèrent de la langue et de l'architecture romaines. Les rois de la première race confirmèrent en Languedoc l'autorité du droit romain, et ceux de la seconde race, qui est originaire de Narbonne, n'eurent garde de s'y opposer, puisque c'était la loi de leur famille. Charlemagne et ses successeurs multiplièrent les capitulaires en faveur du droit romain, et, malgré le désordre de l'État, sous les derniers rois de la seconde race, le Languedoc conserva l'usage de la loi romaine, qui y fut observé aussi sous la troisième dynastie. Caseneuve a accumulé les preuves de tous ces faits dans les quatre premiers chapitres de son *Traité du franc-alleu du Languedoc.*

XII. — Or, selon le droit romain, les possessions étaient naturellement libres, si le contraire n'était prouvé. « De là, dit le jurisconsulte toulousain, cette différence entre le Languedoc et la plus grande partie des provinces du royaume, qu'en celles-ci on ne peut rien tenir qui ne recognoisse médiatement ou immédiatement le roy comme seigneur féodal ; là où dans la province du Languedoc, encore qu'une grande partie des biens le recognoissent comme tel, il faut pourtant que ses officiers, pour en exiger les droits seigneuriaux, fassent apparoir comme ils ont été inféodés ou recogneus... Ce n'est pas pourtant, ajoute-t-il, que cet avantage de notre province diminue tant soit peu la gloire de la domination royale ; elle en est d'autant plus à estimer, qu'il est bien plus glorieux à un prince de commander à des personnes libres qu'à des esclaves. » Ajoutons qu'en Languedoc la liberté des sujets garantissait leur fidélité, et que la noblesse, le clergé et le tiers-état rivalisaient de dévouement au prince et à l'État : Témoin les dons gratuits et les armements de cette province sous Charles VI et sous Charles VII ; la valeur déployée contre le duc de Normandie assiégeant la ville d'Aiguillon, par les communes de Toulouse, de Carcassonne et de Beaucaire ; les succès obtenus par les troupes de la province à Montauban, à Lourdes, à Leucate, et enfin le Languedoc devenant, au sein d'un grand désastre, l'unique boulevard d'une grande partie du royaume.

Justement reconnaissants de tant de services et de preuves d'affection et de fidélité, nos rois rivalisaient avec la province de *contention d'amour*, et la comblaient de bienfaits ; « Nec sciri poterat mage diligat an populum rex, an « regem populus, et erat contentio dulcis inter eos super « his uter utri charior esset. »

« Ce n'est pas pourtant, dit à ce sujet le publiciste Cazeneuve, non moins amoureux des libertés publiques que de ses rois, ce n'est pas que le franc-alleu soit un simple *privilége*, accordé ou confirmé à la province du Languedoc par nos rois, en récompense des services par elle rendus à la couronne. C'est une liberté et une prérogative dont elle jouyt, selon la nature et la disposition du droit romain, dont l'usage, continué par tant de siècles, confirmé par tant de roys, et renouvelé par le contract de l'union du comté de Tolose à la couronne de France, a sans doute passé en forme de loy fondamentale. De sorte que ce serait faire tort aux plus grands, aux plus justes et aux plus chrestiens princes du monde, que de croire qu'ils aient jamais eu la pensée d'oster à une si fidèle province, une liberté et une prérogative si justement et si puissamment establies. »

XIII. — Est-ce à dire que le franc-alleu du Languedoc fut toujours à l'abri des entreprises des seigneurs et des officiers royaux ? Non, sans doute ; et là comme ailleurs la conversion des alleux en fiefs, soit par des soumissions volontaires, soit par des usurpations violentes, devint un mal si commun, qu'un ancien troubadour s'irrite de voir l'aleutier privé de la liberté par son seigneur, et réduit sous le pouvoir de *l'amour*, « seigneur sans mercy, qui « a logé son cœur en telle part d'où on ne saurait le « tirer (1). »

Toutefois, grâce aux provisions persévérantes de nos rois, le franc-alleu du Languedoc résista à des épreuves diverses, et engendra même par extension l'exemption du droit d'aubaine, qui y avait été introduit avec le régime des fiefs. Vainement voulut-on naturaliser dans cette province la règle féodale : *nulle terre sans seigneur*, en se moquant, comme de nos jours, des *vieilles* libertés, et en disant « que les choses ne prennent pas leur prix et recom- « mandation par les rides, que plusieurs se concilient par « la nouveauté... » — « Les rides, » répondaient résolument les publicistes languedociens, « sont au corps humain des « marques de sa faiblesse, et des menaces de sa dissolution. « Mais il n'en est pas de toutes choses comme des maté- « rielles et des terrestres ; la justice et l'équité ne sont « point de la terre, et les poëtes disent que dès qu'Astrée « eut donné des lois aux hommes, elle s'envola dans le ciel, « d'où elle n'est pas depuis descendue. La justice des lois « a sa source dans le ciel ; elle est un rayon de cette justice

(1) Aissi cum selh qu'a estat ses senhor
En son Alo francamen, et en pats
Qu'auc re non det, nim mes mas per amor,
Ni fon destregs mas per sas volontats,
Et erases per mal senhor forsats.
Atressi eys me fuy ien lonjamen
Qu'auc re no fi per autruy mandamen,
Ar'ay senhor ab cuy non val merces
Amor que a mon cor en tal loc més
On non aus dir, ni mostrar mon talen
Ni per nul plag partir no men puesc gés.
(*Chanson de* Morgué de Montaudon.)

« infinie, éternelle et immuable. Et comme dans les cieux « tout est ancien, et rien pourtant n'y vieillit, nous pou« vons dire que la liberté de notre franc-alleu, comme « étant fondée sur la justice des lois, ne craint ni les rides, « ni la vieillesse, et que tant s'en faut que les années la « puissent affaiblir, qu'au contraire sa principale force est « en son antiquité. »

XIV. — Le franc-alleu se conciliait avec le droit de juridiction seigneuriale ; mais il condamnait la maxime impie du césarisme, qui donnait à l'empereur le titre de seigneur, *dominus*, même des biens des particuliers. Il condamnait les flatteries du jurisconsulte Martin, qui disait à l'empereur Frédéric Barberousse :

Te populi, te regna timent, te solis ab ortu,
Solis ad occasum, submisso vertice, cuncti
Suspiciunt, dominumque simul, regemque fatentur.

Et bien loin d'admettre, avec les impérialistes exagérés, l'universalité des servitudes féodales, il proclamait avec un jurisconsulte français, Pierre Costal, sur la loi XV, ff. *de rei vindic.*, la liberté des terres en ces termes : « Ex eo quod « dicitur in hac lege principem posse prædia militibus « assignare, nascitur quæstio vetus ; an princeps sit do« minus rerum quæ ad privatos spectant, et summa ra« tione Bulgari opinio omnibus probatur : quæ principem « dominum regni esse voluit, *quoad defensionem et generale imperium.* »

Ces principes de liberté, conformes à ceux de tous les jurisconsultes de l'Italie, de l'Espagne et du midi de la France, trouvent un appui solide dans un arrêt du parlement de Toulouse, de 1465, que Caseneuve défend contre les interprétations erronées de Galland, au chapitre XIII, liv. II, de son ouvrage. En vain opposerait-on les arrêts postérieurs rapportés, soit par Laroche (*Traité des droits seigneuriaux*, art. 3), soit par Despeisses (t. III, p. 247), soit par Cambolas (*Décisions notables*, liv. IV, ch. XLV), soit par De Juin (t. VI, p. 145), et par Aguier, son continuateur (arrêts 127 et 221). Ces arrêts décident qu'un seigneur *ayant la directe universelle* est censé propriétaire des terres vaines et vagues, marais, bois communs, etc., et que les habitants sont réduits à des droits d'usage. L'un des jurisconsultes languedociens précités indique lui-même la portée de cette jurisprudence, en la restreignant au cas où soit le roi, soit le seigneur a été investi d'un territoire *limité*. « L'arrêt, dit Cambolas, ne passa que de deux voix, parce que nous sommes au pays de franc-alleu, que nous devons conserver autant qu'il se peut, et l'arrêt de Montfrin qui est le troisième de ceux que Papon rapporte au lieu sus allégué, et qui est souvent cité en semblable rencontre, ne doit pas être suivi toujours, parce que, comme l'on croit, il fut donné à de grandes sollicitations de la part des parents de la dame de Lers et de Clermont, et il ne doit pas être tiré facilement en conséquence contre le franc-alleu et privilége du Languedoc. Cela aussi n'a pas tant lieu lorsque quelqu'un a acheté un terroir limité, comme s'il l'a baillé en fief; car, en ce second cas, il y a plus d'apparence d'empêcher le franc-alleu qu'au premier, parce que, bien qu'on ait acquis un terroir limité, on peut l'avoir baillé à parcelles, mais quand on l'a baillé en corps limité, il appert qu'on a tout baillé en fief. » Chopin, sur la *Coutume d'Anjou*, livre II, chapitre v, *de alode*, expliquant l'article 140, dit que : « Romanis legibus omnia censentur libera « et contrarius Andegavis usus inolevit. » Mais il veut, au même endroit, que ce soit pour les terres limitées, « et « quoties penes aliquem certum dominium stat certis re- « giunculæ finibus septum, tunc intra ejus limites positi « fundi ei servire præsumuntur. » Socinus, lib. I, concil.

86 et resp. 18) : « Quisquis habet ab antiquo territorium li- « mitatum, in dominio directo terrarum, et juridictionis « earum est fundatus in utroque intra metas ejusdem, » *argumentum l. œde sacra*, § *intra ff. de contrah. empt. Faber in lege cunctos populos; cod. de summa trinitate.* « Qui ha- « bet territorium limitatum ab antiquo est fundatus de jure « communi. » D'où l'on tire cette conséquence, « que le roi est fondé dans son royaume, qui est sa terre, à demander rente contre le franc-alleu ; mais cela se doit entendre, comme j'ai dit ci-dessus, quand il se trouve que tout le terroir a été autrefois baillé en fief limité. Autrement, qu'un seigneur ait son terroir limité, ce n'est rien; car il n'y a seigneur qui n'ait sa seigneurerie limitée ou bornée, ainsi cela conviendrait à tous, et il n'y aurait point de franc-alleu. »

XV. — A part cette exception, le franc-alleu était présumé ; *Præsumuntur in dubio omnia prædia esse alodialia* (Cujas, *ad. l. IV, fund. lib. III*). La distinction entre l'alleu et le franc-alleu admise par Ducange (v° *alodium*, p. 335), et Bouquet (*Droit public de la France*, p. 34), distinction fondée sur la différence entre la liberté originaire des terres et leur affranchissement du joug féodal, ne recevait pas toujours son application dans les pays de droit écrit où, selon Ducange lui-même (1), il y avait beaucoup d'alleux qui n'avaient jamais connu de seigneurs. C'est ainsi que, dans un hommage prêté au comte de Toulouse en novembre 1244, Bernard V, comte *convenarum*, déclare que ni lui ni ses prédécesseurs n'avaient jamais tenu en fief d'aucune personne, ni séculière ni ecclésiastique, le fief qu'il vient de recevoir du dit

(1) Fatendum tamen sæpe alodia nullos agnovisse dominos, quod licet colligere ab aliquod veteribus tabulis.

comte de Toulouse. « Quod feoda quæ mode recepit a « comite Tolosæ, ipse et antecessores ejus non tenuerant « in feudum ab aliqua seculari vel ecclesiastica persona. « Imo erat alodium proprium, et ita ipse et antecessores « tenuerant pro alodio a tempore cujus memoria non « existebat. » Ducange cite des énonciations semblables contenues dans des chartes de 1077, 1206, 1220, 1239, etc.

En Languedoc, en Provence et dans les autres pays régis, selon les expressions de Chopin, ou par le droit italique ou par le droit écrit et le franc-alleu (1), on n'admettait pas, en effet, que le prince fût devenu par droit de conquête propriétaire du territoire, et fût censé l'avoir distribué à ses sujets. On y pensait au contraire : 1° que les Gallo-Romains avaient jusqu'à l'invasion possédé des terres présumées libres et allodiales aux termes du droit commun (2) ; 2° que la féodalité et la mouvance étant une espèce de servitude (3), on ne pouvait la présumer à l'égard des terres gallo-romaines, nonobstant le droit de juridiction souveraine attribué par des inféodations qui, en introduisant un droit inconnu aux Romains, n'avaient cependant pas pu avoir pour effet de rendre serviles et tributaires des héritages affranchis jusque-là de toutes charges à l'égard des empereurs. On ne méconnaissait pas la portée de la maxime : Nulle terre sans seigneur, partout où la possession du seigneur se trouvait légitimée dans son principe par le fait de l'occupation qui avait suc-

(1) *De domanio*, lib. III, tit. XIII, n. 3... Qui vel juris italici sunt, ut Lugdunum et Narbonensis Gullia, vel moribus scriptis admittunt allodium. — (2) *L. altius cod. de servit. et aqua*; *l. cujus de servit. prædi. urb. etc.*, — (3) ALEXANDRE, *Conseil* LV, vol. IV ; DUMOULIN, *Cour de Paris*, gl. 1. in, v° *Franc-alleu* ; — JOANN. FAB., in l. *De sum. trinit. et fid. cath.*

cédé au partage des terres conquises, mais on faisait prévaloir la maxime : nul seigneur sans titre, partout où le droit de directe universelle du seigneur n'était pas prouvé.

L'usage du droit écrit, c'est-à-dire romain, était le fondement sur lequel les peuples du Languedoc et autres qui s'appelaient Provençaux ou Romains, par opposition aux Français (1), appuyaient la liberté de leur franc-alleu, et tout ce qu'ils soutenaient, c'est que, dans le silence des titres, la liberté devait être présumée. Ils se souvenaient de cette parole de saint Paul aux Corinthiens : *Ne vous rendez point esclaves des hommes*, et aimaient à répéter que la liberté est fille du ciel.

CHAPITRE VII

CHARTES COMMUNALES ET COUTUMES LOCALES DU BAS-LANGUEDOC.

I. — L'antique cité de Nîmes, capitale des Volces Arécomiques, partageait avec Montpellier la suprématie dans le Bas-Languedoc au moyen âge, et l'on s'étonne de voir l'estimable explorateur des coutumes locales du midi, et particulièrement du Languedoc, accorder à peine une mention à cette ville, où, dit-il, tant de souvenirs d'une colonie et

(1) Salica lex Romanos hoc est provinciales vocat, qui Romana id est provinciali lingua utebantur..... omnes de Burgundia et Alvernia et Vasconia et Gothi provinciales appellabantur : cœteri vero Francigenæ (JOACHIMUS VADIANUS, liv. II, *Des anciens colléges et monasteres d'Allemagne*).

d'une ville romaines sont présents et vivants, mais où l'histoire du droit ne trouve pas à recueillir assez de traits originaux (1).

Un monument de l'année 951 constate une donation faite à la cathédrale de Nîmes, et ajoute que, dans un cas prévu, les biens doivent faire retour à la puissance publique de Nîmes ; *ad ipsam potestatem de Nemauso publice revertant*. Soit qu'on traduise par *podestat*, avec les historiens du Languedoc (2), le mot *potestatem*, soit qu'on le traduise, avec M. Raynouard (3), par pouvoir, puissance, propriété, toujours est-il qu'il existait à Nîmes, au Xe siècle, une municipalité (4).

Un plaid tenu en 920, par Ugbert, évêque de Nîmes, au sujet des dîmes de Luc, fait mention d'un alleu que les hommes de la *villa* de Luc, voisine de Nîmes, avaient vendu aux hommes de Villequart (5).

On peut établir d'ailleurs avec la triple autorité de dom Vaissette (6), de Ménard (7), et de M. Augustin Thierry (8), que le consulat établi à Nîmes, dès l'an 1144, fut comme celui de Milan de 1093, celui de Gênes de 1100, celui d'Arles de 1131, celui de Montpellier de 1141, celui de Narbonne de la même année, l'effet d'une réaction générale, produite au XIIe siècle, dans le midi de la France, par la résurrection de l'esprit municipal.

La charte de 1124, par laquelle Aton IV, vicomte de Nîmes, vendit aux habitants de Nîmes agissant (*communiter*) en corps de commune, moyennant 4,000 sous melgo-

(1) *Histoire du droit français*, par M. LAFERRIÈRE, t. V, p. 184. — (2) *Gallia christ.*, t. II, col. 430. — (3) *Histoire du droit municipal*, t. II, p. 196. — (4) ALBISSON, *Lois municipales du Languedoc*, t. I, p. 321. — (5) MÉNARD, *Histoire de Nîmes*, t. I, preuves, p. 19. — (6) *Histoire du Languedoc*, V, II, p. III. — (7) *Histoire de Nîmes*. — (8) *Récits des temps mérovingiens*, vol. I, p. 264 et suiv.

goriens, l'exemption perpétuelle des questes et toltes, et les autres priviléges qui y sont énumérés, n'est postérieure que d'un an au concile de Latran, qui généralisa la trève et la paix de Dieu.

Vingt ans après, Aton V, fils du précédent, concéda à la communauté de Nîmes, représentée par les consuls, au prix de 4,000 sous (monnaie de Saint-Gilles), les pâturages des garrigues, biens communaux, qui sont devenus depuis l'objet de fréquents litiges, définitivement jugés en faveur du droit de propriété de la ville.

Une charte du comte de Toulouse, rapportée par dom Vaissette, dans son *Histoire générale du Languedoc*, tom. III, aux preuves, p. 185, et datée du mois de décembre 1198, prescrivit pour l'élection des consuls de Nîmes la convocation de tout le peuple, *universus populus*, avec le viguier (*vicario*), juge du seigneur, la dite convocation faite par le crieur public et à son de trompe. L'élection des consuls, partagée en 1254 par une charte de saint Louis, entre les bourgeois de la ville (*burgenses de civitate Nemausi*) et les chevaliers des Arènes (*milites castri arenarum*), fut attribuée en partie aux neuf *échelles* ou corps de métiers, par un règlement de 1272, fait par Raymond Marc, commissaire royal, à la requête et prière des quatre consuls de la cité et des quatre consuls du château des Arènes, convoqués, selon l'usage (*ut moris est*), par le crieur à son de trompe dans l'assemblée générale (*parlamentum*) des citoyens de la ville et des chevaliers du château (1). La même charte attribue aux consuls le droit d'admettre ou de rejeter les aspirants au droit de cité et de municipe (*civitatem et municipem*) et règle les trois con-

(1) De consensu et voluntate omnium et singulorum tam civitatis quam castri, in dicto parlamento existantium.

ditions auxquelles ce droit peut être conféré ; savoir : la première d'établir ou de conserver son domicile, soit dans la ville, soit dans le château ; la seconde, de participer, selon ses moyens et facultés, à toutes les charges déjà existantes, ou qui seront créées dans la suite, au profit du roi ou de la communauté ; la troisième, d'acquérir, dans le délai de trois années, au territoire de Nîmes, des biens d'une valeur de 50 livres tournois au moins.

La libre élection des consuls, momentanément troublée pendant les guerres des Albigeois, et rétablie après la réunion de la vicomté de Nîmes à la couronne de France, par le règlement du 5 novembre 1272, ne subit, pendant trois siècles, que de légères modifications, occasionnées par les vicissitudes de la lutte d'influence engagée entre la noblesse des Arènes, la bourgeoisie de la place et les neuf échelles ; mais un règlement, fait par le sénéchal de Nîmes et de Beaucaire, le 14 novembre 1476, substitua au vote universel communal une combinaison nouvelle dont nous emprunterons l'analyse à l'un des deux écrivains qui ont le plus récemment et le mieux décrit les institutions municipales de notre ville natale (1).

Une requête fut présentée au sénéchal de Nîmes et de Beaucaire, magnifique et puissant seigneur Antoine de Châteauneuf, par Guillaume Chier, tailleur *sartor*, par François Floris *cordonnier*, par maître Pierre Robert et Vitalis Genois notaires, auxquels se joignirent beaucoup d'adhérents. Cette requête fut communiquée aux consuls en exercice, et rapport en fut fait par eux au conseil de

(1) *Notice historique sur les origines municipales de la ville de Nîmes*, par M. PHILIPPE EYSSETTE (1853) ; — *Etudes historiques sur le consulat et les institutions municipales de Nîmes*, par M. FÉLIX DE LA FARLLL.

ville, qui en délibéra ; puis les quatre consuls se présentèrent avec les discrets hommes, *discreti viri*, Guillaume Chier *tailleur*, François Floris *cordonnier*, etc., munis d'une procuration de leurs concitoyens, devant le sénéchal assisté du juge-mage, du procureur du roi et de deux assesseurs, dans son prétoire ordinaire de la trésorerie royale, et là furent convenus, du consentement commun de toutes les parties, et par voie de *transaction* et *pacification*, les articles du règlement que M. Félix la Farelle a résumés en ces termes :

1° A l'avenir et à tout jamais, les consuls anciens et nouveaux et leurs conseillers procéderont aux élections des futurs consuls, ils seront tenus expressément de désigner chacun à leur tour, *et en premier rang*, quatre des avocats, gradués et experts en droit de ladite ville de Nîmes.

Au second tour de scrutin, ils devront élire quatre bourgeois, marchands ou médecins gradués. On entend par marchands éligibles à ce rang, ceux-là seulement qui sont inscrits sur le compoix de l'hotel de ville pour cent livres tournois au minimun.

Au troisième tour, devront être élus deux notaires et deux artisans, *duo ex mecanis* ; enfin, au quatrième et dernier tour, quatre laboureurs cultivant leurs champs de leurs propres mains ; « Quatuor ex laboratoribus, agros suos « propriis manibus colentibus. »

Défense est faite à ceux qui sont chargés de ces choix de les faire porter sur leurs père, fils, frère ou beau-frère, oncle ou neveu.

Les quatre consuls doivent être ensuite élus au sort des pommeaux, selon l'ancien usage ; savoir : le premier, parmi les quatre avocats désignés ; le second, parmi les quatre bourgeois, marchands ou médecins : le troisième, parmi les quatre notaires ou artisans ; le quatrième, parmi les quatre laboureurs.

Dans les vingt-quatre heures qui suivent leur élection, les quatre consuls, après avoir prêté le serment d'usage, devront choisir leurs conseillers ; savoir ; le premier consul devra en choisir trois parmi les avocats, le second consul, trois parmi les notaires, s'il est lui-même notaire, ou parmi les artisans, s'il est artisan ; enfin, le quatrième consul, parmi les laboureurs, mais en respectant les prohibitions établies ci-dessus, pour cause de parenté ou d'affinité. Les quatre consuls anciens ou sortant de charge faisaient, à leur tour, le choix des douze autres conseillers, toujours d'après les mêmes règles.

3° Le même individu ne pourra, comme par le passé, être rappelé au consulat qu'au bout de cinq ans, et cette règle est déclarée applicable à toutes les autres charges de l'hôtel-de-ville, nommément à celle des ouvriers ouvoyers, cohécateurs, auditeurs des comptes et à toutes les autres fonctions que les consuls avaient l'habitude de conférer.

4° Les consuls passés, présents et futurs sont astreints à rendre leurs comptes, ou leurs héritiers en leur nom, dans le délai de six mois, devant des auditeurs désignés par les consuls en exercice et par leurs conseillers, et de payer leur reliquat à leurs successeurs. Avant la clôture et la réception de ces comptes, rapport et vérification doivent en être faits par ces auditeurs, devant le conseil ; tout refus de rendre ces comptes sera puni d'ores et déjà d'une amende de 40 liv. tournois, et quant à ce dont le comptable restera débiteur, le *clavaire* l'inscrira sur le registre contenant tous les actes consulaires.

5° Les consuls, le clavaire et leurs officiers seront désormais tenus de payer leur quote part de toutes les tailles et autres impositions locales comme les autres habitants.

Il n'est fait d'exception que pour le *capage*, CAPAGIUM, sorte d'impôt personnel qui avait beaucoup d'analogie avec notre patente moderne.

6° Les consuls et les conseillers éliront désormais, pour faire la répartition de toutes les charges imposées à la localité, quatre *cohécateurs* pris, l'un parmi les avocats, l'autre parmi les bourgeois, marchands ou médecins, le troisième parmi les notaires ou artisans; le quatrième parmi les laboureurs; leurs gages seront de 6 liv. tournois. S'il le faut, les consuls sont autorisés à leur adjoindre un cinquième cohécateur.

On leur trace ensuite quelques règles fort sages, sur la manière de remplir leur commission, sur les livres qu'ils doivent tenir; et en ce qui touche le *capage*, on leur prescrit de ne pas avoir égard à la fortune de chacun, mais bien à son industrie personnelle et aux chances de gain qu'elle lui donne.

7° On décide que le cadastre ou livre de présage sera refait en entier, attendu que celui qui existe se trouve incomplet et de plus en fort mauvais état.

8° Il est défendu aux consuls et au conseil d'envoyer désormais aucune ambassade, ni d'imposer aucune levée pour pourvoir aux frais qui pourraient en résulter, si ce n'est de l'avis et du consentement des trois ordres.

On les astreint donc, avant de prendre à l'avenir aucune détermination de ce genre, à convoquer et à consulter vingt-cinq des plus sages habitants de la ville, *ex habitatoribus prudentioribus dictæ civitatis*. Faute de cette mesure préalable, tous les frais exposés resteront à leur charge personnelle.

9°, 10° et 11° On soumet à de certaines règles et restrictions le droit de pacage dans les garrigues, et la faculté de tenir des pourceaux.

12° On supprime l'usage établi que tout citoyen, nommé consul pour la première fois, donne un grand repas qui lui occasionnait de grosses dépenses, et l'on exige, en remplacement, qu'il paie, dans les dix jours de la prestation du serment, un marc d'argent pour l'entretien et l'augmentation des arbalètes, des couleuvrines et autres pièces d'artillerie de la ville. Les anciens statuts et règlements sont, du reste, maintenus et confirmés dans tout ce qui n'est pas contraire à celui-ci, et quiconque ferait ou tenterait de faire quelque chose de contraire à son contenu est déclaré indigne du consulat, comme de toutes les autres fonctions municipales. On nomme enfin des procureurs fondés, chargés de poursuivre l'homologation et la consécration de ce nouveau statut devant le parlement de Toulouse.

Tel est le règlement municipal qui a gouverné la ville de Nîmes jusqu'à la Révolution de 1789. Le sénéchal le fit rédiger par un notaire, en langue romane et en langue latine, et demanda à l'assemblée si quelqu'un entendait faire opposition. Il y eut concours unanime pour le supplier de donner à la transaction force de loi et autorité de justice; puis, l'acte fut couvert d'un nombre considérable de signatures, appartenant à des citoyens de tous les états. Là, figurent le juge-mage, le procureur du roi, le juge criminel, les quatre consuls, l'un docteur en droit, l'autre marchand, et le quatrième bourrelier; quelques nobles, mais en petit nombre, beaucoup de licenciés en droit, tous ceux qui précèdent qualifiés de *venerabiles* et *egregii viri*; après quoi viennent les *probi viri* (prud'hommes), qui sont charpentiers (*fusterii*), bourreliers (*baxiatores*), fourniers (*fornerii*), marchands, nourrisseurs (*norrigerii*), rouliers (*roderii*), laboureurs, drapiers, revendeurs, barbiers, forgerons, cordiers, jardiniers (*hortolani*), hôteliers (*hospites*), etc., etc.

Sur la réclamation faite par quelques laboureurs et propriétaires de cabaux, le sénéchal, avant d'en finir, accorda une diminution des amendes établies pour les dépaissances, et permit le libre cours des prairies, après l'enlèvement des foins. Ces petites circonstances fournissent une nouvelle preuve de l'esprit qui présidait à tout cet arrangement, et prouvent que cette nouvelle *charte*, qui compléta et consolida les institutions municipales de Nîmes, eut véritablement pour objet d'accorder une juste et légitime participation, dans les affaires et l'administration locales, aux classes ouvrières de la cité.

II. — Strabon et Pline nous apprennent que vingt-quatre bourgs dépendaient de Nîmes, capitale des Volces Arécomiques. La plupart survécurent, avec des appellations différentes, aux invasions réitéres des Goths et des Sarrasins, et devinrent, au Xe siècle, des seigneuries plus ou moins importantes. Ainsi se formèrent celles de Beaucaire, d'Alais, d'Uzès, d'Anduze, de Sauve, d'Aiguesmortes, de Sommières, etc. De la diversité de leurs caractères originaires dérivèrent des régimes municipaux différents, quoique sous la protection commune de l'église et du château; tous les bourgs participèrent, dans la première moitié du XIIIe siècle, au bienfait des chartes communales.

III. — Le castrum de Beaucaire (*castrum Bellicadri*), situé à quelques lieues de Nîmes, sur la rive droite du Rhône, en face de Tarascon en Provence, reçut du comte Raymond de Toulouse, l'an 1217, le 5 des calendes d'avril, des priviléges consistant en l'exemption du péage, en l'octroi à la communauté des revenus des fossés, et en l'immunité de toute imposition. Étaient alors consuls, Raymond Bermond, Pierre Centule, Raymond Bernard, Laurent devinarius, Raymond ministrat, et Raymond Farella. Pons Bordic était leur juge... « J'accorde à vous et aux vô-

« tres, dit le seigneur, et par vous à la dite communauté, « et ce à perpétuité, pour moi et les miens, le consulat li- « bre, de manière que les consuls aient pouvoir et juridic- « tion civile ; mais j'entends qu'ils s'abstiennent de pren- « dre connaissance du crime d'adultère, de l'homicide, du « crime de lèze-majesté, du larcin et autres crimes pu- « blics. » — « Item concedo vobis et vestris, et per vos « predictæ universitati, dono in perpetuum, per me et per « meos, consulatum liberum, ita ut consules quibusvis « hujus castri habeant potestatem et jurisdictionem de « causis civilibus ; sed abstineant se ne de crimine adul- « terii cognoscant, nec de homicidiis, nec de crimine læzæ « majestatis, nec de aliis publicis criminibus, nec de « furto. » Le même seigneur donna en 1221, aux habitants de Beaucaire, le droit de pêcher dans ses marais.

Le roi saint Louis accorda aussi aux habitants de Beaucaire, par lettres-patentes données à Paris, en avril 1228, des priviléges qui furent confirmés et étendus par des lettres-patentes de Louis X, du 15 mai 1315, constatées par un *vidimus* du 25 juin 1315 (notaires, Bernard et Robert).

Un sénéchal ayant été institué à Beaucaire, par Simon de Montfort, après la guerre des Albigeois, et l'expulsion de Raymond VI, comte de Toulouse, de ses États, des lettres-patentes du roi Philippe de Valois, du 28 novembre 1346, adressées à ce sénéchal et aux autres justiciers, mirent sous leur sauvegarde les habitants avec leurs familles, biens, bois et pâturages, et autres choses regardant les dits gouverneurs et procureurs, afin qu'ils les maintinssent dans leurs justes possessions, franchises, libertés, droits, usages et saisines, selon la légitime coutume de la patrie : *juxta legitimam patriæ consuetudinem.*

Catel rend hommage, en divers endroits de son *Histoire de Toulouse*, à la fidélité des Beaucairois envers le comte

Raymond, leur seigneur, dans les luttes qu'il eut à soutenir contre Simon de Montfort, malgré leur inébranlable attachement à la foi catholique, ainsi qu'à leur patriotisme dans les guerres contre les Anglais ; de là, selon l'auteur anonyme, qu'on suppose être le gentilhomme languedocien des Porcellets, d'un *Recueil de priviléges de la ville de Beaucaire*, imprimé en 1718, sous le consulat de noble Bruno d'Arbaud, seigneur de Rougnac, de Guillaume Touraine bourgeois, et de Jean Cambon marchand, les nombreuses chartes que concédèrent successivement Jean II, Charles V et Charles VI.

Non-seulement les Beaucairois furent activement protégés contre les abus de la féodalité ; mais comme ils ne voulaient pas plus être troublés par les officiers du roi que par ceux du seigneur, dans l'exercice de leurs libertés et franchises immémoriales, ils obtinrent, le 15 avril 1390, des gens du conseil du roi, envoyés dans les pays de Languedoc et de Guyenne pour les réformer, le droit de s'assembler et de tenir leurs conseils en l'hôtel de ville sans l'assistance d'aucun officier royal.

Un *vidimus*, fait le 15 mars 1547, par messire Tanequier des Porcellets, gouverneur et viguier des châteaux, ville et viguerie de Beaucaire, et par noble M. Guillaume Guiand, juge royal des dites villes et viguerie, constate la confirmation, par les lettres patentes de Louis XI, du mois de mars 1463, des priviléges des habitants de la ville de Beaucaire, concernant le droit d'avoir des consuls comme à Nîmes, ainsi que par les lettres patentes de Charles VIII, de Louis XII, de François Ier et de Henri II. On trouve dans un *vidimus* fait par le garde du petit scel de Montpellier, le 9 janvier 1463, un extrait de ces priviléges qui peut se résumer ainsi : « Exemption du péage, sortie des bleds et des vins et recette des monnayes étrangères, gardes des pâturages, exemption de payer finances au roi pour les biens acquis des ecclésiastiques ou des gentilshommes à titre d'achat ou d'emphitéose; contribution des nobles et des ecclésiastiques, dans les biens ruraux qu'ils ont, aux tailles et aux autres charges communes de la ville (1); privilége de n'être actionné hors la ville à l'occasion de dettes étrangères inon pour les dettes envers le roi; inhibition aux officiers de la cour d'informer pour injures verbales, aux geôliers et notaires de prélever aucuns frais sur les innocents; obligation d'ajouter foi au serment de chaque habitant pour les dommages qu'il a reçus; pouvoir d'élire et d'établir un ca-itaine en temps de guerre et pour la sûreté de la ville avec le droit d'amendes; tenue annuelle d'une foire affranchie de péages, de redevances et d'impôts; marché du jeudi de chaque semaine; défense au fermier du ban royal de saisir-gager aucun habitant pour droit de ban; droit de pêcher, accordé à tous les habitants dans le terroir de Beaucaire; droit de vaine pâture permis un mois seulement après la levée des récoltes, à la charge néanmoins de réparer les dommages, et des amendes prononcées contre les contrevenants par les consuls et conseillers de la ville de Beaucaire; serment d'observer les priviléges imposé aux officiers royaux.

IV. — Alais (*Alestum*, *Alest*), qu'il ne faut pas confondre avec *Alexia* ou *Alesia*, ville rendue célèbre par les *Commentaires de César*, est située dans une de ces riantes vallées des Cévennes, où le voyageur surpris croit retrouver une autre Suisse. C'était, dès le Xe siècle, un

(1) Tenentur et tenebuntur tam nobiles quam ecclesiasticæ personæ pro ruralibus bonis quæ habent cum cœteris ruralibus in talliis regiis et aliis oneribus communibus dictæ villæ contribuere.

bourg (1), dont le seigneur, Raymond Pelet, partit pour la première croisade en l'an 1093. Le pape Gélase II y arriva en l'an 1118, et y sacra Pierre, nouvel évêque de Saragosse. Des Templiers, des Hospitaliers de Saint-Jean de Jérusalem y avaient alors des maisons. On lit dans la seconde charte, donnée par les seigneurs aux habitants en l'an 1217, que la promulgation en fut faite devant tout le peuple réuni dans l'église de la Bienheureuse Marie de la maison du Temple d'Alais, *in ecclesia Beatæ Mariæ domus Templi de Alesto.*

C'est en 1200 que le peuple d'Alais obtint de ses seigneurs sa première charte communale. Ce précieux document existe aux archives de l'hôtel de ville, et a été publié en 1860, par les estimables auteurs des *Recherches historiques sur la ville d'Alais.* Déjà son texte en langue romane avait été déposé aux archives du royaume, section historique K, 867, et imprimé par M. Beugnot dans le tome III de ses *Olim.*

« Les chartes d'Alais, dit M. Laferrière, sont notables par la variété des éléments qu'elles renferment ; ils lui viennent de toutes parts, même de la tradition celtique, car on y trouve *l'achat par paumée,* c'est-à-dire l'achat accompli par la jonction des mains, que nous avons signalé dans les lois galloises. Si le mélange de tant d'éléments divers fait un tout bizarre, il y a cependant des principes de civilisation et de liberté... »

« Si l'on réfléchit, dit M. Beugnot, que ces actes ne sont pas de simples chartes de franchises, semblables à toutes celles que les rois et les seigneurs prodiguèrent en quel-

(1) Gancelin, troubadour limousin du douzième siècle, dit, dans ses vers, avoir épousé Guillemette Montja, jeune et belle fille d'Alest, bourg très-riche dans la marche de Provence.

que sorte à leurs sujets dans les XIIe et XIIIe siècles ; que ce sont, au contraire, des recueils d'usages, qui stipulent sur des matières civiles et criminelles, et fixent les relations des citoyens d'Alais entre eux, bien plus que leurs devoirs féodaux envers leurs seigneurs ; que ces usages peuvent servir à déterminer la portion d'influence que le principe féodal fut contraint d'abandonner à la loi romaine, lors de l'établissement du droit coutumier dans les provinces méridionales de la France, on pensera avec nous qu'il existe peu de monuments de ce droit plus dignes, par l'ancienneté de leur âge et par leur propre valeur, de fixer l'attention et d'être mis au jour. »

La charte donnée en 1200, par les seigneurs Raymond Pelet, Bernard d'Anduze et Pierre Bermond son fils, fut confirmée en 1216, et signée par Pierre Bermond, fils de celui qui l'avait jurée, conjointement avec son grand père. Son double texte roman et latin, déchiffré et traduit par l'un des compatriotes alaisiens qui ont concouru à mettre en lumière les richesses municipales de cette intéressante cité (1), rappelle dans son préambule les discordes des seigneurs et les dommages, les incendies, les souffrances, les peines innombrables, les ruines et les morts que les habitants en ont soufferts (2). Mais rien, dans l'ensemble des dispositions, empreintes d'un esprit de justice, d'humanité et de liberté, qui honore à la fois les seigneurs et les habitants, ne trahit les abus de la puissance féodale.

On voit cependant, par les articles 46 et 48, que des cou-

(1) MM. MARETTE, MAXIMIN D'HOMBRES, DUCLAUX-MONTEIL, C. FABRE, etc. — (2) Maiormens, car péril sens fin, dans, ardemens per las descordias dels seinors an sufertas e non nombralz penas, derrocz e mortz ; maxime quare infinita pericula, dampna, incendia et tormenta, propter dominorum discordias, passi sunt atque innumerabiles pœnas, ruinas et mortes.

tumes contraires au droit s'étaient introduites dans les seigneuries, et que la pensée des seigneurs est de ramener à l'observation stricte du droit (1). Tout, d'ailleurs, dans l'ensemble des dispositions de cette charte, révèle les inspirations simultanées du droit romain et du droit ecclésiastique ; et soit que l'on considère la langue, si évidemment conforme aux dialectes de l'Espagne; soit que l'on consulte la généalogie seigneuriale, dont la branche paternelle s'est perpétuée jusqu'à nos jours dans les Cambis, les Montalet, les Lafare, les d'Ouy, et dont la branche maternelle, confondue quelque temps avec la maison de Conti, était représentée en 1777 par le marquis de Castries; soit enfin qu'on interroge ces sages dispositions de droit civil, criminel et municipal émanées des seigneurs d'Alais, on reconnaît, outre les traces de droit celtique signalées par M. Laferrière, les principes du droit civil romain et du droit canonique dans des termes à peu près semblables à ceux du *fuero juzgo* et des *usatici* de Barcelone.

L'intégrité et les lumières des juges (art. 1er), la bonne instruction des procès (art. 2), les notaires (art. 3 et 4), les testaments (art. 7), les successions légitimes (art. 8), les tutelles (art. 9), les épices (art. 10), les dots et droits des filles dans les successions (art. 11), les gages dans les procès (art. 12), les droits des étrangers (art. 13), les contraintes et saisies (art. 14), l'affranchissement des tailles, impôts, garde et chevauchées, en faveur de tous ceux qui viendront habiter la ville (art. 15), les procès criminels et les peines corporelles (art. 16 et 17), les arbitres élus (art. 18), le droit d'arrestation (art. 19), la vente de

(1) E per zo quel malz us sia toltz adecient o escreisen segon se que dis la drechura. Et ut pravus usus tolleretur, scienter scripsimus secundum quod jus dictat (art. 48).

l'argent (art. 20), la liberté de moudre et de cuire (art. 21), l'interdiction des droits de péage et de guidage (art. 22), la vente du vin (art. 23), la boulangerie (art. 24), les poids et mesures (art. 25), le monopole des métiers et du commerce (art. 26), le droit de leude sur les fruits (art. 27), les délits ruraux (art. 28), les droits des maîtres et des domestiques (art. 29), les nantissements (art. 30), la police urbaine (art. 31 à 35), les témoignages (art. 36 et 56), le mode de jugement des seigneurs coupables de délits (art. 37), les procès d'injures et querelles (art. 38), les achats à la paumée (art. 39), la liberté des mariages (art. 40), et du domicile (art. 41), le droit d'être jugé par les juges naturels (art. 42), l'interdiction des tailles, questes, hébergement (art. 43, 44, 45), l'abréviation des procès (art. 49), les saufs-conduits (art. 50), la forme des enquêtes (art. 51), la célébration des dimanches (art. 52 et 53), les lods de ventes et échanges (54), etc., tous ces objets si variés de justice, de police, de droit civil et criminel sont traités avec une intelligence qui, sauf une seule exception peut-être, l'obligation imposée aux juifs, par l'article 52, de porter des vêtements différents de ceux des chrétiens, défierait la critique du siècle le plus éclairé. La sérénité du style ne trahit pas d'ailleurs le moindre ressentiment des habitants contre les seigneurs, dont les libéralités n'apparaissent que comme l'acquit d'un devoir.

Il n'en est pas tout à fait de même de la charte de 1217, où l'on remarque la trace de quelques coutumes barbares, de quelques traitements cruels, et d'une sorte de réaction contre les tentatives tyranniques de Bernard d'Anduze, resté, par la mort de ses deux co-seigneurs, seul seigneur d'Alais avec son petit fils mineur.

Ni la charte de 1200, confirmée en 1216, ni celle de 1217 ne formulent en détail des règles sur l'élection et sur les attributions des consuls et de leurs conseillers. L'article 5 de la première de ces chartes porte seulement, de la part des co-seigneurs d'Alais, la concession « que tous les ans, « le dimanche de la Circoncision de Notre-Seigneur, le peu- « ple élise deux ou quatre consuls à la garde de qui toutes « choses seront remises pour qu'ils les surveillent, ajoutant « à ce qui manque, interprétant ce qui est douteux, après « avoir juré légalement sur les quatre Évangiles de Dieu, « devant tout le peuple, de se conduire loyalement dans « tout ceci. »

Des documents postérieurs aux deux chartes précitées fournissent, sur la division de la cité en *escales*, ainsi que sur l'élection et les attributions des consuls, des lumières précieuses.

Saint Louis octroya, de 1238 à 1270, à la communauté d'Alais des statuts analogues à ceux dont son prévôt des marchands avait doté la capitale, et les priviléges qu'il leur concéda sont rappelés et confirmés dans une charte de Louis X, du 1er avril 1315, insérée dans le *Recueil des lois municipales et économiques du Languedoc*, par Albisson, t. I, p. 251.

Une sentence arbitrale du 6 des kalendes de décembre 1294, rendue sur la demande des consuls et de plusieurs corps de métiers par le sénéchal de Beaucaire, au nom du roi et de Pierre de Pelet co-seigneur d'Alais, pour mettre fin aux contestations qui s'étaient élevées sur la représentation des classes ou échelles dans le conseil de la ville et sur le nombre des conseillers, nous apprend qu'il y avait dix échelles (*decem officia, societates seu scalæ*) établies dans l'ordre et sous les dénominations suivantes :

1° Échelle de la noblesse, avocats, médecins et notables bourgeois;

2° Échelle des marchands drapiers, notaires royaux, procureurs, greffiers, chirurgiens et apothicaires;

3° Échelle des marchands canabassiers et blanchiers;
4° Échelle des cuirchers et cordonniers;
5° Échelle des cardeurs et facturiers;
6° Échelle des hôtes et cabaretiers;
7° Échelle des ménagers, laboureurs et jardiniers;
8° Échelle des boulangers;
9° Échelle des serruriers et maréchaux;
10° Échelle des menuisiers, charpentiers, broquiers et maçons.

Toutes les corporations étaient réparties dans ces divisions générales: aucune ne voulait demeurer en dehors de la vie municipale.

Chaque échelle élisait un certain nombre de représentants, et ceux-ci, à leur tour, nommaient les consuls. C'est une belle chose, écrivait à ce sujet, à son ami Boileau, Racine en voyage à Uzès, de voir le compère cardeur et le menuisier gaillard donner des arrêts et aller à l'offrande en robe rouge comme un président; vous ne voyez pas cela à Paris.

V. — Parmi les villes du Bas-Languedoc, il en est une dont la constitution municipale a donné lieu à une controverse, quant à l'origine de ses franchises. C'est Aiguesmortes, la ville privilégiée de saint Louis, qui l'acquit au mois d'août 1248 de l'abbaye de Psalmodi (1), et qui vint s'y embarquer deux fois, pour les septième et huitième croisades.

Sur la foi d'une copie annexée à une charte du roi Jean de l'an 1350 et qui porte elle-même la date de l'an 1079,

(1) Cet acte de cession, que ne possédait plus depuis longtemps la ville d'Aiguesmortes, fut retrouvé le siècle dernier dans les archives de la trésorerie de Carcassonne. Il existe également dans celles de Psalmodi, conservées à la préfecture du Gard, vol. A, f° 59.

Secousse affirme qu'en l'année 1069, le roi Philippe Ier avait donné à la ville d'Aiguesmortes une charte, que saint Louis reproduisit dans ses lettres-patentes de mai 1246. M. Laferrière (1) soutient vivement cette opinion, combattue par Galland dans son *Traité du franc-alleu*, et que ne défendent pas les historiens modernes de la ville d'Aiguesmortes (2).

La prétendue charte du roi Philippe n'a, en effet, laissé aucune trace dans le pays, et il est peu probable, quoique nous n'ayons pu le vérifier, qu'il en soit fait mention dans les deux volumes in-folio manuscrits des titres et actes de la ville d'Aiguesmortes, recueillis par Alexandre Esparron. L'abbaye de Psalmodi est antérieure, il est vrai, au règne de Charlemagne, puisqu'il existe un diplôme délivré par cet empereur en 791, pour la restauration de ce monastère (3). Une ville sans nom existait, au commencement du dixième siècle, entre Nîmes et Maguelone, où il y avait deux églises paroissiales et un port méditerranéen (4). La charte donnée en l'an 909, par le roi Charles le Simple, pour la confirmation des priviléges de l'abbaye, confirme ce fait, et ajoute qu'il y avait là un fisc royal, *regius fiscus*, duquel on avait détaché des terres, une forêt et une partie du rivage données à l'abbaye. Le roi de France régnait donc au XIe siècle sur ces contrées, et était en outre le protecteur de l'abbaye de Psalmodi. Mais tout cela suffit-il pour faire croire à l'existence d'une charte communale donnée à Aiguesmortes, neuf ans avant l'avénement de Louis le Gros au trône de France, et deux siècles avant

(1) *Droit français*, t. V, p. 186. — (2) *Histoire d'Aiguesmortes*, par F. Em. di Pietro (1849), p. 127, note — (3) *Ibid.* Voir le texte de ce diplôme, pièces justificatives, n° 1. — (4) Urbs erat Magalonam inter et Nemansem, in qua duæ ecclesiæ parochiæ; portus erat maris Mediterranei. *Gallia christ.*, t. VI, p. 472.

les chartes données aux autres communes? A ce compte, Aiguesmortes aurait eu, dès le onzième siècle, une importance que tout dément, et eût été, non l'annexe, mais la métropole de Nîmes. Cette interversion de rôles n'est pas supposable, et la fabrication de la prétendue charte, annexée à celle du roi Jean, quelque difficile qu'il soit de l'expliquer, est plus vraisemblable que son existence réelle, inconnue de tout le monde et de saint Louis même, qui n'en fait aucune mention dans sa charte de 1246. Comment admettre, dit avec raison l'auteur des *Recherches historiques sur la ville d'Alais*, p. 406, que Louis IX donnant une charte n'ait pas voulu parler de celle qu'il copiait, et dont la sienne n'était que le renouvellement? Le saint roi aurait pris ce qui ne lui appartenait pas; il aurait voulu se targuer d'un honneur qui appartenait à un autre! Avouons que si la bonne foi historique du roi Jean ne peut être suspectée, celle de saint Louis ne peut l'être davantage.

Une considération décisive s'élève d'ailleurs contre l'existence de la prétendue charte de l'an 1069; c'est que l'abbaye de Psalmodi, où M. Laferrière suppose que le roi Philippe 1er avait pris pied, et d'où il aurait concédé la charte au village d'Aiguesmortes, fut achetée en 1248 par saint Louis, qui n'en était par conséquent pas propriétaire avant cette époque.

On peut donc hardiment conclure que c'est aux lettres-patentes de saint Louis, du 12 mai 1246, que la ville d'Aiguesmortes a dû son affranchissement municipal (1). Par ces lettres patentes, les habitants furent exonérés de toutes

(1) Le texte de cette charte, extrait d'un ouvrage publié dans le dix-septième siècle par un avocat du parlement de Paris, qui le tenait de Me *Dochenart, advocat au parlement de Navarre*, est aux pièces significatives, n° 5, de l'*Histoire d'Aiguesmortes*, par M. DI PIETRO.

tailles et impôts, de toutes réquisitions et emprunts volontaires ou forcés, de tout péage, de tous droits de lods, de toute dîme seigneuriale, à l'exception des droits sur les moulins et les fours, et de quelques autres que le roi se réserva. Leur service militaire fut très-limité. Ils furent autorisés à élire tous les ans quatre consuls ; ceux-ci nommaient eux-mêmes les membres d'un conseil juré ou politique. Ils avaient le droit de les réunir pour délibérer toutes les fois qu'ils le jugeaient à propos. En entrant en fonctions, ils prêtaient serment de fidélité au roi, et juraient publiquement de défendre et de maintenir les droits de la couronne, ainsi que les libertés et les coutumes de la ville. Leur autorité durait une année. En sortant de charge, ils devaient rendre leurs comptes à ceux qui les remplaçaient. Nul consul ne pouvait être réélu qu'après un intervalle de dix ans, mais celui qui était une seconde fois élu pouvait l'être encore deux ans après. Les consuls avaient le pouvoir de convoquer la milice, et de saisir les biens de ceux qui n'obéissaient pas à leur appel, ou de les exempter du service, en les obligeant de payer le double de la somme dépensée pour leur remplacement. Ils nommaient les officiers ou crieurs de ban, c'est-à-dire les gardes chargés de veiller sur les propriétés des habitants. Ils nommaient un clavaire ou trésorier qui, à l'expiration de chaque année, leur rendait ses comptes. Ils établissaient, quand ils le jugeaient nécessaire à l'intérêt de la communauté, des contributions locales, dont ils étaient exempts eux-mêmes pendant l'année de leur charge, et ils avaient le droit de faire saisir et vendre les biens des réfractaires. Ils connaissaient des contestations qui leur étaient volontairement soumises, mais seulement en matière civile.

La justice était exercée par un juge et un bailli, dont les fonctions ne duraient également qu'une année. Le juge connaissait surtout des crimes et des délits, et, comme garantie de son impartialité, on exigeait qu'il fût étranger à la ville. Le bailli qui, dans la plupart des autres localités, était un officier royal, rendant lui-même la justice, exerçait, à ce qu'il paraît, d'après les documents existant dans les archives de la ville, les fonctions actuelles du ministère public auprès du viguier, c'est-à-dire du lieutenant (*vicarius*) qui rendait la justice.

VI. — Sommières, petite ville voisine d'Aiguesmortes, jouissait d'un régime municipal analogue à celui de la ville de saint Louis. Elle était divisée en quatre quartiers et avait quatre consuls qui, avec seize conseillers, nommés comme eux pour un an, administraient les affaires de la ville. Ce temps de leurs fonctions révolu, ils se réunissaient tous les vingt, et s'adjoignaient douze notables, pris au nombre de trois dans chaque quartier. Ces douze notables ainsi choisis par les magistrats sortant, on introduisait douze enfants dans la salle. Une urne contenait douze boules de cire; chaque enfant tirait une de ces boules, dans quatre desquelles était renfermée la lettre E, initiale des mots *elector* et *electus*. Les quatre enfants, qui mettaient la main sur ces quatre boules, désignaient ensuite chacun un notable qui devenait immédiatement consul (1).

VII. — Une ville du Bas-Languedoc, non moins importante que celle de Nîmes, et dont l'histoire a été récemment écrite avec autant d'érudition que de talent (2), la ville des Guilhem, de l'évêque de Maguelonne, Montpellier, recouvra ses franchises en 1141 par une révolte con-

(1) V. l'*Histoire de Sommières*, par M. EMILE BOISSON. —(2) *Histoire de la commune de Montpellier*, par M. GERMAIN, professeur de la Faculté des Lettres de Montpellier (Ouvrage couronné par l'Académie des Inscriptions).

tre son seigneur, au moment même où, d'un bout à l'autre de l'Europe occidentale, éclatait le mouvement populaire qui témoignait partout du réveil de la liberté; mais son insurrection ne fut pas, comme celle des villes du Nord, souillée par le meurtre et par le pillage, et peu d'années après, les habitants de Montpellier, tant ils étaient attachés au dogme de l'hérédité monarchique, relevèrent eux-mêmes le trône de l'héritière légitime des Guilhem, et scellèrent une nouvelle alliance avec leur successeur, Pierre II roi d'Aragon, en proclamant à la face du monde une charte qui assurait à la fois la perpétuité du pouvoir et le triomphe des franchises locales.

La charte communale du 15 août 1204 (1), qui sert de base aux franchises de la ville de Montpellier, se borne, comme la plupart des chartes du midi de la France (2), à reproduire et à compléter les anciennes formules de la commune primitive. L'idée du droit y domine, et l'on voit s'y refléter le génie de l'école de Placentin. L'alliance du seigneur et du peuple se forme sous la foi du serment prêté sur les saints Évangiles. « Le bayle du seigneur (*bajulus* « *domini*) et les officiers de sa cour seront, dit l'article 3, « des hommes honnêtes et estimés, aimant la justice et la « miséricorde, et ne s'en laissant détourner ni par prières, « ni par argent, ni par dons, ni par présents, ni par amitié, ni par inimitié. Le seigneur administrera les affaires « de Montpellier avec ses prud'hommes de Montpellier « surtout. » — « Et curas et negotia Montis-Pessulani dominus facit præcipue cum suis probis hominibus Montis-Pes-

(1) Voyez le texte de cette charte dans l'*Histoire du droit français au moyen âge*, par M. GIRAUD, t. II, p. 47. — (2) Voyez notamment la charte de Louis le Hutin, pour le Languedoc, du 1er avril 1315; celle du roi Jean, de novembre 1361, qui unit le comté de Toulouse à la couronne de France, etc.

« sulani. » Puis viennent les dispositions préventives et répressives contre les prévarications des juges, les fraudes des usuriers, les exactions du fisc, les iniques interdits de pain, de vin, de foin et de toute chose, le vol, le larcin, l'adultère, la calomnie, l'homicide et les autres crimes qui emportent avec eux la peine du sang. Les règles du droit civil et administratif sont confondues avec celles du droit criminel. On chercherait vainement dans la confusion de ces textes un ordre logique; mais ce qu'on y trouve, c'est le respect du droit, c'est la foi à la sincérité de l'homme et à son serment, c'est le sentiment de la liberté et de l'égalité naturelles, c'est l'horreur de l'arbitraire et des abus de pouvoir, c'est l'honnêteté, c'est l'humanité, c'est la justice distributive (1).

Le système électoral de la commune de Montpellier était analogue, mais non identique, à ceux des villes du Bas-Languedoc dont il vient d'être parlé. Chaque année, le 1er mars, les chefs des divers corps de métiers se réunissaient, au son de la cloche de Notre-Dame des Tables, à l'hôtel de ville; et là, chacun d'eux, séance tenante, élisait cinq prud'hommes de son échelle. Les sept échelles don-

(1) Dominus Montispessulani et antecessores sui amaverunt homines suos et custodierunt et salvaverunt in quantum potuerunt, et non quæsierunt occasiones, neque aliquo modo fecerunt ut suas perderent possessionnes, vel res aliquas mobiles et immobiles nisi propria culpa, et si crescerunt vel multiplicaverunt homines Montispessulani in avero, vel in honore, vel in aliquis rebus, lætatus est dominus et adjuvit eos crescere et multiplicare; et idem cum gaudio homines suas pandant divitias, et palam ostendunt sine timore. Et ita divitiæ et possessiones eorum revertantur illis quibus rebus relinquuntur in testamentis vel donantur vel per successionem eveniunt sine omni defensione et impedimento domini, ita quod dominus aliquid inde non accipit neque aufert neque contradicit.

naient, dans cette proportion, trente-cinq élus. Sur ces trente-cinq, on en choisissait sept, un par échelle, qu'on investissait du droit de procéder avec les douze consuls restant à l'élection de douze nouveaux consuls. Les chefs des corps de métiers nommaient bien entendu au scrutin; mais c'était le sort, après cela, qui, parmi les trente-cinq prud'hommes primitivement ainsi nommés, désignait les sept électeurs définitifs, appelés à élire les nouveaux consuls avec les anciens.

Ainsi, d'une part, le vote était universel, mais à deux degrés. Chaque citoyen, chaque bourgeois, dans chaque corps de métier, contribuait de son suffrage personnel au choix du représentant de ce corps; puis les électeurs du second degré faisaient des désignations tempérées par les caprices du sort; ce système emprunté, comme nous l'avons vu plus haut, à plusieurs États de l'Italie moderne, était bien autrement libéral que le système municipal gallo-romain qui, en faisant élire les curiales par les curiales, faisait des charges municipales un patrimoine héréditaire, bien autrement libéral surtout que le régime de la monarchie administrative de Louis XIV, et le despotisme centralisateur de la Convention et de l'Empire.

La juridiction du seigneur de Montpellier ne disparut pas en entier devant la juridiction confirmée par la charte de 1204. Ni le seigneur ni son bayle (*bajulus*), chargé de l'administration judiciaire sauf appel au seigneur lui-même, ne pouvait opprimer la population par des monopoles, des rentes, des servitudes (1), des toltes, des

(1) Monopolium vel rassa, vel trassa nullatenus fiat (art. 96). Monopols con rassa in trassa en nulla guisa non sia facha en monpeller. Rassa onus hominis (DUCANGE). Rassa pensitationis species.

prêts forcés (1), par l'abus des fours et des moulins banaux (2), par la vente de la justice (3). Les articles 50 et 51 de la coutume de 1204 autorisent les habitants à ramasser du sable dans les terres vacantes affectées à la dépaissance, à laver et à pêcher librement dans les rivières (4). La coutume de 1205 chargea les consuls de veiller à l'entretien des murs, des rues et des chemins (5).

Les consuls étaient chargés de gouverner la commune selon ses statuts, et d'imposer chacun selon ses facultés, pour les besoins de l'administration publique (6). Occupés avec une minutieuse attention de la police, ils font des règlements sur les vendanges et l'entrée du vin, sur les cris publics, les poids et mesures, la pureté ou la sophistication des denrées, la vente du poisson, la boucherie, la boulangerie; non-seulement ils en font sur le droit de fournage, mais ils vont jusqu'à peser ou faire peser les pains en vente chez les boulangers, et quand ils les reconnaissent trop légers, ils les retiennent pour

(1) Toltam vel quittam vel mutuum coactum vel aliquam exactionem coactam, non habet nec unquam non habuit dominus Montispessulani in habitationibus Montispessuli, præsentibus vel futuris (art. 60). — (2) In furnis et molendinis mensura servetur arbitrio bonorum virorum (art. 97). — (3) Dominus Montispessulani aut ejus bajulus nullatenus vendere justicias curiæ suæ (art. 106).— (4) In ripariis et patuis omnes ad opus suum vel publicum vel privatum possunt colligere arenam et pannos ex sicare et lavare, nec potest hoc aliquis prohibere propter aliquam adquisitionem ideo factam vel propter longævum usum (art. 50). Piscatio est publica (art. 51). — (5) Decretum est ut duodecim viri consiliares communitatis Montispessulani eligant duos veros probos et leguales qui duo habeant potestatum ut cariere et ruynose parietes gazilhani et vie et valla aptentur et meliorentur secundum eorum notitiam et arbitrium. — (6) Voyez l'art. 9 des coutumes de 1205, et l'art. 94 des coutumes de 1204.

les distribuer aux pauvres. Car, dit l'auteur de l'*Histoire de la commune de Montpellier* (1), c'est un pouvoir essentiellement charitable que celui de nos consuls ; c'est une magistrature empreinte au plus haut degré d'un caractère moralisateur. Ils interdirent, en 1202, le métier de tavernier et de cabaretier, parce que les tavernes servaient de lieu de rendez-vous à des gens mal famés.

« L'autorité de nos consuls, ajoute le même écrivain, « n'est pas d'ailleurs emprisonnée dans l'enceinte de la « cité soumise à leurs statuts. Ils sont en privilége de « choisir et de révoquer les capitaines du commerce pré- « posés à la surveillance des intérêts locaux dans les « foires et marchés publics par toute la France jusqu'au « fond de la Champagne et de la Flandre. Ils ont aussi « le droit de nommer et de destituer les prud'hommes, « chargés de représenter la commune dans les divers « ports ou comptoirs de la Méditerranée. Leur action « suit patiemment la trace des bourgeois, quelque part « qu'ils aillent, prête à leur porter secours au besoin, « prête à faire respecter et à défendre, en cas d'atta- « que, leurs marchandises et leur honneur, toujours pré- « sente, toujours attentive, n'imposant d'autres limites « à son dévouement que les limites mêmes du monde. »

La commune de Montpellier, telle que l'a peinte son historien, c'est le municipe aussi parfait que puisse le rêver un théoricien. Grâce à l'harmonie qui règne entre le seigneur, l'évêque et le peuple, la concorde règne entre les diverses classes des citoyens, et les progrès de la *démocratie*, tout aussi réels, plus réels peut-être qu'ils ne l'ont été de nos jours, s'accomplissent plutôt par l'ascendant du droit que par la force matérielle.

(1) Tome I, p. 146.

La commune de Montpellier a peut-être été privilégiée en ce sens qu'invariablement attachée à la foi catholique et à l'hérédité monarchique autant qu'aux intérêts populaires, et favorisée dans ses intérêts matériels par la prospérité croissante de son commerce maritime, elle n'a eu à souffrir, par suite des guerres de religion, des émeutes ou de la misère, aucun des maux qui désolaient l'Aquitaine et quelques parties du Languedoc. Mais, à part ces différences locales et accidentelles, le fond de la France méridionale offre des caractères semblables. Partout, les fondements de la société civile reposent sur l'esprit de famille, protégé par les garanties données à la foi conjugale, à la puissance paternelle, au régime dotal, ce précieux élément de stabilité des États (1). Partout, le respect de la tradition et de l'autorité civile et religieuse tempère l'élan de la liberté et de l'égalité démocratiques, tout aussi vif cependant que chez les hommes du Nord. Toutes les chartes consulaires (2) proscrivent, avec énergie, les abus de pouvoir et les exactions des seigneurs; mais, ordinairement, ce n'est pas à la pointe de l'épée que ces chartes sont conquises et maintenues, et les réformes municipales sont le plus souvent pacifiques; ce sont des retours vers le passé plutôt que des innovations, des transactions plutôt que des conquêtes à main armée. Réparti dans des *échelles* ou corps de métiers, le peuple tout entier s'y rassemble, tantôt sans armes, soit pour élire ses propres syndics, soit pour nommer, concurremment avec l'évêque et la noblesse, les électeurs des consuls, tantôt en armes, pour monter la garde

(1) Interest Reipublicæ, dit la loi romaine, dotes mulierum salvas fore.— (2) Voyez les coutumes de Montpellier, Carcassonne, Albi, etc., dans l'*Histoire du droit français au moyen âge*, par M. Giraud.

aux portes de la ville, ou faire le guet sur les murailles.

VIII. — Une constitution semblable existait à Béziers, cette colonie de Jules-César qui florissait au IVe siècle, et qui, ravagée tour à tour par les Goths et les Sarrasins, devint le théâtre de luttes sanglantes dans la guerre des Albigeois. La charte communale de ce castrum remonte à l'an 1131, et on lit dans une transaction de l'an 1194, entre Bertrand de Seissac, tuteur du jeune comte Roger, l'évêque et les habitants, que les coutumes de la cité sont non pas octroyées mais reconnues et confirmées. Nous avons appris et reconnu, y est-il dit, par le témoignage des anciens et des prud'hommes de Béziers, que toutes ces choses étaient vraies (1).

IX. — Terminons cette analyse rapide des institutions municipales des villes les plus remarquables du Bas-Languedoc par quelques mots sur Narbonne, cette ville illustre, décorée, comme capitale de la Gaule narbonaise, de toutes les marques de la majesté romaine, qui passa sous la domination des Visigoths au temps d'Ataulfe, leur premier roi; et sous celle des Goths, au temps de Théodoric, à qui le comte Agrippin, chef de l'armée des Romains, la livra. Théodoric, roi des Ostrogoths, en chassa Gélasie, fils naturel d'Amalric, et la rendit à Amalric, son fils légitime. Celui-ci fut défait et même tué par les troupes de Childebert, roi des Francs. Narbonne revint pourtant, dans la suite, sous la domination des Goths, au temps de Liuba, et sous celle des Visigoths, au temps du roi Wamba; mais Roderic, leur roi, ayant été défait par les Sarrasins, qui venaient de subjuguer l'Espagne, les Sarrasins en furent maîtres à

(1) Audivimus et cognovimus omnia ea esse vera ab antiquis et probis hominibus Biterris (*Gallia christ.*, t. VI, col. 143, instrum. eccl. Biterrensis).

leur tour, jusqu'à ce qu'ils en fussent chassés par Charles Martel. Les Visigoths, anciens habitants de Narbonne, stipulèrent alors la condition de garder leurs lois et leurs coutumes, et *de se gouverner eux-mêmes*. Sous Charles le Chauve, le nom de Narbonne paraît sur les monnaies avec son titre de *cité*. Dans un plaid de l'an 1080, on lit : *Aux princes des seigneurs et citoyens de Narbonne*. Un acte de donation de la même date est fait « avec l'avis et l'approba- « tion de tous les nobles et non nobles de la ville et de la « contrée. » La même année offre une assemblée composée d'évêques, de nobles et de bourgeois (1).

Le seigneur de la cité et du bourg de Narbonne donna à cette ville une charte en l'an 1141, un siècle environ avant la cession que Trincavel, vicomte de Béziers, fit à saint Louis, en l'an 1247, de ce qu'il avait à Narbonne, et avant la cession que Jacques, roi d'Aragon, fit au même roi, en l'année 1258, des droits qu'il avait sur la ville et sur le duché. Narbonne est restée célèbre par sa métropole rebâtie et inachevée au XIIIe siècle, selon le plus pur style roman, et par ses conciles, dont le premier eut lieu en 788, du mandement du pape et de l'empereur Charlemagne, le second en mars 1090, et le troisième en l'année 1374. La seigneurie de Narbonne, reçue à titre de donation du roi Charles VI, en l'an 1420, par Matthieu, comte de Comminges, fut cédée par Gaston de Foix, à titre d'échange, le 19 novembre 1507, au roi Louis XII, son oncle.

X. — En mémoire de l'expulsion des Sarrasins de Narbonne par Charles Martel, avec le secours des populations du Bas-Languedoc, on institua à Pézenas une fête nationale et religieuse, sous le nom de *caritach* (charité). Les

(1) RAYNOUARD, *Hist. du droit municipal*, t. II, p. 207 ; — ALBISSON, *Lois municipales et économiques du Languedoc*, t. I, p. 321.

sept corps d'état de la corporation de Saint-Éloi se réunissaient avec leurs bannières le jour de l'Ascension, et faisaient des dons aux pauvres. Cette fête, qu'on célèbre encore, est un des rares souvenirs des institutions municipales du moyen âge.

CHAPITRE VIII

CHARTES COMMUNALES ET COUTUMES LOCALES DU HAUT-LANGUEDOC.

I. — Carcassonne, dont Jules César parle dans le livre III de ses *Commentaires*, comme d'une ville qui lui fournissait de vaillants soldats, paraît être de fondation romaine. Son histoire est mêlée à celle des guerres puniques. Elle tomba, comme Narbonne dont elle dépendait, au pouvoir des Goths, qui y bâtirent le château, ou au moins les grosses tours, selon Besse, en son *Histoire des antiquités* de cette ville. Après la défaite d'Alaric par Clovis à Poitiers, le royaume des Francs s'étendit jusqu'aux bords du Lampi, petite rivière qui servit de frontière entre les Francs de Toulouse et les Visigoths de Carcassonne. Cette ville faisait alors partie de la Gothie, province aussi espagnole que française. Elle eut son évêque catholique, son église cathédrale, sa maison épiscopale, son chapitre quelque temps régulier avec ses habitations canoniales, et une sorte de petite ville se forma autour du fort.

La cité de Carcassonne fut livrée par Eudes, duc d'Aquitaine, au commencement du VIIIe siècle, aux Sarrasins qui avaient franchi les Pyrénées, en poursuivant les Visigoths d'Espagne.

Charlemagne l'ayant reprise sur les Sarrasins, Charles le Chauve, son petit fils, la donna, en l'an 871, à Bernard, comte de Toulouse. Le comté de Toulouse ayant été divisé, les comtes de Carcassonne et ceux de Foix, qui en sont descendus, devinrent héréditaires, jusqu'à Simon, comte de Montfort, à qui le comté de Carcassonne fut donné, après qu'il eut pris et saccagé la ville en faisant la guerre aux Albigeois, et dont les règlements (1) respirent le despotisme religieux bien plus que l'amour des libertés publiques.

Simon de Montfort fit hommage de ce fief à Pierre, roi d'Aragon, seigneur suzerain, en vertu d'un traité fait en 1064, entre Raymond de Bérenguier, comte de Barcelonne, et Almodis sa femme, et Bernard Raymond Trincavel et Ermengarde sa femme, au sujet des prétentions respectives qu'ils avaient sur le comté de Carcassonne. Amaulry, fils de Simon de Montfort, ne pouvant s'y maintenir contre les comtes de Toulouse, de Foix et autres seigneurs, céda tout le droit qu'il y avait au roi Louis VIII, en l'année 1223; Raymond Trincavel, en 1247, et Jacques, roi d'Aragon, en 1258, firent des cessions semblables au roi saint Louis, et c'est ainsi que le comté de Carcassonne a été uni à la couronne de France.

A l'époque de cette réunion, le *castrum* devenu *cité*, ou la ville haute existait seule. Le bourg, ou ville basse, fut bâti pour remplacer l'ancien bourg de la cité, démoli à la suite d'une rébellion de 1240. « L'emplacement pour bâtir le nouveau bourg, dit M. Viollet-le-Duc (*Cité de Carcassonne*, p. 15), fut tracé au delà de l'Aude, et comme cet emplacement dépendait de l'évêché, le roi indemnisa l'é-

(1) Voyez le règlement du 1er décembre 1220, dans l'*Histoire de Carcassonne*, par H. C. GUILHE, ch. XII.

vêque en lui donnant la moitié de la ville de Villalier. L'acte de cet échange fut passé à Aiguesmortes avec le sénéchal en août 1248. Ce bourg est aujourd'hui la ville de Carcassonne, élevée d'un seul jet, et dont toutes les rues furent, dès l'origine, alignées au cordeau. »

Les coutumes de Carcassonne, rédigées sous les règnes de Charles VII et de Louis XI, offrent, dans leur physionomie générale, semblable à celle des autres villes du Languedoc, quelques caractères spéciaux.

L'art. 122 autorise tous les habitants, excepté les bouchers, à prendre dans les salines le sel nécessaire à leur usage; « Omnes habitatores Carcassonne, exceptis macel« latoribus et fliquariis, habent salatium de salino Car« cassonne ad usum suum. »

L'art. 137 permet aux hommes de Carcassonne d'envoyer leurs bestiaux où ils voudront, dans les pâturages autour de la ville et dans les bois, à une distance telle que le bétail, parti le matin, soit de retour le soir à la ville, et sous la réserve des devois ou deffends; « Hominibus Car« cassonne licet bestiarium suum transmittere ad pascua « ubicumque voluerint circa Carcassonnam, et etiam bes« tias suas ad lignum transmittere quantum mulus unus « possit sufficere ad eundem, ita quod de mane summo « usque ad vesperum in Carcassonnam revertantur. Exci« piuntur vero inde devese cognite. »

L'art. 145 déclare que tous les habitants doivent être unis par le même sacrement religieux, et veut que, sauf le droit du seigneur, ils nomment annuellement douze consuls sans prendre conseil ni de l'amitié, ni de l'inimitié, mais en ne consultant que leurs mœurs, et à la charge par ceux-ci de servir le peuple à leurs frais.

« Consuetudo est quod homines Carcassonne sunt in « uno sacramento; et ad custodiam eorum hominum et sa-

« cramentum ad honorem Dei et sanctæ Ecclesiæ, et salvo « jure domini Carcassonne, eliguntur duodecim probi ho- « mines qui vocantur consules, et universitas Carcassonne « eligit eos, secundum quod ei videtur, non pro amicitia « neque pro inimicitia; sed secundum mores eorum opti- « mos, et ipsi per annum mutantur, et serviunt suis sump- « tibus villæ et populo. »

L'art. 146 édicte qu'aucun homme de Carcassonne ne doit sortir de sa possession, de quelque manière qu'il la détienne, ou en être chassé, sans un jugement préalable.

« Nullus homo Carcassonne debet egredi de posses- « sione sua, qualicumque modo ipse habeat tenantiam, « vel esse expulsus, nisi primitus prestito judicio. »

L'art. 147 dispose : « Nullus homo Carcassonne debet « esse bajulus intra villam Carcassonne. » C'était sans doute une garantie donnée au seigneur contre l'abus de l'esprit de localité.

II. — Dans le voisinage de Carcassonne étaient deux villes, *Alet* et *Limoux*, tellement unies qu'un consul de l'une et un consul de l'autre allaient aux états, et que lorsqu'on y appelait leurs voix, on disait : *Alet et Limoux*. Alet, appelé dans les anciens actes et dans les auteurs du moyen âge : *Electa*, *Electum*, *Alecta*, n'était autrefois qu'une abbaye de l'ordre de Saint-Benoît, qui devint évêché par la translation que le pape Jean XXII y fit, en l'année 1319, de l'évêché qu'il avait établi à Limoux deux ans auparavant. Limoux est connue dans les conciles provinciaux et dans les autres vieux monuments sous les noms de *Limozum*, ou *Limosus vicus*. Le roi Carloman l'avait donnée à l'église de Saint-Just et Saint-Pasteur de Narbonne, en l'an 883. Ses habitants, longtemps fidèles à Simon, comte de Montfort, prirent part en 1226 à la révolte des Albigeois, et furent dénoncés comme excommuniés par un concile provincial, qui fut tenu dans la même année par l'archevêque de Narbonne (1).

Le comté de Razez, dont dépendaient Alet et Limoux, passa sous la domination des comtes de Carcassonne, et fut incorporé à la couronne de France par les actes précités de 1247 et 1258.

Il en fut de même du Lauraguais, où était la petite ville de Saint-Papoul (*Populi fanum* ou *Pappulum*), qui était autrefois un monastère de bénédictins, et dont l'abbaye fut érigée en évêché en 1317.

III. — Les villes de l'Albigeois, Alby, Castres, Lavaur, Montauban, quoique devenues depuis des chefs-lieux de diocèses, n'avaient pas, au moyen âge, la même importance que celles dont il vient d'être parlé.

Alby, inconnue au temps des Romains, passa successivement sous la domination des Goths et sous celle des Francs, et fut ensuite gouvernée par des comtes héréditaires. Donnée à Simon, comte de Montfort, après la guerre contre les Albigeois, elle fut réunie, comme Carcassonne, à la couronne de France par les traités de 1247 et de 1258.

Les coutumes d'Alby, publiées en 1220, font foi de l'existence du consulat dans cette cité. En voici le titre : « Aysso « es lo libre de alcunas libertatz, privileges, franquestatz, « costumas et prerogativas que on los consols et habitans « de la cieutat et juridiction d'Alby. » Ces coutumes sont stipulées entre Monseigneur Guillaume Peyre, évêque d'Alby, et les consuls et l'universalité des prud'hommes d'Alby : « Aysso es la composition que fo facha ab Mons- « seinher Guilhem Peirc, evesque d'Albi, sa entras et ab « los cossols et ab la universitat dels prodhomes d'Albi. »

(1) Præsertim illi de Limozo, etc., extinctis candelis et pulsatis campanis, denuncientur excommunicati.

On y trouve, entre autres dispositions éminemment libérales, les garanties des habitants stipulées en ces termes contre les exactions et les abus du pouvoir du seigneur. « E dissero mai atressi que el bisbe ni luinh autre seinher « non avida aguda quista, ni tolta, ni segui d'aissi en rei« res ; et per aquo dissero que non vagnes d'aissi enant « s'els homes de la vila far non o volio per lor propria vo« luntat ; nil bisbe non deu segre los homos d'Albi, si non « o fasia per sa propria voluntat. »

IV. — Castres, en Albigeois, n'était encore, au neuvième siècle, qu'un petit lieu remarquable seulement par une abbaye de bénédictins. On l'appelait *Castrum* ou *Pagus Albigensis*, selon Aymonius monachus. Son nom ordinaire était *Castra* ou *Castræ* ou *Castrum Albigensium*, ou *Villa castrensis*. Ce *castrum* dépendait de la cité (*civitas*, *urbs episcopalis*) d'Alby, et était régie par ses lois ecclésiastiques et municipales. Ses habitants s'étant donnés volontairement à Simon, comte de Montfort, saint Louis en donna, par lettres-patentes du mois d'avril 1229, la seigneurie en fief et hommage-lige à Philippe de Montfort, fils de Simon; *ad servitium decem militum*. Le pape Jean XXII fit de Castres un évêché, qu'il démembra en l'an 1317 de celui d'Alby. La seigneurie de Castres fut érigée en comté par lettres-patentes du roi Jean de l'an 1356. Jacques d'Armagnac, duc de Nemours, à qui le comté de Castres appartenait du chef d'Éléonor de Bourbon, sa mère, ayant été condamné à mort, en l'an 1477, pour crime de lèse-majesté, ses terres furent confisquées, et le comté de Castres fut réuni à la couronne. et y fut maintenu par un arrêt du parlement de Paris, du 10 juin 1519 (1), malgré les prétentions d'un donataire de Bonfil de Juges, à qui

(1) CATEL, *Mémoires de Languedoc*, p. 721 et suiv.

Louis XI l'aurait cédé. «Les consuls de cette ville, dit un jurisconsulte nîmois (1), qui portaient le manteau comtal, sont, dit-on, seigneurs de ses eaux et forêts ; et de là vient sans doute le privilége qu'on attribue aux habitants de pouvoir prendre du bois des forêts qui dépendent de la ville, soit pour bâtir, soit pour leur chauffage, pourvu qu'ils ne dégâtent pas entièrement le bois. Ils mettent encore au rang de leurs priviléges celui-ci, que les condamnés au fouet pour adultère en seront quittes en baillant cinquante sous ; et il y a sujet de s'étonner qu'il y ait eu tant de vertu dans une ville où l'on pouvait pécher à si bon marché. Elle se vante au reste d'avoir donné la naissance au capitaine Émeric, inventeur des pétards ; et la chambre de l'édit de cette province, qui fut premièrement établie à l'Isle en l'an 1579, y fut transférée en l'an 1595, du mandement du roi Henri IV. »

V. — Lavaur, ville considérable du parti des Albigeois, fut érigée, comme Castres, en évêché en l'an 1317, et n'offre de particularité remarquable que ses conciles, l'un tenu en 1212, contre l'hérésie des Albigeois; l'autre tenu en l'année 1368, de l'ordre du pape Urbain V, et qui fut composé de trois provinces : d'Auch, de Narbonne et de Toulouse (2).

VI. — Montauban n'est point une ville ancienne. Ce n'était encore, au XIIe siècle, qu'un petit bourg bâti sur la montagne, *Mons Aureolus*, près l'abbaye de Saint-Martin, qui avait changé son nom, vers la fin du neuvième siècle, en celui de Saint-Théodard.

(1) LAROCHE, *Notice des vingt-deux villes chefs des diocèses de la province du Languedoc.* — (2) Voyez le *Recueil des conciles de la Gaule narbonnaise*, par l'abbé BALUZE ; — et le *Recueil des conciles*, du père LABBE, jésuite.

En l'an 1144, Alphonse, comte de Toulouse, voyant que ce bourg ne suffisait pas pour recevoir tous ceux qui voulaient s'y établir, permit aux habitants d'y bâtir une ville sous le nom de Montalban. L'acte de concession est conçu en ces termes : « In nomine Jesus Christi, et beatæ Mariæ, « Idelfos, comes Tolosæ, dedit unum locum quod vocatur « Monte-Albano, quod ipse comes misit tale nomen, ad ædifi- « candam villam seu burgum habitatoribus tam præsenti- « bus quam futuris, retento censu et usibus suis (1). » Les chartes accordées à ses habitants, dit M. Raynouard (2), annoncent expressément qu'il y aura dans la nouvelle ville un consulat, une maison commune. Cette concession fondamentale est exprimée indépendamment des franchises, des libertés stipulées en leur faveur. De là, une telle affluence de population dans la nouvelle ville, que l'ancien bourg fut bientôt désert et inhabité. L'abbé de Saint-Théodard obtint, à titre de compensation, en l'an 1149, du comte Raymond, la permission de jouir de la moitié tant de la juridiction et du domaine que des libertés et immunités de la nouvelle ville. L'acte de donation, que Galland a inséré dans son *Traité du franc-alleu*, contient aussi affranchissement de tout service en faveur de l'abbaye de Saint-Théodard, et attribue à l'abbé la moitié de l'île Islemade (*insulæ Amatæ*). La moitié de cette moitié fut attribuée à l'évêque en 1231, et revint à l'abbaye lorsqu'en l'an 1317 le pape Jean XXII l'érigea en évêché. Les concessions de priviléges faites à la ville de Montauban par les rois Philippe le Hardi, Philippe le Bel, Charles le Bel, et surtout par Philippe de Valois en 1328, ainsi que par Jean duc de Normandie et d'Aquitaine en 1345, et par Louis duc d'An-

(1) LARCHER, *Collection de manuscrits*, t. I, p. 252. — (2) *Histoire du droit municipal*, liv. IV, ch. III.

jou et lieutenant en Languedoc en 1369, ont beaucoup accru, dès le moyen âge, l'importance de cette cité.

VII. — De toutes les villes du Languedoc, la plus ancienne, la plus célèbre par ses institutions municipales, c'est Toulouse, cette capitale des Volces Tectosages, antérieure à Rome de 543 ans, selon le chroniqueur *Rodéric*, et d'où sortirent du moins, selon Lafaille, Fréret et le savant M. du Mège (1), les Tectosages, qui conquirent l'Asie, sous la conduite de Brennus, l'an de Rome 139. Nous avons parlé ailleurs (2) de Toulouse. avant et depuis la domination romaine, et nous avons rappelé son importance commerciale aux temps antiques, ses relations avec les comptoirs grecs établis par les Phocéens de Massalie, et qui s'étendaient, selon toute apparence, jusqu'au golfe Cantabrique, et jusqu'à l'embouchure du fleuve Pyrénéen dans la grande mer. Nous avons signalé aussi les vicissitudes fréquentes du municipe palladien, jusqu'à sa conquête par les Barbares.

Dès l'an 250 de l'ère chrétienne, Saturninus, évêque de Toulouse, avait été martyrisé sur les marches du capitole de cette cité, qu'Exupérius préserva plus tard de la fureur des Vandales. Honorius céda Toulouse, avant la destruction de l'empire d'Occident, aux Visigoths, qui fondaient alors un autre empire dans le sud-ouest des Gaules.

Les règnes éphémères d'Ataulphe, de Sigéric et de Wallia ont laissé si peu de traces, qu'on ne sait s'ils gouvernèrent Toulouse. Mais Théodoric, malheureux d'abord dans ses combats contre les Romains, triompha d'eux sous les murs de cette ville, et y traîna Littorius captif. Ce prince, et son

(1) *Histoire des institutions religieuses, politiques, judiciaires et littéraires de la ville de Toulouse* (1844). — (2) *Droit municipal dans l'antiquité*, p. 500.

successeur Thorismond, sous le règne de qui Toulouse fut la capitale d'un vaste empire, s'étendant de la Loire à l'extrémité méridionale de la péninsule hispanique, Théodoric II et Euric, ces deux parricides qui gouvernèrent en grands rois et en conquérants, Alaric, qui publia son fameux *Breviarum*, un an avant de tomber dans les champs de Vouglé, sous les coups de Clovis, tous les rois visigoths, en un mot, s'attachèrent à conserver intactes les coutumes locales, les lois, les mœurs, les franchises, les libertés des Toulousains, qui jouirent sous ces barbares d'une parfaite félicité.

La domination des Francs, fondée par Clovis à Toulouse, et continuée par ses successeurs, qui prirent le titre de ducs d'Aquitaine, diminua la puissance et l'éclat de l'illustre cité dont les populations de la Celtique, de l'Aquitaine et de l'Espagne étaient auparavant tributaires, et qui trouvait un puissant appui dans l'Italie, possédée presqu'en totalité par des alliés du même sang que ses rois. L'invasion des Sarrasins réveilla le génie guerrier du peuple de Toulouse qui, conduit par un héros, sauva l'Europe de l'Islamisme dans un lieu encore nommé de nos jours : La Chaussée des Martyrs, *Balad el Choada*.

Charles-Martel chassa plus tard les Arabes de tout le Languedoc, et un nouveau royaume de Toulouse fut fondé par Charlemagne, maître de tout le pays, en faveur de Louis le Débonnaire, son fils. Bientôt la couronne royale de Toulouse disparut et fit place à la couronne comtale des Raymond qui, illustrée successivement par plusieurs héros des croisades, obtint la reconnaissance et l'affection du peuple toulousain.

Le régime féodal s'établit alors à Toulouse comme dans le reste de la France, mais non sans un mélange de libertés municipales, puisque le nom de Toulouse a été trouvé inscrit vers l'an 1000 sur une monnaie, où on lit d'un côté, le comte Pons, et de l'autre, ville de Toulouse (1).

Le dernier comte de Toulouse fut Alphonse, frère de saint Louis et comte de Poitiers, dont la mort, ainsi que celle de Jeanne sa femme sans enfants, amena, en 1270, la réunion du comté de Toulouse à la couronne de France, en exécution du traité qui avait été fait à Paris, en l'année 1228, avec le comte Raymond, dernier de ce nom, et père de la dite Jeanne. L'histoire de ces comtes, devenus héréditaires en la personne de Raymond 1er, frère de Frédélon, a été écrite par Catel jusqu'à la réunion du comté de Toulouse à la couronne en l'an 1271, époque où commencent les *Annales de Toulouse*, par Lafaille.

Les consuls de Toulouse, dont l'histoire, non interrompue de l'an 1147 à l'an 1789, a été écrite par M. du Mège, dans ses deux premiers volumes, portaient, avant même le XIIe siècle, le titre de *capitouls*. Catel et Turnèbe pensent que le nom de *capitouls* provient de la garde de l'ancien capitole de Toulouse confiée à ces magistrats. Lafaille et Laroque croient que le titre de capitouls, pris par les consuls de Toulouse pour se distinguer des magistrats municipaux des villes voisines, ne remonte pas au-delà de 1271 (2). M. du Mège proteste contre l'érudition ambitieuse qui assimile le capitole de Toulouse à celui de Rome. « A Toulouse, dit-il, les *capitoliers*, ou membres du *chapitre*, n'étaient autres que les consuls. Ils formaient le conseil des comtes, qui s'appelait *capitulum*. De là, les officiers de cette cour ou de ce chapitre furent nommées *capituli* ou *capitulares* ou bien *capitularii*. Dans la langue romane, on a dit au lieu de *capituli*, *capitols*; par suite, ces magistrats mu-

(1) RAYNOUARD, *Histoire du droit municipal*. — (2) *Recherches historiques sur l'ancien capitoulat de Toulouse*, par M. DE JUILLAC (1855).

nicipaux se nommèrent *li seuhors de capitol*, ce qui voulait dire : *les seigneurs ou les membres du chapitre*. Ce qui paraît certain, c'est que le titre de *consuls* ne fut remplacé à Toulouse par celui de *capitouls* que vers la fin du XIIIe siècle. « L'an de la passion de Notre-Seigneur 1280, dit Nicolas Bertrand, en ses *Gestes toulousains*, imprimés en 1555, p. 33, du temps qu'à Tolose n'avait plus de roys, et que les Tolosains se voulaient gouverner davantage à la forme des Romains, les dits Tolosains esleurent quatre des plus nobles et experts, lesquels ils appelèrent *capitouls*, et chacun d'eulx soubs soi avait cent hommes d'armes, lesquels estaient assemblés pour batailler, si nécessité en estoit, et pour garder la chose publique... En ce temps, la ville de Tolose estait fort populeuse et habondante en citoyens, et pour cela quant les Romains escrivaient à Tolose, disaient en telle manière : « *Salut à notre sœur de Tolose et à son peuple innumerable*, et tant fut que les Romains voulaient avoir confédération, touchant la dignité consulaire..... Et pour ce qu'un homme de dignité *capitulaire* doit être noble de science et de couraige, on ne doit pas pourvoir à telle dignité méchanique, etc. »

La dignité de capitoul conférait la noblesse, et même un droit d'image analogue au *jus imaginis* des Romains, car on garde à l'hôtel de ville, depuis 1295, les registres des élections, où étaient peints les portraits des capitouls en costume officiel, avec leurs armes ou blason. De là, ce vieux dicton languedocien :

De gran noblessa pren Titol,
Qui de Tolosa es Capitol.

Les membres du noble capitoulat de Toulouse (*capitulum nobilium Tolosæ*) sont cependant qualifiés bourgeois (*burgenses*) dans les actes anciens, « et aussi, ajoute Catel (*Mémoires sur le Languedoc*, liv. 1, ch. II), les bourgeois de Toulouse, qui ont été autrefois capitouls, prennent en tous les actes qu'ils font le titre de nobles. On ne dérogeait à la noblesse du capitoulat ni par les professions libérales, ni par le commerce, ainsi que le déclare Louis XI, dans les lettres-patentes de 1463, sauf, ajoute-t-il, que les nobles ne doivent spéculer que sur les *marchandises honnêtes.* Les capitouls n'étaient pas seulement les magistrats municipaux de la ville de Toulouse, ils étaient considérés comme l'ancien sénat de la province du Languedoc, *consilium linguæ Occitaniæ* (1).

L'élection de ces magistrats, faite soit devant le viguier, soit devant les officiers de la sénéchaussée, était un acte solennel dans lequel se déployait une pompe aussi noble qu'austère. L'un des capitouls prononçait un discours, et l'avocat du roi près la sénéchaussée en prononçait un autre. On a publié à Toulouse, en 1696, un recueil de ces discours sous ce titre : *Actions forenses de maître Simon d'Olive du Mesnil, conseiller du roi.* « C'est une vérité reconnue de tout temps, dit ce magistrat dans l'une de ses harangues, bonnes à rappeler peut-être aux magistrats de notre temps, que les prétures, les consulats et tous autres offices publics ne sont pas d'eux-mêmes illustres et magnifiques. Leur ornement et leur dignité se doit mesurer par la dignité de ceux qui les possèdent : ce n'est donc pas indifféremment que nous devons promouvoir toutes sortes de personnes aux honneurs. Ce n'est point sans distinction que nous devons porter nos citoyens au consulat. Il nous faut représenter que les charges publiques, particulièrement celle de nos magistrats populaires, que l'écarlate re-

(1) Nicolas Bertrandi, f° LIX, col. 11 ; — Cazeneuve, *Franc-alleu du Languedoc*, liv. II, ch. VII, § 8 ; — Benech, *Toulouse, cité latine.*

hausse d'une vive couleur, sont ne plus ne moins que cette plante empourprée du Pactole, propre pour éprouver la valeur des hommes. Et partout il nous convient faire choix de gens capables, composez d'un or pur et parfait, tel que Platon dit que Jupiter mêlait en la génération de ceux qui devaient être magistrats. Nous devons bien peser et considérer attentivement la qualité de ceux que nous voulons promouvoir à ces dignités, afin que ceux qui seront éleus, au lieu d'en recevoir de l'honneur, n'en retirent au contraire de la honte ; les charges n'en rapportent du mépris, et nous, qui les conférons, du blâme et du reproche. Que ce soit donc au mérite et à la vertu que les suffrages soient donnez ; que les hommes soient honorés des charges, et les charges réciproquement des hommes. Que Tolose se réjouisse de voir son bonheur et son repos consignés entre les mains de ses plus capables et vertueux citoyens ; que comme une riche abondance de fruicts divers rendait le peuple romain heureux quand la terre estait cultivée par les mains triomphantes des plus augustes consuls et dictateurs de cette république florissante, ainsi notre ville se trouvant régie par des magistrats ornez d'une excellente vertu, toutes sortes de biens, de bénédictions et de prospérités découlent heureusement sur nous. Enfin, que cette belle et glorieuse année qui marque la majorité de notre prince, et porte avec elle tant de présages et de félicité, rende un signalé témoignage du soin et de l'affection avec lesquels nous aurons contribué à l'avancement du bien public et au service de Sa Majesté. »

M. du Mège dit, d'après Catel, qu'en l'année 1250, Alphonse, duc de Poitiers et comte de Toulouse, étant à Vincennes, envoya des lettres aux consuls, par lesquelles il leur exprimait son mécontentement sur le droit qu'ils avaient usurpé de juger et d'ordonner souverainement sans appel de leur sentence. Ce savant ami des libertés municipales blâme cette atteinte à des prérogatives qu'il rattache à celles du décurionat gallo-romain, et accuse, en outre. Alphonse d'avoir restreint le pouvoir populaire, en lui ravissant la moitié de ses représentants, par la réduction de leur nombre à douze pour l'année 1264 et les années suivantes.

Après la réunion du comté de Toulouse à la couronne de France, en 1270, les capitouls reconnurent spontanément l'autorité du roi, mais se réservèrent le droit de leur consulat, la justice criminelle, les péages, les leudes et tous les autres priviléges et coutumes de la ville. Le roi accepta ces réserves, et les franchises administratives furent maintenues telles qu'elles avaient existé sous les rois visigoths, sous les ducs d'Aquitaine et sous les comtes de Toulouse. Une ordonnance du 12 octobre 1283 (art. 4) autorisa les consuls à connaître de tous les crimes commis à Toulouse, en présence du viguier du roi, mais sans que celui-ci participât au jugement. « Ordinamus ut de cœtero « prælati consules de omnibus et singulis criminibus Tho- « losæ..... perpetratis sive commissis, et de omnibus quæ « ad cognitionem et judicium eorum pertinere videbuntur, « præsente vicario nostro Tholosæ, non tamen partem judi- « cis obtinente, cognoscant et judicent. »

Les franchises et libertés de la ville de Toulouse furent maintenues par les coutumes arrêtées en 1285, en vertu des lettres-patentes de Philippe le Bel. « Tant s'en faut, dit Cazeneuve, liv. II, ch. VIII, qui en rapporte en partie le texte, que ces coutumes détruisent le franc-alleu, comme tiennent nos adversaires ; au contraire, elles l'établissent... Et ce que le roi Jean accorda aux habitants de Tolose, touchant le franc-alleu, n'est pas une concession originaire d'un privilége, mais une confirmation d'une ancienne liberté. »

Les capitouls avaient la police de la ville, et, suivant les priviléges reconnus par Philippe le Bel, en 1297, ils recherchaient par prévention sur le sénéchal et sur le viguier, et punissaient les crimes commis pendant la nuit. En 1331, ils condamnèrent à mort *Aymèric Bérenger*. Ils administrèrent même la justice civile jusqu'en 1566. Par des lettres-patentes du 6 avril 1315, Philippe le Bel édicta que les capitouls recevraient le serment de fidélité des sénéchaux, des viguiers, des juges-mages, des juges d'appeaux, etc. Mais à chaque élection, les capitouls nouveaux prêtaient aussi serment de fidélité, d'abord entre les mains du viguier, et ensuite entre celles du sénéchal. En vertu d'une déclaration du conseil général capitulaire, en date du 10 décembre 1263, ils ne pouvaient être cités à raison de leurs charges devant les tribunaux, hors du diocèse.

Ces franchises, confirmées par Jean II, par Charles VII et par Louis XI, subirent, à la fin du XVe siècle, une transformation analogue à celle qui s'opéra dans les autres cités de la France ; mais Toulouse, quoique n'étant plus, depuis le milieu du treizième siècle, la tête d'un État indépendant, n'en resta pas moins la capitale éminente d'une des provinces les plus renommées par la sagesse et la liberté de son administration.

VIII. — Nous avons rapidement parcouru les institutions municipales des trois provinces du Dauphiné, de la Provence et du Languedoc. Il nous resterait, pour compléter ce qui concerne l'ancienne Gaule Narbonnaise, à parler de la marche hispanique (Roussillon, Cerdagne, comté de Foix et de Comminges) ; mais nous avons réservé cette partie de notre sujet pour le moment où nous parlerons du régime municipal des peuples pyrénéens.

FIN DU PREMIER VOLUME.

Paris. — De Soye et Bouchet, imprimeurs, 2, place du Panthéon.

EXTRAIT DU CATALOGUE.

BÉCHARD (F.), avocat au conseil d'État et à la Cour de cassation. Droit municipal dans l'antiquité. 1860, in-8. 8 »

BRAFF, sous-chef du bureau de l'administration et de la comptabilité des communes au ministère de l'intérieur. Principes d'administration communale, ou recueil par ordre alphabétique de solutions tirées des arrêts de la Cour de cassation, des décisions du Conseil d'État et de la jurisprudence ministérielle en ce qui concerne l'administration des communes, mis en harmonie avec la nouvelle instruction générale du ministère des finances, en date du 30 juin 1859. 1861, 2 vol. in-12. 8 »

DEMOLOMBE (C.), doyen de la faculté de droit de Caen, etc. Cours de Code Napoléon Tomes I à XVII, in-8. 136 »
Chaque vol. se vend séparément. 8 »

LOYSEL. Institutes coutumières, ou Manuel de plusieurs et diverses règles, sentences et proverbes, tant anciens que modernes, du droit coutumier et plus ordinaire de la France, avec notes d'Eusèbe de Laurière. Nouvelle édit., revue, corrigée et augmentée, suivie d'un Glossaire du droit français, par MM. Dupin et Laboulaye, membres de l'Institut. 1846, 2 v. in-12. 8 »

PELLAT (C. A.), doyen de la Faculté de droit de Paris. Précis d'un Cours sur l'ensembe du Droit privé des Romains, traduit de l'allemand de Mazeroll. 2e édit. 1852. in-8. 8 »

PERRECIOT (C. J.). De l'État civil des Personnes et de la condition des terres dans les Gaules, dès les temps celtiques jusqu'à la rédaction des Coutumes. 2e édit. 1851, 3 vol. in-8. 18 »

PETIGNY (J. de), membre de l'Institut. Etudes sur l'histoire, les lois et les institutions de l'époque mérovingienne. 1851, 3 vol. in-8. 18 »

ROGER (Fr.), avocat. Traité de la Saisie-Arrêt. 2e édition, entièrement refondue, et mise au courant de la législation, de la doctrine et de la jurisprudence la plus récente, par Aug. Roger, avocat à la Cour impériale de Paris. 1860, 1 vol. in-8 de près de 700 pages. 8 »

SÉANCES ET TRAVAUX de l'Académie des sciences morales et politiques. Compte-rendu par Ch. Vergé, docteur en droit, sous la direction de M. Mignet, secrétaire perpétuel de l'Académie, 1843-1860. 54 vol. in-8. 360 »
— 4e série, 1853-1860. 28 vol. Chaque année séparée. 20 »
Prix d'abonnement : 20 fr. ; Départements : 25 fr.
Table générale alphabétique et chronologique par noms d'auteurs et par ordre des matières, etc., 1842-1859. 1 v. in-8. 5 »

SERRIGNY (D.), professeur à la Faculté de Dijon. Traité du Droit public des Français, précédé d'une introduction sur les fondements des sociétés politiques. 1846, 2 vol. in-8. 12 »
— Questions et Traités de Droit administratif. 1854, in-8. 8 »

VAUVILLIERS (Em.). Manuel de droit administratif, contenant, outre les principes généraux de ce droit, l'exposé complet de l'état actuel de l'administration au point de vue de la constitution de 1852, du décret de décentralisation administrative, etc. ; 2e édition. In-12. 3 »

Paris.— De Soye et Bouchet, impr., 2, place du Panthéon

www.ingramcontent.com/pod-product-compliance
Lightning Source LLC
Chambersburg PA
CBHW031440210326
41599CB00016B/2065

* 9 7 8 2 0 1 2 5 4 0 9 9 6 *